uniscope. Publikationen der SGO Stiftung

Herausgegeben von
M. Sulzberger, Glattbrugg, Schweiz

Weitere Bände in dieser Reihe
http://www.springer.com/series/12146

Lizenz zum Wissen.

Sichern Sie sich umfassendes Wirtschaftswissen mit Sofortzugriff auf tausende Fachbücher und Fachzeitschriften aus den Bereichen: Management, Finance & Controlling, Business IT, Marketing, Public Relations, Vertrieb und Banking.

Exklusiv für Leser von Springer-Fachbüchern: Testen Sie Springer für Professionals 30 Tage unverbindlich. Nutzen Sie dazu im Bestellverlauf Ihren persönlichen Aktionscode C0005407 auf www.springerprofessional.de/buchkunden/

Springer für Professionals.
Digitale Fachbibliothek. Themen-Scout. Knowledge-Manager.

- Zugriff auf tausende von Fachbüchern und Fachzeitschriften
- Selektion, Komprimierung und Verknüpfung relevanter Themen durch Fachredaktionen
- Tools zur persönlichen Wissensorganisation und Vernetzung

www.entschieden-intelligenter.de

Springer für Professionals

Olaf Geramanis · Kristina Hermann
(Hrsg.)

Führen in ungewissen Zeiten

Impulse, Konzepte und Praxisbeispiele

Herausgeber
Olaf Geramanis
Fachhochschule Nordwestschweiz
Basel
Schweiz

Kristina Hermann
Fachhochschule Nordwestschweiz
Basel
Schweiz

Mitglieder der SGO (Schweizerische Gesellschaft für Organisation und Management) erhalten auf diesen Titel einen Nachlass in Höhe von 10% auf den Ladenpreis.

uniscope. Publikationen der SGO Stiftung
ISBN 978-3-658-11226-4   ISBN 978-3-658-11227-1 (eBook)
DOI 10.1007/978-3-658-11227-1

Die Deutsche Nationalbibliothek verzeichnet diese Publikation in der Deutschen Nationalbibliografie; detaillierte bibliografische Daten sind im Internet über http://dnb.d-nb.de abrufbar.

Springer Gabler
© Springer Fachmedien Wiesbaden 2016
Das Werk einschließlich aller seiner Teile ist urheberrechtlich geschützt. Jede Verwertung, die nicht ausdrücklich vom Urheberrechtsgesetz zugelassen ist, bedarf der vorherigen Zustimmung des Verlags. Das gilt insbesondere für Vervielfältigungen, Bearbeitungen, Übersetzungen, Mikroverfilmungen und die Einspeicherung und Verarbeitung in elektronischen Systemen.
Die Wiedergabe von Gebrauchsnamen, Handelsnamen, Warenbezeichnungen usw. in diesem Werk berechtigt auch ohne besondere Kennzeichnung nicht zu der Annahme, dass solche Namen im Sinne der Warenzeichen- und Markenschutz-Gesetzgebung als frei zu betrachten wären und daher von jedermann benutzt werden dürften. Der Verlag, die Autoren und die Herausgeber gehen davon aus, dass die Angaben und Informationen in diesem Werk zum Zeitpunkt der Veröffentlichung vollständig und korrekt sind. Weder der Verlag noch die Autoren oder die Herausgeber übernehmen, ausdrücklich oder implizit, Gewähr für den Inhalt des Werkes, etwaige Fehler oder Äußerungen.

Gedruckt auf säurefreiem und chlorfrei gebleichtem Papier

Springer Fachmedien Wiesbaden ist Teil der Fachverlagsgruppe Springer Science+Business Media
(www.springer.com)

Geleitwort

Die heutige Gesellschaft und die Wirtschaft sind von großen Unsicherheiten und Ungewissheiten geprägt. Damit gehen Orientierung, Halt und Planbarkeit für alle Involvierten zunehmend verloren. Diese Entwicklung hat sich schon seit langer Zeit angekündigt. Das Verlassen der bewährten Komfortzone, welche der Welt ungeahnte Steigerungen von Leistungsfähigkeit und Reichtum beschert hat, ist sehr schmerzhaft. Darum fällt es für viele schwer, sich mit den noch weitgehend ungewissen Herausforderungen konkret zu beschäftigen. So ist bekannt, dass wir vor Paradigmenwechseln grundlegender Natur stehen, die sich primär von der modernen, leistungsorientierten Organisation der Zusammenarbeit über eine postmoderne, pluralistische und weiter hin zu einer integralen, evolutionären Organisation erstrecken (nach Laloux; Reinventing Organizations). Sehr viele Inhalte sind noch unklar, Konturen zeichnen sich ab, aber von Gewissheiten kann keine Rede sein. Als Haupttreiber dieser Entwicklung stehen folgende im Mittelpunkt:

- Die digitale Transformation mit all ihren weitreichenden Komponenten für Organisationen und Individuen
- Die späte Einsicht, dass mit Rationalität und noch so ausgeklügelten quantitativen Methoden keine verlässliche Sicherheit erzeugt werden kann
- Stark ansteigende Komplexität durch grenzenlose Vernetzung, Gleichzeitigkeit von Ereignissen, kulturelle Vielfalten und eine schier unendliche Anzahl von Handlungsoptionen
- Die gesellschaftlich und politisch motivierte, konsequente Elimination oder Neudefinition von Werten und Orientierungspunkten der Vergangenheit
- Die neuen Anforderungen der Generationen Y und Z, sowie ihr Suchen nach Sinn
- Die geltende, ausgeprägte Spezialisierung in allen Bereichen, welche die ganzheitlichen, integralen Betrachtungen verdrängt

Die führungsbezogene Forschung wagt sich nur sehr zögerlich an entsprechende Programme und Projekte. Die Aus- und Weiterbildung hinken deutlich hinten nach. Die Verantwortlichen versuchen immer noch, mit Methoden und Ansätzen der Vergangenheit, den aktuellen und zukünftigen Herausforderungen gerecht zu werden. So wird der Umgang mit Experimenten immer noch aus Angst vor dem ungewissen Ausgang verdrängt; Emotion und Intuition in der Führung haben noch wenig Platz; neue Arbeitswelten entstehen primär aus logistischer Notwendigkeit und nicht als integraler Bestandteil zukünftiger Zusammenarbeit; über Macht und Vertrauen in Organisationen liegen sehr viele wertvolle Publikationen vor, die Umsetzung und das bewusste Leben mit diesen Elementen stehen aber erst am Anfang. Diese Aufzählung ließe sich unschwer erweitern.

Das vorliegende Werk der Herausgeber Olaf Geramanis und Kristina Hermann ist ein sehr wertvoller „wake-up call". In zahlreichen, sehr fundierten Beiträgen aus Wissenschaft und Praxis werden Gründe, Reflexionen, Chancen, Risiken und konkrete Ansätze sowie Lösungen, wie mit Unsicherheit und Ungewissheit umzugehen ist, vorgestellt. Die Lektüre regt an, rüttelt auf und ermuntert zur Umsetzung im eigenen Umfeld. Klar wird, dass wir alle die Verantwortung für die Gestaltung zukünftiger Zusammenarbeit, Führung und Organisation zu übernehmen haben. Den Herausgebern und Autoren ist es gelungen, eine sehr breite Auslegeordnung vorzulegen. Dazu gebührt ihnen großer Dank und hohe Anerkennung.

Die SGO Stiftung hat diese Publikation in der Meinung unterstützt, dass wir alle aufgerufen sind, aktiv an unserer Zukunft zu arbeiten, bewusst die Komfortzone zu verlassen und, wo sinnvoll, die Angst vor der Zukunft durch Mut zu ersetzen. Damit wünschen wir dieser Publikation eine breite Leserschaft und nachfolgend viele entsprechende Experimente, Reflexionen in Erfahrungsgruppen, Eröffnung neuer Erfahrungsräume sowie Energie und Begeisterung für konkrete Umsetzungen.

Zürich, im August 2015

Dr. Markus Sulzberger
Präsident der Stiftung der Schweizerischen
Gesellschaft für Organisation und Management
(SGO Stiftung)

Vorwort: Führung im Zeitalter von Unsicherheit, Ungewissheit und Uneindeutigkeit

Man kann alles richtig machen und das wichtigste versäumen.
Alfred Andersch

Wie auch immer man die aktuelle Verfasstheit unserer Gesellschaft beschreiben mag, sei es populärwissenschaftlich als Change oder soziologisch als zweite Moderne, reflexive Moderne oder Postmoderne, fast alle Analysen stimmen darin überein, dass sie durch eine neue Qualität von Unsicherheit, Ungewissheit und Uneindeutigkeit gekennzeichnet ist. Es werden (neuartige) Entscheidungsprobleme für Akteure und Organisationen erzeugt, für die keine angemessenen Bearbeitungsroutinen und Entscheidungsverfahren bereitstehen. Die überkommenen institutionellen Programme passen nicht mehr zu den Problemen und produzieren unüberschaubare Nebenfolgen. Die Situation ist komplex, und trotzdem – oder gerade deswegen – scheint sowohl bei Führungskräften als auch in der Beratung die Suche nach einfachen Orientierungshilfen, Modellen und Tools zu wachsen, die geeignet sind, Handlungsfähigkeit (wieder) zu erlangen. Wie aber sieht der geeignete Weg aus, mit Komplexität angemessen umzugehen?

In dem vorliegenden Sammelband haben wir 32 Autorinnen und Autoren gebeten, sich mit den folgenden drei Fragen auseinanderzusetzen:

1. Stellt „Führung unter Unsicherheit" eine Herausforderung dar, die einen wirklichen Unterschied gegenüber „bisherigen" Führungssituationen ausmacht?
2. Inwiefern kann es Personen in/ und Organisationen als Ganzes gelingen, komplexe, reflexive Lösungen zu entwickeln, die den Ungewissheiten und Ambivalenzen gerecht(er) werden und strukturelle Kontexte einbeziehen? Und welche Antworten stellt hierbei die Beratung zur Verfügung?
3. Inwiefern wird sich dadurch die Art und Weise von Kooperation und Partizipation (in Projekten, in Netzwerken, in virtuellen Räumen, etc.) verändern?

Zunächst verstehen wir im Sinne von Ulrich Beck unter 1) *Unsicherheit* den Zustand institutioneller Entgrenzung und Restrukturierung in den Bereichen von Wirtschaft und Politik. Aufgrund der Globalisierung geraten ganze Nationalstaaten unter Druck, weil sie für derartige Probleme nicht konzipiert sind. Infolgedessen unterliegen zugleich auch die gesamten Institutionen der Erwerbsarbeit diesen Entgrenzungsprozessen. 2) *Ungewissheit* fokussiert auf die Differenz zwischen Wissen und Nicht-Wissen, womit sich die handlungsrelevante Rolle von (vor allem rationalem) Wissen an sich relativiert. Die Gewissheitsansprüche der ersten Moderne wurden entzaubert. Vormals als absolut gesetzte Rationalitätskriterien werden pluralisiert, und gleichzeitig gewinnen bislang nicht gewürdigte Wissensformen an Relevanz, wie bspw. Intuition, Bauchgefühl und Erfahrungswissen als subjektives und implizites Wissen. 3) Zuletzt führt die Auflösung sozialer Lagen und sozialer Identitäten und der damit verbundenen Handlungsmuster zur *Uneindeutigkeit*. Die daraus resultierenden Individualisierungsprozesse können als Chance, aber auch als Zwang zur Gestaltung des eigenen Lebens begriffen werden. Wobei die eigentliche Herausforderung darin besteht, prekäre Zugehörigkeiten immer wieder aufs Neue individuell zu konstruieren.

Insofern ist die Differenz zwischen „vor und nach der Ungewissheit" für uns ein Unterschied, der einen Unterschied ausmacht. Wenn wir zurück auf das Industriezeitalter schauen, dann sollte durch Führung vor allem Rationalisierung im Sinne von Schnelligkeit und Effizienzsteigerung erreicht werden. All dies sind Begriffe, die von einer bekannten und damit gesicherten Zukunft ausgehen. In dieser Folge haben wir viele Jahre die Gegenwart weitgehend ignoriert und uns ganz auf die Vergangenheit konzentriert, in der das Schicksal bereits beschlossen war. So gab und gibt es unzählige Versuche, sich der Zukunft zu vergewissern und der Gegenwart ihren Spielraum zu entziehen: Diktaturen, Monopole, Korruption, Ideologien, Religionen u. v. m. All dies sind probate Versuche, Komplexität zu reduzieren; allerdings funktionieren sie nicht mehr ganz so selbstverständlich wie früher. Wo die Welt zu Marshall McLuhans „globalem Dorf" geworden ist, ist nicht „dörfliche Heimeligkeit" das Paradigma, sondern vielmehr ist damit gemeint, dass alles immer und überall bedroht ist! Es gibt kein drinnen und draußen mehr. Wir werden überrollt von einer unermesslichen Flut an überschüssigen Informationen und Handlungsmöglichkeiten, für deren selektive Handhabung unsere bisherige Struktur und Kultur nicht mehr ausreicht.

„Wir wissen noch nicht, was wir noch nicht wissen", dieser Satz von Niklas Luhmann verweist auf die Zwiespältigkeit der daraus resultierenden Konsequenzen – es ist Chance und Bedrohung zugleich. Aber wie kann es uns zu Beginn des dritten Jahrtausends gelingen, die moderne Welt zu verstehen und die Ursachen ihrer Instabilität und Komplexität zu deuten. Die Zukunft ist ungewiss, „ja und?" könnte man fragen, eine Unternehmung kann doch überhaupt erst operieren, wenn es offene Spielräume gibt. Die Ungewissheit der Zukunft ist nicht nur die Bedingung der Möglichkeit für unternehmerisches Risiko, sondern ermöglicht erst Fortschritt. Wenn wir also anerkennen, dass wir es in Sachen Führung nicht mehr mit trivialen, sondern mit komplexen Systemen zu tun haben (eine Erkenntnis, die uns die Systemtheorie bereits vor einem halben Jahrhundert offenbarte), und wenn wir anerkennen, dass man auf Komplexität besser mit Komplexität als mit Einfachheit antwortet (eine weitere Erkenntnis, die unter dem Stichwort Ashby'sches Gesetz firmiert), dann brauchen wir „andere" Koordinationsmechanismen und eine andere Form von Führung, eine Führung, die zwischen außen und innen vermittelt, was nichts anderes heißt, als Verantwortung für das Ganze zu tragen.

Ausgehend von den drei Fokus-Fragen zu Beginn, ist das Buch in fünf Teile gegliedert, die jeweils spezifische Aspekte vertiefen:

I. Komplexität und Dynamik – Ganzheitlicher Blick auf Organisationen

Möglicherweise ist die allgegenwärtige Beschleunigung durch die Informations- und Kommunikationstechnologie und das daraus resultierende Tempo der Hauptgrund dafür, dass eine Veränderung die nächste jagt. Einerseits beschleunigt sich dadurch die Handlungsfähigkeit, andererseits führt es aber auch zu vorschnellen und mitunter gefährlichen Reaktionen. Wer im Zeichen dieser Komplexitätsexplosionen Treiber und wer Getriebener ist, wer es weiter forciert und wer sich wie herausziehen kann, und welche Rolle Führung dabei spielt, wird aus unterschiedlichen Perspektiven auf die Organisation als Ganzes dargestellt.

II. Chancen und Risiken – Die Organisation der Zukunft

Immer wieder ist von einem Mangel an Vertrauen die Rede. Das Fehlen einer offenen Kommunikation sowie eine strukturelle und traditionell empfundene „Gegnerschaft" zwischen Führungsebene und Mitarbeitenden tragen ebenso dazu bei, die konstruktive Bewältigung von Krisen für die Menschen und die Organisation zu behindern. So attraktiv sich Worte wie Selbstorganisation, Selbstverantwortung und internes Unternehmertum anhören – es ändert nichts am grundsätzlichen Abhängigkeitsverhältnis, denn auch wenn wir uns freiwillig in einen Zwang begeben, so hört dieser deshalb nicht auf, ein Zwang zu sein. Kann Freiwilligkeit innerhalb von Organisationen tatsächlich kultiviert werden, können Selbststeuerung und Fremdsteuerung parallel existieren?

III. Kooperation und Entscheidung – Vertiefende Analysen

Erst die Alternative macht die Entscheidung zur Entscheidung. Aber es ist nicht die Alternative, die sich von selbst entscheidet. Wenn wir also mindestens zwei reale Möglichkeiten haben, dann steigt mit der Bedeutung der Entscheidung auch die Bedeutung der Entscheider, und diejenigen, denen die Entscheidung zugerechnet wird, tragen die Verantwortung. Sind diese Entscheidungen rational oder intuitiv getroffen? Wie personalisiert oder entpersonalisiert kommuniziert man Entscheidungen nach außen? Richten sie sich nach den langfristigen Interessen der Organisation? Versuchen sie verlorenes Gleichgewicht wieder herzustellen? Oder sind sie pure Willkür, die erst im Nachhinein als rational dargestellt werden? Und wie wirkt sich all dies auf die Kooperationskultur der Organisation aus?

IV. Flexibilisierung und Personal – Die Führungskultur der Zukunft

Gerade in turbulenten und unsicheren Zeiten kommt es darauf an, so etwas wie Stabilität, Sicherheit und Authentizität in den handelnden Personen selbst zu fördern und zu entwickeln. Charakter wird eingefordert, Glaubwürdigkeit, Vorbildlichkeit, Selbstdisziplin und Präsenz. Zugleich wird aber auch Flexibilität und Revisionsbereitschaft, Fehlerfreundlichkeit und Offenheit verlangt, um in der modernen Welt bestehen zu können. Aber wie kann all dies gleichzeitig gelingen? Je bewusster der Mensch in der Organisation ganzheitlich als Person und nicht mehr nur aufgabenspezifisch als Personal wahrgenommen wird, desto deutlicher werden die individuellen Unterschiede in der Art und Weise, wie Arbeit gestaltet und Krisen verarbeitet werden. Je größer die Vielfalt, desto komplexer und schwieriger wird es zugleich auch, diese in der Gesamtheit der Organisation hilfreich bündeln und nutzen zu können – nicht zuletzt, weil sie sich zum Teil gegenseitig bekämpfen oder aufheben. Wie viel Individualität, Diversität und Flexibilität seitens des Personals verträgt eine Organisation tatsächlich?

V. Praxis und Einblicke – Konkreter Umgang mit Ungewissheit

Da Organisationen und Beratungen sich bereits der Ungewissheit und Komplexität in Organisationen auf unterschiedliche Art und Weise nähern, soll der letzte Buchteil ganz konkrete Einblicke in Vorgehensweisen liefern, die den Anspruch erheben, der Komplexität durch dialogische Aushandlungsprozesse zu begegnen und Organisationsstrukturen zu hinterfragen. Beispiele sind: Was kann man von Start-ups lernen? Wie kann demokratisches Unternehmertum aussehen? …

Noch zwei Ergänzungen, bevor es losgeht: 1) Beim Lesen werden Sie feststellen, dass sich einige der Beiträge in ihren Sichtweisen bestätigen und ergänzen, andere wiederum total gegensätzliche Positionen vertreten. Diese Perspektivenvielfalt ist beabsichtigt und gewollt. Sie spiegelt sich zugleich in den vertretenen Disziplinen und dem spezifischen Theorie-Praxis-Bezug der Autorinnen und Autoren wider. Es geht uns daher nicht um die Vereinheitlichung einer Lehrmeinung, sondern darum, einen vielfältigen Diskurs anzustoßen. 2) Im Sinne der Vereinheitlichung stehen die Herausgeber eines Sammelbandes ebenso vor der Herausforderung, so viel individuelle Eigenheit wie möglich und so viel textliche Standardisierung wie nötig durchzusetzen. Dies betrifft insbesondere auch die Verwendung einer geschlechtergerechten geschriebenen Sprache. Wir erlauben uns, für diesen Passus die Aussage von Willy Christian Kriz (Kap. 4) voranzustellen, der wir vollumfänglich zustimmen:

> Ich bin mir der Unzulänglichkeit deutscher Sprache und meines Sprachgebrauches bewusst, zwischen „gendergerechten" und sogenannten „männlichen" Bezeichnungen zu differenzieren. Alle mir bekannten Alternativen erscheinen mir gekünstelt, weshalb hier immer wieder auch von „Managern" oder „Mitarbeitern" usw. geschrieben wird. Diese sind als geschlechtsneutrale Bezeichnungen gemeint. D. h. „Frauen" sind nicht einfach nur „mit gemeint", weil eben auch keine „Männer" gemeint sind (und es geht auch um keine anderen, nicht genannten, biologischen, sozialen, ökonomischen usw. Diversity-Eigenschaften, Ethnien, Religionen usw.). Es geht immer um Respekt vor einzigartigen Menschen, die persönlich denken, fühlen und handeln.

Wir wünschen viel Freude an der Lektüre!

Basel, im Juli 2015　　　　　　　　　　　　　　Olaf Geramanis und Kristina Hermann

Inhaltsverzeichnis

Teil I   Komplexität und Dynamik – Ganzheitlicher Blick auf Organisationen

1 **Führung im Wandel: Ohne Paradigmenwechsel wird es nicht gehen**   3
   Peter Kruse und Frank Schomburg

2 **Resilienzzentrierte Führung** 17
   Hans A. Wüthrich

3 **Wider die Verwerkzeugung der Führung – Jenseits der Rationalität** 33
   Olaf Geramanis

4 **Systemkompetenz für die Führung in Veränderungsprozessen** 49
   Willy Christian Kriz

5 **Der Ungewissheit in Beratung standhalten** 67
   Kristina Hermann

Teil II   Chancen und Risiken – Die Organisation der Zukunft

6 **Was Reimformen, Spiele und Sicherheit mit Führung in unsicheren Zeiten zu tun haben** 87
   Mario Herger

7 **Digitale Transformation braucht die große Symbolik** 101
   Lars Christian Schatilow

8 **Erfolgreiche Führung war immer schon agil!** 115
   Hans-Peter Korn

9 Führungsvorgabe der Zukunft: Leadership mit Bodenhaftung 141
   Monique R. Siegel

10 Führung im Zeitalter virtueller Arbeitswelten 159
   Christoph Negri

Teil III Kooperation und Entscheidung – Vertiefende Analysen

11 Die Effizienz von Führung – Verhaltensökonomische Einsichten zur
   Bedeutung von Unsicherheit 175
   Matthias Sutter

12 Neue Herausforderungen an das Change Management 189
   Hans-Joachim Gergs

13 „Weltmeisterliche Demut" 205
   Michael Bangert

14 Zur Theorie der Entscheidung 219
   Klaus Götz und Charlotte Hardt

15 Wenn Führung kaschiert, wie Geld dominiert 235
   Ueli Mäder

Teil IV Flexibilisierung und Personal – Die Führungskultur der Zukunft

16 Führen ohne Hierarchie: Macht, Vertrauen und Verständigung im
   Konzept des Lateralen Führens 251
   Stefan Kühl

17 Resilienz im Wandel durch Hybrid Professionals? 265
   Jens O. Meissner

18 Identität unter Ungewissheit – Die Chamäleon-Metapher 283
   Eric Lippmann

19 Die digital geprägten Generationen Y & Z: Wie führe ich die
   Unführbaren? 299
   Thomas Schutz

20 Gamification. Die Ludifizierung der Führungskultur 313
   Nora S. Stampfl

Teil V Praxis und Einblicke – Konkreter Umgang mit Ungewissheit

21 Mit Aufstellungsarbeit Wahrnehmungs- und Handlungsfähigkeit fördern 331
Katrina Welge

22 Hundert Prozent Unternehmertum. Null Prozent Bürokratie – Ein Praxisbeispiel bei Haufe.Umantis 345
Heiko Fischer und Angela Maus

23 Vernetztes Denken in der Management-Praxis – Die Strategiemethode Netmapping 359
Jürg Honegger und Philip Topp

24 Resilienz als organisationale Leistung 373
Elvira Porrini und Antonios Kipouros

25 Führen unter Unsicherheit – Was man von Start-ups lernen kann 391
Katrin Glatzel und Tania Lieckweg

Mitarbeiterverzeichnis

Michael Bangert Basel, Schweiz

Lars Christian Schatilow Deekeling Arndt Advisors in Communications GmbH, Düsseldorf, Deutschland

Heiko Fischer Resourceful Humans GmbH, Berlin, Deutschland

Olaf Geramanis Hochschule für Soziale Arbeit, Fachhochschule Nordwestschweiz, Basel, Schweiz

Hans-Joachim Gergs Institut für Soziologie, Friedrich-Alexander Universität Erlangen-Nürnberg, Erlangen-Nürnberg, Deutschland

Katrin Glatzel osb international systemic consulting, Berlin, Deutschland

Klaus Götz Universität Koblenz-Landau, Mainz, Deutschland

Charlotte Hardt Universität Koblenz-Landau, Mainz, Deutschland

Mario Herger Enterprise Garage Consultancy, Los Altos, USA

Kristina Hermann Hochschule für Soziale Arbeit, Fachhochschule Nordwestschweiz, Basel, Schweiz

Jürg Honegger Netmap AG, Thalwil, Schweiz

Hans-Peter Korn Mellingen, Schweiz

Antonios Kipouros X-CHALLENGE CONSULTING, Zürich, Schweiz

Willy Christian Kriz Department of Management and Business Administration, FH Vorarlberg, Dornbirn, Österreich

Peter Kruse nextpractice GmbH, Bremen, Deutschland

Stefan Kühl Metaplan Hamburg, Quickborn, Deutschland

Tania Lieckweg osb international systemic consulting, Berlin, Deutschland

Eric Lippmann IAP Institut für Angewandte Psychologie, ZHAW Zürcher Hochschule für Angewandte Wissenschaften, Zürich, Schweiz

Ueli Mäder Seminar für Soziologie, Universität Basel, Basel, Schweiz

Angela Maus Resourceful Humans GmbH, Berlin, Deutschland

Jens O. Meissner Hochschule Luzern – Wirtschaft, Luzern, Schweiz

Christoph Negri IAP Institut für Angewandte Psychologie, Zürich, Schweiz

Elvira Porrini X-CHALLENGE CONSULTING, Zürich, Schweiz

Frank Schomburg nextpractice GmbH, Bremen, Deutschland

Thomas Schutz Berlin, Deutschland

Monique R. Siegel Master of Advanced Studies UZH in Applied Ethics, mrsTHINK, Zürich, Schweiz

Nora S. Stampfl f/21 Büro für Zukunftsfragen, Berlin, Deutschland

Matthias Sutter Universität zu Köln, Köln, Deutschland

Philip Topp Netmap AG, Thalwil, Schweiz

Katrina Welge Hochschule für Angewandte Psychologie/Fachhochschule Nordwestschweiz, Institut für Kooperationsforschung und –entwicklung, Olten, Schweiz

Hans A. Wüthrich Universität der Bundeswehr, München, Deutschland

Über die Herausgeber

Prof. Dr. Olaf Geramanis ist leidenschaftlicher Gruppendynamiker. Dozent FHNW, Diplompädagoge (univ.), Coach und Supervisor (BSO), ausbildungsberechtigter Trainer für Gruppendynamik (DGGO). Jahrgang 1967, bis 2000 Offizier der Bundeswehr, ab 1999 wissenschaftlicher Assistent am Lehrstuhl für Wirtschaftspädagogik der Universität der Bundeswehr München. Seit 2004 Dozent für Sozialpsychologie und Beratung an der Hochschule für Soziale Arbeit FHNW in Basel. In der Weiterbildung und Dienstleistung in den Bereichen Beratung, Coaching, Change und Teamentwicklung unterwegs. Studienleiter des MAS Change und Organisationsdynamik sowie des CAS Teamdynamik. www.gruppendynamik.ch.

Kristina Hermann ist Diplom-Psychologin (univ.), Trainerin für Gruppendynamik (DGGO) und hat eine Ausbildung in Gestaltberatung und -therapie. Nach mehrjähriger Tätigkeit als Unternehmensberaterin arbeitete sie vier Jahre als wissenschaftliche Mitarbeiterin an der Hochschule für Soziale Arbeit der Fachhochschule Nordwestschweiz mit den Schwerpunkten: Change Management, Gruppen- und Organisationsdynamik. Aktuell ist sie freiberuflich als Organisationsberaterin, Trainerin und Planspielentwicklerin unterwegs und u. a. für Coverdale Schweiz tätig. Sie ist Mitherausgeberin bei den Werken „Organisation und Intimität" und „Planspiele im Projektmanagement" und veröffentlichte 2015 einen Fachartikel über „Field theory and working with group dynamics in debriefing" (Simulation und Gaming).

Teil I
Komplexität und Dynamik – Ganzheitlicher Blick auf Organisationen

Führung im Wandel: Ohne Paradigmenwechsel wird es nicht gehen

Peter Kruse und Frank Schomburg

Zusammenfassung

Eine vernetzte Welt braucht andere Formen von Führung. Denn die komplexe Dynamik der Netzwerke verändert die Spielregeln in Wirtschaft und Gesellschaft. Die ansteigende Vernetzungsdichte macht das spontane Auftreten lawinenartiger Selbstverstärkungseffekte wahrscheinlicher – und Vorhersagbarkeit zum Ausnahmefall. Macht verschiebt sich vom Anbieter hin zum Nachfrager, auch innerhalb von Unternehmen. Die Folge: Die Erfolgsprinzipien von gestern verlieren ihre Gültigkeit. An die Stelle straff geordneter Linienhierarchien tritt die Eigendynamik selbstorganisierender Netzwerke. Planungshorizonte schrumpfen und die Fähigkeit zur professionellen Gestaltung ergebnisoffener Prozesse gewinnt an Gewicht. Wettbewerbsstrategien erreichen ihren Grenznutzen und werden abgelöst durch vertikale und horizontale Kooperationen. Für Führungskräfte wird das zu einer Herausforderung, die ohne einen Paradigmenwechsel kaum zu meistern ist.

1.1 Führung: Unternehmer gefragt

Die Lebens- und Überlebensbedingungen für Unternehmen haben sich in den vergangenen Jahren dramatisch verändert. Grund dafür ist die ungeheuer schnell zunehmende Vernetzung von Märkten und Akteuren. Die Globalisierung und die rasante Entwicklung neuer vernetzter Kommunikationstechnologien und -formen haben eine Vernetzungsdichte geschaffen, die in ihrem Ausmaß historisch beispiellos ist. Was das im Alltag bedeutet,

---

P. Kruse (✉) · F. Schomburg
nextpractice GmbH, Bremen, Deutschland
E-Mail: office@nextpractice.de

wird an keiner Stelle so spürbar wie in den Führungsetagen von Unternehmen, aber auch NGOs und anderen Organisationen. Führungskräfte heute sind mit einer hoch vernetzten Welt konfrontiert, die nach gänzlich anderen Gesetzen operiert als früher. Statt mit straff geordneten Linienhierarchien haben Manager es zunehmend mit der Eigendynamik selbstorganisierender Netzwerke zu tun. Erfolgsprinzipien von gestern greifen dort nicht mehr. Führungskräfte stehen damit vor der Herausforderung, ihr Bild von der Welt sowie die eigene Rolle im Wirtschaftsgeschehen kritisch zu reflektieren. Sie sind zu einem zentralen Symptomträger des tiefgreifenden Wandels geworden, den wir alle spüren. Eines Wandels, der einem Seebeben gleich kommt und dessen Schockwellen einen Tsunami erzeugt haben, der nichts so lässt wie es einmal war.

Welche Dynamik eine vernetzte Wirtschaft entfaltet, ist theoretisch klar und logisch herleitbar. In der Praxis stellt sie Führungskräfte vor große Herausforderungen. Je dichter und enger gekoppelt Netzwerke miteinander interagieren, desto wahrscheinlicher sind nichtlineare Effekte. Das macht langfristige Prognosen so gut wie unmöglich; Vorhersagbarkeit wird zum Ausnahmefall. Für viele Organisationen zeigt sich das mittlerweile ganz praktisch: Die Geschwindigkeit der Veränderungen in ihrem Umfeld hat so zugenommen, dass gewohnte Planungshorizonte nicht mehr greifen. Führung ist daher gefragt, zum einen diese fehlende Planbarkeit grundlegend zu akzeptieren – zum anderen die Fähigkeit zu einer professionellen Gestaltung ergebnisoffener Prozesse zu entwickeln. Beides erweist sich als Herausforderung. Denn obwohl gerade in Zeiten radikaler Veränderung das Bedürfnis der Menschen nach Orientierung steigt, gilt es dem bewusst nicht nachzugeben. Stattdessen ist es für Führung in einer vernetzten Welt von zentraler Bedeutung, nicht vorgeben zu wollen „wo es lang geht". Sie muss vielmehr alle Beteiligten einladen, sich gemeinsam auf neue Entwicklungswege einzulassen, sich im Rahmen dieses Prozesses durchaus auch verunsichern zu lassen, um dann im Zusammenspiel miteinander zu lernen und neue Lösungen zu finden. Dies erfordert in vielen Organisationen einen tiefgreifenden Wandel der Unternehmenskultur und eine radikale Neudefinition der Rolle von Führung. Führungskräfte werden von dem mächtigen Organisator und Vordenker, der sie in stabilen Zeiten waren, zum Rahmengeber, Nutzer, Förderer und Moderator kollektiver Intelligenz.

Vernetzung mit Vernetzung kontern
Eine theoretische Grundlage dafür gibt es schon lange, sie stammt aus der Kybernetik. Bereits in den 1950er-Jahren des vergangenen Jahrhunderts hat der Systemtheoretiker William Ross Ashby darauf hingewiesen, dass die Zahl der möglichen Zustände in einem Kontrollsystem immer größer sein muss als die Zahl der möglichen Zustände im zu kontrollierenden System (Ashby 1956). Dieses als Ashby`s Law bezeichnete Prinzip gegengleicher Komplexität besagt, dass in einer vernetzten Welt nur noch vernetzte Systeme in der Lage sind, angemessene Lösungen zu erzeugen. Um die wachsenden Herausforderungen bewältigen zu können, wird es für Unternehmen und andere Organisationen daher existenziell wichtig, Wissen und Fähigkeiten der Mitarbeiter in intelligenten Netzwerken zu verbinden.

Für den Führungsalltag hat das weitgehende Implikationen. Das Postulat der Handlungsfähigkeit von Führungskräften leitet sich in einer vernetzten Welt weniger aus einer Balance von Stabilität und Instabilität auf der Verhaltensebene ab. Handlungsfähigkeit ergibt sich vielmehr zunehmend aus der Fähigkeit, sich möglichst angstfrei und neugierig auf unkalkulierbare Marktdynamiken einzulassen. An die Stelle von Planung und Steuerung treten in einem solchen Prozess zunehmend Achtsamkeit und Empathie, sowohl auf der individuellen als auch auf der organisationalen Ebene. Um sich auf eine so umfassende Veränderung im eigenen Handeln einzulassen, ist Mut notwendig. Dieser wächst jedoch sukzessive mit der Fähigkeit, Muster zu erkennen, Zusammenhänge zu verstehen und Bewertungskriterien zu entwickeln, die stabil genug sind, um auch in unklaren Entscheidungssituationen als innerer Kompass zu dienen.

In einer vernetzten Welt zieht sich die Definitionshoheit von Führung also ein Stück weit aus der konkreten Handlungsebene zurück und beschränkt sich auf die Entscheidung über das generelle Geschäftsmodell, die Festlegung von Ressourcen und Rahmenbedingungen sowie die Aushandlung eines resonanzfähigen Wertekanons. Führung in einem solchen Kontext erweist sich somit als visionärer, demokratischer und indirekter als das traditionelle Führen im Modus eines stabilen Funktionierens, wie es in den vergangenen Jahrzehnten möglich war.

Eine Stabilität höherer Ordnung erschließen
Je volatiler die Umwelt einer Organisation wird und je mehr Führung sich auf die Rolle eines Moderators kollektiver Intelligenz besinnt, desto wichtiger wird es, der Unkalkulierbarkeit der vernetzten Welt gleichzeitig eine Stabilität höherer Ordnung entgegenzusetzen. In der Vergangenheit lag die Kunst der Veränderung in der Gestaltung des Überganges von einer Verhaltensstabilität zur nächsten. Heute gehört es zur Führungskunst, die lebensnotwendige Stabilität vom konkreten Verhalten auf höhere Systemebenen zu verlagern. Wenn Alltagsabläufe in einer Organisation einer dünnen Eisdecke gleichen, bei der man sich nie sicher sein kann, wann sie bricht, muss sich Stabilität auf Sinnempfinden und überdauernde Werte verlagern. Ein Unternehmen, das sich in einem Marktumfeld bewegt, in dem sogar das Geschäftsmodell selbst jederzeit in Frage gestellt werden kann, sollte zu diesem Zweck eine starke und für alle Beteiligten spürbare Kultur entwickeln. Diese kann Sicherheit generieren und Orientierung geben. Damit ermöglicht es die Unternehmenskultur einer Organisation offen und flexibel mit Instabilität umzugehen und auch bei maximaler Komplexität und Dynamik der Märkte gemeinsam handlungsfähig zu bleiben.

Neben der Förderung kollektiver Intelligenz steht somit auch Kulturarbeit auf der Agenda von Führungskräften. In deren Rahmen geht es darum, Räume zur Reflektion zu schaffen und auch Faszination für das Neue zu vermitteln. Mit Bedrohung und Furcht zu arbeiten, funktioniert dagegen nicht. Absichtsvoll erzeugte Angst erhöht die Kreativität von Menschen immer nur kurzfristig und führt eher zu Regression oder Mimikry als zu echter Erneuerung. Um eine Kultur der Offenheit und Veränderungsbereitschaft zu erzeugen, geht es darum, die Einsicht der Mitarbeiter in aktuelle Notwendigkeiten von Veränderung und die Aussicht auf zukünftige Chancen signifikant zu erhöhen.

Aufbruchsstimmung generieren: Spielraum für Exploration
Die große Herausforderung, in einem Kontext vernetzter und damit volatiler Märkte zu arbeiten, trifft im Inneren von Organisationen oft erst einmal auf wenig Resonanz. Denn der Aufbruch ins Ungewisse ist für Menschen grundsätzlich ambivalent. Einerseits sind sie zwar neugierig und schnell gelangweilt, wenn sich nichts ändert. Andererseits verweilen sie gern an bekannten Ufern. Dort nämlich fühlen sie sich sicher – und können den eigenen Energieaufwand gering halten. Das macht rein physiologisch viel Sinn: Neues zu lernen, ist immer mit Anstrengung und Irritation verbunden. Da Effizienz im Energieverbrauch für das Gehirn eine systemimmanente Notwendigkeit ist, erweist es sich als sinnvoll, das Aktivitätsniveau möglichst gering zu halten und einmal erworbene Strategien solange wie möglich anzuwenden. Nichts verändern zu wollen, ist somit keine persönliche Trägheit, sondern ein evolutionäres Erfolgsprinzip.

Auf das Risiko des Neuen lassen sich Menschen tatsächlich meist erst dann ein, wenn sich bereits gelernte und bewährte Handlungsmuster als unzureichend erweisen oder genug Spielraum für freie Exploration da ist. In einer von wohlmeinenden Eltern umsorgten Kindheit ist die Lernbereitschaft dementsprechend hoch. Für die notwendige Transition und Anpassung einer Unternehmens- und Führungskultur an die Erfordernisse einer vernetzten Welt gilt daher, die emotionale und rationale Attraktivität des dafür benötigten zusätzlichen Energieaufwandes zu erhöhen, den die Beteiligten im Grunde gerne vermeiden würden. Doch ohne individuelle und kollektive Investitionsbereitschaft bleibt alles beim Alten und die Friktionen zwischen den Anforderungen an Flexibilität im Außen und den noch wenig ausdifferenzierten Reaktionsroutinen im Inneren einer Organisation werden immer wieder schmerzhaft spürbar.

Führung in einer vernetzten Welt ist somit eine anspruchsvolle Aufgabe. Sie erfordert von allen Beteiligten und in allen Bereichen einer Organisation nicht nur inkrementelle Anpassungen, sondern echtes individuelles und organisationales Wachstum. Die Art von Veränderung, die hier gefragt ist, ist radikal. Denn sie lässt sich letztlich nicht „managen" – man kann sie nur unternehmen. Klassisches Management im Sinne des Setzens von Zielen und deren effizienter Umsetzung in einer hoch vernetzten Welt macht daher wenig Sinn, außer wenn es sich um einen seltenen Neuanfang auf der „grünen Wiese" handelt. Management by Objectives ist bei radikaler Veränderung keine sinnvolle Option. Während viele Manager heute noch dafür bezahlt werden, aus einem bestehenden Geschäftsmodell den optimalen Mehrwert zu realisieren, geht es morgen darum, Verantwortung auf einer anderen Systemebene zu entwickeln. Jede Führungskraft, die sich traut, aus dem Muster des antrainierten Regelns und Ordnens auszusteigen, ist dann kein Manager mehr, sondern ein Unternehmer. Oder um es in einem Bild zu sagen: Es braucht Menschen, die sich mit der Angel in der Hand an die Straße setzen und sich auch auf den spöttischen Hinweis von Passanten, dass es dort noch nicht einmal Wasser, geschweige denn Fische gibt, zu antworten trauen, dass der Fluss bald vorbeikommen wird. Unternehmer sind Menschen, die Visionen haben und bereit sind, dafür Risiken einzugehen. In den vernetzten Märkten von heute ist genau dieses professionelle Unternehmertum gefragt. Managen allein reicht nicht mehr.

1.2 Der Kontext: Konturen einer vernetzten Welt

Führung ist aufgefordert, unternehmerisch tätig zu werden, Mitarbeiter mitzunehmen und den für Veränderung notwendigen zusätzlichen Energieaufwand attraktiv zu machen. Sie braucht daher gute Argumente und eine solide Basis, um die Phänomene und Folgen steigender Vernetzungsdichte zu beschreiben und zu verargumentieren. Für die Darstellung der mit Vernetzung einhergehenden Effekte kann sie unter anderem auf Arbeiten von Medientheoretikern wie Walter Benjamin (1935) oder Marshall McLuhan (1963) zurückgreifen. Beide haben schon früh darauf hingewiesen, dass die strukturellen und funktionalen Charakteristiken von Medien deren gesellschaftliche Wirkung mindestens ebenso stark, wenn nicht sogar stärker, beeinflussen als die durch sie verbreiteten Inhalte. Das gilt insbesondere auch für das Internet. Seit den 1990er-Jahren bereitet es den Boden für eine völlig neue und bisher unbekannte Viele-zu-Viele-Kommunikation über (fast) alle Grenzen hinweg. Die netzartig strukturierte Kommunikation, die kontinuierlich in ihrer Vernetzungsdichte ansteigt, macht es zum ersten Mal in der Geschichte möglich, Hierarchien auszuhebeln, Wissensmonopole zu durchbrechen, auch aus der entferntesten Nische ins Zentrum des öffentlichen Interesses vorzudringen, Kapital einzusammeln oder sich politisch machtvoll einzumischen. Märkte sind durch vernetzte Kommunikation tatsächlich zu Gesprächen und Beteiligungsprozesse zum Volkssport geworden. Die Macht der Netzwerke ist in der Lage, Diktatoren zu stürzen und Minister zum Rücktritt zu bewegen. Kommentare unzufriedener Kunden können sich in Tagen zum Flächenbrand aufschaukeln und die Zentralen internationaler Konzerne erschüttern. Alles nach dem Motto: kleine Ursache – große Wirkung.

Sogar ganze Geschäftsmodelle geraten durch die Dynamik, die die Vernetzung entfaltet, in Gefahr. Der kostenlose SMS-Versand über WhatsApp hat klassischen Telekommunikationsunternehmen in wenigen Monaten zweistellige Umsatzverluste beigebracht und WhatsApp schon nach fünf Jahren einen Verkaufswert von US $15 Mrd. ermöglicht. Internetplattformen wie Uber machen aus Privatpersonen Taxiunternehmer, bedrohen staatliche Regulierungen und können ganze Branchen umwälzen. Auf der Grundlage von Vernetzung erreichen Internet-Geschäftsmodelle in kurzer Zeit ungeahnte Umsatzgrößenordnungen und immensen Einfluss. All das lässt keinen Zweifel: Wenn heute von Veränderung durch Vernetzung die Rede ist, dann geht es um eine völlig neue Dimension des Wandels.

Macht verteilt sich neu

In der Theorie stehen die möglichen Auswirkungen der neuen Kommunikationsstrukturen schon lange im Raum. Praktisch werden sie für viele Organisationen erst in den letzten paar Jahren wirklich spürbar. Schon 1999, das Internet war gerade ein paar Jahre alt, verkündeten vier amerikanische Autoren im *Cluetrain-Manifest* die Mündigkeit der Käufer: „Wir haben echte Macht – und das wissen wir auch. […] Wir wachen auf und verbinden uns miteinander" (Levine et al. 2000, These 89 und 95). Diese Machtverlagerung gehört heute zum Alltag. Unternehmen müssen mit Kunden umgehen, die sich frei in Foren informieren, Bewertungen austauschen und ihr Einkaufsverhalten auf völlig neue Weise organisieren. Durch professionelle Bündelung ihres Konsumbedarfs entwickeln sie sich zu einer ernst zu nehmenden (Einkaufs-)Macht, durch das Bloggen eigener Erfahrungsberichte werden sie zu einflussreichen Meinungsbildnern und durch das Weitergeben von Empfehlungen zu essenziellen Werbeträgern. Gleichzeitig können Boykottaufrufe und Markenverweigerung Unternehmen schnell bis ins Mark treffen. Das gestiegene Selbstbewusstsein und der hohe Wirkungsgrad der Kundenaktivitäten macht es für Unternehmen zwingend erforderlich, erheblich stärker als bisher auf deren Wünsche und Vorstellungen einzugehen und sich von ihnen leiten zu lassen.

Überkommene Organisationsformen und Handlungsprinzipien behindern allerdings häufig noch die dazu notwendige radikale Umorientierung. Angesichts manch verzweifelter Versuche, die neuen Anforderungen mit Rezepten der Vergangenheit zu bewältigen, drängt sich der Verdacht auf, dass manche Organisationen die durch Machtverlagerung entstehenden Irritationen immer noch als vorübergehende Störung im System und nicht als Symptom eines tiefer gehenden Systemwandels auffassen. Doch mit der dramatischen Erhöhung der Vernetzungsdichte ist die Welt tatsächlich nicht mehr die gleiche wie vorher und verlangt nach neuen Haltungen und Verhaltensweisen. Wenn die Dichte der Vernetzung in einem System kritisch ansteigt, dann lassen sich die Wirkungen und Rückwirkungen, die von einzelnen Ereignissen ausgelöst werden, in ihrer Reichweite eben nicht mehr überblicken und auch nicht in ihrer Dynamik steuern. Hier liegt deshalb ein Kernauftrag von Führung: Innerhalb der eigenen Organisationen ein adäquates Verständnis der Dynamik vernetzter Umwelten zu entwickeln, sich auf dieser Grundlage ein neues Weltbild anzueignen und Vorstellungen von der eigenen, neu ausgestalteten Rolle zu entwickeln.

Selbstverstärkungseffekte lösen ungeahnte Lawinen aus
Interessanterweise übersteigt bei der Mehrheit aller Handelnden in der Gesellschaft zum ersten Mal in der Historie die potenzielle Stärke ihrer individuellen Wirkungskraft die eigene Kapazität zur Verarbeitung der zu Grunde liegenden Dynamik. Beispiele dafür finden sich überall. Eine kleine Tageszeitung in Dänemark veröffentlicht zwölf Mohammed-Karikaturen und erschüttert die Welt. Ein junger Mann lädt online und für alle sichtbar Freunde zu einer Beach-Party nach Sylt ein und 5000 feierwütige Partygäste überrollen die Insel. Ein anonymer Brief behauptet Unregelmäßigkeiten in der Bilanz einer angesehenen Schweizer Bank und die Aktie bricht um 41 % ein. Lawinenartige Selbstverstärkungseffekte bringen unvermutete Ereignisketten in Gang, die die auslösenden Akteure oft in Erstaunen versetzen.

Jakob Johann von Uexküll führte 1909, in einer frühen Formulierung seines kybernetischen Modells biologischen Lebens und Überlebens, eine interessante Unterscheidung zwischen Merkwelt und Wirkwelt ein (vgl. Uexküll 1909). Sie kann helfen, das Geschehen und seine Konsequenzen begrifflich leichter fassbar zu machen: Übersteigt in einem sozialen System die Komplexität der Auswirkungen des eigenen Handelns (Wirkwelt) deutlich die Möglichkeiten des individuellen Erkennens und Verstehens (Merkwelt), so sind die agierenden Menschen als Einzelne prinzipiell nicht mehr in der Lage, eine ausreichende Informations- und Verständnisgrundlage für ihr Handeln sicher zu stellen. Lernprozesse werden empfindlich gestört und das Risiko getroffener Entscheidungen steigt dramatisch an.

Es ist also an der Zeit, die bislang geltenden Regeln und Werkzeuge wirtschaftlichen und gesellschaftlichen Handelns zu hinterfragen und ein Verständnis für die Wirkweisen vernetzter Systeme auch in der Praxis zu entwickeln. Führung kommt hier eine zentrale Rolle zu, denn die explosionsartig steigende Vernetzungsdichte erzwingt in Unternehmen und Institutionen einen Wandel in neuer Größenordnung.

1.3 Paradigmenwechsel als Veränderung dritter Ordnung

Was kennzeichnet einen Wandel der nächsten Dimension? Wie unterscheidet er sich von den Veränderungen der Jahre zuvor? Um im wachsenden Konkurrenzdruck in globalen Märkten mithalten zu können, haben Unternehmen in einer ersten Veränderungswelle versucht, möglichst viele Prozesse zu optimieren. Über eine Vielzahl von Projekten wurden die Potenziale der Veränderung erster Ordnung, das heißt der Verbesserung des Bestehenden, gehoben. In dieser Phase wurden Produktionsabläufe neu geordnet, funktionale Silos aufgebrochen und die Effizienz der gesamten Wertschöpfungskette systematisch erhöht. Über Akquisitionen, Fusionen und Kooperationen wurden Skalierungseffekte bestmöglich ausgeschöpft. Für viele Unternehmen mündete diese Phase der Veränderung erster Ordnung jedoch in einem Optimierungs-Differenzierungs-Dilemma. Zwar wurde das Preis-Leistungsverhältnis in den meisten Produktbereichen immer besser, doch die Unterscheidbarkeit und die emotionale Resonanzfähigkeit für die Kunden gingen zurück.

Nach der Optimierung des Bestehenden rückte konsequent das Thema Innovation ins Zentrum des Interesses. Der Fokus der Change Management Aktivitäten in den Unternehmen verschob sich von Kostenreduktion und Produktivitätssteigerung auf Invention und Innovation. Die zentrale Frage war nicht mehr, wie man das Bestehende besser machen könnte, sondern wie das Neue in die Welt kommt. Mit diesem Fokuswechsel wurde das Thema Unternehmenskultur wichtiger; die vorher dominante Ausrichtung auf harte betriebswirtschaftliche Faktoren schwächte sich ab. Bei einer Veränderung zweiter Ordnung geht es um die Stimulierung kreativer Musterwechsel, wie sie sich beispielsweise im Sport beim Übergang von der Hochsprungtechnik des Straddle zur Technik des „Fosbury-Flop" oder beim Skiweitflug mit der Einführung des V-Stiles vollzogen haben. Solche Übergänge sind immer gebunden an aktive Störung und an ein bewusstes Management von Instabilität (Kruse 2004). Veränderung zweiter Ordnung geht deutlich über das Optimieren des Bestehenden hinaus und bezieht sich auf das Hervorbringen innovativer Konzepte innerhalb eines bereits erfolgreichen Geschäftsmodells oder innerhalb eines mehr oder weniger konstanten Aufgabenspektrums.

Veränderung als Systemwechsel
Wenn sich allerdings die Rahmenbedingungen für ein Unternehmen oder eine Institution so stark ändern, dass das Geschehen einem fundamentalen Bruch mit dem scheinbar Selbstverständlichen gleichkommt, reicht auch die kreative Leistung eines Musterwechsels nicht mehr aus. Veränderung dritter Ordnung wird erforderlich, wenn konstituierende Regelwerke ihre Gültigkeit verlieren. Veränderung dritter Ordnung ist nicht der Musterwechsel im Rahmen eines bewährten Systems, sondern der radikale Wechsel zwischen Systemen. Viele gegenwärtig sichtbare Phänomene in Wirtschaft und Gesellschaft deuten darauf hin, dass ein solcher Systemwechsel an vielen Stellen schon stattfindet, an anderen noch ansteht. Hierarchiefreie, emanzipatorische Kommunikation erstreckt sich zum Beispiel längst nicht mehr nur auf Konsummärkte, sondern findet auch schon im Inneren von Unternehmen statt. Gewählte Chefs, demokratische Organisationsprinzipien wie das „Holacracy-Modell" oder offene Kommunikationsformen wie Barcamps, bei denen ein großer Kreis von Gleichberechtigten die Agenda bestimmt, sind Ausdruck einer Vernetzungslogik, die sich bei innovativen Organisationen schon heute direkt in der Struktur der Zusammenarbeit niederschlägt.

Die Entwicklung in Richtung einer Veränderung dritter Ordnung bekommt zusätzlichen Schub durch die nachwachsenden Generationen. Als Digital Natives sind ihre persönlichen Lerngeschichten von Anfang an eng mit den durch Vernetzung entstandenen neuen Rahmenbedingungen verknüpft. Sie sind im Kontext des Web sozialisiert und haben Einstellungen und Handlungsstrategien entwickelt, die hinreichend anders sind, um bestehende Systeme gehörig durchzurütteln und den anstehenden Paradigmenwechsel zu unterstützen (Small und Vorgan 2009). Angesichts der Möglichkeiten der Partizipation und Einflussnahme, die sich über die Struktur der neuen Medien eröffnen und angesichts der Fähigkeit der jungen Generationen, sich diese Möglichkeiten zunutze zu machen, wird die derzeit noch vorherrschende Vorstellung von gesellschaftlicher Machtausübung an vielen Stellen grundlegend in Frage gestellt. Die verändernde Kraft der Netzwerke ist nicht darauf angewiesen, über die klassischen Mechanismen von Karriere, Parteiarbeit und Lobbyismus zu laufen, und sie lässt sich auch nicht über die bekannten Wirkungswege brechen. Scheinbar randständige Aktivitäten können sich in kürzester Zeit zu mächtigen Bewegungen aufschaukeln, sofern sie auf Resonanz stoßen. Zu einer Veränderung dritter Ordnung gehört es für die Führung, mit den Wirkweisen einer vernetzten Gesellschaft zu spielen und auf dem Prinzip der Resonanz aufzusetzen.

1.4 Kollektive Kraft und das Resonanzprinzip

Wenn Macht zunehmend in Netzwerken lokalisiert ist, bedeutet Führung, diese Netzwerke bewusst zu gestalten und zu nutzen. Zur Frage wie das gelingen kann, lässt sich das menschliche Gehirn als Modell und „Best Practice-Beispiel" für intelligente Vernetzung heranziehen. Betrachtet man die Grundstruktur eines Gehirns, zeigt sich seine Fähigkeit Probleme zu lösen im Ineinandergreifen von drei verschiedenen Teilfunktionen:

- Aktivierung und Aufmerksamkeit (retikuläres System)
- Verbindung und Vernetzung (kortikales System)
- Bedeutung und Bewertung (limbisches System)

Für die Nutzung kollektiver Intelligenz in einem Unternehmen muss Führung alle drei Funktionen berücksichtigen. Das gilt sowohl im Prozess der Problemlösung als auch bei der Einbindung der daran beteiligten Menschen. Speziell zu Anfang, aber auch im Verlauf jeden kreativen Prozesses, muss Führung die betroffenen Stakeholder möglichst umfassend mobilisieren. Die Aktivierung und das Erzeugen von Aufmerksamkeit über emotionale Resonanz sind somit notwendige Voraussetzung für das Entstehen kollektiver Intelligenz.

Gleichzeitig sollte in einer Organisation, die Antworten auf eine Veränderung dritter Ordnung sucht, alles dafür getan werden, die Vernetzungsdichte im Unternehmen zu erhöhen und einen weitgehend hierarchiefreien Austausch von Information zu gewährleisten. Damit diese Vernetzung Nutzen erbringen kann, gilt es eine gemeinsame Verständnisgrundlage zu schaffen, einen geteilten Bedeutungsraum auszuhandeln und zu entwickeln. Unter dieser Voraussetzung kann die gesamte Dynamik der kreativen Lösungsproduktion im Netzwerk stattfinden. Nur der Übergang von der Invention zur Innovation, also die Entscheidung für die Realisierung einer Handlungsalternative, bleibt der Führung vorbehalten.

Sieht man Führung als eine Funktion in einem „sozialen Gehirn" an, beschränkt sie sich gewissermaßen auf die retikuläre Funktion (Aufmerksamkeit und Aktivierung) sowie auf Teile der limbischen Funktion (Bedeutung und Bewertung). Die kortikale Dynamik (Verbindung und Vernetzung) bleibt völlig ungesteuert und die Ausarbeitung inhaltlicher Vorschläge findet weitgehend ohne reglementierenden Eingriff statt. Damit die Vernetzung tatsächlich greift, gilt es weitere Prinzipien anzuwenden. Die Problemlösungskapazität beispielsweise steigt mit dem Grad der Unterschiedlichkeit der im Netzwerk aktiven Menschen. „Diversity" ist daher tatsächlich ein Turbolader für kreative Dynamik. Die Verbindung möglichst verschiedener Charaktere und Kompetenzen auf der Basis einer tragfähigen gemeinsamen Identität ist ein Wesensmerkmal kollektiver Intelligenz, muss aber durch einen hohen Grad formaler Standardisierung ergänzt werden, um maximale Kompatibilität im Netzwerk zu gewährleisten.

Die Magie des Netzwerks funktioniert über Resonanzbildung
Macht funktioniert in einem solchen „sozialen Gehirn" somit anders als in den hierarchiebetonten Unternehmensstrukturen der letzten Jahrzehnte. Mächtig wird in einem Netzwerk immer nur das, was authentisch ist, das heißt Menschen und Initiativen, die sich einem Diskurs öffnen, ohne etwas in einen Markt zu drücken oder das Schicksal zwingen zu wollen. Denn in einem Netzwerk bestimmt niemals der Anbieter, ob er für eine gewisse

Zeit zum vielgesuchten Knotenpunkt wird, sondern die unkontrollierte und unkontrollierbare Masse der Nachfrager. Wer etwas anbietet, das einen Nerv trifft, kann über Nacht zum Mittelpunkt der Welt werden. In einer Welt, in der Resonanzbildung zum entscheidenden Erfolgsfaktor wird, wird die Kenntnis der emotionalen Bewertungsmuster der Menschen und der Trends, denen diese unterliegen, zur alles entscheidende Größe.

Wer dagegen glaubt, ein Netzwerk gezielt manipulieren oder auch nur im eigenen Interesse einsetzen und nutzen zu können, wird sich mittel- bis langfristig mit hoher Wahrscheinlichkeit wundern, wie viel Budget man wirkungslos versenken und wie dauerhaft man seine Reputation verlieren kann. Die Magie des Netzwerkes funktioniert nicht über Planung, sondern über Resonanzbildung. Wem es gelingt, diese Magie in Gang zu setzen, dem stehen enorme Kräfte zur Seite. Das gilt auch und insbesondere für Führung. Nur wer „Followers" anzieht, Menschen, die in Resonanz gehen mit den eigenen Ideen, sich aktivieren lassen, ist in der neuen Welt tatsächlich Chef und kann die Kraft des Kollektivs gut nutzen.

1.5 Praxischeck: Studie zur Führungskultur

Doch was heißt „Gute Führung" eigentlich für die, die jeden Tag damit zu tun haben, die sich beweisen müssen in einer vernetzten Welt? Im Auftrag des Bundesministeriums für Arbeit und Soziales (BMAS) hat die nextpractice GmbH 2014 die Situation von Führung in Deutschland analysiert. Das Ergebnis: Auch die befragten Führungskräfte – vom DAX-Vorstand bis zum mittelständischen Geschäftsführer – assoziieren mit „guter Führung" Eigenschaften, die man als „professionelles Segeln auf Sicht" charakterisieren kann. Hierarchisch dominierte Vorausplanungen dagegen lehnen sie mehrheitlich ab. Den Befragten geht es bei „guter Führung" in erster Linie um kreative Anpassung an sich schnell ändernde Marktbedingungen und weniger um Effizienz oder Effektivität. Orientierung in der Instabilität wird zur wichtigen Schlüsselkompetenz.

„Gute Führung" – heute noch keine Realität

Im Vergleich zu den eigenen Vorstellungen von „guter Führung" bewerten die 400 interviewten Führungskräfte die heutige Führungspraxis in Deutschland allerdings äußerst kritisch. Trotz der im europäischen Vergleich guten Wirtschaftslage sehen die Führungskräfte die Kriterien, die ihnen bei „guter Führung" wichtig sind, nicht einmal zur Hälfte verwirklicht (mittlerer Erfüllungsgrad 49,3 %). Das von den Befragten erzeugte Stärken-Schwächen-Profil zeichnet ein ernüchterndes Bild der Führungsrealität in deutschen Unternehmen: Machtstreben und Gewinnmaximierung stehen in der Einschätzung der Führungskräfte so sehr im Mittelpunkt, dass unternehmerische Neugier und Zukunftssicherheit zu kurz kommen. Denn die attestierten Führungsstärken beschränken sich nahezu ausschließlich auf Aspekte, die die Ertragskraft bestehender Geschäftsmodelle garantieren – strategische Ziele werden mit Disziplin, Gradlinigkeit und Durchsetzungskraft verfolgt, und über Kennzahlensteuerung, Verantwortungsdelegation und Teamarbeit wird ein möglichst hoher Wirkungsgrad des Unternehmenshandelns angestrebt.

Viele Kritikpunkte an der aktuellen Führungspraxis werden als Preis angesehen, der für die einseitige Fixierung auf Rendite und Shareholder Value zu zahlen ist. Mitarbeiter werden demnach durch internes Konkurrenzklima, Sachzwänge und Leistungsnormen unter kurzfristigen Erfolgsdruck gestellt. Den Lebensumständen angepasste Arbeitsmodelle sind bis auf eine generelle Flexibilisierung der Arbeitszeit noch unzureichend entwickelt. Motivierende Sinngebung und überzeugende Wertschätzung kommen zu kurz. Machterhalt und Taktik behindern Zusammenarbeit und solidarisches Miteinander. Über steuernde Eingriffe und Top-down-Vorgaben werden Eigeninitiative und Innovationskraft ausgebremst.

Wie sehr sich die Führungskultur in Deutschland in der Einschätzung der befragten Führungskräfte ändern muss, zeigt sich noch deutlicher, wenn man die retrospektiv gesehene Entwicklung der Führungspraxis seit 1950 in Relation zu den Führungsanforderungen setzt. Die Schere zwischen Führungspraxis und Führungsanforderungen öffnet sich seit Jahren immer stärker. 78 % der befragten Führungskräfte sind deshalb der Überzeugung, dass das erreichte Ausmaß der Fehlentwicklung nur mit einer grundlegenden Neuorientierung zu korrigieren ist. Ohne einen Paradigmenwechsel im Führungsverständnis halten die Führungskräfte die Zukunft des Standortes Deutschland für ernsthaft gefährdet. Die Führungskräfte stimmen darin überein, dass die Arbeitswelt von morgen Mitarbeitern mehr Selbstbestimmung und persönliche Sinnfindung bieten muss. Solidarität und gegenseitige Wertschätzung gewinnen eine höhere Bedeutung für Motivation und Einsatzbereitschaft als rein materielle Anreize. Verteilungsgerechtigkeit und soziale Verantwortung rücken mehr ins Zentrum der Aufmerksamkeit. Die gesellschaftliche Dimension von Führung gewinnt gegenüber den wirtschaftlichen Interessen stark an Bedeutung[1].

Diese Ergebnisse sind trotz der relativ geringen Fallzahl von 400 Befragten valide. Dank des Einsatzes des von nextpractice entwickelten „nextexpertizer" ging die Befragung über das einfache statistische Auszählen vorgegebener Antworten hinaus. Das computergestützte Interviewinstrument „nextexpertizer" erlaubt stattdessen die emotionalen Präferenzen größerer Menschengruppen zu erfassen und zu einer Art „Computertomografie kultureller Bewertungen" zu verdichten. Das Instrument verbindet dabei die Vergleichbarkeit standardisierter Fragebögen mit der qualitativen Aussagekraft frei geführter Interviews. So ist es möglich, auf der Basis von wenigen hundert Auskunftspersonen Anziehung (Attraktoren) und Ablehnung (Repeller) in einem kulturellen Kraftfeld mit hinreichender Genauigkeit abzubilden. Vergleichbar mit der Erfassung der Großwetterlage über 200 Wetterstationen oder der Erfassung der Großhirndynamik über 200 EEG-Ableitpunkte, entsteht das eigentlich interessierende Bild erst in der Zusammenschau der Teilmessungen. Es geht hierbei nicht um die Schätzung individueller Merkmalsverteilungen in einer Grundgesamtheit, sondern um die Visualisierung emergenter kultureller

---

[1] siehe auch www.forum-gute-fuehrung.de

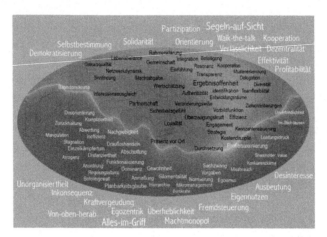

Abb. 1.1 Semantische Tag-Cloud: Führungskultur in Deutschland (Sobieraj 2014)

Ordnungsbildungsprozesse. Statistische Repräsentativität ist kein Gütekriterium. Ziel sind qualitative Einsichten.

In der konkreten Auswertung entsteht ein Bild, das sich wie eine „semantische Tag-Cloud" liest (Abb. 1.1). Die einzelnen Schlagwörter bzw. Aussagen der Befragten sind mathematisch in dem sich aus der tatsächlichen Wortverwendung der Auskunftspersonen ergebenden Kontext verortet. Auf diese Weise spannt sich ein gemeinsamer Bedeutungs- und Werteraum auf.

Je größer ein Schlagwort in diesem Raum dargestellt ist, desto mehr Originalaussagen wurden darunter zusammengefasst. So sind beispielsweise in der Studie zu „Guter Führung" unter dem negativ bewerteten Schlagwort „Mikromanagement" über 900 Originalaussagen „getagt". 21 % der interviewten Führungskräfte haben dazu Kritiken formuliert wie: „viel zu engmaschige Vorgaben machen", „über detaillierte Aufgabenlisten steuern" oder „nur Einzelaktionen ausführen dürfen". Alle 74 Schlagwörter sind auf diesem Weg entstanden und können jederzeit durch ihre zugehörigen Originalaussagen untermauert werden.

Alle Ergebnisse der Studie sollen noch 2015 als Ausgangspunkt eines bundesweiten Diskursprozesses zum Thema „gute Führung" dienen. Eine Serie weiterer Interviews soll die bisherigen Ergebnisse verdichten und ergänzen und so eine Grundlage für den dringend benötigten gesellschaftlichen Wandel in den Führungsetagen von Wirtschaft und Gesellschaft schaffen.

Fazit

Die nextpractice-Studie zu „Guter Führung" zeigt, dass das Konzept hierarchisch steuernder Führung vor dem Offenbarungseid steht. Sie bestätigt damit die sich aus der Theorie komplexer intelligenter Netzwerke ergebenden Erfordernisse. Planbarkeit war gestern. Stabile Phasen, in denen es reicht, das Bestehende zu optimieren, sind die Ausnahme. „Gute Führung", so sind sich die Praktiker einig, bedeutet, professionell auf Sicht segeln zu können. Dauerhaft erfolgreich wird nur sein, wer gelernt hat, sich auf ergebnisoffene Entwicklungsprozesse einzulassen (Kruse 2014). Neugier, Risikofreude und der Umgang mit Unsicherheit können daher nicht mehr an avantgardistische Vorreiter oder provozierende Querdenker delegiert werden. Stattdessen ist Netzwerkbildung in und zwischen den Unternehmen die beste Antwort auf die Herausforderungen der modernen Arbeitswelt. Gute Rahmenbedingungen für Kooperation und Netzwerkbildung zu schaffen, wird zu einer prioritären Führungsaufgabe. Die Aushandlung von Grundwerten und die Reflexion von Zusammenhängen ermöglichen trotz hoher Autonomie der beteiligten Netzwerkpartner dabei die notwendige Synchronisation im Denken und Handeln. Gemeinsam vereinbarte Werte bilden die Grundlage für Identifikation, Solidarität und soziale Verantwortung in der Organisation der Zukunft.

Literatur

Ashby, W. R. (1956). *An introduction to cybernetics*. New York: Literary Licensing, LLC.
Benjamin, W. (1935). Das Kunstwerk im Zeitalter seiner technischen Reproduzierbarkeit (2. Aufl.). Frankfurt a. M.: Suhrkamp. (1968).
Kruse, P. (2004). *nextpractice. Erfolgreiches Management von Instabilität*. Offenbach: GABAL
Kruse, P. (2014). Monitor – Führungskultur im Wandel (Initiative Neue Qualität der Arbeit). http://www.forum-gute-fuehrung.de/ergebnisse. Zugegriffen: 05. Juni 2015.
Levine, R., Locke, C., Searls, D., & Weinberger, D. (2000). *Das Cluetrain-Manifest. 95 Thesen für die neue Unternehmenskultur im digitalen Zeitalter*. München: Econ.
McLuhan, M. (1963). *Understanding media: The extensions of man*. New York: McGraw-Hill.
Small, G., & Vorgan, G. (2009). *iBrain. Wie die neue Medienwelt Gehirn und Seele unserer Kinder verändert*. Stuttgart: Kreuz.
Sobieraj, A. (2014). *Präsentation der Studie „Führungskultur im Wandel" auf der Messe „Zukunft Personal 2014"* (nextpractice). http://de.slideshare.net/Peter_Kruse/fuhrungskultur-im-wandel-zukunft-personal-2014. Zugegriffen: 05. Juni 2015. (Folie 14).
von Uexküll, J. J. (1909). *Umwelt und Innenwelt der Tiere*. Berlin: Springer.

Prof. Dr. Peter Kruse (1955–2015), war Honorarprofessor für Allgemeine und Organisationspsychologie an der Universität Bremen sowie Gründer und geschäftsführender Gesellschafter des Bremer Methoden- und Beratungsunternehmens nextpractice GmbH. Er arbeitete mehr als fünfzehn Jahre lang als Wissenschaftler an mehreren deutschen Universitäten an der Erforschung der Komplexitätsverarbeitung in intelligenten Netzwerken. Der Schwerpunkt seiner beraterischen Arbeit lag in der Anwendung und praxisnahen Übertragung von Selbstorganisationskonzepten auf unternehmerische Fragestellungen. Peter Kruse war Autor von mehr als zweihundert Publikationen.

Frank Schomburg ist Mitgründer und Gesellschafter der nextpractice GmbH. Nach dem Studium der Informatik war er in verschiedenen Industrieunternehmen als Projektleiter für produktionstechnische EDV-Systeme tätig. 1991 gründete er zusammen mit weiteren Gesellschaftern ein Softwareunternehmen. Später entwickelte er in einem interdiziplinären Team aus Informatikern und Psychologen gemeinsam mit Prof. Dr. Peter Kruse die Basiskonzepte für die nextpractice-Werkzeuge. Als Berater erarbeitet er heute Konzepte für den Methodeneinsatz in Unternehmen und leitet deren Umsetzung.

Resilienzzentrierte Führung

2

Hans A. Wüthrich

Zusammenfassung

Führungskräfte verstehen sich als Erfüllungsgehilfen von Effizienz, Stabilität und Sicherheit. Dies führt dazu, dass Breitbandigkeit und Vielfalt – wichtige Eigenschaften für die Störungsabsorptionsfähigkeit – verloren gehen und Organisationen zu Sicherheitsproduzenten mutieren. Führungskräfte sind deshalb gut beraten, vermehrt am System und an der organisationalen Resilienz zu arbeiten. Stickworte dazu bilden: Haus mit kantigen Steinen bauen und Vielfalt kultivieren; die Organisation als Prototyp verstehen; das Augenmerk von Führung auf Potenzialentfaltung und nicht Systemperfektionierung legen; Projektlogik durch Experimente ergänzen und eine Kultur des produktiven Scheiterns aufbauen. Der Beitrag thematisiert Erkenntnissen aus dem universitären, praxisnahen Forschungsprojekt Musterbrecher® und offeriert Denkangebote und Impulse zu einer resilienzzentrierten Führung. Eine Führung, die Ungewissheit annimmt und nicht zu vermeiden versucht.

Organisationen sind Sicherheitsproduzenten, die mit Hilfe der Reduktionslogik Unsicherheit und Ungewissheit zu eliminieren versuchen. Das Ergebnis ist eine Scheinsicherheit mit gefährlichen dysfunktionalen Nebeneffekten: Unternehmen werden übereffizient, selbstähnlich und seelenlos und verlieren an der für ihre Vitalität so entscheidenden Binnenvarietät. Der Beitrag thematisiert die organisationale Resilienz, zeichnet die Konturen einer resilienzzentrierten Führung und postuliert exemplarische Gestaltungsfelder zur gezielten Erhöhung der Varietät und zur Resilienzvorsorge.

H. A. Wüthrich (✉)
Universität der Bundeswehr, München, Deutschland
E-Mail: hans.wuethrich@unibw.de

2.1 Ungewissheitsvermeidung als gesellschaftliches Phänomen

Eine im Jahre 2014 durch das Marktforschungsinstitut Research Now bei 4000 Studierenden durchgeführte und von der Unternehmensberatung Ernst & Young (Süddeutsche Zeitung 2014) in Auftrag gegebene Studie kommt zu einem überraschenden Schluss: Nachdem die Generation Y im beruflichen Umfeld primär Sinn gesucht hat, streben die Jüngeren offensichtlich wieder vermehrt nach Sicherheit. 61 % nannten als wichtigstes Kriterium bei der anstehenden Jobwahl die Arbeitsplatzsicherheit, und jede(r) dritte Befragte hält den Öffentlichen Dienst für besonders erstrebenswert. Offensichtlich hat das in unserer Gesellschaft vorherrschende Streben nach Klarheit, Gewissheit, Unzweifelhaftigkeit und Erwartbarkeit auch einen prägenden Einfluss auf die junge Generation. Verschiedene Untersuchungen bestätigen, dass dieses Sicherheitsbedürfnis allerdings nicht in allen Regionen unserer Welt gleich stark ausgeprägt ist. In seinem Modell der nationalen Kulturunterschiede konnte z. B. Geert Hofstede (1992, 2003) nachweisen, dass einzelne Länder mit Ungewissheit unterschiedlich umgehen. Im Uncertainty Avoidance Index (UAI) wird der Grad der Abneigung gegenüber unvorhergesehenen Situationen abgebildet. Auf einer Skala von 0 (gering) bis 120 (hoch) beträgt der UAI für Singapur 8, Dänemark 23, USA 46 und Deutschland 65 (Hofstede 2015). In Unsicherheit vermeidenden Kulturen mit einem hohen UAI finden wir eine ausgeprägte Regelungsdichte, viele Gesetze und Sicherheitsmaßnahmen. In Deutschland ist bspw. geregelt: die Zahl der Grillabende, die pro Monat im Garten zwischen 17 und 22 Uhr gestattet sind, die Frist in der Mieter ihren Nachbarn diese ankündigen müssen genauso wie die maximale Zahl der Chinchillas, die in einer deutschen Mietwohnung gehalten werden dürfen. Auch für die Dauer, in der Hunde laut dem Deutschen Mieterbund ununterbrochen bellen oder Kakadus auf der Terrasse in einer Voliere abgestellt werden dürfen, gibt es entsprechende Weisungen. Und selbstverständlich ist auch die Höhe des Bußgeldes, mit der das stundenlange Pfeifen eines Papageis sanktioniert wird, definiert (Welt in Zahlen 2006).

Das Streben nach Sicherheit stellt ein existenzielles Grundbedürfnis des Menschen dar, weshalb Maßnahmen zur gezielten Reduktion von Unsicherheit durchaus sinnvoll sind. Verantwortungsvolles individuelles und institutionelles Handeln schließt stets auch die Abschätzung möglicher Folgen und die Vermeidung von Risiken mit ein. Nicht das grundsätzliche Bestreben, Ungewissheit zu reduzieren, ist also der neuralgische Punkt, sondern vielmehr der Umstand, dass daraus eine Erwartungshaltung resultiert. Eine Erwartungshaltung, dass dies auch gelingen kann. Wir wissen heute, dass die absolute Sicherheit eine Fiktion ist und wir im „Realismus der Unsicherheit" leben. Oder wie es Anton Tschechow auf den Punkt bringt: *Es gibt keine Sicherheit, nur verschiedene Grade der Unsicherheit.* Dies zu akzeptieren und entsprechend zu handeln, fällt Verantwortungsträgern auch in der Unternehmenswelt schwer.

2.2 Organisation als Sicherheitsproduzent

In unserer arbeitsteiligen und vernetzen Welt begegnen wir Organisationen auf Schritt und Tritt. Seit der Industrialisierung bilden sie das Fundament unserer Gesellschaft und noch nie war unser Leben so organisiert wie heute. Die effiziente Wertschöpfung bedingt stabile und sichere Rahmenbedingungen. Es ist deshalb nicht verwunderlich, dass eine zentrale Aufgabe der Organisation darin besteht, Sicherheit und Stabilität zu erzeugen. Dirk Baecker (2007) stellt dazu fest, dass die Betriebswirtschaftslehre üblicherweise das Unbestimmte ausschließt. Der Blick hinter die Kulissen organisationaler Realität lässt die vielfältigen Ansatzpunkte erkennen, mit denen Führungskräfte versuchen, gezielt und hoch professionell Unsicherheit aus der Institution zu nehmen. Dabei greifen sie insbesondere auf die drei zentralen Gestaltungsfelder Strategie, Struktur und Systeme zurück.

Im Sinne einer Navigationshilfe vermitteln *Strategien* Orientierung. Sie unterstützen Führungskräfte dabei, ihr Handeln an übergeordneten Zielen auszurichten und sich nicht durch vordergründige Dringlichkeiten ablenken zu lassen. Strategien ermöglichen eine Konzentration der Kräfte, sie erlauben einen fokussierten Ressourceneinsatz und vermitteln den Mitarbeitenden Sinn. Unternehmensextern schaffen sie Vertrauen bei Kunden und Sicherheit gegenüber Stakeholdern. *Ablauf- und aufbauorganisatorische Strukturen* vermitteln der Organisation Stabilität. Definierte Prozesse ermöglichen die effiziente Wertschöpfung, sind Garant für gleichbleibende Herstellqualitäten und gewähren die Rückverfolgbarkeit von Produkten. Die klare Zuteilung von Aufgaben, Kompetenzen und Verantwortungen gestattet Arbeitsteilung und Produktivitätsfortschritt. Feste Strukturen erhöhen zudem die Transparenz und erlauben den sicheren Umgang mit Schnittstellen.

Auch viele der eingesetzten *Systeme* zielen auf die Erhöhung der organisationalen Sicherheit. So helfen z. B. Zielvereinbarungen, das Verhalten von Mitarbeitenden auszurichten und zu überprüfen, während standardisierte Incentive-Modelle sicherheitsunterstützende Anreize schaffen. Auch die in vielen Organisationen zur Umsetzung der Corporate Governance ausgestalteten Compliance-Richtlinien oder Risikomanagementsysteme stellen den Versuch dar, Unsicherheit zu eliminieren. Das Organisationen zur Verfügung stehende und eingesetzte Instrumentarium zur Produktion von Sicherheit ist also mannigfaltig. Den exemplarisch aufgezeigten Möglichkeiten ist gemeinsam, dass sie versuchen, die Ungewissheit durch Abbau von Komplexität zu verringern. Die interessante Frage lautet, welche Qualität hat diese Form von Sicherheit? Betrachtet man die möglichen innerorganisationalen Folgen dieser Bemühungen zur Reduktion von Komplexität, so lassen sich u. a. drei gravierende und dysfunktionale Nebeneffekte erkennen:

Erstens
Organisationen gleichen sich einander zunehmend an. Ihr Systemlayout wird immer selbstähnlicher. Identische Assessmentverfahren und Beurteilungssysteme, austauschbare SAP-Prozesslandschaften, vergleichbare Planungs- und Controllingansätze sind die

logische Konsequenz. Die aus Selbstähnlichkeit resultierende Sicherheit birgt die Gefahr, dass Organisationen austauschbar und seelenlos werden. Enthusiasmus geht verloren und eine Dienst nach Vorschrift Mentalität bildet sich aus. Der Aufbau einzigartiger strategischer Wettbewerbsvorteile wird erschwert, weil in der Unternehmenskultur Leidenschaft und Begeisterung verloren gehen.

Zweitens
Organisationen verlieren an Vielfalt. Durch die dominierende Reduktionslogik werden Handlungsmöglichkeiten und Zustandsformen limitiert. Aus der Kybernetik, der Lehre von der Regelung komplexer Systeme, wissen wir, dass einer zunehmenden Umfeld- und Außenkomplexität nur mit einer adäquaten System- und Binnenkomplexität zu begegnen ist. Diesem von Ashby (1974) bereits vor fast 60 Jahren formulierten Gesetz der erforderlichen Varietät (Law of Requisite Variety) wird die Reduktionslogik nicht gerecht. Sie verringert die Varietät der Organisation und provoziert damit eine gefährliche Scheinsicherheit.

Drittens
Organisationen werden störungsanfällig. Vergleichbar mit den Monokulturen, die standardisiert bewirtschaftet werden, sind auch sie zunehmend verletzbar. Durch ihre Gleichförmigkeit verlieren Organisationen an Robustheit, Spannkraft und Widerstandsfähigkeit. Dem Primat der Effizienz folgend, wird bewusst auf jegliche Form von Redundanz verzichtet. So haben zum Beispiel viele Erstausrüster die Anzahl der Zulieferanten für Schlüsselteile drastisch reduziert. Dadurch gelang es zwar, Kosten einzusparen, andererseits hat aber die Verletzbarkeit und Anfälligkeit durch unerwartete Störungen zugenommen.

Aufgrund der Folgeeffekte ist die Qualität der durch Organisationen produzierten Sicherheit also kritisch zu sehen. Das Problem ist das Übermaß an Effizienz (Lietaer 2005), was letztlich zu einer Instabilität des Systems führen kann. Interessanterweise zeigen Untersuchungen, dass natürliche Systeme nachhaltig überlebensfähig sind, wenn sie doppelt so belastbar wie effizient sind (Gründler 2009, Abb. 2.1).

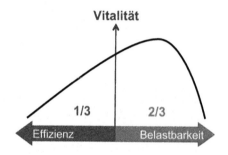

Abb. 2.1 Vitalität natürlicher Systeme. (in Anlehnung an Gründler 2009, S. 159)

2.3 Organisationale Resilienz

In Analogie zum Organismus wird auch die (Über-)Lebensfähigkeit einer Organisation maßgeblich dadurch bestimmt, wie gut sie in der Lage ist, sich an die relevanten Umfeldbedingungen anzupassen und diese zu nutzen. Wie aufgezeigt, dominiert heute im Management das Primat der Effizienz. Eigenschaften wie Robustheit, Pufferfähigkeit und Widerstandskraft gegenüber Störungen drohen im Effizienzwettlauf der Unternehmen unterzugehen. Unter dem Begriff der Resilienz findet dieses Phänomen Beachtung in der Wissenschaft. Bei der Resilienz handelt es sich um einen Begriff aus der formalen Systemtheorie, der vorerst von der Individualpsychologie und später von der Systemökologie aufgegriffen wurde. Resilienz bedeutet grundsätzlich „... die Belastbarkeit eines Systems durch und seine Elastizität gegenüber Störungen" (Finke 2014, S. 27) von außen. Je nach Anwendungsfeld lassen sich unterschiedliche Formen von Resilienz erkennen. In der Technik versteht man unter der engineering resilience die Fähigkeit des Systems, nach einem Schock wieder ins Gleichgewicht zu kommen. Dabei wird als sogenannte return time die Dauer zwischen der Störung und der Rückkehr zum Ausgangszustand bezeichnet. Diese Form der Resilienz hat ihre Bedeutung bei linearen Systemen, für die sich ein stabiles Gleichgewicht definieren lässt (Schaffer 2014). Bei Organisationen müssen wir aber davon ausgehen, dass es dieses stabile Gleichgewicht nicht gibt.

Die organisationale Resilienz bewegt sich in einem magischen Dreieck, bestehend aus den Elementen: *Resistenz und Immunität*, *Wandel und Flexibilität* sowie *Identität und Funktionsfähigkeit* (Abb. 2.2). Zwischen diesen Elementen lassen sich verschiedene Spannungsfelder erkennen. So gilt es, Resistenz und Immunität zu stärken ohne Flexibilität einzubüßen, Wandel zuzulassen ohne die Identität und eigene Wertebasis zu verlieren oder die Funktionsfähigkeit des Systems zu erweitern ohne an Resistenz einzubüßen

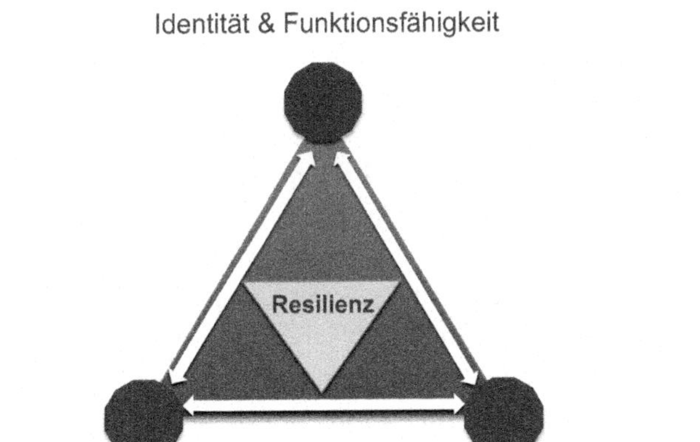

Abb. 2.2 Spannungsfelder organisationaler Resilienz

(Finke 2014). Organisationale Resilienz ist als ein dynamischer Zustand zu sehen, bei dem eine Balance zwischen diesen drei Elementen besteht, die sich stets neu ausbilden muss. *Die organisationale Resilienz* definiert sich somit als Fähigkeit des Systems, mit Schocks und Störungen selbstregulierend so umzugehen, dass die Vitalität des Systems erhalten bleibt.

2.4 Konturen einer resilienzzentrierten Führung

Die Mächtigkeit und Funktionsweise einer resilienzzentrierten Führung lässt sich am besten anhand von Beispielen illustrieren. Der Verkehrsplaner Johannes Monderman hat in der niederländischen Stadt Drachten genau das Gegenteil von dem getan, was wir in der Verkehrsführung immer wieder erleben. Überzeugt von der Tatsache, dass Verkehrsteilnehmer umso verantwortungsloser handeln, je mehr Regulierungen existieren, schaffte er Schilder und Ampeln ab und ließ aus Bürgersteig und Fahrbahn eine durchgehende Fläche werden. Die beobachtbaren Effekte waren aus konventioneller Sicht überraschend: Die Geschwindigkeit der Fahrzeuge reduzierte sich, der Verkehr wurde flüssiger und die benötigte Zeit für die Durchquerung der Stadt sank auf die Hälfte. Am verblüffendsten aber war die Erkenntnis, dass die Anzahl der Verkehrsunfälle auf nahezu null zurückging. Die neue, kontraintuitive Erfahrung lautet: *Unsicherheit schafft Sicherheit*. Unter dem Projektnamen Shared Space (Bechtler et al. 2010) gibt es heute europaweit viele ähnliche Experimente. So u. a. auch in der niedersächsischen Kleinstadt Bohmte. Wolfgang Bode, Professor für Transport und Verkehr an der Hochschule Osnabrück, hat in einer repräsentativen Untersuchung die Bohmter nach ihren Erfahrungen mit Shared Space befragt. Er kommt zum Schluss, dass die Mehrheit mit der schilderlosen Straße glücklich ist und dass das Ziel, Sicherheit durch Unsicherheit zu erreichen, erfüllt wurde (Przybilla 2013).

Auch im Luftverkehr gibt es ein gleichermaßen interessantes Anschauungsbeispiel, welches dokumentiert, wie mit mehr Eigenverantwortung und weniger Vorgaben klug mit einer erhöhten Unsicherheit umgegangen werden kann. Beim Landeanflug – dem sogenannten short final – befinden sich die Piloten flugsicherungstechnisch in aller Regel in einer komfortablen Situation. Vom Tower erhalten sie in umfassender Art und Weise alle für die Landung erforderlichen und nützlichen Detailinformationen. So zum Beispiel, welche Landebahn anzufliegen ist, wie die Wind- und Wetterverhältnisse sind, welche Flugzeuge sich vor, daneben oder hinter der eigenen Maschine befinden. Völlig anders ist die Situation in New York. Aufgrund der drei internationalen Flughäfen Newark, New York-La Guardia und New York-John-F.-Kennedy, ist das Verkehrsaufkommen sowie die Komplexität der verschiedenen An- und Abflugverfahren in dieser Area extrem hoch. Die Bewältigung dieses Verkehrsflusses zwingt den Tower, die Informationen und Vorgaben für die einzelnen Flugzeuge auf ein Minimum zu begrenzen. Von den Piloten wird deshalb eine erhöhte Aufmerksamkeit erwartet. Sie müssen *alert* sein, den Flugfunk selbst verfolgen und den Landeanflug in hoher Eigenverantwortung durchführen. Fehlt diese Aufmerksamkeit, kann dies dazu führen, dass ein erneuter Anflug mit einer späteren

Landeerlaubnis erforderlich wird. Ein Pilot, der New York zum ersten Mal anfliegt, wäre mit der Situation wahrscheinlich überfordert. Es ist deshalb branchenüblich, New York zunächst mit einem(er), mit den speziellen Eigenheiten vertrauten Kollegen(in) anzufliegen. Die Piloten müssen zuerst lernen, ihre vergleichsweise höhere Eigenverantwortung wahrzunehmen. Interessant ist, dass das Safety Niveau in New York aber gleich hoch ist wie bei allen anderen internationalen Flughäfen dieser Welt.[1]

Wie bei Shared Space zeigt auch dieses Beispiel, dass aufgrund der Substitution der starren Regeln durch die Urteilskraft der Verkehrsteilnehmer und Piloten die Robustheit des Gesamtsystems erhöht werden konnte. Kybernetisch interpretiert führten die eingeleiteten Maßnahmen zu einer Erhöhung der Varietät des Systems. Die fehlenden Schilder und Anweisungen der Lotsen mussten durch die eigene Urteilskraft kompensiert werden. Dies führt zu einer Erhöhung der Wirk- und Handlungsmöglichkeiten des Systems, was dessen Störungsabsorptionsfähigkeit verbessert. Selbstregulierend, auf Basis einer sozialen Eigenkontrolle, hat sich ohne Identitätsverlust und unter Wahrung der Funktionsfähigkeit die Belastbarkeit und Robustheit des Gesamtsystems erhöht.

Für Organisationen ist Resilienz nicht das Ziel, sondern lediglich Mittel zur Erreichung von Vitalität. Zeitpunktbezogen und absolut lässt sich das Maß an erforderlicher Resilienz nicht bestimmen. Führungskräfte sind deshalb nicht in der Lage, Resilienz in einer nachhaltigen Form *top down* zu managen. Der intelligente Umgang mit den aufgezeigten Spannungsfeldern des magischen Dreiecks der Resilienz bedingt von Führungskräften die Arbeit *am* System. Dabei verstehen sie sich als Wegbereiter, die indirekt führen und primär an den Rahmenbedingungen arbeiten. Sie konzentrieren sich auf die Arbeit an den Gelingensvoraussetzungen für eine resilienzzentrierte Führung. Zentraler Ansatzpunkt dabei bildet die *institutionelle Varietät*. Vier exemplarische Gestaltungsfelder zur Erhöhung der Binnenvarietät lassen sich dabei unterscheiden:

2.4.1 Biografische Vielfalt kultivieren

> Jeder Mensch wird als Original geboren, aber die meisten sterben als Kopie.
> Kaspar Schmidt

Das Ausmaß an Varietät einer Organisation wird maßgeblich durch die Profile ihrer Mitarbeitenden bestimmt. Je vielfältiger die vertretenen Disziplinen, die lebensbiografischen Erfahrungen und kulturellen Prägungen, desto größer das Verhaltensrepertoire des Systems. Vielfalt leistet aber auch einen wertvollen Beitrag zur Verbesserung der Lösungsqualität bei anstehenden Problemen. Sie provoziert zudem Widersprüchlichkeiten, die wiederum die Grundlage für Wandel und Innovationen bilden. Führungskräfte sind deshalb gut beraten, ihr „Haus" mit kantigen Steinen zu bauen, denn Kugeln rollen bekanntlich davon.

---

[1] Quelle: Interview mit Herrn Matthias Suhr, Stellvertretender Direktor des Bundesamts für Zivilluftfahrt (BAZL), Bern.

Für die Unternehmenspraxis sind die positiven Effekte der Normierung und die dadurch erzielbaren Skalen- und Synergieeffekte augenfällig. Dies führt dazu, dass unternehmensweit die Standardisierung zur dominanten Logik mutiert. Die Folgekosten der Normierung bleiben weitgehend unbeachtet, während der Mehrwert von Vielfalt unterschätzt wird. Viele Organisationen nutzen bei der Personaleinstellung standardisierte Assessment-Verfahren und laufen damit Gefahr, hoch effizient Selbstähnlichkeit zu rekrutieren. Auch die Personalentwicklung und -förderung erfolgt mit Hilfe normierter Beurteilungs- und Laufbahnsysteme. Dies führt zwangsläufig dazu, dass das Kantige und Atypische in Organisationen mehr und mehr ausgesiebt wird. Unter dem Aspekt der gezielten Varietätserhöhung wären Firmen gut beraten, einen Teil der einzustellenden Mitarbeitenden bewusst nicht kompetenzorientiert, auf Basis eines Anforderungsprofils zu rekrutieren, sondern vermehrt attraktive, atypische Lebensbiografien und Exoten einzustellen – d. h., sich also nicht auf die Passgenauigkeit sondern den Varietätsgewinn zu fokussieren. Für die Führung würde dies bedeuten, Mitarbeitende einzustellen, die nicht zur Organisation passen. Das nachfolgende Beispiel zeigt, dass ein atypisches Profil selbst bei Führungskräften einen Mehrwert stiften kann:

> Am Ende eines professionellen Selektionsprozesses für den Logistikleiter in einem großen Industriekonzern standen noch zwei Kandidaten zur Auswahl. Darunter Herr M. mit einem normabweichenden Lebenslauf. Er hatte Geschichte des Mittelalters und Philosophie studiert und keinerlei fachlichen Bezug zur Logistik. Trotz fehlender Fachkenntnisse hat er es dank seiner überzeugenden Persönlichkeit geschafft, in die letzte Auswahl zu kommen. Nach langer Diskussion hat die Geschäftsleitung den mutigen Entscheid getroffen, Herrn M. zum Leiter Logistik zu berufen. Als Fachfremder war er gezwungen, über Fragen und nicht durch Antworten zu führen. In relativ kurzer Zeit initialisierte er wertvolle Impulse, die zu vielen konzeptionellen Änderungen in den Logistikprozessen führten. Das fehlende Expertentum erhöhte hier die Varietät. Der fachfremde Blick und seine hohe Sozialkompetenz ließen innerhalb kurzer Zeit neue Lösungen entstehen. Herr M. verfügt heute bei seinen Führungskräften und Mitarbeitenden über eine entsprechend hohe Wertschätzung.

2.4.2 Übereffizienz abbauen

> Die Menschen haben so viel mehr zu geben, als nur Regeln zu befolgen.
> Martin Werlen, Kloster Einsiedeln

Das Primat der Effizienz dominiert nicht nur die betrieblichen Wertschöpfungsprozesse in Organisationen, sondern immer mehr auch die Form der Führung. Wir geben Ziele, Budgets und Standards vor und messen Arbeits-, Fehl- und unproduktive Zeiten. Wir motivieren mit Hilfe von Prämien und stellen die Produktivität über Stellenbeschreibungen, Handbücher, Prozessdokumentationen sicher. Mitarbeitende teilen wir in Mehr- und Minderleister ein. Dies alles geschieht unter dem Stichwort „Performance Measurement" oder „Performance Management". Dank ausgeklügelter Rankingsoftware wissen zum Beispiel die Kellner der 17 Betriebe umfassenden Restaurantkette „Not Your Average Joe's" mit Hauptsitz in Massachusetts stets wie sie im Vergleich zu ihren Kollegen(innen) dastehen. Die Software misst den Umsatz pro Gast und die Gästezufriedenheit, die sich nach Höhe der Trinkgelder berechnet. Besonders gut bewerteten Kellnern werden mehr Tische zugewiesen und sie dürfen die bevorzugten Arbeitszeiten aussuchen. Stephen Solverstein, CEO und Gründer sagt zu dem Ansatz: „Wenn die Schwachen uns verlassen, ist das nur gut für unser Unternehmen." Finanziell scheinen sich die Neuerungen zu rechnen. Die durchschnittlichen Rechnungen haben um 2–3 % zugelegt, d. h. von 17 auf $17,50 pro Gast. Bei 60.000 Rechnungen pro Woche resultiert daraus ein Mehrumsatz in Höhe von $1,5 Mio. und ein zusätzlicher Profit von $0,6 Mio. pro Jahr (Netessine und Yakubovich 2012).

In Banken und Versicherungen werden Kundenberater(innen) über Tagesziele gesteuert. Diese definieren, welche Dienstleistungen mit welcher Priorität zu verkaufen und wie viele Kundenkontakte durchzuführen sind. In regelmäßigen Telefonkonferenzen mit dem Vorgesetzten, müssen die Berater ihre Aktivitäten kommentieren und begründen. Das Sales Engineering wird hier also mit hoher Systematik betrieben. Die Verkaufsprozesse werden analysiert und optimiert. Detaillierte Telefonskripte, umfassende Checklisten und Argumentationskataloge bilden die Basis für professionelle Kundengespräche.

Zwar sehen Führungskräfte die Sinnhaftigkeit dieser Maßnahmen oft nicht ein. Viele resignieren und spielen einfach mit. Symptomatisch dazu die Aussage eines Managers in einem bedeutenden deutschen Finanzdienstleistungskonzern: „In Deckung bleiben, stillhalten und mitspielen – wir alle betreiben munter Rollenspiele und setzen uns gegenseitig intellektuell schachmatt."

Aus den Beispielen wird deutlich, wie Übereffizienz die Binnenvarietät zerstören kann. Mit den Vorgaben wird einerseits eine Fokussierung provoziert, andererseits aber verliert das System an Handlungsmöglichkeiten und interessante Opportunitäten gehen verloren. Durch die gezielte Reduktion von Übereffizienz lässt sich also Varietät erhöhen. So wird beispielsweise mit dem Abbau der Regelungsdichte der autonom nutzbare Raum der Mitarbeitenden vergrößert und der Grad an Selbstorganisation erhöht. Oder durch den bewussten Verzicht auf Skalen- und Synergieeffekte, z. B. durch eine gezielte „Zellteilung", können strukturell kleinere Einheiten entstehen. Aufgrund der vorhandenen persönlichen Beziehungen sind diese direkt und ohne Bürokratie führbar. Mitarbeitende gehen nicht in der Anonymität unter und übernehmen tendenziell mehr Verantwortung. Auch die bewusste Inkaufnahme von Redundanzen trägt zu einer höheren Belastbarkeit des Systems bei. Autonomie, Selbstorganisation, Verantwortungsübernahme und Redundanzen bilden somit wertvolle Verstärker organisationaler Varietät.

Unter dieser Optik ist es sinnvoll, wenn in regelmäßigen Abständen eine organisationale Entrümpelung stattfindet. Gemäß dem Bericht in der Süddeutschen Zeitung im Handelsblatt hat der CEO von Bosch, Herr Volkmar Denner, mehr als die Hälfte der rund 700 Zentralanweisungen ersatzlos gestrichen (Hägler 2015). Vielleicht wäre es grundsätzlich sinnvoll, wenn Organisationen dem Prinzip folgen würden: Eine neue Regel kann nur in Kraft gesetzt werden, wenn eine bestehende eliminiert wird.

2.4.3 Potenzialentfaltung fördern

Zutrauen veredelt den Menschen, ewige Vormundschaft hemmt sein Reifen.
Johann Gottfried Frey

Zutrauen und Loslassen sind mächtige Treiber der Potenzialentfaltung. Dazu das nachfolgende Beispiel. „Hallo Dani, es freut uns, dass es dir gut geht. Bei uns läuft alles rund. Wir haben schöne Aufträge erhalten. Weiterhin gute Reise, Gruß Beat." Inhalt einer SMS, die der Inhaber einer mittelgroßen Gärtnerei auf dem Jakobsweg von seinem Betriebsleiter erhalten hat. Diese Nachricht war für ihn das Schlüsselerlebnis seiner sechswöchigen Auszeit. Schon lange spürte der Unternehmer, dass er an seiner Gesundheit Raubbau betreibt und seine Omnipräsenz dazu führte, dass die Mitarbeitenden ihre Fähigkeiten nur begrenzt einbringen konnten. In den Weihnachtsferien trifft er den Entschluss, Ende Mai eine Auszeit von sechs Wochen zu nehmen. Gleich im Januar informiert er seinen Stellvertreter und die Mitarbeitenden. Das Telefon ausgeschaltet und die Mails unterdrückt, startet er seine Pilgerreise am Pfingst-Dienstag in Müstair, einer kleinen Ortschaft im Kanton Graubünden, nahe der Grenze zu Südtirol mit vier Bergpässen zwischen sich und seinem Ziel Genf. Täglich legt er zwischen 10 und 30 km zurück. In den ersten zwei Wochen war er stark mit sich selbst beschäftigt. Danach stellte er sich die Frage, ob er überhaupt zurück in sein Geschäft wollte? Er kam zwar zu dem Schluss, zurück zu wollen, gleichzeitig nahm er sich jedoch vor, in Zukunft weniger präsent zu sein. Nach ca. drei Wochen, in der Nähe von Thun, hat er als einzige Kontaktnahme mit der Firma die folgende SMS an seinen Stellvertreter gesendet. „Hallo Beat, mir geht es gut – wie geht es euch? Bin überzeugt es geht euch gut. Herzliche Grüße Dani." Nach Erhalt der eingangs erwähnten Antwort hatte er eine echte Krise zu bewältigen. „Was will er mir sagen, braucht es mich nicht mehr? Ich konnte die Landschaft nicht mehr genießen und ich rang mit meinem Ego. Ich habe gespürt, dass ich ein Mensch bin, der Schwierigkeiten hat, loszulassen! Erst nach zwei Stunden sagte ich mir STOPP – du bist verrückt. Erkenne endlich den Wert dieser Rückmeldung. Von zehn Unternehmern schafft es wohl nur einer, so wie ich, sechs Wochen weg zu sein." Das Zurückkommen war für ihn genau so schwierig wie das Gehen. Obwohl sich alle Mitarbeitenden über seine Rückkehr gefreut haben, hatte der Unternehmer Schwierigkeiten, seinen Platz wieder zu finden. Das Loslassen des Chefs hat Potenziale frei gesetzt. In seiner Abwesenheit haben Mitarbeitende neue Aufgaben und Kompetenzen übernommen, die diese nicht einfach wieder abgeben wollten. Den Mehrwert seines Experiments fasst er wie folgt zusammen: „Ich habe Antworten gefunden und erlebt, welche ungenutzten Potenziale in meiner Firma schlummern. Das Loslassen hat mich entlastet und andere beflügelt."

Das Erlebnis zeigt eindrücklich, dass die höchste Stufe von Leadership darin besteht, sich obsolet und nicht unersetzlich zu machen. Potenzialentfaltung gelingt, wenn Führung ihre Energie nicht auf den Ausbau und die Perfektionierung der Instrumente fokussiert, sondern von anderen Prämissen ausgeht und den Mut hat, Organisation und Führung neu zu denken. Die radikale Forderung lautet: Zutrauen statt Bevormunden und Loslassen statt Disziplinieren.

Warum aber beschäftigen sich in Organisationen ganze Abteilungen – gut gemeint – mit Incentive-, Beurteilungs- und Evaluationssystemen und weshalb fällt es Führungskräften schwer loszulassen? Weil die dahinterliegende Grundannahme lautet: Ohne Anreize und Disziplinierung bringen Mitarbeitende nicht ihr volles Leistungspotenzial ein! Es ist ein unverständliches Phänomen, dass dieses Menschenbild so – man könnte fast sagen „ungeniert" – weiterlebt. Denn es gibt zahlreiche wissenschaftliche Belege dafür, dass es keine Existenzberechtigung hat. In interessanten Experimenten konnte etwa der Wirtschaftswissenschaftler Ernst Fehr (Fehr 2010, 2013) nachweisen, dass Menschen viel seltener von egoistischen Motiven getrieben sind, als allgemein angenommen, und dass Fairness eine genetische Grunddisposition darstellt.

Führungskräfte die zutrauen, können auch loslassen. Sie tragen damit entscheidend zur Erhöhung der Varietät bei. Intrinsisch Motivierte denken mit und übernehmen Verantwortung. Die Intelligenz des Kollektivs wird nutzbar und wirksame realitätstaugliche Lösungen entstehen.

2.4.4 Experimente wagen

> Wir sind Experimente: wollen wir es auch sein!
> Friedrich Nietzsche

Auch die in Organisationen dominante Planungs- und Projektlogik zielt auf die Reduktion von Varietät. Pläne und Projekte bauen Unsicherheit ab. Sie operationalisieren, strukturieren und koordinieren die betrieblichen Aktivitäten. Die Experimentallogik dagegen geht von der Prämisse aus, dass Zukunft nicht analytisch vorhersehbar ist. Sie unterstellt, dass es im Kontext der Unternehmensführung *die* idealtypischen Lösungen nicht gibt und die Organisation deshalb als Prototyp zu verstehen ist. Mit Hilfe von Experimenten, d. h. ergebnisoffenen Vorhaben, entwickelt sich die Organisation in eine unbekannte Zukunft hinein. Im Idealfall resultieren die Experimente und Initiativen aus der Belegschaft. Die erfolgversprechendsten Vorhaben werden getestet und mit Ressourcen unterstützt. Experimente sind also ein mächtiges Mittel zur Varietätserhöhung. Sie produzieren Kontraintuitives, d. h. dem antrainierten Menschenverstand Entgegenstehendes und Ideen, die der dominanten Organisationslogik widersprechen.

Zur Varietätserhöhung eignen sich gezielte Führungsexperimente. Dabei werden veränderbare Variablen behutsam oder radikal manipuliert. Darauf erzeugt die Organisation eine beobachtbare Reaktion. Exemplarisch dazu die nachfolgenden varietätserhöhenden Führungsexperimente[2]:

- *Experiment „Regelverzicht"* – Bei einer ausgewählten überblickbaren Organisationseinheit, z. B. Abteilung, Sektion oder Filiale wird während eines Jahres auf Zielvorgaben

---
[2] Für weiterführende Ausführungen Wüthrich et al. 2008, Wüthrich und Schaller 2014.

oder Budgets verzichtet. Unter Varietätsgesichtspunkten interessant ist dabei die Frage: In welchem Ausmaß erhöht sich das Verhaltensrepertoire, wenn fehlende Anweisungen durch Urteilskraft zu ersetzen sind und mehr Freiheiten und Spielräume zur Nutzung von Opportunitäten bestehen?

- *Experiment „Mündigkeit"* – Bei einem Vertriebsteam wird auf das bekannte Incentive-System verzichtet. Die Vertriebsmitarbeitenden entscheiden stattdessen in einem Dialog selbst über die Verteilung der Boni und Leistungsprämien. Welchen Impact hat es auf die intrinsische Motivation, wenn Wertschätzung subjektiv empfunden gerechter verteilt wird und wie erhöht sich dadurch die Binnenvarietät?
- *Experiment „Führungsverzicht"* – Die Führungskraft delegiert z. B. über einen Monat hinweg alle Entscheidungen, die sie aus juristischen Gründen nicht selbst treffen muss. Sie verzichtet auf ein Eingreifen und akzeptiert die getroffenen Entscheidungen. Welche Qualität an Varietät entsteht, wenn sich ein Team selbst organisieren kann, mehr Mitarbeitende Führungsverantwortung übernehmen und ihre Potenziale einbringen?
- *Experiment „Freiwilligkeit"* – Bei der Zusammenstellung von Projektteams oder der Teilnahme an Sitzungen und Meetings gilt das Prinzip der Freiwilligkeit. Wie wirkt sich diese und die adressierte Selbstverpflichtung aus – welche varietätserhöhenden Lösungen sind beobachtbar?
- *Experiment „Rollentausch"* – Ein Leitungsgremium einigt sich darauf, während einer bestimmten Zeit die jeweiligen Verantwortungsbereiche zu tauschen. Der Produktionsleiter übernimmt beispielsweise die Verantwortung für das Marketing. Welche Form und Qualität zusätzlicher Varietät entsteht aus dem bewusst provozierten Fachführungsvakuum? Welche Effekte ergeben sich aus dem Zwang, mit Fragen und Sozialkompetenz führen zu müssen?

Mit Experimenten dieser Art gelingt es, neue Erfahrungswelten zu kreieren. Diese erweitern das Verhaltensrepertoire des Systems und erhöhen somit dessen Binnenvarietät.

2.4.5 Dem Scheitern eine Bühne geben

> Scheitern ist das letzte große Tabu der Moderne.
> Richard Sennett

Experimentieren erfordert den Mut des Managements, sich auf einen Prozess mit unbekanntem Ende einzulassen und daraus zu lernen. Neues zulassen, um Neues zu sehen, werde ich aber nur, wenn ich die Vorläufigkeit meines Wissens akzeptiere und bereit bin, beim Testen auch zu scheitern. Nur wenn ich die Tatsache annehme, dass das Delta zwischen dem, was wir in Organisationen glauben zu wissen und dem was wir wirklich wissen groß ist, werde ich im Experimentieren einen Mehrwert sehen. Denn wenn ich alles schon weiß, steht auch alles schon fest. Nebst dieser Art von Bescheidenheit ist zudem eine Kultur erforderlich, die produktives Scheitern zulässt. In unserer Gesellschaft ist

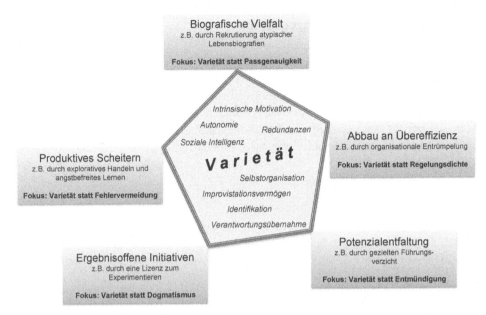

Abb. 2.3 Treiber der Binnenvarietät

Scheitern noch immer ein Tabu. Und so begleitet die Angst vor dem Versagen nicht nur Führungskräfte, sondern ganze Organisationen. Diese Angst hält uns davon ab, ergebnisoffene Vorhaben zu wagen und unsere Erfahrungsräume auszuweiten.

Im organisationalen Kontext sind unterschiedliche Qualitäten des Scheiterns erkennbar. In Anlehnung an Edmondson (2011) lassen sich drei Formen unterscheiden: *tadelnswertes, dummes Scheitern* ist die Folge von Fehlverhalten, Unachtsamkeit, Unfähigkeit oder inadäquater Prozesse. Wenn Mitarbeitende mit Aufgaben betraut werden, die sich als zu schwierig erweisen oder Maßnahmen aufgrund mangelnder Vorhersehbarkeit zukünftiger Entwicklungen Ungewohntes produzieren, handelt es sich um das *komplexitätsbedingte, unvermeidliche Scheitern*. Und von *lobenswertem, intelligentem Scheitern* sprechen wir, wenn Experimente zu unerwünschten Ergebnissen führen oder der Hypothesentest fehlschlägt (Edmondson 2011). Resilienzzentrierte Führung sollte deshalb der Organisation und deren Mitarbeitenden die Angst vor dem Scheitern nehmen und mittels Experimenten lobenswertes und intelligentes Scheitern provozieren. Denn für das Sammeln neuer individueller und institutioneller Erfahrungen und zur Erhöhung der Binnenvarietät ist Scheitern alternativlos.

Die Abb. 2.3 vermittelt in exemplarischer Form einen Überblick über denkbare Varietätstreiber im Rahmen einer resilienzzentrierten Führung.

2.5 Fazit – aktive Resilienzvorsorge

Führungskräfte sollten von einem „Realismus der Unsicherheit" ausgehen und durch eine resilienzzentrierte Führung an den Gelingensvoraussetzungen zur kontinuierlichen Erhöhung der Binnenvarietät ihrer Organisationen arbeiten. Bei allen Führungsentscheidungen könnte es sinnvoll sein, eine Art „Varietätsverträglichkeitsprüfung" einzuführen. Im Sinne einer aktiven Resilienzvorsorge werden dabei Führungsentscheide vor ihrer Inkraftsetzung auf deren varietätserhöhenden respektive varietätsreduzierenden Effekte überprüft.

Literatur

Ashby, W. R. (1974). *Einführung in die Kybernetik*. Frankfurt a. M.: Suhrkamp.
Baecker, D. (2007). Navigation in der Welt der Formen. In: A. J. Harbig, Th. Klug, & M. Bröcker (Hrsg.), *Führung neu verorten – Perspektiven für Unternehmenslenker im 21. Jahrhundert* (S. 137–162). Wiesbaden: Gabler Verlag.
Bechtler, C., Hänel, A., Laube, M., Pohl, W., & Schmidt, F. (Hrsg.). (2010). *Shared Space – Beispiele und Argumente für lebendige öffentliche Räume*. Bielefeld: Verlag Heinrich-Böll-Stiftung.
Edmondson, A. C. (2011). Strategies from learning from failure. *Harvard Business Review, 89*(4), 48–55.
Fehr, E. (30. Juni 2010). Neue Denker: Ernst Fehr und die Ökonomie des Altruismus. Financial Times Deutschland. http://www.ftd.de/politik/konjunktur/:neue-denker-15-ernst-fehr-und-die-oekonomie-des-altruismus/50136296.html. Zugegriffen: 25. Aug. 2013.
Fehr, E. (2013). Präferenz für Fairness. *GDI Impuls, 2*(2013), 110.
Finke, P. (2014). Nachhaltigkeit und Krisen in kulturellen Systemen – Wissenschafts- und kulturtheoretische Bemerkungen zur Resilienz. In: A. Schaffer, E. Lang, & S. Hartard (Hrsg.), *Systeme in der Krise im Fokus von Resilienz und Nachhaltigkeit* (S. 25–49). Marburg: Metropolis.
Gründler, E. C. (2009). Erhöhte Unfallgefahr. *brandeins, 1*(2009), 154–161.
Hägler, M. (o.J.). Unternehmenskultur bei Bosch – Weg mit den Krawatten. *Süddeutsche Zeitung*. http://www.sueddeutsche.de/karriere/unternehmenskultur-bei-bosch-weg-mit-den-krawatten-1.2330527. Zugegriffen: 31. Okt. 2015.
Hofstede, G. (1992). Die Bedeutung von Kultur und ihren Dimensionen im Internationalen Management. In: H. Haussman & B. N. Kumar (Hrsg.), *Handbuch der Internationalen Unternehmenstätigkeit* (S. 308 ff.). München: C.H. Beck.
Hofstede, G. (2003). *Lokales Denken globales Handeln. Interkulturelle Zusammenarbeit und globales Management*. München: Deutscher Taschenbuch Verlag.
Hofstede, G. (2015). *Uncertainty Avoidance*. http://www.clearlycultural.com/geert-hofstede-cultural-dimensions/uncertainty-avoidance-index/. Zugegriffen: 26. März 2015.
Lietaer, B. (2005). *Das Geld der Zukunft. Über die zerstörerische Wirkung unseres Geldsystems und Alternativen hierzu*. München: Riemann Verlag.
Netessine, S., & Yakubovich, V. (2012). Darwin am Arbeitsplatz. *Harvard Business Manager, 8*(2012), 8–12.
o.V. Welt in Zahlen. (2006). *brandeins*, 2/2006. S. 10.
Przybilla, S. (o.J.). Stadt ohne Verkehrszeichen – Kahlschlag im Schilderwald, *Süddeutsche Zeitung*. http://www.sueddeutsche.de/auto/stadt-ohne-verkehrszeichen-kahlschlag-im-schilderwald-1.1607052. Zugegriffen: 31. Okt. 2015.
Schaffer, A. (2014). Über die wechselseitige Beziehung von Resilienz und Nachhaltigkeit. In: A. Schaffer, E. Lang, & S. Hartard (Hrsg.), *Systeme in der Krise im Fokus von Resilienz und Nachhaltigkeit*. (S. 51–67). Marburg: Metropolis.

Süddeutsche Zeitung (2. Juli 2014). Studenten streben in den Staatsdienst. http://www.sueddeutsche.de/karriere/2.220/umfrage-zu-bevorzugten-arbeitgebern-studenten-streben-in-den-staatsdienst-1.2028390. Zugegriffen: 9. Feb. 2015.

Wüthrich, H. A., & Schaller, P. (2014). Organisationen eine Stimme geben. *Controlling & Management Review, Sonderheft, 2*(2014), 20–25.

Wüthrich, H. A., Osmetz, D., & Kaduk, S. (2008). *Musterbrecher – Führung neu leben* (3. Aufl.). Wiesbaden: Gabler Verlag.

Univ.-Prof. Dr. oec. HSG Hans A. Wüthrich Inhaber des Lehrstuhls für Internationales Management an der Universität der Bundeswehr München und Privatdozent an der Universität St. Gallen. Managementforscher, Querdenker und Buchautor. In Co-Autorenschaft verfasste Publikationen: Grenzen ökonomischen Denkens – Auf den Spuren einer dominanten Logik; Die Rückkehr des Hofnarren – Einladung zur Reflexion nicht nur für Manager; Stillstand im Wandel – Illusion Change Management; Musterbrecher – Führung neu leben; Musterbrecher – Die Kunst, das Spiel zu drehen. Berater und Coach von Unternehmen, Führungskräften und Gremien. Träger des Heinz von Foerster-Preises für Organisationskybernetik.

Wider die Verwerkzeugung der Führung – Jenseits der Rationalität

3

Olaf Geramanis

> *Je planmäßiger Menschen vorgehen, desto wirksamer vermag sie der Zufall treffen.*
> *Friedrich Dürrenmatt*

Zusammenfassung

Organisation ist ein soziales Phänomen. Es ist eine Form von Herrschaft, in der Weisungen so eingesetzt werden, dass Zwecke über Gehorsam erreicht werden. Das Individuelle wird außen vor gehalten und der Kommunikationsaufwand von Einzelfallanweisungen durch Regeln ersetzt. Dieses bürokratische Ideal scheitert an der Gegenwart. Die Informationsüberflutung im Zeichen neuer Informations- und Kommunikationstechnologien ist radikal. Die Schere zwischen dem, was Führungskräfte wissen müssten, und dem, was sie verarbeiten können, öffnet sich immer weiter. Dieses Zuviel an Information verwirrt und verunsichert grundlegend. Was tun? In diesem Beitrag werden in einem ersten Schritt zentrale Veränderungen, die einen Paradigmenwechsel erzwingen, auf gesellschaftlicher, organisationaler und individueller Ebene nachgezeichnet. Anschließend wird ein Ausblick gegeben, wie es in Sachen „Führung" weitergehen und welchen Beitrag die Gruppendynamik leisten kann, mit Komplexität angemessen umzugehen.

O. Geramanis (✉)
Hochschule für Soziale Arbeit, Fachhochschule Nordwestschweiz, Basel, Schweiz
E-Mail: olaf.geramanis@fhnw.ch

© Springer Fachmedien Wiesbaden 2016
O. Geramanis, K. Hermann (Hrsg.), *Führen in ungewissen Zeiten*,
uniscope. Publikationen der SGO Stiftung, DOI 10.1007/978-3-658-11227-1_3

Die Zukunft ist unbekannt – und das war sie schon immer. Von daher setzen sich Organisationen auch nicht mit Zukunft auseinander. Sie wurden geschaffen, um Ordnung und Handlungssicherheit in der Gegenwart zu gewährleisten. Sie sind eine Form von rationaler Herrschaft, indem sie Weisungen so einsetzen, dass ihre Zwecke vertikal über Gehorsam erreicht werden können. Das Rationale besteht darin, mithilfe von exakten Stellenbeschreibungen und eindeutigen Positionen die Unsicherheit und Fehlbarkeit des Menschlich-Individuellen außen vor zu halten und den riesigen Kommunikationsaufwand von Einzelfallanweisungen durch allgemeine Regeln zu ersetzen.

Das rationale Ideal der Organisation, die ausschließlich über Bürokratie verläuft, scheitert jedoch an den Herausforderungen der Gegenwart. Die Informationsüberflutung, insbesondere rund um die Einführung der Informations- und Kommunikationstechnologien, verändert unsere Umwelt radikaler, als es zum Ende des 20. Jahrhunderts den Anschein hatte. Die Umwälzungen lassen sich mit den Schlagworten Globalisierung, Vergleichzeitigung und Netzwerkdynamik nur schemenhaft beschreiben. Für die Führung bedeutet dies, dass sich die Schere zwischen dem, was Manager und Führungskräfte wissen müssten, und dem, was sie mit herkömmlichen Führungstools mental und emotional verarbeiten können, immer weiter öffnet. Was bleibt, ist Unsicherheit und Ungewissheit.

Damit werden Ordnung und Kontrolle fragwürdig, wir müssen uns verabschieden von der Illusion, dass Führung etwas ist, was sich rational über Tools bewerkstelligen ließe. Starre hierarchische Organisationen, die sich als abgeschlossene Welt verstehen, gekoppelt mit einem schematisch-strukturierten Führungsverständnis, taugen in einer komplexen, arbeitsteiligen Welt mit einer Vielzahl an unterschiedlichen Bedürfnissen und Funktionen nicht mehr. Um aber mit Komplexität auf Komplexität reagieren zu können, braucht es parallel zur organisationalen Hierarchie direkte menschliche und zwischenmenschliche „Bypass-Strukturen", das heißt kreative und verantwortungsbewusste Individuen sowie selbstorganisierte Gruppen und Teams. Dies bedeutet die Wiedereinführung der Person in die Organisation.

Da es in die Ungewissheit hinein nichts zu rationalisieren gibt und kein Vorsprung mehr durch Schnelligkeit erreicht werden kann, kann der Sinn von Führung nicht mehr allein in Effizienzsteigerung liegen. Stattdessen geht es zukünftig darum, in unterschiedlichster Form organisationale und zwischenmenschliche Anschlussfähigkeit sicherzustellen und die Arbeitsprozesse innerhalb der Organisation sowohl horizontal als auch vertikal so zu verändern, dass Wissen und Innovation in selbstorganisierten Prozessen geschaffen werden können.

Im folgenden Beitrag wollen wir in einem ersten Schritt drei grundlegende Veränderungen auf gesamtgesellschaftlicher, organisationaler und individueller Ebene nachzeichnen, die in der Gesamtschau einen Paradigmenwechsel in der Führung erzwingen. Daran anschließend, geben wir einen Ausblick darauf, wie es in Sachen „Führung" weitergehen könnte und welchen Beitrag die Gruppendynamik dazu leisten kann. Unsere These lautet:

Wir haben uns erstens in Komplexitätsfallen verstrickt, müssen zweitens anerkennen, dass sich die klassischen Machtstrukturen verlagert haben, und tun drittens gut daran, uns unserer diversen Identitätsparadoxien bewusster zu werden. Hierfür kann die Gruppendynamik zwar keine einfachen Antworten anbieten, aber sie bietet einen Weg, mit Komplexität angemessen umzugehen.

3.1 Komplexitätsfallen – die Gesellschaftsebene

Anhand des ersten Begriffspaars „Unabschließbarkeit" und „Überschusssinn" wollen wir darstellen, wodurch sich auf sozio-politischer Ebene die Komplexitätsfallen auszeichnen.

Nach Ulrich Bröckling (2007) lassen sich drei Optimierungs-Modi der Unabschließbarkeit definieren: Perfektionierung, Steigerung und Wettbewerbsorientierung. Der erste Modus, „*Perfektionierung*", stellt das Streben nach einem Ideal in der Orientierung auf einen imaginären Fixpunkt dar. Perfektionierung als Maßstab folgt einer Idealnorm, die man anstrebt, obgleich man sie nie vollständig erreichen kann. Beispiele hierfür sind das aufklärerische Ideal der Persönlichkeitsentwicklung über Schönheitsoperationen bis hin zu religiösem Fanatismus. Der zweite Modus ist jener der „*Steigerung*". Er beinhaltet das Prinzip des „Immer-noch-weiter" als Fortschreibung eines Vektors ins Unendliche. Der Maßstab ist rein quantitativ. Dies beinhaltet, dass letztlich alles auch quantifizierbar gemacht werden muss. So muss selbst für Qualität ein quantifizierbarer Indikator festgelegt werden. Obgleich das Optimum selbst nicht vorgegeben ist, wird die Richtung angezeigt, in der es angestrebt wird. Theoretisch ist endlose Verbesserung möglich. Beispiele: sportliche Rekorde, wissenschaftliche Betriebsführung bis hin zum „Total" Quality Management. Der dritte Modus „*Wettbewerbsorientierung*" meint den Vergleich mit der Konkurrenz, das Erkennen und Ausnutzen von Gewinngelegenheiten und die Akkumulation von (Human-)Kapital. Der Maßstab ist abermals nicht eindeutig definierbar, weil er relational ist; er bestimmt sich ausschließlich im Verhältnis zur Konkurrenz. Der nicht vorhersehbare Markt fungiert als permanentes ökonomisches Tribunal. Anders als beim sportlichen Wettkampf bedeutet Optimierung im Wettbewerb nicht einfach nur, schneller, größer, effizienter, billiger oder schöner zu sein als die Konkurrenz, sondern in letzter Konsequenz Marktführer zu werden – und zu bleiben.

In allen drei Modi, Perfektionierung, Steigerung und Wettbewerbsorientierung, steckt ein imaginierter Superlativ. Niemals geht es dabei um Abschluss, wie beispielsweise vormals im Konzept der Beruflichkeit und Berufsbildung, das seine Vollendung im Meistertum fand. Es geht auch nicht um graduelle Verbesserung und Anpassung, sondern ausschließlich darum, der/die Beste zu werden, eine Bestleistung zu erbringen, das Größtmögliche herauszuholen – ohne jedoch zu wissen, was das Optimum ist und in welcher Richtung es zu suchen ist. Das ausschlaggebende Alleinstellungsmerkmal ist die Differenz, als bloße Abweichung von der Norm. „Be different" ist die Losung, institutionalisierter Nonkonformismus das Ziel – weiche ab, permanent, egal, wovon. In diesem Regime ist Optimierung gleichzusetzen mit dem Zwang, fortwährend Neues zu produzieren, permanent nachzujustieren und immer „irgendwie anders" zu sein als die Konkurrenz.

Diese drei Modi der Unabschließbarkeit sind nicht wirklich neu. Ebenso wenig sind sie als kausale oder historische Abfolgen zu verstehen, da sie gleichzeitig existieren und sich vielfältig überlagern. Spezifisch ist jedoch die aktuelle Prominenz, mit der sie – nicht nur von Apple – exzessiv propagiert werden.

Neben der Unabschließbarkeit sorgt eine überschüssige Produktion von Sinn ebenfalls dafür, dass wir in der Komplexitätsfalle landen. Dirk Baecker (2007) nennt das Phänomen dieser Informationsüberflutungen „Überschusssinn". Seiner These nach konfrontiert jedes neue Verbreitungsmedium die Gesellschaft mit neuen und überschüssigen Möglichkeiten der Kommunikation. Darüber kommt es zu mehr oder weniger großen Katastrophen. Die neuen Verbreitungsmöglichkeiten werden dabei keineswegs nur freudig gefeiert, sondern eher argwöhnisch betrachtet. Der Grund liegt darin, dass für die selektive Verarbeitung der neuen Flut von Informationen die bisherige Struktur und Kultur der Gesellschaft schlicht nicht mehr ausreicht. Dies zieht jeweils einen grundlegenden gesellschaftlichen Wandel nach sich. Vier derartige Epochen lassen sich bislang benennen:

- die Einführung der Sprache, die vor etwa hundert- bis zweihunderttausend Jahren die Stammesgesellschaft konstituiert;
- die Einführung der alphabetischen Schrift und die Schriftkultur, welche die antike Hochkultur vor rund fünf- bis sechstausend Jahren konstituiert,
- die Einführung des Buchdrucks, welche die moderne Gesellschaft im 15. Jahrhundert konstituiert, und schließlich
- die Einführung des Computers sowie die Digitalisierung, die eine wie auch immer geartete „nächste Gesellschaft" konstituiert.

Jede dieser vier Epochen stellt eine folgenschwere Umwandlung dar – eine „Katastrophe", in der der von der Gesellschaft zu bearbeitende Sinn mengenmäßig explodiert und Kulturformen gefunden werden müssen, die es ermöglichen, diesen Überschusssinn nach Bedarf und Fähigkeit entweder selektiv abzulehnen oder positiv aufzunehmen.

Auf den ersten Blick mag man nicht ermessen, was es seinerzeit bedeuten mochte, von diffusen Lauten auf eine spezifische Sprache, von einer spontan-mündlichen auf eine schriftlich-dauerhafte Kultur und von Einzigartigkeit auf mannigfache Vervielfältigung umzustellen. Die aktuellen Explosionen, die rund um die Einführung des Computers ausgelöst werden, sind abermals radikaler, als es zu Beginn den Anschein hatte. So mehren sich die Belege, wonach wir mit all dem Sinn, der parallel produziert wird, eben nicht mehr umgehen können – vor allem dann nicht, wenn wir am Paradigma der Rationalität festhalten – das heißt im Sinne von vernünftig und nachvollziehbar rational handeln – wollen. Die Herausforderungen, die sich daraus ergeben, sind schnell zusammengefasst: Es können keine langfristigen Vorhersagen mehr gemacht werden; die Grundlagen unserer Entscheidungen werden immer vager und unsicherer, da jede Entscheidung eine Explosion von Wirkung und Gegenwirkung erzeugt. Für die Führung bedeutet dies: Die Entscheider können nicht mehr rational vorausplanen, sondern segeln maximal auf Sicht.

3.2 Machtverlagerung – die organisationale Ebene

Auch das Thema der Machtverlagerung wollen wir anhand von zwei Zugängen beleuchten: Anhand der Hypothese, dass einerseits das Ende der Organisation und andererseits, damit zusammenhängend, das Ende der Asymmetrie erreicht sei.

Zunächst zum ersten Punkt, der fast schon Geschichte ist, denn „die Organisation" in ihrer traditionellen Form gibt es kaum noch. Wenn wir eine enge Definition von Organisation wählen und uns an die vier klassischen Prinzipien erinnern, dann lauten diese erstens *Arbeitsteilung*, also das Prinzip „teile und herrsche" durch Stellen und Positionen, zweitens *Hierarchie*, also das Prinzip der Über- und Unterordnung, drittens *Kommunikationsvermeidung*, also das Prinzip des Nicht-Aushandelns von Entscheidungen, weil es eindeutige Entscheidungsstrukturen gibt, und viertens das *Gehorsam-Prinzip* als Nicht-Hinterfragbarkeit der Organisation, womit vor allem gemeint ist, dass die Organisation sowie ihr Sinn und Zweck nicht offiziell infrage gestellt werden dürfen (Defätismus-Verbot).

Demgegenüber findet aktuell etwas statt, was wiederum Dirk Baecker (2003) die „Wiedereinführung von Kommunikation in die Organisation" nennt. Und so freundlich sich diese Formel anhören mag, so katastrophal sind die Folgen für die Organisation. Warum? Zum einen, weil Kommunikation selbst eine ständige Quelle für Irritationen und Konflikte ist – zugleich sind bislang jedoch für umfangreiches kommunikatives Aushandeln keine organisationalen Abläufe vorgesehen. Und zweitens, weil aufgrund der aktuellen Komplexität die Kommunikationsanlässe explosionsartig zugenommen haben. Man hetzt von einer Sitzung zur nächsten, versucht dazwischen kurz die letzten hundert Mails zu beantworten und alle neuen Termine irgendwie zu synchronisieren. All diese Kommunikationsprozesse ziehen ihrerseits weitere, noch intensivere und ebenfalls konfliktbehaftete Verständigungs- und Aushandlungsprozesse nach sich. Wer glaubt, dass mehr Kommunikation in Organisationen höhere Komplexität bearbeitbar macht und dadurch eine neue Form der Unsicherheitsabsorption bewirkt, irrt grundlegend (ebenso irrt, wer glaubt, durch ein schnelleres Beantworten von E-Mails mehr Ruhe zu haben …).

Nehmen wir als konkretes Beispiel ein so bekanntes Phänomen wie die *lernende Organisation*. Ihre Merkmale lauten:

- bewusster Verzicht auf klare Aufgabenabgrenzung,
- häufiger Aufgabenwechsel,
- mehrere Aufgaben pro Person,
- flexible Budgets,
- flexible Zusammenstellung von Mitarbeiterteams,
- Gleichordnung statt Über-/Unterordnung,
- zeitliche Befristung und zeitlich begrenzte Auflösung von Hierarchien sowie
- überlappende Verantwortungsbereiche.

Was ist dies anderes, als das kategorische Ende dessen, was vormals „Organisation" genannt wurde. Die klassische Organisation war für die damaligen – vor allem industrieförmigen – Aufgaben ein hochfunktionales Ordnungs- und Koordinationssystem, für das es aktuell keinen adäquaten Ersatz gibt – nochmals: weil „mehr Kommunikation" allein Komplexität nicht reduziert, sondern eher verkompliziert!

Dies lässt sich an zwei weiteren Beispielen deutlich machen: Erstens wird von *Hierarchie* auf *Projekt* und zweitens von *Stelle* auf *Person* umgestellt. Überall dort, wo Organisationen zur Arbeitsform „Projektarbeit" wechseln, gilt Personalisierung anstelle von Bürokratie und Austauschbarkeit. „Projekt" ist die Neuetikettierung von Arbeit, die nicht primär auf die Organisation, sondern auf das personale Netzwerk zurückgreift. Dasselbe gilt für die „Stelle": Stelle und Austauschbarkeit machen einen Unterschied zwischen der Person und ihrer Arbeit. Niklas Luhmann (2000, S. 233) nennt die Stelle eine inhaltsleere Identität mit auswechselbaren Komponenten. In Organisationen werden Verhaltenserwartungen „eigentlich" an die Stelle adressiert, nicht an die Person. Stellen können jederzeit von anderen neu besetzt werden. Demgegenüber werden in Projekten gerade keine Stellen besetzt oder Hierarchien bedient! Die Herausforderung projektförmiger Arbeit besteht darin, weitgehend ohne Stellen auszukommen, wodurch die alte Trennung von Person und Personal zumindest aufgeweicht, wenn nicht grundlegend untergraben wird.

Damit befinden wir uns bereits mitten im zweiten Punkt, bei der Machtverlagerung und beim Ende der Asymmetrien. So sehr wir Begriffe schätzen wie „auf gleicher Augenhöhe kommunizieren" und „sich kollegial-partnerschaftlich verhalten", so sehr sind wir in Asymmetrien sozialisiert. Die meisten der uns sehr vertrauten Beziehungen sind von Grund auf asymmetrisch: Eltern–Kind, Lehrer–Schüler, Arzt–Patient, Sender–Empfänger u. v. m.

Parallel dazu unterspült – nicht mehr nur in sozialen Netzwerken, sondern gerade auch in Organisationen – die horizontale Kommunikation die klassisch-vertikale. Nach innen zeigt sich dies in Sachen besagter Projektarbeit, aber gerade auch nach außen haben nicht mehr die Organisationen als Anbieter die Macht, sondern die Nachfrager entscheiden über Erfolg und Misserfolg. Der bekannte Satz von Henry Ford: *„Jeder Kunde kann sein Auto in jeder gewünschten Farbe bekommen – solange diese Farbe schwarz ist"*, ist purer Anachronismus. Heute hat der Kunde die Macht. Nicht nur, dass er vor dem Kauf definiert, wie maximal individuell sein Produkt zu sein hat, mit dem Abschluss der Dienstleistung oder dem Kaufentscheid ist es keineswegs vorbei: Am Ende steht die obligatorische Bewertung. Kein Online-Shop, keine Lieferung, kein Handwerker mehr, bei dem man nicht am Schluss einen (realen oder virtuellen) Bogen in die Hand bekommt, auf dem steht: *„Ihre Meinung ist uns wichtig – gern auch anonym."* Nachtarocken wird zu einer Tugend, Feedback zum allgegenwärtigen Damoklesschwert, vor dem niemand gefeit ist; und indem dank Internet auf anonyme Bewertungssysteme umgestellt wird, können alle mitmachen und nach völlig willkürlichen Kriterien die Organisation bewerten. Nur ein Klick, und vom „Hype" bis zum „Shitstorm" ist alles möglich, weil sich alles irgendwie aufsummieren lässt.

Es ist gerade dieses „Irgendwie", das es zum Problem macht. Unter der Bedingung, dass sich die Organisation dieser globalen Ungewissheit stellt, müssen wir auch hier die Idee von Rationalität aufgeben und uns stattdessen mit dem Bild nichtlinear-rückgekoppelter Systeme anfreunden. Was das heißt, lässt sich am Beispiel eines vergleichbar offenen Systems deutlich machen, das ebenso ständig Energie verliert und wieder zugeführt bekommt, nämlich das Wettergeschehen: Langfristige Wetterentwicklungen sind bis heute weitgehend unvorhersehbar. Kleinste Unterschiede in den Anfangsbedingungen genügen schon, um rasch eine extrem unterschiedliche Weiterentwicklung zu erzeugen.

Für das Führungsverständnis von Vorgesetzten in Organisationen heißt das, zu erkennen und zu berücksichtigen, dass jedes reale System, das nicht rigoros organisiert, das heißt zurückgebunden wird, mehr oder weniger starke Nichtlinearitäten zeigt. Es enthält wesentlich komplexere Zusammenhänge als triviale Input-Output-Systeme, was zu oft unerwarteten Eigenschaften führt. Unter diesen Umständen stellt asymmetrische Führung wiederum einen Anachronismus dar. Das bedeutet übrigens nicht zugleich das Ende von asymmetrischer Macht, es besagt lediglich, dass nicht mehr eindeutig geregelt ist, auf wessen Seite sie sich befindet. Willkommen in Marshall McLuhans Welt als „globalem Dorf", das keineswegs mit niedlicher Idylle assoziiert werden darf – im Gegenteil, es bedeutet, dass alles immer und überall bedroht ist! Wiederum lautet das Netzwerkkalkül nicht mehr rationale Kontrolle, sondern den Anschluss nicht zu verlieren, Kontakte anzubieten, attraktiv zu bleiben und immer weiter verknüpft zu werden.

3.3 Identitätsparadoxien – die individuelle Ebene

Damit sind wir auf der dritten Ebene angelangt und bei der Frage, wie es dem Individuum selbst gelingen kann, sich in diesem Überraschungsfeld zu positionieren oder zumindest zu orientieren. Dies wollen wir anhand von zwei Aufforderungen verdeutlichen, die sich auf den ersten Blick widersprechen, sie lauten: „Sei authentisch!" und „Entgrenze dich!"

Wenn wir den Begriff „authentisch" in einer ersten Annäherung als „Echtheit" und Übereinstimmung eines Menschen mit seiner Rolle und der dazugehörigen Verbindlichkeit verstehen wollen, dann bedeutet die Suche nach Authentizität, den „wahren Kern" unseres Gegenübers entdecken zu wollen. Wir haben Sehnsucht nach „Echtheit", und wen wir als authentisch ansehen, dem schreiben wir Ehrlichkeit und Glaubwürdigkeit zu. Genau genommen, geht es uns dabei jedoch weniger um die Person selbst als vielmehr um unsere Beziehung zu ihr. Wenn wir von unserem Gegenüber verlangen, authentisch zu sein, erwarten wir von ihm Verlässlichkeit in Form eines Versprechens auf „Selbigkeit". Die andere Person soll versprechen, auch zukünftig *dieselbe* zu bleiben, die sie vorgibt heute zu sein. „*Sei authentisch!*" gleicht damit der Aufforderung, ein Versprechen abzugeben, auf das das Gegenüber sich verlassen kann, damit die ungewisse Zukunft kalkulierbarer wird.

Damit geht es um Begrenzung: Das Individuum kann seine Identität nur wahrnehmen und wahren und dadurch auch für andere verlässlich werden, wenn es nach innen eine Setzung vornimmt und sich nach außen hin abgrenzt, das heißt, wenn es den Abstand zu seinem Gegenüber selbst bestimmen und verteidigen kann. Dies ist jedoch insbesondere in der Arbeitswelt nicht mehr möglich, da sich Arbeit in den unterschiedlichsten Formen entgrenzt (vgl. Bröckling 2007).

- Durch die Deregulierung von Regelarbeitsverhältnissen und eine Informalisierung von Arbeit verschwimmen die Grenzen zwischen Arbeit und Nicht-Arbeit (man kann zu jeder Tages- und Nachtzeit und an jedem Wochentag arbeiten).
- Ebenso lösen sich die Grenzen zwischen Konsumenten und Produzenten auf (nicht nur bei IKEA darf man bis hin zum Bezahlen alles selbst machen) sowie zwischen Arbeitgebern und Arbeitnehmern auf (wenn ich Aktienanteile meiner Firma als Entlohnung erhalte, bestreike ich mich selbst eher nicht).
- Es gibt keine örtliche Trennung mehr zwischen Orten der Arbeit und Orten der Nichtarbeit, weil überall Arbeit geleistet wird (Home Offices, virtuelle Büros, Laptop und Smartphone).
- Und zu guter Letzt leisten wir sowieso durchweg Arbeit, als Beziehungsarbeit, Erziehungsarbeit, Trauerarbeit oder Workout im Fitnessstudio. Die Arbeitenden und das Arbeitsprodukt verschmelzen in einem grenzenlosen Kontinuum.

Wie wahrscheinlich ist es unter diesen Bedingungen, dass die Kongruenz von Rolle und Mensch überhaupt noch individuell geleistet werden kann? Wenn eine „professionelle Authentizität" auf eine Arbeitsrolle bezogen und an die diesbezüglichen Erwartungen geknüpft ist, wir uns aber im Sinne der Unabschließbarkeit und maximalen Flexibilität gar nicht mehr auf etwas Materielles festlegen können, weil wir ja permanent „different" und „entgrenzt" sein müssen, worin sollen wir dann noch *dieselbe* oder *derselbe* sein? Das Individuum kann sich nicht mehr als ungeteilt (lateinisch: in-dividere) erfahren. Die völlige Kongruenz in allen Rollen des Alltags ist – sofern sie überhaupt jemals erreicht wurde – schlicht nicht mehr zu leisten.

Die immer wieder aufflackernde Authentizitätsdiskussion ist nicht kontextfrei. Bereits seit den 1990er-Jahren fokussieren Unternehmen bei Führungskräften und Mitarbeitenden zunehmend auf Charaktereigenschaften und persönliche Werte, vor allem die Idee der „Selbst"-Verwirklichung ist für den unternehmerischen Verwertungsprozess sehr nützlich. Wohlgemerkt, die Idee der Selbstverwirklichung ist profitabel.

Der Unternehmer ordnet sich nicht mehr wie früher mühsam die Mitarbeiterschaft unter, sondern instrumentalisiert individuell deren Willen. Voß und Pongratz (1998) prägten dafür den Begriff des Arbeitskraftunternehmers, was letztlich eine besonders raffinierte Form von Herrschaft durch Autonomie darstellt. Der Arbeiter, als abhängig Beschäftigter, soll unternehmerisch handeln, ohne allerdings selbst Unternehmer zu sein. Letztlich handelt es sich auch hierbei um Entgrenzung, indem über das sozial aufgeladene Konstrukt der Selbstverwirklichung die Verantwortung nach unten verschoben und die strukturelle Abhängigkeit verschleiert wird. Die abhängig Beschäftigten sollen freiwillig arbeiten wollen.

Dennoch hört eine Abhängigkeit, in die ich mich aus freien Stücken begebe, deswegen nicht auf, eine zu sein. Aber wehe, man ist nicht dankbar dafür, sich mit Haut und Haaren engagieren zu dürfen. „Wer seine Arbeit nicht liebt, der fliegt", könnte das Motto in vielen Unternehmen lauten, wo ein dienstfreudiges Gesicht das Mindeste ist, was man von seinen Mitarbeitenden erwarten kann. Der Druck, gerade innerhalb der Arbeit Intimes preiszugeben, ist groß geworden. Viele meinen, sie müssten sich stets als ganze Person mit voller Hingabe und Leidenschaft einbringen und den anderen immer etwas Echtes und Authentisches geben. Das hat Folgen für die Art und auch für die Strukturen, in denen wir arbeiten.

„Sei authentisch, sei ganz du selbst und entgrenze dich für dein Unternehmen!" Die strukturelle Verführung besteht darin zu denken, das Unternehmen glaube an dich und deine Person – ganz so wie in deiner eigenen Familie. Am deutlichsten wird das, wenn man sich Firmenzentralen von Google oder Facebook anschaut. Da wird den Mitarbeitenden alles geboten, was sie brauchen. Fitnessstudio, Kinderbetreuung, Tischfußball auf dem Gang und Wohlfühloasen, wohin man schaut. Man muss das Gelände nicht mehr verlassen. Doch der Fall ist tief, wenn die Illusion der familiären Gemeinschaft plötzlich schwindet. Und das tut sie spätestens, wenn der Arbeitnehmer bei den Entlassungen merkt, dass das alles eben doch keine Rolle spielt. Da endet die systematische Entgrenzung von den Strukturen familiärer und beruflicher Beziehungen schlagartig.

3.4 Riskante Verwerkzeugung – irrationale Rationalität

Unter der Dynamik der drei dargestellten Herausforderungen: der Komplexitätsfallen, der Machtverlagerung und der Identitätsparadoxien, sind wir auf allen Ebenen in signifikanter Weise mit neuartigen Risiken, Gefährdungslagen, Konflikten und Sicherheitsverlusten konfrontiert. Es herrscht eine erhöhte Unübersichtlichkeit und irritierende Uneindeutigkeit, in deren Folge Entscheidungsbedarf und Entscheidungskompetenz auseinanderdriften. Und dies unter den Bedingungen von

- Unsicherheit, worunter wir einen Zustand institutioneller Entgrenzung und Restrukturierung in den Bereichen von Wirtschaft und Politik verstehen wollen, und
- Ungewissheit, ein Begriff, der auf die Differenz zwischen Wissen und Nicht-Wissen abzielt, womit sich die handlungsrelevante Rolle von (rationalem) Wissen relativiert (vgl. Beck et al. 2001).

Unter diesen Bedingungen kann von einer objektiven sozialen Realität in keinem logisch konsistenten Sinne mehr die Rede sein. Die faktische Abwesenheit hinreichend gesicherter Entscheidungsgrundlagen macht Rationalität selbst irrational.

Dennoch sind wir nach wie vor darum bemüht, unseren Entscheidungen Rationalität beizumessen, weil Rationalität noch immer einen zentralen Stellenwert für die Unterstellung von Kausalität von Handlungen und Ereignissen hat. Letztlich ist jedoch das, was wir „Rationalität" nennen, nichts anderes als der Versuch, im Hinblick auf die Zukunft bestmöglich vorbereitet zu sein – auf eine Zukunft, wie *wir* sie uns vorstellen. Das allein ist noch nicht problematisch, denn der Sinn von Organisationen besteht ja gerade darin, die Zukunft in der Gegenwart durch Ziele und Zwecke festzulegen. Wir können die unbekannte Zukunft gar nicht anders zur Kenntnis nehmen als über diese Ausrichtung auf unsere Ziele. Hierüber strukturiert sich unsere Planung, organisiert sich unser Handeln und formen sich auch die geltenden Hierarchien. Diese Organisiertheit allein steht noch nicht im Widerspruch zur Unbekanntheit der Zukunft, solange wir vor Augen haben, dass die Zukunft trotz allem offen ist.

Sich Offenheit zu bewahren, ist ein wichtiger Aspekt, der bei vielen Führungskräften im Lauf ihrer Karriere in Vergessenheit gerät. Wenn man durch Klugheit und Kontrolle in die Führungsverantwortung kommt, dann dominiert von Beginn an ein eher instrumentelles Verhältnis zur Führung. Und das soll auf einmal nicht mehr zählen? Man soll nicht mehr rational sein und nicht mehr kontrollieren dürfen? Das ist mental schwer nachvollziehbar. Was daraus folgt, ist eine konsequente, wenn auch widersprüchliche Nachfrage nach anderen, funktionaleren Tools. Nur weil die alten Grundsätze und Tools nicht mehr funktionieren, muss das ja nicht zugleich bedeuten, dass nicht nach neueren Grundsätzen und Tools Ausschau gehalten werden kann, die vielleicht wieder Sicherheit geben. Die Option, dies alles grundsätzlich infrage zu stellen, liegt meist außerhalb des Möglichen.

Letztlich haben alle Führungsgrundsätze und vergleichbare Werkzeuge einen gravierenden Nachteil: Sie können behindernd und geradezu lebensbedrohlich werden, wenn man sich ihnen zu sehr verschreibt und darüber seine Offenheit verliert. Die gerne zitierte wahre Geschichte des Organisationspsychologen Karl Weick (1996) illustriert dies am tragischen Schicksal von Feuerwehrmannschaften, die bei der Bekämpfung von Waldbränden von explodierenden Feuerstellen überrascht wurden. Der dadurch notwendig werdende Rückzug der Feuerwehrleute wurde dadurch erschwert und verlangsamt, dass sie ihr schweres Löschgerät mittransportiert haben. Obgleich sie den Befehl bekommen haben, das Löschwerkzeug zurückzulassen, ließen sie diese Werkzeuge nicht fallen. Das führte dazu, dass sie in Sichtweite des sicheren Waldrandes umkamen. Sie hatten ja gelernt, nie ohne ihr überlebenswichtiges Löschwerkzeug wegzulaufen.

Ein solcher Werkzeugbegriff steht vor allem für eine Form der Instrumentalisierung und Vereinfachung. Er reduziert Komplexität hochdifferenzierter Verfahren auf eine vermeintliche Be-Greifbarkeit für jedermann. Das ist die Illusion, die durch die „Verwerkzeugung" erzeugt und stabilisiert wird: Es gibt für alles ein richtiges Werkzeug. Spitzenhandwerker alter Schule verzichten oft sehr bewusst auf modische Innovationen und arbeiten mit traditionellen, manchmal vermeintlich gar völlig veralteten Werkzeugen. Es kommt wohl nicht immer auf die Werkzeuge an, sondern auf eine Kombination von Lust, Freude, Kunstfertigkeit, Erfahrung, reflektierter Tätigkeit und gerade verfügbarem „Werkzeug", das dann der Aufgabe entsprechend eingesetzt werden kann.

Fazit: Verwerkzeugung und rationale Planung nähren die Illusion, vorbereitet zu sein. Aber die Zukunft gibt es heute noch nicht. Und wenn sie eintritt, ist sie immer anders als alle imaginierten Szenarien, weil sie von unseren aktuellen Erwartungen und Szenarien bereits wieder verändert wurde. Insofern besteht das Werkzeug-Dilemma darin, dass wir mehr riskieren, weil wir glauben, vorbereitet zu sein. Und gerade dadurch entstehen zwei gravierende Nebenwirkungen: Wir produzieren erstens durch unser vermeintliches Gefühl von Sicherheit neue, andere Risiken und glauben zweitens insgeheim doch, die Zukunft kontrollieren und binden zu können. Je fokussierter wir auf derartige Tools schauen, desto weniger verfügbare Zukunft werden wir mental zur Verfügung haben – und umso schmerzhafter wird das Scheitern sein.

Rationalität wird zur Rhetorik, mit deren Hilfe sich die Wahrscheinlichkeit erhöhen lässt, anderen verständlich zu machen, was man getan hat: „Wenn ich etwas gemacht habe, von dem andere denken sollen, es sei vernünftig, bringe ich die Rationalität ins Spiel" (Weick 2001, S. 125).

3.5 Rehabilitation des Erfahrungswissens

Die alte kategorische Trennung zwischen der objektiven, verstandesmäßig geleiteten Wahrnehmung äußerer Gegebenheiten einerseits und einem subjektiv-empfindenden, gefühlsgeleiteten inneren Erleben und Sinnlichkeit andererseits wird brüchig. Unter rational begründbarem Wissen wurde möglichst empirisch überprüfbares, formalisier- und explizierbares Wissen verstanden. Wenn Handlungen unter der Bedingung von Unsicherheit und Ungewissheit jedoch nicht mehr exakt im Voraus geplant und Entscheidungen nicht mehr rational optimal getroffen werden können, dann müsste sich folglich auch die Aufforderung zur rationalen Legitimation von Handlungen und entsprechend der rationale Legitimationsdruck für die Entscheider verändern. Wenn unsere einzige Chance darin besteht, Entscheidungen zu treffen und zugleich für die eintretende Zukunft offenzubleiben sowie bewusster und umsichtiger mit ihr umzugehen, dann kann dieser Weg rational beschritten werden, als *eine* mögliche Option. Es kann aber auch auf ganz andere Art und Weise geschehen. Folglich müsste man innerhalb der Organisationen akzeptieren, dass traditionelle oder auch emotionale Beweggründe als ebenso legitim gelten. Es müsste also davon Abstand genommen werden, implizites oder praktisches Wissen als unwissenschaftlich, unzuverlässig und fehlerhaft zu diffamieren.

Tatsächlich nutzen und erschließen Menschen Informationen und Informationsquellen, die nicht präzise definierbar und beschreibbar sind. Sie erhalten auf diesem Weg Auskunft über Eigenschaften und Wirkungsweisen konkreter Gegebenheiten, die einer objektivierbaren, verstandesmäßig geleiteten sinnlichen Wahrnehmung gerade nicht zugänglich sind. Somit findet ein Umdenken statt. Im Zeichen aktueller Veränderungen verliert nicht nur die Wissenschaft zunehmend ihr Monopol der Definition legitimen Wissens; in vielen Bereichen darf man mittlerweile keineswegs nur heimlich „nach Gefühl" oder „intuitiv" handeln, sondern dieses Handeln auch so begründen. Mehr noch, das Rekurrieren auf „Intuition" und „Spaß", die weitere emotionale Momente darstellen, erscheint geradezu als Trotzreaktion auf den vormaligen Rationalitätsimperativ. Spaß und Intuition sind kaum objektivierbare und nach allen Seiten hin offene Kategorien, die aber gerade dadurch kreative Freiräume schaffen, weil man die Forderung nach rationalen Begründungen auf Distanz hält.

Fazit: Die Legitimität nicht rationaler oder nur bedingt rationaler Begründungen ergibt sich aus der allgemeinen Akzeptanz der (rationalen) Erkenntnis, dass eine umfassende rationale Begründung unter den gegebenen Bedingungen nicht mehr möglich ist.

3.6 Gruppendynamik – T-Gruppe – Emotionale Resonanz

Interessanterweise sind wir damit bei einer Gegenüberstellung angekommen, die ähnlich bereits vor über hundert Jahren virulent war und gegen Ende der 1930er-Jahre zu den „offiziellen" Anfängen der Gruppendynamik führte. Dies betraf vor allem die experimentelle Forschung von Gruppenleistung und Gruppenstrukturen in den USA, auf die Kurt Lewin einen prägenden Einfluss hatte. Die „Gruppe" wurde seinerzeit nicht nur zur positiv besetzten Gegenwelt zur Industrialisierung, Vermassung und Entfremdung stilisiert, sondern zugleich als provokativer Gegenentwurf zur Organisation im Allgemeinen installiert.

Der Gruppendynamik kam dadurch eine Doppelrolle zu. Sie machte sich nicht nur auf, ein neuer Gegenstand der Wissenschaft zu werden, sondern war zugleich ein Symbol der Hoffnung hin zu einer sozialeren Wendung. Man schrieb der Gruppendynamik die Aufgabe zu, dem rauen Klima des amerikanischen „rugged individualism" Ende der 1920er-Jahre den wohltätigen Einfluss von Gruppen auf die einzelne Person entgegenzustellen. Auf diese Art etablierte sich eher euphorisch als realistisch ein normatives Gruppenideal. In einer „richtigen Gruppe" können sich zwischenmenschliche Beziehungen entfalten, unverfälschte Emotionalität wird erlebbar, und zugleich zählt das Individuum in seiner Wesenheit.

Dieser politisch idealisierte Bedeutungshorizont und die an die Ideale geknüpften Selbstverwirklichungshoffnungen haben den Gruppenbegriff über eine lange Zeit hinweg normativ im Griff gehabt und der Sache der Gruppendynamik eher geschadet.

Der Bezug zur aktuellen Situation besteht darin, dass wir es auch seinerzeit mit einer Form von „Organisationsversagen" zu tun hatten und mithilfe „der Gruppe" nach einem Gegenmodell zur klassisch-hierarchiegeprägten Organisation gesucht wurde. Und weil aktuell von Organisationen (!) Konzepte wie Erfahrungslernen, Intuition und Gruppendynamik mehr und mehr nachgefragt werden, ist es uns ein Anliegen, die Kernidee der Gruppendynamik in ihrer besonderen Wirksamkeit herauszustellen, ohne abermals in die normative Gruppenidealisierungsfalle zu geraten. Dies führt uns abschließend zu zwei Fragen, nämlich der, was reife Gruppen im Umgang mit Komplexität auszeichnet, und der weiteren Frage, wie überhaupt eine Gruppe zu einer reifen Gruppe wird.

Obgleich die erste Frage die eigentlich spannendere ist, da sie ja die erwartete Antwort auf das Organisationsversagen geben soll, wollen wir mit der zweiten Frage und den Anfängen der Gruppendynamik beginnen.

Ausgangspunkt allen gruppendynamischen Arbeitens ist das Modell der Trainingsgruppe – auch T-Gruppe genannt. Diese spezielle Methodik stellte gerade zu Beginn des 20. Jahrhunderts einen Tabubruch gegenüber der traditionellen Wissenschaftsmethodik und Expertenlogik dar. Insbesondere die USA waren durch einen Behaviorismus geprägt, der in scharfer Abgrenzung zum Untersuchungsobjekt agiert und diesem lediglich die Ergebnisse seines Wissens und seiner Beobachtungen zur Verfügung stellt. Insbesondere verwehrte man sich gegen alles „Psychologische". Nach John B. Watson (1913) sollten mentale Begriffe wie Bewusstsein, Empfindung, Wahrnehmung, Vorstellung, Wunsch, Absicht, Denken und Fühlen gänzlich aus dem Vokabular der Psychologie gestrichen werden. Im Übrigen hatte die Psychologie für Watson sowieso dabei versagt, sich in der Welt als unbestrittene Naturwissenschaft zu behaupten.

Die Arbeitsweise der T-Gruppe weist in die gänzlich andere Richtung der Nicht-Trennung und des Nicht-Wissens. Eine T-Gruppe aus Trainersicht zu begleiten, heißt, Abstand zu nehmen von einer rationalen Autoritäts- und Reparaturlogik, die vorgibt, im Voraus besser zu wissen, was für die Gruppe gut und stimmig ist. Das Vorgehen der gruppendynamischen T-Gruppen-Praxis und die damit verbundene Selbsterforschung lassen sich wie folgt beschreiben:

- Eine T-Gruppe hat keinen anderen Auftrag, als sich selbst darin zu untersuchen, wer oder was sie ist. Dieser evolutionäre Zugang macht eine radikale Konzentration auf das Erleben im Hier und Jetzt notwendig.
- Aus dieser Ausgangslage heraus beobachten und reflektieren alle Gruppenmitglieder gleichermaßen das Geschehen und ziehen – zunächst meist nur individuell – ihre Schlüsse.
- Mit den beginnenden Versuchen, mithilfe von gegenseitigem Feedback das je Individuelle zu veröffentlichen und zu vergemeinschaften, wird kommunikativ eine „soziale Wahrheit" über die Gruppe selbst erzeugt.
- Ein so gewonnener kollektiver Selbstbegriff wird zur Basis der Weiterentwicklung der Gruppe; in der Folge wird dieser Selbstbegriff immer wieder aufs Neue angepasst, weiter verändert oder wieder aufgelöst und evoziert damit eine neue Form der Steuerung.

Gruppendynamik im Sinne der T-Gruppen ist ein durch und durch praxeologischer Weg. Eine auf diese kollektive Art erzeugte praxisrelevante Wahrheit ist immer ein Produkt von Akzeptanz und Entscheidung, von subjektivem und implizitem Wissen: Es gibt keine Faktizität ohne Interpretation und keine Rationalität ohne Emotionalität. Gruppendynamisch zu arbeiten, ist eine Praxis, in der nicht einfach nur gehandelt wird, vielmehr werden die Handlungen, die sich ereignen, gemeinsam beobachtet, analysiert und auf Sinn und Konsequenzen hin reflektiert. Eine solche Praxis ist konsequent prozessorientiert, das heißt, sie arbeitet weder an Individuen noch an Gegenständen, sondern an Prozessen, in denen sich alles Mögliche gleichzeitig abspielt. Sie arbeitet an komplexen Problemstellungen, die nicht einfach abgegrenzt werden können, und an Emotionen, auch an Angst und Unsicherheit, in denen sich menschheitsgeschichtlich festgesetzte Prägungen offenbaren. Nochmals: In einer T-Gruppe geht es nicht um Einzelphänomene oder Ursachenforschung, sondern um das Erfassen der je aktuellen „Gesamtgestalt" – oder in aktuelleren Begriffen: Es geht um Mustererkennung.

Dieses gemeinsame Erkennen und Konstruieren von Mustern ist nichts anderes als eine Suche nach Struktur zur Orientierung. Eine derartige Orientierung findet man nur, indem man überhaupt in die Ungewissheit hinein Alternativen konstruiert, um sie anschließend auf Plausibilität zu prüfen. Um sich auf diesen Prozess einzulassen, der zu Beginn oft als mühsamer Gruppendialog empfunden wird, braucht es Langsamkeit. Das ist die große Herausforderung in einer informationsüberfluteten Welt, in der alle ständig auf allen möglichen Informationskanälen reaktionsbereit sein wollen. Aber nur wenn es gelingt, Räume zu schaffen, in denen die Teilnehmenden zuerst aufmerksam ihre je eigenen Denkweisen wahrnehmen und ihre Begrifflichkeiten überprüfen, ist rasches Vorangehen möglich. Diese Prüfung kann wiederum nur von der ganzen Gruppe geleistet werden, und hierzu bedarf es ebenso eines wesentlichen unbeobachtbaren Elements: die nicht geäußerten Einschätzungen und Gedanken der Individuen im Gesamtgeschehen.

Was können Führungskräfte von der „Methode der Gruppendynamik" lernen? Die Methode der Gruppendynamik lautet nicht: „Kommuniziert mal!", sondern:

- Sie reflektiert auf die Voraussetzungen der Kommunikation, das heißt auf die individuellen und organisationalen Hintergründe und Zusammenhänge nicht nur des rationalen, sondern auch des emotionalen Bereichs.
- Sie unterbricht immer wieder kurzfristig den Gang des Agierens, reflektiert auf die Situation, analysiert ihre Voraussetzungen und führt damit unter Umständen eine neue Ausgangslage herbei.
- Sie macht die Dynamik, die Widersprüchlichkeit, die Unvereinbarkeit, die Unausweichlichkeit zwischen Individuum und Gruppe sowie zwischen Gruppe und Organisation deutlich, denn erst wenn all diese immer wieder auftauchenden Unvereinbarkeiten *ansprechbar* und *ausgesprochen* sind, können Gruppenmitglieder sich damit auseinandersetzen und gemeinsam entscheiden, wie sie damit umgehen wollen.

Daher geht es in der Steuerung von Gruppenprozessen immer wieder darum, dass die Individuen ihre eigene Rolle erkennen und darüber ihre Wahrnehmungs-, Reflexions- und Handlungsfähigkeit zur Mitgestaltung erhöhen. Insofern begnügt sich die Gruppendynamik nicht mit dem Ziel individueller Selbsterfahrung, sondern diese ist schlichtweg ein unentbehrliches Vehikel, um die Funktionsmechanismen der Gruppe – aus sich selbst heraus – zu verstehen und darüber die Steuerung von Gruppen zu handhaben. Dies zu ermöglichen und die dafür notwendigen Spielräume zu schaffen, ist die eigentliche Aufgabe, wenn es darum geht, eine selbstorganisierte Gruppe zu steuern, sei es als gruppendynamischer Trainer oder Trainerin oder als Führungskraft.

Damit haben wir die erste Frage, was eine reife Gruppe im Umgang mit Komplexität auszeichnet, schon fast beantwortet. Eine Gruppe, die gelernt hat, sich mithilfe dieses Vorgehens selbst zu steuern, ist, mit Peter Heintel (2008) gesprochen, eine „reife Gruppe". Statt Resultats-, Rollen- und Struktursicherheit hat sie eine Sicherheit entwickelt, die über Zugehörigkeit, Vertrauen und Feedback, das heißt über den Prozess läuft. Gruppen, die diese Prozesssicherheit erlangt haben, schaffen es auch, das Risiko einer unabgesicherten Entwicklung in Gemeinsamkeit auf sich zu nehmen. Das heißt, sie können sich gemeinsam auf Unsicherheit und Ungewissheit einlassen. Das Geheimnis arbeitsfähiger Gruppen ist daher nicht die Schaffung von rationaler Ordnung und eindeutigen Orientierungen, sondern Kompetenz im Umgang mit Ungleichgewichten und Ungewissheiten.

Fazit: So sieht die komplexe Antwort der Gruppendynamik auf die Frage aus, wie man jenseits der organisierten Rationalität bzw. der rationalen Organisation kollektiv mit Emotionalität und Erfahrungswissen verfahren kann, um dadurch einen anderen Zugang zur immer komplexer werdenden Welt zu haben: Im gruppendynamischen Ansatz ist Lernen ein Zirkel. Jenseits der Perfektionierung von Routinen in Hierarchien wird spontanes, intuitives, irrationales – kurz: „unabgesichertes Tun" beobachtet. Der Vorgang wird gemeinsam reflektiert, und die Reflexion ist die Voraussetzung für weiteres Tun. Dadurch ist die Gruppendynamik höchst wirksam und organisationsrelevant.

3.7 Schlussbemerkung

Wissen, Kreativität und Innovation sind die entscheidenden „Produktionsfaktoren", die die Organisation unter Konkurrenzbedingung „am Leben" halten. Für die Führung bedeutet dies, anzuerkennen, dass es nicht mehr darum gehen kann, alles mithilfe von Führungstools im Griff zu haben, sondern darum, soziale Situationen, in denen sie selbst mit enthalten sind, kontextbezogen zu steuern. Wissen und Kreativität sind individuelle Eigenschaften, und Innovation ist ein soziales Produkt, das nur durch die Kombination dieser individuellen Eigenschaften in kleinen Gruppen – jenseits von Hierarchie entstehen kann. Die beiden Führungsherausforderungen bestehen folglich darin,

- die Beteiligten im Wissen um die Schranken organisationaler Bedingtheit zu freiwilligem Engagement zu motivieren und
- anzuerkennen, dass Innovationen innerhalb der Organisation immer auch Zumutungen sind und daher mit Unsicherheit und Ungewissheit einhergehen.

Wenn sich Führungskräfte diesen Zumutungen nicht stellen, weil sie stattdessen Unsicherheit als individuelles Problem abzutun oder aus Angst vor dem Nicht-Wissen das drohende Chaos im Keim zu ersticken versuchen, beschneiden sie den Raum, in dem Lösungen für komplexe Herausforderungen entstehen können. Stattdessen muss Führung im Öffnen wegweisend sein: Wo sind die Leerstellen? Wo ist Platz für das Fremde, das Ungewisse, das Noch-nicht-Bekannte? Wie können wir es schaffen, am Puls zu bleiben, Stimmungen mitzubekommen und Themen zu entdecken, von denen man zuvor noch nicht wusste, dass es sie gibt? Die Intelligenz zukünftiger Organisationen steckt in der Vernetzung der in ihr arbeitenden Individuen. Dazu braucht es innerhalb der Organisation selbstbewusste Personen, die ihr Potenzial kennen und Gruppen, in denen derartige Prozesse möglich und gefördert werden.

Literatur

Baecker, D. (2003). *Organisation und Management – Aufsätze*. Frankfurt a. M.: Suhrkamp.
Baecker, D. (2007). *Studien zur nächsten Gesellschaft*. Frankfurt a. M.: Suhrkamp.
Beck, U., Bonß, W., & Lau, C. (2001). Theorie reflexiver Modernisierung: Fragestellung, Hypothesen, Forschungsprogramme. In U. Beck & W. Bonß (Hrsg.), *Die Modernisierung der Moderne* (S. 11–62). Frankfurt a. M.: Suhrkamp.
Bröckling, U. (2007). *Das unternehmerische Selbst. Soziologie einer Subjektivierungsform*. Frankfurt a. M.: Suhrkamp.
Heintel, P. (2008). Über drei Paradoxien der T-Gruppe. In P. Heintel (Hrsg.), *betrifft: TEAM, Dynamische Prozesse in Gruppen*. Wiesbaden: VS Verlag für Sozialwissenschaften.
Luhmann, N. (2000). *Organisation und Entscheidung*. Opladen: Westdeutscher Verlag.
Voß, G. G., & Pongratz, H. (1998). Der Arbeitskraftunternehmer. Eine neue Grundform der Ware Arbeitskraft? *Kölner Zeitschrift für Soziologie und Sozialpsychologie, 50*(1), 131–158.
Watson, J. B. (1913). Psychology as the behaviorist views it. *Psychological Review, 20*(2), 158–177.
Weick, K. E. (1996). Drop your tools: An allegory for organization studies. *Administrative Science Quaterly, 41*(6), 301–313.
Weick, K. E. (2001). Drop your tools. In T. M. Bardmann & T. Groth (Hrsg.), *Zirkuläre Positionen III: Organisation, Management, Beratung* (S. 123–138). Wiesbaden: Westdeutscher Verlag.

Prof. Dr. Olaf Geramanis ist leidenschaftlicher Gruppendynamiker. Dozent FHNW, Diplompädagoge (univ.), Coach und Supervisor (BSO), ausbildungsberechtigter Trainer für Gruppendynamik (DGGO). Jahrgang 1967, bis 2000 Offizier der Bundeswehr, ab 1999 wissenschaftlicher Assistent am Lehrstuhl für Wirtschaftspädagogik der Universität der Bundeswehr München. Seit 2004 Dozent für Sozialpsychologie und Beratung an der Hochschule für Soziale Arbeit FHNW in Basel. In der Weiterbildung und Dienstleistung in den Bereichen Beratung, Coaching, Change und Teamentwicklung unterwegs. Studienleiter des MAS Change und Organisationsdynamik sowie des CAS Teamdynamik. www.gruppendynamik.ch.

Systemkompetenz für die Führung in Veränderungsprozessen

4

Willy Christian Kriz

> *Manager sind nicht mit Problemen konfrontiert, die voneinander unabhängig sind, sondern mit dynamischen Situationen, die aus komplexen Systemen wechselnder Probleme bestehen, die miteinander interagieren. Solche Situationen nenne ich Schlamassel ... Manager lösen keine Probleme, sie versuchen Schlamassel zu verwalten*
> *(Ackoff 1979, S. 93).*

Zusammenfassung

In diesem Beitrag werden einleitend Symptome und Ursachen für die Schwierigkeiten von Menschen im Umgang mit komplexen Systemen aus Sicht der psychologischen Problemlöseforschung erörtert. Es werden u. a. in den Phasen der Zielausarbeitung, der Situationsanalyse, der Prognose von Auswirkungen von Entscheidungen und Handlungsstrategien immer wieder schwerwiegende Fehler gemacht, da die Vernetzung, Nichtlinearität und Selbstorganisationsdynamik von Systemen nicht angemessen verstanden wird. Aufbauend wird diskutiert, welche besonderen Herausforderungen sich für Führung in der Praxis ergeben. Gerade für Führungskräfte entstehen in organisationalen Transformationsprozessen Unsicherheiten und Ungewissheiten in Bezug auf wirksames Systemmanagement und Führungsverhalten. Es wird dargestellt, was Systemkompetenz bedeutet und wie verschiedene Teilkomponenten von Systemkompetenz bei der Gestaltung und Veränderung von Systemen wirksam werden können.

Das einleitende Zitat von Ackoff aus dem Jahr 1979 scheint leider auch heute nichts an Aktualität eingebüßt zu haben. So zeigen die täglichen Schlagzeilen rund um die Entwicklungen

---

W. C. Kriz (✉)
Department of Management and Business Administration, FH Vorarlberg, Dornbirn, Österreich
E-Mail: willy.kriz@fhv.at

der sogenannten „Banken- und Wirtschaftskrise" (u. a. wachsende Labilität durch Finanzunsicherheiten, Finanz- und Realwirtschaft klaffen immer weiter auseinander usw.) deutlich, dass wir hier in einen typischen „Schlamassel" ohne erkennbaren Ausweg geraten sind. Natürlich reichen die reine Verwaltung von Problemen und Symptombekämpfungen, wie sie für viele „Manager"[1] charakteristisch sind, nicht aus. Im Unterschied zum Management zeichnet sich „Führung" u. a. dadurch aus, dass rechtzeitig Verantwortung für eine tiefgreifende Lösung übernommen wird, auch wenn dies zunächst mit Konflikten und „schmerzhaften" Veränderungen einhergehen mag (wie es das angelsächsische Sprichwort ausdrückt: „a stitch in time saves nine" – ein Nadelstich zur rechten Zeit erspart neun später).

In diesem Beitrag werden zunächst allgemein Symptome und Ursachen für die Schwierigkeiten von Menschen im Umgang mit komplexen Systemen erörtert. Aufbauend wird diskutiert, welche besonderen Problemstellungen sich für Führung und ein angemessenes Führungsverständnis in der Praxis ergeben. Es wird diskutiert, was Systemkompetenz bedeutet und wie verschiedene Teilkomponenten von Systemkompetenz bei der Gestaltung und Veränderung von Systemen wirksam werden können. Abschließend werden in diesem Zusammenhang Aspekte einer systemkompetenten Führung thematisiert.

4.1 Allgemeine Kennzeichen des „Schlamassels"

Die zunehmende betriebliche und gesellschaftliche Komplexität und Veränderungsdynamik führt zur Notwendigkeit, mit teilweise instabilen und nicht-linearen Prozessen adäquat umzugehen. Das Umfeld unternehmerischer Entscheidungen von Führungskräften ist durch eine wachsende Dynamisierung geprägt. Steigende Komplexität ergibt sich u. a. durch globale Vernetzung, Konkurrenz um knapper werdende Ressourcen, ständige medial hergestellte Transparenz, Erwartungsdruck an immer kürzere Reaktionszeiten in Kommunikationsprozessen, Unsicherheiten hinsichtlich Spannungen und Konflikten in der sozialen Struktur (begleitet von politisch-gesellschaftlicher Instabilität und Gewalt), Veränderungen von kulturellen Werthaltungen, und – zu Recht – auch durch wachsende ethisch-moralische Ansprüche (u. a. „corporate social responsibility", Forderungen zu „nachhaltiger Wirtschaft").

Nachhaltige Handlungskompetenzen aufzubauen und komplexe soziale Systeme (z. B. Unternehmen) zu steuern, wird eine immer schwierigere Aufgabe, da Führungskräfte aus Politik und Wirtschaft „obwohl sie sich in Systemen bewegen, selten systemisch denken und handeln. Aufgrund ihrer Schwierigkeit Systeme (deren Komplexität, Beziehungen,

---

[1] Ich bin mir der Unzulänglichkeit deutscher Sprache und meines Sprachgebrauches bewusst, zwischen „gendergerechten" und sogenannten „männlichen" Bezeichnungen zu differenzieren. Alle mir bekannten Alternativen erscheinen mir gekünstelt, weshalb hier immer wieder auch von „Managern" oder „Mitarbeitern" usw. geschrieben wird. Diese sind als geschlechtsneutrale Bezeichnungen gemeint. D. h. „Frauen" sind nicht einfach nur „mit gemeint", weil eben auch keine „Männer" gemeint sind (und es geht auch um keine anderen, nicht genannten, biologischen, sozialen, ökonomischen usw. Diversity-Eigenschaften, Ethnien, Religionen usw.). Es geht immer um Respekt vor einzigartigen Menschen, die persönlich denken, fühlen und handeln.

Funktionen und Rückkopplungen) zu verstehen, unterlaufen Menschen in Handlungs- und Planungsprozessen beträchtliche Fehler", wie Höfling (1994, S. 22) bereits vor rund 20 Jahren feststellte. Die Problematik ist somit durchaus nicht neu, wie u. a. die Arbeiten von Meadows et al. über die „Grenzen des Wachstums" und des „Club of Rome" aus den 1970er-Jahren zeigen (vgl. Meadows et al. 1972). Unkontrolliertes Wachstum kann schließlich zu einem Zusammenbruch eines Systems führen, wenn bestimmte Grenzen überschritten bzw. Ressourcen aufgebraucht wurden. Die Möglichkeit von Systemzusammenbrüchen spricht unsere Verantwortung als Menschen an, eine lebenswerte Zukunft für uns und unsere Nachkommen sicherzustellen.

Handlungen, die diese Lebensfähigkeit unterstützen, werden „nachhaltig" genannt. Auch im deutschsprachigen Raum haben Systemdenker wie Vester bereits in den 1970er- und 1980er-Jahren mit Büchern wie „Unsere Welt – ein vernetztes System" früh auf Probleme sowie mögliche Lösungen hingewiesen (vgl. Vester 1983). Da aber in den vergangenen 40 Jahren seit Erscheinen dieser Studien durch das Versagen der politischen und wirtschaftlichen Eliten an den Ursachen für die Krisen nichts verändert wurde, sondern Probleme immer wieder nur durch unangemessenes und kurzfristig ausgerichtetes „Reparaturdienstverhalten" (s. u.) an den Symptomen angegangen wurden, führt derzeit die immer noch wachsende Unberechenbarkeit von Systemverhalten zu weiteren und immer neuen Prognose- und Handlungsfehlern. Neben der real steigenden Komplexität unserer Lebenswelten dürfte wohl zusätzlich ein psychologisch bedingtes steigendes Komplexitätsempfinden zu einer allgemeinen Überforderung und Ratlosigkeit führen und zum Erleben einer tiefgreifenden Kontroll- und Systemkrise in unserer Zeit beitragen.

Einige zentrale Ursachen für die hier genannten Symptome sollen nun im nächsten Abschnitt beleuchtet werden.

4.2 Ursachen: Die „Logik des Misslingens" beim Management von Ungewissheit und Komplexität

Untersuchungen des menschlichen Problemlöseverhaltens kommen zu dem Schluss, dass sich die Probanden über die Folgen von Eingriffen in komplexe dynamische Systeme nicht im Klaren sind. Dörner (1989) hat im Rahmen seiner psychologischen Handlungstheorie typische Fehlstrategien des Umgangs mit komplexen Systemen aufgezeigt und in einem Buch mit dem treffenden Titel „Die Logik des Misslingens" veröffentlicht. Demnach spielen beim Umgang mit Komplexität insbesondere Gefühle der Unsicherheit eine große Rolle, die entsprechend dysfunktionaler mentaler Modelle zu unterschiedlichen Fehlleistungen im Handeln mit fatalen Folgewirkungen führen.

Fehler in der Phase der Zielausarbeitung
In der ersten Phase der Handlungsregulation, der Zielausarbeitung, erfolgt die Erstellung von Richtlinien und Kriterien für die weitere Planung. Dabei müssen besonders zwei zentrale Anforderungen bewältigt werden, einerseits die Konkretisierung von Zielen und Teilzielbildung und andererseits die Balancierung einander widersprechender Ziele. Bei

Fehlern in der Zielausarbeitung kann nun vorhandener Handlungs- und Zeitdruck dazu führen, dass Teilziele nur mangelhaft definiert werden, oder es erfolgt eine Schwerpunktbildung nach dem auffallendsten Kriterium, den offensichtlichen Mängeln bzw. nach der Verfügbarkeit von Methoden. Dörner bezeichnet das daraus resultierende Handlungsschema als „Reparaturdienstverhalten". Dabei werden nur jene Probleme gelöst, die gerade unmittelbar anstehen. Das Nichterkennen von sich widersprechenden Teilzielen, hervorgerufen durch die Überbewertung einzelner Motive, führt häufig zur Vernachlässigung unerwünschter Neben- und Fernwirkungen von Handlungen. Um mit den oft unerfreulichen und belastenden Resultaten von Handlungen und Kommunikationen umgehen zu können, greifen Menschen dann zu Selbstschutzmechanismen und Verschwörungstheorien.

Fehler in der Phase der Situationsanalyse
Die nächste Phase umfasst die Bildung eines mentalen Modells der Situation als Voraussetzung zur weiteren Informationssammlung und -integration. Wenn eine Person dabei den „Systemcharakter" einer Situation nicht adäquat erfasst, sondern nur voneinander unabhängige Teilsysteme sieht, so folgt daraus eine isolierte und unvollständige Modellerstellung. Ein zumeist uneingestandenes Gefühl der Hilflosigkeit oder Angst, die Informationsüberlastung oder auch die Wahl eines falschen Auflösungsgrades resultiert in zu wenig oder zu viel Informationssammlung. Zuwenig Information kann aus einer (übereilten) reduktiven Modellbildung resultieren, in der die vorliegende Situation nur auf eine zentrale Variable zurückgeführt wird, wobei das bis zum völligen „Dogmatismus" reichen kann. Beispiele dafür sind Welterklärungen aus einem Guss. Im anderen Extrem ist auch eine extensive, akribische und detaillierte Informationssammlung, vielfach gekoppelt mit einer gewissen Handlungsscheu, Ursache von Handlungsfehlern. Für eine erfolgreiche Bewältigung dieser Phase kommt es darauf an, das Wirkungsgefüge eines Systems zu erkennen bzw. zu erarbeiten (s. u.).

Fehler in der Phase der Prognose der Auswirkungen von Entscheidungen und von Eingriffen in Systeme
In der Phase der Prognose wird versucht, künftige und geplante Ereignisse vorherzusagen. Die dabei benötigte Fähigkeit, Zeitabläufe abzuschätzen, ist jedoch bei den meisten Menschen nur gering ausgeprägt. Als Instrument zur Prognose werden daher verschiedenste Methoden angewandt, um die Unsicherheit zukünftiger Entwicklungen zu mindern. So wird in der Momentanextrapolation der bestehende Trend monoton und linear in die Zukunft projiziert, obwohl die verschiedensten Variablen oftmals nichtlineare Dynamiken aufweisen. Generell werden von Menschen Stärke, Geschwindigkeit, Nichtlinearität und Eigendynamik von Systemprozessen sowie die Wechselwirkungseffekte zwischen Systemgrößen stark unterschätzt. Als Folge kommt es beim Systemmanagement in der Praxis häufig zu massiven, aggressiven oder hilflosen Gegensteuerungsstrategien, effektlosen Routineeingriffen, ad-hoc gebildeten Maßnahmen oder auch Panikreaktionen und weiteren von Meadows (2010) treffend im Buch „Die Grenzen des Denkens" als „Systemfallen" bezeichnete Phänomene.

Modernes Management vollzieht sich in einem Kontext zunehmender Ungewissheit. Gerade auch Manager unterliegen der beschriebenen „Logik des Misslingens", und im Streben nach einer möglichst einfach verständlichen Reduktion der Komplexität wird meist nach „Patentrezepten" gesucht, um Handlungsalternativen und deren Folgewirkungen abzuschätzen. Die daraus resultierenden Entscheidungen sind häufig dysfunktional in ihren Auswirkungen. Im nächsten Abschnitt werden zusätzlich zu den bereits diskutierten allgemeinen menschlichen Systemfallen einige spezifische Probleme in Bezug auf Führung dargestellt.

4.3 Führung in komplexen Systemen versus Management von komplexen Systemen

Ein Teil des Problems liegt schon im heute immer noch vorhandenen reduktionistisch-mechanistischen Rollen(miss)verständnis von Management begründet. Die Erwartung an „gute" Manager ist häufig, dass sie in der Lage sind, Komplexität angemessen zu reduzieren und in den Griff zu bekommen. Manager steuern soziale Systeme und versuchen die Effizienz der Organisation kontinuierlich zu optimieren. Auch Kotter (2011, S. 38) teilt diese Auffassung: „Management bezieht sich auf die Bewältigung von Komplexität. Gutes Management bringt ein Ausmaß an Ordnung, Vorhersagbarkeit und Beständigkeit in Schlüsseldimensionen wie Qualität und Profitabilität von Produkten".

Ein typischer Manager begreift den Mitarbeiter vergleichsweise eher als ein „Werkzeug" und häufig als einen Kostenfaktor, den man genauso behandeln kann wie eine Maschine. Management bezieht sich hauptsächlich auf die Planung und Steuerung von Prozessen und alle möglichen Arten von Ressourcen. Zu Ressourcen zählen dann u. a. Finanzen, Arbeitsmittel, Produkte und eben auch Personal. Der Mitarbeiter ist in dieser Perspektive kein Mensch, sondern vergleichbar wie Geld- und Sachressourcen lediglich eine sogenannte „humane Ressource". Dieses Verständnis einer Führungskraft als Manager lehnt sich weitgehend dem Menschenbild des „rational-economic man" (Homo oeconomicus) an (Schein 2004), wie er bereits im Taylorismus um 1900 und teilweise bis heute als rationaler Agent und Nutzenmaximierer in den Wirtschaftswissenschaften postuliert wird.

Kotter (1996) argumentiert zu Recht, dass klassisches Management heute nicht mehr ausreicht, und dass Führung eine qualitativ andere Bedeutung hat. Führung bezieht sich demnach nicht nur auf die operative und kurzfristig ausgelegte Verwaltung eines „Schlamassels" (s. o.), sondern vor allem auf die Gestaltung von Veränderungen mit einer langfristig ausgerichteten Strategie. In einem systemorientierten Umgang mit dem ständigen Wandel sind die partizipative Entwicklung von Visionen und Zielen, sowie die zukunftsorientierte Ausrichtung und Motivation von Mitarbeitern wesentlich (Drucker 1998; Schein und Fatzer 2009).

Anders als im traditionellen Management ist der Mensch nicht einfach nur „Mittel, Punkt", sondern steht tatsächlich im „Mittelpunkt" (Neuberger 1990). Führen bedeutet, eine Welt zu gestalten, der andere Menschen gern angehören wollen (Pinnow 2005) und Mitarbeiter bei Veränderungen als Mitgestalter zu begreifen und einzubinden. Ein dem U. S. Admiral Grace M. Hopper zugeschriebenes Zitat illustriert dieses Verständnis von Führung: „You manage things – but you lead people". Somit steht vor allem auch eine angemessene Rollen- und Beziehungsgestaltung für Führungskräfte im Fokus ihres Führungshandelns. Allerdings gibt es für die Auflösung des hier dargestellten Widerspruchs keine Patentlösung. Wie schon die auf Max Weber (1922) zurückgehende Diskussion der Differenz zwischen „Vergemeinschaftung" (soziale Beziehungen beruhen auf emotionaler Zusammengehörigkeit) und „Vergesellschaftung" (soziale Beziehungen basieren auf zweckrational begründetem Interessenausgleich) zeigt, existieren in Organisationen grundlegend unterschiedliche „Logiken" hinsichtlich der Gestaltung sozialen Handelns. Während das Management komplexer Systeme jedoch in der Praxis häufig rein zweckrational ausgerichtet ist, so bedeutet Führung, sich der Diskrepanz unterschiedlicher Logiken und Perspektiven bewusst zu sein, die grundsätzliche Unmöglichkeit einer „richtigen" und „dauerhaften" Auflösung dieser Widersprüche „auszuhalten" und im Dialog mit den Geführten immer wieder situativ angemessenes und teilweise gemeinsam verantwortetes Gestalten von organisationalen Lebenswelten zu ermöglichen. Hierbei ist auf das Herstellen einer immer wieder lokal sinnstiftenden und temporär akzeptierten Balance von emotionaler Zusammengehörigkeit und rationalem Interessenaustausch zu achten.

Probleme in der Anwendung von Führungstheorien in der Praxis
Natürlich haben sich seit dem Taylorismus durch Wertewandel die Menschenbilder und damit auch das Verständnis von Führung deutlich weiterentwickelt, vom „social man", „self-actualizing man" bis heute zum „complex man" (Schein 2004). Schon lange – seit mehr als 25 Jahren – hat sich ein systemisches Verständnis etabliert, in dem Mitarbeiter als lernfähige Menschen mit sozialen Bedürfnissen ernstgenommen werden und in dem Organisationen als komplexe kybernetisch vernetzte Systeme ganzheitlich und prozessorientiert betrachtet werden (Malik 1989; Ulrich und Probst 1995), was sich auch im Verständnis von Führung niederschlägt (Bennis und Nanus 1985; Neuberger 2002; Frey 2000).

Die Führungsforschung hat im modernen Verständnis Eigenschaftsansätze und eindimensionale Führungsstilkonzepte weit hinter sich gelassen und ist geprägt durch eine Reihe von Theorien, die eine kooperative, partizipative, transformationale und situative Gestaltung von Führung betonen (Kühn et al. 2006; Steiger und Lippmann 2008). Dabei geht es vor allem um eine Führung die bewirkt, dass Mitarbeiter den vorgegebenen und teilweise gemeinsam entwickelten Zielen aus Überzeugung folgen und kontinuierlich sowohl ihre Zeit und Energie einsetzen, als auch weitgehend ohne Zwang und Kontrolle aus eigenem Antrieb freiwillig Wissen, Mehrleistungen und innovative Ideen für die Organisation einbringen. Gerade aus der Praxis typischen Managements ist hierbei aber eine gewisse Instrumentalisierung und Manipulation von „Freiwilligkeit" und Selbstorganisation zu beobachten, die genauso wie die „Scheinpartizipation" von Mitarbeitern letztlich erkannt wird und die eine kongruente Beziehungsgestaltung und das gegenseitige Vertrauen untergraben, das aber für Veränderungsprozesse und das „Überleben" der jeweiligen Organisation in Krisenzeiten notwendig wären (s. u.).

Zwar sind die Grundsätze zu „guter" Führung in den Lehrbüchern und in Aus- und Fortbildungen zu Führungsthemen und vielleicht sogar in den „Köpfen" einiger Führungskräfte angekommen. Die Praxis zeigt jedoch, dass in der operativen Hektik des Organisationsgeschehens und aus einem Denken, das im organisationalen „Machtspiel" den Eigennutz in den Vordergrund stellt, nach wie vor selten systemorientiert gehandelt und geführt wird. Oft werden nach wie vor veraltete und reduktionistische – aber dafür umso einfacher verständliche – „Kochrezepte" von Führung verwendet.

Selbst wenn moderne situative Führungstheorien von Führungskräften für ihr Handeln herangezogen werden, so erfolgt dies vielfach nur auf einer stereotypen und oberflächlichen Ebene. So legt beispielsweise die heute in Führungsschulungen weitverbreitete Reifegradtheorie von Hersey und Blanchard (1977) nahe, Mitarbeiter je nach Reifegrad anders zu führen. Der Reifegrad muss dazu auf Basis von Fähigkeiten und Motivation der Geführten analysiert werden und dann mit entsprechenden „Strategien" geführt werden (telling, selling, participating und delegating). Zwar scheint dieser Führungsstilansatz auf den ersten Blick plausibel (was wohl ein Grund für die Beliebtheit in der Praxis darstellt), der Nutzen des Modells ist aber dennoch fraglich. Da der Führungsstil in der Theorie je nach Reifegrad der Mitarbeiter flexibel angepasst werden soll, müssen die Mitarbeiter zunächst in vier Reifegrad-„Schubladen" klassifiziert werden (aus der sie dann im mentalen Modell der Führungskraft oft nie wieder herauskommen). Problematisch ist vor allem, dass dabei der Reifegrad der Führungskraft keine Rolle spielt. Implizit wird hier davon ausgegangen, dass die Führungskraft per se den höchsten Reifegrad und ideale Menschenkenntnis besitzt. Selten wird dabei die Beziehungsgestaltung zwischen Führungskraft und Mitarbeiter mitreflektiert. Noch seltener wird bedacht, dass es in Organisationen nicht nur um dyadische Beziehungsgestaltung geht, sondern heute meist um die Führung von Gruppen, in denen die Personen ggf. unterschiedliche Reifegrade aufweisen. Noch so gut gemeinte, flexibel und je nach Person individuell eingesetzte Führungsstile werden aber von den Betroffenen, im Vergleich mit anderen Personen (z. B. Arbeitskollegen) im sozialen System, schnell als ungerecht und inkongruent wahrgenommen (Kriz und Nöbauer 2008). Selbst wenn man den Reifegrad von Mitarbeitern objektiv messen könnte (was nicht der Fall ist), so wäre es doch in vielen Situationen unpassend und konflikthaft, z. B. Mitarbeiter in einem Projektteam jeweils unterschiedlich zu führen.

Führungsprobleme in der Gestaltung von Veränderungsprozessen
Wie bereits diskutiert, bedeutet Führung heute vermehrt die Gestaltung von Veränderungen in den unterschiedlichsten Formen des Changemanagements und der Organisationsentwicklung.

Allerdings zeigen beispielsweise die regelmäßigen Erhebungen des Gallup-Instituts zum Engagement Index (Gallup 2014), dass in Deutschland rund ein Viertel der Mitarbeiter „innerlich gekündigt" hat, weitere mehr als 50 % leisten nur „Dienst nach Vorschrift" und weniger als ein Viertel entspricht dem Idealbild des engagierten und motivierten

Mitarbeiters. Dies wird – so legen es die Ergebnisse nahe – mit auf mangelnde Führungsqualitäten zurückgeführt. Das hat nicht nur negative Auswirkungen auf Bindung und Leistung (mit erheblichen betriebs- und volkswirtschaftlichen Folgewirkungen von Fluktuation und Krankenständen, Leistungsabfall und Fehlhandlungen), sondern führt gerade auch im Change Management zu immer mehr Frustration, Widerstand, emotionaler Erschöpfung und Veränderungsmüdigkeit.

Im Bemühen, den Wandel aktiv zu gestalten, setzen viele Führungskräfte auf kurzfristige Transformationsmaßnahmen. Diese erzeugen zwar Unruhe und Stress, jedoch bleibt die eigentliche „Tiefenstruktur", also die in der Führungs- und Organisationskultur verankerten impliziten Handlungs- und Entscheidungsroutinen, davon unberührt. Im Verlauf der nicht für echte tiefgreifende Problemlösungen genutzten Zeit nimmt die Unberechenbarkeit zu und der Handlungsspielraum von Führungskräften, um die Systemkrisen zu bewältigen, nimmt immer weiter ab. Perfider Weise gewinnen Führungskräfte kurzfristig dadurch wieder an Handlungsspielraum und Definitionsmacht, wenn sie die herrschenden Strukturen zerschlagen und die nächste Veränderungswelle „top down" in Gang setzen.

Die natürliche menschliche Reaktion in diesem Umfeld von hohem Druck durch Veränderungsnotwendigkeit, Verlust von Vorhersagbarkeit und Berechenbarkeit und zugleich geringer „echter" Veränderungsbereitschaft und fehlender Systemkompetenz sind unterschiedliche Formen von Widerstand. Es kommt zu emotionalen Reaktionen, Erschöpfung und Eskalationen (z. B. Angst, Trauer, Wut) und zu einem verstärkten Bedürfnis nach Stabilität, Sinn und Orientierung.

Veränderungsprozesse irritieren aber nicht nur Mitarbeiter, sondern vor allem auch das Selbstkonzept von Führenden. Basis für den Einfluss der Führungskräfte sind die formale Hierarchie mit Weisungsbefugnissen zur Bestrafung und Belohnung, die Experten- und Informationsmacht und die persönliche Autorität, das (sozial zugeschriebene) Charisma (König 2002). Bei Veränderungen werden wesentliche Säulen der Macht angegriffen – Expertenmacht (da Strategien und Prozesse in Frage gestellt werden), sowie die hierarchische Autorität. Die Folge ist, dass das Selbstkonzept der betroffenen Führungskräfte – vor allem jene der mittleren Führungsebenen – ins „Schleudern" kommen kann. Werden Besitzstände angegriffen, kommen zur Verunsicherung noch Verlust- und Kompetenzängste dazu. Resultat ist eine sinkende Veränderungsfähigkeit und -bereitschaft (Auinger und Kriz 2012).

Der wachsende Veränderungsdruck und die daraus resultierenden Maßnahmen verstärken die Effekte: die Führungskräfte fühlen sich selbst nicht mehr gehört, verstanden und wertgeschätzt. Viele Führungskräfte versuchen dann mit ihren bewährten monokausalen „Werkzeugen" wieder die Kontrolle zurückzugewinnen, scheitern aber letztlich daran. Da sie selbst keine zufriedenstellenden Antworten und Orientierungen vom Top-Management bekommen, versagen sie wiederum in der Aufgabe, kongruente Kommunikation, Sinn und Orientierung für ihre eigenen Mitarbeiter zu gestalten. Wenn Manager und Führungskräfte ihre wesentliche Vorbild- und Gestaltungsfunktion nicht mehr wahrnehmen wollen oder können, dann sind wiederum Funktionsstörungen die Folge, die Lencioni (2014) beschrieben hat: Mangel an Vertrauen (verbunden mit Angst vor Schwächen und Fehlern, gegenseitige Verschlossenheit), Angst vor Konflikten (u. a. Zurückhaltung und defensive Kommentare statt offene Diskussion), Mangel an Einsatz (u. a. sinkende Leistungsfähigkeit), Vermeidung von Verantwortung (u. a. kein Engagement, kein klarer Aktionsplan) und Gleichgültigkeit gegenüber dem Ergebnis (u. a. kein gemeinsames Ziel, nur Kampf um Eigeninteressen, innere Kündigung als Folge von Ohnmachtsempfinden).

Nach der ausführlichen Analyse von allgemeinen und führungsspezifischen Problemstellungen in der Gestaltung von Systemen, soll nun das Konstrukt der Systemkompetenz erklärt werden. Es wird postuliert, dass systemkompetente Führung für Veränderungsprozesse in Organisationen notwendig ist.

4.4 Systemkompetenz – Die Logik des Gelingens

Verschiedene Modelle und Konzepte von Organisationsentwicklung und Management betonen bereits „Systemdenken" als zentrales Merkmal. Als Beispiel sei hier nur das bekannte Konstrukt der „Lernenden Organisation" genannt, das in verschiedenen Spielarten existiert (Senge 1990; Argyris und Schön 1999; Kim 1993; Crossan et al. 1999). Diese systemische Perspektive ist auch Kennzeichen für das Konstrukt der „Systemkompetenz" (Kriz 2000, 2006). Dabei kann bereits die Kenntnis der typischen menschlichen Denk- und Handlungsfehler (s. o.) bei Führungskräften zu einer angemesseneren Reflexion bei Entscheidungen und zu einem besseren Systemmanagement beitragen.

Definition und Formen von Kompetenzen
Gerade die Notwendigkeit des Managements komplexer Situationen rückt den Kompetenzbegriff in den Vordergrund. Der Begriff „Kompetenz" wird im modernen psychologischen Verständnis selbst wieder „systemisch" verstanden, geht es dabei doch um eine selbstorganisierte und situationsspezifische Auseinandersetzung des Menschen mit den Herausforderungen seiner Umwelt (Reinmann und Mandl 2000). Kompetenzen sind Fähigkeiten zum selbstorganisierten Handeln in offenen Problem- und Entscheidungssituationen (Erpenbeck und von Rosenstiel 2003). Kompetenzen befähigen Menschen zur Bewältigung von Anforderungen, die inhaltlich im Vorhinein nicht bestimm- und prognostizierbar sind. Entsprechend spielen Kompetenzen dort eine große Rolle, wo es – insbesondere in Wirtschaft und Politik – um die strategische Planung und Entwicklung in Zeiten erheblicher Unsicherheit geht. Kompetenz ist dort notwendig, wo die Komplexität des Zusammenwirkens der handelnden Akteure, der Handlungssituation und des offenen Handlungsverlaufs keine streng nach Routine oder Plan verlaufenden Problemlösungsprozesse zulässt.

Es existiert eine Vielzahl von Versuchen, Kompetenzen zu klassifizieren. Ein systematisches Konzept von Erpenbeck und Sauer (2000) geht davon aus, dass sich selbstorganisiertes Handeln auf die Person selbst, in inhaltlicher oder methodischer Hinsicht auf Gegenstände, die es zu erfassen und zu verändern gilt, auf andere Menschen und auf die Handlungen selbst beziehen. Aus dieser Perspektive ergibt sich die Klassifikation in

- personale Kompetenz,
- fachliche und methodische Kompetenz,
- sozial-kommunikative Kompetenz und
- aktivitäts- und umsetzungsorientierte Kompetenz.

Definition und Teilaspekte von Systemkompetenz
Systemkompetenz – als Kompetenz im Umgang mit komplexen dynamischen Systemen – ist mit dem o. g. Kompetenzbegriff in Übereinstimmung, da sich Systemkompetenz auf ein selbstorganisiertes Handeln und Entscheiden bei der Bewältigung von komplexen Aufgaben- und Problemstellungen bezieht (Kriz 2000, 2006). Bei Systemkompetenz in Organisationen geht es u. a. darum, dass Führungskräfte in komplexe Systeme nachhaltig eingreifen, wobei meist keine schon a priori bekannten optimalen Handlungsstrategien existieren. Diese Strategien müssen vielmehr von den Entscheidungsträgern flexibel in handlungsoffenen Situationen, dem dynamischen Umfeld angepasst und gemeinsam mit den mit betroffenen Mitarbeitern und Stakeholdern (weiter)entwickelt werden. Die Folgen von Entscheidungen und von durchgeführten Maßnahmen und deren „Nachhaltigkeit" muss darüber hinaus kontinuierlich mit allen betroffenen Akteuren kritisch reflektiert werden (s. u.).

Systemkompetenz bezieht sich somit auf eine systemorientierte Gestaltung von Lebenswelten und Anforderungssituationen, die erfordert, dass…

- … wegen der Komplexität und Vernetzung von Situationen gleichzeitig mehrere Sichtweisen und Merkmale betrachtet werden. Systeme, deren Elemente und Wechselwirkungen, Systemgrenzen, Ziele und Teilziele für die Systemgestaltung usw. sollten in einem interdisziplinären und heterogenen Team mit maximal möglicher Perspektivenvielfalt analysiert und gemeinsam (re)konstruiert werden. Geeignete Lösungsalternativen werden geplant und umgesetzt.
- … wegen der Dynamik von Situationen vor allem auch Entwicklungstendenzen von Systemen genau beobachtet werden müssen. Die Abschätzung der Auswirkungen von Systemeingriffen (Langzeitfolgen und Nebenwirkungen) müssen durch Monitoring und Feedbackprozesse erfasst werden. Die Wechsel- und Folgewirkungen der Entscheidungen auf die Struktur- und Prozessmerkmale komplexer Systeme müssen untersucht und die Wirkungen des Handelns im sozialen Kontext beurteilt werden. Eine fortlaufende Neubewertung von Systemzuständen und -prozessen sowie die Reflexion des Erreichens von Zielen ist notwendig. Dazu müssen geeignete Prognoseverfahren für das Antizipieren der weiteren Entwicklung eingesetzt werden, die es erlauben, rechtzeitig präventiv neue Systemveränderungen vorzunehmen.
- … wegen der Intransparenz von Situationen, Experten am Systemmanagement beteiligt werden, die ein möglichst hohes Ausmaß an Struktur- und Prozesswissen über die zu beeinflussenden Systeme haben. Führung rekurriert auf fundiertes Wissen über die Vernetzung der in der Situation relevanten Systemelemente, Einflussfaktoren, Ressourcen, Stakeholder und Akteure. Gleichzeitig bedeutet die systemische Sichtweise,

die grundsätzliche Begrenztheit dieses Wissens zu akzeptieren. Aufgrund von nichtlinearen Prozessen und durch Selbstorganisation von Systemen sollte man stets auf die Emergenz neuartiger und unvorhersehbarer Phänomene gefasst sein. Daher ist ein konstruktivistisch-modellorientiertes Denken hilfreich, das zwar fortlaufend Systemmodelle generiert, sich aber auch des immer nur vorläufigen Charakters dieser Modelle bewusst ist. Das jeweils gültige Systemverständnis wird als Ausdruck einer gemeinsam konstruierten Hypothese begriffen.

Bei allen Teilaspekten spielt die Bereitschaft und Fähigkeit zur Reflexion und zum bewussten Nachdenken (individuell und im sozialen System) als Voraussetzung für die reflexive Selbstorganisation des Handelns eine wichtige Rolle (basierend auf der Selbstbestimmungstheorie von Deci und Ryan 1993, und auf der „reflexiven Selbstorganisation" nach Schneewind und Schmidt 2002). Im nächsten Abschnitt wird Systemkompetenz und mehrere ihrer Teilkomponenten nochmals konkreter auf Führung bezogen.

4.5 Systemkompetenz für Führungskräfte

Systemkompetenz wird entsprechend der o. g. Klassifikation von Kompetenzen in mehrere Komponenten differenziert (Kriz und Gust 2003). Diese werden hier in Zusammenhang mit Führung in Veränderungsprozessen gebracht.

Personale Systemkompetenz
Diese Dimension bezieht sich auf Kompetenzen bei denen es darum geht, wie sich Menschen selbst steuern. Dazu zählen insbesondere eine ausreichend hohe Ambiguitätstoleranz und Coping-Strategien im Umgang mit Stress, emotionalen Belastungen, Demotivation und Frustrationen, die sich u. a. durch Misserfolge in der Systemgestaltung ergeben, die durch soziale Konflikte bei Entscheidungen hinsichtlich des Eingriffs in Systeme entstehen und die durch das Gefühl der Überforderung, des Versagens und der Unkontrollierbarkeit durch die Komplexität und Eigendynamik von Systemen hervorgerufen werden.

Ein anderer Teilbereich dieser Komponente beinhaltet die Entwicklung durchdachter Wertvorstellungen und das situationsangemessene Festhalten oder Verändern von Werten, Zielen und Strategien beim Management eines Systems. Persönliche Stärken und Schwächen sowie die eigenen mentalen Modelle werden kontinuierlich bewusst reflektiert und führen zur (Weiter)entwicklung eines realistischen Selbstbildes, Selbstvertrauen, Selbstkontrolle und Selbstmotivation. Dazu ist auch die Bereitschaft zum Perspektivenwechsel notwendig.

In Unternehmen werden heute von Führungskräften zu allen möglichen Veränderungen Projekte ins Leben gerufen, die Widerstände hervorrufen und nicht selten spätestens bei der Umsetzung gänzlich im Sande verlaufen. Laut Pinnow (2005) besteht ein Grund des Scheiterns darin, dass Veränderungen nicht mit einem Projekt beginnen, sondern ihren Ausgang in der Führungskraft selbst nehmen müssen. Dazu muss sich die Führungsperson vor allem selbst führen können und sich als Teil des komplexen Systems verstehen, das verändert werden soll. Der Weg vom klassischen Manager hin zur Führungskraft in Veränderungsprozessen setzt ein sich Lösen von den vertrauten Machtmechanismen, Selbstreflexion und ein sich Einlassen in ein prozesshaftes-reflexives Führen voraus (Auinger 2005).

Fachlich-Methodische Systemkompetenz
Diese Komponente bezieht sich auf die Verfügbarkeit von Methoden und Techniken für die Systemanalyse und die zielgerichtete Planung von Eingriffen in Systeme sowie auf das relevante Wissen über das zu steuernde System. Zu diesem Bereich gehört u. a. das Wissen über systemische Prinzipien, die „richtige" Deutung komplexer Vernetzungen und Rückkopplungen von Wirkfaktoren sowie das Verständnis nicht-linearer Zusammenhänge, Fähigkeiten in der Prognose von Systemverhalten, aber auch Planungs- und Handlungskompetenzen beim Systemmanagement. Aus der Analyse der Probleme und Fehlleistungen menschlicher Wahrnehmungs-, Denk- und Handlungsprozesse beim Umgang mit komplexen Systemen (s. o.) ergeben sich Strategien für einen nachhaltigeren Umgang mit komplexen Situationen. Allgemeine Problemlöseschemata (Greif und Kurtz 1996) können in verschiedenen Situationen beim Eingreifen in Systeme Orientierung geben und zu qualitativ besseren Entscheidungen beim Systemmanagement beitragen.

Hierzu zählen wiederum eine Reihe von Methoden und Techniken, die sich auf verschiedene Phasen eines Problemlöseprozesses beziehen (z. B. Anwendung von Brainstorming-Techniken in der Phase der Suche nach Problemlösungen usw.) und Techniken zur Visualisierung und Strukturierung von individuellen mentalen Modellen, um diese in die Generierung gemeinsamer mentaler Modelle in einer Gruppe einzubringen (z. B. Erstellung von Mindmaps usw.). Dazu müssen systemkompetente Führungskräfte auch jeweils zur Situation passende Methoden des „group model building" (Vennix 1996; Sterman 2000) kennen und einsetzen können. Dazu zählt u. a. die Befähigung, mittels systemdynamischer und agentenbasierter Simulation, Szenariotechniken, Planspielen (serious gaming) und Modellierungstechniken Systeme als komplexe multirelationale Wirkungsgefüge abzubilden, alternative Entscheidungsalternativen zu generieren und mögliche Systemveränderungen zu simulieren (Wilms 2012; Ballin 2006; Kriz 2013).

Teamkompetenz als sozial-kommunikative Systemkompetenz
Aus der Erkenntnis folgernd, dass Menschen selten vollkommen alleine komplexe Problemstellungen lösen, sondern meist in eine ebenfalls komplexe soziale Interaktionsdynamik eingebunden sind (z. B. als Führungskraft oder Gruppenmitglied in einem Arbeitsteam, als Stakeholder bei der Durchsetzung von Interessen usw.) stehen auch soziale Kompetenzen, insbesondere Teamkompetenz, in engem Zusammenhang mit Systemkompetenz. Teamkompetenz bedeutet wesentlich eine situative und bereichsspezifische Rollen- und Beziehungsgestaltung (Kriz und Nöbauer 2008).

Notwendig sind in diesem Zusammenhang soziales Wissen (z. B. Wissen über gruppendynamische Phänomene, Entscheidungsformen in Teams usw.) und soziale Kompetenzen, die Teams beim Systemmanagement und bei der Gestaltung von Teamprozessen unterstützen. Besonders relevant sind dabei das empathische Wahrnehmen sozialer Beziehungen, Bedürfnisse und Interessenslagen und die Bereitschaft und Fähigkeit, eigenes Wissen mitzuteilen und die gemeinsame Entwicklung durch Dialog und Feedback zu fördern. Teamkompetenz ist eine fortwährende kollektive und situationsabhängige Anpassung der Kommunikations- und Handlungsprozesse im und durch das Team.

Was in einer sozialen Situation angemessen erscheint, ist nicht a priori vorgeben, sondern abhängig von der Interpretation der Situation durch das Individuum und die Deutungen anderer beteiligter Personen. So ist z. B. das Geben und Nehmen von Feedback durchaus eine wichtige Komponente in Teams, und die einzelnen Mitglieder sollten ihre Fertigkeiten, Feedback angemessen zu gestalten, entwickeln. Trotzdem ist das Geben und Nehmen von Feedback nicht per se ein Zeichen von Teamkompetenz. Es mag durchaus Situationen geben, in denen es gerade nicht stimmig wäre, einander Feedback zu geben. In einer Krisensituation sind z. B. „autoritäres" Führungsverhalten, schnelles Eingreifen und Befehle oft systemkompetenter, als kooperativ-demokratische und zeitintensive Diskussionen.

Für Teamkompetenz ist es wesentlich, dass empfundene Unstimmigkeiten, die Angemessenheit von Verhalten sowie die gemeinsame Einschätzung der Situation (ggf. rückblickend) immer wieder zum Thema gemeinsamer Reflexion im Team gemacht werden. Führungskräfte sollten notwendige Reflexionsprozesse nicht verhindern, sondern gezielt fördern und dabei auch das eigene stimmige oder unstimmige Verhalten in ihrer Führungsrolle kritisch hinterfragen und die eigene Beziehungsgestaltung mit den Mitarbeitern im Dialog weiterentwickeln. So kann das oben diskutierte Reifegradmodell von Führung (s. o.) in so einem Kontext durchaus sinnvoll sein, wenn der Reifegrad aller Beteiligten (inklusive der Führungsperson) durch Feedback thematisiert wird und wenn unterschiedliche situative Führungsstile argumentiert werden.

Führung bedeutet hier u. a., eine moderierende Reflexion in Gang zu halten, die auf den beiden Dimensionen „Task-Reflexivity" (Arbeitsziele und Prioritätensetzung, Wege zur Zielerreichung und Kontrolle, Arbeitsorientierung, definierte Verantwortlichkeiten, Informationsaustausch, Koordinierung der Arbeit usw.) und „Social-Reflexivity" (Zusammenhalt und Teamklima, gemeinsame Verantwortungsübernahme, Methoden der Konfliktlösung, Unterstützung und Kooperation) nach West (1994) zugeordnet werden und die das o. g. Spannungsverhältnis von Vergesellschaftung und Vergemeinschaftung aufgreifen.

System- und Veränderungsmanagement kann heute nur in Teams gelingen. Dabei wird es zunehmend wichtig, dass Führungsaufgaben miteinander geteilt werden und dass die Teammitglieder sich in Führungsrollen abwechseln. Diese „laterale Führung" (Kühl et al. 2004) ist insbesondere bei der gemeinsamen Systemanalyse für die nachhaltige Gestaltung von Systemen und für das Veränderungsmanagement gerade wegen der Komplexität, Dynamik, Intransparenz und Ungewissheit von Situationen (s. o.) vielfach der adäquate Zugang. Das bedeutet vernetzte und partizipativ generierte Entscheidungen.

Zentral ist, dass das Management von Systemen nicht nur individuelle Systemkompetenz von Führungskräften benötigt, sondern sich auch auf die kollektive Kompetenz eines sozialen Systems bezieht, seine Prozesse durch Integration aller Organisationsmitglieder in Planungen, Entscheidungen und Handlungen selbst zu gestalten.

Aktivitäts- und umsetzungsorientierte Systemkompetenz
Diese Komponente bezieht sich auf die Tatkraft beim konkreten Systemmanagement. Dazu zählt u. a. die Ausführungs- und Entscheidungsfähigkeit, aber auch Gestaltungswille und Innovationsbereitschaft beim achtsamen Eingriff in Systeme.

Organisationale Achtsamkeit (Weick und Sutcliffe 2007) beim Management des Unerwarteten erfordert, die Vereinfachung und die Informationsverluste, die mit Routinen unweigerlich einhergehen, gemeinsam zu reflektieren. Zugängliche, offene und partizipative Strukturen sind der Schlüssel zum Erfolg. Entscheidungen und Entscheidungsträger sind im idealen Fall problemabhängig und nicht im Voraus definiert. Soziale Netzwerke ermöglichen innerhalb der Organisation schnelle Reaktionen. Führung hat dafür zu sorgen, dass die Organisationsstruktur Netzwerke zulässt und dass gerade bei komplexen Systeminterventionen ausreichend Platz für Improvisation und eine fehlerfreundliche Kultur vorhanden ist.

Im letzten Abschnitt wird abschließend die dem Konstrukt der Systemkompetenz zugrundeliegende Verbindung systemischer und personzentrierter Perspektiven dargestellt und auf Führung bezogen.

4.6 Systemkompetenz als Vernetzung systemischer und humanistischer Perspektiven

Erst wenn Führungskräfte beginnen, sich mit den Gesetzmäßigkeiten von Transformationen reflektierend und im Dialog auseinanderzusetzen, bekommen sie neue, hilfreiche Sichtweisen. In dieser Metaebene gewinnen sie die nötige Distanz, erkennen ggf. die eigene Be- und Gefangenheit, achten auf die Dynamiken und Musterbildungen in Systemen und beginnen, sich nicht nur an gewohnten Routinen festzuhalten (Auinger und Kriz 2012). Dazu richtet eine systemisch denkende Führungskraft ihre Aufmerksamkeit nicht mehr auf oberflächliche Symptome. Führungskräfte analysieren gemeinsam mit Betroffenen und Stakeholdern, welche Strukturen, Muster und Prozesse der jeweiligen Problemsituation zugrunde liegen.

Grundlage für die hier postulierte Führung ist zusätzlich eine entsprechende Führungsethik, wie sie u. a. von Lay (1989, S. 21) postuliert wurde. Seine Maxime „Handele so, daß du das personale Leben in dir und anderen eher mehrst und entfaltest denn minderst und verkürzt" erkennt die Führungspflicht an, sich selbst und andere bei der Entwicklung und Mehrung des personalen Lebens zu unterstützen. Das Gegenteil ist ein Handeln, das den Menschen instrumentalisiert und zum bloßen Mittel macht (s. o.). Solche Gedanken wurden auch schon früher, vor allem von Vertretern der Humanistischen Psychologie, z. B. Rogers (1976) formuliert, dessen personzentrierte Psychologie die Entwicklung der „Person" als „organisches Ganzes von Vernunft und Gefühl, Leib und Seele" fördern möchte. Aus diesen Erkenntnissen lässt sich nicht nur ableiten, dass insbesondere Führungskräfte ein hohes Ausmaß an Selbstkongruenz, Empathiefähigkeit, Echtheit und der Fähigkeit zu positiver Zuwendung und Wertschätzung zu Mitarbeitern haben sollten, sondern auch, dass sich alle Beteiligten (Führungskräfte und Mitarbeiter) nur dann personal weiterentwickeln können, wenn sie zu einer angemessen und menschenwürdigen Beziehungsgestaltung und einer authentischen Kommunikation fähig sind.

Eine solche Perspektive bietet auch die im klinisch-psychologischen Kontext entstandene „personzentrierte Systemtheorie" von Jürgen Kriz (2004)[2]. Sie thematisiert die zentrale Bedeutung von Selbstexploration und Sinnorientierung des Menschen unter Einbettung in soziale Beziehungsmuster und deren Veränderung. Führung und Veränderungsmanagement bedeutet in dieser Sichtweise, eine bewusste fortwährende Sinnkonstruktion und soziale Identitätsbildung durch kongruente Interaktion und narrative Prozesse herzustellen. Neue Ordnungsmuster werden dem System und den beteiligten Menschen nicht in Form vollendeter Tatsachen oktroyiert. Führungshandeln unterstützt vielmehr durch sensible Bereitstellung geeigneter Rahmenbedingungen und Ressourcen die selbstorganisierte und zirkulär-kausale Veränderung und immer wieder auch Stabilisierung von Systemstrukturen. Dazu benötigen Führende und Geführte weniger Kontrolle, sondern Freiheitsgrade. Werden Freiräume zu sehr eingeengt, so hat das System (z. B. ein Unternehmen) dann kaum Potenzial und Flexibilität, auf Veränderungen der Umwelt zu reagieren. Deshalb ist die Zulassung und Förderung von Eigendynamik in Organisationen notwendig. Bei Veränderungen ist zudem auf die Bezugnahme auf die jeweilige „Geschichtlichkeit" des Systems zu achten. Je nach Entwicklungsphase reagiert ein System auf quantitativ gleiche Impulse unterschiedlich, da das Ganze – auch qualitativ – etwas anderes ist, als die Summe seiner Teile (Lewin 1963). Somit können auch kleine Ursachen große Wirkungen entfalten und teilweise durch Emergenz neue Verhaltensweisen generieren. Auf Führung bezogen bedeutet das, betroffene Mitarbeiter bei der Wahl der für sie stimmigen Entwicklungsrichtung und Veränderungsgeschwindigkeit ihrer Organisation und ihrer Person mitbestimmen zu lassen.

Die notwendige Kommunikation und Kooperation können Menschen allerdings nur dann erfolgreich gestalten, wenn sie einander vertrauen. Vertrauen, Wahrhaftigkeit und Verlässlichkeit sind die Faktoren, die in sozialen Systemen unabdingbar sind, wenn das ohnehin hohe Ausmaß an Komplexität nicht unangemessen reduziert und trivialisiert werden soll, sondern wenn mit Komplexität in sozialen Systemen sinnvoll umgegangen werden soll (Nida-Rümelin 2011). Wer seinem Gegenüber – Mitarbeiter und Führungskräfte wechselseitig – vertraut, kann zwar aus konstruktivistischer Sicht nicht erwarten, dass ein Gesprächspartner stets die „Wahrheit" sagt oder die „Wirklichkeit" „richtig" einschätzt. Die Kommunikation muss aber insofern wahrhaftig und ehrlich sein, dass der Gesprächspartner Äußerungen selbst ernst meint und nicht permanent wesentlich andere Ziele verfolgt, als die vorgegebenen. Kommunikation und Handeln müssen desweiteren kongruent und verlässlich sein. Das bedeutet, dass sich verbale und nonverbale Kommunikation und das tatsächliche Handeln nicht ständig widersprechen dürfen und sich Personen innerhalb der in der Gruppe geltenden Werte, Ziele, Erwartungen, Rollen und Normen glaubwürdig

---

[2] Ich danke meinem Vater an dieser Stelle nicht nur für die Theorie, sondern auch für das (Vor)Leben der damit verbundenen Prinzipien in der Praxis.

verhalten. Durch Vertrauen sind Organisationen und ihre Mitglieder in der Lage, Veränderungssituationen mit hoher Komplexität und Ungewissheit emotional aufzufangen und handlungsfähig zu bleiben. Vertrauen von Geführten attribuiert Führenden Autorität und Charisma und generiert – zeitlich begrenzte – Akzeptanz unterschiedlicher hierarchischer Positionen und Machtmittel. Vertrauen von Führenden stellt Geführten notwendige Handlungsspielräume für die selbstorganisierte Entwicklung von Systemstrukturen und -prozessen, Aufgaben- und Rollenverständnissen und der Organisationskultur bereit. Die partizipative Führung in Veränderungsprozessen bringt organisationales Lernen und personales Wachstum hervor.

Zusammenfassung

In diesem Beitrag wurden Kennzeichen und Probleme des Menschen im Umgang mit komplexen Systemen aus Sicht der psychologischen Problemlöseforschung diskutiert. So werden in allen Phasen der Zielausarbeitung, der Situationsanalyse, der Prognose von Auswirkungen von Entscheidungen und Handlungsstrategien immer wieder schwerwiegende Fehler gemacht, da Menschen die Vernetzung, Nichtlinearität und Selbstorganisationsdynamik von Systemen nicht angemessen verstehen und gestalten. Gerade für Führungskräfte entstehen dadurch insbesondere in organisationalen Transformationsprozessen Unsicherheiten und Ungewissheiten in Bezug auf wirksames Systemmanagement und angemessenes Führungsverhalten. Dazu ist die Entwicklung von Systemkompetenz auf personaler, sozial-kommunikativer, fachlich-methodischer und aktivitätsorientierter Ebene notwendig, um ein systemisches Führungsverständnis in der Praxis umzusetzen. Es wird postuliert, dass systemische Perspektiven in Verbindung mit humanistisch-psychologischen Aspekten verwirklicht werden sollten. Hierbei spielt eine Beziehungsgestaltung eine zentrale Rolle, die auf Partizipation, Dialog, Vertrauen, Empathie, gemeinsames Lernen und Sinnkonstruktion für die Entwicklung von Organisationen und der beteiligten Menschen setzt. So werden durch situativ angemessene und geteilte Führung förderliche Bedingungen für eine selbstorganisierte Systemrekonstruktion und Systemtransformation geschaffen.

Literatur

Ackoff, R. L. (1979). The future of operational research is past. *The Journal of the Operational Research Society, 30,* 93–104.
Argyris, C., & Schön, D. A. (1999). *Die Lernende Organisation.* Stuttgart: Klett-Cotta.
Auinger, F. (2005). *Unternehmensführung durch Werte: Konzepte – Methoden – Anwendungen.* Wiesbaden: Deutscher Universitäts-Verlag.
Auinger, F., & Kriz, W. C. (2012). Veränderungssituationen meistern. Planspiele fördern Change-Fähigkeiten von Führungskräften. *Zeitschrift „Inovator", 21,* 6–10.
Ballin, D. (2006). Szenarienentwicklung beim systemorientierten Management. In: F. Wilms (Hrsg.), *Szenariotechnik. Vom Umgang mit der Zukunft* (S. 9–38). Bern: Haupt Verlag.
Bennis, W., & Nanus, B. (1985). *Führungskräfte.* Frankfurt a. M.: Heyne.

Crossan, M. M., Lane, H. W., & White, R. E. (1999). An organizational learning framework: From intuition to institution. *Academy of Management Review, 24*(3), 522–537.

Deci, E. L., & Ryan, R. M. (1993). Die Selbstbestimmungstheorie der Motivation und ihre Bedeutung für die Pädagogik. *Zeitschrift für Pädagogik, 39,* 223–238.

Dörner, D. (1989). *Die Logik des Mißlingens. Strategisches Denken in komplexen Situationen.* Reinbek bei Hamburg: Rowohlt.

Drucker, P. (1998). *Die Praxis des Managements.* München: Econ.

Erpenbeck, J., & von Rosenstiel, L. (2003). *Handbuch Kompetenzmessung.* Stuttgart: Schäffer-Poeschel.

Erpenbeck, J., & Sauer, J. M. (2000). Das Forschungs- und Entwicklungsprogramm „Lernkultur Kompetenzentwicklung". In: Arbeitsgemeinschaft Qualifikations-Entwicklungs-Management (Hrsg.), *Kompetenzentwicklung 2000: Lernen im Wandel – Wandel durch Lernen* (S. 289–331). Münster: Waxmann.

Frey, D. (2000). Das Prinzipien-Modell der Führung. In: D. Frey & S. Schulz-Hardt (Hrsg.), *Vom Vorschlagswesen zum Ideenmanagement. Zum Problem der Änderungen von Mentalitäten, Verhalten und Strukturen.* Göttingen: Hogrefe.

Gallup Institut. (2014). Engagement Index Deutschland 2013. Berlin.

Greif, S., & Kurtz, H. J. (1996). *Handbuch Selbstorganisiertes Lernen.* Göttingen: Hogrefe.

Hersey, P., & Blanchard, H. K. (1977). *Management of organizational behaviour: Utilizing human resources.* Englewood-Cliffs: Prentice-Hall.

Höfling, W. (1994). Vernetztes Denken und dessen Bedeutung für die Arbeitssicherheit und Wirtschaftlichkeit. *Sichere Arbeit, 2*(1994), 22–29.

Kim, D. H. (1993). The link between individual an organizational learning. *Sloan Management Review, 35,* 37–50.

König, O. (2002). *Macht in Gruppen: Gruppendynamische Prozesse und Interventionen.* München: Klett-Cotta.

Kotter, J. P. (1996). *Leading change.* Boston: Harvard Business Review Press.

Kotter, J. P. (2011). *On what leaders really do, (on leadership).* (S. 37–56) Boston: Harvard Business Review Press.

Kriz, W. C. (2000). *Lernziel Systemkompetenz. Planspiele als Trainingsmethode.* Göttingen: Vandenhoeck & Ruprecht.

Kriz, J. (2004). Personzentrierte Systemtheorie. Grundfragen und Kernaspekte. In: A. von Schlippe & W. C. Kriz (Hrsg.), *Systemtheorie und Personzentrierung* (S. 13–67). Göttingen: Vandenhoeck & Ruprecht.

Kriz, W. C. (2006). Kompetenzentwicklung in Organisationen mit Planspielen. *Zeitschrift für Systemdenken und Entscheidungsfindung im Management, 5*(2), 73–112.

Kriz, W. C. (2013). Erwerb von Systemkompetenz mit Planspielmethoden. In: H. Bachmann (Hrsg.), *Hochschullehre variantenreich gestalten. Ansätze, Methoden und Beispiele rund um Kompetenzorientierung* (S. 106–136). Zürich: Hep Verlag.

Kriz, W. C., & Gust, M. (2003). Mit Planspielmethoden Systemkompetenz entwickeln. *Zeitschrift für Wirtschaftspsychologie, 10*(1), 12–17.

Kriz, W. C., & Nöbauer, B. (2008). *Teamkompetenz. Konzepte, Trainingsmethoden, Praxis* (4. erweiterte Aufl.). Göttingen: Vandenhoeck & Ruprecht.

Kühl, S., Schnelle, T., & Schnelle, W. (2004). Führen ohne Führung. *Harvard Business Manager, 1*(2004), 70–79.

Kühn, S., Platte, I., & Wottawa, H. (2006). *Psychologische Theorien für Unternehmen.* Göttingen: Vandenhoeck & Ruprecht.

Lay, R. (1989). *Ethik für Manager.* Berlin: Econ.

Lencioni, P. M. (2014). *Die 5 Dysfunktionen eines Teams.* Weinheim: Wiley-VCH Verlag GmbH & Co.

Lewin, K. (1963). *Feldtheorie in den Sozialwissenschaften.* Bern: Huber.

Malik, F. (1989). *Strategie des Managements komplexer Systeme – Ein Beitrag zur Management-Kybernetik evolutionärer Systeme.* Bern: Haupt Verlag.

Meadows, D. H. (2010). *Die Grenzen des Denkens. Wie wir sie mit Systemen erkennen und überwinden können.* München: Oekem Verlag.

Meadows, D. H., Meadows, D. L., Randers, J., & Behrens, W. W. (1972). *Die Grenzen des Wachstums.* Stuttgart: Deutsche Verlags-Anstalt.

Neuberger, O. (1990). Der Mensch ist Mittelpunkt. Der Mensch ist Mittel. Punkt. Acht Thesen zum Personalwesen. *Personalführung, 1*, 3–10.

Neuberger, O. (2002). *Führen und führen lassen. Ansätze, Ergebnisse und Kritik der Führungsforschung.* Stuttgart: UTB.

Nida-Rümelin, J. (2011). *Die Optimierungsfalle: Philosophie einer humanen Ökonomie.* München: Irisiana.

Pinnow, D. F. (2005). *Führen, worauf es wirklich ankommt.* Wiesbaden: Springer.

Reinmann, G., & Mandl, H. (2000). Wissensmanagement in der Bildung. In: S. Höfling & H. Mandl (Hrsg.), *Lernen für die Zukunft. Lernen in der Zukunft* (S. 56–68). München: Hanns-Seidel-Stiftung.

Rogers, C. (1976). *Entwicklung der Persönlichkeit.* Stuttgart: Klett-Cotta.

Schein, E. H. (2004). *Organizational culture and leadership.* New York: Jossey-Bass.

Schein, E., & Fatzer, G. (2009). *Führung und Veränderungsmanagement.* Bergisch Gladbach: EHP.

Schneewind, K. A., & Schmidt, M. (2002). Systemtheorie in der Sozialpsychologie. In: D. Frey & M. Irle (Hrsg.), *Theorien der Sozialpsychologie* (S. 126–156). Bern: Huber.

Senge, P. M. (1990). *The fifth discipline. The art & practice of the learning organization.* New York: Cornerstone Digital.

Steiger, T., & Lippmann, E. (2008). *Handbuch angewandte Psychologie für Führungskräfte.* Berlin: Springer.

Sterman, J. D. (2000). *Business dynamics. Systems thinking and modeling for a complex world.* Boston: McGraw-Hill.

Ulrich, H., & Probst, G. J. (1995). *Anleitung zum ganzheitlichen Denken und Handeln. Ein Brevier für Führungskräfte.* Bern: Haupt Verlag.

Vennix, A. M. J. (1996). *Group model building. Facilitating team learning using system dynamics.* Chichester: Wiley.

Vester, F. (1983). *Unsere Welt – ein vernetztes System.* München: Deutscher Taschenbuch Verlag.

Weber, M. (1922). *Wirtschaft und Gesellschaft.* Tübingen: Mohr.

Weick, K. E., & Sutcliffe, K. M. (2007). *Managing the unexpected. Resilient performance in an age of uncertainty.* San Francisco: Wiley.

West, M. A. (1994). *Effective teamwork.* Exeter: Wiley-Blackwell.

Wilms, F. (2012). (Hrsg.). *Wirkungsgefüge. Einsatzmöglichkeiten und Grenzen in der Unternehmensführung.* Bern: Haupt Verlag.

Prof. Dr. Willy Christian Kriz ist Diplompsychologe, seit 2005 Professor für Führung und Organisationsentwicklung und Leiter der Hochschuldidaktik an der Fachhochschule Vorarlberg (Österreich). Autor/Herausgeber von 15 Büchern und 150 Fachbeiträgen. Gründer und Fachbeirat des Verbandes für Planspielmethoden in Deutschland, Österreich und Schweiz, 12 Jahre Vorstandsmitglied und 2 Jahre Präsident des internationalen Planspielverbandes ISAGA. Er ist in der Führungskräfte- und Organisationsberatung und in der Entwicklung von Planspielen, Entscheidungssimulationen und Szenariotechniken für internationale Unternehmen (Banken, Versicherungen, Logistik, Automobil, Technologie) und non-profit-Organisationen (Polizei, Kirchen, Kammern, Sportverbände, Stadtverwaltungen, Bildungsträger) tätig.

Der Ungewissheit in Beratung standhalten   5

Kristina Hermann

> *Selbst ratlos sein – und doch viele beraten können [...]*
> *Selbst Angst haben – und doch Vertrauen ausstrahlen*
> *Das alles ist Menschsein – ist wirkliches Leben.*
> Martin Gutl (2014)

Zusammenfassung

Wenn wir Beratung als Mittel verstehen, mit komplexen und schwer lösbaren Problemen umzugehen, dann stellt sich die Frage, was Beratenden in ungewissen Situationen hilft, Orientierung zu finden und mit ihrem eigenen Nichtwissen umzugehen. Um sich dem zu nähern, skizziert dieser Beitrag zum einen kurz die Situation und Trends in der Beratung und charakterisiert anhand von drei Thesen ein ganzheitliches Beratungsverständnis. Zum andern beschreibt er den ganzheitlichen Gestaltansatz als grundlegende Theorie und erläutert, daran angelehnt, was Beratende dabei unterstützt, trotz der druckvollen und herausfordernden Situationen handlungsfähig zu bleiben. Denn indem Beratende ihre Aufmerksamkeit für die intuitive Erfassung von Mustern öffnen, können Lösungen aus der Situation heraus entstehen; Beratende können Veränderungen geschehen lassen, statt etwas erwirken zu wollen.

Der aktuelle gesellschaftliche Wandel wird mit Schlagworten wie Wissensgesellschaft, Globalisierung, Digitalisierung und Beschleunigung beschrieben und in seiner Qualität charakterisiert durch VUCA *(volatility, uncertainty, complexity, ambiguity)*. In diesem Zusammenhang stehen Führungskräfte vor der Herausforderung, dass sie trotz der Flut an

K. Hermann (✉)
Hochschule für Soziale Arbeit, Fachhochschule Nordwestschweiz, Basel, Schweiz
E-Mail: kristina.hermann@fhnw.ch

Informationen tragfähige Entscheidungen treffen müssen. Tragfähig entscheiden meint zukunftsorientiert entscheiden und der Komplexität der Themen in der Organisation gerecht werden, obwohl die konkreten Folgen von Entscheidungen nur begrenzt vorhersehbar sind. Trotzdem – oder gerade deswegen – entsteht in den Organisationen ein hohes Absicherungsbedürfnis, verbunden mit einem erhöhten Beratungsbedarf. Denn Beratung ist ein genereller Lösungsansatz in Organisationen, mit der Unsicherheit und Ungewissheit in schwer lösbaren Problemlagen umzugehen.

Da das Bewusstsein über das eigene Nichtwissen zunimmt, weil rasend schnell neues Wissen produziert und über digitale Medien global verbreitet wird (Zeuch 2011), ist eine Orientierung hin zu Expertise im Umgang mit Nichtwissen verlangt. Vergleichbar postulieren Wimmer et al. (2014, S. 11), „dass Organisationen es heute mit einem Komplexitätsgrad zu tun haben, der per se nicht mit Expertenwissen bearbeitbar ist". Zu groß sei der Anteil an Nichtwissen, mit dem bei anstehenden Entscheidungen umzugehen sei. Mit dem erhöhten Komplexitätsniveau in Organisationen gehen in der Wahrnehmung von Wimmer et al. (2014) auch massiv veränderte Anforderungen an Beratung einher. Im Beratungsprozess den Anschein fachlicher Gewissheit zu wecken, reicht längst nicht mehr. An dessen Stelle soll eine tatsächliche Auseinandersetzung mit der Ungewissheit und der damit einhergehenden Unsicherheit treten. Man könnte pointiert fragen: *Selbst ratlos sein – und doch viele beraten können?* Doch im Gegensatz zu der viel kritisierten Beratermanier klassischer Unternehmensberater, eigene Unsicherheiten zu überspielen und einen „elitären Habitus und [...] Mythos grenzenloser Kompetenz" auszustrahlen (Leif 2006, S. 1), geht es um einen ernsthaften und verantwortungsvollen Umgang mit der Ungewissheit in der Beratungssituation.

Wie aber können Beratende in ungewissen Situationen Orientierung finden und mit ihrem Nichtwissen umgehen? Wie kann es gelingen, der Komplexität so zu begegnen, dass Menschen in Organisationen handlungs- und entscheidungsfähig werden oder bleiben, ohne dass eine unangemessene Vereinfachung stattfindet? Ist es vertretbar oder verwerflich, *„selbst Angst [zu] haben – und doch Vertrauen aus[zu]strahlen"*?

In diesem Beitrag wollen wir uns diesen Fragen annähern. Dazu wird zunächst in drei Thesen das Verständnis von Beratung im Zusammenhang mit der Komplexität heutiger Organisationen abgegrenzt. Im weiteren Verlauf wird das Grundkonzept der Gestaltpsychologie vorgestellt und darin die Bedeutung von Intuition und Mustererkennung eingeordnet. Die Gestaltprinzipien werden anschließend vor dem Hintergrund der Beratungspraxis erläutert.

Es mag überraschen, dass hier dezidiert der Gestaltansatz als Basis für eine ganzheitliche Sichtweise auf Organisationen verwendet wird und nicht etwa der deutlich bekanntere systemische oder der gruppendynamische Ansatz. Im Folgenden werden einige Besonderheiten des Gestaltansatzes skizziert und dabei deutlich gemacht, dass es sich lohnt, die Ursprünge der ganzheitlichen Beratungsansätze zu betrachten.

- Die Gestalttheorie war eine wichtige Quelle für die Entwicklung der systemischen Sichtweise (Königswieser und Hillebrand 2011), auch wenn sie an vielen Stellen der systemischen Literatur nicht explizit als Theoriequelle angegeben wird. Ähnlich verhält

es sich mit der Gruppendynamik. Kurt Lewin wird zwar als Entwickler des gruppendynamischen Ansatzes genannt, aber seine Verwurzelung in der Gestalttheorie bleibt mehrheitlich unbeachtet.
- Die Gestaltprinzipien beziehen sich auf unsere Wahrnehmung und verdeutlichen, wie wir auch im Alltag eine extreme Informationsflut durch Mustererfassung bewältigen. Diese Erkenntnisse für den Beratungskontext nutzbar zu machen, setzt voraus, „Erfahren" und „Beschreiben" als Kompetenzen anzusehen und diese zu trainieren (Fitzek 2014; Nevis 2013). Darauf wird in gestaltorientierten Ausbildungen viel Wert gelegt.
- Der Gestaltansatz basiert unter anderem auf der Feldtheorie Lewins und arbeitet mit Spannungsfeldern. Dabei wird die These vertreten, dass diese Spannungsfelder sich beim Betreten des „Feldes" der Organisation besser emotional-körperlich erfassen lassen, wenn man sich auch in Beziehung begibt und die Spiegelphänomene zu nutzen lernt. Hingegen empfehlen Vertreter des Systemansatzes häufig, ausreichende Distanz zum System zu halten, um neutral zu bleiben, und erschließen sich damit Diagnosen eher auf einer kognitiven Ebene.
- Eine gestaltorientierte Arbeitsweise braucht den Mut, sich existenziell mit Menschen auseinanderzusetzen (Lewin 1953). *Existenziell* meint an dieser Stelle: mit voller Präsenz, verantwortungsvoll und wahrhaftig. Dies ist entsprechend anspruchsvoll, weil es bedeutet, dass auch unangenehme Gefühle wie Unsicherheit und Angst angenommen und für den Beratungsprozess genutzt werden.

Trotzdem dieser Besonderheiten sei an dieser Stelle klar herausgestellt, dass die enge Verwandtschaft des Gestaltansatzes mit dem systemischen oder gruppendynamischen Ansatz dadurch nicht infrage gestellt ist.

Beratungspersonen und interessierten Führungskräften, die das Ganze im Blick behalten wollen, möchte dieser Beitrag einerseits eine theoretische Verankerung für eine Arbeitsweise anbieten, die auf Intuition basiert, und sie andererseits dazu anregen, eigene Muster in Beratungskontexten und Veränderungssituationen zu hinterfragen.

5.1 Organisationsberatung – wie sie sich aktuell zeigt, und wo es hingehen könnte …

In vielen Organisationen ist der Einsatz von Beraterinnen und Beratern zur Normalität geworden. Insbesondere im Zusammenhang mit Veränderungsprozessen werden gerne *Externe* hinzugezogen. Die Gründe können unterschiedlich sein: Informationsbedürfnis, Einholen von Expertise für Methoden oder der Wunsch nach einer neutralen Moderation für komplexe oder emotionsgeladene Kommunikationsprozesse. So gesehen, kann man Beratung auch als Mittel verstehen, mit komplexen und schwer lösbaren Problemen umzugehen. Solange es eine hinreichende Anzahl nicht lösbarer Probleme gibt, wird der Bedarf an Beratung weiterhin hoch bleiben, auch wenn nach Einschätzung von Wimmer et al. (2014) die Beratungsbranche selbst unter Wandlungsdruck steht, auch aufgrund höheren Kostendrucks bei der Vergabe der Beratungsaufträge, verbunden mit unmittelbareren Effizienzerwartungen. Beratung werde so auch zu einer Art verlängerter Werkbank zur periodischen Effizienzsteigerung. Gleichzeitig führe die Digitalisierung zu einer Demokratisierung des Wissens. Die Zugänglichkeit von Wissen und das Infragestellen alter Expertisen rütteln gemäß Wimmer et al. (2014) an gepflegten Problemlösungsvorgehensweisen etablierter Beratungsunternehmen. Immer häufiger stoße das Standardrepertoire an Beraterlösungen in Unternehmen auf Ablehnung, womit ein „Entzauberungsprozess" der Beratung einhergehe. Diese Entzauberung steht im Zusammenhang mit einer Reihe von kritischen Analysen, die insbesondere die klassischen großen Unternehmensberatungen wie McKinsey, BostonConsultingGroup, A. T. Kearney usw. infrage gestellt haben (vgl. hierzu Wimmer et al. 2003; Abele und Scheurer 2006; Leif 2006; Güttler und Klewes 2002). Jansen (2013) umschreibt den Vorgang als Legitimationskrise der Beratung und gibt an, dass Studien Misserfolgsquoten von 32–80 % von Beratung angäben. Stellvertretend für die Kritik sei hier das Fazit der Recherchen von Thomas Leif (2006, S. 3) zitiert:

> Mit Powerpoint-Präsentationen bieten sie extrem vereinfachte Rezepte für die Lösung komplexer Prozesse und den Umgang mit gewachsenen Strukturen an. [...] Nur die Verantwortung für die Folgen der Empfehlungen übernehmen die Berater nicht.

Aber nicht nur einzelne Beratungen oder bestimmte Projekte wurden kritisiert, sondern auch die Spielregeln der Beratungsbranche selber (Wimmer et al. 2003), die auch mit den Organisationsstrukturen der Beratungshäuser zusammenhängen. Demgegenüber überrascht die Einschätzung von Wimmer, dass das Segment der expertenorientierten Beratung weiterhin mehr als 90 % des Gesamtmarktes abdeckt (Rudi Wimmer im Gespräch mit Peter Wagner 2013).

Daraus ergibt sich auch ein Bedarf an weiterer Professionalisierung des Beratungsmarktes hin zu einem bewussteren Umgang mit Nichtwissen. Jansen (2013) schließt die Professionalisierung der Klienten mit ein, damit diese professioneller mit den Paradoxien der eigenen Organisation und des Beratungsprozesses selbst umgehen können. Der Vordenker Lewin hatte es bereits 1944 ähnlich ausgedrückt: Die Handlung eines Menschen hänge von der Erfassung der Situation ab, und somit habe das Externe keine Wirkung, solange Betroffene es nicht als wahr annehmen würden. Der Erfolg der Beratung kann sich also nur einstellen, wenn die Beratenden und die Organisationsvertreter sich aufeinander beziehen und sich in einer Weise verständigen können, die über die rational fassbaren Themen hinausgeht.

Da nun Organisationsberatung viele Gesichter hat, soll nachfolgend anhand von drei Thesen charakterisiert werden, wie Organisationsberatung in diesem Beitrag verstanden wird:

1. *Beratung ist ein komplexer Prozess und basiert auf der Interaktion zwischen Berater, Auftraggeber, Umwelt und Problem* (sinngemäß nach Titscher 2001, S. 18 f.):
Beratung ist ein „Kontraktgut", das erst in Kooperation zwischen Beratenden und Klienten entsteht, und kein fertiges Produkt (Kaas und Schade 1995, nach Titscher

2001, S. 18). Auch das Umfeld (organisationsintern und -extern) beeinflusst beispielsweise die Dringlichkeit oder die Begrenzungen des Beratungsprojektes. Femers (2002b, S. 43) beschreibt die komplexen organisationsinternen Einflüsse in einem prägnanten Bild.

> Consulting ist [...] niemals als Zwei-Mann-Stück im Drehbuch vorgesehen. [...] Ein Kunde ist nicht ein Kunde, der diffundiert in viele Kunden. Auch wenn man von dem Kunden spricht, gibt es ihn eigentlich nicht als homogene Person. Er stellt sich hingegen als heterogene Gruppe von Personen dar, die insbesondere im Hinblick auf Fragen der Macht, der Kontrolle und des Einflusses [...] die Beziehung zwischen Berater und Klient verkomplizieren.

Ein Beratungsprozess erscheint dadurch „vielfach als eine ‚black box' und ist durch Ungewissheit und Unsicherheit hinsichtlich seines Zustandekommens und seines Gelingens geprägt" (Sperling und Ittermann 1998, S. 63; vgl. auch Lippitt und Lippitt 1999). Beratende können die Spannungsfelder auf Inhalts-, Gruppen- und Organisationsebene als diagnostische Hinweise im Beratungsprozess wahrnehmen und nutzen.

2. *Beratungssituationen sind geprägt von hoher Ungewissheit, Komplexität und hohem Zeitdruck. Dementsprechend stehen Beratende in der Gefahr, Komplexität und Unsicherheit zu reduzieren, um Handlungsfähigkeit zu erhalten.*
Beratende in einen Prozess hinzuzuziehen, reduziert nicht die Komplexität und Unsicherheit in der Organisation, sondern wirkt ganz im Gegenteil „komplexitätserhöhend, indem sie das Selbstbeobachtungs- und dahinter stehende theoretische Unterscheidungsvermögen der zu beratenden Organisation steigert" (Jansen 2013, S. 233). Zugleich gibt es eine Reihe von „Verführungen" für Beratende, wie zum Beispiel, die Rolle eines Ersatzmanagers anzunehmen oder nur bereits getroffene Entscheidungen zu legitimieren (Femers 2002a). Es kann vorkommen, dass das dargestellte und das möglicherweise zugrunde liegende Problem nicht identisch sind und die Aufgabe des Beraters nach Block (1997) darin besteht, die anfängliche Problemstellung neu zu fassen. Ist der Klient zugleich Teil des Problems, kann es sowohl methodisch als auch persönlich eine herausfordernde Aufgabe sein, auch den Auftraggeber zu hinterfragen, anstatt stärker bestätigend zu agieren und damit stillschweigend zu akzeptieren, dass gewisse Themen Tabu sind (Femers 2002a).
Zusammenfassend kann festgehalten werden, dass sowohl eine Überhöhung durch das Auftreten als Experte oder Expertin als auch das Verständnis, als Dienstleister tätig zu sein, die Komplexität in der Beratungsbeziehung reduziert und Risiken mit sich bringen. Wünschenswert, aber schwerer herzustellen, ist eine ausbalancierte Abhängigkeit. Das bedeutet, dass Beratende und Auftraggeber einander als Partner verstehen (Block 1997, S. 31 f.).

3. *Beratung ist eine „Arbeit an der Grenze zum Nichtwissen mit dem Ziel der Ermöglichung von Selbsttransformation"* (Jansen 2013, S. 239).

Der Balanceakt an der Grenze ergibt sich laut Nevis (2013) einerseits daraus, dass Veränderungen an der Grenze zwischen bereits Bekanntem und Neuem passiert und die Beratungsperson bereit ist, mit den Betroffenen immer wieder an genau diese Grenzen zu gehen. Andererseits hat die Beratungsperson eine Grenzfunktion, weil sie nicht zum System der Organisation gehört und sich trotzdem soweit annähern muss, dass sie akzeptiert wird. Es ist eine Angliederung, die zugleich erfordert, autonom zu bleiben. Dies zeigt sich nach Margulies (1978) in einer Reihe von Dilemmata, die zu regulieren sind und zu einer anhaltenden Spannung bei den Beratungspersonen führen. Die drei zentralen Dilemmata in der Grenzfunktion sieht Margulies (1978) beim *Engagement* (Wie nah ist man den Menschen in der Organisation oder wie distanziert, wie sehr verstrickt mit ihr?), bei der *Verantwortlichkeit* (Wie viel Verantwortung übernimmt man an welcher Stelle und mit welchem Risiko?) und der *Akzeptanz* (Wie sorgt man für eine persönliche Akzeptanz, ohne zum Mitglied des Systems zu werden?).

Da diese spannungsvolle Situation an der Grenze (d. h. Arbeit an der Grenze zum Nichtwissen und zugleich angesiedelt sein an der Systemgrenze), verbunden mit der Rolle des Infragestellens und gegebenenfalls Konfrontierens, sehr anspruchsvoll ist, stellt sich die Frage, wie Beratende sich selbst dabei Unterstützung geben können.

Zusammenfassend lässt sich festhalten: *Selbst ratlos sein und selbst Angst haben* – und doch beraten zu können, ist kein Widerspruch, wenn man mit diesen Gefühlen umgehen kann. Es ist ganz im Gegensatz die Kompetenz von Beratenden, in komplexen und unübersichtlichen Situationen handlungsfähig zu bleiben und eine gewisse Spannung auch halten zu können oder sogar noch zu erhöhen, um im System ausreichend Irritationen zu erzeugen. Deshalb sieht Wimmer (2014) neben Kompetenz insbesondere Selbstreflexion, Offenheit, Neugier und die Bereitschaft, von anderen zu lernen, als relevante Beratereigenschaften an.

Im weiteren Verlauf des Beitrages soll anhand der Theorie des Gestaltansatzes deutlich werden, wie eine intuitivere Wahrnehmung im Beratungskontext ermöglicht, der Ungewissheit und Komplexität in Organisationen standzuhalten.

5.2 Ein Gedankenexperiment zur Wahrnehmung

Da kleine Experimente im Gestaltansatz eine wichtige Rolle spielen, soll auch hier mit einem Gedankenexperiment begonnen werden:

> Stellen Sie sich vor, dass Sie als Kind Ihre Organisation betreten. Vielleicht hilft es Ihnen, wenn Sie sich vorstellen, Sie würden als Ihr eigenes Kind die Arbeitsstelle von Mama oder Papa besuchen. Als Kind haben Sie ganz neugierige Augen und schauen offen herum, was sie entdecken können. Was sehen Sie, wenn Sie mit Kinderaugen hinschauen? Was ist auffällig? Welche Fragen kommen Ihnen? Gibt es vielleicht Fragen wie: „Was machen die alle hier? Wieso steht dort einer? Warum schaut die Frau dort so böse? Wieso laufen die Menschen so schnell – wohin wollen Sie?" ...

5 Der Ungewissheit in Beratung standhalten

Nehmen wir weiter an, dieses Kind fragt Sie, was Sie hier genau machen. Wie würden Sie Ihren Job kindgerecht beschreiben? Vielleicht so: „Ich entwickle neue Pillen, die Menschen wieder gesund machen." Oder: „Ich bringe Schülern wichtige Dinge für den Alltag bei." Oder: „Ich entwickle Bauteile, damit Autos fahren." Oder: „Ich helfe Menschen, die traurig sind oder Angst haben, wieder glücklicher zu werden." Oder …

Interessant an diesen kindgerechten Jobdefinitionen ist, dass sie meist das zentrale Wesen bzw. den Existenzgrund oder den Sinn der Organisation ausdrücken. Eine solche Jobdefinition fokussiert auf die wesentliche Funktion und zeigt, was die Menschen in der Organisation prägt, weil sich letztendlich alles um diesen Organisationszweck dreht und viele Dynamiken in Organisationen damit leicht nachvollziehbar sind. Denn mitunter trifft man in Organisationen auf gewisse Absurditäten, die zunächst „schräg" erscheinen, aber bei genauerem Hinsehen immer einen triftigen Grund haben. Diese Absurditäten mit ihrer Funktion zu verstehen, bringt bereits relevante Einsichten.

Als Kind kommt man schnell ins Staunen oder ist neugierig, warum etwas genau so und nicht anders ist. Als Erwachsene und erst recht als Professionelle im Berufsalltag braucht es mehr Erlaubnis, um uns mit der eben beschriebenen Offenheit in Situationen zu begeben und zu staunen. Stattdessen planen wir, bereiten vor und versuchen, damit gut anzukommen. So *verspielen* wir eine wichtige diagnostische Quelle.

Also, wie wäre es, wenn Sie bei Ihrem nächsten Organisationbesuch mit Kinderaugen hinschauen und sich überraschen lassen, welche Eindrücke oder Fragen sich ergeben. Sie werden erstaunt sein, was Sie gleich beim ersten Kontakt von der Organisation erfahren, wenn Sie Ihre emotionalen Eindrücke oder Irritationen ernst nehmen. Vielleicht empfinden Sie bereits beim Durchschreiten des Werkstors eine Enge in der Brust und bekommen einen Eindruck davon, welcher Leistungsdruck hier herrscht. Oder Sie spüren plötzlich so etwas wie Ehrfurcht aufgrund der beeindruckenden Architektur und der 10 mal 10 Meter großen Kunstwerke in der Eingangshalle und erhalten darüber einen Zugang zu dem Geltungsbewusstsein, das die Organisation prägt.

Wenn wir als Mitarbeiter in einer Organisation neu anfangen, nehmen wir noch „unverbogen" all die kleinen Besonderheiten, die „komischen" unausgesprochenen Regeln und andere Irritationen wahr. Je länger wir in einer Organisation arbeiten, desto mehr verlieren wir diesen Blick, die Fähigkeit, das Sinnhafte und die Muster zu sehen. Stattdessen stecken wir im System drin und bewegen uns in gewohnten Bahnen, ohne Alternativen berücksichtigen zu können.

Der Mehrwert von Beratung ist gekoppelt an diese andere Perspektive. Eine externe Beratungsperson, die mit Offenheit auf die Organisation schauen kann, sieht die Dinge, wie sie sich zeigen, verbindet sie und hilft, sich diese bewusst zu machen. Dies kann bereits wichtige Impulse setzen, da eine veränderte Wahrnehmung Einfluss auf unser Denken, unsere Glaubenssätze und damit auch auf unser Verhalten haben. Der Nutzen der gestaltorientierten Arbeit an der Wahrnehmung wird durch Kästl und Stemberger (2005, S. 358) wie folgt umschrieben:

Im Grunde genommen zielen alle diese Techniken darauf ab, mithilfe der Zentrierung auf das unmittelbar Angetroffene veränderte Sichtweisen einer Gesamtsituation zu ermöglichen und eine neue Einsicht für die eigene Verantwortung am Gesamtgeschehen und die eigenen Handlungsmöglichkeiten zu gewinnen. (a. a. O., S. 358)

5.3 Hintergrund des Gestaltansatzes

Die Gestaltpsychologie erweiterte seit dem Beginn des 20. Jahrhunderts die streng naturwissenschaftliche und mechanistisch verstandene Psychologie um ein ganzheitlich-qualitatives Verständnis (Fitzek 2014). Es war generell eine Zeit, in der Menschen einerseits durch den technologischen Fortschritt der Industrialisierung, die Weltwirtschaftskrise, den Weltkrieg und eine sehr strenge, normierende Erziehung sehr entfremdet, desillusioniert und vielfach auch traumatisiert waren. Andererseits war es eine Zeit des Ausbruchs und Aufbruchs. Expressionismus, Freuds Entdeckung des Unbewussten und Einsteins Relativitätstheorie sind Beispiele für einen Ausbruch aus gewohnten Denkmustern und eine veränderte Wahrnehmung. Es war eine Suche nach dem, was es *noch* geben musste, um reale Sachverhalte besser verstehen zu können und Erklärungen für all das zu finden, was in der Welt passierte. In diesem Bestreben, *das Ganze* besser zu verstehen, entstand der Gestaltansatz. Die wichtigsten Vorreiter dieser Denkweise waren die Forscher von Ehrenfels, Goldstein, Wertheimer, Koffka und Lewin. Fritz und Lore Perls griffen die Gestaltpsychologie auf und entwickelten daraus den ganzheitlichen Therapieansatz der Gestalttherapie, die wiederum die Basis für die spätere Entwicklung von Gestaltberatung und systemischen Beratungsansätzen sowie Organisationsaufstellungen darstellt (Hartung 2014).

Der Gestaltansatz entstand zunächst aus dem Bestreben heraus, den komplexen Prozess der menschlichen Wahrnehmung zu verstehen – also zu begreifen, wie wir aus den millionenfachen Reizen „Sinn-Ganzheiten" oder sogenannte „Figuren" erkennen. Damit stand dieser Ansatz im Kontrast zu den damals vorherrschenden, streng naturwissenschaftlichen und von einem mechanistischen Menschenbild getriebenen Forschungsbemühungen, die zwar alles in immer mehr Einzelteile zerlegten und so Unmengen von Daten, aber keine Erklärungen für komplexere Sachverhalte lieferten (Fitzek 2014). Die Gestalttheoretiker wollten das „Wichtigste, Wesentlichste, das Lebendige der Sache" in den Fokus nehmen (Wertheimer 1985 [1925], S. 99, nach Fitzek 2014, S. 2). Das Revolutionäre an dem Ansatz war, dass die Forscher ihre Aufmerksamkeit auf die Beziehungen zwischen den Elementen richteten. Sie entdeckten dabei, dass die Wahrnehmung nicht über Einzelelemente, sondern in Mustern passiert. So können wir extrem komplexe Gebilde, wie beispielsweise eine Person, die vor uns steht, automatisch als „Ganzes" – also als einen Menschen – identifizieren, obwohl wir über die Augen nur millionenfache Reize empfangen.

Auch in Organisationen ist die Unterscheidung in detailorientierte vs. ganzheitlich-qualitative Sichtweise relevant. Denn gerade unter Bedingungen von Unsicherheit und Unvorhersehbarkeit tendieren Menschen in Organisationen dazu, in immer detailliertere Analyse- und Kennzahlensysteme zu investieren und sich daraus Prognosen für die Zukunft zu erhoffen. Das erzeugt viel Aufwand und erhöht die Unübersichtlichkeit, denn ein logisch-rationales Schlussfolgern aus Datenmaterial bei so komplexen Gebilden wie Organisationen in einem sich verändernden Umfeld führt schnell an Grenzen (Gigerenzer und Gaissmaier 2014). Und ebenso wie Profi-Schachspieler nicht einzelne Züge berechnen, sondern in Mustern denken, wenn sie ihre Spielzüge planen, sind Mustererkennung und intuitive Entscheide auch im Management wichtig.

5.4 Der Gestaltansatz in der Beratungspraxis

Im Weiteren sollen einige Aspekte des Gestaltansatzes dargelegt und ihre Relevanz für die Beratungspraxis erläutert werden:

- Die Gestalt: Das Übersummative des Ganzen
- Die Gestaltgesetze der Wahrnehmung
- Figur versus Hintergrund und bedürfnisgesteuerte Wahrnehmung
- Change und Gestalt: Die paradoxe Theorie der Veränderung
- Kontakt gestalten und die Arbeit nach dem Hier-und-Jetzt-Prinzip

5.4.1 Die Gestalt: Das Übersummative des Ganzen

Den Begriff der „Gestalt" kann man in der Organisationspraxis nach Hartung (2014) vorrangig auf zwei Sachverhalte anwenden: Zum einen entsteht eine Gestalt, sobald Menschen etwas zusammen tun (z. B. Unternehmen, Marke, Team), und zum anderen, wenn Einzelteile zu einem Ganzen zusammengefügt werden (z. B. ein Produkt oder eine Dienstleistung). Denn wie die Melodie etwas anderes ist als die Summe ihrer Töne, so ist auch ein Unternehmen mehr als nur eine Zusammenstellung aus Strukturen, Rollen, Gebäuden und Einzelpersonen. Jedes Unternehmen hat seine eigene, einzigartige Qualität, die aus dem Zusammenspiel der einzelnen Elemente entsteht. Diese ganzheitliche Betrachtung nach dem Gestaltansatz geht zurück auf das Ehrenfels-Kriterium: „Das Ganze ist mehr und anders als die Summe seiner Teile" (Ehrenfels 1890; nach Fitzek und Salber 1996).

Daraus leitete sich auch das gruppendynamische Grundverständnis nach Lewin ab. Er definierte den Begriff der Gruppendynamik 1939 zum ersten Mal und übertrug das Gestaltprinzip des Übersummativen auf die Gruppe. Man könnte auch sagen: Die Gruppe ist mehr und anders als die Summe der Individuen. Die Konsequenz dieser anderen Wahrnehmungsperspektive ist, ein Gruppengeschehen darüber zu begreifen, dass man die Interaktionen betrachtet, statt Einzelpersonen zu analysieren.

Wendet man dieses Prinzip auf die Organisationsberatung an, so verändert sich häufig bereits die Sichtweise auf die Ausgangslage. Statt, wie angefragt, eine „Problemabteilung" in den Blick zu nehmen und nur mit dieser zu arbeiten, könnte man deren Zusammenspiel mit der Gesamtorganisation eingehender untersuchen. Stellt man beispielsweise fest, an welchen Stellen es wiederholt zu Abbrüchen oder Konflikten kommt, bekommt man eine Idee von den zentralen Mustern und gerät weniger in Gefahr, noch mehr Druck auf die sowieso schon unter Druck stehende Abteilung auszuüben. Um im Bild der Melodie zu bleiben: Man würde die Disharmonie in der Melodie (Organisationsmuster) erkennen und am Muster ansetzen statt an einem Ton (Einzelteam oder Person).

Eine andere Konsequenz dieses Prinzips für die Beratungspraxis ist, dass man wichtige Analysegespräche nicht ausschließlich mit Einzelnen führen sollte, sondern Analysen stets in Gruppen durchführt. Erstens wird durch die direkte Beobachtung der Interaktion zwischen Mitarbeitenden eine Einsicht in die Teamdynamik möglich (Alevras und Wepman 1980). Zweitens sind die geäußerten Argumente durch den Gruppenkontext validiert, wodurch eine starke einseitige Beeinflussung der Beratungsperson erschwert und Loyalitätskonflikten vorgebeugt wird (Titscher 2001). Und drittens führt gemäß Lewin (1946) die gemeinsame Tatsachenforschung als Gruppenaufgabe bereits zu gemeinschaftlichem Handeln und Vertrauen.

5.4.2 Die Gestaltgesetze der Wahrnehmung

Als Fortführung des Ehrenfels-Kriteriums forschte Wertheimer an den Strukturgesetzen zur Gestalt. Denn schon im Prozess der Wahrnehmung ordnen und organisieren wir *das Sichtbare* so, wie es ein sinnmachendes Ganzes ergibt, indem wir Muster erkennen und/oder ergänzen. Diese enorme Fähigkeit unseres Gehirns kommt automatisch ins Spiel und hilft uns, trotz der Flut an Reizen handlungsfähig zu bleiben. Die Gestaltgesetze beschreiben, wie unser Gehirn Muster identifiziert und wonach wir entscheiden, was wir als zusammengehörig wahrnehmen. Beratenden können die Gestaltgesetze helfen, der intuitiven Wahrnehmung mehr zu vertrauen und die Irritationen leichter zu verbalisieren. Hier zunächst eine Auflistung zentraler Gestaltgesetze mit je einem einfachen Beispiel aus der Organisationspraxis:

- **Gesetz der Prägnanz und guten Gestalt:** Wir nehmen bevorzugt Figuren/Gestalten/Formen so wahr, dass sie eine einfache Struktur ergeben – also eine *gute Gestalt* haben – und sich prägnant von anderen unterscheiden.
Beispiel: Wir verstehen klar strukturierte und eingängige Prozedere sofort und ohne viele Erläuterungen (= gute Gestalt, solide in der Umsetzung), während komplizierte und verzettelte Prozedere viele Erläuterungen brauchen und wir am Ende trotzdem kein Bild davon haben (= keine prägnante Gestalt und meist auch unzuverlässig in der Einhaltung).
- **Gesetz der Nähe:** Elemente, die einen geringen Abstand zueinander haben, werden als zusammengehörig wahrgenommen.
Beispiel: Nähe kann sich in Organisationen zeigen über gemeinsame Büroräume, Sitzordnung in Sitzungen, gemeinsame Besuche der Kantine, Bezüge aufeinander usw. Auch ein Organigramm kann unter dem Fokus von Nähe und Distanz betrachtet wer-

den und gibt besonders spannende Einsichten, wenn man die formalen Angaben mit den informellen Beobachtungen abgleicht.
- **Gesetz der Ähnlichkeit oder Gleichheit:** Elemente, die einander ähneln, werden als zusammengehörig wahrgenommen.
Beispiel: Berufskleidung, Teamsymbole und Teamrituale verfolgen auch den Zweck, unmittelbare Zugehörigkeit auszudrücken. Aber auch weniger bewusst gesetzte Merkmale wie gleiches Alter, eine ähnliche Sprache oder gemeinsam vorgebrachte Argumente erzeugen den Eindruck von Zusammengehörigkeit.
- **Gesetz der Kontinuität oder Geschlossenheit:** Reize, die eine Fortsetzung vorangegangener Reize zu sein scheinen, werden als zusammengehörig wahrgenommen. Wir füllen also die Lücken auf, damit die Gestalten geschlossen sind.
Beispiel: Mitarbeitende verknüpfen mehrere Botschaften einer Führungskraft in einem Gesamtzusammenhang, auch wenn diese gar nicht als zusammenhörige Botschaften gemeint waren.
- **Gesetz der gemeinsamen Bewegung:** Reize, die sich in dieselbe Richtung bewegen, werden als Ganzes wahrgenommen.
Beispiel: Sind Teilprojektteams eines größeren Veränderungsprojektes gut aufeinander abgestimmt und ist eine verbindliche gemeinsame Ausrichtung erkennbar, werden sie als zusammengehörig angesehen und verstärken sich gegenseitig. Werden hingegen Teilprojekte definiert, die widersprüchlichen Teilzielen folgen, nehmen Mitarbeitende eher isolierte Teilprojekte wahr.
- **Gesetz der fortgesetzt durchgehenden Linie:** Wir gehen eher nicht davon aus, dass eine Linie an einem bestimmten Punkt einen Knick macht, sondern dass sie ihre Richtung beibehält.
Beispiel: Plötzliche Veränderungen im Führungsstil werden äußerst misstrauisch beäugt, ignoriert oder als Laune verstanden, weil Menschen eher Kontinuität als Richtungsänderung erwarten.

Wir suchen also auch in der Wahrnehmung von Organisationen, ob von intern oder extern, nach sinngebenden Einheiten und empfinden *gute Gestalten* als erstrebenswert. Eine gute Gestalt zeigt sich beispielsweise darin, dass eine Organisation konsistent als Marke wahrgenommen wird (Hartung 2014). Denn Kunden, die ein Qualitätsprodukt wollen, suchen häufig auch nach guter, kompetenter Beratung und einem hochwertigen und zuvorkommenden Service. Man will sich verstanden fühlen und gibt nur für das Gesamtpaket mehr Geld aus.

Für Beratende in Veränderungsprozessen können zwei der Gesetze (Gesetz der gemeinsamen Bewegung und Gesetz der fortgesetzt durchgehenden Linie) eine hilfreiche Sichtweise liefern. Bewegt sich beispielsweise eine Führungsmannschaft gemeinsam in eine neue Richtung, ist das Mitziehen der Belegschaft meist kein Problem, weil die Führung als kraftvolles Ganzes wahrgenommen wird. Ist die gemeinsame Bewegung für die Belegschaft nicht erkennbar und werden zugleich unterschiedliche und sich eventuell widersprechende Botschaften kommuniziert, dann wird das „Neue" nicht als etwas sinnstiftendes Ganzes wahrgenommen. Dies kann dazu führen, dass auch keine Ausrichtung der Mitarbeiter danach erfolgt. Wenn es hingegen gelingt, dass sich viele Menschen in einer Organisation, unabhängig von Hierarchieebene und Funktionsbereich, auf ein gemeinsames Ziel ausrichten (sich gemeinsam bewegen), spricht man systemtheoretisch auch von Redundanz oder Üppigkeit (Hartung 2014).

Um die Ansatzpunkte für Veränderungen klarer zu sehen, kann das im Folgenden dargestellte Konzept von „Figur versus Hintergrund" hilfreich sein.

5.4.3 Figur versus Hintergrund und bedürfnisgesteuerte Wahrnehmung

Wahrnehmung ist immer mit einem bestimmten Fokus verbunden. Ein einfaches Beispiel: Wir schaffen es leicht, uns in einem Stimmengewirr auf die Stimme des Gegenübers zu konzentrieren. Dafür stellen wir alle anderen Geräusche in den Hintergrund, wir hören sie zwar, aber blenden sie aus. Dies geht so lange gut, bis wir plötzlich im Hintergrund unseren Namen hören und unsere Aufmerksamkeit automatisch zu der anderen Stimme wechselt. Damit geht allerdings auch einher, dass wir den aktuellen Gesprächspartner zwar hören, aber seinen Gedankengängen nicht mehr folgen. Der Gestaltansatz beschreibt dies als *Figur* und *Hintergrund*. Die *Figur* bildet das ab, was aktuell von Interesse ist und sich für die Einzelnen aus dem *Hintergrund* (d. h. einem Kontext oder einer Situation) hervorhebt. In dem Gedankenexperiment (siehe oben) sind Ihnen vielleicht Gedanken gekommen, was Ihnen in Ihrer Organisation „ins Auge springen" würde. Das wäre dann in dem Moment die Figur oder das vordergründig Relevante, und alles andere wäre der Hintergrund.

Was zur Figur wird, ist keineswegs zufällig. Lewin erforschte experimentell, wie unsere Wahrnehmung bedürfnisgesteuert subjektive Realitäten schafft (u. a. Lewin 1982). Auf die Realität in Organisationen angewandt, führt dies dazu, dass beispielsweise Personen in einem Meeting je nach Bedürfnislage völlig unterschiedliche Aspekte wahrnehmen. Je nachdem, ob sie in dem Meeting fachlich brillieren wollen, die Unterstützung der Kollegen suchen, mit einer Person in einem Konflikt stehen oder nach einem anstrengenden Tag einfach nur ihre Ruhe haben wollen, werden sie andere Dinge als relevant erachten und damit andere „Figuren" vor dem Hintergrund des Meetings wahrnehmen als andere.

Betrachten wir exemplarisch eine typische Situation im Beratungsalltag: Kaum hat man mit einem Projekt angefangen, zeigen sich die ersten Widerstände seitens der Mitarbeiter in Aussagen wie: „Damals war das auch schon so." – „Ja, das hat man mir schon mal versprochen. " – „Sollen die doch erst mal bei sich anfangen." Dieser Rückbezug auf alte Geschichten ist nicht zufällig, sondern deutet darauf hin, dass die Mitarbeitenden noch an nicht aufgelösten Kränkungen oder nicht eingehaltenen Versprechungen hängen. Dass diese zum aktuellen Zeitpunkt wieder hochkommen – also Figur werden –, weist – im Jargon des Gestaltansatzes – auf eine *offene Gestalt* hin, die es zu schließen gilt, bevor eine Veränderung möglich wird. Eine offene Gestalt ist eine noch nicht abgeschlossene, unterbrochene oder unerledigte Aufgabe, die eine gewisse Spannung so lange aufrechterhält, bis die Aufgabe oder eine Ersatzhandlung erledigt ist. Je mehr dieser offenen Gestalten in einer Organisation existieren, desto mehr Kapazität der Mitarbeitenden ist in Spannungen gebunden und steht ihnen somit nicht für eine Zukunftsgestaltung zur Verfügung.

Mitarbeiterinnen von Lewin (Zeigarnik, Ovsiankina, Mahler) erforschten, was passiert, wenn Menschen bei Aufgaben unterbrochen werden und diese nicht vollenden dürfen. Zeigarnik (1927) betrachtete, inwieweit diese Aufgaben besser erinnert wurden (vgl. Zeigarnik-Effekt). Ovsiankina (1928) fand heraus, dass bei unterbrochenen Handlungen die Tendenz besteht, diese wieder aufzunehmen. Und Mahler (1933) versuchte herauszufinden, unter welchen Bedingungen eine Wiederaufnahme der Handlung stattfand und wie Ersatzhandlungen wirken. Zusammenfassend lässt sich sagen, dass bei Menschen, die bei einer Aufgabe unterbrochen werden, eine gewisse Spannung gebunden bleibt und erst nachlässt, wenn diese spezielle Aufgabe, eine vergleichbare Aufgabe oder eine Form von Ersatzhandlung erledigt werden kann. Diese gebundene Spannung führt einerseits dazu, dass sich der Sachverhalt – wenn zum Teil auch in unterschiedlichen Erscheinungsformen – immer wieder in den Vordergrund drängt, und äußert sich andererseits in einer geringeren Kapazität für andere Aufgaben. Es entspricht dem Gesetz der Geschlossenheit, dass angefangene Dinge nach einer Vollendung streben. Die gebundene Spannung hilft uns, dem nachzukommen und mit dem Abschluss die Voraussetzungen dafür zu schaffen, dass etwas anderes in den Vordergrund treten kann. Ein und dieselbe Figur kann sich dabei auch in unterschiedlichen „Gewändern" zeigen.

Hinter vielen Beratungsmandaten steht das Bedürfnis, eine unangenehme Spannung in der Organisation zu reduzieren und damit eine offene Gestalt zu schließen. Man delegiert sozusagen das, was man (vermeintlich) ohne externe Unterstützung nicht vollenden kann oder wo man viele Spannungen vermutet. Diese spannungsvollen Themen erscheinen sozusagen als Figuren vor dem Hintergrund der restlichen Organisation. Gebundene Spannungen resultieren beispielsweise aus nicht zu Ende gebrachten Projekten, verschleppten Brüchen im Team oder empfundenen Kränkungen nicht nachvollzogener Führungsentscheidungen. Nicht immer müssen oder können die unterbrochenen Dinge zu Ende gebracht werden. Die Forschungen von Mahler (1933) zu Ersatzhandlungen zeigen, dass Handeln meist – aber nicht immer – besser ist als Reden und dass Entspannung unter anderem dann entsteht, wenn durch eine Ersatzhandlung eine soziale Tatsache geschaffen wird. Ein Abschluss kann auch darüber geschehen, dass etwas in einen größeren Kontext gesetzt wird. Eine Betrachtung dieser Möglichkeiten macht deutlich, warum in Beratungsprozessen gemeinsames, reflektierendes Aufarbeiten von kritischen Situationen oder eine offene, sozial geteilte Klärung unter Anwesenheit indirekt Betroffener bereits spannungsreduzierend wirkt.

Ergänzend ist anzumerken, dass Spannungen wichtig sind und auch zu Handlung motivieren. Deshalb können und sollen gewisse Spannungen oder Widersprüchlichkeiten in Organisationen nicht aufgelöst, sondern eventuell sogar noch verstärkt werden. Arbeitet man widersprüchliche Positionen klar heraus, kann man sich über die Uneinigkeit einig werden und die Vielfalt produktiv nutzen. Wie aus dieser von Gätzschmann (2005) so treffend bezeichneten „ZwEinigkeit" Veränderungspotenziale entstehen können, verdeutlicht der nächste Abschnitt.

5.4.4 Change und Gestalt: Die paradoxe Theorie der Veränderung

Sich verändern und zugleich „der/die Alte" bleiben zu wollen, ist nicht nur eine typisch menschliche Dynamik bei persönlichen Vorsätzen, sondern zeigt sich auch in Organisationen. Denn da, wo ein Veränderungswille ist, ist auch Widerstand. In Analogie zur Physik kann man es mit dem dritten Newton'schen Gesetz von 1687 vergleichen: „Zu jeder Kraft gehört eine gleich große Gegenkraft. Kraft und Gegenkraft haben entgegengesetzte Richtungen und wirken auf verschiedene Körper ein – sie können sich somit nicht gegenseitig aufheben."[1] Auf Organisationen angewendet bedeutet dies, dass jeder Ausgleichszustand in Organisationen daraus entsteht, dass gegensätzliche Kräfte zusammenwirken. Gegensätzliche Kräfte können beispielsweise sein: Innovation vs. Tradition oder Mitarbeiterorientierung vs. Profitorientierung. In einem gut ausbalancierten Zustand sind die Kräfte kaum wahrnehmbar. Will man den status quo jedoch verändern, wird das Kräftespiel durch Machtkämpfe der Stellvertreter bestimmter Themen in der Organisation hingegen sofort sichtbar.

Die gestaltorientierte Grundhaltung zu Veränderungen ist in der sogenannten paradoxen Theorie der Veränderung von Beisser (1970) zusammengefasst; sie greift diese Paradoxie zwischen Veränderung und Widerstand auf. Die Kernaussage lautet, frei übersetzt: „Veränderung geschieht, wenn man aufhört, danach zu streben, was man nicht ist, sondern versucht zu werden, was man ist" (a. a. O., S. 77, übersetzt durch die Autorin). Damit ist gemeint, dass „eine Person oder ein System erst dann von einem Zustand in den anderen wechseln kann, wenn der gegenwärtige Zustand voll erlebt und akzeptiert wird" (Nevis 2013, S. 179). Dem Gestaltgesetz der Geschlossenheit folgend, gilt es, alle Facetten des gegenwärtigen Zustandes anzunehmen und die Wirkung zu ergründen, damit die aktuelle Gestalt sich schließen kann und von der vordergründigen Figur zum Hintergrund wird.

Für das Beratungsgeschehen bedeutet dies, dass der Beratende die Veränderung nicht forcieren, sondern nur Umstände mitgestalten kann, in denen eine Veränderung möglich wird. Für Führungskräfte in Veränderungssituationen heißt das, dass man Veränderungen nicht durch Vorandrängen oder Unterdrücken von Widerstand voranbringen kann, sondern eben paradoxerweise durch die Zeitinvestition in die umfassende Untersuchung aller Bedenken (Nevis 2013). Das setzt voraus, Widerstände in der Organisation nicht als etwas Negatives und Blockierendes anzusehen, sondern als Ausdruck einer anders gerichteten Kraft in der Organisation, die mit dem Veränderungsvorhaben verbunden ist.

Durch die gleichwertige Betrachtung der Kräftefelder und Gegensätze in Organisationen wird es möglich, aus einer kreativ schöpferischen Neutralität heraus zu Lösungen zu kommen, die der Komplexität gerecht werden (vgl. auch Friedländers Konzept der kreativen Indifferenz, 2009).

Zentral ist also die Erhöhung der Bewusstheit über den gegenwärtigen Zustand. Wenn möglichst viele Betroffenen in der Organisation daran beteiligt sind, wird ein Wandel in eine gemeinsame Richtung ermöglicht. Beratung kann darin unterstützen, dass ein Um-

---

[1] vgl. http://grund-wissen.de/physik/mechanik/dynamik/kraft.html, Zugegriffen am 01.06.2015.

gang mit den vielfältig gerichteten Kräften in der Organisation gefunden (Nevis 2013) und damit Verantwortungsübernahme ermöglicht wird, die der Komplexität gerecht wird. Die Arbeit im Hier und Jetzt und der Einbezug des realen Beziehungsgeschehens hilft, die entsprechenden Veränderungsmomente im Prozess zu entdecken.

5.4.5 Kontakt gestalten und die Arbeit mit dem Hier und Jetzt

Zur Veranschaulichung dieses Prinzips dient ein kurzer Exkurs in die therapeutische Gestaltpraxis. Die Gestalttherapie, die sich aus der Gestaltpsychologie entwickelt hat, sieht die Aufgabe eines Therapeuten darin, die kleinen Unterbrechungsmuster (z. B. Vermeidung oder Ablenkung von unerwünschten Gefühlen) in der Beziehungsgestaltung des Klienten (auch zum Therapeuten) zu registrieren und ihm durch ein direktes Thematisieren im Hier und Jetzt zu mehr Bewusstheit darüber zu verhelfen. Auf diesem Weg kann die Funktion eines Beziehungsmusters direkt erforscht und verstanden werden. So formt sich schließlich ein neuer Umgang mit einer Situation.

Daraus folgend, könnte man gestaltorientierte Beratung auch so verstehen, dass es darum geht, die Momente im aktuellen Organisationsgeschehen mitzubekommen, an denen Personen oder Gruppen festgefahrene Muster reproduzieren, obwohl es gerade um die Erkundung eines neuen, noch etwas unsicheren Weges ging. Ob man dann direkt unterbricht und konfrontiert, das Muster reflektierend zur Verfügung stellt oder direkt in der Prozesssteuerung einlenkt, ist eher nachgeordnet. Wichtig ist, diese Schlüsselmomente im Hier und Jetzt zu erkennen und als Veränderungsmomente zu nutzen. Diese Art der Prozessarbeit im Hier und Jetzt steht auch in der Tradition der Aktionsforschung und der daraus entwickelten T-Gruppen-Trainings von Lewin. Er überführte damit ein Forschungssetting in ein wirksames Verfahren sozialen Lernens für Erwachsene (vgl. Lück 2001 und Kap. 3 dieses Buches).

Eine zentrale Informationsquelle für das Registrieren der relevanten Momente ist das Wahrnehmen und Ernstnehmen der Gefühle, die sich beim Berater oder bei der Beraterin im Kontakt zu Menschen einstellen. Diese Gefühle geben wichtige Hinweise auf die aktuelle Situation und deuten häufig auch auf Muster hin. Denn die Gefühlslage der Menschen in der Organisation wirkt auch auf die Beratenden ein, sobald sie das „Feld" der Organisation betreten (vgl. Feldtheorie von Lewin 1939). In der psychoanalytischen Tradition könnte man auch von Übertragung und Gegenübertragung sprechen (Freud 2000; Heimann 1950). Übertragungsgefühle beim Beratenden wären beispielsweise das Empfinden von Unsicherheit, Angst oder Ohnmacht und könnten die Gefühlslage in der Organisation widerspiegeln. Gegenübertragungsimpulse wären zum Beispiel Sicherheit und Halt geben wollen oder Retterfantasien. Diese Empfindungen bewusst wahrzunehmen und vor dem Hintergrund der Organisation abzugleichen, hilft einer Beratungsperson, sich nicht in „den Sumpf der Gefühle" der jeweiligen Organisation ziehen zu lassen, sondern handlungsfähig zu bleiben und die Gefühle diagnostisch für Interventionen zu nutzen.

Wenn es Beratenden dann auch noch gelingt, die Interventionen im direkten und aktuellen Beziehungsgeschehen anzusetzen, entsteht ein unmittelbarer Bezugspunkt. So kann eine direkte Verantwortungsübernahme im „Jetzt" erfolgen.

Zusammenfassung

Wenn Organisationen in einer Umgebung operieren, die von hohen Schwankungen, Unsicherheit, Ungewissheit und Mehrdeutigkeiten geprägt ist, funktionieren Standardlösungen nicht mehr, und es geht darum, einen Umgang mit dem Nichtwissen zu finden. Beratung kann ein Weg dazu sein, dem Nichtwissen zu begegnen und die eigene Selbstbeobachtungs- und Selbstorganisationskompetenz in Organisationen zu erhöhen.

Wie in diesem Beitrag dargestellt, wird Beratung unter Ungewissheit der Komplexität moderner Organisationen gerecht, indem Beratende die angetragenen Probleme als Ausdruck eines Organisationsmusters betrachten und den Lösungsansatz am Umgang mit dem Muster ausrichten. Dazu ist eine offene Wahrnehmung erforderlich, die nicht ausschließlich analytisch geleitet oder bereits lösungssuchend ausgerichtet ist. Schon allein die Verinnerlichung dieser offenen Wahrnehmung gibt Beratungspersonen mehr Klarheit in der Unsicherheit. Beratende müssen nicht jedes kleine Detail im Blick behalten, sondern können darauf vertrauen, dass die relevanten Aspekte, die jetzt gerade wichtig sind, „ins Auge springen" und sich zu Mustern verbinden. Um sich dem zu nähern, gilt es weniger, etwas neu zu lernen, sondern eher den Zugang zu der uns allen innewohnenden Neugier wiederherzustellen und wie Kinder oder Forschende auf Situationen zu blicken. Kleine Experimente, wie das Gedankenexperiment zu Beginn oder andere Perspektivenwechsel, können dabei helfen, eine gewisse Distanz einzunehmen, die Wahrnehmung für das Wesentliche zu öffnen und mit voller Präsenz da zu sein, um Einsicht und Veränderung geschehen zu lassen, statt etwas erwirken zu wollen.

In den Worten von Martin Gutl (vgl. Zitat zu Beginn) ausgedrückt: *„Das alles ist Menschsein – ist wirkliches Leben."*

Literatur

Abele, W., & Scheurer, S. (2006). *Wes Brot ich ess, des Lied ich sing: Managementberatung - Kunst, Handwerk oder Geschäft mit der Angst?* Zürich: Orell Füssli.

Alevras, J. S., & Wepman, B. J. (1980). Application of Gestalt theory principles to organizational consultation. In B. Feder & R. Ronall (Hrsg.), *Beyond the hot seat: Gestalt approaches to group* (S. 229–237). New York: Brunner/Mazel.

Beisser, A. (1970). Paradoxical theory of change. In J. Fagan & L. Shepard (Hrsg.), *Gestalt therapy now*. New York: Harper Colonphon.

Block, P. (1997). *Erfolgreiches Consulting. Das Berater-Handbuch.* Frankfurt a. M.: Campus.

Ehrenfels, C. V. (1890). Über „Gestaltqualitäten". *Vierteljahresschrift für wissenschaftliche Philosophie.* 14, 242–292.

Femers, S. (2002a). Beratungsmarkt und Beratungstheorie. In A. Güttler & J. Klewes (Hrsg.), *Drama Beratung! Consulting oder Consultainment?* (S. 21–34). Frankfurt a. M.: Frankfurter Allgemeine Zeitung.

Femers, S. (2002b). Berater und Klienten - Die Inszenierung destruktiver Beziehungen. In A. Güttler & J. Klewes (Hrsg.), *Drama Beratung! Consulting oder Consultainment?* (S. 41–54). Frankfurt a. M.: Frankfurter Allgemeine Zeitung.

Fitzek, H. (2014). *Gestaltpsychologie kompakt: Grundlinien einer Psychologie für die Praxis*. Wiesbaden: Springer.

Fitzek, H., & Salber, W. (1996). *Gestaltpsychologie. Geschichte und Praxis*. Darmstadt: Wissenschaftliche Buchgesellschaft.

Freud, S. (2000). *Behandlungstechnische Schriften. Zur Dynamik der Übertragung*. Frankfurt a. M.: Fischer.

Friedländer, S. (2009). *Schöpferische Indifferenz*. Norderstedt: Books on Demand.

Gätzschmann, G. (2005). *ZwEinigkeit: Zur Mitte vereint*. Norderstedt: Books on Demand.

Gigerenzer, G., & Gaissmaier, W. (2014). Intuition und Führung: Wie gute Entscheidungen entstehen. In M. W. Fröse, S. Kaudela-Baum & F. E. P. Dievernich (Hrsg.), *Emotion und Intuition in Führung und Organisation* (S. 19–42). Wiesbaden: Springer.

Gutl, M. (2014). *In vielen Herzen verankert: Ausgewählte Texte*. Wien: Styria.

Güttler, A., & Klewes, J. (2002). *Drama Beratung! Consulting oder Consultainment?* Frankfurt a. M.: Frankfurter Allgemeine Zeitung.

Hartung, S. (2014). *Gestalt im Management: Eine andere Sicht auf Marken- und Unternehmensführung in komplexen Märkten*. Berlin: Springer.

Heimann, P. (1950). On countertransference. *International Journal of Psychoanalysis, 31*, 81–84.

Jansen, S. A. (2013). Professionalisierung der Paradoxie: Re-Legitimationschancen von Beratung. In T. Schumacher (Hrsg.), *Professionalisierung als Passion: Aktualität und Zukunftsperspektiven der systemischen Organisationsberatung* (S. 224–239). Heidelberg: Carl-Auer-Systeme.

Kaas, K. P., & Schade, C. (1995). Unternehmensberater im Wettbewerb. *Zeitschrift für Betriebswirtschaft, 65*, 1067–1089.

Kästl, R., & Stemberger, G. (2005). Gestalttheorie in der Psychotherapie. *Journal für Psychologie, 13*, 333–371.

Königswieser, R., & Hillebrand, M. (2011). *Einführung in die systemische Organisationsberatung*. Heidelberg: Carl-Auer-Systeme.

Leif, T. (2006). *Beraten und verkauft: McKinsey & Co. - der große Bluff der Unternehmensberater*. München: Bertelsmann.

Lewin, K. (1939). Field theory and experiment in social psychology. *American Journal of Sociology, 44*, 868–897.

Lewin, K. (1946). Action research and minority problems. *Journal of Social Issues, 2*, 34–64. (Deutsche Übersetzung abgedruckt in: Lewin, K. (1953). Die Lösung sozialer Konflikte. Ausgewählte Abhandlungen über Gruppendynamik. Bad Nauheim: Christian.).

Lewin, K. (1953). Die Lösung eines chronischen Konfliktes in der Industrie. In: K. Lewin (Hrsg.), *Die Lösung sozialer Konflikte* (S. 181–202). Bad Nauheim: Christian.

Lewin, K. (1982). Kriegslandschaft. In C.-F. Graumann (Hrsg.), *Kurt Lewin Werkausgabe* (Bd. 4, S. 315–326). Stuttgart: Klett-Cotta.

Lippitt, G., & Lippitt, R. (1999). *Beratung als Prozess*. Leonberg: Rosenberger.

Lück, H. E. (2001). *Kurt Lewin: Eine Einführung in sein Werk*. Weinheim: Beltz.

Mahler, V. (1933). Ersatzhandlungen verschiedenen Realitätsgrades. *Psychologische Forschung, 18*, 26–89.

Margulies, N. (1978). Perspectives on the marginality of the consultant's role. In W. W. Burke (Hrsg.), *The cutting edge: Current practice and theory in organizational development* (S. 60–79). San Diego: University Associates.

Nevis, E. C. (2013*). Organisationsberatung. Ein gestalttherapeutischer Ansatz*. Bergisch Gladbach: Andreas Kohlhage.

Ovsiankina, M. (1928). Die Wiederaufnahme von unterbrochenen Handlungen. *Psychologische Forschung, 2,* 302–389.

Sperling, H. J., & Ittermann, P. (1998). *Unternehmensberatung - eine Dienstleistungsbranche im Aufwind.* München: Oldenbourg.

Titscher, S. (2001). *Professionelle Beratung: Was beide Seiten vorher wissen sollten.* Frankfurt a. M.: Ueberreuter.

Wertheimer, M. (1985 [1925]). Über Gestalttheorie. *Gestalt Theory.* 7, 99–120.

Wimmer, R., & Wagner, P. (2013). Zwischenbilanz und Perspektiven der systemischen Organisationsberatung. In T. Schumacher (Hrsg.), *Professionalisierung als Passion: Aktualität und Zukunftsperspektiven der systemischen Organisationsberatung* (S. 22–40). Heidelberg: Carl-Auer-Systeme.

Wimmer, R., Kolbeck, C., & Mohe, M. (2003). Beratung: Quo vadis? Thesen zur Entwicklung der Unternehmensberatung. *Organisationsentwicklung, 22*(3), 61–64.

Wimmer, R., Glatzel, K., & Lieckweg, T. (2014). *Beratung im Dritten Modus: Die Kunst, Komplexität zu nutzen.* Heidelberg: Carl-Auer-Systeme.

Zeigarnik, B. (1927). Über das Behalten von erledigten und unerledigten Handlungen. *Psychologische Forschung, 9,* 1–85.

Zeuch, A. (2011). Der Hase und der Igel - Wissen und Nichtwissen zu Beginn des dritten Jahrtausends. In A. Zeuch (Hrsg.), *Management von Nichtwissen in Unternehmen* (S. 14–29). Heidelberg: Carl-Auer-Systeme.

Kristina Hermann ist Diplom-Psychologin (univ.), Trainerin für Gruppendynamik (DGGO) und hat eine Ausbildung in Gestaltberatung und -therapie. Nach mehrjähriger Tätigkeit als Unternehmensberaterin arbeitete sie vier Jahre als wissenschaftliche Mitarbeiterin an der Hochschule für Soziale Arbeit der Fachhochschule Nordwestschweiz mit den Schwerpunkten: Change Management, Gruppen- und Organisationsdynamik. Aktuell ist sie freiberuflich als Organisationsberaterin, Trainerin und Planspielentwicklerin unterwegs und u. a. für Coverdale Schweiz tätig. Sie ist Mitherausgeberin bei den Werken „Organisation und Intimität" und „Planspiele im Projektmanagement" und veröffentlichte 2015 einen Fachartikel über „Field theory and working with group dynamics in debriefing" (Simulation und Gaming).

Teil II
Chancen und Risiken – Die Organisation der Zukunft

Was Reimformen, Spiele und Sicherheit mit Führung in unsicheren Zeiten zu tun haben

Mario Herger

Zusammenfassung

Was haben ein reime-verliebter Bauer Anfang 1920 in Salzburg und der CEO des amerikanischen Aluminiumgiganten Alcoa gemeinsam? Sie schafften es ihre Mitarbeiter durch indirekte Zielvorgaben und Spaß zu mobilisieren und dank ihres kollektiven Wissens und ihrer Kreativität die Unternehmen erfolgreich zu machen. Das alles schafften diese Führungskräfte nicht durch traditionelle Führungsmaßnahmen, sondern durch die Anwendung von Motivationstheorien und Verhaltensweisen, wie sie Videospiele meisterhaft verwenden. Mit dem zunehmenden Druck zur Innovation und mit einer neuen Generation an Mitarbeitern, die 10.000 h an Videospielerfahrung mitbringen und ähnliche Erfahrungen im Arbeitsumfeld erwarten, tun moderne Führungskräfte gut daran sich neuer Führungsmodelle anzunehmen, und von Videospielen zu lernen.

6.1 Von der Begebenheit, wie ein Salzburger Bauer seinem Gesinde die Arbeit erschwerte und sie damit zu besserer Arbeit motivierte

> Und ich weiß nicht ich hab ja
> mit der Arbeit keine Freud'
> denn gerade mit der Arbeit
> versäumt man seine Zeit.

M. Herger (✉)
Enterprise Garage Consultancy, Los Altos, USA
E-Mail: mario.herger@gmail.com

© Springer Fachmedien Wiesbaden 2016
O. Geramanis, K. Hermann (Hrsg.), *Führen in ungewissen Zeiten,*
uniscope. Publikationen der SGO Stiftung, DOI 10.1007/978-3-658-11227-1_6

Von außen sah der Hof des „Streckabauern" aus wie jeder andere Bauernhof auch um 1920. Aber bei diesem Bauern im salzburgerischen Leogang ging es äußerst schwunghaft zu. Arbeitsanweisungen wurden von ihm nur in „Gstanzln", eine im bayrisch-österreichischen Raum verbreitete gereimte Vierzeilerform, erteilt. Und von den Knechten und Mägden wurde erwartet, auf ebensolche Weise zu antworten. Dies ging soweit, dass auf diesem Bauernhof manchmal tagelang kein Satz in Prosa gesprochen wurde (vgl. Peter 1981).

Weil diese Vorliebe des Streckabauern weit und breit bekannt war, bewarben sich natürlich vor allem Knechte und Mägde bei ihm, die selbst zum Reimen begabt waren. Dabei schnitten beide Teile gut ab: Das Gesinde, weil es unter solch einem Bauern lieber arbeitete, und der Bauer, der hochmotivierte Arbeitskräfte erhielt. Dass diese Reimformen ausgesprochen humoristisch und frech sind, zeugen auch von der Einstellung des Streckabauerns. Er schätzte diese Art und ihm wurden auf diese Weise sicherlich auch viele Dinge gesagt, die man als Führungskraft vielleicht nicht so gerne hört, aber hier ja geradezu erbeten hat.

Arbeit auf dem Feld und am Hof war zu dieser Zeit noch wenig mechanisiert, schwer, gefährlich, aber auch schnell mal eintönig. Man tat, was gemacht werden musste, aber auch nicht mehr. Und das zu einer Zeit, die von Turbulenzen geprägt war. Zwei Weltkriege und eine Wirtschaftskrise, und trotzdem überlebte der Bauernhof. Der Streckabauer schaffte es, die Arbeitsmoral seines Gesindes durch ein eigentlich die Arbeit erschwerendes Element zu erhöhen: die Herausforderung in Reimen antworten zu müssen.

Lustig sind die Maurergesellen
wenn sie den Dreck (Mörtel) hinauf schnellen
und wenn der Dreck kleben bleibt
dann sind sie erfreut.

Was modernes Management von Golf lernen kann
Moderne Arbeitsumfelder sind darauf ausgelegt, Arbeitsprozesse schneller, einfacher, effizienter, und kostensparender zu machen. Dass der Bauer den umgekehrten Weg ging und den Kommunikationsprozess erschwerte, erscheint dann für modernes Management erstaunlich.

Um besser zu verstehen, was hier genau passiert, schauen wir uns doch Spiele an. Der Hauptzweck von Spielen ist, die Spieler zu unterhalten. Um das zu bewirken, werden Spielregeln eingeführt, die beschreiben, was von wem wann gemacht werden muss, um einen möglichen Endzustand des Spiels zu erreichen. Ein Endzustand ist typischerweise, dass ein Spieler oder Team eine Gewinnbedingung erreicht. Oder dass die Spielzeit abgelaufen ist.

Nehmen wir uns nun ein Spiel her, das den meisten von uns bekannt ist: Golf. Die eigentliche Kernaufgabe von Golf ist, einen Ball in ein Loch zu bringen. Würde das alleine Golf zu solch einem populären Spiel machen? Erst das Hinzufügen von Einschränkungen und Regeln machen das Spiel interessant und unterhaltsam. Der Ball darf nur mit einem Stecken – besser bekannt als Golfschläger – berührt werden, zwischen Ball und Loch schieben wir Hindernisse wie Bäume, große Distanzen, Sandbunker, Teiche, und Felsen. Und plötzlich wird Golf zu dem spannenden und unterhaltsamen Sport, wie wir es kennen.

Die Motivationsfaktoren beim Gstanzlnreimen als auch bei Golf sind nicht die Hindernisse selbst, sondern das Überkommen derselben, das Lernen, das Besserwerden, die Meisterschaft die man dabei zeigt, die Tatsache, dass man diese Aufgaben gemeinsam oder gegeneinander löst und dabei Spaß hat. Spiele sind nichts anderes als die Aneinanderreihung von Problemen, die gelöst werden müssen und in den meisten Fällen zu Misserfolgen führen. Scheitern ist ein wesentlicher Bestandteil von Spielen.

Spiel und Führungsqualitäten
Was hat das mit Führungsqualitäten zu tun? Sehr viel sogar. Der Streckabauer hat verstanden, dass neben der Notwendigkeit die Arbeit am Feld und Hof zu erledigen, andere Elemente nicht zu kurz kommen dürfen. Und dazu nahm er einfach Anleihe an dem, was ihm selber Spaß machte: zu Reimen.

Der Neuseeländische Spieltheoretiker Brian Sutton Smith postulierte, „Das Gegenteil von Spiel ist nicht Arbeit, sondern Depression." Und der Streckabauer bewies das indem er das spielerische Element der Reimform mit Arbeitsanweisungen verband und damit synergetische Effekte erzielte.

6.2 Spielerische Elemente für Führungskräfte

> Ein Architekt und ein Advokat
> ein Minister und ein Diplomat
> und noch ein Tierarzt hinzu
> jetzt haben wir Geldsäcke genug.

Was macht spielerische Führungsqualitäten aus? Einige haben wir bereits kennen gelernt: Herausforderung ist eine. Spiele geben Ziele aus, die oft in eine Geschichte verpackt werden.

> Töte alle Schweine, weil sie die Eier der Vögel gestohlen haben
> (Angry Birds)
> Rette die Prinzessin!
> (Super Mario)
> Fang den König!
> (Schach)

Diese appellieren an weitere Motivationsfaktoren, wie Vergeltung und Gerechtigkeit ausüben, Held oder Bösewicht sein, Sammeln, Gruppen von Personen organisieren, sich vorstellen in einer schönen Welt zu leben, Ordnung aus Chaos schaffen, etwas erforschen, aber auch die anderen Mitspieler necken und hänseln.

Recruitingfirma ePunkt

Das Management der Wiener Personalvermittlungsagentur ePunkt ist bei Mitarbeitern geschätzt wegen der Kreativität die die Chefs zeigen, wenn es darum geht, spielerische Ideen in die Arbeitsprozesse einzugliedern.

Eine sehr erfolgreich umgesetzte Idee war der Legohauswettbewerb. Die sechs Teams mit den Vertriebsmitarbeitern erhielten für jedes Gespräch und Geschäftsverabredung mit einem Klienten einen Legobaustein. Voraussetzung war, dass auch alles sorgfältig in das CRM-System eingetragen worden war. Für jeden Auftrag gab es entweder eine Legotür oder ein Legofenster. Am Ende der fünfmonatigen Periode mussten die Teams dann ein mit den solcherart erworbenen Legobausteinen ein Haus bauen. Das schönste Haus wurde von allen Teammitgliedern gemeinsam gewählt, und die Gewinner erhielten dafür kleine Preise.

Die Mitarbeiter zeigten nicht nur beim Bauen ihres jeweiligen Hauses Kreativität. So hatte ein Team sogar aus Papier ein Bikinimädchen ausgeschnitten und in einen Swimmingpool gesetzt. Ein anderes brachte ein kleines Legomotorrad mit, um die hauseigene Garage zu füllen. Auch waren die Mitarbeiter viel gewissenhafter, alle Kundeninteraktionen ins unternehmensinterne CRM-System einzutragen, mehr Kunden anzurufen – immerhin gab es Legobausteine zu ergattern – und auch über die gesamte Periode gab es Gesprächsstoff in den Pausen, wie das eigene Haus aussehen soll und wie weit die anderen Teams sind.

6.3 Was Spiele erlauben, Führungskräfte aber nicht

Spiele erlauben den Spielern Dinge zu tun, die unter normalen Umständen gesellschaftlich inakzeptabel wären. Jemanden hänseln und necken grenzt normalerweise schnell an Mobbing. Zu scheitern, ist in vielen Unternehmen verpönt. Lieber vorsichtig sein und kein Risiko eingehen. Einmal den Bösewicht spielen? Genau das können Spiele ausnutzen.

Training

Der amerikanische Trainingsanbieter TrueOffice, der von der New York Stock Exchange aufgekauft wurde, erlaubt Themen wie Sicherheit, Finanzbetrug, Diskriminierung und andere oft vom Gesetzgeber vorgeschriebenen Schulungen, die von Mitarbeitern oft nur widerwillig absolviert werden, als Rollenspiel mit einer Geschichte durchzunehmen. Dabei bedient sich TrueOffice der Beliebtheit von Krimis und Detektivgeschichten.

Anstelle die Gesetzestexte in trockener Form durchzugehen und anschließend in einem Test abgefragt zu werden, übernehmen die Mitarbeiter die Rolle des Investigators und müssen andere Spielcharaktere befragen, Räumlichkeiten durchsuchen und Hinweise erkennen, um dann messerscharf – wie von Agatha Christie, Hercules Poirot oder Sherlock Holmes bekannt – die Schuldigen zu benennen. Das geht natürlich nicht, ohne die Gesetze zu kennen, die in das Spiel eingestreut werden und auf diese Weise viel aufmerksamer gelesen werden.

SAP wiederum entwickelte ein Trainingskonzept, das die Mitarbeiter IT-Sicherheit aus der Sichtweise mehrerer Rollen erleben ließ. Aus der Rolle des IT-Sicherheitsbeauftragten und aus der Rolle des Hackers. In welcher Rolle wird man auf mehr Sicherheitslücken stoßen? Natürlich in der des üblen Burschen.

Wie wir aus Filmen und der Realität wissen, haben die Bösewichter zumeist die viel tolleren „Spielsachen." Nicht James Bond – so sehr uns Q auch immer mit seinen Erfindungen beeindruckt –, sondern Goldfinger ist kreativer (und auch skrupelloser) in seinen Erfindungen. Die Mafia oder Yakuza mit ihrer jahrhundertelangen Geschichte sind erstaunlich anpassungs- und überlebensfähig, im scharfen Gegensatz zu Firmen. Und Drogenkartelle sind der Polizei immer einen Schritt voraus.

Scheitern wiederum ist in unserer Gesellschaft stark verpönt. Bankrotteure, die auf Jahre hinweg gesetzlich Ausgestoßene sind, durchgefallene Prüfungen oder ein in den Sand gesetztes Projekt sind keine Geschehnisse, die wir erleben wollen. Aber immer wieder Hinfallen ist die Art, wie ein Kind gehen lernt. Abgewiesen werden ist, wie wir lernen mit unseren Gefühlen und den Gefühlen anderer umzugehen.

Um aber hinzufallen oder abgewiesen zu werden, müssen wir das Risiko auf uns nehmen, das zu probieren. Bis wir aber in Unternehmen einsteigen, ist es uns bereits so eingebläut worden, dass Scheitern keine Option ist, dass wir kein Risiko mehr eingehen. Scheitern ist aber die einzige Möglichkeit zu lernen. Und gerade in Zeiten der Ungewissheit müssen wir Dinge ausprobieren. Der richtige Weg ist uns ja nicht bekannt. Wäre er es, dann wäre keine Ungewissheit da.

Nun stellt sich heraus, dass die zugleich beschützteste Generation von Kindern, der wir als Eltern all die negativen Erfahrungen ersparen wollen, zugleich auch diejenige Generation ist, die am eifrigsten Spiele spielt. Computerspiele, Spiele am Tablet und Smartphone, ständig eifern sie danach, Spiele zu spielen. Und was sind Spiele? Scheitererfahrungen. Ein Aneinanderreihen von Misserfolgen. Und nicht nur das: diese Generation erwartet im Berufsleben, dass Risiko genommen werden kann, Scheitern erlaubt ist und daraus gelernt werden kann. Nur bieten ihnen genau das heutige Unternehmen nicht, weil sie nach wie vor auf die alten Motivationsmodelle setzen.

6.4 Wie Belohnungs- und Anreizsysteme scheitern

All die bisher genannten Beispiele haben eines gemeinsam: sie bedienen sich nicht der traditionellen Belohnungs- und Anreizsysteme. Es gibt keinen Bonus oder eine monetäre Vergütung. Es gibt nicht mal Punkte, Badges oder Ranglisten, die so gerne mit Gamification gleichgesetzt werden.

Extrinsische und intrinsische Motivationsfaktoren
Vielmehr sind die Anreize anderer Natur. Dazu sprechen Verhaltens- und Motivationsforscher von extrinsischen und intrinsischen Motivationsfaktoren. Extrinsische kommen von außerhalb des Individuums. Räume dein Zimmer auf und du bekommst Eiscreme. Mache den Bericht bis morgen fertig und es gibt 500 € Bonus.

Das Problem mit solch extrinsischen Anreizen ist die Kurzlebigkeit, die Notwendigkeit diese über die Zeit zu erhöhen und der negative Effekt, dass die intrinsische Motivation und Interesse an einer Aufgabe verloren geht.

Intrinsische Motivation liegt vor, wenn man etwas tut, weil es interessant ist, man dabei lernt, man besser wird, weil es einem die Möglichkeit gibt, mit anderen Menschen zusammen zu sein. Ein Mitarbeiter, der eine neue Programmiersprache in seiner Freizeit lernt, ist intrinsisch motiviert. Ein anderer, der an einem neuen Teil außerhalb der Dienstzeiten herum tüftelt, um es zu verstehen, ebenso.

Extrinsische Motivationen sind an sich nichts Schlechtes. Schlecht sind sie nur, wenn sie als alleiniger Motivator eingesetzt werden. In vielen Unternehmen passiert genau das. Das wäre so, als ob man bei Angry Birds oder Candy Crush nur auf die erreichten Punkte und Sterne achten würde. Und ehrlich: wer spielt Angry Birds oder Candy Crush wegen der Punkte?

Wie Management mit Anreizen die Arbeitsmoral zerstört
Die moderne Arbeitswelt ist geprägt von extrinsischen Anreizsystemen. Es werden Belohnungen als Karotte vor die Nase der Mitarbeiter gehängt und mit dem Prügel gedroht, wenn nichts gemacht wird. Das ist nichts anderes als ein Bestechungs- und Bestrafungssystem.

Dabei passieren mehrere Dinge, die durch externe Anreizsysteme hervorgerufen werden:

- Verlust des Interesses an der Aufgabe selbst (intrinsisches Interesse geht verloren)
- Zerstörung des Vertrauensverhältnisses zwischen Belohner/Bestrafer und Belohnten/Bestraften
- Zerstörerischer Kreislauf von immer höheren Anreizen

Interessensverlust
In einer Unmenge an Studien zum Zusammenspiel zwischen extrinsischer und intrinsischer Motivation wurde ein deutlicher Zusammenhang zwischen Einsatz von extrinsischen Faktoren und dem einhergehenden Verlust von intrinsischem Interesse festgestellt (Herger 2012). Mit anderen Worten, wenn ich jemandem eine Belohnung verspreche für eine Aufgabe, dann verliert diese Person nicht nur das möglicherweise vorhanden gewesene Interesse an der Aufgabe selbst, sondern die Arbeit selbst wird schlechter durchgeführt.

Dazu ein Beispiel: stellen wir uns vor, wir möchten unseren Sohn fürs Buchlesen interessieren. Wir versprechen also – managementgeschult wie wir sind – für jedes Buch, das er liest, ein Panini-Klebebildchen. Was wird passieren? Welche Bücher wird er lesen?

Die dicken fetten Bücher? Uns schwant, was er machen wird. Er wird sich die dünnsten Bücher aussuchen mit den größten Schriftsätzen. Und wenn wir ihn fragen, worum es in dem Buch ging, wird er vermutlich nicht viel erzählen können, weil er es durchflogen hat. Und sobald wir aufhören ihm Panini-Klebebildchen zu geben, wird er auch mit dem Buchlesen aufhören. Wir haben genau das Gegenteil erreicht von dem, das wir wollten: er ist am Lesen nun überhaupt nicht mehr interessiert. Wir haben es schon geschafft, ihn für etwas zu interessieren: die Panini-Klebebildchen.

Zerstörung des Vertrauensverhältnisses
Wie Alfie Kohn (1999) in seinem Buch „Punished by Rewards" recherchierte und so eloquent beschreibt, ist die Rolle des Bestrafers und Belohners auch dieselbe Person, an die sich Mitarbeiter bei Problemen wenden sollten.

Auch hier wieder ein Beispiel: als Eltern wollen wir, dass unsere Kinder sich vertrauensvoll an uns wenden, wenn sie Hilfe, Rat oder Zuspruch brauchen. Gleichzeitig verwenden wir aber auch Anreizsysteme, die genau das Gegenteil bewirken. Wir versprechen unserer Tochter für heute Abend Eiscreme nach dem Abendessen, sofern sie sich gut benommen hat. Nun passiert es aber, dass sie sich am Spielplatz mit einem anderen Kind gebalgt und daneben benommen hat. Wird sie sich an uns wenden und das zugeben? Würde sie das machen, dann weiß sie genau, Eiscreme am Abend ist gestrichen. Die für sie richtige Strategie ist somit, dass sie es uns verschweigen wird. Damit haben wir wiederum genau das Gegenteil erreicht, von dem was wir wollten. Sie wird sich uns nicht anvertrauen und ehrlich bleiben.

Ein Manager der seinen Mitarbeiter einen Bonus für ein gelungenes Projekt verspricht, setzt die Mitarbeiter und das Unternehmen damit auf den Pfad, im Falle des Scheiterns – und selbst im Falle des gerade noch erfolgreich abgeschlossenen Projekts – höhere Kosten zu verursachen als notwendig. Projektmitarbeiter werden solange Probleme verschweigen, um den versprochenen Bonus nicht zu gefährden, bis bereits soviel Geld und Zeit in das Projekt geflossen sind, dass es extrem teuer und damit riskant geworden ist.

Anreizsucht
Der russische Verhaltensforscher Anton Suvorov untersuchte, wie sich Manager auf unterschiedlicher Art Anreizysteme bedienen und welche kurz- und langfristige Auswirkungen diese auf Mitarbeiter haben (Suvorov 2013). Dabei betrachtete er zwei Arten von Managern: diejenigen, die sich auf eine langfristige Zusammenarbeit einstellen und jene, die sich nur in einer kurzfristigen Managementrolle in dieser Abteilung sehen.

Dabei stellte Suvorov fest, dass letztere Manager (transiente Manager) dazu tendieren, höhere Belohnungen zu versprechen und zu vergeben. Nicht-transiente Manager hingegen investieren mehr Zeit mit den Mitarbeitern und versprechen weniger und niedrigere Belohnungen.

Der Effekt ist eigentlich nicht überraschend: Mitarbeiter transienter Manager weigern sich Arbeiten zu tun, wenn die Belohnung nicht entsprechend hoch ist. Auch haben dieselben Mitarbeiter durch den häufigen Managementwechsel weniger Anreiz, sich für die

Aufgaben zu motivieren, auch weil sie mit höherer Wahrscheinlichkeit versprochene Belohnungen in der Vergangenheit nicht erhalten haben. Der versprechende Manager hat die Abteilung oder das Unternehmen bereits verlassen, und diese Abmachungen gelten somit nicht mehr.

Interessanterweise können höhere Belohnungen auch demoralisierend wirken. Ein Mitarbeiter, dem solch eine hohe Belohnung versprochen wird, hat nicht die Menge an Informationen zu den Gründen, wie der Manager. Damit beginnt der Mitarbeiter an seinen Fähigkeiten zu zweifeln, weil er annehmen muss, sein Manager sieht den Mitarbeiter als nicht qualifiziert genug für diese Aufgabe und muss ihn deshalb besonders motivieren, um diesen Mangel zu kompensieren.

Wie gefährlich das Verhalten transienter Manager ist, zeigt sich in der geringeren Motivation von deren Mitarbeitern und der Notwendigkeit für immer höhere und somit teureren Belohnungen.

6.5 Der Unsicherheit begegnen

Was bringen nun innovative Ansätze, wie Spiele mit dem Gamificationkonzept? Zuerst mal erleben wir Disruption in Unternehmensbereichen, die in einer Geschwindigkeit ablaufen, wie wir sie nicht erlebt haben. Unternehmen, die als unbesiegbar galten wie Nokia, Blockbuster, Microsoft, oder Automobilhersteller, verschwanden in erstaunlich kurzer Zeit, wurden irrelevant oder werden durch neue Mitbewerber in den Schatten gestellt. Und die Mitbewerber kommen aus oft völlig anderen Industrien, die die alten Platzhirsche in manchen Fällen nicht einmal als Mitbewerber sehen. Innerhalb eines Jahres mit der Einführung des iPhone verloren Navigationssystemhersteller 80 % ihres Marktes, verschwanden Diktiergerätehersteller und Anbieter von Kalendersystemen. Abgesehen von der Verdrängung des Blackberry-Herstellers RIM und dem Verschwinden Nokias.

Weil eben die Unsicherheit exponentiell größer geworden ist, kann Innovation nicht mehr nur aus den Führungsetagen kommen. Was sie ohnehin nie tat. Vielmehr müssen Mitarbeiter auf jeder Hierarchiestufe befähigt werden, ihr kreatives Potenzial zu entfesseln. Und der erste Schritt dazu ist das Konzept von Hierarchien neu zu überdenken.

Beispiel: Alcoa

Paul O'Neill wurde im Jahr 1987 der CEO des amerikanischen Aluminiumproduzenten Alcoa. Dieses traditionelle Großunternehmen steckte in großen Schwierigkeiten. Es verlor zusehends gegen die Mitbewerber, die Unternehmensführung stand in einem Dauerstreit mit der Gewerkschaft, und es gab eine hohe Arbeitsunfallrate.

Nach einer eingehenden Analyse der Situation unter den aufmerksamen Augen der Anteilshaber und der Öffentlichkeit beschloss O'Neill sich auf den kleinsten gemeinsamen Nenner zwischen Management und Mitarbeitern zu konzentrieren. Und das war Sicherheit.

Bei der ersten Versammlung mit den Aktionären kündigte er an, dass der Unternehmensfokus ab sofort auf der Sicherheit liegen werde. Das Ziel würde eine Sicherheitsrate von null Verletzungen sein.

Es wurden in der Versammlung Fragen zu Profitabilität und Produktqualität gestellt, aber der neue CEO wich nicht ab. Er wiederholte, dass der sofortige Fokus auf der Sicherheit liegen würde. Das führte zu einer an Panik erinnernden Flucht der Aktionärsvertreter aus dem Versammlungssaal, die sofort Verkaufsanweisungen ausgaben.

Weil nun aber Sicherheit Toppriorität war, war jeder Mitarbeiter eingeladen, Verbesserungsvorschläge zu machen. Als der erste tödliche Arbeitsunfall eintrat, übernahm O'Neill höchstpersönlich die Leitung der Untersuchung, verlangte Änderungen und forderte alle Mitarbeiter zu mehr Vorschlägen auf.

Das hatte unmittelbar positive Auswirkungen. Weil es jedem klar wurde, dass Sicherheit die Aufgabe jedes Einzelnen ist, begannen die Mitarbeiter und Führungskräfte, zusammen zu arbeiten und auf Sicherheitslücken hinzuweisen und Lösungen auszuarbeiten; und weil sie gerade dabei waren, nicht nur sicherheitsrelevante, sondern auch solche die Produktivität und Effizienz betreffende Vorschläge, inklusive neue Ideen. Ein bis dahin feindliches Arbeitsklima verwandelte sich in eines von Kollaboration und Engagement.

Die Ergebnisse waren erstaunlich: Alcoa verwandelte sich von einem strauchelnden Unternehmen in eines der profitabelsten.

Die Art, wie O'Neill das schaffte, war nicht, indem er das scheinbar dringendste Problem – Profitabilität – direkt anging, sondern indirekt eines, das nicht im geringsten damit zu tun haben schien. Aber genau das half, das feindliche Betriebsklima nachhaltig zu ändern. O'Neill konzentrierte sich auf ein Ziel, das allen Mitarbeitern wichtig war. Und er benutzte die Intelligenz aller Mitarbeiter, egal auf welcher Hierarchiestufe sie standen, um das Unternehmen zu retten.

Die Absurdität von Hierarchien im Unternehmen

Wissen Sie, wie Sie in ihrem Unternehmen Abteilungsleiter werden können? Oder Regionalchef? Wissen Sie, durch welche Leistung und Qualifikation Ihr eigener Vorgesetzter auf diese Position kam?

Wahrscheinlich werden Sie zu all diesen Fragen nur eine einzige haben: „Nein, weiß ich nicht." Oder im zynischen Fall: „DAS habe ich mich auch gefragt."

Tatsache ist, dass es in heutigen Unternehmen keine Transparenz gibt, durch welche Leistung Mitarbeiter auf verantwortungsvolle Positionen kommen können. Wir vermuten, dass oft andere Faktoren wichtiger sind, die weniger mit guter Arbeitsleistung als vielmehr mit Wer-kennt-wen oder Wer-kann-gut-mit-wem oder im zynischen Fall Wer-kann-am-besten-Arschkriechen.

Das ist undenkbar in Spielen. Als Spieler weiß ich genau, wenn ich diese Anzahl an Schweinen in Angry Birds töte, oder die schnellste Zeit in Mariokart hinlege, oder diesen Drachen in World of Warcraft töte, dann steige ich in den nächsten Level auf. Auch wenn mir heute auf Level 17 noch nicht bekannt ist, welche Strategien ich anwenden muss, um später auf Level 70 zu bestehen, ich kann darauf vertrauen, dass ich bis dahin die notwendigen Fähigkeiten gelernt habe. Dieser unausgesprochene Vertrag zwischen Spiel und Spieler existiert zwischen Mitarbeiter und Unternehmer nicht. Und genau weil sie nicht existieren oder undurchsichtig sind, profitieren vor allem diejenigen davon, die das System durchschauen oder manipulieren können, ohne notwendigerweise die entsprechende Leistung bringen zu müssen. Und das ist demotivierend für diejenigen, die sich auf Leistung verlassen.

Wie Spiele neue Führungsmodelle vorexerzieren
Dabei machen es sogenannte massive multi-player role-playing games (MMORPG) beispielhaft vor. In einem dieser Spiele namens World of Warcraft (WoW) müssen sich Spieler ab einem bestimmten Level in Guilden oder Battlegroups zusammenschließen, um gemeinsam Aufgaben zu bewältigen. Diese Guilden nehmen dabei ziemliche Größen an. Fünfzig Mitglieder und mehr sind keine Seltenheit und erfordern massive Koordinierungsarbeit. Nicht nur muss in einer manchmal mehrstündigen Boss-Battle (beispielsweise im Kampf gegen einen großen Drachen) das ganze Team koordiniert vorgehen und ihre vorher festgelegten Positionen einnehmen und Aufgaben ausführen, in Vor- und Nachbesprechungen wird die Boss-Battle analysiert, und im Siegesfall die Beute je nach Leistung verteilt. Auch müssen unter Umständen neue Spieler rekrutiert werden und andere ausgestoßen.

Wenn das alles sehr nach den Aufgaben eines Unternehmens klingt, dann täuscht dieser Eindruck nicht. Viele Managementexperten empfehlen Unternehmen sogar, bevorzugt MMORPG-Spieler zu interviewen und einzustellen, weil diese häufig Führungsaufgaben in diesen Onlinespielen erfahren haben. Der frühere CIO von Starbucks, Stephen Gillett, war gerade mal 31 Jahre als er auch wegen seiner WoW-Erfahrung in diese Position kam. Und er hatte in Folge ähnliche Positionen bei Unternehmen wie Best Buy und Symantec inne.

Es kommt nicht selten vor, dass Guilden von 17-Jährigen geführt werden, oder dass kurzfristig ein weniger erfahrenes Guild-Mitglied die Führung übernimmt. Diese Flexibilität steht im Kontrast zu starren Führungsstrukturen und Hierarchien in Unternehmen. Und das bringt uns zu den 17-Jährigen, der Millennial-Generation.

6.6 Wie Millennials Führungsansprüche setzen

Als Millennials bezeichnen wir die Generation, die zwischen den frühen 1980er und frühen 2000 geboren wurden. Diese Generation tritt nun ins Berufsleben ein und erfährt dabei einen Schock – und erzeugt einen Schock bei der älteren Generation. Aber zuerst mal einen Schritt zurück.

Das 10.000 h Phänomen
Diese Generation wuchs mit Videospielen auf. In dem Moment, wo diese Generation ins Berufsleben eintritt, hat jeder der Millennials 10.000 h an Videospielerfahrung. In Worten:

Zehntausend! Etwas in solch einer Ausdauer zu praktizieren, bedeutet Meisterschaft in diesem Metier. Ein Geigenspieler im Philharmonischen Orchester hat die Geige zu diesem Zeitpunkt mehr als 10.000 h gespielt. Ein Fußballspieler in der Bundesliga mehr als 10.000 h gedribbelt. Und Bill Gates hatte 10.000 h Programmiererfahrung, als er Microsoft gegründet hat.

Nicht nur haben sie eine unglaubliche Zeit mit Videospielen verbracht, sie erwarten diese Erfahrungen auch aus dem Berufsumfeld. Und wenn wir von Erfahrungen sprechen, dann meinen wir unmittelbares Feedback, die Möglichkeit Risiken zu nehmen und alternative Wege auszuprobieren, die Erlaubnis zu scheitern und daraus zu lernen, eine höhere Bedeutung der Aufgabe und Mission und nicht zuletzt ein faires und transparentes System um auf neue Level – sprich Positionen – aufzusteigen.

Wie war ich?
Auf der anderen Seite verzweifeln ältere Mitarbeiter und Manager an den Forderungen, die Millennials stellen und wie bestehende Anreizsystem bei ihnen nicht zu funktionieren scheinen. Millennials wollen sofort wissen, warum sie etwas tun sollen und Feedback hören, wie gut sie etwas getan haben. Der Hintergrund ist dabei eigentlich verständlich: Millennials möchten nicht eine Aufgabe machen, deren Hintergrund und höhere Bedeutung sie nicht kennen. Sonst können sie auch nicht ihre Kreativität einsetzen, um die Aufgaben vielleicht effektiver oder kreativer zu lösen. Und wenn sie dann die Aufgabe erledigt haben, wollen sie wissen, was gut und was nicht gut war, damit sie lernen und sich verbessern können. Der Hinweis, dass es im Mitarbeitergespräch am Jahresende ausreichend Feedback geben wird, reicht nicht. Bis dahin vergisst man, was man eigentlich gemacht hat. Das wäre vergleichbar mit Angry Birds, wo man erst drei Monate später erfährt, ob man alle Schweine getötet hat. Dieses Spiel wäre so absolut kein gutes Spiel.

Werfen Sie keine Münze ein!
Völlig unverständlich erscheint älteren Generationen, dass Millennials nicht durch Belohnungen oder Geld motivierbar scheinen. Die Aussage eines jungen Mitarbeiters, der seinem Chef sagte: „Robert, ich bin kein Automat in den man eine Münze einwirft und der dann macht, was du sagst. Ich will wissen, warum ich das machen soll und was das Gute daran ist", beschreibt das zutreffend.

Das zwingt Manager, die Motivationen und Interessen der jüngsten Mitarbeiter zu verstehen. Einfühlungsvermögen zu haben und deren Ziele zu verstehen werden wichtiger und die Firmenziele weniger wichtig. Letztere müssen indirekt erreicht werden, indem man zuerst mal die Millennials motiviert und ihnen hilft, ihre Ziele zu erreichen. Das ist Neuland für die Managementetagen. Das wird weder unterrichtet noch war das bis dato verlangt. Und hier straucheln viele Unternehmen.

Aber wenn es gelingt, Millennials und andere Mitarbeiter auf diese Weise zu motivieren, dann gehen sie über sich hinaus und schaffen mehr für Kunden, Partner und das Unternehmen, als in der traditionellen Weise.

Millennials ignorieren Hierarchien

Und dann erlauben sich Millennials, Ratschläge zu geben und unaufgefordert das Wort zu ergreifen. Man kann verstehen, warum das in vielen konservativen Unternehmen wie eine kleine Revolution aussieht, wenn man es gewohnt war, dass der Patriarch die Richtung vorgibt und respektiert werden muss.

Wie aber andere Unternehmen schmerzhaft erfuhren, funktioniert die Welt nicht mehr so wie das noch vor 20 Jahren der Fall war. Die Informationsexplosion und digitale Revolution stellen ganze Industrien auf den Kopf oder ersetzen sie durch andere. Unternehmen können es sich heute nicht mehr erlauben, die Meinungen und Erfahrungen der jüngsten Mitarbeiter zu vernachlässigen. Sie sind dem Puls der modernen Welt am Nächsten.

Kein Unternehmen kann es sich erlauben, das kreative Potenzial aller Mitarbeiter, Partner und Kunden zu vernachlässigen. Crowd-Intelligenz hat sich in vielen Fällen als kritisch erwiesen, neue Trends zu erkennen und Ideen zu finden und zu fördern. Im Angesicht der Informationsflut sollte das nicht überraschend sein.

6.7 Von Gstanzln und Spielen als Führungswerkzeug

Beim Streckabauern im Jahr 1925 war vermutlich mehr Kreativität bei der Arbeit vorhanden, als in vielen modernen Unternehmen heute. Weil er es nicht nur schaffte, motivierte Mitarbeiter einzustellen, sondern sie auch darin zu bestärken. Alcoas Paul O'Neill konnte sich die Mitarbeiter nicht aussuchen, aber ermächtigte jeden einzelnen, das Unternehmen umzudrehen und wieder erfolgreich zu machen.

Die Führungsqualitäten, die diese beiden „Manager" zeigten, die auch verschiedener nicht sein konnten, sind sich näher, als auf den ersten Blick erscheinen mag. Hierarchien wurden weniger wichtig, die Fähigkeiten jedes Einzelnen zählten. Mitarbeiter wurden eingeladen, Vorschläge zu machen, Risiken einzugehen, und sei es nur ein derbes Gstanzl. Mancher Reim holpert, nicht jeder Sicherheitsvorschlag macht Sinn, aber Scheitern muss erlaubt und ermutigt werden.

Unmittelbares Feedback ist notwendig, um zu lernen. Wenn niemand über mein Gstanzl lacht, dann ist das sehr sehr direktes Feedback. Wenn ich meinen Sicherheitsvorschlag verwirklicht sehe, bin ich stolz darauf. Und weil ich die höhere Bedeutung kenne, bin ich besser motiviert. Nicht, weil ich mehr Belohnung kriege, sondern weil ich weiß, dass meine Arbeit Sinn macht.

Spiele und deren Anwendung im nichtspielerischen Zusammenhang wie wir sie mit Gamification kennen, schaffen genau das, was der Streckabauer und O'Neill noch intuitiv schaffen mussten. Anwendungen und Prozesse, die um Spieleelemente erweitert wurden, machen aus diesen kein Spiel, sondern führen gezielt solche Elemente ein, die es einem Benutzer – oder wie wir bevorzugt sagen „Spieler" – ermöglichen, einen spielerischen Zustand zu erreichen, indem sie ihre Interessen und Motivationen ansprechen. Das ist, was wir unter Gamification verstehen. Und wie schon O'Neill und der Streckabauer sahen und mit Gamification messbar gemacht wurde, sind die Verbesserungen dramatisch. Zweibis vierstellige Kennzahl-Verbesserungen sind dabei nicht die Ausnahme (vgl. Enterprise Gamification).

Moderne Führungskräfte müssen sich darauf einstellen, dass sie diese Zeit nicht haben, sondern besser gestern als heute ein Konzept wie Gamification zu ihrem Managementrepertoire hinzufügen. Und das ist neben dem Wissen, dass es immer Änderungen geben wird, die einzige Sicherheit, die Führungskräfte haben.

Literatur

Enterprise Gamification. (2015). http://www.enterprise-gamification.com/mediawiki/index.php?title=Facts_&_Figures. Zugegriffen: 03. Juni 2015.

Herger, M. (2012). 8 Examples of Monetary Rewards Leading to Worse Outcomes. http://bit.ly/1jghxjC. Zugegriffen: 03. Juni 2015.

Kohn, A. (1999). *Punished by rewards: The trouble with gold stars, incentive plans, A's, praise, and other bribes*. Boston: Houghton Mifflin.

Peter, I. (1981). *Gaßlbrauch und Gaßlspruch in Österreich*. Salzburg: Verlag Alfred Winter.

Suvorov, A. (2013). Addiction to Rewards. Resorce document. National Research University Higher School of Economics. http://papers.ssrn.com/sol3/papers.cfm?abstract_id=2308624 Zugegriffen: 03. Juni 2015.

Dr. Mario Herger ist der CEO von Enterprise Garage Consultancy LLC, einem strategischen Beratungsunternehmen mit Schwerpunkt auf Gamification, Innovation, Kreativität, und Intrapreneurship in Unternehmen. In diesem Rahmen hat er mehrere dutzend Fortune 2000 Unternehmen beraten und über 100 Workshops durchgeführt. Er war Senior Innovationstratege bei SAP Labs in Palo Alto, California und der globale Leiter der Gamifizierungsinitiative bei SAP. Er war in insgesamt 15 Jahren bei SAP als Entwickler, Entwicklungsleiter, IT-Architekt, Produktverantwortlicher und in anderen Rollen bei SAP für eine Reihe neuer Produkte verantwortlich. 2013 gründete er das Austrian Innovation Center Silicon Valley, das österreichische und europäische Unternehmen mit dem Silicon Valley verbindet und vernetzt. Er ist der Autor des 2016 veröffentlichten Buchs ‚Die Silicon Valley Mentalität: Was wir von den Innovationsweltmeistern lernen und mit unseren Stärken verbinden können'.

Digitale Transformation braucht die große Symbolik

7

Lars Christian Schatilow

Zusammenfassung

Digitalisierung geht mit unternehmerischer Erneuerung einher: Wertschöpfung erfolgt branchenübergreifend und Organisationen müssen sich schnell an volatile Märkte anpassen können. Digitale Transformation ist daher deutlich mehr als die rasche Erzielung von Effizienz und moderner Technologie. Sie ist ein Aufbruch zu neuen, radikal wirkenden Geschäftsmodellen in einer vernetzten Welt. In europäischen Konzernen ist ein solches Verständnis bei relevanten internen und externen Anspruchsgruppen oft nicht vorherrschend. Es kommt zu Zielkonflikten, die mit den klassischen Change-Instrumenten schwer aufzulösen sind. Das Visionärtum Einzelner scheitert oft frühzeitig an konservativen Mindsets. Beispiele, wie die Axa Versicherungsgruppe oder der Axel Springer Verlag zeigen jedoch, dass strategische Kommunikationskampagnen die Erneuerung in kurzer Zeit ermöglichen sowie Umdenken und Mitgestalten erreichen können. Führung bei digitaler Transformation erfordert Kampagnenfähigkeit.

„Wir brauchen eine ganz neue Kultur", verkündete Axa-Konzernchef Henri de Castries im Februar 2015 in der *Süddeutsche Zeitung*. „Wenn man so schnell sein will wie die kleinen Start-ups aus dem Silicon Valley, dann braucht man die Kultur des Silicon Valley. Und das bei 160.000 Mitarbeitern" (Beise und Fromme 2015). Die Forderung ist sicherlich nicht realistisch. Denn auf einem Gründer-Campus leben und täglich bis zu 16 h arbeiten, Tag und Nacht, ist für hiesige Arbeitnehmer weder wünschenswert, noch ließe es sich durchsetzen. Was bezweckt de Castries mit seinem Appell? Warum wendet er sich nicht mit

L. C. Schatilow (✉)
Deekeling Arndt Advisors in Communications GmbH, Düsseldorf, Deutschland
E-Mail: Lschatilow@yahoo.de

einer internen Mitteilung oder Ansprache direkt an seine Mitarbeiter? Wofür braucht es die große Symbolik in der Öffentlichkeit, wenn doch die eigene Mannschaft Adressatin ist?

Der Versicherungsvorstand nutzt die externe Kommunikation als „Beschleuniger" für die digitale Transformation des eigenen Unternehmens. Er startet gezielt eine Umdenk-Kampagne: „Jetzt geht's los!", ist de Castries' Botschaft, die Vorstandskollegen, Führungskräfte und Mitarbeiter wachrütteln und ihm selbst bei den Vertretern des Kapitalmarkts und beim Axa-Aufsichtsrat die Lizenz zur umfassenden Erneuerung des Unternehmens verschaffen soll.

Ohne Kommunikationskampagne kann de Castries den internationalen Konzern nicht ins digitale Zeitalter transformieren. Zu viele Akteure (Stakeholder) innerhalb und außerhalb des Unternehmens würden bei radikalen, disruptiven Veränderungen – sowohl beim Geschäftsmodell als auch bei der Kultur – nicht mitgehen. Der Konzernchef ist aber gefordert, die Erneuerung so schnell wie möglich zu vollziehen: IT-Giganten wie Facebook könnten quasi über Nacht die Grundlogik der Versicherungswirtschaft – Risikokollektivierung – unter ihren Mitgliedern etablieren und für sich zum erfolgreichen Geschäftsmodell machen. Traditionelle Produkte wie eine Lebensversicherung sind nicht mehr profitabel. Finanzpolitische Interventionen wirken disruptiv. Der Axa-Chef muss daher rasch die gewohnten Gewässer verlassen und das Unternehmen zu neuen Ufern der Wertschöpfung führen. Strategische Kommunikation ist der Hebel. De Castries nutzt das Zeitungsinterview symbolisch, um der digitalen Transformation die notwendige Bedeutung zu verleihen. Es geht für ihn mehr als um IT und Prozess. Es geht um einen Kulturwandel, der die Menschen und ihre sozialen Gebilde – hier die Unternehmensorganisationen – erfassen soll.

In diesem Beitrag steht die Bedeutung von Symbolik bei Führung unter Ungewissheit im Mittelpunkt. Sie ist eine wirksame Methode, die fernab des klassischen Change-Managements sich zunehmend durchsetzt. Ihren Ursprung hat sie in der Kommunikations- und Medienszene.

Im Folgenden wird zunächst erläutert, was digitale Transformation ist, weshalb sie zu Führung unter Ungewissheit führt und wieso die klassischen Führungsprinzipien bei solch drastischer Veränderung nicht ausreichen. Dann wird der Prozessansatz an einem anschaulichen Fall illustriert.

7.1 Digitale Transformation ist mehr als Technik und Effizienz

Im März 2015 überreichte die deutsche Akademie der Technikwissenschaften (acatech) der Bundesregierung ihren Bericht „Smart Service Welt" mit Umsetzungsempfehlungen (acatech Smart Service Welt 2015). In einer explorativen, SurveyMonkey-gestützten Umfrage unter den Mitgliedern des Expertenbeirates der Studie hat der Autor kürzlich den Blick auf die Hürden gerichtet, die der Digitalisierung von Unternehmen – ihrer digitalen Transformation – im Wege stehen (Abb. 7.1).

Die Blitzumfrage hat Erstaunliches zutage gebracht: Anders als vermutet, liegt das Dilemma hiesiger Großunternehmen nicht bei der Technologiefähigkeit, das heißt bei IT und

7 Digitale Transformation braucht die große Symbolik

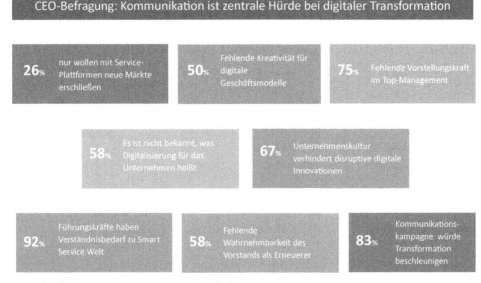

Abb. 7.1 Zentrale Hürden bei digitaler Transformation (Deekeling Arndt Advisors 2015a)

Prozesssteuerung, sondern vor allem beim Verständnis von und bei der Verständigung über die Digitalisierung. 75 % der befragten Experten, die mehrheitlich aus sehr großen, international tätigen Unternehmen stammen, gaben an, dass fehlende Vorstellungskraft des Topmanagements mit Blick auf die digitale Zukunft bei der Entwicklung des Unternehmens eine wesentliche Hürde darstelle. Folgt man der Logik der klassischen Informationskaskade und Führungspyramide, verwundert nicht weiter, dass auch der nächsten Managementebene, den Führungskräften, das Verständnis für Digitalisierung fehlt und dass dies als zentrales Hemmnis für den Transformationsprozess genannt wird (92%). Der Trend hat sich im Rahmen einer postalischen, halbstandardisierten Befragung unter deutschen Executives börsennotierter Konzerne bestätigt.

Die Kurzumfrage hat aber auch deutlich gemacht, dass eine vertiefte Auseinandersetzung mit der Digitalisierung in den Unternehmen bislang ausgeblieben ist. Die logische Konsequenz ist Unsicherheit, die in zögerlicher Haltung zum Ausdruck kommt. Denn lediglich ein gutes Viertel (26%) der befragten Unternehmen ziehen überhaupt in Erwägung, die Digitalisierung für die Entwicklung neuer Geschäftsmodelle und die Erschließung neuer Märkte zu nutzen. Eine von Accenture im Bericht der acatech veröffentlichte Studie bestätigt die Unsicherheit und Zögerlichkeit der Manager bei der digitalen Transformation.

Mit der Verdichtung und Analyse großer Datenmengen – aus Big werden Smart Data – wird IT bislang lediglich dafür verwendet, bestehende Geschäftsmodelle zu optimieren. Oftmals werden die technischen Möglichkeiten nur in den Wertschöpfungseinheiten Marketing und Service eingesetzt, um Kunden in ihrer Beziehung zum Unternehmen noch besser zu kennen und zu verstehen. Noch besteht das Ziel also bloß darin, Kunden bestehende Produkte „schmackhaft" zu machen, bevor sie selbst wissen, dass sie einen

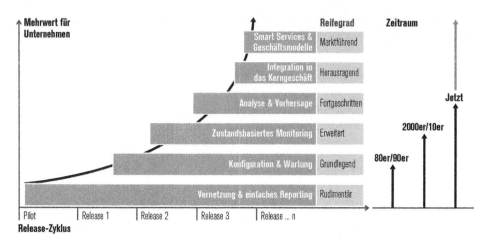

Abb. 7.2 Reifegrad von digitalen Geschäftsmodellen. (Accenture GmbH 2015)

Bedarf danach haben. Dies klingt spannend – ist es aber nicht. Denn in diesem Verständnis von Digitalisierung hegt das Unternehmen kaum Wachstumsfantasien. Es geht nur darum, Prozesse und damit auch die Organisation schlanker zu machen. Auf diese Weise werden Chancen vernetzter digitaler Plattformen nicht genutzt, um neue Kunden zu erreichen und fremde Märkte zu erschließen. Dies aber wäre die Logik der Smart-Service-Welt (vgl. den acatech-Bericht). In ihr kollaborieren Nutzer von Software-Plattformen miteinander, bauen branchenübergreifende Wertschöpfungssysteme auf, um Kunden immer und überall beste Services anbieten zu können. Unternehmens- und Branchengrenzen werden liquide. Thomas Ramge beschreibt das so:

> Die aktuelle Gründer-Generation – besonders die im Silicon Valley – denkt fast immer in Plattformen. Das macht vielleicht den wichtigsten Unterschied zu den ‚digitalen Transformationsstrategien' des europäischen Topmanagements aus. Gründer verstehen Digitalisierung als Chance, Marktstrukturen grundlegend zu verändern. Bei europäischen Unternehmen herrscht hingegen oft die Wahrnehmung: Es digitalisieren sich nur die Verkaufskanäle und gegebenenfalls noch die Produkte. Also werben und verkaufen wir eben auch via Internet oder bauen mehr Sensoren in unsere Maschinen ein. Das ist allerdings keine digitale Transformation, sondern naiv. (Ramge 2015)

In der Grafik von Accenture (Abb. 7.2) wird das „Dilemma" deutlich. Dank digitaler Tools wird hierzulande analysiert und vorausgesagt, doch vielversprechende datenbasierte Geschäftsmodelle (Smart Services) über Plattformen gibt es nicht. Die Ursachen liegen 1) in der fehlenden Vorstellungskraft des Topmanagements, was eine Digitalisierung sein könnte, die mehr ist als IT zur Optimierung, sowie 2) in dem Versäumnis, eine Unternehmenskultur zu verankern, die kreative, disruptiv wirkende digitale Geschäftsmodell-Innovationen fördern würde. Die Mehrheit (56%) der Probanden aus den Konzernen des Expertenbeirates sieht dies ebenfalls als eine zentrale Hürde für den Weg der Unternehmen ins digitale Zeitalter.

Leserinnen und Leser seien an dieser Stelle angehalten, die Situation im eigenen Unternehmen zu reflektieren und zu prüfen, ob die Digitalisierung dort nur Teil einer Kosteneinsparungsstrategie ist. Sollte dies der Fall sein, so wäre es alarmierend. Es könnte darauf hinweisen, dass die Unternehmensführung wenig Ahnung von digitaler Wertschöpfung hat. Und angesichts der Tatsache, dass Vorstellungen von Digitalisierung als Vehikel für radikale Wertschöpfungsspiele häufig fehlen, ist auch die Nachricht, dass Unternehmen zunehmend eine digitale Strategie haben (42%), umsetzen oder sich mitten in einem Prozess digitaler Transformation befinden (vgl. absatzwirtschaft.de 2015), mehr als alarmierend. Von Strategie kann ja in solchen Fällen eigentlich keine Rede sein: Das Management investiert „fahrlässig" in teure IT-Systeme, die nur der Prozessoptimierung im Rahmen der vertrauten Wertschöpfungslogik dienen. Das „Budgetpulver" wäre „verschossen", ohne dass datenbasierte Service-Plattformen und neue digitale Geschäftsmodelle entstanden wären.

Doch warum ist es wichtig, eine umfassendere Vorstellung von des Digitalisierung zu entwickeln?

7.2 Volatilität verändert Strategisches Management

Das oben skizzierte Szenario für die Versicherungsbranche (Facebook tritt in den Markt ein) liefert ein nachvollziehbares Beispiel für einen disruptiven Plattformanbieter. Ein weiterer Fall ist derzeit die deutsches Finanzmarktakteur. Als traditioneller Handelsplattform-Betreiber spielt dieses seine Kompetenz im digitalen Zeitalter aus. Er will sich künftig nicht mehr nur auf den Handel von Finanzprodukten und -transaktionen beschränken und könnte so zu einem zentralen Akteur in der Maschinenbaubranche werden.

Im Rahmen von Industrie 4.0 entstehen während des laufenden Betriebs von Maschinen oder bei der Nutzung von Produkten wertvolle Daten, die auf dem Datenmarktplatz des Intermediärs der das Finanzbrauchen unter den Produzenten gehandelt werden können. Damit gewinne sie als branchenfremder Akteur quasi über Nacht eine oligarche Position im Markt der Maschinenbauer. Es entstehen Abhängigkeiten. Der Aufbau von eigenen, unternehmensübergreifenden Smart Service-Plattformen bleibt weitestehend aus – das Bewusstsein fehlt. Maschinenbauer würden Kontrollpunkte in ihren Wertschöpfungsketten dauerhaft an einen branchenfremden Akteur übertragen. Das Problem: Wer nicht mitmacht, wird von Märkten ausgeschlossen. Der Netzwerkeffekt wirkt wie ein Sog.

Die digitale Transformation von Unternehmensorganisationen beschränkt sich also nicht auf IT. Sie ist vielmehr Mittel zum Zweck. Es geht darum,

- die Digitalisierung gemeinsam im Unternehmen und mit externen Stakeholdern zu durchdenken und zu verstehen,
- eine Kultur zu schaffen, die kreative, datenbasierte Geschäftsmodelle ermöglicht, die auch fernab des Heimatmarktes umgesetzt werden können und

- die neuen Formen von Führung und Zusammenarbeit für das Zeitalter vernetzter Wertschöpfung auf Plattformen zulässt.

Angesichts der hohen Volatilität in den digitalen Märkten der Zukunft und der hier angedeuteten tief greifenden Veränderungen wäre es nahezu vermessen, eine digitale Strategie in der Black Box des Topmanagements ausarbeiten und im Anschluss kaskadisch vermitteln zu wollen, wie es das Change-Management in seiner aktuellen Interpretation oftmals vorsieht. Vielmehr geht es beim Prozess der digitalen Transformation um eine tief greifende Erneuerung in Form einer gemeinsamen Suche. Die Unternehmensleitung kann die Zukunft ebenso wenig kennen wie die klassische Strategieberatung, von der sie sich begleiten lässt. Dass auch dort oft wenig Vorstellung von der digitalen Zukunft besteht, zeigen die Optimierungsfantasien beim Thema Digitalisierung:[1] Disruptive Geschäftsmodell-Innovationen sind meist nicht im „Beratungskoffer".

7.3 Digital Natives und Führungskräfte involvieren

Digitale Transformation bedeutet eine für viele Unternehmen noch nie da gewesene Kraftanstrengung. Denn oftmals sind weder Chancen noch Risiken klar ersichtlich, noch können die Folgen für Führung und Zusammenarbeit konkret bestimmt werden. Handlungsdruck fehlt zumeist, obgleich ein „Weiter-so" fatale Konsequenzen haben kann. Zudem muss Digitalisierung „groß gedacht" und rasch angegangen werden, wenn man nicht Gefahr laufen will, von Wettbewerbern oder branchenfremden Akteuren abhängig zu werden. Es reicht daher nicht, eine Strategie zu beschließen und die Inhalte an die Mitarbeiter zu vermitteln. Optimierung funktioniert nicht mehr. Unternehmen sind gefordert, sich neu zu erfinden. Dafür brauchen sie das Wissen und die Unterstützung interner und externer Stakeholder. Im Topmanagement, bei relevanten Führungskräften und bei den Investoren und Arbeitnehmervertretungen ist daher zunächst eine Phase des Um- und Durchdenkens erforderlich, denn oftmals müssen die Führungsmuster ganzer Generationen bei der digitalen Transformation erneuert werden – der klassische *Chain of Command* stößt der nächsten Generation schon heute auf. Ihre sozialen Handlungsmuster sind von der hierarchiefreien Empfehlungskommunikation im Internet geprägt: Leistungserbringung erfolgt, wenn sie subjektiv plausibel erscheint und objektiv das Committment der Crowd erwarten lässt.

Es zeigt sich in der Praxis, dass wichtige Impulse bei der Digitalisierung gerade von diesen jüngeren Mitarbeitern – Digital Natives – kommen, die in der Aufbauorganisation zumeist noch ganz unten stehen. Das erzeugt Widerstände und Zielkonflikte bei älteren Mitarbeitern, die sich im Laufe des Lebens nach oben gearbeitet haben und auf ihre Erfahrungswerte pochen. Sie bilden die Lehmschicht der digitalen Transformation.

---

[1] Die Annahme beruht auf den Eindrücken des Autors aus der Beratungspraxis. Bei Strategieprozessen in großen Unternehmen werden stets externe Berater hinzugezogen.

Umdenken muss daher mit Maßnahmen erzeugt werden, die wie ein motivierender „Weckruf" wirken, mehr sind als Change, die dem Prozess höchste Relevanz in der Firmengeschichte verleihen und Mitarbeitern die Möglichkeit geben, Teil der digitalen Unternehmung zu werden. Symbolische Maßnahmen über strategische Kommunikation machen dies in einer Kampagne der umfassenden Erneuerung *(Corporate Rethinking)* möglich. Sie involvieren Digital Natives, Digital Immigrants und Non Digital Leaders gleichermaßen.

Wie wichtig es sein kann, zunächst die Selbstreferenzialität des Managements zu durchbrechen, zeigt auch das Beispiel der Daimler AG. Auf die Nachricht, dass Apple nun ein selbstfahrendes Auto produziere und damit in die Autobranche eindringe, erklärte der Daimler-Topmanager Ralf Lamberti in der *Neue Zürcher Zeitung:*

> Entweder haben die ein Rezept, womit die Margen von unseren 8 Prozent auf ihre 30 oder 40 Prozent erhöht werden können, oder es handelt sich nur um ein Gerücht. Schlaflose Nächte haben wir jedenfalls nicht. Und lachend fügt er an: Hätte Apple wohl auch nicht, wenn wir Smartphones bauen würden. (Ehrensperger 2015)

Man ist sich in Stuttgart sicher: Die eigenen Produkte sind unschlagbar, und im Heimatmarkt ist man Experte. Einem Angriff aus dem Silicon Valley sieht man mit Gelassenheit entgegen. Also erst mal abwarten und „Tee trinken"? – Im Gegenteil. Apple hat in der Tat ein Rezept – die Smart-Service-Welt. Dem IT-Giganten geht es weniger darum, ein physisches Produkt anzubieten, um damit in den Automobilmarkt vorzudringen. Apple will die Aufmerksamkeit der Konsumenten für seine digitale Service-Plattform. In einem selbstfahrenden Auto hat der Fahrer auf einmal Zeit und will in der Regel unterhalten werden. Apple bedient damit das Bedürfnis eines „gelangweilten" Menschen, stiftet Nutzen und genießt Vertrauen, auf dem der IT-Konzern aufbauen und weitere Geschäftsmodelle – auch mit branchenfremden Partnern – aufsetzen kann. Der Autobauer hingegen ist meist nur einmal am Kunden dran, nämlich dann, wenn das Fahrzeug gekauft oder geleast wird, und er hat Mühe, weitere Kontaktpunkte über künstlich erzeugte Service-Wartungsintervalle herzustellen. Apple übernimmt durch seine digitale Service-Plattform die Schnittstelle zum Kunden. Europäische Automobilkonzerne könnten auf die Rolle des Zulieferers qualitativ hochwertiger physischer Teile beschränkt werden – sie würden wichtige Kontrollpunkte in ihrer Wertschöpfungskette an Apple verlieren.

Digitale Visionäre in Unternehmen brauchen einen Prozessansatz und Instrumente, um in den Köpfen den Paradigmenwechsel einzuleiten, Verständnis auf allen Ebenen zu erzeugen und Mitgestaltung zu ermöglichen. Manager wie Lamberti denken und führen noch immer in einer Welt mit Branchengrenzen und kalkulierbaren Unsicherheiten. Sie müssten daher zunächst gezielt verunsichert werden, um Selbstreflexion in Gang zu setzen und eine Öffnung für neue Wege zu ermöglichen. Ob die klassischen Strategieberatungen dazu einen Beitrag leisten, bleibt fraglich. Wer verunsichert schon gerne seine Auftraggeber?

Nicht nur der Axa-Konzernchef Henri de Castries liefert ein Exempel dafür, wie große Symbolik behilflich sein kann, „Blockierer" in den eigenen Reihen zum Umdenken zu bewegen, auch Axel-Springer-CEO Mathias Döpfner und die digitale Transformation des börsengelisteten Familienunternehmens stellen eine Blaupause für unternehmerische Erneuerung mittels strategischer Kommunikation dar.

7.4 Case: Digitale Transformation der Axel Springer SE

Das Verlagshaus Axel Springer SE hat die digitale Transformation im Eiltempo vollzogen (Abb. 7.3). Im Jahr 2009 stammten noch 79% des Erlöses aus Offline-Produkten, das heißt vor allem Printmedien. 2014 ist die „digitale Wende" offenbar gelungen: 53% der Erlöse werden über digitale Medien erzielt (Axel Springer Konzernkennzahlen 2009 (2010); Axel Springer Konzernkennzahlen 2014 (2015))
. Mit der Transformation waren zahlreiche Tabubrüche verbunden, das heißt disruptive Innovationen. Urgesteine des Axel-Springer-Geschäftsmodells wie beispielsweise die deutschen Zeitschriften *Hörzu* und *Bild der Frau* und die Zeitungen *Hamburger Abendblatt* und *Berliner Morgenpost* wurden verkauft. Zeitgleich wurde in hochfrequentierte Online-Plattformen investiert, die mit dem Kerngeschäft – Journalismus – gar nichts zu tun haben.

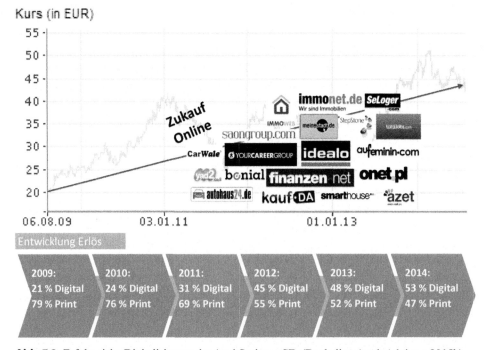

Abb. 7.3 Erfolgreiche Digitalisierung der Axel Springer SE. (Deekeling Arndt Advisors 2015b)

Abb. 7.4 Suche nach Mitarbeitern der Axel Springer SE via „Start-up Video". (Axel Springer 2014)

Axel Springer ist zum Akteur in völlig neuen Märkten geworden. Das Unternehmen hält Beteiligungen an digitalen Service-Plattformen in diversen Branchen und ist damit wirtschaftlich bereits erfolgreich. Der Plan ging auf.

Nicht nur die Wertschöpfung wurde digitalisiert, sondern das gesamte Unternehmen hat sich erneuert und damit einen Prozess des *Corporate Rethinking* durchlaufen. Ein Blick auf die Videos des Verlagshauses reicht aus, um sich ein Bild davon zu machen, welche Personen künftig bei Axel Springer als Mitarbeiter willkommen sind – digital affine, junge Menschen: Digital Natives (Abb. 7.4)

Zudem hat der Konzern mit *Axel Springer Plug and Play* einen eigenen Start-up-Akzelerator eingerichtet, um die Zuliefererstruktur zu digitalisieren, um intelligente digitale Köpfe zu identifizieren und an das Unternehmen zu binden *(Smart Talents)* sowie die umfassende Erneuerung wahrnehmbar zu machen: „Axel Springer ist jetzt ein digitales Unternehmen." (Abb. 7.5).

Der radikale Wandel ist deshalb besonders bemerkenswert, weil Axel Springer SE ein Familienunternehmen ist und Friede Springer, die Witwe des Firmengründers, im einflussreichen Aufsichtsrat sicherlich nicht zur digitalen Generation gezählt werden kann. Zudem ist der Konzern börsennotiert und hat Shareholder in der ganzen Welt. Den meisten Managern wäre unter solchen Umständen die Überzeugungsarbeit nahezu unmöglich.

Dem Vorstandsvorsitzenden Mathias Döpfner ist demnach ein Kunststück gelungen. Wie hat er in für Verlage derart unsicheren Zeiten Springer so erfolgreich ins digitale Zeitalter „katapultieren" können?

Abb. 7.5 Der Axel-Springer-Akzelerator Plug and Play verbindet die alte mit der neuen Welt. (Axel Springer 2015)

7.4.1 Digitale Transformation als Involvement-Kampagne

Döpfner hat sich nicht darauf beschränkt, eine Strategieberatung zu beauftragen, die leise vor sich hin innoviert und dann im Stile des klassischen Change-Managements das Neue an die „Betroffenen" vermittelt. Auch pädagogisch wirkende Formate, mit „pseudo-involvierenden" Fragen wie „Was können wir als Team tun, um Axel Springer zum führenden digitalen Verlag zu machen" wurden konsequent weggelassen. Es gab somit keinen künstlich aufgesetzten Vermittlungsprozess. Stattdessen hat sich Döpfner den St. Galler „Effectuation-Ansatz" von Dietmar Grichnik und Oliver Gassmann, (vgl. Gassmann und Griehmil 2013) zu Herzen genommen. Er hat eine Vision und damit Richtung vorgegeben („Wir wollen der führende digitale Verlag werden!"), aber den Weg dorthin bewusst offen und gestaltbar gelassen. Die Vision ist damit ein Symbol für interne wie externe Stakeholder: Wir brechen auf in eine neue Ära und laden zum Experimentieren ein.

Döpfner wendet damit Führung unter Ungewissheit im Sinne des Effectuation-Ansatzes an: Er hat eine Vision, besinnt sich auf seine Stärken (mediale Kampagnen und journalistische Inhalte), zieht dafür all jene hinzu, die er für den neuen Weg braucht, und lässt mit digitalen Geschäftsmodellen gestalten und ausprobieren – „einfach machen" ist die Parole.

Die angeführten Beispiele des Akzelerators und der Suche nach *Smart Talents* mittels „shareable" Videos sind Bestandteile der sehr professionellen Erneuerungskampagne, welche die Agentur Scholz&Friends maßgeblich gestaltet hat. Was im Akzelerator entwickelt wird und wen der Konzern tatsächlich als Mitarbeiter gewinnt, ist zunächst nebensächlich. Es geht vielmehr um die Botschaft und deren Wirkung bei relevanten Stakeholdern, intern wie extern: „Wir erneuern uns – Zeit zum Mitgehen!" Weitere Führungsinstrumente sind nicht notwendig, um Verhaltensänderungen zu erzielen.

7.4.2 Absicherung der externen Unterstützung

Bei der digitalen Transformation spielte Mathias Döpfner auch die Kampagnenstärke der Axel-Springer-*Cashcow* aus, der *Bild*-Zeitung, um den Goodwill der Öffentlichkeit und der Shareholder zu gewinnen. In den Massenmedien inszeniert sich Döpfner als Sprecher der gesamten Branche, die Angst vor dem amerikanischen IT-Giganten Google hat.

> Wir haben Angst vor Google. Ich muss das einmal so klar und ehrlich sagen, denn es traut sich kaum einer meiner Kollegen, dies öffentlich zu tun. Und als Größter unter den Kleinen müssen wir vielleicht auch in dieser Debatte als Erste Klartext reden. (Döpfner 2014)

Das sind symbolische Botschaften, wie sie in der Social-Media-Welt eingesetzt werden, um sich *Likes, Fans, Follower* und *Re-Tweets* zu sichern. Döpfner stellt sich nicht über die Empfänger der Botschaft, sondern tritt als deren Anwalt auf. Gezielt erzeugt er über das Medium *Frankfurter Allgemeine Zeitung*, wo er die Nachricht platziert, bei Shareholdern und Gesellschaftern Verunsicherung. Auf diese Weise hat der Vorstandsvorsitzende in kürzester Zeit ein Umdenken bei wichtigen konservativen Anspruchsgruppen außerhalb des Unternehmens erreicht und vom Kapitalmarkt die „licence to innovate" erhalten.

7.4.3 Absicherung der internen Unterstützung

Wie Henri de Castries nutzt Mathias Döpfner die externe Kommunikation vor allem auch, um bei internen Stakeholdern Handlungsdruck zu produzieren. „Wir haben Angst vor Google" ist ein Appell, der insbesondere Führungskräfte und Mitarbeiter zur persönlichen Erneuerung aktivieren soll. Die Message hat das Ziel, einen „Helferreflex"und bei den Adressaten Fragen auszulösen: „Was kann ich tun? – Wie kann ich mich einbringen? – Muss ich mich dafür verändern?" Döpfner schafft eine Phase der Selbstreflexion und des Durchdenkens. Die Symboliken, deren er und auch Kai Diekmann, der Chef der *Bild*, sich im Rahmen ihrer Kampagne bedienen, um den Konzern in die digitale Ära zu führen, sind unmissverständlich (Abb. 7.6). Sie ikonisieren sich selbst zu digitalen Gründern im Stile des Silicon Valley, indem sie ihre eigene Unternehmensgeschichte neu schreiben und per Video-Clips über Social Media verbreiten lassen. Die Botschaft: „Das Top-Management geht als Start-up-Gründerteam voraus. Dieser Schritt ist in der hundertjährigen Geschichte des Unternehmens höchst relevant: Es ist ein Neuanfang." Döpfner und Diekmann verleihen der Erneuerung mit ihrer symbolreichen Kampagne eine Bedeutung, die kein Change-Prozess oder Innovationsinstrument hätte erzielen können. Deren rasche und erfolgreiche Wirkung wird durch die steigenden Erlöse mit datenbasierten, disruptiven Geschäftsmodellen bestätigt, von denen bereits die Rede war.

Abb. 7.6 Kai Diehmann digitales. (Foto: Michael Kappeles/dpa)

7.4.4 Mitgestaltung ermöglichen

Die Visionäre von Axel Springer haben durch die motivierende externe Kampagne die Führungskräfte und Mitarbeiter aktiviert und den Wunsch ausgelöst, sich ebenfalls persönlich zu verändern und den Weg des Unternehmens mitzugestalten. Die Kampagne setzt sich daher innerhalb der Organisation fort. Mit dem Erneuerungsprogramm „move" (Abb. 7.7) erhielten alle (!) internen Stakeholder die Möglichkeit, digitales Wissen zu erwerben, die neue Kommunikationskultur zu erlernen und digitale Geschäftsmodelle in bereichsübergreifenden Teams und im Austausch mit externen Experten der Gründerszene zu erfinden, zu entwickeln und auszuprobieren. In derartigen Projektteams wurden neue Formen von Führung und Zusammenarbeit (wie hierarchieübergreifend, funktional, dezentral, kollaborativ) während des Machens und Gestaltens erlernt. Die interne Kommunikation hat dazu beigetragen, solche Erlebnisse mit der gesamten Organisation zu teilen, sodass ein breites Involvement für den kulturellen Wandel möglich wurde. Es sei daran erinnert, dass dabei kein einziger direkter Befehl zum Mitmachen erforderlich war. Führung im Rahmen der Erneuerung erfolgte über Impulse und wechselseitige Kontrolle der Adressaten. Axel Springer hat die Spielregeln des Social-Media-Zeitalters bereits in seinem Erneuerungsprozess erfolgreich zur Anwendung gebracht.

Schlussbetrachtung

Die Kommunikationskampagne, versehen mit motivierenden Symbolen des Aufbruchs, haben die Mitarbeiter „empassioned". Sie waren dazu bereit, die radikale Veränderung mitzugehen und mitzugestalten. Der Autor steht mit Mitarbeitern und Ehemaligen in Kontakt, die von der Erneuerungskampagne der Axel Springer SE noch immer begeistert berichten.

Abb. 7.7 Mitgestaltung der digitalen Transformation mit „move". (Axel Springer SE 2014)

Mathias Döpfner hat die Unsicherheit im Markt genutzt, um mit strategischen Maßnahmen eine dosierte Verunsicherung der relevanten externen und internen Stakeholder zu erreichen. Die entstandene Lücke wurde jedoch umgehend mit Symbolen des Aufbruchs und Neuanfangs für die digitale Ära gefüllt, sodass Zuversicht und der Wille zur Mitgestaltung entstanden sind. Mit der Auflösung der Grenzen von externer und interner Kommunikation ist es dem Vorstand gelungen, tradierte Führungsmuster und das klassische Veränderungsmanagement obsolet werden zu lassen. Denn die digitale Transformation bedeutet für die meisten Unternehmen einen derart großen Umbruch, dass die auf Optimierung ausgerichteten Instrumente unwirksam sind oder zu viel Zeit in Anspruch nehmen würden. Die Anforderung an Agilität und Dynamik in Organisationen, um sich an das digitale, volatile Umfeld permanent anpassen zu können, erfordert rasche und kontinuierliche Veränderungsbereitschaft. Ein Corporate-Rethinking-Prozess à la Axel Springer macht dies möglich und wirkt wie ein motivierender Turbo bei digitaler Transformation.

Literatur

Absatzwirtschaft.de. (2015). http://www.absatzwirtschaft.de/scheitern-deutsche-unternehmen-an-der-digitalen-transformation-45265/. Zugegriffen: 26. März 2015.

Acatech-Smart Service Welt. (2015). http://www.acatech.de/smart-service-welt. Zugegriffen: 26. März 2015.

Accenture GmbH. (2015). Reifegrad von digitalen Geschäftsmodellen. In: Acatech-Smart Service Welt.

Axel Springer. (2014). https://www.youtube.com/watch?v=dYeKkFFLNuE. Zugegriffen: 29. März 2015.
Axel Springer SE. (2014). Mitgestaltung der digitalen Transformation mit „move".
Axel Springer. (2015). http://www.axelspringerplugandplay.com/. Zugegriffen: 29. März 2015.
Axel Springer Konzernkennzahlen 2009. (2010). http://www.axelspringer.de/dl/292896/Konzern_Kennzahlen_2009.pdf. Zugegriffen: 28. März 2015.
Axel Springer Konzernkennzahlen 2014. (2015). http://www.axelspringer.de/dl/19094603/Konzern-Kennzahlen_2014.pdf. Zugegriffen: 27. März 2015.
Beise, M., & Fromme, H. (2015). Diesmal sind die Daten das Gold. *Süddeutsche Zeitung*. Zugegriffen: 9. Feb. 2015.
Deekeling Arndt Advisors. (2015a). Zentrale Hürden bei digitaler Transformation.
Deekeling Arndt Advisors. (2015b). Erfolgreiche Digitalisierung der Axel Springer SE.
Döpfner, M. (2014). Springer-Chef Döpfner warnt vor der Macht von Google. *Frankfurter Allgemeine Zeitung. Zugegriffen: 15. April 2014.*
Ehrensperger, W. (2015). Angriff aus dem Silicon Valley. *Neue Zürcher Zeitung*, S. 55.
Gassmann, O., & Grichnik, D. (2013). *Das unternehmerische Unternehmen: Revitalisieren und Gestalten der Zukunft mit Effectuation – Navigieren und Kurshalten in stürmischen Zeiten.* Wiesbaden: Springer.
Ramge, T. (2015). Die drei Zauberworte. *Brand eins, 04*(15), 18. Zugegriffen: 27. März 2015.

Dr. phil. Lars Christian Schatilow ist Director bei Deekeling Arndt Advisors in Communications GmbH. Er verantwortet den Beratungsbereich Digitale Transformation – Corporate Rethinking. Schatilow war Mitglied im Kernteam des acatech-Expertenbeirats „Smart Service Welt", der die deutsche Bundesregierung bei der digitalen Agenda beraten hat. Er ist Gründer einer internetbasierten Sharing-Plattform, Autor und Herausgeber verschiedener Publikationen sowie Dozent in der Executive Education für digitale Transformation und Kommunikation an der Quadriga Hochschule Berlin.

Erfolgreiche Führung war immer schon agil!

Auf sicherem Boden braucht es ja keine Führung.

Hans-Peter Korn

Zusammenfassung

„Agilität" ist ein populärer Ansatz zum Umgang mit Ungewissheit. Anstelle fundierter Analysen und Plänen verfolgt er ein empirisches und schrittweises Vorgehen. Dieses bereits seit über vierzig Jahren in der Softwareentwicklung praktizierte inkrementell-adaptive Vorgehen ist jedoch nicht immer passend. Deshalb wird ein breiteres Verständnis von „agil" als Merkmal von Organisationen und Führung vorgeschlagen. Es werden typische in der „agilen Szene" intensiv diskutierte Aspekte der Führung, etwa selbstorganisierte Teamarbeit, Organisationen als dynamische Netzwerke und sich „von unten nach oben" basisdemokratisch entwickelnde Unternehmen ohne Führungskräfte vor dem Hintergrund heute vorherrschender Eigentumsstrukturen beleuchtet und zwei Beispiele von erfolgreichen Unternehmen, die bereits in den 1980er-Jahren etliche dieser heute „agil" genannten Arbeitsweisen praktizierten, vorgestellt.

Seit einigen Jahren werden immer häufiger „agile Organisationen" und „agile Führung" als Möglichkeit zum erfolgreichen Umgang mit Ungewissheit empfohlen. Der vorliegende Beitrag stellt im ersten Abschnitt zwei Vorgehensweisen beim Umgang mit als „komplex" eingeschätzten Situationen dar: das von fundierten Analysen ausgehende, planbasierte Vorgehen und das für den Umgang mit Ungewissheit angemessenere empirische und schrittweise Vorgehen. Gezeigt wird, dass Konflikte dann entstehen, wenn die Komplexität und damit die Ungewissheit von einzelnen Beteiligten ganz unterschiedlich ein-

H.-P. Korn (✉)
Mellingen, Schweiz
E-Mail: kontakt@korn.ch

geschätzt wird. Daraus werden erste Konsequenzen für die Führung bei Ungewissheit abgeleitet.

Der zweite Abschnitt vermittelt Einblicke in die Begriffsgeschichte von „agil", beginnend bei der inkrementell-adaptiven Softwareentwicklung vor über 40 Jahren bis hin zu „agil" als schillerndem Schlagwort mit vielfältigen Bedeutungen. Im Anschluss wird ein Vorschlag unterbreitet, wie „agil" als Merkmal von Organisationen und Führung breiter – nicht nur begrenzt auf ein schrittweises, empirisches Vorgehen – begriffen werden kann. Der dritte Abschnitt beleuchtet einige typische Aspekte der Führung bei Ungewissheit, die in der „agilen Szene" intensiv diskutiert werden, so etwa den Stellenwert selbstorganisierter Teamarbeit, Organisationen als dynamische Netzwerke und Unternehmen ohne Führungskräfte als sich „von unten nach oben" basisdemokratisch entwickelnde Organisationen im Kontext der heute vorherrschenden Eigentumsstrukturen. Der Beitrag schließt mit zwei Beispielen von erfolgreichen Unternehmen, die bereits in den 1980er-Jahren, lange, bevor „agil" zum Schlagwort wurde, viele dieser heute den „agilen Organisationen" zugeschriebenen Arbeitsweisen praktizierten.

8.1 Agieren auf unsicherem Grund

Unsicherheit, Unplanbarkeit und der Verlust von Vertrauen in bislang vertrauenswürdige Gegebenheiten prägen zunehmend unsere Sicht auf die Welt. Dennoch sprechen wir weiterhin von „Planungsfehlern", wenn etwas nicht wie geplant funktioniert. Immer noch erwarten wir in praktisch allen Lebensbereichen, dass uns das strikte Befolgen professioneller Planungen am besten durch die reale Zukunft leitet. Und wenn sich der geplante Weg als Irrweg herausstellt, haben die Planer versagt.

Wir klammern uns nach wie vor eher an die Planbarkeit – obwohl wir darauf in etlichen Situationen ganz intuitiv verzichten. Ein Beispiel:

Sich Schritt für Schritt vorantasten oder vertieft analysieren und planen?
Angenommen, wir wollten einen frisch zugefrorenen und uns unbekannten Fluss überqueren, um die am gegenüberliegenden Ufer sich im Nebel schemenhaft abzeichnende einfache, aber – vermutlich – gut beheizte Hütte zu erreichen.

Die eine Vorgehensweise ist die: Vorsichtig, Schritt für Schritt, bei jedem Knistern die Richtung ändernd, machen wir uns auf den Weg über den gefrorenen Fluss. Etwa in der Mitte lichtet sich der Nebel etwas, und plötzlich taucht, einige Hundert Meter neben der Hütte, ein bestimmt viel angenehmeres Hotel auf. Wir ändern also die Richtung und gehen vorsichtig, Schritt für Schritt auf das Hotel zu.

Die andere Vorgehensweise ist jene: Mit speziellen Wärmebildtechnologien überprüfen wir zunächst die Beheizung der Hütte. Wenn sie geeignet erscheint, wird sie als verbindliches Ziel definiert. Dann wird anhand der Klimawerte der letzten Wochen und der dokumentierten Erfahrungen der letzten Jahre die Eisdicke berechnet und mit Probebohrungen stichprobenartig verifiziert. Nun wird der beste Weg über das Eis zur Hütte geplant, und diesen Weg nehmen wir, ausgerüstet mit Schwimmweste und einer langen Leiter, anschließend zügig und nach Plan in Angriff. Wieder lichtet sich der Nebel und macht den Blick frei auf das bequeme Hotel. Aber die in allen Einzelheiten geplante Route jetzt zu ändern, wäre viel zu aufwändig. Wohl oder übel gehen wir weiter zur Hütte.

Diese zweite Vorgehensweise entspricht einem von technologischer Analysierbarkeit, Machbarkeit und Planbarkeit bestimmten Denken, wie es allen „plangetriebenen" Vorgehensmethoden der Produktentwicklung und des Projektmanagements zugrunde liegt. Sie verlässt sich auf ein umfassendes *Big Design Up Front* (BDUF) zu Beginn und nimmt im Anschluss beschränkte Flexibilität mit möglicherweise suboptimalen Lösungen in Kauf.

Sich Schritt für Schritt vortasten, die erste Vorgehensweise, entspricht hingegen den Erkenntnissen im Umgang mit *Complex Adaptive Systems*, wie sie u. a. von Edwin E. Olson und Glenda H. Eoyang beschrieben wurden (Olson und Eoyang 2001). Sie ist von der Einsicht geprägt, dass uns Situationen dann als komplex erscheinen, wenn wir Beziehungen zwischen Ursache und Wirkung erst im Nachhinein erkennen können und diese Erkenntnis keine Prognosen des zukünftigen Verhaltens erlauben. Unser Vorgehen beruht dann auf Handeln, Beobachten und Reagieren und auf emergenten Praktiken. Im Gegensatz dazu stehen die uns kompliziert oder simpel erscheinenden Situationen:

Bei kompliziert erscheinenden gehen wir davon aus, dass Ursache-Wirkungs-Beziehungen sich – wenn auch nur mit großem Aufwand und tiefem Expertenwissen – analysieren lassen und damit das zukünftige Verhalten vorausgesagt werden kann. Als simpel sehen wir Situationen mit für alle offensichtlich erscheinenden Ursache-Wirkungs-Beziehungen (Kurtz und Snowden 2003).

Bei der ersten – empirischen – Vorgehensweise verzichten wir bewusst auf ein unangemessen aufwendiges und noch dazu unzuverlässiges BDUF. Stattdessen planen wir nur jeweils das für die nächsten Schritte wirklich Erforderliche auf der Basis der bisherigen Einsichten. Zu Beginn unseres Vorhabens gehen wir von einem eher groben *Just Enough Design Up Front* (JEDUF) aus.

8.1.1 Wann vorantastend, wann planbasiert vorgehen?

Wie aber gehen wir vor, wenn wir nicht allein unterwegs sind, sondern als Führer einer Gruppe, der für das Wohl der Mitwandernden verantwortlich ist?

Auf Nummer sicher gehen – und genau planen
Dann werden wir, vor allem mit unerfahrenen Mitwandernden, ein Vorgehen wählen, bei dem, so weit wie nur irgend möglich, alles vorgängig analysiert und geplant wird – zulasten der Möglichkeit spontaner Routenänderungen: Besser auf gesichertem Pfad die kleine Hütte erreichen als auf eher unsicheren Wegen das schöne Hotel, das im Nebel plötzlich aufgetaucht ist. Und wenn wir diese Wanderung als Tourenleiter mehrmals mit verschiedenen Personen unternehmen, werden wir den zuverlässigen Weg markieren und kritische Stellen besonders sichern. Am Ende werden wir die Touristen selbstständig auf

dem sicheren Weg wandern lassen. Unsere Führung braucht es dann nicht mehr. Es genügt, wenn wir regelmäßig die Sicherheit des Pfads überprüfen.

Rahmen setzen und vertrauensvoll loslassen
Nur wenn uns die Mitwandernden als sehr erfahrene Touristen bekannt sind und wir in sie großes Vertrauen haben, werden wir es schon bei der ersten Begehung riskieren, dass alle in sich selbst organisierenden Zweier- und Dreiergruppen schrittweise ihren eigenen Weg finden. Als Tourenleiter werden wir dann zu Beginn unsere Idee vom Ziel (der Hütte am anderen Ufer) und die ungefähre Route vorgeben und einige Sicherheitsregeln vereinbaren und uns anschließend darauf konzentrieren, Probleme rasch zu erkennen und zu lösen. Und wenn das bequeme Hotel sichtbar wird, werden wir es als neues und besseres Ziel festlegen.

Komplexität und Unplanbarkeit – eine subjektive Sicht
Inwieweit wir bereit sind, Komplexität und die damit verbundene Unplanbarkeit zu akzeptieren, ist unsere – kontextabhängige – Entscheidung und hängt nicht von für alle gleichermaßen offensichtlichen Fakten ab. Wenn wir etwas als „komplex" und „unplanbar" bezeichnen, ist das eine Umschreibung für unseren Eindruck, inwieweit wir auch für Prognosen brauchbare Zusammenhänge und Regeln bei einem „Etwas" beobachten können. Andere Personen können dieses Etwas auf Basis ihrer Kenntnisse als viel weniger komplex oder als noch viel komplexer und daher noch unplanbarer ansehen. Und dank neuer Erkenntnisse und Methoden kann etwas, was uns heute sehr komplex erscheint, in Zukunft als viel planbarer erscheinen.

Ein typisches Beispiel aus der Wirtschaft: Normfenster nach bewährter Technologie zu konstruieren und zu fertigen, wird einem erfahrenen Fensterbauer allenfalls als anspruchsvoll erscheinen, aber nicht als komplex. Aber die Fenster eines denkmalgeschützten Barockbauernhauses – historisch authentisch – zu erneuern, das werden auch Experten als ein ziemlich komplexes Vorhaben einschätzen. Die Eigentümer könnten immer wieder neue Ideen entwickeln, die Ansprüche der Denkmalschützer lassen sich kaum vorhersehen, der Zustand der Bausubstanz ist im Einzelnen zunächst unbekannt. Die Auftraggeber als Laien hingegen sehen das Vorhaben eventuell als gar nicht so komplex. Sie erwarten „Planungssicherheit" und hohe Kosten- und Termintreue bei der Ausführung. Nur wenn sie ebenfalls die Komplexität und Unplanbarkeit des Vorhabens erkennen, werden sie darauf verzichten, dass bereits zu Beginn die Bausubstanz umfassend analysiert, die Vorstellungen der Bewohner im Detail ermittelt, alle Auflagen des Denkmalschutzes erhoben werden und ein auf all diesen Daten aufbauendes Konzept samt zuverlässiger Kostenrechnung und Terminplanung erarbeitet wird. Nur mit der Anerkennung der Komplexität und Unplanbarkeit werden sie akzeptieren, dass nach einer kurzen Gesamtbetrachtung der Situation zunächst ein erster, kleiner Renovationsschritt konzipiert und realisiert wird, etwa an einem Fenster, das typisch für die möglicherweise auftretenden Probleme sein könnte. Mit den damit gemachten Erfahrungen werden dann im nächsten Schritt alle Fenster eines Stockwerks auf einer Hausseite erneuert, und dann erst weitere Fenster, wiederum aufgrund der Erfahrungen, veränderten Ideen der Eigentümer und Neuauflagen der Denkmalschützer.

Unplanbarkeit bedeutet nicht, dass man alles offenlässt
Natürlich können bei dieser Vorgehensweise nicht bereits zu Beginn verbindliche Gesamtkosten und Termine offeriert werden. Solche Offerten sind aber bei derartigen Vorhaben ohnehin zweifelhaft. Besser fährt man mit einem anfangs eher groben Kosten- und Terminrahmen, der schrittweise verfeinert wird.

Was aber, wenn trotz aller Anerkennung der Unplanbarkeit feste Termine und Fixkosten verlangt werden?

Dann kann im Rahmen dieser Kosten und Termine der Umfang der Lieferung flexibel gehalten werden. Bei unserem Beispiel etwa so, dass auf jeden Fall alle zur Straße gerichteten Fenster erneuert werden müssen, die anderen aber nur, so weit es in den festen Termin- und Kostenrahmen passt. Keinesfalls aber darf die Qualität der Lieferung reduziert werden, um doch noch möglichst viele Fenster in den gesetzten Fristen zu liefern. „Wie bitte", höre ich einige rufen, „eine nur halb abgeschlossene Renovation?" Ja – Perfektionismus und Unplanbarkeit widersprechen einander. Und was, wenn es schneller und billiger wird, als erwartet? Dann werden entsprechende Preisreduktionen vereinbart.

8.1.2 Konsequenzen für die Führungsarbeit

Wie auf unsicherem Boden geführt werden kann oder muss, hängt nicht allein von der Führungsperson ab, sondern davon, wie sicher andere den Boden einschätzen und welche Art von Führung daher erwartet wird.

Sehen Sie (z. B. als Teamleiter) und Ihr Chef die Komplexität und Planbarkeit der von Ihrem Team zu bewältigenden Aufgaben ähnlich? Oder erwartet Ihr Chef, dass Sie Ihr Team mehr „im Griff" haben, als das aus Ihrer Sicht machbar ist?

Wie strikte, glauben Sie, müssen Ihre Mitarbeitenden geführt werden? Wie groß ist Ihr Vertrauen in die Selbstverantwortung und Selbststeuerungsfähigkeit Ihrer Mitarbeitenden? Erwarten Ihre Mitarbeitenden von Ihnen weitaus präzisere und stabilere Vorgaben als das, was Sie ehrlicherweise formulieren können?

Schlafen Sie nur dann gut, wenn Sie recht genau wissen, woran Ihre Mitarbeitenden gerade arbeiten? Sind Sie positiv überrascht, wenn eine Ihrer Mitarbeitenden ein ganz anderes Ergebnis liefert, als Sie erwartet hatten – und es dennoch passt? Ist es Ihnen unangenehm, wenn ein Mitarbeiter Ihnen glaubhaft erklärt, dass das von Ihnen Erwartete nicht machbar ist – und wenn Sie das dann auch Ihrem Chef vermitteln müssen?

Die Fragen zeigen, wie anspruchsvoll Führen auf unsicherem Boden ist. Genau dann aber ist Führung essenziell: Führung in einem Gelände, das allen vertraut und stabil ist, auf von allen gleichermaßen als sicher eingeschätztem Boden ist vergleichsweise einfach und bald nicht mehr nötig. Der Weg ist ja bekannt. Erst bei Unsicherheiten und Veränderungen ist Führung wieder gefragt.

Veränderungen aber geschehen gerne anders als erwartet – und erfordern eine der Veränderung angepasste Führung. Nur dann kann Führung erfolgreich sein. Situationsspezifisch zu führen, bedeutet, eine Veränderung rasch zu erkennen und rechtzeitig darauf zu reagieren und sowohl schrittweise vorantastende als auch planbasierte Lösungsmöglichkeiten zu kennen und rasch vom einen zum andern überzugehen.

Das ist alles nicht neu. Erfolgreiche Führung beruhte immer schon auf diesen Fähigkeiten, war in diesem Sinn immer schon situationsgerecht flexibel, also „agil". Was aber bedeutet eigentlich „agil"?

8.2 Von der „inkrementell-adaptiven" Softwareentwicklung zu „agil" als *buzzword*

Dass ein sich schrittweise vorantastendes Vorgehen oft angemessener ist als der Versuch, Komplexität mit umfassenden Analysen und tiefem Expertenwissen zu reduzieren und damit eine zuverlässige Basis für Projektpläne zu schaffen, wurde in der Softwareentwicklung bereits vor über vierzig Jahren erkannt und ist seit weit über zwanzig Jahren zunehmend gelebte Praxis. Heute ist es als „agil" genanntes Vorgehen in der Softwareentwicklung dominant.

Agiles Vorgehen zeichnet sich aus durch:

- ein Vorgehen in kleinen – nur wenige Wochen umfassenden – Schritten, die aufeinander aufbauende, bereits benutzbare Teilergebnisse („Inkremente") liefern;
- die ständige Überprüfung der Teilergebnisse und der Arbeitsweise, wobei die Nutzer permanent, mindestens aber nach jedem Schritt, einbezogen werden;
- eine Adaption der Planung des nächsten Schritts in Abhängigkeit von dieser Überprüfung.

Dieses Vorgehen funktioniert umso besser je mehr die folgenden Voraussetzungen erfüllt sind:

- Bereitschaft für ein der Situation angepasstes Vorgehen statt strikter Prozessbefolgung;
- bereitwilliges Aufnehmen neuer Kundenwünsche und Einsichten statt konsequenter Einhaltung längerfristiger Pläne;
- weitgehend autonome, sich selbst organisierende, funktionsübergreifend zusammengesetzte und von teamexternen Personen unabhängige Teams;
- Vorrang der persönlichen, spontanen Kommunikation vor Schriftlichkeit.

All dies bedeutet in vielen Unternehmen eine erhebliche Veränderung gegenüber etablierten „Spielregeln" und gipfelt oft in Idealvorstellungen einer insgesamt „agilen Organisation" die sich von unten nach oben ohne Manager und ohne Anweisung und Kontrolle gestaltet.

Das ist es, was mitschwingt, wenn „agil" als Merkmal von Organisationen und praktizierter Führung genannt wird, wie das seit rund zehn Jahren zunehmend der Fall ist. Es geht also längst nicht nur um „agil" im alltagssprachlichen Sinn von behände, flink, gewandt, regsam, geschäftig. „Agil" ist heute zum modischen *buzzword* geworden, mit einer intuitiven, alltagssprachlichen Bedeutung und beliebig vielen schillernden weiteren Zuschreibungen.

8.2.1 Wie „agil" zum *buzzword* wurde

Die Entwicklung von Produkten (physischer Art oder auch „Soft"-Ware) orientiert sich seit den 1940er-Jahren an einem als „Projekt" organisierten systematischen Vorgehen auf der Basis von „Projektphasen" wie in Abb. 8.1 dargestellt.

Das weit verbreitete und vertraute Projektvorgehen beruht auf der – in der Regel gewohnheitsmässig hingenommenen und nicht hinterfragten – Praxis, dass die Phasen in der hier genannten Reihenfolge „wasserfallartig" – nur von oben nach unten – aufeinander folgen. Dass erst der heutige Zustand analysiert, dann der künftig gewünschte Zustand formuliert wird und daraus das Pflichtenheft als tragfähige Basis für die Lösungskonzepte und die daran anschließende Realisierung entwickelt werden muss, klingt ja zunächst auch plausibel.

Zyklische statt sequenzielle Vorgehensweisen
Bereits 1970 hat jedoch Winston W. Royce (1970) in einem bei IEEE publizierten Artikel unter dem Titel „Management of Large Software Systems" darauf hingewiesen, dass ein auf solchen streng sequenziellen Phasen beruhendes, „wasserfallartiges" Vorgehen ungeeignet sei. Ein solches Vorgehen funktioniere nur dann, wenn bereits zu Projektbeginn der Ist- und Sollzustand genau genug beschrieben und ein für die Realisierung ausreichend

Abb. 8.1 Sequenzielle wasserfallartige Projektphasen

Situationsanalyse, Ist-Zustand
↳ Anforderungsanalyse, Soll-Zustand
  ↳ Pflichtenheft (Soll-Ist-Differenz)
    ↳ Gesamtkonzept für die Umsetzung
      ↳ Detailkonzepte für einzelne Aspekte
        ↳ Realisierung
          ↳ Einführung
            ↳ Nutzung

stabiles Konzept entwickelt werden kann und wenn sich im Verlauf des Projekts keine erheblichen neuen Anforderungen oder Einsichten eröffnen. Diese Voraussetzungen waren bereits 1970 bei der Softwareentwicklung kaum gegeben.

Royce empfahl stattdessen ein stark iteratives Vorgehen mit sehr vielen Rückkopplungsschleifen unter Einbezug auch des Benutzers. Ab etwa 1980 entwickelten sich diverse inkrementell-adaptive Vorgehensweisen der Softwareentwicklung (Korn 2014a, b). Stellvertretend genannt seien das „Rapid Application Development" (Dan Gielan und James Martin), das „Spiralmodell" (Barry W. Boehm) und 1993 das heute weiterum bekannte „Scrum" (Jeff Sutherland, John Scumniotales und Jeff McKenna), inspiriert vom 1986 in der *Harvard Business Review* publizierten und auch heute noch lesenswerten Artikel „The New New Product Development Game" von Hirotaka Takeuchi und Ikujiro Nonaka. Alle diese – damals „leichtgewichtig" genannten – Vorgehensweisen beruhen auf einem inkrementell-adaptiven Vorgehen in kleinen Schritten und auf kontinuierlichem Lernen anhand der realisierten, aufeinander aufbauenden Lösungsteile. An die Stelle streng sequenzieller, „wasserfallartiger" Projektphasen tritt ein zyklisches Vorgehen:

Basis ist ein Just Enough Design Up Front, eine ohne umfassende Analysen formulierte, grobe Vorstellung der erwünschten Ergebnisse („Vision");
Mehrere Zyklen liefern auf dieser Basis nutzbare Teilergebnisse. Jeder kurze (nur wenige Wochen dauernde) Zyklus umfasst die folgenden Schritte:
- Die ersten/nächsten nutzbaren Teilergebnisse (keine bloße „paperware") werden vereinbart.
- Ein Plan zur Realisierung dieser Teilergebnisse wird erstellt.
- Die Teilergebnisse werden realisiert, mit „unbürokratischen" Plananpassungen, falls nötig.
- Die Teilergebnisse werden überprüft und genutzt.
- Es wird daraus gelernt (Adaptionen werden im nächsten Zyklus berücksichtigt).
- Die Arbeitsweise wird reflektiert (eine Optimierung der Arbeitsweise wird im nächsten Zyklus berücksichtigt).
- Die Vision wird überprüft und verfeinert/angepasst (oder die Entwicklungsarbeit wird gestoppt, wenn das Produkt gut genug oder nicht mehr erforderlich oder nicht weiterhin machbar ist); dann wird der nächste Zyklus durchlaufen.

Diese Art des inkrementell-adaptiven Vorgehens, ausgehend von einem „minimum viable product (MVP)" als erstem „Inkrement", das danach schrittweise erweitert wird, ist heute in der Softwareentwicklung die breit anerkannte Vorgehensweise. Allerdings wird sie oft als die in allen Situationen beste Option betrachtet, ohne dass hinterfragt würde, ob das Vorgehen dem jeweiligen Kontext angemessen ist. Dies kann zu einem monatelangen schrittweisen und insgesamt teuren Vorgehen in eine zu spät als falsch erkannte Richtung führen. Für ein Jungunternehmen, das in dieser Art sich nur auf ein einziges Produkt konzentriert und nicht über die Ressourcen für weitere Produkte verfügt, kann das den Untergang bedeuten. Sehr oft ist auch heute noch ein Vorgehen, ausgehend von einem traditionellen und umfassenderen Businessplan, geeigneter – das jedenfalls ist die Einsicht bei der Firma Gamevy, einem mit dem Pitch ICE Award ausgezeichneten IT-Start-up (Walton 2015).

„Agil" seit der Jahrtausendwende
2001 trafen sich siebzehn Vertreter solch damals „leichtgewichtig" genannter Methoden und Vorgehensweisen mit dem Ziel, das sie Verbindende kompakt zu formulieren und dafür anstelle von „leichtgewichtig" einen auch für Topmanager attraktiven Titel zu finden. Das Ergebnis war das auch heute noch als „die" Referenz zitierte „Agile Manifest der Softwareentwicklung". Es ist im Original als Gemeinschaftsprodukt dieser siebzehn Autoren nur im Internet publiziert (Agiles Manifest 2001). Damit begann die Verbreitung des Begriffs „agil" als Bezeichnung für eine neue Vorgehensweise und Organisation im Gegensatz zur „klassischen" oder „traditionellen". Den Kern des Manifests bilden vier Werte:

> Wir erschließen bessere Wege, Software zu entwickeln, indem wir es selbst tun und anderen dabei helfen. Durch diese Tätigkeit haben wir diese Werte zu schätzen gelernt:
>
> - Individuen und Interaktionen mehr als Prozesse und Werkzeuge
> - Funktionierende Software mehr als umfassende Dokumentation
> - Zusammenarbeit mit dem Kunden mehr als Vertragsverhandlung
> - Reagieren auf Veränderung mehr als das Befolgen eines Plans
>
> Das heißt, obwohl wir die Werte auf der rechten Seite wichtig finden, schätzen wir die Werte auf der linken Seite höher ein. (Agiles Manifest 2001)

Das inkrementell-adaptive Vorgehen in möglichst kleinen Schritten wird hier nicht erwähnt. Es ist aber das erste und dritte von zwölf „Prinzipien", die diese vier Werte ergänzen (Agiles Manifest 2001, Link „Zwölf Prinzipien Agiler Softwareentwicklung"):

> Unsere höchste Priorität ist es, den Kunden durch frühe und kontinuierliche Auslieferung wertvoller Software zufriedenzustellen. [...] Liefere funktionierende Software regelmäßig innerhalb weniger Wochen oder Monate und bevorzuge dabei die kürzere Zeitspanne.

Weitere Prinzipien betreffen die tägliche Zusammenarbeit von Nutzern (Fachexperten) und Software-Entwicklern, das Vertrauen in die korrekte Aufgabenerledigung durch sich selbst organisierende Teams, die Forderung nach Einfachheit als Kunst, die Menge nicht getaner Arbeit zu maximieren, und die regelmäßige Reflexion im Team, wie es effektiver werden kann.

Weder bei den genannten vier Werten noch bei den zwölf Prinzipien gibt es jedoch auf unabhängige Untersuchungen beruhende Belege für deren Wirksamkeit (Janes und Succi 2012). Es ist eben ein „Manifest" aus Sicht dieser siebzehn Personen im Kontext des Jahres 2001 und keine überprüfte Methodologie. Alistair Cockburn, einer der siebzehn, hörte ich in einer Diskussion anschließend an seinen Vortrag im Rahmen der Konferenz der

PIONIERBASIS (Dornbirn, Österreich) am 16. September 2013 sagen, dass das Manifest ein Schnappschuss dieser 17 Leute aus der damals aktuellen Softwareentwicklungs-Szene heraus sei. Heute würden es diese oder andere Exponenten anders formulieren. Angesichts der Vielfalt dessen, was heute als „agil" bezeichnet wird, bezweifle ich allerdings, dass eine aktualisierte Formulierung möglich wäre, die breit anerkannt würde.

Dennoch ist das „Agile Manifest" für viele eine Art unumstößliches Credo, was in der „agilen Szene" für gelegentlich recht dogmatische Diskussionen sorgt.

Andererseits hat sich das inkrementell-adaptive Vorgehen in kleinen Schritten, vorangetrieben durch ein sehr eng kooperierendes kleines Team gut qualifizierter und intrinsisch motivierter Personen mit hoher Selbststeuerungskompetenz, überall dort bewährt, wo Software unter sehr komplexen Rahmenbedingungen entwickelt wird und das in kleinen Schritten realisiert werden kann. Gemäß CHAOS-Manifesto (Standish Group 2013) ist der Erfolg dabei umso größer, je kleiner der Umfang der Entwicklungsarbeit ist – allerdings unabhängig davon, ob ein inkrementell-adaptives oder ein „traditionelles" (wasserfallartiges) Vorgehen verwendet wurde. Sehr oft wird ein inkrementell-adaptives Vorgehen der Softwareentwicklung heute „Scrum" genannt – auch wenn es in den meisten Fällen den Scrum-Regeln (ScrumGuides 2015) nur zum kleinen Teil folgt. Das ist auch kein Problem, da es ja nicht um das strikte Einhalten von Regeln geht, sondern um ein Vorgehen, das zum jeweiligen Kontext passt. Ein nicht diesen Regeln folgendes Vorgehen sollte jedoch nicht als „Scrum" bezeichnet werden.

8.2.2 „Agil" als allumfassendes Schlagwort

Der – zumindest von den Beteiligten subjektiv „gefühlte", wenn auch nicht zweifelsfrei nachgewiesene – Erfolg des inkrementell-adaptiven (meistens „agil" genannten) Vorgehens in bestimmten Kontexten der Softwareentwicklung hat zu einer erheblichen Bedeutungsverbreiterung von „agil" geführt und zum Versuch, auch Bereiche außerhalb der Softwareentwicklung zu „agilisieren". Als „Lean Start-up" (Ries 2012) und „Effectuation" (SEA 2012) hat das „agile" Vorgehen insbesondere im Bereich der Entwicklung innovativer Produkte Eingang gefunden. Heute sehe ich die folgenden vier verschiedenen Ausprägungen von „agil":

- **Flexibilität und Adaptivität mittels „Empirical Process Control"** (gezieltes Probieren – Wahrnehmen – Reagieren) stellt kurze Iterationen, verbunden mit einem fortlaufenden Anpassen und Lernen, ins Zentrum. In der Softwareentwicklung entwickelte sich dieses Vorgehen schon in den 1970er-Jahren und wurde 2001 als „agile Softwareentwicklung" bezeichnet.
- **Flexibilität und Adaptivität** *(Empirical Process Control)* plus **„Lean Management Principles"** ergänzen diese Sichtweise um die vom „Toyota Way" begründeten Prinzipien des Lean Management.

- Eine weitere Ausprägung umfasst stattdessen oder zusätzlich **noch etliche Praktiken und „Glaubenssätze" der Organisationsgestaltung der letzten Jahrzehnte**, geprägt von post-tayloristischen, hierarchie- und autoritätsfreien, partizipativen, selbststeuernd-kollaborativen und systemischen Konzepten.
- **Aspekte zur Sicherung der Überlebens- und Entwicklungsfähigkeit lebender Systeme** bilden eine weitere Gruppe jener Ausprägungen von „agil", die unabhängig vom Empirical Process Control sozialen Systemen im Allgemeinen und damit auch Organisationen dienen können. Formuliert wurde dieses Verständnis von „agil" 1951 von Talcott Parsons, neben Niklas Luhmann einer der wichtigsten Vertreter der soziologischen Systemtheorie.

Führungsarbeit ereignet sich in all diesen vier Ausprägungen von „agil", wird also je nach Kontext unterschiedlich sein und daher nicht nur dem „Agilen Manifest der Softwareentwicklung" folgen können.

„Agil" als Begriff vermeiden – oder ihn mit einer für Organisationen passenden Bedeutung füllen?
Wenn „agil" zusätzlich zu seinem alltagssprachlichen Sinn derart unterschiedliche spezifische Bedeutungen umfasst, kann dann der Begriff eine bestimmte Art von Organisationen und die dort praktizierte Führung einigermaßen klar charakterisieren? Oder sollte das Wort nicht eher vermieden werden?

Statt es zu vermeiden, schlage ich vor, das von David S. Alberts und Richard E. Hayes formulierte Verständnis von „agil" zu nutzen: Eine Organisation ist dann „agil", wenn die sie bildenden Menschen die folgenden sechs Fähigkeiten mitbringen (vgl. Alberts et al. 2009):

- *Robustheit:* die Fähigkeit, aufgaben-, situations- und bedingungsübergreifend effektiv zu bleiben;
- *Belastbarkeit:* die Fähigkeit, sich von Unglücksfällen, Schäden oder einer destabilisierenden Störung der Umgebung zu erholen oder sich darauf einzustellen;
- *Reaktionsfähigkeit:* die Fähigkeit, auf eine Veränderung der Umgebung rechtzeitig zu reagieren;
- *Flexibilität:* die Fähigkeit, mehrere Lösungsmöglichkeiten einzusetzen und nahtlos von einer zur anderen überzugehen;
- *Innovationsfähigkeit:* die Fähigkeit, neue Dinge zu tun und alte Dinge auf eine neue Art und Weise zu tun;
- *Anpassungsfähigkeit:* die Fähigkeit, Arbeitsprozesse zu ändern und die Organisation zu ändern.

Dieses Verständnis von „agil" umfasst ein inkrementell-adaptives Vorgehen, aber auch ein stark planbestimmtes und auf strikt einzuhaltende Prozesse abgestütztes Vorgehen jeweils dort, wo es möglich und nötig ist. Und es erlaubt, Verträge und umfangreiche

Dokumentationen dann höher zu gewichten, wenn wir es zum Beispiel mit recht vielen und oft wechselnden Personen zu tun haben. Dieser Begriff von „agil" umfasst also weit mehr als der des „Agilen Manifests".

8.3 Wie führen auf unsicherem Boden?

Auf unsicherem Boden ist Führung, wie bereits erklärt, essenziell. Auf allen vertrautem und von allen als stabil und sicher eingeschätztem Boden ist Führung vergleichsweise einfach und bald entbehrlich. Erst bei Unsicherheiten und Veränderungen ist Führung gefragt.

Nützlich ist Führung dann, wenn sie die Entwicklung und Nutzung der oben genannten sechs Fähigkeiten unterstützt und wenn ihr Ausmaß und ihre Art zur jeweiligen Situation passt.

Welche Arten von Führung geeignet sind, mit Unsicherheit und Unplanbarkeit umzugehen, illustriere ich im Folgenden anhand einiger Fragen:

- Brauchen wir auf unsicherem Boden vor allem charismatische und durchsetzungsstarke Führungspersonen mit einem hervorragenden Gespür für den richtigen Weg in hochkomplexen Situationen? Oder brauchen wir die freie Kooperation vieler entscheidungskompetenter Mitarbeiter?
- Brauchen wir trotz allem möglichst klare Strukturen und Verantwortlichkeiten, um die Komplexität nicht noch zu vergrößern?
- Wie strikt darf und muss Führung sein?
- Ist selbstorganisierte Teamarbeit eine unrealistische Idealisierung?
- Brauchen wir überhaupt noch Führungskräfte? Oder stattdessen „Führung" als eine von allen Mitarbeitenden selbst wahrgenommene Aufgabe? Und wie passt das zu den heute üblichen Eigentumsstrukturen?

8.3.1 Topshots als begnadete Führungskräfte – oder Kooperation vieler entscheidungskompetenter Mitarbeiter?

Bei hoher Komplexität mit überraschend auftretenden neuen Situationen rufen wir gerne nach erfahrenen Experten und überzeugenden Führungskräften. Leider überfordern solche Situationen aber sehr oft die Fähigkeiten sogar der besten Experten und der Topshots. Sie haben zwar Jahrzehnte benötigt, um zu anerkannten Fachleuten und erfolgreichen Entscheidern und Durchsetzern zu werden. Ihre Erfahrungen sind jedoch zunehmend veraltet und daher von fraglicher Bedeutung. Mit Personen, die sich selbst situationsbezogen vernetzen, die entscheidungskompetent und mit ihrem konkreten Umfeld vertraut sind, kann Komplexität angemessener gehandhabt werden.

Diese Gedanken stammen nicht von einem idealistischen Management-Philosophen, sondern aus einer Publikation des US Departement of Defense, bezogen auf die aktuellen militärischen Herausforderungen (vgl. Alberts et al. 2009). Illustriert wird das dort mit dem folgenden Beispiel:

> **Beispiel**
>
> Napoleons persönlicher Unteroffizier war Tag und Nacht im Hauptquartier des Kaisers dienstbereit. Seine Aufgabe war es, sich Napoleons Befehle im Entwurf anzuhören, bevor sie zu den Generälen geschickt wurden. Wenn die Befehle so klar aufgesetzt waren, dass selbst dieser Unteroffizier sie nicht missverstehen konnte, galten sie als bereit zur Verteilung.
>
> Der Gegensatz dazu ist der heutige strategische Unteroffizier. Er muss in der Lage sein, eine ganze Reihe von Aufträgen durchzuführen und Entscheidungen zu treffen, die Folgen weit über seine Verantwortlichkeiten vor Ort hinaus haben können. Zum Beispiel kann er für eine Straßensperre spät in der Nacht während eines Friedenseinsatzes verantwortlich sein. Er muss dann vielleicht entscheiden, wie mit einem sich rasch nähernden Zivilfahrzeug zu verfahren ist, das vermutlich nicht anhalten will. Wenn die Insassen harmlose Zivilisten sind, kann ein Beschuss des Fahrzeugs zu Opfern (und sehr negativer Berichterstattung in den Medien) und zu einem ernsten Vertrauensverlust bei der örtlichen Bevölkerung führen. Wenn es sich bei den Fahrzeuginsassen aber um Terroristen handelt, kann ein Nichtaufhalten zu einem Angriff auf den eigenen Truppenteil oder zum Verlust der Kontrolle über die Strasse führen. Der Unteroffizier muss seine Entscheidung auf der Grundlage der Beurteilung seines ihm bekannten aktuellen Lagebildes, der Einsatzregeln und der – rasch einholbaren – Einschätzung seiner Kameraden vor Ort treffen.

Das Modell „Napoleon und sein Unteroffizier" entspricht der Produktionsphilosophie von Henry Ford: Wiederkehrende Aufgaben wurden in so kleine und normierte Arbeitspakete aufgeteilt, dass sie von den Arbeitern ohne besondere Überlegungen routinemäßig erledigt werden konnten. Derartige Aufgaben sind heute automatisiert oder in Billigstlohnländer ausgelagert. Immer wieder neue Aufgaben in komplexen Situationen lassen sich auf diesem Weg aber nicht erledigen. Dafür sind in teilautonomen Teams arbeitende entscheidungskompetente Mitarbeitende angemessen.

Im Detail vordefinierte Steuerungs- und Rückmeldemechanismen behindern jedoch die Kooperation vieler entscheidungskompetenter Mitarbeitender. Was sind die Alternativen?

8.3.2 Dynamische Netzwerke oder feste Organisationsstrukturen?

Je dynamischer sich die Umgebungskomplexität (z. B. Märkte, Technologien, Mitbewerber) verändert, desto größer wird der Aufwand zur fortlaufenden Anpassung festgelegter Steuerungs- und Rückmeldemechanismen und der damit verbundenen (hierarchischen) Strukturen.

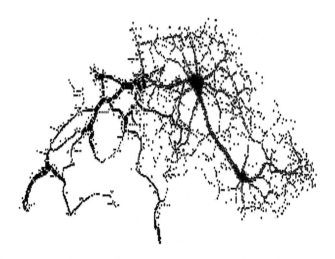

Abb. 8.2 Netzwerk mit „Quasihierarchien" am Beispiel von Straßennetzen

Eine effizientere Alternative sind dann dynamische Netzwerke. Sie erfordern es aber, permanent in die Sicherstellung der nötigen Interoperabilität zwischen allen Knoten (Personen, Teams) zu investieren, damit jederzeit und spontan jeder der Netzwerkknoten mit irgendeinem anderen Knoten in eine Beziehung „auf Augenhöhe" treten kann. Wenn einige Knoten jedoch mehr gefördert werden als andere, wenn etwa Information nicht für alle gleichermaßen verfügbar ist, dann verliert das Netzwerk seine Adaptionsfähigkeit und wird starr. Die Ungleichbehandlung führt zu bevorzugten Netzwerkknoten und damit zu intensiv genutzten Pfaden zwischen den bevorzugten Knoten und zur Vernachlässigung und am Ende zum Verkümmern anderer Knoten und Pfade, wie Abb. 8.2 zeigt.

Es ist wie beim Fußball: Jeder Spieler auf einer Verteidigerposition muss auch als Stürmer gut funktionieren können – und umgekehrt. Das bedingt – neben Talent – auch einen hohen permanenten Trainingsaufwand.

Dynamische Netzwerke sind nur bei hoher Komplexität sinnvoll. Bei mittelfristig eher stabilen Verhältnissen sind feste und transparente Strukturen angemessener und ökonomischer. Die Steuerungs- und Rückmeldemechanismen dürfen aber auch dann nur so weit wie nötig festgelegt sein, um die Kooperation vieler entscheidungskompetenter Mitarbeitender innerhalb teilautonomer Teams zu ermöglichen.

Was aber bedeutet „so weit wie nötig festgelegt"?

8.3.3 Wie strikt darf und muss Führung sein?

Brian Wernham (2012) verweist in seinem Buch *Agile Project Management for Government* auf die Kritik von Andrew Davies und Ian Gray in ihrem 2011 erschienenen Buch *Learning Legacy,* wonach Management auf der obersten Ebene verbreitet zu einer eher lockeren Führung neigt (allzu allgemeine und unklare Formulierungen, plötzliche und kaum verständliche Änderungen), auf der Ebene einzelner Projekte und Teams jedoch

Abb. 8.3 Vier Arten der Führung (nach Brian Wernham 2012)

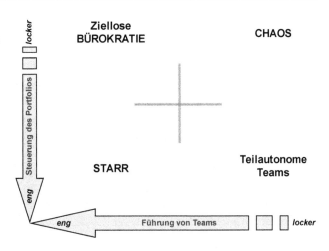

zu einer recht straffen Führung – bis hin zum „Mikromanagement". Im Interesse einer erfolgreichen Führung sollte jedoch das Gegenteil praktiziert werden, die „light-tight governance" („locker-enge Führung"): Ein striktes Management auf oberster Stufe (insbesondere im unternehmensweiten Management des Produkt- und Projektportfolios) stellt die Konsistenz aller Vorhaben sicher, während alle untergeordneten Steuerungsaufgaben locker gehandhabt werden, um ein hohes Maß an selbstständiger Flexibilität auf Teamebene zu ermöglichen. In Anlehnung an Brian Wernham (2012) lassen sich, bezogen auf die Steuerung des Produkt- und Projektportfolios einerseits und die Arbeit der Teams andererseits, vier Felder unterscheiden (Abb. 8.3): Die *locker-enge Führung* (teilautonome Teams) entspricht der „Kontextsteuerung", dem von Helmut Willke (1989) formulierten Prinzip der Steuerung eines komplexen (sozialen) Systems: Dieses kann nicht direkt beeinflusst werden. Es können aber die Rahmenbedingungen so gestaltet oder verändert werden, dass sich dieses (zu steuernde) soziale Systeme (z. B. eine Gruppe, ein Team) an die veränderten Rahmenbedingungen (etwa neue Qualitätskriterien für die zu erbringenden Ergebnisse) anpasst – in der Hoffnung (nicht in der Gewissheit), dass diese Anpassungen dem Interesse des steuernden Systems (= der Führung, die den Rahmen setzt) dient.

Solche Rahmensetzungen ermöglichen die zielgerichtete Arbeit der sich selbst in teilautonomen Teams organisierenden Mitarbeitenden.

8.3.4 Selbstorganisierte Teamarbeit – Idealisierung und Realität

Wird nach der Bedeutung des Begriffs „Selbstorganisation" gefragt, so stellt sich schnell heraus, dass es sich um ein recht buntes Gemisch aus abstrakten Prinzipien der Systemtheorie, chaotisch und eigendynamisch gesehenen Naturprozessen, Evolutionsphänomenen bei Organismen, Mustern der Emergenz sozialer Strukturen, Übertragungen neoliberaler Mechanismen des freien Marktes auf die Organisationseinheiten im Unternehmen sowie aus basisdemokratischen und anarchischen Vorstellungen handelt: „Selbstorganisation ist Chiffre für einen Erklärungsnotstand, keine Erklärung" (Türcke 2002, S. 130).

Die Forderung nach Selbstorganisation kann überdies zu einem leistungspolitischen Doublebind führen: „Einerseits gehören nunmehr Selbstkoordination und kreative Problemlösung zum offiziellen Aufgabenkanon der Gruppe, andererseits fehlen Zeit und Personal, um diese Aufgaben angemessen erfüllen zu können" (Wolf 2003, S. 53).

Diese Problematik zeigt sich auch bei der Matrixorganisation: Um den wechselnden Interessen unterschiedlicher innerbetrieblicher Stakeholder Rechnung zu tragen, werden Teams sehr oft aus Mitgliedern diverser Organisationslinien (den Stakeholdern) zusammengesetzt – oder aus Personen, die jeweils mehreren Chefs unterstellt sind: „disziplinarisch" einem Linienchef, fachlich einem Fachbereichsleiter und schließlich vielleicht sogar noch einem Marktsegmentsleiter. Es liegt dann letzten Endes am Team oder gar am einzelnen Teammitglied selbst, die konkurrierenden Interessen und Vorgaben der verschiedenen ihm übergeordneten Organisationslinien unter einen Hut zu bringen – und das, obwohl dem fraglichen Team oder der Person in der Regel die Mittel und Entscheidungskompetenzen zur selbstständigen Gestaltung eines solchen Interessenausgleichs fehlen. Obwohl die Problematik – dass die Matrix die Lösung von Interessenkonflikten nach unten delegiert, also dahin, wo die nötigen Mittel fehlen – seit Jahrzehnten bekannt ist, ist diese Organisationsform nach wie vor in der Produktentwicklung und vor allem bei Projekten weit verbreitet.

Andere wiederum sehen in der Förderung der Selbstorganisation im Unternehmen ein Mittel der Selbstdisziplinierung der Mitarbeitenden im Interesse der Profitmaximierung der Kapitalgeber und des Topmanagements. Das Management im postfordistischen kapitalistischen Wirtschaftssystem erwarte, schreibt Christian Fuchs (2008), dass die Angestellten flexibel, innovativ, intrinsisch motiviert, dynamisch, modern seien und dass sie sich mit dem Unternehmen identifizierten und Freude an der Arbeit hätten. Die Strategien der Partizipation zielten dabei auf eine ideologische Integration der Angestellten in das Unternehmen ab. Das jedoch sei nichts anderes als eine neue Form der ausbeuterischen Profitmaximierung mittels permanenter Selbstdisziplinierung durch die Angestellten, um die Produktivität zu erhöhen und die Kosten zu reduzieren.

Die Idealisierung der selbstorganisierten Teamarbeit als beste Arbeitsweise überdeckt zudem die bekannten Risiken und Schwachstellen der Teamarbeit und mündet letztlich im Verschwinden des einzelnen Mitarbeitenden im Kollektiv des Teams. Bereits 1998 warnte Fredmund Malik vor einer um sich greifenden naiven und romantischen Heroisierung der Teamarbeit, die das gebotene Maß an Rationalität übersteige (Malik 1998).

Bei solchen Idealisierungen geraten etwa die folgenden Erkenntnisse in Vergessenheit:

- Teams gehen deutlich höhere Risiken ein als Einzelpersonen, da der Einzelne nicht als ängstlich gelten will und die individuelle Verantwortung dem Kollektiv überträgt.
- Im Interesse der Arbeitseffizienz und der Konfliktvermeidung wird das Hinterfragen der Arbeitsweise und das Quer- und Um-die-Ecke-Denken in Teams, die definierte

Arbeiten innerhalb eines begrenzten Zeitraums zu erfüllen haben, eher als Störung denn als Bereicherung empfunden. Damit wird das lineare bzw. konvergente Denken eher gefördert als das laterale bzw. divergente. Ausnahmen sind Teams, die ohne Zeit- und kurzfristigen Erfolgsdruck kreative und innovative Ideen entwickeln dürfen.

- Innerhalb von Teams entstehen – oft nicht transparente – Rangordnungen, Koalitionen und Ausgrenzungen bis hin zu mobbingartigen Formen.
- In bereits lange zusammenarbeitenden Teams kann das Sich-Einrichten in individuellen Nischen (Spezialwissen, spezielle Aufgaben) dazu führen, dass Aufgabenänderungen abgelehnt oder schlecht bewältigt werden und sich einzelne Teammitglieder mit ihrer Position und Nische abfinden, statt sich weiterzuentwickeln.
- Bei Teams ohne klare und kurzfristig zu erreichende Ergebnisse kann es zu sozialem Faulenzen (*social loafing* oder Ringelmann-Effekt) kommen: Einzelne Teammitglieder reduzieren ihre Leistung im Vertrauen darauf, dass es unbemerkt bleibt und die anderen ohnehin genug tun.

Wie kann vor diesem Hintergrund ein einzelnes Teammitglied von einem Team als Kollektiv unterstützt statt behindert oder überfordert werden? Wie kann in einem sich selbst organisierenden Team sichergestellt werden, dass die Aufgabenverteilung, die Art der Anleitung, die Kontrolle und das Feedback für jedes einzelne Mitglied situativ angemessen sind?

Eine Führungskraft, die eine fortlaufende Entwicklung des Teams als Ganzes und zugleich die Entwicklung der einzelnen Teammitglieder unterstützt, kann die negativen Effekte einer führungslosen Arbeit im Team deutlich abschwächen und einzelne Mitarbeitende situativ fördern.

Braucht es eine solche Führungskraft aber auch bei einem „reifen" Team?

8.3.5 Brauchen wir überhaupt noch Führungskräfte?

Stellvertretend für viele ähnliche Positionen in der „agilen Szene" sind die folgenden Aussagen von Winald Kasch (2013): Alle Mitarbeitenden arbeiten in Teams ohne spezielle Rollen wie Teamleiter oder Key Account Manager. Nur gegenüber Kunden und Partnern gibt es solche Rollen zur Erleichterung der Kommunikation. Die Teams haben keinen Teamleiter, der dem Team disziplinarisch oder fachlich vorgesetzt und auch für die Teamergebnisse verantwortlich ist. Das Team als Ganzes trägt die Verantwortung. Rechtlich erforderliche Positionen, wie Geschäftsführer oder Handlungsbevollmächtigte, sind so weit als möglich auf Administrationstätigkeiten beschränkt. Die Entscheidungsgewalt liegt in den Teams.

All das ist nahe verwandt mit basisdemokratischen Prinzipien, wie sie bereits vor rund 150 Jahren als Vision des „kollektivistischen Anarchismus" formuliert wurden, der die Aufhebung der Trennung in Eigentümer einerseits und in deren Eigentum Vermehrende und von ihnen Abhängige andererseits voraussetzt.

Bei allen Darstellungen rund um Unternehmen ohne formelle Führung wird jedoch die zentrale Frage: „Wessen Interesse dient ein Unternehmen?" nur aus dieser einen Sicht beantwortet: „Es dient erstens den Interessen der Kunden und zweitens dem Wohlergehen der Mitarbeitenden." Die in Realität dominanten Interessen der Unternehmenseigentümer und Investoren bleiben unberücksichtigt.

Ohne Beachtung dieser Interessen aber kann die Frage nach der Notwendigkeit von Führungskräften in Unternehmen, die aus selbstverantwortlichen Teams gebildet sind, nicht diskutiert werden. Deshalb gehe ich im Folgenden von den Interessen der Unternehmenseigentümer und Investoren aus, da dieser Aspekt in der „agilen Szene" kaum berücksichtigt wird, obwohl er die Umsetzbarkeit dessen, was in dieser Szene unter „Agilität" verstanden wird (vgl. oben), ganz entscheidend beeinflusst.

Führung in „plutokratischen" und „monokratischen" Unternehmen
Bei der großen Mehrheit der heutigen Unternehmen sind die Eigentümer meist (oft institutionelle) Investoren außerhalb der Mitarbeiterschaft, also eine Plutokratie, oder es gibt – insbesondere bei den KMU – nur einen Eigentümer (oder eine Eigentümerfamilie), eine Monokratie. Deshalb ist das Management – ausgehend vom Verwaltungsrat – primär gegenüber diesen Eigentümern verantwortlich und nicht gegenüber den Mitarbeitenden. Daraus ergibt sich ein Führungsprinzip, das von oben (den Eigentümern und den von ihnen bestellten Verwaltungsräten) nach unten (den das Eigentum vermehrenden Angestellten) gerichtet ist. Daher gibt es in der großen Mehrheit der heutigen Unternehmen stets eine von oben bestellte und über hierarchische Stufen verfeinerte und primär gegenüber den Investoren oder den Eigentümern verantwortliche Führung.

Klare Hinweise auf diese Machtverhältnisse sind die als durchaus üblich akzeptierten Begriffe „Vorgesetzter" und „Unterstellte".

Diese primär gegenüber „oben" verantwortliche – und von einer den Unterstellten „von oben" vorgesetzten Person ausgeübte – Führung wird für die Wahrung der Interessen der Investoren daher auch umso besser entschädigt (insbesondere mit individuellen Boni), je näher diese Führungsperson der Unternehmensspitze und damit den Investoren ist – ganz im Gegensatz zu der im Vergleich dazu bescheidenen Erhöhung der Entschädigungen der „einfachen Angestellten", die eigentlich den Mehrwert schaffen (Lampart und Gallusser 2013).

Unter diesen – heute die Wirtschaft dominierenden – Voraussetzungen sind Führungskräfte primär dafür verantwortlich, die von oben nach unten „verordneten" und den Interessen der Eigentümer dienenden Ziele in ihrem Verantwortungsbereich zu erreichen. Wenn sie diese Ziele in einer Art erreichen können, die für die ihnen „unterstellten" Mitarbeitenden erträglich oder sogar motivierend ist, dann ist das durchaus willkommen, aber nicht von primärer Bedeutung – insbesondere dann nicht, wenn der Profit gefährdet ist. Unter diesen – heute dominierenden – wirtschaftlichen Spielregeln sind „von oben" eingesetzte Führungskräfte unverzichtbar, damit die Profitinteressen der Investoren oder Eigentümer verfolgt werden.

Konsequenz für das Führen unter Ungewissheit: Diese durch die Trennung in Eigentümer einerseits und die deren Eigentum Vermehrende und von ihnen Abhängige andererseits bedingte Macht- und Führungslogik behindert die sich frei und situativ entfaltende Kooperation vieler entscheidungskompetenter Mitarbeitender und Teams und bevorzugt statt dessen „Topshots" als hierarchische Führer. Das erschwert den angemessenen Umgang mit Komplexität und Ungewissheit.

Führung in „demokratischen" Unternehmen
Verändern wir nun die Spielregeln:

Wenn die Mitarbeitenden die Eigentümer des Unternehmens sind, dann ist das Management – ausgehend vom Verwaltungsrat, der von den Mitarbeitenden in der Aktionärsversammlung bestellt wird – primär gegenüber diesen Mitarbeitenden verantwortlich. Damit ergibt sich ein Führungsprinzip, das von den Interessen der Mitarbeitenden geleitet ist. Und es wird dann eine letzten Endes von den Mitarbeitenden – analog zu den Mechanismen der Demokratie als Staatsform – direkt oder indirekt bestellte und gegenüber den Mitarbeitenden verantwortliche und ihren Interessen dienende Führung geben.

Reine Illusion? Nein: So funktioniert – sehr erfolgreich – Demokratie!

Und so funktioniert es zum Beispiel auch bei der deutschen Firma „IT-Agile". Natürlich hat es so nicht auf Anhieb problemlos funktioniert, sondern brauchte viele Um- und Irrwege. Letzten Endes funktioniert es aber recht gut – so gut, dass die Mitarbeitenden als Eigentümer voll dahinterstehen (Sywottek 2014).

Auch in einem solchen demokratischen Unternehmen braucht es Führungsmechanismen, um die unterschiedlichen Interessen der Mitarbeitenden (durchaus auch deren Profitinteressen!) auszugleichen.

Braucht es für diese Führungsmechanismen aber Führungskräfte? Können sich die Mitarbeitenden nicht selbst – etwa als Teams – organisieren und untereinander koordinieren?

Sich in einem sozialen System zu organisieren und zu koordinieren, beruht auf sozialen Beziehungen. Die „Dunbar-Zahl" (vom Anthropologen Robin Dunbar entwickelt) ist die theoretische kognitive Grenze der Anzahl Menschen, mit denen eine Einzelperson soziale Beziehungen unterhalten kann. Im Allgemeinen sind es 150 Menschen. Und die optimale Teamgröße wird im Allgemeinen bei fünf bis neun Personen gesehen.

Um in einem sozialen System mit vielen Hundert oder mehreren Tausend Menschen die unterschiedlichen Interessen auszugleichen und sie zu koordinieren, wird es nötig sein, dass „Sprecher" oder „Repräsentanten" die Interessen ihrer jeweiligen Gruppe vertreten. Denn es ist ja – selbst mit den heutigen Mitteln der „sozialen Medien" wie etwa Facebook – kaum realistisch, einen solchen Diskurs gleichzeitig mit Hunderten oder Tausenden Menschen zu führen.

Wenn die Repräsentanten die Mitglieder ihrer Interessengruppen immer einbeziehen möchten, haben sie in den gruppenübergeordneten Gremien keine abschließende Entscheidungskompetenz. Sie müssen immer ihre Gruppe fragen. Das führt zu langwierigen Entscheidungs- und Koordinationsprozessen bis hin zur Aktionsunfähigkeit. Das ist der Nachteil der Basisdemokratie.

Wenn sie hingegen endgültige Entscheidungskompetenzen haben, gegen die nicht Einspruch erhoben werden kann, dann geht es zwar schneller, aber die von ihnen repräsentierten Gruppenmitglieder werden vom Entscheidungsprozess weitgehend ausgeschlossen. Das ist der Nachteil der rein repräsentativen Demokratie.

Also: Basisdemokratischer Einschluss verlangsamt oder verhindert Entscheidungen, entscheidungsbefugte Repräsentanten ermöglichen schnelle Entscheidungen, führen aber zum Ausschluss der Basis.

Die schweizerische Form einer Kombination von repräsentativer und direkter Demokratie ist ein pragmatischer Kompromiss, der bisher recht gut funktioniert.

Übertragen auf demokratische Unternehmen, bedeutet das Folgendes:

Die Repräsentanten der verschiedenen Interessengruppen der Eigentümer (= der Mitarbeitenden) sind Führungskräfte, die von den Interessengruppen gewählt (= beauftragt) werden und Entscheidungskompetenz haben. Gleichzeitig gibt es für die Mitarbeitenden als Eigentümer bestimmte Möglichkeiten, gegen Entscheide Einspruch zu erheben (im Sinne von Referenden) und neue Ideen einzubringen (im Sinne von Initiativen).

Konsequenz für das Führen unter Ungewissheit: Diese von den Mitarbeitenden ausgehende Macht- und Führungslogik steht im Einklang mit der sich frei und situativ entfaltende Kooperation vieler entscheidungskompetenter Mitarbeitender und Teams. Das erleichtert den angemessenen Umgang mit Komplexität und Ungewissheit.

Welches Modell der Führung passt zu „plutokratischen" und „monokratischen" Unternehmen, welches zu „demokratischen" Unternehmen?

Die bei „plutokratischen" und „monokratischen" Unternehmen stets von „oben" nach „unten" gerichtete Führung fördert eher autoritäre und direktive Führungsmodelle mit „Topshots" als hierarchischen Führern.

Im Gegensatz dazu passen bei „demokratischen" Unternehmen besser Führungsmodelle, die auf die Partizipation der Mitarbeitenden und auf deren Entwicklungs- und Entfaltungsmöglichkeiten und auf deren Mündigkeit und Selbstständigkeit ausgerichtet sind. Das erleichtert die Kooperation entscheidungskompetenter Mitarbeitender in Teams und damit den angemessenen Umgang mit Komplexität und Ungewissheit.

Heute gelten – auch in den weitaus überwiegenden „plutokratischen" und „monokratischen" Unternehmen – autoritäre und direktive Führungsmodelle als unzeitgemäß, es werden stattdessen Führungsmodelle bevorzugt, die zu „demokratischen" Unternehmen passen. Das führt aber in „plutokratischen" und „monokratischen" Unternehmen zu diesem fundamentalen Dilemma sowohl bei den Führungskräften als auch den Mitarbeitenden:

Die Führungskräfte sind von oben eingesetzt („vorgesetzt") und primär gegenüber den Investoren oder den Eigentümern verantwortlich, was spätestens in für das Unternehmen kritischen Phasen deutlich wird. Dennoch möchten sie – auch angeleitet von den firmeninternen Personal- und Führungsentwicklern – partizipativ die Mitarbeitenden fördernd und auf deren Mündigkeit und Selbstständigkeit achtend führen, obwohl sie immer wieder mal „von oben" beauftragte Maßnahmen durchzusetzen haben, die den Interessen „ihrer" Mitarbeitenden widersprechen. Das führt dazu, dass die Mitarbeitenden einerseits gefördert werden, flexibel, innovativ, intrinsisch motiviert, dynamisch zu handeln, sich mit dem Unternehmen zu identifizieren und Freude an der Arbeit zu haben – am Ende aber merken, dass nicht sie, sondern die Eigentümer und die von ihnen eingesetzten Topmanager am meisten profitieren.

Das Dilemma lässt sich gut am Beispiel des Konzepts der transformationalen Führung demonstrieren:

Die transformationale Führung (eine kurze Beschreibung findet sich zum Beispiel im deutschsprachigen Wikipedia) ist durch vier Kompetenzen gekennzeichnet:

- Vorbild sein und Vertrauen schaffen *(identification)*;
- durch Herausforderungen motivieren, die auf Werten basieren *(inspiration);*
- zur selbstständigen, kreativen Problemlösung anregen *(stimulation);*
- individuelle Förderung und Coaching *(consideration).*

Diese vier Aspekte wurden von der Technischen Hochschule Mittelhessen um drei weitere ergänzt:

- effektive Kommunikation (Fairness);
- unternehmerische Haltung (Innovation);
- Umsetzungsstärke (Ergebnisorientierung).

In „demokratischen" Unternehmen tragen die letzten Endes von den Mitarbeitenden legitimierten Führungskräfte mit dieser Art von Führungsarbeit dazu bei, dass das Unternehmen Erfolg hat, was dem Interesse der Mitarbeitenden als Eigentümer entspricht.

In „plutokratischen" und „monokratischen" Unternehmen führt diese Art der Führung hingegen dazu, dass Mitarbeitende ebenfalls gerne und engagiert arbeiten, während jedoch vom so erwirtschafteten Unternehmenserfolg in erster Linie nicht sie selbst, sondern die Eigentümer profitieren. Damit schwindet bei den Mitarbeitenden die Akzeptanz für diese Führungskräfte, und spätestens bei unbefriedigenden Arbeitsverhältnissen verbreitet sich die „innere Kündigung", also „Dienst nach Vorschrift". Die besten und von anderen Firmen begehrten Leute werden die Firma deshalb verlassen, sobald sich dazu eine Chance ergibt.

Dennoch gibt es auch in einigen „plutokratischen" und „monokratischen" Unternehmen alternative und stark partizipative Formen der Führung, u. a. mit den folgenden Merkmalen (ausführlicher dazu: Korn 2014c, Textkasten 2):

- Bei der Auswahl bzw. Einsetzung einer Führungskraft muss der „Konsent" (Westphal 2009) dazu seitens aller davon direkt Betroffenen gegeben sein.
- Eine Führungskraft kann von allen direkt Betroffenen mit deren Konsent abberufen werden.
- Die Führungsaufgabe ist mit keinen speziellen Vergünstigungen, Boni oder Statussymbolen verbunden.

In „plutokratischen" und „monokratischen" Unternehmen ist all das jedoch nur abgesichert durch die freiwillige und jederzeit widerrufbare Bereitschaft der das Unternehmen bestimmenden Eigentümer und Investoren.

Unternehmen ohne Führungskräfte
Als seltene Ausnahme gibt es sie doch, die Unternehmen ohne Führungskräfte, so etwa die kalifornische Morning Star (http://morningstarco.com), eine von Chris Rufer 1982 gegründete Tomatenmark-Firma. Heute ist das Unternehmen für etwa 25% der gesamten kalifornischen Tomatenverarbeitung verantwortlich und hat in den USA bei Tomatenmark einen Marktanteil von 40%. 400 Mitarbeiter sorgen für 700 Mio. $ Umsatz. Alle diese Mitarbeitenden managen sich selbst (Gillies 2012):

- Jeder Angestellte handelt mit seinen Kollegen einmal pro Jahr einen Vertrag aus. Darin steht ganz genau, was er oder sie in den kommenden 12 Monaten tun wird, mit allen Kennzahlen. Dieses Netz von Verträgen überzieht die ganze Firma und ersetzt die Kontrolle von oben.
- Geld wird eigenverantwortlich ausgegeben: Braucht etwa der Wartungstechniker in der Fabrik ein Schweißgerät für 6000 Franken, kann er es bestellen, wenn er alle davon Betroffenen für diese Investition gewinnen kann.
- Ende Jahr werden die Gehälter bestimmt – von einem Komitee, das die Mitarbeitenden selbst wählen.

Allerdings sind die Eigentümer auch dieses Unternehmens nicht die Mitarbeitenden. Diese Art der führungskräftelosen Arbeit ist die Absicht des Gründers und Besitzers Chris Rufer. Es hängt also vom Willen dieser Person als eines „guten und weisen Königs" ab, inwieweit das weiterhin so praktiziert werden kann. Bei einem Wechsel der Eigentümerschaft kann diese Art der selbstorganisierten Arbeit infrage gestellt sein. Bei einem wirklich demokratischen Unternehmen in Mitarbeiterhand ist dieses Risiko natürlich wesentlich kleiner.

Ein anderes Beispiel für einen solch „guten und weisen König" ist Ricardo Semler mit seiner Firma SEMCO. 1983 übernahm Ricardo Semler die Firma von seinem Vater. Als Erstes feuerte er 60% des Managements und begann dann, schrittweise das Unternehmen zu reorganisieren. Statt der vorherigen zwölf Hierarchieebenen schuf er hierarchiefreie konzentrische Kreise. An die Stelle der hierarchischen Steuerung und Kontrolle tritt die Selbstorganisation der Gruppen. Kennzeichen des „Semco Systems" sind Partizipation statt Hierarchien, Vertrauen statt Kontrolle, Mitbestimmung statt autoritärer Führung und Entbürokratisierung. Die Rolle als Führungskraft übernimmt eine Person aufgrund der Achtung der Geführten, ein Organigramm des Unternehmens gibt es nicht.

Heute ist Semco im Maschinenbau aktiv (Pumpen, Backmaschinen, Großklimaanlagen), aber auch mit Facility Management, Umweltberatung, Outsourcing von

Personalabteilungen und Inventur-Controlling für große Warenhäuser tätig. Semlers radikal-demokratische Managementmethoden und seine Bücher dazu stießen in den 1990er-Jahren weltweit auf Interesse (Semler 1995).

Schlussworte
Führungsarbeit war immer schon dann erfolgreich, wenn Veränderungen rasch erkannt und darauf passend reagiert wurde. Je nach Einschätzung der Situation ist ein schrittweise vorantastendes Vorgehen mit großem Freiraum für die Mitarbeitenden oder ein analysierend-planbasiertes Vorgehen mit enger Führung angemessen. In diesem Sinn war Führungsarbeit stets „agil" im Sinn der Alltagsbedeutung des Worts. Der Begriff „agil" als heute populäres Merkmal für Organisationen hat seine Wurzeln im 2001 formulierten „Agilen Manifest", ausgehend von verschiedenen Ausprägungen der „inkrementell-adaptiven" Softwareentwicklung seit den 1980er-Jahren. Die Reduktion der Bedeutung von „agil" auf die vier Werte und zwölf Prinzipien des „Agilen Manifests der Softwareentwicklung" wird jedoch dem, was Organisationen insgesamt zu leisten haben, nicht gerecht. Vorgeschlagen wurde hier eine breitere Bedeutung: Organisationen sind dann „agil", wenn die sie bildenden Menschen robust, belastbar, reaktionsfähig, flexibel, innovationsfähig und anpassungsfähig sind. Nützlich ist Führung dann, wenn sie die Entwicklung und Nutzung dieser Fähigkeiten unterstützt und wenn ihr Ausmaß und ihre Art zur jeweiligen Situation passt. Auf allen vertrautem und von allen als stabil und sicher eingeschätztem Boden ist Führung vergleichsweise einfach und bald entbehrlich. Erst bei Unsicherheiten und Veränderungen ist Führung essenziell. Auf unsicherem Boden soll Führung die freie Kooperation vieler entscheidungskompetenter Mitarbeitender ermöglichen. Bei Ungewissheit und hoher Dynamik sind klare und stabile Strukturen und Verantwortlichkeiten ungeeignet; besser ist, in sich dynamisch gestaltende Netzwerke zu investieren. Dennoch ist auch hier eine enge Steuerung des unternehmensweiten Produkt- und Projektportfolios als Rahmen für die eher locker geführten Teams erforderlich. Nur dann können (teil-)autonome Teams sich koordiniert und zielgerichtet selbst organisieren. Aufgezeigt wurden aber auch die Gefahren einer Idealisierung der Selbstorganisation. Das führte zur Frage, inwieweit es bei „reifen" sich selbst organisierenden Teams überhaupt noch Führungskräfte braucht. Beantwortet wurde diese Frage vor dem in der „agilen Szene" zu wenig beachteten Hintergrund der heute üblichen Eigentumsstrukturen und der sich daraus ergebenden Macht- und Führungslogik. Dabei wurde zwischen „plutokratischen" und „monokratischen" Unternehmen einerseits und „demokratischen" Unternehmen, die sich im Eigentum der Mitarbeitenden befinden, andererseits unterschieden. Bei „demokratischen" Unternehmen sind Führungsmodelle passender, die auf die Partizipation der Mitarbeitenden und auf deren Mündigkeit und Selbständigkeit ausgerichtet sind. Das erleichtert die Kooperation in Teams und damit den angemessenen Umgang mit Komplexität und Ungewissheit.

Literatur

AgilesManifest. (2001). Manifest für Agile Softwareentwicklung. http://www.agilemanifesto.org/iso/de/. Zugegriffen: 2. Juni 2015.

Alberts, D. S., Hayes, R. E., & Honekamp, W. (Übersetzer) (2009). *Power to the edge*. Remscheid: Re Di Roma Verlag.

Fuchs, C. (2008). *Internet and society: Social theory in the information age*. Oxford: Routledge.

Gillies, C. (2012). Cheflose Unternehmen: Ein Hauch von Anarchie. *Handelszeitung*. http://www.handelszeitung.ch/management/cheflose-unternehmen-ein-hauch-von-anarchie. Zugegriffen: 2. Juni 2015.

Janes, A., & Succi, G. (2012). The dark side of agile software development. Proceedings of the ACM international symposium on New ideas, new paradigms, and reflections on programming and software. ACM, 2012. http://darkagilemanifesto.org/dark-side-of-agile-janes-succi-splash-2012.pdf. Zugegriffen: 2. Juni 2015.

Kasch, W. (2013). Agil ist anders. *Personalmagazin, 11*(2013). http://www.go-agile.de/fileadmin/media/pdf/PM1113_48-50_Organisationsaufbau.pdf. Zugegriffen: 2. Juni 2015.

Korn, H.-P. (2014a). Agil seit mehr als 20 und in mehr als 20 Jahren. *Sonderbeilage „20 Jahre OBJEKTspektrum". OBJEKTspektrum, 1*(2014), 12–16.

Korn, H.-P. (2014b). Das „agile" Vorgehen: Neuer Wein in alte Schläuche – oder ein „Deja-vu"? 37. WI-MAW-Rundbrief des GI-Fachausschusses „Management der Anwendungsentwicklung", April 2014, S. 17–38.

Korn, H.-P. (2014c). Agile Führung: Ein Oxymoron? *OBJEKTspektrum, 5*(2014). http://www.sigs-datacom.de/fileadmin/user_upload/zeitschriften/os/2014/05/korn_OS_05_14_WbSv.pdf. Zugegriffen: 2. Juni 2015.

Kurtz, C., & Snowden, D. (2003). The new dynamics of strategy: Sense-making in a complex-complicated world. *IBM Systems Journal, 42*(3), 462–483.

Lampart, D., & Gallusser, D. (2013). Boni und wachsende Lohnschere. Dossier Nr. 97, Schweizerischer Gewerkschaftsbund, Oktober 2013.

Malik, F. (1998). Der Mythos vom Team. *managerSeminare, 33*, 44–47.

Olson, E. E., & Eoyang, G. H. (2001). Facilitating organization change: Lessons from complexity science. *Pfeiffer*. ISBN-13: 978-0787953300.

Ries, E. (2012). *Lean Startup: Schnell, risikolos und erfolgreich Unternehmen gründen*. München: Redline Verlag.

Royce, W. (1970). Managing the development of large software systems. Proceedings IEEE WESCON. http://www.cs.umd.edu/class/spring2003/cmsc838p/Process/waterfall.pdf. Zugegriffen: 27. Juni 2015.

ScrumGuides. (2015). Download the official Scrum Guide. http://www.scrumguides.org/download.html. Zugegriffen: 2. Juni 2015.

SEA – Society for Effectual Action. (2012). Effectuation 101. http://www.effectuation.org/learn/effectuation-101. Zugegriffen: 1. Juni 2015.

Semler, R. (1995). *Maverick: The success story behind the world's most unusual workplace*. New York: Grand Central Publishing.

Standisch Group. (2013). CHAOS MANIFESTO 2013- Think big, act small. http://versionone.com/assets/img/files/ChaosManifesto2013.pdf. Zugegriffen: 2. Juni 2015.

Sywottek, C. (2014). Cool und beängstigend. *brandeins, 09*(2014). http://www.brandeins.de/archiv/2014/arbeit/it-agile-softwareentwicklung-demokratische-firma-cool-und-beaengstigend/. Zugegriffen: 2. Juni 2015.

Türcke, C. (2002). *Erregte Gesellschaft. Philosophie der Sensation. (Anm. 11)* (S. 130). München: C.H. Beck.

Walton, H. (2015). Lean start-up, and how it almost killed our company. InfoQ, May 14, 2015. http://www.infoq.com/articles/lean-startup-killed. Zugegriffen: 2. Juni 2015.

Werham, B. (2012). *Agile project management for government* (S. 214). New York: Maitland and Strong.

Westphal, R. (2009). Konsent. Soziokratie – Organisationen agil führen. http://soziokratie.blogspot.ch/2009/08/konsent.html. Zugegriffen: 2. Juni 2015.

Willke, H. (1989). Controlling als Kontextsteuerung – Zum Problem dezentralen Entscheidens in vernetzten Organisationen. SuperControlling – vernetzt denken, zielgerichtet entscheiden. In R. Eschenbach (Hrsg.), *Super-Controlling: Vernetzt denken – zielgerichtet entscheiden* (S. 63–92). Wien: WUV.

Wolf, H. (2003). *Partizipatives Management – was bleibt? Expertise für die Hans-Böckler-Stiftung*. Göttingen: Soziologisches Forschungsinstitut Universität Göttingen.

Dr. Hans-Peter Korn begleitet als Consultant und Coach große Unternehmen und komplexe Projekte bei Kooperations- und Veränderungsprozessen. Nach unterschiedlichsten Linien- und Projektleitungsfunktionen in stark technologisch geprägten Bereichen (Großmaschinen und Großanlagen der Energieerzeugung) und im Informatikbereich (kommerzielle Großsysteme der Finanz- und Transportindustrie) war er von 2003 bis zur Pensionierung im Jahr 2014 geschäftsführender Eigentümer der KORN AG, eines primär in Deutschland und in der Schweiz tätigen Beratungsunternehmens. Nebst der Publikation einer Reihe von Fachartikeln ist er Herausgeber der Bücher Solution-focused Management (Hampp, München 2006) und Agiles IT-Management in großen Unternehmen (Symposion, Düsseldorf 2013).

9 Führungsvorgabe der Zukunft: Leadership mit Bodenhaftung

Monique R. Siegel

Zusammenfassung

In dem Paradigmenwechsel, den die Arbeitswelt zurzeit durchläuft, muss auch das Konzept „Führung" radikal neu angedacht werden. Die drei wichtigsten Gründe dafür: 1) Die Globalisierung, die für eine heterogene Zusammensetzung der Human Resources sorgt: Wenn sie gut geführt werden, sind sie Garanten für überlebensnotwendige Innovation. 2) Die bestausgebildeten Millennials, aufgewachsen mit einem neuen Verständnis von Erwerbsarbeit und Einkommen, von Wissensaustausch oder Teamwork. Wollen die überhaupt noch geführt werden? Ja, aber ganz anders als ihre Väter oder Großväter. 3) Eine neue Generation von Führungskräften, die nachhaltig von Frauen definiert wird. Den meisten von ihnen waren Hierarchien schon immer suspekt; sie denken anders, vertrauen ihrer Intuition mehr als einem Organigramm und verlassen das Unternehmen, wenn „es" für sie nicht mehr stimmt. Führung in der Zukunft: eine schwierige Aufgabe? Vielleicht. Aber spannender als jede Theorie.

9.1 Hat es je sichere Zeiten gegeben?

Was all die Antworten gemeinsam haben, ist die Einsicht, dass die Führung von gestern in Wissensorganisationen nicht mehr funktioniert, die Führung von morgen aber noch vage und in jedem Fall anstrengend ist.
(Gabriele Fischer, Chefredakteurin brand eins)

M. R. Siegel (✉)
mrsTHINK, Zürich, Schweiz
E-Mail: siegel@mrsthink.com

Führung in unsicheren Zeiten? Gibt es da etwas Neues? Um die Frage zu beantworten, muss man Vergleiche anstellen. Beginnen wir also mit der Frage: Wann hat es zuletzt *sichere* Zeiten gegeben? Zu Beginn des Managements in der *Trial-and-Error*-Phase der 1960er-Jahre? In den 70ern oder 80ern, als ein Management- und Führungsmodell das andere jagte? Zaghafte Versuche, starre Hierarchien aufzubrechen, hatten dabei allerdings kaum eine Chance. Bald einmal wurde zwar Teamwork ein Schlagwort, aber es blieb beim Lippenbekenntnis, denn der Rest des Körpers praktizierte Hierarchiedenken – wer gibt schon gerne Macht ab? Zwangsläufig wurden wir dabei auch immer wieder an das Peter-Prinzip erinnert: „In Hierarchien steigen die Mitarbeiter früher oder später zur Stufe ihrer eigenen Unfähigkeit empor."

Spätestens zur Jahrtausendwende bekam das angestammte Führungsverständnis irreparable Risse. Mit dem Einzug des Internets in unser Leben hat eine andere Zeitrechnung begonnen, die uns aufgrund einer nie vorhergesehenen weltweiten Vernetzung wirklich globalisiert hat, unser Kommunikationsverhalten radikal verändert und unser Zusammenleben sowohl in der Arbeitswelt als auch im Privatbereich tief greifend beeinflusst.

Fragen wir also anders: Hat es *je* sichere Zeiten gegeben? Was immer in der zweiten Hälfte des vorigen Jahrhunderts als Sicherheit betrachtet wurde, war es nur bei totaler Anpassung oder hat sich als Scheinsicherheit herausgestellt. Zwei Beispiele mögen diese Entzauberung der Vergangenheit illustrieren:

- Scheinbar sichere Arbeitsplätze, zum Beispiel in Großunternehmen, lösten sich in den 1990er-Jahren öfter in Luft auf, wenn ein Unternehmen mit einem anderen fusionierte (was ja angeblich Synergien und damit Kosteneinsparungen in schwindelerregender Höhe bringen sollte). Denn mit einer Fusion waren eine Reihe von Funktionen mit einem Schlag entweder doppelt besetzt oder, in der Auffassung des neuen Managements, ganz und gar überflüssig. Dass die Betroffenen häufig die gute Nachricht aus den Medien statt aus dem Munde eines Managers erfuhren, war eine hässliche Begleiterscheinung, die zwei Fakten ins Scheinwerferlicht rückte: die Feigheit der jeweiligen Führungsriege und deren Nicht-Achtung des „Personals".
- Ein zweiter Einbruch des Sicherheitsverständnisses war der langsame, aber unaufhaltsame Bedeutungsschwund europäischer Qualitätsarbeit zugunsten von asiatischer Billigproduktion. „Made in Germany", das Etikett, das nach dem Zweiten Weltkrieg symbolisch für den wirtschaftlichen Aufschwung Deutschlands stand, wurde zu teuer; „Made in Switzerland", das selbst Amerikaner zu einem verzückten Augenaufschlag verleitet hatte, wurde ersetzt mit „Made in China" (Taiwan, Vietnam, India, Bangladesh: Zutreffendes bitte einsetzen) und garantierte, dass man zwar Ware bekam, deren Bestandteile und Herstellung nicht unbedenklich waren, davon aber jede Menge. Qualität wurde durch Quantität ersetzt. Die Billigproduktion ohne lästige Rücksichtnahme auf Arbeitsbedingungen, Umweltschutz oder Einhaltung der Menschenrechte hat dann zu dem geführt, was die Trendforschung als „Zuvielitis" bezeichnet: ein Überangebot von Waren für verunsicherte Konsumenten, die sich allmählich der Überflutung verweigern und neu-alte Formen des Konsums entdecken wie Teilen, Tauschen oder Reparieren.

Der schwindenden Sicherheit setzte die Entwicklung der IT-Welt eine (fast) grenzenlose Freiheit entgegen, und Nie-da-Gewesenes zeigte um die Jahrtausendwende scheinbar unbegrenzte Möglichkeiten auf: Zwanzigjährige, die sich lange genug mit ihren Computern die Zeit vertrieben hatten, bekamen für High-Tech-Produkte, die dabei fast zufällig entstanden waren, Kaufangebote von etablierten Firmen, die sie über Nacht zu Milliardären machten. Alles schien möglich; und das Silicon Valley wurde zu einem neuen Goldrausch-Zielort (Philippi 2014). Allerdings nur für kurze Zeit, denn als die Blase kurz nach der Jahrtausendwende platzte, kam die Ernüchterung, und die sogenannten *Millennials* (die nach 1980 Geborenen), die es noch nicht zum Milliardär gebracht hatten, mussten sich in den Arbeitsprozess eingliedern.

Spätestens heute, in der Mitte des zweiten Jahrzehnts im neuen Jahrtausend, zeigt sich, dass wir dringend umlernen müssen: Obwohl sich weltweit Produktion, Konsum- und Arbeitswelt markant verändert haben, leben wir in Bezug auf Mentalität und Vokabular noch im Zeitalter der industriellen Revolution. Noch immer denken wir in Begriffen wie „Vollzeit/Teilzeit" oder Work-Life-Balance; hie und da findet man sogar Eltern, die sich für ihre Sprösslinge noch den „Job fürs Leben" wünschen, oder Berufsberater, die zu einer frühen Berufswahl raten, die fürs ganze Leben bindend sein soll. Obwohl die Durchschnittslebensdauer derzeit in unseren Breiten zwischen 86 und 89 Jahren liegt und die heute Geborenen alle Chancen haben, ihren hundertsten Geburtstag in gutem Zustand zu feiern, kämpfen wir gegen jegliche Erhöhung des gesetzlichen Rentenalters, von der absurden Idee der Frühpensionierung gar nicht zu reden.

Unternehmensstrukturen und -kulturen müssen sich, falls Firmen ihre Wettbewerbsfähigkeit nicht aufs Spiel setzen wollen, drastisch ändern, denn wir befinden uns mitten in einem Paradigmenwechsel, was den umfassenden Begriff „Arbeit" angeht. Dafür sorgen die drei neuen Gruppen von Akteuren, um die es in diesem Kapitel geht:

- die heterogene *work force*, die im Begriff *Diversity* zusammengefasst ist;
- die Arbeitnehmerinnen und Arbeitnehmer aus der Gruppe der nach 1980 Geborenen – egal, ob man sie als *Millennials* (nach 1980 Geborene), *Generation Y* (nach 1990 geboren), *Generation global* oder generell als *Digital Natives* bezeichnet;
- die Frauen, die dem Megatrend *Female Shift* seinen Namen gegeben haben und in Zukunft einen großen Teil der Entscheidungsfunktionen übernehmen werden.

Eine anspruchsvolle Aufgabe für Führungskräfte, die zum Teil selbst aus diesen Gruppierungen kommen; eine noch größere Herausforderung für ältere Führungskräfte, die mit ihrer Fokussierung auf Hierarchien ein Auslaufmodell sind. Andererseits: Diese Herausforderung ist unsere Chance, zu einer humaneren Arbeitswelt zu kommen, in der zum Beispiel

- die unsinnige Trennung von Arbeit und Privatleben, wie sie in der verräterischen Formulierung Work-Life-Balance erscheint, aufgehoben wird – als ob Arbeit Fron wäre oder die Menschen in ihrer Arbeitszeit nicht lebten;

- Menschen ihre Arbeit gemäß ihren Talenten, Begabungen und Neigungen ausüben und zur Lösung anstehender Probleme einen Beitrag leisten können, statt sich einer von der HR-Abteilung ausgearbeiteten Stellenbeschreibung zu unterwerfen;
- Frauen und Männer sich nicht nur Toppositionen teilen, sondern sich auch gleichberechtigt und gleichverpflichtet Aufgaben wie der Pflege älterer oder behinderter Angehöriger, der Kindererziehung oder der Freiwilligenarbeit widmen können.

Dafür braucht es zuerst einmal die Einsicht, dass ein Abschied von alten Führungsgrundsätzen mehr als angesagt ist; und bekanntlich besteht die Hauptschwierigkeit bei Innovationen nicht in der Angst vor Neuem, sondern im Kleben am Alten. Nicht dass die Angst vor Neuem hier unbegründet wäre, denn die Veränderungen sind radikal – sonst dürfte man ja auch nicht von einem Paradigmenwechsel sprechen. Gabriele Fischer, die Chefredakteurin eines der besten Wirtschaftsmagazine weltweit, *brand eins*, bringt in ihrem Leitartikel zu einer Ausgabe, die dem Schwerpunkt „Führung" gewidmet ist, die Vergangenheit auf den Punkt:

> Es war einmal ziemlich schön, Chef zu sein. Man bekam ein Eckbüro, eine Topfpflanze, eine Gehaltserhöhung und allein des Titels wegen mehr Respekt. Man kannte sein Arbeitsfeld, konnte sich auf seine Erfahrung verlassen, führte mit Anweisungen. Und wenn man sich nicht allzu blöd anstellte, ging es weiter bergauf. Das ist lange her. (Fischer 2015)

Berechtigterweise weist Fischer darauf hin, dass die Führungsgrundsätze für die Zukunft derzeit noch vage sind und Führung auf alle Fälle anstrengend sein wird. Von Sicherheit spricht sie zum Glück nicht, denn die wird es in Zukunft genauso wenig geben wie in der Vergangenheit.

Wir sind auf der Suche nach neuen Führungsansätzen, und das ist gut so, denn es ist höchste Zeit, unser Miteinander im Arbeitsprozess einer gründlichen Revision zu unterziehen. Machen wir uns also auf den Weg!

9.2 Diversity oder: Wie ich den Wandel lieben lernte

> Part of our success is built on an inclusive culture that encourages diversity of thought and opinion. When employees feel valued and respected, it has a positive snowball effect on our working environment and daily business.[1]
> (*Michel Liès*, CEO of *Swiss Re Group*)

---

[1] Deutsche Übersetzung von M.R. Siegel: Ein Teil unseres Erfolgs basiert auf einer integrativen Kultur, die zu einer Vielfalt von Gedanken und Meinungen ermutigt. Wenn Mitarbeiter das Gefühl haben, dass man ihnen mit Wertschätzung und Respekt begegnet, hat das einen positiven Schneeball-Effekt auf unser Arbeitsumfeld und unser Tagesgeschäft.

Diversity hat seit März 2015 einen neuen Namen: *Tidjane Thiam*. Ein afrikanischer Quereinsteiger von der Elfenbeinküste als CEO einer Schweizer Prestigebank? Man konnte förmlich hören, wie die Medienvertreter nach Luft schnappten, bevor sie in aller Eile recherchierten, was von diesem „Fremdling" überhaupt bekannt war. Etwas Entspannung war dann angesagt, als bekannt wurde, dass Thiam Deutsch spricht – im Gegensatz zu seinem amerikanischen Vorgänger. Wenigstens das.

Hatte jemand gesagt, dass Diversity nur in der Lagerhalle, in der Restaurantküche oder bei Obsternten sichtbar ist? Nein, aber dass dieses Phänomen bis in die oberste Etage eines Großunternehmens hineinreichte, war für die meisten dann doch eine Überraschung. Gemäß dem Lebenslauf des 52-Jährigen, der auch einen französischen Pass besitzt und französische Prestige-Bildungsinstitute absolviert hat, könnte es eine angenehme werden, kommt der frühere McKinsey-Mann doch mit einem beeindruckenden Leistungsausweis nach Zürich: In den 6 Jahren an der Spitze des britischen Versicherungskonzerns *Prudential* hat er den Marktwert des Unternehmens beinahe verdreifacht und eine erfolgreiche Asien-Strategie aufgebaut.

Dass das angeschlagene *Swiss Banking* dringend einen Kreativitäts- und Innovationsschub braucht, ist kein Geheimnis. Wem wäre das eher zuzutrauen als dem Mann, der als Nichtbanker, also Branchen-Quereinsteiger, als Schwarzer, Angehöriger einer anderen Kultur mit einer anderen Denkweise und anderen Lebenserfahrungen, die unter anderem auch die Erfahrung von rassistischer Diskriminierung einschließen (Frommberg 2015), geradezu exemplarisch Diversity verkörpert? Die Treppe, so heißt es, muss man von oben fegen. Es wird interessant sein zu beobachten, ob sich diese Putzaktivität auch auf alle Stufen im Unternehmen auswirkt.

„Vielfältigkeit" ist nicht nur das deutsche Wort für Diversity, sondern auch das richtige, um seine Spannweite zu beschreiben: Frauen sind anders. Männer auch. Secondos leben in zwei Kulturen, und Muslime fasten über Tag einen Monat lang. Behinderte können gewisse Dinge nicht, dafür andere sehr gut, und Migranten haben einen anderen Erfahrungsschatz als Einheimische. Schließlich: Alt und Jung. Die Jungen rennen schneller, aber die Älteren kennen die Abkürzungen. So „divers" sind die Kunden internationaler Großfirmen, an die zum Beispiel *Swiss Re*, *ABB* oder *General Electric* ihre Dienstleistungen und Produkte verkaufen wollen.

Liegt es da nicht nahe, dass die Fähigkeiten, Denkmuster und Verhaltensweisen dieser potenziellen Kundschaft auch in der Produktion oder im Marketing berücksichtigt werden sollten? Und wer könnte das besser als ähnlich diverse Mitarbeiterteams?! Insofern ist Diversity nur eine logische Folgerung der Globalisierung, eine Art Querschnitt durch das Kundensegment. Bisher sind es jedoch zu wenige Firmen, die Diversity so sehen: Meistens denken Führungskräfte bei der Erwähnung des D-Wortes in erster Linie an die Tatsache, dass Führung von derart vielfältigen Gruppen zusätzliche Schwierigkeiten macht und gewöhnungsbedürftig ist.

Diversity ist aber nichts anderes als eine Spiegelung der Realität in einer globalisierten Wirtschaft, in der man sich in mehr oder weniger verständlichem Englisch, der *lingua franca* unserer Zeit, irgendwie zusammenrauft. Begonnen und benannt worden ist diese

Entwicklung in internationalen Großunternehmen, wo Menschen aus vielen Nationen zusammenarbeiten und geführt werden müssen, aber in bescheidenerem Rahmen ist sie auch in KMU, Non-Profit-Organisationen oder in der Freiwilligenarbeit ein Thema. Gleichgeschlechtliche Paare, nicht rollstuhlfähige Orte oder die Kopftuch-Debatten erinnern uns täglich und überall an die Vielfalt in unserer Gesellschaft.

Was den Unterschied für Führungsverantwortliche ausmacht, ist der Zusatz *Inclusion*, ohne den Diversity in jüngster Zeit nur selten erwähnt wird. Es genügt nämlich nicht, sich der Vielfalt der Mitarbeitenden bewusst zu werden, man muss auch den nächsten, weit wichtigeren Schritt tun: mit der Vielfalt rechnen, sie einkalkulieren und vor allem sie schätzen. Davon profitiert die ganze Organisation, denn inzwischen weiß man längst: Wer Innovation will – und welches Unternehmen könnte darauf verzichten wollen? –, ist gut beraten, ein buntes Team in den Innovationsprozess miteinzubeziehen: Frauen und Männer, mindestens drei Generationen sowie Menschen aus diversen Kulturen, mit unterschiedlichen Herkommen oder Lebensformen. Design, Materialien oder Praktikabilität der Produkte und Dienstleistungen werden konsumentenorientierter, Marketing und Werbung verkaufsfördernder sein.

Aber es wäre falsch, Diversity nur aus Gründen der Profitabilität zu propagieren, denn sie leistet auch einen wertvollen Beitrag zur Zufriedenheit der Mitarbeitenden. Fortschrittliche Firmen sehen die Menschen, die im Unternehmen arbeiten, nicht als Arbeitnehmer, sondern als *Intrapreneure*, also als unternehmerisch denkende Menschen. Wenn diese Rolle von den Mitarbeitenden gerne übernommen wird – was bei partnerschaftlicher Führung gewöhnlich der Fall ist –, steigen die Chancen, dass Innovationsprozesse, wichtige Entscheide oder Neueinstellungen nicht *top–down* angeordnet (und teilweise durchgekämpft) werden müssen, sondern von den „Betroffenen" mitgetragen, wenn nicht sogar initiiert werden. Insofern sind Diversity und Inclusion auch eine Form geteilter Verantwortung.

Wie die positive Einstellung zu dieser Entwicklung auf dem internationalen Arbeitsmarkt aussieht, kann man auf der Website von Swiss Re sehen, wo die Wertschöpfung, die aus einem divers zusammengesetzten Mitarbeiterteam entsteht, längst bekannt ist. Dort äußerst sich CEO Michael Liès so:

> We know that your life and your experiences are unique. At Swiss Re we believe in championing that uniqueness. Uniqueness in leadership, in thought, in fact in every way we work together and live our values.
> If you can be who you are, and you feel included, your motivation and ideas will help us succeed now and in the future. A diverse workforce will make us more competitive and stronger. Our vision is to see and feel diversity – diversity of gender, race, ethnicity, sexual orientation, physical abilities, experiences – at all levels, functions and regions of Swiss Re. We want to reflect the existing wealth of diversity in the world where we live.
> Collectively we call this diversity of thought, living it is at the core of our values.[2]

---

[2] Deutsche Übersetzung von M.R. Siegel: Wir sind uns bewusst, dass Ihr Leben und Ihre Lebenserfahrung einzigartig sind. Bei Swiss Re fördern wir Einzigartigkeit – in Leadership, im Denken, ja in jeder Art von Zusammenarbeit und Wertebewusstsein.

Diversity und Inclusion: bestimmt eines der schwierigsten Kapitel für traditionelle Führungskräfte, weil es den Paradigmenwechsel besonders deutlich macht. Leichter wird es vielleicht, wenn man sich vor Augen hält, dass wir mitten in einem tief greifenden Prozess der Veränderung der Arbeitswelt stehen, in dem Firmenstrukturen, Arbeitsgestaltung oder die Wertschätzung der Arbeit, also alles, neu angedacht werden müssen. Wandel gehört zu unserem Leben, wie es schon zu den Generationen vor uns gehört hat. Sich dagegen zu sträuben, nützt gar nichts, und Wandel nur zähneknirschend zu akzeptieren, ist Energieverschwendung.

Helfen kann hier die Unternehmensmaxime von *Anita Roddick*, der überaus erfolgreichen Gründerin von *The Body Shop*, die angetreten war, die Kosmetikbranche radikal zu verändern. Ihr Credo hieß: „Bei The Body Shop glauben wir, dass alles der Veränderung unterliegt, und wir haben gelernt, die Veränderung zu lieben."

9.3 Alles und subito? Die nächste Führungsgeneration

The WEB is more a social creation than a technical one.
(*Sir Tim Berners Lee, Erfinder des World Wide Web*
Quelle: https://en.wikiquote.org/wiki/Tim_Berners-Lee)

Sollten wir sie nicht näher kennenlernen? Sollten wir nicht sogar einen Schritt weitergehen und sie willkommen heißen? Sollten wir ihnen nicht wenigstens zuerst einmal unvoreingenommen begegnen?

Dreimal ja, denn es handelt sich um die Generation(en) der *Digital Natives*, also um unsere Zukunft. Ja, wir sollten, denn sie brauchen unser Verständnis, wie wir ihren Input brauchen. *Digital Natives*, das sind die Jungen, die schon als Säuglinge mit elektronischen Medien und Hilfsmitteln in Berührung gekommen sind, sind, für die die High-Tech-Welt nicht etwas war, womit sie sich erst anfreunden mussten. Sie sind sozusagen mit einem mutierten Daumen und einem Smartphone in der Hand auf die Welt gekommen. Kein Wunder, werden sie später hervorragende Netzwerker: Sie simsen, skypen, mailen, bloggen und chatten in einem 7/24-Umfeld. Ihre Arena ist das Web, und sie haben voll erfasst, was der Erfinder des *World Wide Web*, *Sir Tim Berners-Lee*, 1989 mit seiner Erfindung beabsichtigte: Sie sehen die schier grenzenlosen Möglichkeiten des Internets in erster Linie als Kommunikationsplattform.

Wenn Sie sein können, wer Sie sind, und sich integriert fühlen, werden Ihre Motivation und Ihre Ideen uns jetzt und in der Zukunft zum Erfolg verhelfen. Eine vielfältige Mitarbeiterzusammensetzung wird uns wettbewerbsfähiger und stärker machen.
Unsere Vision ist, Diversity zu sehen und zu fühlen – Diversity in Geschlecht, Rasse, Ethnie, sexueller Orientierung, körperlicher Fähigkeiten, Erfahrungen auf allen Stufen, in allen Funktionen und Regionen von Swiss Re. Wir spiegeln den vorhandenen Reichtum der Vielfältigkeit in unserer Welt. Gesamthaft heisst das für uns: Vielfalt im Denken, und wir betrachten das als Herzstück unserer Werte.

Viele ihrer älteren Zeitgenossen belächeln das und mokieren sich (noch) über diese Fertigkeiten, aber im Grunde beneiden sie die Millennials auch um ihre Lässigkeit im Umgang mit den neuesten High-Tech-Geräten oder den Social Media.

Selten jedoch ist eine Gruppe so gegensätzlich bewertet worden. Die 68er-Rebellen waren klar einzuordnen, die Null-Bock-Jugendlichen der 1980er-Jahre ebenfalls, aber die Millennials und die nächste Gruppierung, die Generation Y, sind schwerer zu definieren. Je nachdem, wie man sie beurteilt, werden sie auch leichter oder schwerer zu führen sein.

Sind sie nun „Die Super-Opportunisten", wie der Titel einer 2011 erschienenen GDI-Studie (Hauser et al. 2011) lautete, sind sie Mitglieder der „Self(ie)-Generation" (Blow 2014), Bewohner des „Hotels Mama" – generell oberflächliche Spätpubertierende, die sich weigern, erwachsen zu werden und sich für irgendetwas oder irgendjemanden zu entscheiden? Sie wollen offenbar viel, um nicht zu sagen: alles, und das bitteschön jetzt und gleich.

Oder sind sie, wie andere sie sehen: innovativ, leistungswillig, erfolgsorientiert, aber auch teamfähig, wertebewusst und entwicklungshungrig (PricewaterhouseCooper 2012)?

Wer überzeugt ist, dass die heutigen 20- bis 35-Jährigen eher zur ersten Kategorie gehören, kann sich schon mal auf große Schwierigkeiten bei der Führung einstellen ...

Sie mögen sich in den Augen der „Erwachsenen" unterscheiden, aber sie weisen eine Reihe gemeinsamer Merkmale auf, die sie verbinden:

- Sie haben einer neuen Lebensphase einen Namen gegeben: *Emerging Adulthood* (vgl. Hauser et al. 2011), eine Art Schonfrist zwischen Kindheit und Jugend einerseits und den Entscheidungen und Verantwortungen eines Erwachsenenlebens andererseits.
- Ein Grund, warum Millennials und emanzipierte Senioren gut miteinander auskommen, ist ihr mangelndes Interesse an langfristigen Arbeitsverträgen, das beiden gemein ist, von einer Altersvorsorge ganz zu schweigen. Letzteres könnte sich allerdings bald einmal ändern, wenn die Millennials zu realisieren beginnen, dass auch ihre Generation sich um ein Einkommen im Alter kümmern muss, indem sie zum Beispiel nichts weniger tun muss, als die einst so erfolgreiche Einrichtung der Alters- und Hinterlassenenversicherung (AHV) neu zu erfinden.
- Sie wählen ihre beruflichen Tätigkeiten hauptsächlich gemäß ihren Talenten und Neigungen, geben ihr Bestes und setzen eine anständige Entlöhnung dafür als gegeben voraus, wobei gleicher Lohn für gleichwertige Arbeit eine Selbstverständlichkeit ist.
- Sie arbeiten gerne im Team, auch wenn das Team aus Mitgliedern auf fünf Kontinenten besteht; Kolleginnen und Kollegen als Konkurrenz zu sehen – der Gedanke ist eher unterentwickelt. Unterentwickelt scheint aber auch ihr Bedürfnis zu sein, diesen Wesen in Fleisch und Blut gegenüberzustehen: Der gekonnte Umgang mit den elektronischen Medien erlaubt es ja zum Glück, die persönliche Begegnung mit Skype oder SMS, allenfalls noch Mail zu ersetzen ...
- Ihnen stehen viele Optionen offen: Studium, Berufsmatur, Zusatzausbildung, Reisen, Entwicklungsarbeit, Praktika, Unternehmertum – sie machen das Experimentieren zum Lebensstil. Sie sind aber auch die erste Generation, die mit Belastungen wie höhere

Schulden, die aus der Ausbildungszeit herrühren, oder Jugendarbeitslosigkeit fertig werden muss. Und sie wissen, dass sie in Bezug auf Wohlstand die Generation ihrer Eltern wohl kaum überflügeln, ja vielfach nicht einmal erreichen werden.

- Sie stellen sich der Familiengründung später als je eine Generation vor ihnen: Gemäß einer der jüngsten Studien über amerikanische Millennials sind nur 26 % von ihnen verheiratet. Der Vergleich zu den vorigen Generationen lässt wirklich aufhorchen: In der Generation X waren es 36 %, bei den Babyboomern 48 %, und in der *Silent Generation* davor 65 %, die bereits verheiratet waren (vgl. Blow 2014). Menschen, die keine Rücksicht nehmen müssen auf frisch gegründete Familien, sind flexibel und mobil – sie „sind dann mal weg", wenn sich Interessanteres am Horizont zeigt …

Zu den Dingen, die sie zum Überleben in dieser drastisch veränderten Welt brauchen, gehören Fähigkeiten, von denen die vorige Generation nicht einmal wusste: Komplexitätsbewältigung, Treibsandtauglichkeit oder Resilienz. Diese Skills sollen ihnen helfen, mit Enttäuschungen, Rückschlägen und verlorenen Illusionen umzugehen. Sie werden sie brauchen.

Die Studien zu den Millennials häufen sich (vgl. die angegebene Literatur), und sie ähneln sich in vielen Punkten. Einer davon ist das, was diese jungen Menschen, die sich ihres Wertes durchaus bewusst sind, in Bezug auf Führung erwarten. Wollen sie überhaupt geführt werden? Überraschenderweise ja – doch es ist ein Ja, mit mehreren Abers dahinter:

- Ja, aber ohne „command and control"-Attitüden.
- Ja, aber nur von Menschen, die authentisch sind.
- Ja, aber nur, wenn persönliche Entwicklungs- und Lernmöglichkeiten mitgeliefert werden.
- Ja, aber nur, wenn das wichtige Privatleben mit einem herausfordernden Berufsleben vereinbart werden kann – nicht umgekehrt.
- Ja, aber mit viel Anerkennung – und die muss *subito* erfolgen, nicht bei solch einer antiquierten Einrichtung wie dem Jahresendgespräch.

Millennials sind eine talentierte und dynamische Generation, die den Wunsch hat, sich einzubringen; sie zu finden, ist eine der Schwierigkeiten für Organisationen, sie zu binden, eine noch größere für Führungskräfte. Die Wissenschaft zeichnet ein eher sympathisches Bild von dieser Generation: „Sie ist – über die Kulturen hinweg – im Beruf sehr leistungsbereit, sie hält traditionelle Werte wie Freundschaft, Ehrlichkeit und Treue hoch, und sie sieht die eigene Zukunft trotz globaler Wirtschaftskrise optimistisch" (CS-Bulletin No. 5 2012, S. 1).

Was die verschiedenen Studien nicht verschweigen, ist eine Kluft zwischen dem, was diese begehrten Arbeitskräfte wollen und von ihren Arbeitgebern erwarten, und dem, was sie dann auch wirklich vorfinden. Unternehmen, mit deren Werten ihre eigenen nicht übereinstimmen, haben wenig Chancen, sie länger zu behalten, und Führungskräfte, die sich hinter einen Schutzwall von Status und Erfahrung zurückziehen, auf veralteten

Führungsmodellen beharren oder sich anbiedernd mit der jüngeren Generation auf eine Stufe stellen wollen, verlieren Glaubwürdigkeit und Autorität.

Geschätzt wird hingegen Führung im Sinne von Coaching, Förderung, Mentoring sowie ein schnelles, ehrliches Feedback – am liebsten natürlich verbale Anerkennung für die kreative Lösung eines Problems. Millennials machen im Arbeitsprozess, besonders am Anfang, die Erfahrung, dass Selbstbild und Fremdbild nicht immer übereinstimmen und dass oft auch die Erwartungen, die beide an die je andere Seite haben, auseinanderklaffen. Das führt zu Verunsicherung, und da sind Lob und Anerkennung für echte Leistung sowie generell ein erkennbares, echtes Interesse Balsam auf ihre Seele.

In einem der Interviews anlässlich der Veröffentlichung seines Buches *Altwerden ist nichts für Feiglinge* hat der kürzlich verstorbene Schauspieler, Moderator und Buchautor *Joachim Fuchsberger* vorgeschlagen, dass Ältere der jüngeren Generation als eine Art GPS dienen: Wenn die Jungen „sich verrennen und bevor sie an die Mauer knallen, dass ihnen eine alte Stimme vielleicht sagt: ‚Wenn möglich, bitte wenden. Nächste Abzweigung links – oder rechts, je nach Gefühl –, aber nicht aufgeben!'" (Fuchsberger 2011). Angesichts der Tatsache, dass die Millennials mit den „Alten" gut zurechtkommen und generell gut zusammenarbeiten, ist das ein lebensnaher Vorschlag.

Ebenso lebensnah ist der Beitrag einer jungen Frau auf der anderen Seite der Altersskala, und er weist schon auf das hin, was Führung bedeuten könnte, wenn mehr Frauen in solche Positionen kommen. Der Klartext, veröffentlicht auf *Xing*, einem elektronischen Netzwerk natürlich, kommt von *Tina Egolf*, Jahrgang 1984, und richtet sich

> An all meine ehemaligen Manager und all die zukünftigen, die mir auf meinem Weg begegnen werden: Wir müssen reden!
> Dass ich Euch duze, damit habt Ihr Euch wahrscheinlich mittlerweile abgefunden. Dass mich der ‚Senior' oder ‚President' im Titel nur bedingt davon abhält, Euch im Meeting zu widersprechen, damit vielleicht irgendwie auch. Ihr habt ja gelesen, dass die nächste Generation mehr Freiheiten braucht, mehr Mitbestimmung will – Work-Life-Balance und Motivation und so.
> Und doch scheint Ihr es irgendwie nicht leicht zu haben – mit mir, mit meiner Generation, mit all dem, was Euch niemand beim Executive Leadership Training oder im MBA vermittelt hat. Micro-Management, Kontrolle und Konkurrenz sind out, das wisst Ihr längst. Also warum ist das dann trotzdem so schwer mit der Verbundenheit, dem Vertrauen und der Kooperation – kurz: mit der neuen Führung? (Egolf 2014)

Ironisch, aber sachlich, weder angriffig noch verdammend, nimmt Tina Egolf Stellung zu den Aspekten, die die lieben Manager noch nicht oder falsch verstanden haben, und am Ende bringt sie ihr Anliegen, nämlich die Veränderung der Arbeitswelt, in einem einzigen Satz unter:

> Und am Ende löst sich dann auch das Rätsel um den viel beschriebenen ‚Ungehorsam' meiner Generation: Denn Autorität, Loyalität und Vertrauen haben für mich nichts mehr mit Alter, Titel oder Gehalt zu tun. Die neuen Werte, die unsere Beziehung in Zukunft bereichern werden, sind Kompetenz und Kooperation.
> Ihr lieben Manager, vielleicht lässt es sich ganz einfach in einem Satz zusammenfassen: Ich will mit Euch arbeiten, nicht für Euch. (Egolf 2014)

9.4 Wenn der Megatrend Female Shift die Führungsetage erreicht

Macht an sich ist doch vollkommen uninteressant.
(*Alice Schwarzer, Publizistin, In: Susanne Gaschke „Die Frauen und die Macht", die Zeit, 16.11.2006*)

Ist „Macht an sich" wirklich vollkommen uninteressant? Viele Frauen, die bereits in Toppositionen sind oder solche Funktionen anstreben, würden der Behauptung der Gewerkschafterin zustimmen, denn Macht steht tatsächlich nicht an erster Stelle eines Wunschprogramms, wenn Frauen sich an die Gipfelerstürmung machen.

Ob das so klug ist, fragt sich allerdings. Wenn es einmal möglich ist, Macht unbefangen anzuschauen – also ohne gleich das im Deutschen gedanklich jeweils mitgelieferte Wort „Machtmissbrauch" im Kopf zu haben –, dann sollte Frauen schnell bewusst werden, was der Begriff objektiv bedeutet: Einflussnahme. Die Möglichkeit, Aktivitäten zu be- und erwirken oder verhindern zu können, erwächst aus der Fähigkeit, menschliches Tun zu beeinflussen, und diese Einflussnahme kann gewöhnlich nur in Führungsfunktionen geschehen.

Jede Frau ist automatisch ein Teil, wenn nicht sogar der Ausgangspunkt von Diversity, und viele Frauen, die jetzt in Führungspositionen kommen, gehören altersmäßig zu den Millennials: Es ist kein Zufall, dass der offene Brief an die Manager, von dem eben die Rede war, von einer Frau geschrieben wurde, und es ist kein Geheimnis, dass den Frauen im Millennial-Alter zurzeit die besten Positionen offenstehen. Der Text der jungen Frau bestätigt, was selbstbestimmt agierende Frauen schon seit Langem praktizieren: Gewöhnlich zeichnen sie sich durch große Loyalität aus, aber wenn „es" nicht mehr stimmt für sie, gehen sie, wenn das finanziell möglich ist, oder rutschen in den Status der inneren Kündigung. Dieses „es" kann verschiedene Gründe haben, hat aber in den meisten Fällen etwas mit den (fehlenden) Soft Skills ihrer Vorgesetzten zu tun.

Führung und Frauen: ein Thema mit zwei Seiten
Was ist zu beachten, wenn man Frauen führt? Da gibt es große Unterschiede zur Führung von Männern. Organisationen mit vorwiegend männlichen Führungskräften sind gut beraten, sich diese Unterschiede vor Augen zu führen.
Was ändert sich, wenn Frauen führen? Da interessiert natürlich, ob Frauen selbst „anders" führen, neue Prioritäten setzen und helfen, Barrieren aus dem Wege zu räumen. In beiden Fällen steht am Anfang die Einsicht: Frauen ticken anders, und solange sich die Führungsgremien diese Erkenntnis nicht zu eigen machen, werden sie mit höheren Fluktuationsraten bei ihren Mitarbeiterinnen – und immer mehr auch bei den Mitarbeitern – und schlechteren Bilanzen rechnen müssen.

Bei Frauen spielt alles eine Rolle, und obwohl die Soft Skills bei ihnen ein großes Thema sind, gehören auch die Hard Factors in ihre Evaluation. Da stört zum Beispiel die Tatsache, dass die meisten Unternehmensstrukturen nach Mustern erstellt worden sind, wie sie vor Jahrzehnten etabliert wurden, nämlich für verheiratete Männer, die die Ernährerrolle einnehmen und zu Hause eine nicht auswärts arbeitende Ehefrau haben. Dass sich diese „Heile-Welt-Struktur" inzwischen massiv geändert hat, ist bei einer großen Mehrheit noch nicht angekommen, und solange es nicht ankommt, kann es auch keine echte Chancengleichheit für Frauen geben.

Aus diesen Umständen ergeben sich Regeln, Gewohnheiten und Rituale, die Frauen vor schwierige Probleme stellen. So bewirkt zum Beispiel das Ansetzen von Sitzungen auf Montagmorgen, 8 Uhr, oder nachmittags nach 16 Uhr, dass weibliche Teammitglieder gedanklich abschweifen, weil sie etwaige oder reale Kinderkrippenprobleme haben. Die Probleme mit der Kinderbetreuung, die leider auch in der Öffentlichkeit und in den Medien künstlich am Kochen gehalten werden, müssen nicht vom Staat gelöst werden, sondern sind Sache der Privatwirtschaft, und Firmen, die sich nicht um diese Sorgen ihrer (nicht nur weiblichen) Mitarbeitenden kümmern, werden wohl nie zu den *Best-Practice-* Arbeitgebern gehören.

Andere Faktoren einer Arbeitswelt, die auf die männlichen Alleinernährer ausgerichtet waren, können Kantinenkonzepte, Fitnessangebote oder Weiterbildungsmöglichkeiten sein, aber auch Wochenendtagungen oder interne Sportanlässe. Die Liste könnte beliebig verlängert werden, und all diese Dinge waren früher vielleicht nicht einmal so falsch, aber sie sind heute für Teams, in denen Diversity kein unbekanntes Wort ist, eher abschreckend.

Das Strukturmodell ist weitgehend von Konzepten und vom Vokabular des Industriezeitalters geprägt. Obwohl wir längst im Zeitalter der Kreativarbeit angelangt sind, gibt es nach wie vor zu viele Firmen, die Präsenzzeit mit Produktivität verwechseln, Konformismus höher schätzen als Einzigartigkeit und Beförderungskriterien anwenden, die auf männliche Verhaltensweisen ausgerichtet sind. So haben Business Schools, die die beruflichen Aktivitäten ihrer Abgängerinnen verfolgt haben, Folgendes herausgefunden: „Men are promoted on their potential, but women are promoted on their performance, so they advance more slowly." Die Frauen akzeptieren das, was ihr Vorankommen nochmals verlangsamt, und so geht die Diskriminierung weiter, oft ohne dass sich die Beteiligten darüber im Klaren sind (Economist 2011).

Der kommende unvermeidliche Generationenwechsel in den Führungsetagen traditioneller Unternehmen wird hier Änderungen beschleunigen, aber besonders die Harmonisierung von Privatleben und beruflichen Laufbahnwünschen und -erwartungen wird uns noch lange beschäftigen, zum Beispiel bei der Betreuung älterer oder pflegebedürftiger Familienmitglieder. Nach wie vor wird angenommen, dass dieser Aufgabenbereich eine Frauendomäne ist und „irgendwie" neben einer anspruchsvollen beruflichen Tätigkeit und womöglich noch einer ebenso anspruchsvollen Familie erledigt werden kann. Je mehr Männer sich hier auch in der Verantwortung fühlen, desto eher werden sich Unternehmensstrukturen ändern, und das müssen sie, denn in einer Gesellschaft, die immer älter wird, werden die Probleme in diesem Bereich eher mehr als weniger.

Das ist alles nicht neu. So hat zum Beispiel *The Boston Consulting Group (BCG)* bereits 2012 in einer vielbeachteten Studie den Finger auf die Wunde von Unternehmensstrukturen und -kulturen gelegt, indem sie ein paar der offensichtlichsten Fehlleistungen und Unterlassungen fokussiert hat:

- keine Rekrutierungsstrategien für Frauen;
- kaum Jobsharing-Angebote, geschweige denn Topsharing;
- schlechtes internes Talentmanagement;
- mangelhafte Führungskräfteentwicklung;
- keine geeigneten Programme für Frauen nach der Mutterschutz-Absenz;
- Präsenzkultur;
- männlich geprägte Auswahlkriterien bei Beförderungen.

Co-Autorin der Studie ist *Dr. Susanne Dyrchs*, Expertin für Diversity und Talentmanagement bei BCG, und sie empfiehlt den Unternehmen einen „Gesundheitscheck", bei der die drei Faktoren Mitarbeitergewinnung, Mitarbeiterbindung und Mitarbeiterförderung am Anfang stehen. Basierend auf einer quantitativen und qualitativen Analyse, können die innerbetrieblichen Barrieren definiert, die Ursachen des Ungleichgewichts bei der Mitarbeitervielfalt eruiert und kann – ganz wichtig – intern Akzeptanz für das Thema gewonnen werden.

Ganz unschuldig sind die Frauen selbst an dieser Situation nicht. Viele sind immer noch nicht selbstbewusst genug, um sich Gehör zu verschaffen, ihre Beförderungswünsche frühzeitig anzubringen und ihre Entlohnung auf Augenhöhe zu verhandeln. Die Nummer 2 bei *Facebook*, Chief Operating Officer *Sheryl Sandberg*, beklagt diese Statistik (Weber 2012): „Frauen unterschätzen ständig ihre Fähigkeiten. 57 % der Männer verhandeln beim ersten Job ihren Lohn, 93 % der Frauen nehmen, was ihnen angeboten wird." Und Sandberg fügt hinzu: „Niemand wird befördert, wenn er nicht denkt, er verdiene es. Ich wünschte, ich könnte allen Frauen sagen: Verhandelt für euch, glaubt an euch, seid stolz auf euch." Die Realistin weiß aber auch, dass es nicht so einfach ist: „Denn alle Daten, die wir haben, sagen, dass Erfolg und Beliebtheit bei Männern zusammengehen, bei Frauen nicht. Wir wissen das alle."

Die Milliardärin, die keine Stunde ihres Lebens mehr arbeiten müsste, setzt sich mit einem Mentoring-Programm leidenschaftlich für ein neues Bewusstsein und neue Skills bei Frauen ein, und es ist zu hoffen, dass ihr Beispiel und ihr Engagement wenigstens in der Generation nach ihr Früchte tragen werden. Sie selbst sieht auch das mit realistischem Optimismus:

> Meine Generation wird nicht erleben, dass 50 % der Spitzenposten mit berufstätigen Frauen besetzt sind. Die Zahlen in den Chefetagen stagnieren. Wir hoffen auf die nächsten Generationen. Ich habe eine zweijährige Tochter, der ich nicht nur wünsche, dass sie im Leben erfolgreich sein wird, sondern auch, dass sie für ihre Leistung gemocht wird. (Weber 2012).

Sheryl Sandberg ist eine von vielen, die auf dieses weibliche Defizit hinweisen. In der oben erwähnten Abhandlung im britischen Wirtschaftsmagazin *The Economist* (2011) heißt es knapp und direkt: „Women can be their own worst enemies. They do not put their hands up, so they do not get the plum assignments or promotions or pay rises." Dieses

„Handaufstrecken" heißt bei Sandberg „mit am Tisch sitzen" – Metaphern, die Frauen sehr wohl verstehen können ...

Wer Frauen führt, kann also verlässlich punkten, wenn er über ein funktionierendes Mentoring-System verfügt. Offensichtlich brauchen Frauen vorläufig noch mehr Ermutigung, berufliche Herausforderungen anzunehmen – und die werden sie in Zukunft vermehrt bekommen, dann nämlich, wenn der Megatrend *Female Shift* sich auf der Führungsebene voll entfaltet.

Frauen als Führungskräfte
„Nie waren die Karriereaussichten für Frauen besser als heute, und trotzdem zeigt unsere Umfrage, dass Frauen pessimistischer in die Zukunft sehen als Männer – möglicherweise aufgrund der Erfahrungen, die sie auf ihrem Karriereweg bereits gemacht haben." Das vermutet *Susanne Eickermann-Riepe*, Partnerin und Diversity Leader Advisory bei PricewaterhouseCoopers (PwC) in Deutschland, in ihrem Kommentar zur Sonderauswertung einer im Juli 2014 veröffentlichten PwC-Studie. Und sie hält fest: „Auch wenn wir zwar gerade den Beginn des Wandels hin zu mehr Diversity in den Führungsetagen erleben, wird der Prozess Zeit, Ernsthaftigkeit und Nachhaltigkeit brauchen."

Es ist ein Prozess und Prozesse brauchen per Definition Zeit. Was diesen jedoch jetzt beschleunigt, ist die unübersehbare Umsetzung des Megatrends *Female Shift*. Die oft gehörten, aber fast schon nicht mehr geglaubten Prognosen, was weibliche Führungskräfte angeht, bekommen Gesichter, die davon zeugen, dass Megatrends keine Utopien, kein Wunschdenken und keine Kristallkugel-Voraussagen sind, sondern bereits sichtbare Entwicklungen, die weltweit stattfinden, mindestens zwei bis fünf Jahrzehnte gültig sind und alle Lebensbereiche betreffen.

Und so ist es auch mit dem Megatrend *Female Shift*, der langsamen, aber stetigen Verlagerung von Kompetenzen, Einflussnahme und Verantwortung von den Männern zu den Frauen. Noch nie hat es so viele hervorragend ausgebildete, engagierte und ambitionierte Frauen gegeben, die bereit sind, Gipfel zu erklimmen und sich dort oben einzurichten. Sie verkörpern weitgehend die neue Führungsgeneration.

Ihnen steht eine Generation von jungen Männern gegenüber, deren Antriebslosigkeit sie in Bezug auf schulische Leistungen kaum konkurrenzfähig macht. Diese Apathie ist inzwischen erforscht und hat zum Teil biologische oder medizinische Gründe, wie Veränderungen im Hormonsystem und Auswirkungen von längeren Ritalin-Behandlungen. Vor allem aber fehlten diesen jungen Männern männliche Vorbilder, an denen sie sich orientieren konnten und denen sie nacheifern wollten.

Und so ist eine der unmittelbaren Folgen dieser Entwicklung auch der Trend zum „neuen Mann" und zu „neuen Vätern", wie sie die Millennials schon ansatzweise verkörpern. Sie müssen das Vatersein neu definieren, weil ihnen die Möglichkeit fehlt, sich an ihren eigenen Vätern zu orientieren. „Für die war so etwas wie Elternzeit ja undenkbar. Unsere Väter haben nicht versucht, Beruf und Familie miteinander sinnvoll zu verknüpfen. Das ist in den allermeisten Fällen zulasten der Familie oder der eigenen Gesundheit gegangen", sagt *Volker Baisch*, Gründer der *Väter GmbH* (Xing Spielraum 2014).

Mit den bestausgebildeten, ambitionierten Frauen kommen auch neue Führungsprinzipien in die Unternehmen. Da gibt es viele, die versuchen werden, so zu führen, wie sie hätten geführt werden wollen. Dann wird es diejenigen geben, die intuitiv die Führungsgrundsätze ihres MBA-Studiums mit ihrer eigenen Lebenserfahrung vermischen. Und ganz bestimmt gibt es auch Frauen, die versuchen, „one of the boys" zu sein. Ihnen dürfte auf Dauer jedoch kaum Erfolg beschieden sein, denn bei diesem Versuch ist die beste Kopie immer noch schlechter als das schlechteste Original.

Das lange Warten auf Frauen in der Führung würde sich wohl nicht gelohnt haben, wenn am Ende geklonte Männer dabei herauskämen. Ganz im Gegenteil: Was wir dringend brauchen, ist die ergänzende Sicht. Das war es, was die Chefin des Internationalen Währungsfonds, *Christine Lagarde*, gemeint hat, als sie sagte, man solle dafür sorgen, dass es nie zu viel Testosteron in einem Raum gibt (Siegel 2014). Und Zukunftsforscher *Matthias Horx* formuliert das so, wenn er sich für *Female Shift* stark macht: „Bei diesem Megatrend geht es nicht um die Integration der unterrepräsentierten Zielgruppe ‚Weiblich' in ein bestehendes System und bestehende Märkte, sondern um eine grundlegend andere Art, die Welt zu sehen und zu strukturieren" (vgl. Siegel 2014).

Frauen auf strategischer wie auf operativer Ebene hinzuzufügen, bedeutet eben nicht „Mehr vom Selben", also Verstärkung des Bestehenden, sondern aufgrund ihrer anderen Begabungen und Sichtweisen eine wichtige Ergänzung. Diese Denkweisen und Skills sind hauptsächlich:

- Beachtung des Prozesses, nicht nur des Ziels;
- Bereitschaft, über die Folgen eines Entscheids für andere nachzudenken;
- Einbezug aller Beteiligten (*stake*holders, nicht nur *share*holders);
- Tendenz, Erfahrungen aus der Privatsphäre auch in der Öffentlichkeit preiszugeben;
- Wertschätzung von und verständnisvoller Umgang mit Diversity;
- Ungeduld mit Ritualen und Statussymbolen.

Es sind keine angelernten Skills, sondern eher solche, die der Intuition entspringen – ein Wort, das hartgesottene Manager früher nur belächelt haben, heute aber immer mehr in ihren eigenen Entscheidungsprozess integrieren. Nicht zuletzt war es ja ein Mann, *Daniel Goleman*, der sie auf den Faktor *Emotionale Intelligenz* (München 1996) hingewiesen hat – ein Konzept, das für eine kurze Zeit Furore machte, dann aber schnell an Bedeutung zu verlieren schien. Höchste Zeit, es wieder aufleben zu lassen, denn hier kommt ein weiteres – für viele das wichtigste – Argument für den weiblichen Führungsstil als Ergänzung zum männlichen Denken: Gemischte Teams von Männern und Frauen an der Führungsspitze sind profitabler als männliche Monokulturen.

Auch zu dieser Erkenntnis häufen sich die Studien (u.a. McKinsey 2007; PricewaterhouseCooper 2012); stellvertretend sei hier aus einer Untersuchung der Credit Suisse von 2014 zitiert, in der auch wünschbare Nebenwirkungen erwähnt werden:

Beispielsweise erwirtschaften Firmen mit mindestens 15 % Frauen im Topkader einen höheren Gewinn gemessen am eingesetzten Eigenkapital. Deren Eigenkapitalrendite liegt nämlich um 52 % über derjenigen von Unternehmen mit einem geringen Frauenanteil. Allerdings bleibt unklar, ob der Frauenanteil tatsächlich kausal für die bessere Unternehmensleistung verantwortlich ist. Denkbar ist auch, dass erfolgreiche Unternehmen mehr Frauen einstellen oder Frauen sich häufiger für eine Stelle bei einem erfolgreichen Unternehmen entscheiden. Die Studienautoren vermuten eine Kombination dieser Faktoren. (Tagesanzeiger vom 23. 09. 2014)

So viel ist sicher: Mehr Frauen in der Wirtschaft bedeutet auch veränderte Unternehmenskulturen mit neuen Führungsgrundsätzen. Man darf gespannt sein, wie viel sie zu einer humaneren Arbeitswelt beitragen werden.

9.5 Führung mit Zukunft für die Zukunft

Nur mit einem guten und motivierten Team hat man Erfolg. Basis dazu sind gegenseitiger Respekt, Ehrlichkeit und Transparenz. Als Chef muss man es auch vorleben – jeden Tag. (Brigitte Breisacher, Besitzerin und VR-Delegierte der Alpack-Norm-Gruppe. In: Organisator 4/13, 5.April 2013)

Niemand wird bestreiten, dass es sich bei den heutigen Verhältnissen wirklich um Führung in unsicheren Zeiten handelt. Die Veränderungen, die sich laufend manifestieren, sind dazu angetan, einer bisherigen Führungskraft den Boden unter den Füßen wegzuziehen. Zum Schluss darum ein paar bodenständige Hinweise, die Grundlage für einen realistischen, persönlichen und Erfolg versprechenden Umgang mit Menschen sein können im Konzept „Leadership mit Bodenhaftung".

Die *Deutsche Bank* (2009) hat in ihrer Studie *Frauen auf Expedition – in das Jahr 2020* frühere Qualifikationen solchen, die heute wünschenswert sind, gegenübergestellt (Tab. 9.1); die Aufstellung kommt von *Gary Hamel*, einem der bekanntestes Management-Gurus, und ist ergänzt mit einem Zitat von *Roger Martin*: „Integratives Denken, die Eigenschaft, die große Führungskräfte auszeichnet: die Fähigkeit, einander entgegengesetzte Ideen zu erwägen, sie zusammenzubringen und im Endergebnis eine ganz neue und bessere Idee zu erarbeiten."

Tab. 9.1 Künftige Führungspersönlichkeit: hohe Nachfrage nach Soft Skills

Einstmals	21. Jahrhundert
Selbstdisziplin	Kühnheit
Ordnungsliebe	Künstlertum
Rationalität	Elan
Vorsicht	Originalität
Mäßigung	Non-conformity

Frauen sollten jauchzen ob diesem Anforderungskatalog, denn er gibt ihnen Entfaltungsmöglichkeiten, die ihnen entsprechen. Allerdings kann man sich das unter dem derzeitigen Führungsteam nur schwer vorstellen …

Die international tätige Zürcher Unternehmerin *Rosmarie Michel*, deren Geschichten aus einem bewegten beruflichen Leben veröffentlicht worden sind (Siegel 2007), hat diese Eigenschaften als Grundlage ihres Erfolgs in ganz verschiedenen Bereichen eingestuft und sich als Handlungsmaxime „Vertrauen. Verstehen. Verhandeln. Verändern." erkoren. Das hat auf allen Kontinenten und in allen Kulturen eine valable Basis für gute Resultate geschaffen.

Zu den Soft Skills gesellen sich zwei Eigenschaften, die in den Jahren, als das Management überbordet hat, irgendwo untergegangen sind: Bescheidenheit und Humor.

Bescheidenheit heißt: Erkennen, dass ein(e) Dirigent(in) nur so gut ist, wie es das Orchester will. Ein Bewusstsein, was man dem Team schuldet, und die öffentliche Anerkennung seiner Leistungen, sind essenziell. Selbstverständlich ist, dass man sich in schwierigen Situationen vor das Team stellt.

Humor Die erfolgreiche Schweizer Diplomatin und Krisenmanagerin *Heidi Tagliavini* antwortete auf die Frage, wie sie in schwierigen Situationen die Contenance behalte: „Neben der Gelassenheit spielt der Humor eine wichtige Rolle. Mit einem Lacher kann man manch eine verfahrene Situation lockern" (Gehriger 2009). Der Sinn für Humor sorgt vor allem auch dafür, dass man sich selbst nicht so ernst nimmt.

Viel mehr braucht es gar nicht – abgesehen von der Tatsache, dass es ermutigend und aufregend sein kann, ab und zu mal die Bodenhaftung zu verlieren und mit dem Team abzuheben.

Have a good flight and happy landing!

Literatur

Blow, C. M. (2014). The self(ie) generation. *New York Times*. 7. März 2014.
Credit Suisse. (2014). *The Credit Suisse Gender 3000: Women in Senior Management*. Zürich: Credit Suisse Research Institute.
CS Bulletin. (2012). Nr.°5, S. 1.
Deutsche Bank. (2009). Frauen auf Expedition – in das Jahr 2020. Studie der Deutschen Bank.
Egolf, T. (2014). XING-Klartext: Wem dient Führung eigentlich? https://spielraum.xing.com/2014/11/xing-klartext-wem-dient-fuehrung-eigentlich/. Zugegriffen: 27. Juni 2015.
Fischer, G. (2015). „Oben ohne?" *brand eins* 03(15). http://www.brandeins.de/archiv/2015/fuehrung/editorial-fuehrung-gabriele-fischer-oben-ohne/. Zugegriffen: 27. Juni 2015.
Frommberg, L. (2015). Der neue CS-Chef musste gegen Rassismus kämpfen. *20 minuten*, 10. März 2015. http://www.20min.ch/finance/news/story/Der-neue-CS-Chef-musste-gegen-Rassismus-kaempfen-30751573. Zugegriffen: 24. Mai 2015.
Fuchsberger, Joachim. (2011). Video-Statement anlässlich der Veröffentlichung seines Buches „Altwerden ist nichts für Feiglinge"; Goldmann http://www.amazon.de/Altwerden-ist-nichts-für-Feiglinge/dp/3579067605/ref=sr_1_1?s=books&ie=UTF8&qid=1434055129&sr=1-1&keywords=altwerden+ist+nichts+für+feiglinge.

Gaschke, S. (2006). Die Frauen und die Macht. Die Zeit vom 16.11.2006, 47. http://www.zeit.de/2006/47/Frauen. Zugegriffen: 05. Nov. 2015.

Gehriger, U. (2009). Eine Frau muss viel mehr leisten. Die Weltwoche, 52. http://www.weltwoche.ch/ausgaben/2009-52/artikel-2009-52-eine-frau-muss-v.html.

Hauser, M., Kühne, M., & Ehrensperger, A. (2011). *Die Super-Opportunisten*. Rüschlikon: Gottlieb Duttweiler Institut.

McKinsey. (2007). Women matter.

Philippi, A. (2014). Wir werden keine Millionäre. Das ganz normale Leben im Silicon Valley. *DIE WELT*. http://www.welt.de/lesestueck/2014/silicon-valley/. Zugegriffen: 10. Juni 2015.

PricewaterhouseCooper. (2012). Millennials at work. Reshaping the workplace (2011/2012).

PricewaterhouseCooper. (2014). The future of work: A journey to 2022.

Siegel, M. R. (2007). *Rosmarie Michel. Leadership mit Bodenhaftung*. Zürich: Orell Füssli.

Siegel, M. R. (2014). *War's das schon? Wie Frauen ihre Chancen verpassen*. Zürich: Orell Füssli.

Swissre. (2015). http://www.swissre.com/about_us/diversity. Zugegriffen: 10. Juni 2015.

Tagesanzeiger. (23. Sept. 2014). Firmen mit mehr Frauen im Kader machen mehr Gewinn. http://www.tagesanzeiger.ch/wirtschaft/karriere/Firmen-mit-mehr-Frauen-im-Topkader-machen-mehr-Gewinn/story/25658091. Zugegriffen: 10. Juni 2015.

The Boston Consulting Group. (2012). Shattering the glass ceiling: An analytical approach to advancing women into leadership roles.

The Economist. (2011). Looking ahead: Here's to the next half-century. http://www.economist.com/node/21539930. Zugegriffen: 10. Juni 2015.

Weber, B. (2012). Das starke Geschlecht (von morgen), CS-Bulletin Nr. 5, S. 25.

Xing Spielraum. (2014). Interview (mit Volker Baisch): Die jungen Väter stecken in einem Dilemma. https://spielraum.xing.com/2014/08/interview-mit-volker-baisch/. Zugegriffen: 10. Juni 2015.

Zoppet-Betschart, A. (2013). Menschen - Brigitte Breisacher, KMU-Vorzeigeunternehmerin aus Unterwalden. Organisator - das Magazin für KMU, 4(13). http://www.alpnachnorm.ch/files/Dokumente/pdf_Presse_Unternehmen/Organisator_das_KMU_Magazin_4_2013.pdf. Zugegriffen: 05. Nov. 2015.

Dr. Monique R. Siegel (www.mrsthink.com): In Berlin geboren, in New York erwachsen und in Zürich heimisch geworden. Ihre Studien in Germanistik hat sie 1971 an der Columbia University und New York University mit der Promotion abgeschlossen.1973–1979: Rektorin an der AKAD in Zürich. Seit 1980: Unternehmensberatung mit Schwerpunkten Innovation, Leadership und Zukunftsfragen; Referentin, Dozentin, Moderatorin, Podiums- oder Mediengast; Kolumnistin, Publizistin, Autorin (12 Bücher); 2005–2007: Master of Advanced Studies UZH in Applied Ethics. In ihrem 12. Buch „War's das schon? Wie Frauen ihre Chancen verpassen" (Orell Füssli, 2014) plädiert die Wirtschaftsethikerin für eine humanere Arbeitswelt.

Führung im Zeitalter virtueller Arbeitswelten

Informelles und mobiles Lernen als Führungskraft aktiv nutzen und zu einem Führungsthema machen

Christoph Negri

Zusammenfassung

Der folgende Artikel betrachtet die aktuellen neuen Anforderungen an die Führungsrolle, die durch die Dynamisierung und Digitalisierung der Arbeitswelt gestellt werden. Insbesondere in Bezug auf die zunehmende Bedeutung informeller Lernprozesse auch am Arbeitsplatz und der damit verbundenen bedeutungsvollen Aufgabe der Führungskräfte, informelles Lernen für die Organisation mit Unterstützung der neuen Technologien nutzbar zu machen. Dies führt zu einem Spannungsfeld zwischen informellen und formellen Lernprozessen und zur Fragestellung, ob informelles und formelles Lernen überhaupt im Organisationskontext sinnvoll verknüpft werden kann. Die Antwort lautet: ja, es kann. Es besteht jedoch die Gefahr, dass in informelle Lernprozesse übersteuert eingegriffen wird und damit die hohe intrinsische Grundmotivation torpediert wird. Die Vorgesetzten werden dabei zu wichtigen Lernermöglichern, die informelles, mobiles und arbeitsplatznahes Lernen nachhaltig unterstützen können.

Die Dynamisierung und Digitalisierung der Arbeitswelt und die damit verbundene kontinuierliche Erhöhung der Komplexität der Anforderungen an alle Führungskräfte und Mitarbeitende in den unterschiedlichsten Branchen und Organisationsstrukturen führen dazu, dass wir noch vermehrt die Möglichkeiten und Chancen des informellen Lernens aktiv gestalten sollten. Informelles Lernen findet sowieso statt und kann gleichzeitig von den Führungskräften aktiv begleitet, unterstützt und gefördert werden.

C. Negri (✉)
IAP Institut für Angewandte Psychologie, Zürich, Schweiz
E-Mail: christoph.negri@zhaw.ch

Es gilt, in Zukunft sowohl die didaktisch organisierten Lernsituationen (formelles Lernen) zu gestalten sowie die unorganisierten, teilweise organisierten Lernformen (informelles Lernen), wie z. B. informelle Gespräche, Wikis, Erfa-Lerngruppen usw. miteinander zu verbinden und wenn möglich aufeinander abzustimmen.

Führungskräfte haben dabei die Aufgabe, eine lernförderliche Arbeitsstruktur, Arbeitsumgebung und Arbeitskultur zu gestalten, so dass informelles Lernen gefördert wird und damit das gesamte Lernpotenzial jedes einzelnen Mitarbeitenden für das Unternehmen genutzt werden kann. Arbeitsintegriertes und mobiles Lernen kann dabei ein hilfreicher Ansatz sein.

Fragestellung und Aufbau
Der folgende Beitrag betrachtet diese in der Einleitung kurz beschriebenen aktuellen Anforderungen an die Führungsrolle, insbesondere in Bezug auf die zunehmende Bedeutung informeller Lernprozesse auch am Arbeitsplatz und der damit verbundenen bedeutungsvollen Aufgabe der Führungskräfte, informelles Lernen für die Organisation nutzbar zu machen. Dies führt zu einem Spannungsfeld zwischen informellen und formellen Lernprozessen und zur Fragestellung, ob informelles und formelles Lernen überhaupt im Organisationskontext sinnvoll verknüpft werden kann. Es werden verschiedene für die Fragestellung relevante Perspektiven betrachtet. Zuerst wird der Einfluss der Digitalisierung auf Organisationen und die Führungsrolle beschrieben. Anschließend im zweiten Kapitel werden für informelles Lernen relevante Konzepte kurz dargestellt, bevor danach im dritten Kapitel Auswirkungen daraus auf die Aufgaben für das Human Resources Management, die Personalentwicklung sowie die Führungskräfte betrachtet werden. Im vierten Kapitel werden mögliche Antworten auf die einleitend formulierte Fragestellung diskutiert. Abschließend, im fünften Kapitel, folgt eine kurze Zusammenfassung, ergänzt mit dem Schlussfazit.

10.1 Unternehmen 2.0: Komplexität der Arbeitswelt

Herausforderungen für die Mitarbeitenden und die Führungskräfte – Führungskonzepte in der virtuellen Arbeitswelt
Das Internet hat in den letzten 20 Jahren das Kommunikations- und Informationsverhalten enorm verändert. Zu Beginn hat die E-Mail-Kommunikation begonnen, die Art des Informationsaustausches in Unternehmen zu verändern. Mit der Web 2.0 und Social-Media-Revolution greifen weitere Medienkanäle massiv in die Unternehmensabläufe ein und verändern die Kommunikationskultur und das Innenleben der Organisationen. Das, was Web 2.0 im privaten Umfeld und im externen Unternehmenskontext ermöglicht, beginnen die Mitarbeitenden auch innerhalb der Organisationen zu nutzen. Die Unternehmenskultur beginnt sich dadurch zu verändern. Wissen und Informationen können zu jeder Zeit und überall abgerufen werden, Netzwerke werden außerhalb der formal bestehenden Organisationsstrukturen gebildet, und jede Information kann bspw. kommentiert und bewertet

werden. Nicht nur die Digital Natives, sondern auch ein großer Teil der Belegschaften bedienen sich dieser Möglichkeiten (Jäger und Petry 2012).

Die Vernetzungsfähigkeit und der Vernetzungswille der Mitarbeitenden mit ihren Kunden, mit ihren Vorgesetzten, untereinander aber auch mit der Fachcommunity und der Öffentlichkeit werden zu einem kritischen Erfolgsfaktor. In dieser Hinsicht sind das HR-Management und die Personalentwickler besonders gefordert (Jäger und Petry 2012). Es gilt, die gesamte Organisation, die Mitarbeitenden sowie die Führungskräfte in diese Richtung weiterzuentwickeln. Klassische Führungsstrukturen und Führungskonzepte genügen den Anforderungen einer vernetzten Arbeitswelt nicht mehr. Flexibilität, eine schnelle und interaktive Kommunikation sowie der Umgang mit Kontrollverlust prägen den Führungsalltag und bilden für viele Führungskräfte neue Herausforderungen, mit denen sie lernen müssen umzugehen. Führungskräfte stehen vor der Aufgabe, Social-Media-Elemente zu kennen und sie in ihren Potenzialen und Risiken für das Unternehmen einschätzen und bewerten zu können (Seufert et al. 2013). Gleichzeitig müssen Führungskräfte akzeptieren, dass sie keine Kontrolle über Social-Media-Prozesse haben können und müssen sich überlegen, wie sie die Kommunikation und Beziehungsgestaltung im Arbeitsalltag mit ihren Mitarbeitenden neu gestalten können (Li 2010). Es gilt z. B. zu klären, wie Social Media (z. B. Xing, Whats Up usw.) und weitere Formen wie z. B. Kollaborationsplattformen ergänzt mit Präsenzmeetings und bilateralen Gesprächen sinnvoll kombiniert und ergänzt werden können und welche entsprechenden technischen Grundlagen und Hilfsmittel eine zielführende Basis bilden können.

Social Media hat, wie schon kurz angesprochen, in der Zwischenzeit einen großen Einfluss auf verschiedene Unternehmensbereiche. Gemäß Jäger und Petry (2012, S. 19) sind dabei die folgenden drei Einflussfaktoren besonders bedeutsam:

- Allgemeiner Verlust der Informationshoheit
- Mitarbeitende als Nutzer von Social Media
- Generation Y und Digital Natives als Mitarbeitende von heute und von morgen (ergänzt und angepasst durch den Autor)

10.1.1 Enterprise 2.0: Grundlagen

Der Begriff Enterprise 2.0 wurde 2006 von A. McAfee neu definiert und bezieht sich primär auf Entwicklungen, die den Einsatz von Social-Media-Technologien im Unternehmenskontext fördern. Das Ziel von Enterprise 2.0 ist die Unterstützung und Förderung von vernetztem Arbeiten innerhalb des Unternehmens und implizites Wissen von Mitarbeitenden für das gesamte Unternehmen nutzbar zu machen. Schlussendlich soll durch den Einsatz von Social Media die Effektivität und Effizienz in den Unternehmen gesteigert werden. Der Kernnutzen liegt daher nicht in der Befriedigung der Mitarbeitendeninteressen, sondern eben in der Optimierung der Geschäftsprozesse (Jäger und Petry 2012).

Schönefeld (2009) hat für die Höhe der Akzeptanz für Social Media Tools innerhalb des Unternehmens ein Reifegrad-Modell mit fünf unterschiedlichen Reifegraden entwickelt. Unternehmen mit einem Reifegrad 1 nutzen soziale Technologien nur innerhalb einzelner Teams, während Unternehmen mit dem Reifegrad 4 bereits eine Zusammenarbeit mit externen Stakeholdern mittels Social Media pflegen. Eine Untersuchung vom McKinsey (Back et al. 2012) erwähnt, dass weit vernetzte Unternehmen am erfolgreichsten sind.

Eine wichtige Aufgabe von Führungskräften ist die Beziehungsgestaltung und die Kommunikation. Durch den Einsatz von Social Media Technologie werden die Kommunikationsmöglichkeiten verändert. Dies führt dazu, dass die bisherigen Denk- und Kommunikationsmuster überdacht und verändert werden müssen. Die Unternehmen und damit vor allem auch die Führungskräfte müssen ihren Mitarbeitenden eine Umgebung gestalten, die Vernetzung ermöglicht und in der die Kommunikation vereinfacht wird. Die neu zu schaffende Kommunikations- und Unternehmenskultur soll von allen Beteiligten gemeinsam gestaltet und definiert werden (Jäger und Petry 2012).

10.1.2 Open Leadership

Für Führungskräfte gilt die neue Prämisse: Kontrolle aufgeben und Führung behalten (Open Leadership, Li 2010). Führungskräfte müssen jedoch nicht nur lernen loszulassen, sondern auch eine Vorbildfunktion einzunehmen, indem sie selbst neue Tools nutzen und dafür internes Marketing betreiben. Kontrolle aufgeben heißt nicht, die Zielerreichung aus dem Fokus zu verlieren, jedoch den Weg dorthin in der Verantwortung der Mitarbeitenden zu lassen (Buhse und Stamer 2008).

Die Führungsaufgabe ist in einem offenen Unternehmen vielmehr durch die Anzahl und die Qualität der Mitarbeitenden als Followers geprägt. Die Visionen, die Ziele und die Strategie werden weiterhin durch die Führungskräfte geprägt, unterstützt durch eine offene und transparente Kommunikation, so dass möglichst alle Mitarbeitenden folgen können. Sie sollen mit der entsprechenden Führungskultur gefördert und Barrieren möglichst abgebaut werden (Li 2010; Wüthrich 2010). In der offenen Kultur der Enterprise 2.0 braucht es Strukturen und Prozesse, die flexibler sind und die ermöglichen, fluide Netzwerke zu bilden (Grabmeier 2012).

10.2 Lernen in Organisationen: einige Konzepte

Nachdem im ersten Kapitel kurz wichtige Grundlagen zu Unternehmen und Unternehmensführung im Web 2.0-Zeitalter beschrieben wurden, sollen nun im folgenden Kapitel einige wesentliche lerntheoretische Grundlagen angesprochen werden, welche im Zusammenhang mit der Fragstellung bedeutungsvoll sind.

Erfahrungsorientiertes Lernen, partizipatives Lernen, antizipatorisches Lernen, d. h. Lernen nach dem Modell der Aktionsforschung mit seiner Reflexion des Lernens selbst, sind die andragogisch und methodisch-didaktischen Konzepte, die der Quintessenz der Lernpsychologie für Erwachsene am besten entsprechen. Zudem lernen Erwachsene dort am besten, wo ein Bezug zur Tätigkeit hergestellt werden kann. Lernprozesse sollen deshalb mit Arbeitsprozessen vernetzt werden (Negri 2010). Genau dazu stellt sich die Frage, wie stark informelle Lernprozesse durch die Unternehmen beeinflusst und/oder gesteuert werden sollen. Schlussendlich geht es darum, dass die Vorgesetzten und die Personalentwicklungsabteilungen informelle und selbstgesteuerte Lernprozesse ermöglichen und nicht erzeugen (vgl. Kapitel zu Konnektivismus). Aus diesem Grund wird in den folgenden kurzen Kapiteln der Fokus vor allem auf die Perspektive des Konstruktivismus und des Konnektivismus gelegt, da diese Lerntheorien am ehesten den aktuellen Herausforderungen an die Unternehmen im Zeitalter des Web 2.0 gerecht werden.

10.2.1 Informelles Lernen (am Arbeitsplatz)

Über informelles Lernen wurde schon in den 1950er-Jahren des letzten Jahrhunderts diskutiert (Knowles 1951). Die Grundidee des informellen Lernens orientiert sich an der Annahme, dass Lernen dann die größte Bedeutung und Wirkung hat, wenn es für die Nutzer und Nutzerinnen wirklich von Bedeutung ist und dass Lernen vor allem zufällig, unbewusst und unorganisiert stattfindet. Zurzeit gehen viele Experten und Expertinnen davon aus, dass 70–80 % des Lernens informell stattfindet. Die Web-2.0-Technologien unterstützen informelles Lernen und führen zu einem neuen Boom. Lernen wird dadurch orts- und zeitunabhängig.

Die Europäische Kommission unterteilt in formales, nicht formales und informelles Lernen (European Commission 2001):

- *Formales Lernen:* Lernen, das organisiert und strukturiert stattfindet. Aus der Sicht der Lernenden ist es zielgerichtet und führt in der Regel zu Abschlüssen und einer Zertifizierung.
- *Informelles Lernen:* Lernen, das im Alltag, am Arbeitsplatz, in der Freizeit und im persönlichen Umfeld stattfindet. Es ist nicht organisiert und aus der Sicht der Lernenden in der Regel nicht ausdrücklich beabsichtigt.
- *Nicht formales Lernen:* Lernen, das in geplante Tätigkeiten integriert ist, die nicht explizit als Lernen bezeichnet werden, jedoch klare Lernelemente beinhalten, wie z. B. eine Instruktion am Arbeitsplatz. Aus Sicht der Lernenden ist es geplant und beabsichtigt.

Bei einer Betrachtung der Definitionen von formellem und informellem Lernen stellt sich die Frage, ob es eindeutig abgrenzbar ist und ob es überhaupt sinnvoll ist. Reinmann (2007) sieht als den gemeinsamen Nenner vor allem den Ortsbezug, also Kontexte wie Familie, Freunde und Arbeitskollegen/Arbeitskolleginnen.

Beim formalen Lernen geht es in der Regel um Basiswissen und Fakten. Beim informellen Lernen dagegen ist vielmehr „learning by doing" im Vordergrund und orientiert sich am Prozess.

Die neuen Web-2.0-Medien ermöglichen eine hohe Interaktivität, und in dieser Hinsicht ermöglichen sie ein großes Potenzial für den Einsatz von informellem Lernen, auch am Arbeitsplatz. In herkömmlichen Unternehmensstrukturen werden soziale Medien wie z. B. Wikis und Suchmaschinen regelmäßig genutzt, jedoch nicht interaktiv (Jadin und Zöserl 2009). Die Herausforderung liegt daher vermutlich vor allem darin, wie die Unternehmenskultur in Richtung zu einem Unternehmen mit Reifegrad Stufe 4 (Enterprise 2.0, Schönefeld 2009) entwickelt werden kann und damit auch informelles Lernen als einen wichtigen Bestandteil der Lernkultur innerhalb der Unternehmung etabliert werden kann.

10.2.2 Konnektivismus

Der Kanadier George Siemens (Gründer und Präsident des Bildungslaboratoriums Complexive Systems Inc., sowie wissenschaftlicher Mitarbeiter am Learning Technologies Center der University of Manitoba) entwickelte 2004 (Siemens 2004) eine neue Lerntheorie, die über die bisherigen etablierten Ansätze (Behaviorismus, Kognitivismus und Konstruktivismus) hinausgeht und für die Begleiter und Begleiterinnen der Lernprozesse zu einer neuen Rolle als Netzwerkunterstützer führt. Er spricht von informellem, vernetztem und elektronisch gestütztem Lernen, bei dem Lernen durch Erfahrungen in Netzwerken im Vordergrund steht. In einer Arbeitswelt, in der sich die Umwelteinflüsse ständig ändern, ist es bedeutsam, die Verknüpfungen im Netzwerk zu pflegen und auszubauen, um einen durchgehenden Lernprozess zu gewährleisten und voranzutreiben. Der Informationsfluss durch eine Organisation ist für die Effizenz der Lernökonomie sehr wichtig und muss dementsprechend ebenfalls gepflegt und ausgebaut werden (Sponring 2007).

10.2.3 Organisationales Lernen und lernende Organisation

Chris Argyris und Donald Schön (1978) definierten organisationales Lernen (OL) als: „die Erkennung und Korrektur von Fehlern". Dodgson (1993) beschreibt Organisationales Lernen als: Die Weise, in der Unternehmen Wissen und Routinen um ihre Aktivitäten und innerhalb ihrer Kultur aufbauen, ergänzen und organisieren und wie sie organisatorische

Effizienz durch die Verbesserung des Gebrauchs von ausgedehnten Fähigkeiten ihrer Belegschaft adaptieren und entwickeln.

Das Modell von Argyris und Schön (1978), welches Lernen auf drei Ebenen einstuft, wurde in der Zwischenzeit vielfach rezipiert sowie modifiziert. Es beschreibt die folgenden drei Arten des organisationalen Lernens:

- Single Loop Learning bedeutet Anpassungslernen innerhalb eines vorgegebenen Rahmens. Dieses Lernen findet innerhalb eines bekannten und etablierten Bezugsrahmens statt.
- Double Loop Learning bedeutet Veränderungslernen durch Überprüfung der Rahmenbedingungen. Es finden dabei Lernprozesse statt, die in Problemlösungsstrategien enden, die nicht voraussehbare Herausforderungen für die Organisation mit sich bringen. Es finden grundlegende Veränderungen und Anpassungen für die Organisation statt.
- Deutero Learning bedeutet das Lernen der Vorgehensweise zum Lernen (Prozesslernen). Dieses tritt auf, wenn Organisationen lernen, wie man Single loop Learning und Double-loop Learning durchführt und die Lernprozesse selbst in den Mittelpunkt des Lernens rücken.
- Double loop Learning und Deutero Learning beschäftigen sich mit dem warum und wie man die Organisation ändert, während sich Single loop Learning mit dem Annehmen der Änderung ohne Hinterfragen der zugrundeliegenden Annahmen und Kernglauben beschäftigt.

Die „lernende Organisation" ist ein Unternehmen, dass seine eigene Organisation als Entwicklungs- und Lernfeld betrachtet (Behrmann 2006, S. 395). Argyris (1992) erwähnt, dass lernende Organisationen ermöglichen, die eigenen Muster zu erkennen, zu verlernen und zu optimieren. Das Konzept der lernenden Organisation wurde vor allem von Senge geprägt. Er hat folgende Definition dazu formuliert:

> ... eine lernende Organisation ist der Ort, wo Menschen kontinuierlich ihre Fähigkeiten erweitern, um die Ergebnisse zu erreichen, die sie wirklich anstreben, wo neue, sich erweiternde Muster des Denkens gefördert werden, wo gemeinschaftliche Wünsche frei werden und wo Menschen kontinuierlich lernen, wie man miteinander lernt, (....) wobei das Ziel ist, eine Organisation so zu gestalten, dass sie kontinuierlich ihre Fähigkeit erweitert, ihre Zukunft zu gestalten. (Senge 1990, S. 3 und S. 14, übersetzt in Wahren 1996, S. 7).

Das Konzept einer lernenden Organisation hat sich schnell verbreitet, da Organisationen in Bezug auf Veränderungen anpassungsfähig sein müssen, um den sich stetig ändernden Bedingungen gewachsen zu sein. Eine Organisation verliert dabei nichts von ihren Lernfähigkeiten, wenn Mitglieder die Organisation verlassen. Es entsteht ein organisationales Gedächtnis. In dem Sinn beeinflussen lernende Organisationen aufgrund der Ansammlung von Geschichten, Erfahrungen und Normen nicht nur direkte Mitglieder, sondern auch die zukünftigen Mitarbeitenden.

10.2.4 Ausgangslage für das Lernen in Organisationen und neue Lernkulturen

Im Mittelpunkt des andragogischen Handelns und Denkens steht der einzelne Mensch, den es nach seinen individuellen Entwicklungsmöglichkeiten zu fördern gilt. Andragogik hat die Aufgabe, zwischen den Anforderungen durch das Unternehmen an das Individuum und den Ansprüchen des Individuums zu vermitteln. In der betrieblichen Bildung ist das andragogische Denken in besonderem Maße weiteren Einflüssen der Organisation ausgesetzt. Ein Unternehmen investiert in der Regel in formale Bildung, weil es überzeugt ist, dass die Mitarbeitenden danach ihre Aufgaben besser, effizienter, kostengünstiger usw. erfüllen können. Es wird erwartet, dass die Bildung einen Beitrag an die Wertschöpfung leistet.

Einen weiteren Aspekt, den es bei den grundlegenden Überlegungen zu Lernen und Management von Bildung in Organisationen unbedingt zu beachten gilt, ist das Organisationsverständnis. Eine Organisation ist ein lebendiges System und es gibt einen bestimmten Grund dafür, dass es die Organisation gibt (Primary Task). Jede Organisation bzw. soziotechnische Systeme können aus den drei Blickwinkel: Aufgabe, Struktur und Kultur, betrachtet werden (Negri 2010). Es ist die Aufgabe der Organisation, dafür zu sorgen, dass auch für Lernprozesse in der Organisation entsprechende Rahmenbedingungen geschaffen werden, innerhalb derer die Lernenden ihren Interessen und Zielen folgen können. Die Steuerung erfolgt dabei nicht nur durch Kurse und Seminare, sondern indirekt über den Kontext. Dabei nehmen die Vorgesetzten eine wichtige Rolle ein. Sie können Ermöglicher und Unterstützer von Lernprozessen werden und dadurch informelles Lernen fördern. Vorgesetzte beeinflussen damit die Lernkultur innerhalb des Unternehmens. Die Lernkultur umfasst die relevanten lernförderlichen und lernhemmenden Merkmale der Organisation.

Erpenbeck und Sauer (2000) haben den Begriff der neuen Lernkultur eingeführt. Sie unterscheiden zwischen tradierter und neuer Lernkultur. Tradierte Lernkultur beinhaltet formelles Lernen und fremdgesteuerte Lernprozesse. Die neue Lernkultur dagegen baut auf kompetenzbasierten Prozessen auf, die informelles Lernen und selbstorganisiertes Lernen fördern. Auch Siebert (2000) betont den hohen Grad an Selbstorganisation, Kompetenzorientierung und Ermöglichungsorientierung als wesentliche Grundelemente einer neuen Lernkultur.

Sonntag, Shaper und Friebe (2005) haben mit dem Lernkulturinventar (LKI) ein Instrument entwickelt, mit dem die Lernkultur innerhalb einer Organisation eingeschätzt werden kann. Es sollen lernförderliche und lernhemmende Rahmenbedingungen für Lernen und Weiterbildung in Organisationen analysiert und beschrieben werden und als Grundlage für die Entwicklung und Unterstützung einer neuen Lernkultur dienen.

10.3 Neue Aufgaben für das Bildungsmanagement und die Vorgesetzten

Die Vorgesetzten wie auch die unterstützenden Bereiche (Personalentwicklung, Bildungsmanagement und das HRM) müssen ihre Rolle und die damit verknüpften Aufgaben überdenken und teilweise neu definieren. Kompetenzorientierung, Selbststeuerung, vernetztes Lernen und sinnvoller Einsatz der Web-2.0-Technologien stehen im Mittelpunkt aktueller Lernkonzepte. Dabei werden alle Beteiligten immer wieder von der Frage begleitet, ob informelles Lernen überhaupt formal und organisiert gestaltet werden soll und kann. Die folgenden Kapitel versuchen Antworten darauf zu skizzieren.

In der heutigen Zeit ändern sich die Erwartungen an die Führungsrolle. Vorgesetzte haben vermehrt die Aufgabe, geeignete Rahmenbedingungen zu schaffen und ihre Mitarbeitenden zu unterstützen, damit sie ihre Aufgaben erfüllen und die Unternehmensziele erreicht werden können. Die Führungskräfte werden zu Ermöglichern, die ihre Mitarbeitenden bei der Gestaltung ihrer Lern- und Arbeitsprozesse aktiv unterstützen. Sie müssen lernen, den Mitarbeitenden bei der Umsetzung ihrer Aufgaben Freiräume zu gewähren und damit auch Kontrolle abzugeben (siehe oben zu Open Leadership). Neuere Führungsansätze wie Open Leadership, transformationale Führung und Responsible Leadership nehmen sich diesem Thema an.

Führungskräfte sind zudem auch die wichtigsten Unterstützer bei der Umsetzung von Gelerntem in formalen Bildungsangeboten ins Arbeitsumfeld. Verschiedene Studien der Lerntransferforschung weisen in diesem Zusammenhang auf die Bedeutung des unmittelbaren Arbeitsumfeldes hin (Negri 2012). Damit der Transfer gelingt, müssen Organisationen offen sein für neue Inputs und Herangehensweisen, die die Teilnehmenden mitbringen, und Ressourcen wie Zeitfenster für die Anwendung des neu vorhandenen „Know-Hows" bereit stellen. Insbesondere die Unterstützung der Vorgesetzten kann wesentlich zum „Dranbleiben" beitragen. Diese Unterstützung können sie leisten, indem sie beispielsweise an der Weiterbildung Interesse zeigen oder die Aufgabenfelder der Mitarbeitenden entsprechend derer neu erworbenen Kompetenzen erweitern. Auch Gespräche zwischen Mitarbeitenden und Vorgesetzten, in denen verbindliche Transferziele festgelegt oder Aktionspläne erarbeitet werden, sind viel versprechende Maßnahmen, um der Umsetzung die notwendigen Impulse zu verleihen.

Anbieter von Weiterbildungsprogrammen können einen Beitrag an einen möglichst guten Transfer leisten, indem sie die Vorgesetzten aktiv einbinden (z. B. zu Projektpräsentationen einladen), die Vorgesetzten und die Teilnehmenden höher sensibilisieren und den Teilnehmenden Transferaufgaben stellen, die eine Umsetzung innerhalb der Organisationen erfordern.

Führungskräfte werden in diesem Sinn vermehrt dazu aufgefordert, neben Führungs- und Managementaufgaben auch die Aufgabe einer professionellen Mitarbeitendenentwicklung zu übernehmen (Seufert et al. 2013; Negri 2012). Diese Anforderung ist nicht neu, gewinnt jedoch auf Grund der neuen technologischen Möglichkeiten an Bedeutung.

Führungskräfte werden (wie schon mehrfach erwähnt) zu Lernpromotoren und zu Gestaltern von Lernprozessen am Arbeitsplatz. Die Personalentwickler und -entwicklerinnen sowie die Bildungsmanager und -managerinnen haben dabei die Rolle der Berater und Beraterinnen der Führungskräfte. Sie unterstützen Führungskräfte konzeptionell sowie methodisch und begleiten sie bei der Umsetzung. Es gilt dabei im weitesten Sinn ein Train the Trainer-Prinzip, bei dem die Führungskräfte in ihrer Rolle als Mitarbeitenden-Entwickler unterstützt werden. Es gilt, gemeinsam eine geeignete Mischung von on-, off- und near-the-job-Lernen sowie von informellem und formalem Lernen zu entwickeln. Die Individuen lernen dabei primär selbstgesteuert, und das Lernen wird von den Vorgesetzten, Peers, neuen Medien und den Bildungsprofis unterstützt.

Das HRM soll zu einem aktiven Gestalter werden und die damit verknüpfte Organisations- und Personalentwicklung für sich in Anspruch nehmen. Die damit verbundene neue Lernkultur und die Verknüpfung von formalem mit informellem Lernen muss zusammen mit den IT-Experten gestaltet werden. Das HRM muss sich mit den technologischen Möglichkeiten beschäftigen und wie die Führungskräfte eine Vorbildrolle einnehmen. Es muss eine entsprechende 2.0-Strategie entwickelt werden, und es lohnt sich, Experimente zu starten. Das IT-Management sollte dabei eine unterstützende und beratende Rolle einnehmen.

Die Unternehmensführung muss die für eine offene Web-2.0-Kultur notwendigen organisatorischen Strukturen und interne Prozesse initiieren und mittragen. Die Mitarbeitenden sollen dafür belohnt werden, dass sie erfolgreich externes Wissen und interne Kompetenzen zusammenführen. Die Entwicklung der Mitarbeitenden zu Managern des Netzwerks (vgl. Konnektivismus) von internen und externen Wissensträgern soll durch entsprechende Rahmenbedingungen und Weiterbildungsmaßnahmen unterstützt werden (Jäger und Perry 2012).

10.4 Verknüpfung von formellem und informellem Lernen: Unmöglich oder doch möglich?

Der schon 2005 in Deutschland vorgenommene Modellversuch FILIP (Krauss und Mohr 2005) betont einmal mehr die Schlüsselrolle der mittleren Führungsebene bei der Förderung und Verknüpfung non-formaler und informeller Lernaktivitäten. Wenn Führungskräfte informelles Lernen zu non-formalen Lernformen systematisieren, machen sie informelle Lernprozesse für die Unternehmung nutzbar (Krauss und Mohr 2005). Leider sind sich jedoch weiterhin viele Führungskräfte diesbezüglich ihrer Rolle nicht bewusst und setzen häufig Lernen der organisierten Weiterbildung gleich. Informelle Lernprozesse werden nicht als Lernen wahrgenommen, sondern dem Arbeiten zugeordnet. Dadurch wird das enorme Potenzial des Lernens am Arbeitsplatz weiterhin zu wenig genutzt. Diese Erkenntnis gilt sicher auch 10 Jahre später und gibt klare Hinweise darauf, dass es sich lohnt, bei der Rolle der Vorgesetzten anzusetzen und die Vorgesetzten dazu zu befähigen, dass sie die Vermittlung zwischen informellem und formalem Lernen gestalten können. Damit informelles Lernen nicht situativ und zufällig bleibt, braucht es eine ermöglichungsdidaktische Lernsettings-Gestaltung (Negri 2010). Dabei sollen Lernsettings gestaltet werden, die die Erfahrungen und das Wissen der Mitarbeitenden abholen und für alle nutzbar machen.

Informelles Lernen ist sehr anspruchsvoll und braucht entsprechende Unterstützung und auch Schulung zur Entwicklung der Selbststeuerungsfähigkeiten und des Selbstwirksamkeitserlebnisses (Fromme-Ruthmann 2013). Informelle Lernformen haben aber auch den Vorteil, dass sie für Mitarbeitende mit unterschiedlichen Lernbiografien eine geringe Zugangsschwelle haben und so alle Zielgruppen angesprochen werden können. Dadurch haben Unternehmen, die informelles und selbstgesteuertes Lernen fördern, eine große Chance, die Entwicklung aller Mitarbeitenden zu ermöglichen.

Informelles Lernen kann zum Beispiel durch folgende Maßnahmen und Lernformen unterstützt werden (Fromme-Ruthmann 2013, S. 241; Dehnbostel 2014):

- Schaffung eines lernförderlichen Umfelds
- Förderung durch die Führungskräfte mit Hilfe von Lernzielen
- Initiierung von Arbeits-/Lerngruppen
- Coaching
- Qualitätszirkel
- Lernstatt
- Lerninseln
- Lernnetzwerke
- Communities of Practice
- E-Learning-Formen

Ergänzt durch den Autor:

- Begleitung und Unterstützung durch die Führungskräfte
- Lernen von Lernstrategien (lernen zu lernen)

Alle diese Lernformen haben gemeinsam, dass sie Arbeitsplätze und Arbeitsprozesse unter didaktischen Gesichtspunkten erweitern und gestalten. Es wird dafür gesorgt, dass Lernen unter didaktisch-methodischen, personalen und organisationalen Gesichtspunkten unterstützt und ein Handlungskompetenzzuwachs möglich wird (Dehnbostel 2014). Lernen findet dadurch nicht mehr fremdgesteuert statt, sondern ist ein in die Arbeit integrierter Prozess. Das Bildungsmanagement hat dabei die Aufgabe, den Fokus nicht nur auf die Seminargestaltung zu legen, sondern eben auch auf lernunterstützende Rahmenbedingungen am Arbeitsplatz.

Zusammenfassend kann gesagt werden, dass Organisationen und die Führungskräfte informelles Lernen ihrer Mitarbeitenden dann fördern, wenn sie für die organisationalen Rahmenbedingungen (z. B. Prozesse und Flexibilität) und eine technologiegestützte Lern- und Arbeitsumgebung sorgen sowie eine Lernkultur, die durch Offenheit und Selbstverantwortung geprägt ist, entwickeln (Ermöglichungsdidaktische Grundausrichtung). Zudem haben alle Beteiligten den Auftrag, dafür zu sorgen, dass die Verknüpfung zwischen informellem und formalem Lernen als ein kontinuierlicher Prozess betrachtet wird, der zirkulär ist (Seufert et al. 2013). Es wird immer wieder eine Standortbestimmung vorgenommen, entsprechende Ziele und Maßnahmen dazu werden definiert und das Ergebnis reflektiert. Die Führungskräfte überprüfen dabei zusammen mit den Mitarbeitenden die Kompetenz und Performanz der Mitarbeitenden und planen bei Bedarf weitere Entwicklungsmaßnahmen.

Neben den schon erwähnten Faktoren wie Führungsunterstützung und Schaffen entsprechender Rahmenbedingungen können die folgenden kritischen Erfolgsfaktoren für die Gestaltung von informellem Lernen am Arbeitsplatz (vgl. auch Schreurs 2005) erwähnt werden:

- Es braucht einen hohen Grad an Handlungsfreiheit für die Mitarbeitenden am Arbeitsplatz, damit informelles Lernen überhaupt möglich ist.
- Eine positive Arbeitsplatzbeziehung und Kommunikationsmöglichkeiten während der Arbeit.
- Fachliche Unterstützung für die Lernenden, z. B. durch Coaching und Mentoring.
- Chancengleichheit der Möglichkeiten. Alle Mitarbeitenden sollen in Bezug auf den Zugang zu den Möglichkeiten des informellen Lernens gleich behandelt werden. Beispielsweise sollten alle einen persönlichen Mail- und Internet-Zugang haben.

Schlussfazit
Es deutet alles darauf hin, dass informelles Lernen im Arbeitsprozess in Zukunft noch stärker von den Möglichkeiten der Web-2.0-Technologien geprägt sein wird. Lernen kann zunehmend orts- und zeitunabhängig sowie virtuell gestaltet werden. Die Mitarbeitenden können interaktive Bildungsangebote nutzen und an kooperativen Lehr- und Lern-Settings teilnehmen. Neue Medien erleichtern und ermöglichen das Lernen bei der Arbeit und in vernetzten Strukturen (vgl. Konnektivismus) zunehmend (Dehnbostel 2014).

Alle Mitarbeitende und Führungskräfte werden sich in Zukunft mit dem Thema der Verknüpfung von informellem und formalem Lernen auseinandersetzen und einen Beitrag zur Transformation hin zu einer offenen Lern- und Unternehmenskultur leisten müssen. Unternehmen haben gleichzeitig die Aufgabe, die Voraussetzungen für informelles Lernen zu schaffen, indem der Arbeitsplatz durch unterschiedliche Formen, wie z. B. Job Enrichment und Job Enlargement zum Lernort gemacht wird.

Informelles formal nutzbar zu machen, bleibt, wie mehrfach angesprochen, ein Spannungsfeld, in dem die Gefahr besteht, dass zu steuernd in informelle Prozesse eingegriffen wird und damit auch die eigentliche Lernmotivation torpediert wird. Trotzdem kann zusammengefasst gesagt werden, dass die Web-2.0-Medien informelles Lernen im Beruf zunehmend stärker unterstützen, die Medienkompetenz für alle Arbeitskräfte zunehmend wichtiger wird, virtuelle Lernorte eine wertvolle Möglichkeit bieten, formale und informelle Lernprozesse zu verbinden, neue Medien verbesserte Zugänge zu lebenslangem

Lernen und zu Bildung für alle ermöglichen, Konnektivismus und Ermöglichungsdidaktik weiterhin die grundlegenden didaktischen Fundamente für die Verknüpfung von informellem mit formalem Lernen bilden, Weiterbildung weiter gestärkt werden soll und informelles Lernen als Beitrag zur Chancengleichheit gefördert und anerkannt werden soll.

In dem Sinn kann das Schlussfazit nur heißen: Ja, informelles und formelles Lernen kann sinnvoll verknüpft werden, die Führungskräfte spielen dabei eine entscheidende Rolle und haben die Aufgabe, sich mit den neuen Technologien sowie den aktuellen Lerntheorien zu beschäftigen.

Literatur

Argyris, C. (1992). *On organizational learning* (9. Aufl.). Malden: Blackwell.
Argyris, C., & Schön, D. A. (1978). *Organizational learning. A theory of action perspective*. Reading: Addison – Wesley.
Back, A., Gronau, N., & Tochtermann, K. (2012). *Web 2.0 und Social Media in der Unternehmenspraxis* (3. Aufl.). München: Oldenburg Verlag.
Behrmann, D. (2006). *Reflexives Bildungsmanagement*. Frankfurt a. M.: Peter Lang.
Buhse, W., & Stamer, S. (2008). *Enterprise 2.0. die Kunst loszulassen*. Berlin: Rhombos-Verlag.
Dehnbostel, P. (2014). *Perspektiven für betriebliches und eLearning: Informelles Lernen im Prozess der Arbeit*. Community of Knowledge. http://www.community-of-knowledge.de/beitrag/perspektiven-fuer-betriebliches-und-elearning-informelles-lernen-im-prozess-der-arbeit/. Zugegriffen: 24 Mai 2014.
Dodgson, M. (1993). Organizational learning: A review of some literatures. *Dodgson Organization Studies, 14*(3), 375–394.
Erpenbeck, J., & Sauer, J. (2000). Das Forschungs- und Entwicklungsprogramm „Lernkultur Kompetenzentwicklung". In Arbeitsgemeinschaft Qualifikations-Entwicklungs-Management (Hrsg.), *Kompetenzentwicklung 2000. Lernen im Wandel – Wandel durch Lernen.* (S. 289–336). Münster: Waxmann.
European Commission. (2001). Communication from the Commission: making a European Area of Lifelong Learning A Reality.COM (2001) 678 final.
Fromme-Ruthmann, M. (2013). *Einfluss organisationaler Lernkultur und personaler Aspekte auf die Motivation sowie Art und Ausmass formeller und informeller Lernaktivitäten in Unternehmen*. München: Rainer Hamp Verlag.
Grabmeier, S. (2012). Social Collaboration in Unternehmens- und Personalführung bei Deutsche Telekom AG. In W. Jäger & Th. Petry (Hrsg.), *Enterprise 2.0*. Köln: Luchterhand.
Jadin, T., & Zöserl, E. (2009). Informelles Lernen mit Web-2.0-Medien, *Bildungsforschung, 6*(1), 41–61.
Jäger, W., & Petry, Th. (2012) (Hrsg.). *Enterprise 2.0 – die digitale Revolution der Unternehmenskultur*. Köln: Luchterhand.
Knowles, M (1951). *Informal adult education*. New York: Association Press.
Krauss, A., & Mohr, B. (2005). Vorgesetzte werden zu Gestaltern und Förderern informeller und non-formaler Lernprozesse im Betrieb. *GdWZ, 2*(2005), 1–6.
Li, C. (2010). *Open leadership. How social technology can trans-form the way you lead*. San Francisco: Wiley.
McAfee, A. (2006). *Enterprise 2.0: the state of an Art*. Harvard Business School. Blog.hbs.edu/faculty/amcafee. Zugegriffen: 23 April 2015.

Negri, C. (2010). *Angewandte Psychologie für die Personalentwicklung. Konzepte und Methoden für Bildungsmanagement, betriebliche Aus- und Weiterbildung.* Berlin: Springer.

Negri, C. (2012). Erwachsene lernen nicht im luftleeren Raum. Was zeichnet nachhaltige und nutzbringende Weiterbildungen aus? http://www.hrtoday.ch. Zugegriffen: 15 Juli 2015.

Reinmann, G. (2007). Kooperatives Lernen als informelles Lernen der Net-Generation. In: D. von Euler, G. Pätzold, & S. Walzik (Hrsg.), *Zeitschrift für Berufs- und Wirtschaftspädagogik, 21,* 131–144 (Kooperatives Lernen in der beruflichen Bildung).

Schönefeld, F (2009). *Praxisleitfaden Enterprise 2.0.* München: Hanser.

Schreurs, M. (2005). Informelles Lernen am Arbeitsplatz. *RKW Magazin.* http://www.rkw-kompetenzzentrum.de/uploads/media/2005_MA_Informelles-Lernen.pdf. Zugegriffen: 27. Juni 2015.

Senge, P. (1990). *The fifth discipline: The art and practice of the learning organization.* New York: Doubleday Currency.

Seufert, S., Fandel-Meyer, T., Meier, C., Diesner, I., Fäckeler, S., & Raatz, S. (2013). *Informelles Lernen als Führungsaufgabe.* St. Gallen: scil Arbeitsbericht 2014.

Siebert, H. (2000). Neue Lernkulturen? *Nbeb-Magazin, 2,* 1–3.

Siemens, G. (2004). *Connectivism: A learning theory for the digital age.* http://www.elearningspace.org. Zugegriffen: 24 April 2015.

Sonntag, Kh., Schaper, N., & Friebe, J. (2005). Erfassung und Bewertung von Merkmalen unternehmensbezogener Lernkulturen. In: J. Erpenbeck & Arbeitsgemeinschaft Betriebliche Weiterbildung e. V./Projekt Qualifikations-Entwicklungs-Management (Hrsg.), *Kompetenzmessung im Unternehmen – Lernkultur- und Kompetenzanalysen im betrieblichen Umfeld* (S. 19–340). Münster: Waxmann.

Sponring, C. (2007). *Der Konnektivismus.* http://www.biwiwiki.org/doku.php/christine_sponring:konnektivismus?s[]=konnektivismus. Zugegriffen: 15 Juni 2015.

Wahren, K. E. (1996). *Das Lernende Unternehmen: Theorie des organisationalen Lernens.* Berlin: de Gruyter.

Wüthrich, H. A. (2010). zutrauen – loslassen – experimentieren. *Zeitschrift Führung + Organisation, 4*(2011), 212–218.

Prof. Dr. Christoph Negri ist Arbeits- und Organisationspsychologe, Fachpsychologe für Sportpsychologie und leitet das Zentrum Human Resources, Development & Sportpsychologie am IAP Institut für Angewandte Psychologie der Zürcher Hochschule für Angewandte Wissenschaften. In dieser Funktion ist er u. a. Studienleiter des MAS Ausbildungsmanagement und des CAS psychologisches und mentales Training im Sport und berät Unternehmen und Organisationen im Bereich der Personalentwicklung und Führungskräfteentwicklung.

Teil III
Kooperation und Entscheidung – Vertiefende Analysen

Die Effizienz von Führung – Verhaltensökonomische Einsichten zur Bedeutung von Unsicherheit

11

Matthias Sutter

Zusammenfassung

Führung durch Leadership ist wichtig für das effiziente Funktionieren von Organisationen. Hier wird untersucht, ob Führung auch dann effizient funktioniert, wenn Führungspersonen über die Präferenzen ihrer Mitarbeiter nicht vollständig informiert sind und wenn einzelne Gruppenmitglieder den Wert von Kooperation nicht korrekt einschätzen können. Ökonomische Experimente zeigen, dass Führung unter Untersicherheit sowohl positiv als auch negativ wirken kann, abhängig von der Quelle der Unsicherheit. Leadership wirkt positiv, wenn die Führungsperson durch ein Signal den Wert von Kooperation offenbaren kann. Leadership hat aber keinen positiven Effekt, wenn die einzelnen Gruppenmitglieder unsicher über das Leistungsvermögen einzelner Gruppenmitglieder sind. In diesem Fall steigt die Kooperation in einer Gruppe nicht, wenn eine Führungsperson zuerst ihre Entscheidung trifft. Beide Ergebnisse legen nahe, dass Leadership gezielt und situationsbezogen eingesetzt werden muss.

Die Verhaltensökonomie ist ein junges Forschungsfeld in den Wirtschaftswissenschaften, das sich im Wesentlichen mit der Frage beschäftigt, welche Motive menschliches Verhalten treiben. Die wichtigste Methode der letzten zwei Jahrzehnte zur Untersuchung menschlichen Verhaltens in wirtschaftlich relevanten Situationen stellt die experimentelle Ökonomik dar. In einem ökonomischen Experiment müssen Probanden Entscheidungen treffen, die unmittelbare finanzielle Konsequenzen haben. Grundlage für diese Konsequenzen sind sorgfältig und genau festgelegte Regeln, aus denen sich ergibt, wer zu welchem Zeitpunkt was tun kann und welche Konsequenzen sich daraus ergeben. Mit dieser

M. Sutter (✉)
Universität zu Köln, Köln, Deutschland
E-Mail: matthias.sutter@wiso.uni-koeln.de

Methode lässt sich untersuchen, was menschliches Verhalten treibt und wie Menschen auf (monetäre und nicht-monetäre) Anreize reagieren.

Der folgende Beitrag präsentiert die Ergebnisse von experimentellen Forschungen zur Frage, unter welchen Bedingungen Führung in Unternehmen und Gruppen besser oder schlechter funktioniert im Hinblick auf die Effizienz von Führung und welche Bedeutung dabei Unsicherheit hat. Dabei werden die Begriffe Führung und Leadership synonym verwendet und verstanden. In der Verhaltensökonomik wird unter Führung in der hier rezipierten Literatur der Umstand verstanden, dass ein Gruppenmitglied – die Führungsperson – vor allen anderen Mitgliedern entscheidet und die anderen Mitglieder die Entscheidung der Führungsperson beobachten und darauf reagieren können.

Führung ist von zentraler Bedeutung in Unternehmen und jeder Form von Gruppenarbeit. Häufig besteht Führung darin, dass eine Person Verantwortung übernimmt und in einer bestimmten Situation die Initiative ergreift und eine bestimmte Handlung setzt. Dass Führung das freiwillige Vorangehen in solchen Situationen ist, haben viele berühmte Persönlichkeiten pointiert zum Ausdruck gebracht. Albert Schweitzer etwa sagte, dass Beispiel-Geben gleich Führung ist, und Mahatma Gandhi vertrat die Ansicht, dass jeder Mensch selbst den Wandel vorleben muss, den er in der Gesellschaft gerne sehen würde. Führung hat also etwas mit Freiwilligkeit auf Seiten des Führenden zu tun, ist allerdings ebenso auf die Bereitschaft der Geführten angewiesen, dem (guten) Beispiel des Führenden zu folgen. Wie und warum daraus effiziente Führung entstehen kann, ist eine der zentralen Fragen experimenteller Wirtschaftsforschung in den vergangenen Jahren. Dabei verwendet die experimentelle Wirtschaftsforschung das Paradigma eines Gefangenendilemmas. In einem solchen Dilemma gibt es aus individueller Sicht Anreize, sich eigennützig zu verhalten. Aus der Sicht einer Gruppe als ganzer wäre jedoch wechselseitige Kooperation für das Gemeinwohl optimal. Der Konflikt, zwischen Eigennutz und Gemeinwohl zu wählen, macht den Kern eines sozialen Dilemmas aus. Um dabei Kooperation im Sinne des Gemeinwohls zu erleichtern, spielt Führung eine ganz zentrale Rolle.

In der experimentellen Wirtschaftsforschung wird die Bedeutung von Führung üblicherweise durch ein sequenzielles Spiel abgebildet. Das bedeutet, dass ein Mitglied einer Gruppe zuerst eine Entscheidung in einem sozialen Dilemma-Spiel treffen muss – also eine Wahl zwischen Kooperation und Eigennutz – und danach alle anderen Gruppenmitglieder diese Entscheidung sehen und dann ihre Entscheidung treffen müssen. Das erste Mitglied, das eine Entscheidung zu treffen hat, wird im Folgenden als „Leader" bezeichnet. Für die anderen Gruppenmitglieder, die nachfolgend entscheiden, wird der Begriff „Followers" verwendet.

Bisherige Studien zeigen, dass Leadership in einer solchen Situation hohe Effizienzgewinne ermöglichen kann (siehe etwa Villeval 2012, für einen relativ neuen Überblick). Besonders bemerkenswert ist dabei, dass Leadership auch positive Effekte haben kann, wenn der Leader hierarchisch den anderen Gruppenmitgliedern nicht übergeordnet ist und wenn keine vertraglichen Bestimmungen Kooperation – anstelle von Eigennutz – begünstigen.

In experimentellen Studien (Moxnes und van der Heijden 2003; Gächter und Renner 2004; Potters et al. 2005; Güth et al. 2007; Gächter et al. 2012; Haigner und Wakolbinger 2010; Kumru und Vesterlund 2010) zeigt sich eindeutig, dass die Bereitschaft zur Kooperation bei sequenziellen Entscheidungen deutlich steigt, wenn ein Leader mit gutem Beispiel – also Kooperation – vorangeht und die Followers danach nachziehen. Mit anderen Worten: Kooperation des Leaders führt mit hoher Wahrscheinlichkeit zu Kooperation der Followers. Die Kehrseite der Medaille besteht darin, dass eigennütziges Verhalten des Leaders mit hoher Wahrscheinlichkeit zu eigennützigem Verhalten der Followers führt. Diese Tendenz, Gleiches mit Gleichem zu vergelten, wird in der Verhaltensökonomie als „konditionale Kooperation" bezeichnet (Keser und van Winden 2000; Fischbacher et al. 2001). Damit meint man die Bereitschaft sehr vieler Menschen, sich in einer Gruppe kooperativ zu verhalten und nicht (nur) auf den eigenen Nutzen zu schauen, wenn diese Menschen erwarten, dass andere in der Gruppe das auch tun werden bzw. wenn andere in der Gruppe das auch schon getan haben. Offenbar spielt dabei also nicht nur die Erfahrung aus der Vergangenheit eine Rolle, sondern auch Erwartungen über die Zukunft. Mehrere experimentelle Untersuchungen legen nahe, dass ungefähr 50 % der Teilnehmer solcher Experimente konditional kooperieren (Fischbacher et al. 2001; Kocher et al. 2008). Das bedeutet, dass diese Menschen ihr Verhalten vom Verhalten anderer abhängig machen.

Konditionale Kooperation ist für die Wirkung von Leadership von unschätzbarer Bedeutung. Nur wenn sich Menschen vom Verhalten anderer beeinflussen lassen, hat Leadership – einmal abgesehen von Sanktionsmaßnahmen und hierarchischen Instrumenten von Leadern – ein Potenzial, um Kooperation in Gruppen zu fördern. Welche Rolle spielt dabei aber Unsicherheit? Diese Frage ist in der bisher vorliegenden Literatur nur selten gestellt worden. Üblicherweise beschäftigt sich die experimentelle (und oben zitierte) Literatur zu Leadership mit Szenarien vollständiger Information. Das bedeutet, alle Gruppenmitglieder wissen exakt Bescheid über ihre jeweiligen Möglichkeiten, das jeweilige Einkommen, aus dem Beiträge zum Gemeinwohl geleistet werden können, über die Effizienz von Kooperation und über die Auswirkungen einzelner Handlungen auf jeden Einzelnen in der Gruppe. Das sind natürlich idealisierte Bedingungen, die sehr hilfreich sind, um die Effekte von Leadership Schritt für Schritt analysieren zu können, sie blenden aber wichtige Aspekte aus, die in modernen Unternehmen die Wirkung von Leadership zwangsläufig beeinflussen, vornehmlich den Einfluss von Unsicherheit.

Der folgende Beitrag beleuchtet zwei wichtige Dimensionen von Unsicherheit und deren Wirkung auf den Effekt von Leadership auf das Niveau von Kooperation in Gruppen. Erstens beschäftigt sich der Beitrag mit der Frage, wie Unsicherheit über den Wert von Kooperation wirkt und welchen Beitrag Leadership in solchen Situationen haben kann. Der Wert von Kooperation ist in vielen Situationen nicht unmittelbar klar, schon gar nicht für alle Gruppenmitglieder. Das Zusammenarbeiten und wechselseitige Helfen – also Kooperation – ist häufig für unterschiedliche Gruppenmitglieder unterschiedlich wertvoll. Darüber hinaus ist es oft so, dass nicht alle Gruppenmitglieder diesen Wert überhaupt genau bemessen können, sondern dass nur manche Gruppenmitglieder darüber Bescheid wissen, insbesondere der Leader. Kann Leadership in solchen Situationen helfen, Kooperation zu steigern? Zweitens geht der Beitrag der Frage nach, was passiert, wenn nicht alle Gruppenmitglieder exakt über die Möglichkeiten der einzelnen Mitglieder Bescheid wissen, zum Gemeinwohl beizutragen. Was passiert, wenn nicht klar ist, wer wie viel beisteuern kann und wer wie stark profitiert, wenn andere beitragen? Auch das ist eine alltägliche Situation für viele Arbeitsgruppen in Unternehmen. Es wird sich zeigen, dass in dieser Situation Leadership weniger stark wirksam ist als in der ersten skizzierten Situation von Unsicherheit.

Der nächste Abschnitt beantwortet die erste Frage von oben – Unsicherheit über den Wert von Kooperation. Danach widmet sich Abschn. 11.2 der zweiten Frage – wie Unsicherheit über das Leistungsvermögen einzelner Gruppenmitglieder die Wirkung von Leadership beeinflusst. Abschnitt 11.3 fasst die wesentlichen Ergebnisse zusammen und diskutiert Implikationen für Unternehmer.

11.1 Unsicherheit über den Wert von Kooperation

11.1.1 Wie misst man Kooperation und die Bedeutung von Leadership?

Dieser Abschnitt basiert auf einer Publikation von Potters et al. (2007). Sie messen Kooperation und die Bedeutung von Leadership in einem einfachen Experiment, in dem es zwei Rollen gibt, einen Leader und einen Follower. Beide Rollen müssen eine Entscheidung treffen zwischen zwei Alternativen, genannt Alternative A und Alternative B.[1] Entweder jemand entscheidet sich für Alternative A oder für Alternative B. Eine Entscheidung für beide Alternativen ist nicht möglich. Die Alternative B kann interpretiert werden als Beitrag zum Gemeinwohl, weil die Wahl der Alternative B unter bestimmten Umständen auch für die andere Person profitabel ist. Die Wahl der Alternative A ist für die andere Person unter keinen Umständen profitabel und ist damit im strengen Sinn die eigennützige Handlungsalternative bei der Wahl zwischen Alternative A und Alternative B.

Die eigene Wahl und die Wahl der jeweils anderen Person – also des Leaders bzw. des Followers – bestimmen schließlich die Auszahlungen für eine bestimmte Person. Wenn jemand die (eigennützige) Alternative A wählt, dann erhält diese Person einen fixen Geldbetrag, die andere Person jedoch hat keinen Vorteil davon. Die Wahl der Alternative B kann drei verschiedene Auswirkungen haben, und im Experiment waren die folgenden drei Bedingungen gleich wahrscheinlich.

- **Bedingung INEFFZIENT**: Die Alternative B kann sowohl für die entscheidende Person als auch das andere Gruppenmitglied vollkommen wertlos sein. Das kann interpretiert werden als (die extreme) Situation, in der überhaupt keine Synergien durch die Zusammenarbeit zwischen Gruppenmitgliedern entstehen.

---

[1] Es ist üblich in der experimentellen Wirtschaftsforschung, möglichst neutral von Handlungsoptionen oder Alternativen zu sprechen, um möglichst wenig Einfluss – etwa durch suggestive Bezeichnungen – auf die Entscheidungen von Probanden zu nehmen.

- **Bedingung SUPEREFFIZENT**: Die Alternative B kann so attraktiv sein, weil die Synergieeffekte so hoch sind, dass es bereits aus individueller Sicht besser ist, Alternative B zu wählen, anstatt Alternative A. Das heißt, dass jeder Spieler – Leader als auch Follower – mehr Geld verdient, wenn er Alternative B wählt. Gleichzeitig bedeutet die Wahl von Alternative B immer, dass auch das andere Gruppenmitglied im gleichen Umfang profitiert. Auch diese Möglichkeit ist – wie jene in Bedingung INEFFIZIENT – als extreme Situation konzipiert. Beide Bedingungen zusammen bilden damit das mögliche Verhalten in vollem Umfang ab.
- **Bedingung EFFIZIENT**: Die interessanteste Bedingung ist die dritte Möglichkeit. Hier ist es aus individueller Sicht nach wie vor optimal, die Alternative A zu wählen, aus kollektiver Sicht beider Parteien zusammen wäre jedoch die Alternative B besser. Das lässt sich etwa folgendermaßen illustrieren. Nehmen wir an, die Wahl der Alternative A würde der jeweiligen Partei einen Geldbetrag von einer Einheit einbringen. Wenn nun die Wahl der Alternative B nur 0,75 Einheiten für jede (!) der beiden Parteien einbringt, dann ist es aus finanzieller Sicht für eine einzelne Partei besser, Alternative A anstatt Alternative B zu wählen (1 Einheit ist besser als 0,75 Einheiten), aber aus Sicht beider Parteien effizienter, wenn Alternative B gewählt wird, weil dadurch anstatt einer Geldeinheit aus Alternative A in Summe 1,50 Einheiten generiert werden. Dieser Umstand bildet die möglichen Effizienzgewinne durch Teamarbeit ab. Jedoch hat jedes Teammitglied einen Anreiz, sich nicht am Gemeinwohl zu beteiligen. Mit anderen Worten, diese Bedingung kennzeichnet ein soziales Dilemma. Aus Sicht der gesamten Gruppe ist Kooperation am besten. Aus individueller Sicht gibt es aber einen Anreiz, eigennützig zu handeln. Hier stehen sich Eigennutz und Gemeinwohl also wechselseitig im Weg.

Da im Experiment von Potters et al. (2007) alle drei Bedingungen mit gleicher Wahrscheinlichkeit zutreffen können, wird dadurch die Unsicherheit darüber abgebildet, wie gut es für eine Gruppe ist, wenn sich die Gruppenmitglieder (hier der Leader und der Follower) für das Gemeinwohl anstelle ihres Eigennutzes engagieren.

In der experimentellen Studie von Potters et al. (2007) war es nun möglich, dass sowohl der Leader als auch der Follower über die jeweilige Bedingung informiert waren, bevor sie die Wahl zwischen Alternative A und Alternative B trafen, oder dass nur der Leader über die zutreffende Bedingung Bescheid wusste und dann entweder vorab oder gleichzeitig mit dem Follower seine Wahl treffen konnte. Die Situation mit vollständiger Information über die zutreffende Bedingung – sowohl beim Leader als auch beim Follower – ist die Kontrollbedingung. Hier gibt es keine Unsicherheit und es lässt sich leicht nachvollziehen, dass hier erwartet werden muss, dass sowohl der Leader als auch der Follower nur dann die Alternative B wählen, wenn die Bedingung SUPEREFFIZIENT zutrifft. In den anderen Fällen ist es aus individueller Sicht vorteilhafter, die eigennützige Alternative A zu wählen.

Wenn nur der Leader über die zutreffende Bedingung Bescheid weiß, dann spielt Unsicherheit eine große Rolle, weil das Verhalten des Followers jetzt unter Umständen vom Leader beeinflusst werden kann. Der Follower weiß in dieser Situation ja nur, dass alle Bedingungen – und damit die verschiedenen Grade an Effizienz von Teamarbeit – gleich wahrscheinlich sind. Wenn er nun die Wahl des Leaders beobachten kann – der ja über die Bedingung Bescheid weiß zum Zeitpunkt seiner Wahl zwischen Alternative A und Alternative B –, dann kann er daraus unter Umständen schließen, ob es sinnvoll ist, auch zum Gemeinwohl (also zu Alternative B) beizutragen und damit zu kooperieren oder nicht. Das setzt jedoch voraus, dass der Follower zuerst die Wahl des Leaders beobachten kann und erst danach seine Wahl treffen muss. Das wird als *sequenzielle* Entscheidung bezeichnet. Wenn der Follower aber seine Wahl treffen muss, bevor er die Wahl des Leaders beobachten kann, dann spricht man von einer *simultanen* Entscheidung. In diesem Fall kann der Follower keine Schlüsse aus dem Wissen ziehen, dass der Leader die Bedingung kennt, und der Follower handelt demnach auf der Grundlage, dass alle drei möglichen Bedingungen gleich wahrscheinlich sind. Mit anderen Worten, im simultanen Fall ist zu erwarten, dass der Follower Alternative A wählt, weil in zwei von drei Fällen (also in der Mehrheit der Fälle) Kooperation nicht profitabel und deshalb die Wahl der Alternative A besser ist.

Im sequenziellen Fall sieht die Sache aber anders aus. Hier kann man theoretisch zeigen, dass der Leader optimaler Weise sowohl in Bedingung SUPEREFFIZIENT als auch Bedingung EFFIZIENT kooperiert und Alternative B wählt, der Follower das beobachtet und dann auch Alternative B wählt. Das bedeutet, dass es im sequenziellen Fall zu einer optimalen (heißt effizienten) Entscheidung für die Gruppe insgesamt kommt. Der Leader kann hier also die Unsicherheit des Followers über den Wert der Kooperation auflösen und durch das Vorangehen mit gutem Beispiel – also der Wahl der Alternative B – Kooperation des Followers hervorrufen. Eine solche Situation ist für Unternehmen besonders interessant, weil es realistisch wirkt, dass Leader häufig besser Bescheid wissen als die anderen Gruppenmitglieder, wie sich Kooperation für die Gruppe auswirkt.

Die entscheidende Frage ist nun, ob sich Menschen in der Rolle eines Leaders und eines Followers so verhalten, wie die Theorie vorhersagen würde. Die Ergebnisse von Potters et al. (2007) basieren auf 192 Teilnehmern der Studie und geben auf diese Frage eine klare Antwort.

11.1.2 Die Wirkung von Leadership, wenn der Wert von Kooperation unsicher ist

Abbildung 11.1 zeigt zuerst die relative Häufigkeit, mit der ein Leader die kooperative Alternative B wählt, wenn die genaue Situation sowohl dem Leader als auch dem Follower bekannt ist. Auch wenn es leichte Abweichungen von der theoretischen Prognose (unter der Annahme von Eigennutzmaximierung) gibt, wählen die Leader im Wesentlichen die Alternative B nur dann, wenn Bedingung SUPEREFFIZIENT gilt, wenn es also aus individueller Sicht profitabel ist, die Alternative B zu wählen. Der relative Anteil an Leadern,

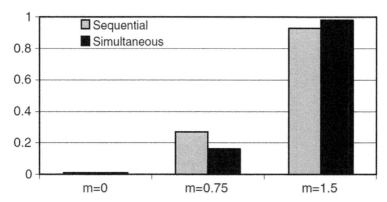

Abb. 11.1 Relative Häufigkeit, mit der der Leader die Alternative B wählt, wenn der Parameter m allen bekannt ist. (Quelle: Potters et al. (2007))

die in dieser Bedingung zum Gemeinwohl beitragen, ist größer als 90 %, und zwar sowohl im simultanen Fall – der Follower entscheidet gleichzeitig mit dem Leader – als auch im sequenziellen Fall – der Follower erfährt zuerst die Entscheidung des Leaders und wählt erst dann. Wenn Alternative B wertlos ist in Bedingung INEFFIZIENT, dann wählen die Leader praktisch nie die Alternative B, und wenn die Bedingung EFFIZIENT zutrifft, dann kommt das in lediglich ca. 20 % der Fälle vor, obwohl es für den Leader und den Follower *zusammen* profitabel wäre, hier den Beitrag zum Gemeinwohl durch die Wahl der Alternative B zu leisten. Beachtenswert ist der Umstand, dass in Abb. 11.1 keine statistisch signifikanten Unterschiede zwischen der simultanen und der sequenziellen Bedingung vorliegen.

Abbildung 11.2 zeigt die relative Häufigkeit, mit der die Follower bei vollständiger Information über die vorliegende Situation die Alternative B wählen. Es zeigt sich dabei praktisch das gleiche Bild wie für die Leader in Abb. 11.1. Wenn Alternative B auf jeden Fall individuell profitabel ist in Bedingung SUPEREFFIZIENT, dann wird Alternative B gewählt, sonst in der Regel nicht. Es spielt auch praktisch keine Rolle, ob der Follower die Wahl des Leaders kennt (in der sequenziellen Bedingung) oder gleichzeitig mit dem Leader entscheidet (in der simultanen Bedingung). Das ist deshalb nicht weiter überraschend,

Abb. 11.2 Relative Häufigkeit, mit der der Follower die Alternative B wählt, wenn der Parameter m allen bekannt ist. (Quelle: Potters et al. (2007))

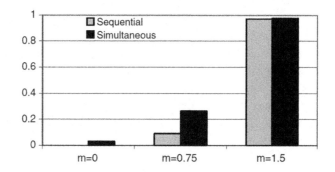

Abb. 11.3 Relative Häufigkeit, mit der der Leader die Alternative B wählt, wenn der Parameter m nur dem Leader bekannt ist. (Quelle: Potters et al. (2007))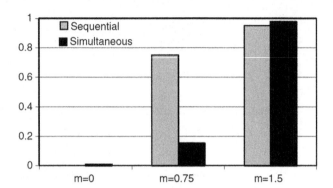

weil bei vollständiger Information erstens der Follower die zutreffende Bedingung kennt und weil zweitens der Leader bei vollständiger Information praktisch das tut, was theoretisch vorhergesagt wird (nämlich nur dann Alternative B wählen, wenn es aus individueller Sicht attraktiv ist), weshalb es keine Anreize für den Follower gibt, seine Entscheidung nicht nur von der jeweiligen Situation, sondern auch von der Wahl des Leaders abhängig zu machen.

Abbildung 11.3 widmet sich der Frage, wie sich das Verhalten des Leaders ändert, wenn der Follower *nicht* Bescheid weiß über die zutreffende Bedingung. Die hellgrauen Balken beziehen sich auf die sequenzielle Entscheidungssituation, in der der Follower vor seiner Entscheidung die Wahl des Leaders kennenlernt. Die dunkelgrauen Balken ergeben sich bei simultanen Entscheidungen. In dieser Abbildung sieht man nun einen starken Effekt von Unsicherheit (über die genaue Bedingung), wenn die Bedingung EFFIZIENT zutrifft und wenn der Leader eine Wahl trifft, die dem Follower vor dessen Wahl bekannt wird. Wie im vorigen Unterabschnitt ausgeführt, ist es in dieser letzten Bedingung theoretisch zu erwarten, dass der Leader hier die Alternative B wählt – obwohl das in kurzsichtiger Betrachtung weniger attraktiv als die Alternative A ist –, weil in der sequenziellen Entscheidungssituation der Follower einen Anreiz hat, die Wahl des Leaders zu kopieren. Wie man in Abb. 11.3 sieht, wählen in der sequenziellen Situation knapp unter 80 % der Leader die Alternative B, während das in der simultanen Situation weniger als 20 % tun. Die Unsicherheit des Followers über die zutreffende Bedingung verursacht hier also einen großen Unterschied im Verhalten des Leaders im Vergleich zur Kontrollsituation mit vollständiger Information (Abb. 11.1).

Abbildung 11.4 zeigt schließlich das Verhalten des Followers bei Unsicherheit über die zutreffende Bedingung, separat für die simultane und sequenzielle Situation. In der simultanen Situation weiß der Follower lediglich die Wahrscheinlichkeitsverteilung der drei Bedingungen, erfährt aber nicht, welche Bedingung wirklich vorliegt und sieht auch keine Entscheidung des Leaders, bevor der Follower seine Entscheidung treffen muss. Die relative Häufigkeit der Wahl von Alternative B beträgt ungefähr ein Drittel, was der

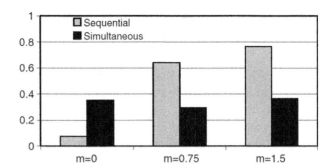

Abb. 11.4 Relative Häufigkeit, mit der der Follower die Alternative B wählt, wenn der Parameter m nur dem Leader bekannt ist. (Quelle: Potters et al. (2007))

Wahrscheinlichkeit für die Bedingung SUPEREFFIZIENT entspricht. Die dunkelgrauen Balken unterscheiden sich aber nicht zwischen den Bedingungen INEFFIZENT und EFFIZIENT, weil dem Follower ja nicht bekannt ist, welche Bedingung wirklich gilt. Wenn der Follower die Entscheidung des Leaders aber sieht vor der eigenen Entscheidung (also in der sequenziellen Situation), dann sieht man klar, dass die Wahl des Leaders einen starken Einfluss auf die Wahl des Followers hat. Aus Abb. 11.3 ist schon bekannt, dass der Leader in der sequenziellen Situation nur in Bedingung INEFFIZIENT nicht die Alternative B wählt, sonst aber meist schon. Daraus ergibt sich, dass der Follower in den Bedingungen EFFIZIENT und SUPEREFFIZIENT in der überwiegenden Zahl der Fälle das Signal bekommt, dass der Leader die effiziente Alternative B gewählt hat. Dieses Signal führt dann dazu, dass der Follower seinerseits mit einer Wahrscheinlichkeit von über 50 % die Alternative B wählt. Da der Follower bei Bedingung SUPEREFFIZIENT häufiger (nämlich fast immer) beobachten kann, dass der Leader Alternative B wählt, ist dort die Wahl der Alternative B durch den Follower noch höher als bei Bedingung INEFFIZIENT. Dies belegt die im ersten Abschnitt beschriebene Neigung zu konditionaler Kooperation.

Insgesamt zeigt die Studie von Potters et al. (2007) sehr klar, dass Leadership bei asymmetrischer Information über den Wert von Kooperation einen sehr stark effizienzsteigernden Effekt haben kann, weil durch den Leader wichtige Information an den Follower signalisiert werden kann. Ist Unsicherheit also immer gut? Der nächste Abschnitt zeigt eine andere Facette von Unsicherheit, die aus Effizienzüberlegungen negativ zu beurteilen ist.

11.2 Unsicherheit über das Leistungsvermögen einzelner Gruppenmitglieder

11.2.1 Wie misst man Kooperation und die Bedeutung von Leadership in diesem Kontext?

Dieser Abschnitt basiert auf mehreren Forschungsprojekten zum Einfluss von Leadership auf Kooperation in Gruppen (siehe Levati et al. 2007; Güth et al. 2007; Rivas und Sutter 2011; Sutter und Rivas 2014). In allen diesen Projekten gab es Gruppen von vier Personen, die jeweils eine Ausstattung E hatten, die sie entweder für ein privates Gut oder ein öffentliches Gut einsetzen konnten. Beim Einsatz für das private Gut konnte nur die jeweilige Person profitieren, während beim Einsatz für das öffentliche Gut jedes Mitglied in der Gruppe profitieren konnte. Konkret war es immer so, dass eine Einheit, die ins private Gut investiert wurde, für die betreffende Person genau eine Einheit wert war, während jede Einheit, die ins öffentliche Gut investiert wurde, genau 0,4 Einheiten für jedes Gruppenmitglied wert war. Das bedeutet, dass der private Ertrag aus dem privaten Gut deutlich höher war (nämlich um 0,6 Geldeinheiten) als der Ertrag aus dem öffentlichen Gut. Jedoch erbrachte jede Einheit für das öffentliche Gut für die gesamte Gruppe einen Ertrag von 1,6 Einheiten. Jeder Beitrag zum öffentlichen Gut erhöhte damit die Effizienz der Aktivitäten in der Gruppe. Das soziale Dilemma besteht bei dieser Anordnung darin, dass es aus individueller Sicht nicht attraktiv ist, ins öffentliche Gut zu investieren, aus kollektiver allerdings schon.

Leadership lässt sich in diesem Kontext wiederum dadurch implementieren, dass eines der vier Gruppenmitglieder zuerst über die Höhe des Beitrags zum öffentlichen Gut entscheiden muss, die anderen Gruppenmitglieder darüber informiert werden und danach ihre Entscheidungen treffen müssen. Welche Faktoren spielen in einer solchen Situation für die Wirkung von Leadership eine bedeutende Rolle?

11.2.2 Die Wirkung von Leadership bei der Bereitstellung öffentlicher Güter

Wenn die Höhe der Ausstattung für jedes Gruppenmitglied gleich ist und die Bedingungen der Auszahlung jedem Gruppenmitglied bekannt sind, dann zeigen Güth et al. (2007), dass Leadership die Beiträge zum öffentlichen Gut um ungefähr 35 % erhöht. Die wesentliche Triebfeder für dieses Ergebnis besteht darin, dass die Followers sich konditional kooperativ verhalten und im Wesentlichen dem Beispiel des Leaders folgen. Das gilt ganz besonders dann, wenn die Leader auch Zuckerbrot und Peitsche einsetzen können – interpretierbar als Kündigungen oder Belobigungen –, wie Rivas und Sutter (2011) bzw. Sutter und Rivas (2014) zeigen. Mit anderen Worten, die Followers tragen mehr bei, wenn der Leader auch noch Sanktionsmöglichkeiten hat, als wenn er das nicht hat und nur auf Freiwilligkeit angewiesen ist. Freiwilligkeit ist allerdings ein sehr wichtiger Bestandteil von

Leadership. In Sutter und Rivas (2014) zeigt sich, dass der positive Effekt von Leadership nicht einfach daher kommt, dass jemand in einer Gruppe zuerst eine Entscheidung zu treffen hat. Wenn man nämlich einfach extern (durch die Experimentleitung) jemanden in jeder Runde zwingt, als erster eine Entscheidung zu treffen, die den anderen Gruppenmitgliedern danach kommuniziert wird, dann verschwindet der positive Effekt von Leadership vollständig. Es spielt dann keine Rolle mehr, ob alle Gruppenmitglieder gleichzeitig über ihren Beitrag zum Gemeinwohl (also dem öffentlichen Gut) entscheiden oder ob ein Leader vorangeht. Erst wenn dieses Vorangehen freiwillig erfolgt, dann stellen sich die positiven Effekte von Leadership auf die Kooperationsbereitschaft der anderen Gruppenmitglieder ein.

Alle diese Ergebnisse basieren auf den Bedingungen, dass die Ausstattungen – also das Leistungsvermögen – aller Gruppenmitglieder gleich sind und dass jedes Gruppenmitglied darüber Bescheid weiß. Was passiert aber, wenn die Ausstattungen unterschiedlich sind und wenn die Gruppenmitglieder nicht mehr wissen, welches Gruppenmitglied wie viel beitragen kann? Wirkt Leadership dann immer noch? In Levati et al. (2007) wurden diese beiden Fragen beantwortet, indem in einer ersten Bedingung die Ausstattungen der Gruppenmitglieder heterogen gemacht wurden und in einer zweiten Bedingung dann die Gruppenmitglieder nicht mehr über die Verteilung der Ausstattungen informiert wurden. Im letzteren Fall herrschte also Unsicherheit über das Leistungsvermögen jedes Gruppenmitglieds, was die Frage aufwirft, ob unter einer solchen Unsicherheit Leadership noch positive Effekte hat.

In der ersten Bedingung hatten zwei Gruppenmitglieder eine Ausstattung von 30 Geldeinheiten und zwei Gruppenmitglieder eine Ausstattung von 20 Einheiten. Die Ausstattung des Leaders war mit gleicher Wahrscheinlichkeit entweder 30 oder 20 Einheiten. Diese Bedingungen waren allen Gruppenmitgliedern bekannt. In diesem Fall hat Leadership nach wie vor einen positiven Beitrag, indem die Beiträge zum öffentlichen Gut um etwa 40 % steigen. Der Effekt ist statistisch gesehen nicht verschieden vom Leadership-Effekt, wenn alle Gruppenmitglieder dieselbe Ausstattung von 25 Einheiten haben und das jedem bekannt ist. Unterschiede in der Ausstattung haben also keine negativen Effekte auf die Wirkung von Leadership auf das Kooperationsniveau in Gruppen. Dies gilt jedenfalls, wenn die unterschiedlichen Ausstattungen jedem bekannt sind.

Dies gilt aber nicht mehr, wenn Unsicherheit über die Verteilung der Ausstattungen herrscht. Wenn – wie in Levati et al. (2007) – die vier Gruppenmitglieder nur mehr wissen, dass alle vier Mitglieder zusammen über 100 Geldeinheiten verfügen (was der Summe in der ersten Bedingung entspricht), die Verteilung (mit Ausnahme der eigenen Ausstattung) aber nicht mehr bekannt ist, dann hat Leadership keinen Einfluss mehr auf das Kooperationsniveau, verglichen jeweils mit einer Kontrollbedingung, in der alle Gruppenmitglieder gleichzeitig ihre Entscheidungen treffen. Konkret stieg das Kooperationsniveau mit Leadership um 4 % über das Niveau ohne Leadership mit simultanen Beiträgen. Jedoch ist der Unterschied statistisch nicht signifikant. Das zeigt, dass Unsicherheit über die Möglichkeiten der einzelnen Gruppenmitglieder, zum Gemeinwohl beizutragen, einen in der Regel positiven Effekt von Leadership zunichtemacht. Während also im letzten

Kapitel Unsicherheit über den Wert des öffentlichen Guts durch Leadership gemindert und dadurch das Kooperationsniveau gesteigert werden kann, ist Unsicherheit über die Leistungsvermögen einzelner Gruppenmitglieder schlecht für die Wirkung von Leadership.

11.3 Zusammenfassung

Führung bzw. Leadership ist für das effiziente Funktionieren von Organisationen besonders wichtig. Dies ist vor allem deshalb der Fall, weil Menschen häufig konditional kooperativ sind, das heißt, sie kooperieren gerne, wenn das andere – etwa eine Führungsperson – auch tun. In diesem Beitrag ging es im Wesentlichen um die Fragen, ob Führung auch dann effizient funktioniert, wenn Führungspersonen über die Präferenzen ihrer Mitarbeiter – oder gar des Unternehmens – nicht vollständig informiert sind und wenn einzelne Gruppenmitglieder den Wert von Kooperation für die Gruppe nicht vollständig einschätzen können. Mithilfe ökonomischer Experimente – bei denen unter kontrollierten Bedingungen reale Menschen reale Entscheidungen mit realen monetären Konsequenzen treffen – konnte gezeigt werden, dass Führung unter Untersicherheit sowohl positiv wie auch negativ wirken kann, abhängig von der Quelle der Unsicherheit. Leadership wirkt dann positiv, wenn der Leader ein Signal geben kann, mit dem er den Wert von Kooperation für die Gruppe und ihre Mitglieder offenbaren kann. Die anderen Gruppenmitglieder reagieren dann positiv auf Leadership und werden kooperativer. Leadership hat aber keinen positiven Effekt auf das Kooperationsniveau, wenn die einzelnen Gruppenmitglieder unsicher über das Leistungsvermögen einzelner Gruppenmitglieder sind. In diesem Fall bringt es für die Kooperation in einer Gruppe nichts mehr, wenn ein Leader vor allen anderen Gruppenmitgliedern seine Entscheidung trifft. Unsicherheit über das Leistungsvermögen einzelner Gruppenmitglieder macht also die positiven Wirkungen von Leadership zunichte. Beide Ergebnisse legen nahe, dass Leadership gezielt und situationsbezogen eingesetzt werden muss. Wenn für eine Gruppe unklar ist, wie wichtig – für die Gruppe und das Unternehmen – es ist, dass alle an einem Strang ziehen, wenn also einzelne Gruppenmitglieder die Tragweite von kooperativen bzw. egoistischem Verhalten nicht vollständig einschätzen können, dann ist Leadership besonders bedeutsam, um Signale zu senden, die die Unsicherheit auflösen oder zumindest stark einschränken. Wenn eine Gruppe aus sehr heterogenen Mitgliedern hinsichtlich ihres Leistungsvermögens besteht, dann hilft Leadership nicht, das Kooperationsniveau zu erhöhen. In einer solchen Situation wäre es das erste Gebot, mehr Transparenz über die einzelnen Mitglieder und deren Leistungsvermögen zu schaffen. Denn es ist die Unsicherheit über die Heterogenität, nicht die Heterogenität an sich, die den positiven Effekt von Leadership zunichtemachen kann.

Literatur

Fischbacher, U., Gächter, S., & Fehr, E. (2001). Are people conditionally cooperative? Evidence from a public goods experiment. *Economics Letters, 71*(3), 397–404.

Gächter, S., & Renner, E. (2004). *Leading by example in the presence of free rider incentives.* Mimeo: University of Nottingham.

Gächter, S., Nosenzo, D., Renner, E., & Sefton, M. (2012). Who makes a good leader? Cooperativeness, optimism, and leading-by-example. *Economic Inquiry, 50*(4), 953–967.

Güth, W., Levati, M.-V., Sutter, M., & van der Heijden, E. (2007). Leading by example with and without exclusion power in voluntary contribution experiments. *Journal of Public Economics, 91*(5–6), 1023–1042.

Haigner, S., & Wakolbinger, F. (2010). To lead or not to lead. Endogenous sequencing in public goods games. *Economics Letters, 108*(1), 93–95.

Keser, C., & van Winden, F. (2000). Conditional cooperation and voluntary contributions to public goods. *Scandinavian Journal of Economics, 102*(1), 23–39.

Kocher, M., Cherry, T., Kroll, S., Netzer, J., & Sutter, M. (2008). Conditional cooperation on three continents. *Economics Letters, 101*(3), 175–178.

Kumru, C. S., & Vesterlund, L. (2010). The effect of status on charitable giving. *Journal of Public Economic Theory, 12*(4), 709–735.

Levati, M. V., Sutter, M., & van der Heijden, E. (2007). Leading by example in public goods experiments with heterogeneity and incomplete information. *Journal of Conflict Resolution, 51*(5), 793–818.

Moxnes, E., & van der Heijden, E. (2003). The effect of leadership in a public bad experiment. *Journal of Conflict Resolution, 47*(6), 773–795.

Potters, J., Sefton, M., & Vesterlund, L. (2005). After you – Endogenous sequencing in voluntary contribution games. *Journal of Public Economics, 89*(8), 1399–1419.

Potters, J., Sefton, M., & Vesterlund, L. (2007). Leading-by-example and signaling in voluntary contribution games: An experimental study. *Economic Theory, 33*(1), 169–182.

Rivas, M. F., & Sutter, M. (2011). The benefits of voluntary leadership in experimental public goods games. *Economics Letters, 112*(2), 176–178.

Sutter, M., & Rivas, F. (2014). Leadership, reward, and punishment in sequential public goods experiments. In P. van Lange, B. Rockenbach, & T. Yamagishi (Hrsg.), *Reward and punishment in social dilemmas* (S. 133–160). Oxford: Oxford University Press.

Villeval, M.-C. (2012). Contributions to public goods and social preferences: Recent insights from behavioral economics. *Revue Economique, 63*(3), 389–420.

Prof. Dr. Matthias Sutter ist Exzellenzprofessor an der Universität zu Köln und Professor für Experimentelle Wirtschaftsforschung an der Universität Innsbruck. Davor war er am Europäischen Hochschulinstitut in Florenz, der Universität Göteborg und am Max-Planck-Institut für Ökonomie in Jena. Er erforscht vor allem Teamentscheidungen, Kooperation in Gruppen und die Entwicklung ökonomischen Entscheidungsverhaltens mit dem Alter. Seine Arbeiten wurden publiziert in Science, Proceedings of the National Academy of Sciences oder American Economic Review. Sein Buch „Die Entdeckung der Geduld" schaffte es in die österreichischen Bestsellerlisten. Matthias Sutter ist verheiratet und hat zwei Töchter.

12. Neue Herausforderungen an das Change Management

Die Kunst der kontinuierlichen Selbsterneuerung von Unternehmen

Hans-Joachim Gergs

> **Zusammenfassung**
>
> Angesichts der zunehmenden Dynamik auf den Märkten wird Veränderungsfähigkeit zur zentrale Kernkompetenz von Unternehmen. Folgt man neueren Forschungsergebnissen, dann sind diejenigen Unternehmen langfristig erfolgreich, die sich kontinuierlich zu erneuern vermögen. Unter kontinuierlicher Selbsterneuerung verstehen wir einen Wandel zweiter Ordnung der nicht durch einen akuten Handlungsdruck aus dem Umfeld des Unternehmens ausgelöst wird. Dies steht im Widerspruch zu den „klassischen" Konzepten des Change Managements, die davon ausgehen, dass tiefgreifende Veränderungsprozesse nur dann erfolgreich sein können, wenn ein Handlungsdruck besteht. Ist kontinuierliche Selbsterneuerung damit ein rein theoretischer Typus von Veränderung? Auf der Grundlage eigener Forschungsergebnisse kann der Autor diesen Typus von Veränderung empirisch nachweisen. Ferner zeigen seine Forschungsergebnisse, dass dieser Typus des Wandels nach völlig anderen Regeln und Grundsätzen funktioniert als bislang bekannte Veränderungsprozesse.

In den letzten Jahren haben wir gesehen, wie schnell etablierte Unternehmen wie Kodak, Nokia und Black-Berry und in Deutschland Quelle oder AEG von Wettbewerbern und Veränderungen in ihren Branchen verdrängt werden können. In allen der genannten Unternehmen gab es Möglichkeiten zu handeln, bevor die Krise die Organisation erfasst hat. Bei Kodak versuchte z. B. der CEO George Fisher das Unternehmen Ende der 1990er-WJahre in das digitale Zeitalter zu führen. Ihm gelang es jedoch nicht, den Kurs des Unter-

---

H.-J. Gergs (✉)
Institut für Soziologie, Friedrich-Alexander Universität Erlangen-Nürnberg,
Erlangen-Nürnberg, Deutschland
E-Mail: gergs@t-online.de

nehmens schnell genug zu verändern. Fisher hatte eine Chance; sein Nachfolger hatte eine handfeste Krise, die Kodak nicht überlebte. Und die Dynamik auf den Märkten beschleunigt sich weiter. Zehn der zwanzig größten Insolvenzen von US Firmen der vergangenen zwei Jahrzehnte ereigneten sich in den letzten beiden Jahren. Selbst dauerhaft erfolgreichen Unternehmen fällt es zunehmend schwerer, kontinuierlich überdurchschnittliche Ergebnisse zu erzielen. 1994 schrieb Collins und Porras den Bestseller „Built to last". Sie führten darin 18 visionäre Unternehmen auf, die ihre Wettbewerber im Zeitraum zwischen 1950 und 1990 regelmäßig überflügelt hatten. Zehn Jahre später haben es von diesen 18 Unternehmen aber nur sechs geschafft, besser abzuschneiden als der Dow-Jones-Index. Die anderen 12 – darunter Konzerne wie Disney, Ford, Sony oder HP – sind von „überragend" auf „noch einigermaßen akzeptabel" abgesackt. Andere wie Kodak und Polaroid sind vom Markt vollständig verschwunden. Aber nicht nur einzelne Unternehmen, sondern ganze Branchen haben in den letzten Jahren den richtigen Zeitpunkt für Veränderung verpasst. Zeitungsverlage, europäische Modehäuser und Versandhändler; sie alle haben große Mühe, ihre veralteten Geschäftsmodelle auf den neuesten Stand zu bringen. Dies alles verdeutlicht: Erfolg war noch nie so unsicher wie heute. Insbesondere die neuen Informationstechnologien und der Prozess der Digitalisierung der Wirtschaft werden in vielen Branchen die Spielregeln des Wettbewerbs noch einmal grundlegend verändern. Wir leben in einer Welt, in der die Zukunft immer weniger aus vergangenen Ereignissen abgeleitet werden kann.

Angesichts dieser Dynamik gilt heutzutage die Fähigkeit, sich schnell auf veränderte Umweltanforderungen einzustellen, als die zentrale Kernkompetenz von Unternehmen. Hierüber herrscht unter den wichtigsten Vertretern der Managementforschung Einigkeit (Collins 2009; Hamel 2007, 2012 u. v. m.). Es geht darum, Schnelligkeit und Innovationskraft nicht nur zu bewahren, sondern systematisch zu entwickeln. Folgt man den neuesten wissenschaftlichen Untersuchungen, dann sind diejenigen Unternehmen langfristig erfolgreich, die über die Fähigkeit verfügen, sich kontinuierlich neu zu erfinden (Teece 2009; Bins et al. 2014; Johnson et al. 2012). Auch Collins (1994, 2009) kommt in seinen Studien zu dem Befund, dass kein Unternehmen durch radikale Veränderung zur High Performance gelangt, sondern nur durch kontinuierliche und langfristige Weiterentwicklung. Er bestätigt damit die Befunde einer Untersuchung von Brown und Eisenhardt aus dem Jahr 1997.

Dies hat natürlich auch Auswirkungen auf das Change Management. Ich vertrete in diesem Beitrag die These, dass das „klassische" Change Management gegenwärtig an seine Grenzen gelangt. Die kontinuierliche Selbsterneuerung der Unternehmen kann nicht mehr nach dem Schema „Unfreeze – change – refreeze" (Lewin 1952) gestaltet werden. Mehr und mehr entsteht die Notwendigkeit, radikale Transformationen zu vermeiden und Veränderungsprozesse frühzeitig einzuleiten, um in den guten Jahren die vorhandenen Ressourcen zu nutzen und die Organisation vorausschauend auf die Zukunft vorzubereiten. Und hierin liegt die große Herausforderung: die meisten Unternehmen wurden nicht für kontinuierliche Erneuerung gebaut. Die von den Pionieren des Managements (Taylor, Sloan, Ford etc.) entwickelten Theorien und Konzepte waren alle auf Stabilisierung, Standardisierung und nicht auf permanente Veränderungsfähigkeit ausgerichtet. Es ist daher auch nicht erstaunlich, dass die Geschichte der meisten Unternehmen lange Zeiträume aufweist, in denen es nur zu geringfügigen Veränderungen kam, unterbrochen von wenigen Phasen tiefgreifender Veränderung, die meist durch eine Krise ausgelöst wurden.

Aus meiner Sicht sind gegenwärtig die spannendsten und zugleich dringlichsten Fragen: Wie kann kontinuierliche Selbsterneuerung gelingen? Wie müssen die Kommunikations- und Entscheidungsstrukturen aussehen, um diesen Prozess zu unterstützen? Wie muss sich das Change Management wandeln, um Prozesse der kontinuierlichen Selbsterneuerung zu unterstützen? Diesen Fragen gehe ich derzeit im Rahmen eines Forschungsprojektes nach, dessen Zwischenergebnisse ich im Folgenden darstellen möchte[1]. Dabei beziehe ich mich auf zwei unterschiedliche Quellen: Erstens den aktuellen Stand der Forschung zum Thema kontinuierliche Erneuerung und zweitens auf meine eigenen empirischen Untersuchungen.

Angesichts der gebotenen Kürze dieses Beitrages sei daher nur knapp auf die Forschungsliteratur verwiesen, auf die ich mich beziehe. Besonders bedeutsam sind die Forschungsarbeiten zu den „Dynamic Capabilities" (Teece 2009) bzw. „Strategic Change Capability" (Pettigrew und Whipp 1993) sowie die Untersuchungen von Brown und Eisenhardt (1998). Insbesondere letztere haben sich im Rahmen ihrer Untersuchungen von Unternehmen in „High Velocity Environments" konzeptionell explizit mit kontinuierlicher Erneuerung beschäftigt. Rindova und Kotha (2001) haben versucht, kontinuierliche Erneuerung mit dem Begriff des „Morphing" zu fassen. Marshak (2004) knüpft an diesen Arbeiten an und arbeitet das Konzept des „Morphing" weiter aus. Ein weiterer Ansatz zur vorausschauenden Gestaltung von Organisationen stammt von Weick und Sutcliffe. Im Rahmen ihrer Forschung zu High-Reliability Organizations haben sie untersucht, wie Organisationen mit bedrohlichen Situationen umgehen und das Unerwartete managen. In der deutschsprachigen Diskussion hat Wimmer (2007) den Begriff der vorausschauenden Erneuerung eingeführt. Last but not least finden sich bei Schamer (2009) anregende konzeptionelle Ideen zur Erfassung kontinuierlicher Erneuerungsprozesse

Im Rahmen meines eigenen Forschungsprojektes habe ich bislang sechs Intensivfallstudien in Unternehmen durchgeführt, in denen in der Zeit von 2004 bis 2014 ein Prozess der Selbsterneuerung stattgefunden hat[2]. Das heißt, die Unternehmen durchliefen einen tiefgreifenden Wandel ihres Geschäftsmodells, ohne dass sie in einer Krise waren. Ich habe mich im Untersuchungsdesign bewusst auf die Erforschung von so genannten Vorreiterunternehmen beschränkt, weshalb sich das Untersuchungssample mit einer Ausnahme – einem Unternehmen aus der Kosmetikindustrie – aus mittelständischen IT- und Medienunternehmen zusammensetzt, die in einem sehr dynamischen Marktumfeld operieren. Dies schränkt, und dies sei hier bereits unterstrichen, die Verallgemeinerbarkeit meiner

---

[1] Eine ausführliche Darstellung der Untersuchungsergebnisse und des Modells der kontinuierlichen Erneuerung findet sich in Gergs 2016.
[2] Das Forschungsvorhaben ist am Institut für Soziologie der Universität Erlangen Nürnberg angesiedelt und wird durch die *Stiftung Bildung und Forschung* finanziell gefördert.

Ergebnisse stark ein. Die Fokussierung auf die IT- und Medienbranche habe ich aus zwei Gründen gewählt: Erstens findet sich der empirisch noch immer seltene Veränderungstypus der kontinuierlichen Erneuerung vorzugsweise in diesen beiden Branchen. Zweitens vertrete ich die These, dass die IT- und Medienunternehmen zur neuen Leitbranche der Wirtschaft werden und damit die Automobilindustrie ablösen. Bezogen auf Fragen zur Zukunft von Führung, Organisation und Wandel, können wir in diesen beiden Branchen bereits heute Entwicklungen beobachten, die sich zeitverzögert, so meine These, in anderen Branchen wiederfinden werden.

Ich komme auf der Grundlage meiner bisherigen Forschung zu folgenden Ergebnissen: Erstens handelt es sich beim Typus der kontinuierlichen Selbsterneuerung nicht um einen rein theoretischen Typus von Veränderungsprozess. In meinen Fallstudien konnte ich diesen Typus von Veränderung empirisch nachweisen. Zweitens verdeutlichen die bisherigen Ergebnisse, dass dieser Typus des Wandels nach völlig anderen Regeln und Grundsätzen funktioniert. Kontinuierliche Erneuerung, so mein bisheriger Forschungsbefund, fordert unser etabliertes Denken über Veränderungsprozesse in grundlegender Weise heraus. Konkret heißt dies, dass wir uns von folgenden vier Annahmen des „klassischen" Change Managements verabschieden müssen:

- Annahme 1: „Tiefgreifende Veränderung braucht Leidensdruck":
  Sie können nur dann erfolgreich sein, wenn sich das Unternehmen einem äußeren Handlungsdruck gegenüber oder gar mit einer Krise konfrontiert sieht. Es braucht eine ‚Not', die es zu ‚wenden' gilt (Notwendigkeit).
- Annahme 2: „Tiefgreifende Veränderungen können nur episodisch umgesetzt werden"
  Sie müssen schnell und mit radikalen Einschnitten in der Organisation erfolgen. Die Erneuerung eines Unternehmens in einem kontinuierlichen Prozess ist dieser Annahme zufolge grundsätzlich nicht möglich.
- Annahme 3: „Tiefgreifende Veränderungen müssen Top-down angestoßen werden":
  Sie müssen immer von der Spitze des Unternehmens initiiert und umgesetzt werden. Ohne eine „Guiding Coalition" (Kotter 1996) im Top-Management sind derartige Veränderungsprozesse zum Scheitern verurteilt.
- Annahme 4: „Tiefgreifende Veränderungsprozesse müssen linear geplant werden":
  Ein entscheidender Erfolgsfaktor für tiefgreifende Veränderungsprozesse ist, dass das Management von Anfang an eine klare Vision bzw. ein eindeutiges Zielbild hat und dass diese Prozesse gut gemanagt werden.

Mit diesen vier Annahmen des ‚klassischen' Change Managements möchte ich mich im Folgenden auseinandersetzen. Auf der Grundlage meiner empirischen Befunde werde ich herausarbeiten, welchen Prinzipien der Veränderungstypus der kontinuierlichen Erneuerung folgt und wie man das Change Management zukünftig anders denken muss.

12.1 Kontinuierliche Erneuerung – Eine Begriffsklärung

Um für den weiteren Gang der Argumentation begriffliche Klarheit zu schaffen, möchte ich zuerst den Veränderungstypus der kontinuierlichen Selbsterneuerung definieren, indem ich ihn anhand einer Vier-Felder-Matrix von drei weiteren Typen des Wandels unterscheide. Bei der Konzeption der Matrix greife ich erstens auf die von Watzlawick et al. (1974) eingeführte Differenzierung von Wandel erster und zweiter Ordnung[3] und zweitens auf die Unterscheidung von episodischen und kontinuierlichen Wandel (Porras und Silvers 1991) zurück[4]. Auf der Grundlage dieser Matrix lassen sich vier Idealtypen von Veränderungsprozessen unterscheiden (vgl. hierzu auch Reith und Wimmer 2013, S. 147 ff.; Schumacher 2013).

Die vier Typen der Veränderung
Im ersten Veränderungstypus der *„Optimierung bisheriger Praxis"* werden die bisherigen Vorgehensweisen, Strukturen und Strategien nicht grundsätzlich in Frage gestellt. Die „Not" zur Veränderung ist in diesem Typus der Veränderung gering. Kaizen, TQM oder Qualitätszirkel sind Beispiele für diesen Veränderungstypus.

Der zweite Veränderungstypus *„Operatives Krisenmanagement"* findet sich immer dann, wenn eine Organisation ein akutes Problem zu lösen hat. Die Organisation steckt in einer operativen Krise, ausgelöst zum Beispiel durch einen konjunkturell bedingten Rückgang der Aufträge oder durch akute Liquiditäts- oder Qualitätsprobleme. Die Krise ist jedoch nicht so tiefgreifend, dass sie die Identität der Organisation bedroht. Es geht darum, schnell wirksame Maßnahmen zu ergreifen, um Kosten zu reduzieren oder Qualitätsprobleme zu lösen. Beispiele sind Kostensenkungsprogramme, Kurzarbeit oder Qualitätsoffensiven.

Vom dritten Veränderungstypus *„Radikale Transformation"* sprechen wir dann, wenn eine Organisation in eine existenzbedrohende strategische Krise gerät. Das Geschäftsmodell und die Identität der Organisation stehen auf dem Prüfstand. Dabei kann es sich sowohl um Sanierungen und Turnarounds handeln oder, wenn noch Zeit und Geld vorhanden ist, um Restrukturierungsprojekte. Das Zeitfenster für diese Art der Veränderung ist zumeist sehr eng, weshalb wir es immer mit episodischem Wandel zu tun haben.

Beim vierten Veränderungstypus der *„kontinuierlichen Selbsterneuerung"* ist – wie beim Typus „Optimierung bisheriger Praxis" – Wandel in die Organisationsprozesse fest integriert (Integrationsmodell) und normalisiert (Regelstatus). Der Fokus liegt jedoch

---

[3] Beim Wandel erster Ordnung bleiben die grundsätzlichen Weltsichten, Orientierungen und Normen einer Organisation unangetastet. Es geht um Verbesserung, Effizienzsteigerung und Perfektionierung des Bestehenden. Wandel zweiter Ordnung bedeutet dagegen eine grundlegende Änderung organisationaler Sinnstrukturen. Es geht dabei nicht um eine Verbesserung des Bestehenden, sondern vielmehr um eine Transformation der Organisation und damit auch deren Identität (Watzlawick 1974, S. 30).

[4] Episodischer Wandel wird zumeist durch externe Veränderungen ausgelöst. Der Veränderungsprozess ist eine zeitlich begrenzte Unterbrechung eines Gleichgewichtszustandes der Organisation.

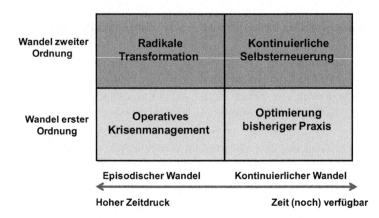

Abb. 12.1 Die vier Typen der Veränderung

nicht auf der Optimierung des Bestehenden, sondern auf der kontinuierlichen Überprüfung des Geschäftsmodells bzw. der Identität der Organisation. Es handelt sich um einen Wandel zweiter Ordnung, ohne dass das Unternehmen jedoch in einer Krise steckt.

12.2 Kontinuierliche Erneuerung von Unternehmen – Eine Herausforderung für das Change Management

Im Folgenden werde ich mich mit dem Typus der kontinuierlichen Erneuerung beschäftigen. Der Gang der Argumentation orientiert sich dabei an den eingangs vorgestellten vier Grundannahmen des „klassischen" Change Managements, die es nach meinen empirischen Befunden zu revidieren gilt.

12.2.1 Vom Leidensdruck zum attraktiven Zukunftsbild

> Wandel und Wechsel liebt, wer lebt.
> (Richard Wagner, in Rheingold)

Folgt man den ‚Klassikern' des Change Managements, dann sind Unternehmen nur dann zu grundlegenden Veränderungen in der Lage, wenn es eine Notwendigkeit zur Veränderung oder einen ‚case for action' gibt: sei es ein neuer Branchentrend, unzufriedene Kunden, neue Wettbewerber, etc. Christensen und Shu (1999) fordern Führungskräfte dazu auf, eine „burning platform" zu schaffen, und John Kotter weist in seinem millionenfach verkauften Buch „Das Prinzip Dringlichkeit" auf die zentrale Bedeutung der Defizit-Analyse zu Beginn eines tiefgreifenden Veränderungsprozesses hin. Die Unternehmensführung muss, so John Kotter, eine externe Bedrohung identifizieren und als potenzielle Gefahr für das Unternehmen interpretieren. Gelingt dem Management dies nicht, sind Veränderungsprozesse zum Scheitern verurteilt. Keine Änderung ohne Leidensdruck lautet die dahinterstehende Annahme. Eine ganz ähnliche Argumentation findet sich bei Ross Kanter et al. (1992) oder auch bei Noel Tichy und Mary Devanna (1990)[5].

Ist also Wandel zweiter Ordnung ohne Leidensdruck oder gar ohne eine Krise überhaupt möglich? Wir gehen davon aus, dass dies möglich ist. Bereits in den 1960er-Jahren haben die bekannten Organisationsforscher Cyert und March in ihrem 1963 erschienen Grundlagenwerk „The behavioral theory of the firm" verdeutlicht, dass es nicht nur akute Probleme und Krisen sind, die Veränderungen in Organisationen anstoßen. In wirtschaftlich erfolgreichen Zeiten, so die beiden Organisationsforscher, können Organisationen ‚organisational slack' aufbauen, der Innovationen in Organisationen fördert. Sie schreiben: „such slack driven change can also be considered the result of unfulfilled, yet more sophisticated goals".

Auch in der Natur erfolgt Veränderung nicht nach dem Gebot der Notwendigkeit. Die Evolution stattet Organismen häufig mit scheinbar überflüssigen Merkmalen aus, die sich nicht auf die Fortpflanzung auswirken, die sich aber als ausgesprochen nützlich erweisen können, wenn sich die Umweltbedingungen ändern. Dieses Phänomen wird als Präadaption bezeichnet. So waren z. B. Federn bereits vor der Entwicklung des Vogelflugs bei Dinosauriern vorhanden und dienten der Wärmeisolierung. Neuere Fossilfunde lassen eine Reihe von Zwischenstufen von einfachen zu komplex aufgebauten Federn bei eindeutig bodenbewohnenden Dinosauriern erkennen. Mit der Evolution des Flügels konnten sie dann zugleich dem Fliegen dienen (vgl. auch Hamel 2007).

Meine eigenen Untersuchungsergebnisse bestätigen die Annahme, dass tiefgreifender Wandel nicht nur durch Krise und Not ausgelöst werden kann. In den untersuchten Unternehmen herrscht eine grundlegend andere mentale Haltung zu Wandel und Veränderung bei den Führungskräften wie auch den Mitarbeitenden vor. Im Unterschied zur Defizitorientierung, die wir nach wie vor in der Mehrzahl der Unternehmen vorfinden, herrscht in den erneuerungsfähigen Unternehmen eine starke Orientierung an Zukunftschancen und den Potenzialen des eigenen Unternehmens vor. Knapp zusammengefasst können diese mentalen Einstellungen wie folgt beschrieben werden:

- Denken in Möglichkeiten, Chancen und Herausforderungen
- Denken in veränderbaren Welten, in Gestaltung- und Handlungsspielräumen
- Denken in positiven Signalen und Richtungen
- Denken in Stärken und Potenzialen des eigenen Unternehmens

Zentraler Hebel des Managements ist es, gemeinsam mit den Mitarbeitenden, Bilder von möglichen Zukunftsszenarien zu entwickeln. Die Mobilisierung durch ein attraktives Zukunftsbild baut vor allem darauf auf, eine positive emotionale Anspannung und Begeisterung zu erreichen und die Mitarbeitenden zum Mitgestalten zu bewegen. Man kann dies auch als „Winning-the-Princess-Strategie" bezeichnen. Damit einher geht auch ein anderes Menschenbild. Die Führungskräfte in erneuerungsfähigen Unternehmen gehen nicht

---

[5] Für eine Zusammenfassung der unterschiedlichen Modelle vgl. Todnem 2005, S. 376.

davon aus, dass sich Mitarbeitende prinzipiell gegen Veränderungen wehren, sondern dass sie sich lediglich dagegen wehren, verändert zu werden.

In der Organisationsentwicklung wurden in den letzten Jahren einige Methoden und Konzepte entwickelt, die diesen Gedanken der Zukunftsorientierung aufgegriffen haben. In der von David Cooperrider und Diana Whitney entwickelten Methode des „Appreciative Inquiry" (1999) geht es darum, die Aufmerksamkeit von Organisationen in Veränderungsprozessen auf das Positive und das Zukünftige zu lenken. Auch die von Kim Cameron et al. (2003) begründete Schule der Positive Organizational Scholarship beschäftigt sich mit der Frage, wie der Übergang von einer defizitorientierten Organisation hin zu einer stärken- und chancenbasierten Organisation gelingen kann. Und nicht zuletzt sei auf die „*Theory U*" verwiesen, mit der Otto Schamer (2009) ein Konzept vorgestellt hat, Organisationen von der Zukunft her zu führen.

12.2.2 Vom episodischen zum kontinuierlichen Wandel

> Soll eine Veränderung möglichst in die Tiefe gehen,
> so gebe man das Mittel in kleinen Dosen,
> aber auf weite Zeitstrecken hin!
> (Friedrich Nitzsche in Morgenröthe)

In den vergangenen Jahrzehnten haben Organisationstheoretiker und Change Management-Berater eine Vielfalt von Theorien und Konzepten zu Veränderungsprozessen entwickelt. Diese basieren fast durchweg auf der Idee des episodischen Wandels und Kurt Lewins drei-Phasenmodells von „unfreeze, change, refreeze"[6]. Grundannahme all dieser Konzepte ist es, dass sich Organisationen in einem Gleichgewichtszustand befinden, der unterbrochen werden muss, damit sich diese Organisationen verändern. Ob in Tichys und Mary Devanna „Transformational Leader" (1990), Nadlers „Champions of Change" (1998), Kotters „Leading Change" (1996) oder Moss Kanters et al. „Challenge of Organizational Change" (1992), von allen genannten Autoren wird die Idee des ‚großen' Wandels verfolgt.

Die Managementpraxis hat dieses episodische Modell des Wandels bereitwillig aufgenommen. Es gehört heutzutage zum guten Ton, dass jeder neue CEO sein eigenes Change-Programm auflegt. Die in regelmäßigen Abständen vom Top-Management angestoßenen Change-Projekte vermögen die Organisation jedoch meist nur kurzfristig zu irritieren, langfristig aber überfordert diese ‚Stop-and-go-policy' die meisten Unternehmen. Bereits 1996 kommt John Kotter zu dem Ergebnis, dass mehr als 70 % aller Veränderungsprojekte scheitern. Neuere Untersuchungen bestätigen dieses Ergebnis weitgehend (vgl. hierzu Pongratz und Trinczek 2006).

Stellt sich die Frage, warum die klassischen Change Programme so wenig erfolgreich sind? Ein Blick in die Natur gibt erneut interessante Hinweise. Aus der Natur haben wir

---

[6] Eine sehr gute zusammenfassende Darstellung findet sich bei Marshak (2004).

gelernt, dass Wandel kontinuierlich stattfindet, ohne Anfang und Ende. Mutationen ereignen sich in der Natur ständig und nicht nur zu bestimmten Zeitpunkten. Für die Natur sind stabile Zustände „uninteressant", denn diese Zustände sind pathologisch. Es gäbe kein Potenzialunterschied mehr, der ein Fließen der Elemente erlaubt. Das einzig biologisch wirklich stabile System ist tot. Während der natürliche Zustand Instabilität und Fließen bedeutet, versuchen wir in unserem ‚klassischen' Denken über Organisation Instabilität nach wie vor auszuklammern. Wir vermeiden noch immer den Gedanken an wackelige Konstruktionen und instabile Systeme.

Die Welt um uns herum ist jedoch ständig in Bewegung, und wie wir eingangs festgestellt haben, nimmt die Dynamik weiter zu. Ein einmal gefundenes Optimum verschiebt sich schnell wieder. Unternehmen, die die Fähigkeit der kontinuierlichen Erneuerung nicht besitzen, laufen Gefahr, in eine bestandsbedrohende Situation zu geraten, wie Kathlen Eisenhardt mit ihren Forschungen in der IT-Branche belegt. Sie kommt zu der Schlussfolgerung: „The ability to engage in rapid relentless continual change is a crucial capability for survival". Ihre Forschungsergebnisse belegen, dass Unternehmen in so genannten „High-Velocity-Enviroments" nur dann überleben, wenn sie ein gewisses Maß an Instabilität aufweisen. Und genau dies konnte ich auch in meinen Fallstudien nachweisen. Die untersuchten Unternehmen zeichnen sich durch ein hohes Maß an Umweltsensibilität aus. Sie stellen ständig das Bestehende in Frage und erkunden die Zukunft mit vielen kleinen Experimenten. Hierdurch erhalten Sie sich ihre Instabilität oder anders formuliert: durch viele Experimente erzeugen sie einen Strom kontinuierlicher kreativer Unruhe in der Organisation. Diese kreative Unruhe ist die Basis für kontinuierliche Erneuerung.

12.2.3 Von „top-down" zu „activist-out" Prozesse der Veränderung

People support what they create.

Im Sturm muss der Kapitän auf die Brücke! In unsicheren Zeiten werden von Führungskräften Mut und Entschlossenheit gefordert. Teils getrieben durch ihr Umfeld, teils getrieben durch das eigene Ego übernimmt das Management die Verantwortung für Veränderungen selbst. Die Grundannahme des klassischen Change Management lautet: Veränderungsprojekte müssen immer an der Spitze der Organisation beginnen! Dies heißt überspitzt formuliert, dass nur Führungskräfte das Recht, die Kompetenzen und die Macht haben, Veränderungsprozesse anzustoßen. In der Realität lässt sich jedoch folgendes beobachten: Es ist häufig das Top-Management, das als letzter Veränderung innerhalb und im Umfeld der Organisation wahrnimmt. Abgeschottet durch eine Vielzahl von Führungsebenen wird es oft mit einer geschönten Wirklichkeit konfrontiert. Die Vielfalt und Dynamik der technischen Entwicklung macht es den oberen Führungskräften zudem unmöglich, alle Veränderung im Auge zu behalten. Kaum ein Top-Manager hat die Zeit, sich zum Beispiel in der digitalen Welt von Twitter, Facebook, Spotify und den zigfach neuen Anwendungen zu tummeln. Die Managementvordenker Gary Hamel und Michele Zanini halten dies für einen der wesentlichen Gründe dafür, dass Change Programme zu spät angestoßen und zu selten umgesetzt werden (2014).

Aber können grundlegende Veränderungsprozesse mit kleinen Schritten beginnen und von Menschen angestoßen werden, die nicht im Management sind? Ich behaupte ja: Denken Sie nur an die amerikanische Revolution, die von der Boston Tea Party, einer Grassroot Bewegung ausging. Oder denken Sie einen Moment daran, wie sich Ihr Leben durch das Internet verändert hat. Keine einzelne Person und auch kein einzelnes Unternehmen hat das Netz erfunden. Es entwickelte sich selbstorganisiert durch viele unabhängige Akteure zu einer Plattform, auf der sich Menschen weltweit vernetzten können. Wenn wir Change Programme wie den Bau einer komplexen Maschine planen, begrenzen wir den Spielraum in dem Neues entstehen kann. Demgegenüber eröffnen Change Plattformen allen Mitarbeitern im Unternehmen die Möglichkeit, sich an der Erneuerung der Organisation zu beteiligen. Die Frage „Wer managt Veränderungsprozesse" erhält damit eine neue Antwort: Nicht ausschließlich das Management, sondern auch die Mitarbeiter. Hierzu bedarf es eines Umbaus traditioneller Organisationsstrukturen. Kontinuierliche Selbsterneuerung braucht eine ganz andere Infrastruktur für den Wandel. „Build a change platform, not a change program" fordern die beiden Managementvordenker Gary Hamel und Michele Zanini (2014).

Und genau diesen Rat befolgen die von mir untersuchten Unternehmen. In ihnen herrscht eine hohe kommunikative Dichte vor, nicht nur innerhalb der hierarchischen Linien, sondern auch zwischen unterschiedlichen Organisationsbereichen. Das Management schafft systematisch laterale und hierarchieübergreifende Kommunikationsmöglichkeiten, sei es durch Innovations-Jams, Bar-Camps, Social Media, laterale Netzwerke (Gergs und Kozinowski 2012), die Einführung eines „Rats der Weisen" (Rough 2002) und der Nutzung diverser Großgruppenformate (Königswieser und Keil 2000) u. v. m.

Die untersuchten Unternehmen lassen Freiräume in zeitlicher (Innovationszeit) wie auch materialer Hinsicht (z. B. finden sich in diesen Unternehmen Kreativräume und Kommunikationszentren), in denen ungeregelte Initiativen entstehen können. Das ‚Management' von ‚Change' besteht für die Führungskräfte in diesen Unternehmen darin, Voraussetzungen für Kreativität, Lernen und Experimentieren zu schaffen. Führungskräfte übernehmen verstärkt die Rolle des ‚Sozial-Architekten', dessen Verantwortung darin besteht, eine Infrastruktur zur kontinuierlichen Erneuerung aufzubauen und zu pflegen. Der frühere Cheftechnologe von Google Jim Coughran hat diese neue Rolle des Managements früh erkannt. Seiner Meinung nach ist es nicht damit getan, dass das Top-Management eine Vision vorgibt, der die Mitarbeitenden folgen. Die Herausforderung für Google besteht seiner Ansicht vielmehr nach darin, Change Communities und Change Plattformen zu etablieren, die es den Mitarbeitern ermöglichen, die Veränderung des Unternehmens aktiv mit voranzutreiben. Change ist in dieser Philosophie nicht mehr nur Aufgabe der Führung.

12.2.4 Vom linear geplanten zum zyklisch organischen Wandel

Erfolg ist selten eine gerade Linie. (Tom Perkins)

In modernen Gesellschaften durchdringt der soziale Wandel mittlerweile alle Lebensbereiche. Aus sozialwissenschaftlicher Perspektive ist der Wandel von Organisationen daher kein überraschendes Phänomen. Überrascht sind Sozialforscher vielmehr von dem immer noch verbreiteten Glauben an die Steuerbarkeit von Veränderungsprozessen. Bereits die Bezeichnung „Change Management" suggeriert, dass tiefgreifender Wandel von Organisationen „gemangt" werden kann, wie z. B. ein Bau- oder IT-Projekt. Die Geschichten über erfolgreiche Veränderungsprozesse, die auf Konferenzen oder in Büchern und Artikeln vorgetragen werden, sind fast alle von dieser Vorstellung von systematischer Planung, Steuerung und Kontrolle geprägt. Die großen Unternehmensberatungen nähren diesen Glauben an die Steuerbarkeit von Veränderungen mit ihren regelmäßigen Studien zu den Erfolgsfaktoren des Wandels: Change wird immer wichtiger und er wird nach wie vor schlecht gemangt, so die überraschungsfreien Ergebnisse dieser Studien.

Dem stehen die vielen Forschungsbefunde aus den Sozialwissenschaften gegenüber, die die Vorstellung der Planbarkeit des Wandels sozialer Systeme bereits seit den 1970er-Jahren tiefgreifend erschüttert haben. Sozialer Wandel folgt in der Regel nie den Zielen und Plänen der beteiligten Akteure. Zwar befindet sich das Management, im Vergleich z. B. zu Politikern, in einer stärkeren Machtposition: Organisationen verfügen über zentrale Steuerungsmechanismen, die der Leitung eine gezieltere und wirkungsmächtigere Einflussnahme erlauben. Trotzdem: auch das Management hat bei Veränderungsprozessen nur begrenzte Steuerungsmacht. Die vielen gescheiterten Veränderungsprojekte sind ein Beweis dafür. Wenn ein Veränderungsprozess wirklich tiefgreifend ist, dann betritt eine Organisation in diesem Prozess Neuland und Neuland muss bekanntermaßen erst vermessen werden, bevor es berechenbar wird. Oder wie es ein preußischer General auf den Punkt brachte: „Kein Plan überlebt den ersten Kontakt mit dem Feind".

Die von mir untersuchten erneuerungsfähigen Unternehmen haben sich weitgehend von einem linearen Planungsansatz verabschiedet. Es herrscht ein zyklisch-organisches Veränderungsverständnis vor. Die Planung von Veränderungsprozessen hat in diesen Unternehmen einen ganz anderen Stellenwert. Statt umfangreicher (Vorab-)Planungen sind hier das unmittelbare Feedback auf Experimente und kleine Veränderungsschritte wichtig. Dieses Feedback auf die ersten Schritte der Veränderung stellen den Ausgangspunkt für die weitere Planung dar. Das experimentelle Lernen steht im Mittelpunkt des Veränderungsprozesses. „Tue etwas; schaue was passiert; ziehe Rückschlüsse daraus; tue etwas Neues". Durch dieses iterative Vorgehen erlangen diese Unternehmen schnell Klarheit über die Chancen eines Change Vorhabens. Und dies gilt sowohl für Veränderungsvorhaben, die sich auf die Organisation und das Managementsystem beziehen als auch auf Veränderungen, die das Produkt und das Geschäftsmodell betreffen. Während im linear-kausalen Modell des „klassischen" Change Managements strikt zwischen denken (analysieren, entscheiden, planen) und handeln (Pläne umsetzen) getrennt wird, wechseln erneuerungsfähige Organisationen ständig zwischen Denken und Handeln.

Ein zentraler Treiber dieses Veränderungsverständnisses sind in den von mir untersuchten IT- und Medienunternehmen die agilen Ansätze wie z. B. Scrum oder Design Thinking. Insbesondere die Methode des Scrum folgt dem Grundprinzip der schnellen Iteration und des flüssigen Plans. Der Ansatz von Scrum ist empirisch, inkrementell und iterativ. Er beruht auf der Erfahrung, dass viele Entwicklungsprojekte zu komplex sind, um in einen festen Plan gefasst werden zu können. Der langfristige Plan wird kontinuierlich verfeinert und verbessert. Detailpläne werden nur noch für den jeweils nächsten Entwicklungszyklus erstellt. Kurz zusammengefasst lassen sich die Handlungsregeln, nach denen erneuerungsfähige Organisationen operieren, wie folgt darstellen:

- Halte Dir möglichst viele Optionen offen
- Akzeptiere, dass man es nicht gleich von Anfang an richtig machen kann
- Es ist egal, wo du beginnst, wenn Du nur schnell genug von Fehlern lernst
- Ziehe einen adaptiven, untersuchenden Ansatz einem starren, planenden Ansatz vor

Dies heißt aber nicht, dass sich das Management als Beobachter evolutionärer Veränderungen in diesen Unternehmen zur Ruhe setzt. Planvolles Handeln bleibt wichtig. Nur hüten sich erneuerungsfähige Unternehmen davor, Planung primär danach zu beurteilen, ob sie ihre Ziele erreicht. Die Kunst der Planung von Veränderungsprozessen besteht für sie vielmehr darin, einen Mittelweg zwischen Verbindlichkeit und Offenheit zu finden. Die von mir untersuchten Unternehmen vermögen es, Pläne zu machen und zugleich Unerwartetes und Zufälliges aufzuspüren und zu nutzen. Sie versuchen, die veränderte Situation zu ihren Gunsten zu nutzen. Sie sind „Veränderungs-Bastler", die das Unvorhergesehene geschickt mit dem Geplanten kombinieren.

12.3 Herausforderungen und offene Fragen an die Forschung und an die Praxis des Change Managements

In der Forschung ist man sich einig darüber, dass die dynamischen und komplexen Umweltbedingungen ganz neue Herausforderungen an die Anpassungsfähigkeit der Unternehmen stellen. Aber wie bereits erwähnt, ist unser empirisch fundiertes Wissen darüber, wie kontinuierlicher Wandel erfolgreich in Organisationen etabliert werden kann, noch sehr gering und auf die zumeist kleineren Unternehmen der IT- bzw. Internetbranche begrenzt. Viele Fragen sind noch unbeantwortet. Welche Bedeutung kommt den mittleren und unteren Führungskräften in diesem Typus von Veränderungsprozess zu? Welche Rolle spielt Vertrauen in diesen Veränderungsprozessen? Welche Formen der Kommunikation und welche Organisationsformen benötigen diese Prozesse? Auf der Grundlage der wenigen bislang vorliegenden Forschungsergebnisse können wir lediglich erste Hypothesen entwickeln. Es bedarf daher dringend weiterer empirischer Forschung zu diesem Thema.

Dabei darf sich die Forschung nicht nur – wie bislang leider üblich – auf den westlichen Kulturkreis beschränken. Die Untersuchung von Unternehmen insbesondere in östlichen Kulturen, wo die Idee der kontinuierlichen Veränderung viel stärker etabliert ist, könnte ganz neue Einsichten eröffnen. Die Idee des ständigen und zyklischen Wandels ist die zentrale Grundlage der taoistischen und konfuzianischen Philosophie. Alle Dinge in der Welt sind nach den östlichen Philosophien der Wandlung unterworfen. Sie befinden sich in einem Zustand des ständigen Übergangs; Organisationen wie auch alle anderen sozialen Systeme werden daher nicht als statische Phänomene betrachtet, sondern befinden sich in einem kontinuierlichen Fluss (Jullien 2009).

Ein weiterer wichtiger Fragenkomplex ist, inwiefern sich die Erfahrungen aus den zumeist kleineren IT- und Internet-Unternehmen auf Großunternehmen der Old-Economy übertragen lassen. Inzwischen wollen sich viele Firmen zur Steigerung ihrer Agilität von hierarchischen Strukturen verabschieden. Einige Unternehmen experimentieren bereits mit Netzwerken und „fluiden Organisationsformen" (Schreyögg und Sydow 2010). Aber wie wir von der neueren Netzwerkforschung mittlerweile wissen, kommt es ab einer bestimmten Unternehmensgröße zu einer Re-Hierarchisierung. Google ist ein gutes Beispiel hierfür. Vor zehn Jahren wies Google eine agile Organisationsstruktur auf, wie kein anderes Unternehmen. Heute hat Google mehr als 50.000 Beschäftigte. Dies scheint ein wesentlicher Grund dafür zu sein, dass sich bei dem einstigen Vorzeigeunternehmen eine Tendenz zu Hierarchie und Bürokratie abzeichnet. Die Herausforderung für das Management bei Google ist es nun, dem wachsenden Unternehmen eine angemessene Struktur zu geben, ohne dabei den Erfindergeist zu zerstören, der das Unternehmen einst groß gemacht hat. Das heißt, die alte Organisation mit Hierarchie ist nicht vollständig tot.

Dies ist ein klarer Hinweis darauf, dass wir bei zunehmender Dynamik im Marktumfeld in größeren Unternehmen beides brauchen: Hierarchie auf der einen Seite und Netzwerk und Agilität auf der anderen Seite. Die hohe Kunst der Führung wird es demzufolge sein, das Wechseln zwischen diesen beiden Formen der Steuerung zu organisieren. Zu all diesen Fragen verfügen wir bislang nur über wenig empirisch gesichertes Wissen. Ob dies prinzipiell möglich ist und nach welchen Prinzipien eine solche hybride Organisation geführt werden muss, darüber können wir bislang lediglich spekulieren.

Die Unterscheidung zwischen großen und kleinen Unternehmen macht schließlich darauf aufmerksam, dass wir zukünftig für unterschiedliche Kontextbedingungen und für unterschiedliche Organisationsformen unterschiedliche Konzepte des Change Managements entwickeln müssen. In Zeiten steigender Komplexität müssen wir uns im Change Management endgültig von der Formel „one size fits all" verabschieden. Neben der Unterscheidung zwischen großen und kleinen Unternehmen müssen wir ferner im Blick behalten, dass sich nicht alle Unternehmen in einem hochdynamischen Umfeld bewegen, wie dies für die Unternehmen der IT- und Medienbranche gilt. Aus diesem Grunde werden die Methoden und Konzepte des „klassischen" Change Managements für Unternehmen, die in einem relativ stabilen Umfeld agieren, nach wie vor von Bedeutung sein. Marshak fordert daher: „Use different change assumptions, theories and practices depending on the context and situation" (Marshak 2004, S. 15 f.). Dies ist kein grundsätzlich neuer Gedanke.

So gehören kontext- und situationsbezogene Ansätze der Führung wie auch der Organisation heute zum Standartrepertoire in der Forschung wie auch der Praxis. Wir brauchen dringend einen kontextbezogenen Ansatz des Change Managements. Das Change Management wird sich damit ausdifferenzieren. Marshak hat auf der Grundlage der konzeptionellen Arbeiten von Burns und Stalker (1961) erste Überlegungen vorgelegt, die es nun weiter zu entwickeln gilt.

Literatur

Bins, A., Herreld, B. J., O'Reilly, Ch., & Tushman, M. L. (2014). The art of strategic management. *Sloan Management Review, 55*(2), 21–23.

Brown, S. L., & Eisenhardt, K. M (1998). *Competing on the edge. Strategy as structured chaos.* Boston: Harvard Business Press.

Burns, T., & Stalker G. M. (1961). *The management of innovation.* Oxford: Oxford University Press.

Cameron, K. S., Dutton, J. E., & Quinn, R. E. (2003). *Positive organizational scholarship. Foundations of a new discipline.* San Francisco: Berrett-Koehler.

Christensen, C., & Shu, K. (1999). What is an organization's culture? *Harvard Business School Note*, 399–404.

Collins, J. (2009). *How the mighty fall. And why some companies never give.* London: Random House.

Collins, J., & Porras, J. I. (1994). *Built to last. Successful habits of visionary companies.* New York: Harper Business.

Cooperrider, D. L., & Whitney, D. (1999). *Collaborating for change. Appreciative inquiry.* San Francisco: Berrett-Koehler.

Cyert, R. M., & March J. G. (1963). *The behavioural theory of the firm.* Boston: Prentice-Hall.

Gergs, H.-J. (2016). *Die Kunst des Kontinuierlichen Selbsterneuerung & Prinzipien für ein neues change Management.* Weinheim: Beltz Verlag.

Gergs, H.-J., & Kozinowski, M. (2012). *„Quergestelltes Netzwerk". Eine Methode zur kollektiven Selbstreflexion in Organisationen* (unveröffentlichtes Manuskript).

Hamel, G. (2007). *The future of management.* Boston: Harvard Business School Press.

Hamel, G. (2012). *What matters now. How to win in a world of relentless change, ferocious competition, and unstoppable innovation.* San Francisco: Jossey-Bass.

Hamel, G., & Zanini, M. (2014). Build a change platform, not a change program. McKinsey online Journal. http://www.mckinsey.com/insights/organization/build_a_change_platform_not_a_change_program. Zugegriffen: 27. Juni 2015.

Johnson, G., Yip, G. S., & Hensmans, M. (2012). Achieving successful strategic transformation. *Sloan Management Review, 53*(3), 30–40.

Jullien, F. (2009). *Die stillen Wandlungen.* Berlin: Merve Verlag

Kanter, M., Stein, B., & Jick, T. (1992). *The challenge of organizational change.* New York: Free Press.

Königswieser, R., & Keil, M. (Hrsg.). (2000). *Das Feuer großer Gruppen.* Stuttgart: Klett-Cotta.

Kotter, J. P. (1996). *Leading change.* Boston: Harvard Business School Press.

Lewin, K. (1952). Psychological Ecology. In: Cart Wright (Hrsg.). *Field Theory in Social Science*, 170–187.

Marshak, R. J. (2004). Morphing: The leading edge of organizational change in the twenty-first century. *Organization Development Journal, 22*(3), 8–21.

Nadler, D. A. (1998). *Champions of change. How CEOs and their companies are mastering the skill of radical change*. New York: Jossay Bass.

Pettigrew, A., & Whipp, R. (1993). Strategic change capabilities. In P. Lorange, B. Chakravarthy, & J. Roos (Hrsg.), *Change, learning and co-operation* (S. 117–144). Oxford: University Press.

Pongratz, H. J., & Trinczek, R. (2006). Mehr Change! Weniger Motivation? Organisatorischer Wandel im Urteil von Führungskräften und Kommunikationsexperten. In C. Langen & H. Sievert (Hrsg.), *Strategisch kommunizieren und führen. Eine aktuelle Studie zu Profil und Qualifizierung für eine transparente Unternehmenskommunikation* (S. 111–124). Gütersloh: Verlag Bertelsmann Stiftung.

Porras, J., & Silvers, R. (1991). Organizational development and transformation. *Annual Review of Psychology, 42*, 51–78.

Reith, F. von der, & Wimmer, R. (2013). Organisationsentwicklung und Change-Management. In R. Wimmer, J. O. Meissner, & P. Wolf (Hrsg.), *Praktische Organisationswissenschaft. Lehrbuch für Studium und Beruf* (S. 139–166). Heidelberg: Carl-Auer Verlag.

Rindova, V. P., & Kotha, S. (2001). Continuous „morphing": Competing through dynamic capabilities, form, and function. *Academy of Management Journal, 44*(6), 1263–1280.

Rough, J. (2002). *Society's breakthrough! Releasing essential wisdom and virtue in all people* (S. 198 ff.). New York: 1st Books Library.

Schamer, O. C. (2009). *Theory U. Leading from the future as it emerges*. San Francisco: Berrett-Koehler.

Schreyögg, G., & Sydow, J. (2010). Organizing for fluidity? Dilemmas of new organizational forms. *Organization Science, 21*(6), 1251–1262.

Schumacher, T. (2013). Vorausschauende Selbsterneuerung und Führung. In T. Schumacher (Hrsg.), *Professionalisierung als Passion* (S. 166–179). Heidelberg: Carl Auer.

Teece, D. J. (2009). *Dynamic capabilities and strategic management. Organizing for Innovation and growth*. Oxford: Oxford University Press.

Tichy, N., & Devanna M. A. (1990). *Transformational leader. The key to global competitiveness*. New York: Wiley.

Todnem, R. (2005). Organisational change management: A critical review. *Journal of Change Management, 5*(4), 369–380.

Watzlawik, P., Weakland, J., & Fisch, R. (1974). *Lösungen zur Theorie und Praxis menschlichen Wandels*. Bern: Huber.

Wimmer, R. (2007). Die bewusste Gestaltung der eigenen Lernfähigkeit als Unternehmen. In N. Tomaschek (Hrsg.), *Die bewusste Organisation, Steigerung der Leistungsfähigkeit, Lebendigkeit und Innovationskraft von Unternehmen* (S. 39–62). Heidelberg: Carl Auer Verlag.

Dr. Hans-Joachim Gergs arbeitet als interner Berater für Change Management bei einem deutschen Automobilhersteller und ist Dozent der Technischen Universität München, der Universität Heidelberg und der University of London. Nach seinem Studium (Soziologie, Volkswirtschaftslehre, Psychologie) an den Universitäten Freiburg und Erlangen-Nürnberg war er von 1994 bis 2000 an der Universität Jena am Institut für Arbeits-, Betriebs- und Wirtschaftssoziologie in der Grundlagenforschung tätig. Er war Projektleiter in mehreren internationalen Forschungsprojekten zum Thema Management. Die Schwerpunkte seiner gegenwärtigen Beratungs- und Forschungstätigkeit sind die Zukunft von Change Management, Führung und Organisation und die Digitalisierung der Arbeitswelt.

„Weltmeisterliche Demut"

Von der Möglichkeit, in Krisen sinnvoll zu handeln

13

Michael Bangert

Zusammenfassung

Unsicherheit und Ungewissheit gehörten in der abendländischen Kulturgeschichte stets zu den Faktoren des menschlichen Lebens. In heutigen Gesellschaften sind sie zu einem Alltagsphänomen geworden, dem sich viele Zeitgenossen massiv ausgesetzt sehen. Dies, obwohl wir in vielen Lebensbereichen über ein hohes Maß an Absicherung und Planungskompetenz zu verfügen scheinen. Durch die Vielfalt der Handlungs- und Beziehungsmöglichkeiten bedarf es in jeder ernsthaften Begegnung von freien, selbstbestimmten Menschen nun einer vorgängigen Vergewisserung der Kommunikationsgrundlagen. Als eine Möglichkeit, der prinzipiellen Ungewissheit zu begegnen, hat sich in der europäischen Tradition die Grundhaltung der Demut herausgebildet, die die Polarität von Selbstgewissheit und Wagnis berücksichtigt. Die Handlungsrelevanz dieser ethischen Orientierung zeigt sich in historischen Lebensformen, in modernen philosophischen Entwürfen und in den Überlegungen populärer Personen aus Sport und Show-Business.

Im Kontext der Führung von Personal oder Organisationen findet der Begriff „Demut" – vorsichtig gesprochen – eher selten Verwendung. Die zeitgenössische Literatur zu Organisationsentwicklung wird nicht selten mit Tugenden wie Bescheidenheit und Zurückhaltung aromatisiert. Die Rede von Demut aber schien zumindest im deutschen Sprachraum seit dem fundamentalen Verdikt des Philosophen Friedrich Nietzsche (1844–1900) kaum noch möglich: „Der getretene Wurm krümmt sich. So ist es klug! Er verringert damit die Wahrscheinlichkeit, von neuem getreten zu werden. In der Sprache der Moral: Demut!"

M. Bangert (✉)
Basel, Schweiz
E-Mail: michael.bangert@unibas.ch

(Nietzsche). Doch weder das Denken noch die ihm vorausliegende Sprache lassen sich dauerhaft von linearen Regelungen und zeitgeistigen Dressurübungen bändigen. Denken und Sprache sind lebendig und weisen stets neue, überraschende Wendungen auf. Dem Habitus der Demut – als einer für das Führen unter gewissen Bedingungen hilfreichen Grundhaltung – wird dieser Beitrag aufgrund der überraschenden und merkwürdigen Rückkehr dieses Begriff in jüngster Zeit nachgehen sowie seine traditionelle Funktion und ursprünglichen Bedeutung im Kontext von Freiheit, Ungewissheit und Angst aufzeigen.

13.1 Impulse aus Sport und Showbusiness

Zur erstaunlichen Rückkehr der Demut in den gegenwärtigen Sprachcode arrivierter und sozial hoch angesehener Persönlichkeiten lohnt sich der Blick in zwei Lebensfelder, die für postmoderne Gesellschaften von hoher Bedeutung sind: Sport, näherhin Fußball, und das komödiantische Unterhaltungsgeschäft.

Spätestens seit dem 8. Juli 2014 hatte sich eine ungeahnte Euphorie unter den Anhängern der Auswahl des Deutschen Fußballbundes ausgebreitet. Selbst die Kritiker waren nach dem 7:1-Sieg über die brasilianische Nationalmannschaft voll des Lobes. Nicht nur die Höhe des Ergebnisses, sondern vor allem Ästhetik und Tragik des Spiels waren eindrucksvoll. Der Gewinn des Weltmeistertitels im Finale am 13. Juli 2014 in Rio de Janeiro gegen das Team von Argentinien war nach dieser Demonstration von Fußball-Kunst nahezu erwartbar. Mit dem Turnier beendete der Mannschaftskapitän Philipp Lahm durchaus überraschend seine Karriere als Nationalspieler. Die herausragende Führungskraft des erfolgreichen Teams wollte nicht mehr für die deutsche Auswahl auflaufen. Die zum Teil scharfe Kritik an seiner Entscheidung beantwortete Lahm mit einem längeren Artikel (Lahm 2014, S. 18). Darin verteidigt Lahm nicht nur den punktuellen Entscheid, sondern erläutert auch die Entwicklung dahin. Einen besonderen Akzent legt er in diesem Kontext auf die inneren Prozesse in dieser Phase der Veränderung. Die Niederlage im Finale der Champions League 2012 gegen den FC Chelsea evozierte nach Lahms Auskunft zunächst eine heftige Frustration. Nach dieser Phase folgte eine neue Erkenntnis: „Langsam begann ich, zu akzeptieren, dass das Scheitern dazu gehört, und entwickelte Demut vor dem, was ich mache." Erst mit der Haltung der Demut habe er lernen können, dass „Scheitern dazugehöre"; zudem habe er Distanz zum Erfolg gewonnen und Respekt vor der eigenen Arbeit gefunden. Philipp Lahm beschreibt in diesem Kontext die Grundhaltung der Demut als eine Voraussetzung für die Steuerung eines komplexen Systems wie das eines ambitionierten Nationalteams bzw. der eigenen Arbeitsbiographie. Damit greift der Fußball-Weltmeister Lahm auf eine ethisch-existentielle Haltung zurück, die für europäische Geistesgeschichte von höchster Bedeutung war, jedoch spätestens mit den hohen Weltverbesserungswellen der sog. 68er-Generation aus dem Wortbestand der mitteleuropäischen Kultur herausgespült wurde.

Um jede Form der verklärenden Betrachtung des Begriffs „Demut" und seiner entsprechenden Wortfamilie direkt und im Vorhinein auszuschließen, sei bereits hier angemerkt, dass der nicht gerade für seine diskrete Vorgehensweise bekannte ehemalige Manager des FC Bayern München, Ulrich Hoeneß, der derzeit wegen Steuerhinterziehung im großen Stil eine mehrjährige Freiheitsstrafe verbüßt, von der Demut sagt, sie sei das Wichtigste, das ein Spieler beim FC Bayern lernen könne (Frankfurter Allgemeine Zeitung 101/2005, S. 29). In diesem Zusammenhang erscheint die Demut geradezu als emblematischer Begriff für die doppelzüngige Tarnung krimineller Machenschaften. Wie die Sprache insgesamt ist auch das Wort Demut nicht vor Verzerrung oder Entstellung gefeit.

Die Realitätsdichte allerdings, mit der Lahm spricht, lässt die Demut nicht als Bemäntelung von Handlungsunfähigkeit erscheinen; vielmehr schaffe sie überhaupt die Voraussetzung für eine konzise Prozesssteuerung in kritischen, vielschichtigen Veränderungssituationen. Dass die mit dem Begriff Demut beschriebene Haltung nicht nur im Scheitern sinnvoll ist, zeigen Äußerungen des – von Lahm als einen überaus wichtigen Diskurspartner charakterisierten – Bundestrainers Joachim Löw. Just nach dem außergewöhnlichen Halbfinale gegen Brasilien reagierte der Trainer bezeichnenderweise nicht enthusiastisch. Löw forderte eine besonnene Weiterarbeit und fasste seine Perspektive in dem Satz „Wir müssen Demut zeigen!" zusammen (Hamburger Abendblatt vom 9. Juli 2014, S. 18). Sein respektvoller Umgang mit dem unterlegenen Gegner beförderte die Konzentration auf das eigentliche Ziel seiner Mannschaft in dieser kritischen Phase eines grandiosen Sieges.

Eben nicht nur das Scheitern oder die Situationen einer ungewissen Veränderung stellen kritische Momente dar. Auch der außergewöhnliche Erfolg kann Unsicherheit generieren, so beispielsweise in Form einer maßlosen Selbstwahrnehmung, wie sie bekanntermaßen bei einer Reihe von Investmentbankern während der für sie ertragreichen Phase vor dem Lehmann-Crash im Jahr 2008 diagnostiziert wurde: Sie verstanden sich in kecker Überschätzung und in naiver Abwandlung einer Actionfiguren-Serie der Firma Mattel als „Masters of the Universe".

Diese veränderte Perspektive auf die Demut ist auch im Schweizer Sport verwurzelt. Der Führungsspieler des Branchenprimus der Super League, Marco Streller, sagt in einem Interview: „Ich bin nicht religiös, aber wenn wir demütig bleiben, sind wir schwer aufzuhalten" (Neue Zürcher Zeitung vom 7.2.2015, S. 47). Diese Grundhaltung scheint beim FC Basel bereits seit geraumer Zeit gepflegt zu werden, denn bereits vor einigen Jahren heißt es in der Überschrift zu einem Artikel über den vielfachen Schweizer Fußballmeister: „Demut vor dem Schweizer Alltag!" (Neue Zürcher Zeitung vom 11.12. 2011, S. 49). Obwohl es in der Saison 2014/2015 nur wenig Konkurrenz zur Basler Dominanz im Profifußball gibt, wird die Demut auch gesamtschweizerisch als ein Alleinstellungsmerkmal des Meisters akzeptiert: „Der Serienmeister spart Geld, zeigt Stärke und verlangt Demut!" (bernerzeitung-online 6.2.2015).

In diesem Kontext kann für ein weitergehendes Verständnis des Begriffes Demut ein Interview mit der TV-Moderatorin Anke Engelke instruktiv sein. Engelke, die als Comedian alle renommierten deutschen Fernsehpreise gewonnen hat, antwortete auf die Frage, wann sie das letzte Mal gemerkt habe, dass sie nichts Besonderes sei, mit dem Hinweis auf einen „Demutsschleudergang", den sie vielfach erfahren habe (Engelke 2013). Diesen Vorgang spezifiziert Engelke in folgender Weise: „Ich kam da taumelnd raus, und alles drehte sich. Aber nicht um mich!" Die Fixierung auf das eigene Ich wurde für die Moderatorin durch bestimmte Rückmeldungen und Erlebnisse in der Weise aufgebrochen, dass die banalisierte Binnenperspektive zugunsten einer distanzierten und wirklichkeitsnahen Selbsteinschätzung aufgeben werden konnte. In diesem Kontext ist auch die mit der Ankündigung ihrer Kandidatur für das Amt der US-Präsidentin im April 2015 verbundene grundsätzliche ethische Selbsteinschätzung von Hillary Rodham Clinton zu verstehen: „Nun heißt die Devise Demut!" (faz.net, 12.4.2015).

Die persönlichen Aussagen von Lahm, Streller und Engelke lassen sich zu der These weiterentwickeln, dass zu den Konstanten von Leistung und Erfolg stets auch Ungewissheit und unabgesichertes Vorgehen gehören. Der Anspruch auf eine Leitungsverantwortung bzw. eine Führungsaufgabe unter den Bedingungen der Ungewissheit bedarf nach diesen Aussagen einer komplexen und gereiften Grundhaltung. Diese Grundhaltung nennen sowohl Engelke, als auch Streller und Lahm, aber auch Löw erstaunlicherweise „Demut". Durch dieses Wort und sein Bedeutungsfeld wird die Möglichkeit des Scheiterns schöpferisch, nüchtern und relativ angstfrei in das eigene Handlungs- und Führungsrepertoire integriert. Das Spektrum der Handlungsmöglichkeiten wird dadurch zwar begrenzt, doch dieses ethische Handlungskonzept verfügt nun über ein klares Profil und generiert bei Kommunikationspartnern ein belastbares Maß an Sicherheit. Was wiederum das Vertrauen und die Kooperationsbereitschaft in einem System stärkt. Die Einsicht in die eigene Kontingenz bzw. in die fragilen Bedingungen des eigenen Handelns vermag also die Qualität der Selbsteinschätzung und dadurch wiederum Empathie und konstruktive Kooperation zu fördern.

Wichtig für einen innovativen Sprachgebrauch scheint in diesem Kontext das Element der Selbsterkenntnis und Eigensteuerung zu sein. Wird Demut von außen verlangt, kommt schnell eine Form von moralinsaurer Besserwisserei ins Spiel, so wenn – bleiben wir im Sprachcode des Sports – Sportjournalisten vom ehemaligen Trainer des Fußballbundesligisten BVB Dortmund, Jürgen Klopp, eine „Spur mehr Demut" fordern (Penders 2015, S. 24). Doch das Beispiel des Trainers Klopp ist es auch, an dem sich die weiten Dimensionen des abendländischen Demutsverständnisses abzeichnen, indem selbst Qualitätsmedien feststellen: „Die Demut, die er [Klopp] zuletzt nach den verlorenen Spielen in Köln und Hannover zu erkennen gab, erweitert das Bild des selbstgewissen Mannes, das im Laufe der sechs Jahres in Dortmund auch selbstgefällige Züge angenommen hatte" (Süddeutsche Zeitung vom 31.10.2014, S. 37). Die Selbstgewissheit hat in der Demut nach diesem Konzept keinen Widersacher, sondern ein notwendiges Korrektiv.

13.2 Der Mensch zwischen Ungewissheit und Wagnis. Kulturhistorische und anthropologische Perspektiven

In der abendländischen Kulturgeschichte wurde und wird die „insecuritas humana" – die Ungesichertheit des Menschen – als ein grundsätzlicher Faktor des Lebens verstanden. Diese „insecuritas humana" galt als zentrales aber durchaus auch überwindbares Existential des Menschen (Wust 1937). In den heutigen Gesellschaften ist sie zu einem oft bitteren Alltagsphänomen geworden, dem sich viele Zeitgenossen massiv ausgesetzt und bisweilen auch bedroht sehen (Giddens 1990).

Es waren nicht allein die Erfahrungen mit der allgemeinen Fragilität des Lebens, wie sie sich in Krankheit, Alter oder Naturkatastrohen zeigt. In der griechischen Antike beginnen Abenteuer und Bedrohung unmittelbar jenseits der Grenzen der „Polis", welche rechtliche und militärische Sicherheit halbwegs garantieren konnte. Selbst Helden sind vor den Unsicherheiten nicht gefeit. Der große Dichter der griechischen Antike, Homer, lässt in seinem Werk den Protagonisten Odysseus allerlei Gefahren bestehen. Für viele dieser Fährnisse braucht Odysseus ein gutes Maß an Mut und ein ausgesprochen starkes Rückgrat. Exemplarisch dafür steht die Begegnung mit den zugleich liebreizend und todbringend singenden Sirenen. Diese Zwitterwesen – halb Vogel, halb Frau – betören durch ihren zauberhaften Gesang so sehr, dass jeder Steuermann die Richtung verliert und sein Schiff in den bedrohlichen Klippen zerschellt. Odysseus aber besteht diese Situation, da er seinen Kameraden mit Wachs die Ohren verschließt und sich selbst am Mast des Schiffes anbinden lässt. So hört er zwar den Gesang der Sirenen, bleibt aber seinem Kurs treu und rettet sich, sein Schiff und die Mannschaft (Rahner 1984).

Die abendländische Kultur greift diesen antiken Mythos in vielfacher Form auf und verwendet ihn als Metapher für das menschliche Leben insgesamt. Der kreative Umgang mit der existentiellen Ungesichertheit wird zum entscheidenden Faktor: Nur wer einen, dem Mast des Odysseus analogen Halt habe, könne sein ‚Lebensschiff' konsequent und letztlich erfolgreich durch die je verschiedenen, aber in ihrer Verschiedenheit stets gegenwärtigen Risiken steuern. Der Mast lässt sich leicht und unmittelbar als ein kohärentes anthropologisches Konzept interpretieren, näherhin als ein Konzept von Werten und Haltungen. Es geht jedoch nicht um eine starre, definierte Sammlung von Werten, die sich eine Einzelperson oder auch eine Organisation als eine Art ethischer Wirbelsäule implantiert, sondern um ein elastisches Konzept, das ein kalkulierbares, überlegtes und transparentes Handeln erlaubt. Und die abendländische Tradition hat in Fundamenten nie davon gelassen, dass der Mensch wesensmäßig genau dazu in der Lage sei. Die Entstehung eines Gehalten-Seins im Sinne des Odysseus am Mastbaum ist paradox. Indem sich eine Person auf einen Wert festlegt, indem sie – wie der griechische Held – auf bestimmte Tätigkeiten und Möglichkeiten verzichtet, wird sie frei. Der Vorgang der Wertebindung mit dem Ziel eines kohärenten Handlungskonzeptes in kritischen Phasen trägt einen paradoxen Antagonismus in sich: Ich werde frei, indem ich mich binde! Die Festlegung auf eine bestimmte Haltung macht einen Menschen unter Umständen überhaupt erst fähig, gewisse Herausforderungen zu erleben und zu überstehen.

Der Umgang mit der „insecuritas humana" bleibt in der europäischen Geschichte in der Spätantike und im Mittelalter grundlegend gleich. Mit dem ersten massenhaften Auftreten der „Angst im Abendland" während des Spätmittelalters wird die Erfahrung der existentiellen Ungewissheit wie in einem Generator verstärkt. Sie wird immer mehr zu einem Alltagsphänomen. Wie der französische Historiker Jean Delumeau beschrieben und analysiert hat, hängt die sich epidemisch verbreitende Angst zum einen wesentlich mit dem ersten verheerenden Auftreten der Pest in den Jahren nach 1356 zusammen (Delumeau 1989). Mit den vorreformatorischen Glaubensspaltungen ging in Europa zudem das einigende und sichernde Dach der „christianitas", d. h. der einen und einigenden lateinischen Christenheit, verloren. Spätestens mit der ethischen Eigenverantwortlichkeit des Individuums, welche die Reformation forderte und förderte, war die Sicherheitsspange eines kommunitären Glaubens verloren.

Die fortschreitende Freiheitsgeschichte der Moderne hat diese prinzipielle Ungewissheit des Menschen nicht überwunden, sondern verstärkt. Als paradigmatisch hierfür kann das philosophische System von René Descartes (1596–1650) gelten, infolgedessen alles, was nicht über unbezweifelbare Axiome verfüge, inexistent sei. Die Fähigkeit des Menschen, alle Gewissheiten zu bezweifeln, mache die eigentliche Evidenz des menschlichen Seins aus. Der Zweifel wird zur Grundlage von Gewissheit. Nicht zuletzt durch die höchst vielfältige Rezeption von Descartes' Werken rückte der Mensch immer stärker in den Mittelpunkt von Staatstheorie und von gesellschaftlicher Praxis.

Die ins Unübersehbare wachsenden Wirkungsfelder des Menschen, die durch Technisierung und wissenschaftlichen Fortschrift exponentiell zunahmen, verdichteten sich in der Neuzeit zur Vorstellung einer anthropologischen Machtvollkommenheit. Doch dieser Glaube an die „Allmacht des Menschen" hatte die „Ausweglosigkeit in der totalisierten Verantwortung" zur Folge (Richter 1992). Der Wunsch nach bergender Sicherheit bzw. stringenten Handlungsmöglichkeiten konnte in der Neuzeit nicht durch ein Mehr an Freiheit erfüllt werden, sondern bedurfte der vitalen Bezogenheit auf Menschen, Dinge und Werte (Albrow 1997). Allemal steht hinter der Frage nach der Gestaltung von Veränderungsprozessen auch die schlichte Lebenserfahrung, dass ein Individuum ohne einen bestimmten Bestand an Vertrauen nicht leben, geschweige denn erfolgreich handeln kann.

Das ist umso schwerer zu gewichten, als die moderne Welterfahrung vielfach von einer Entfremdung gekennzeichnet zu sein scheint, die sich über alle Lebensbereiche legt. Damit ist in der Neuzeit die belastbare Konstruktion von Gewissheiten vielfach verloren gegangen. Die Moderne lebt zudem ohne die Selbstverständlichkeit der Gewissheit einer metaphysisch verankerten Wirklichkeit (Steiner 2004). Die Sicherheit des Handelns bedarf nun der Erprobung und des Erlernens von Glaubwürdigkeitsindikatoren.

Der heutige Mensch kann sich der Komplexität der Welt, ihrer Unsicherheit und Unübersichtlichkeit nicht entziehen, verfügt aber zunehmend weniger über geeignete Handlungsoptionen (Gehlen 1971). Für den Preis, der in existentieller Hinsicht für die Freiheit zu entrichten war, mag paradigmatisch eine kurze Sequenz aus dem im Jahr 1835 publizierten Drama „Dantons Tod" (1. Akt, 1. Szene) von Georg Büchner (1813–1837) stehen, wo im Gespräch zwischen Danton und seiner jungen Gattin Julie die Einsamkeit als Konsequenz der Moderne unausweichlich erscheint:

Julie: Glaubst du an mich?
Danton: Was weiß ich! Wir wissen wenig voneinander. Wir sind Dickhäuter, wir strecken die Hände nacheinander aus, aber es ist vergebliche Mühe, wir reiben nur das grobe Leder aneinander ab, – wir sind sehr einsam.

Julie: Du kennst mich doch!
Danton: Ja, was man so kennen heißt. Du hast dunkle Augen und lockiges Haar und einen feinen Teint und du sagst immer zu mir: lieber Georg! Aber [er deutet ihr auf Stirn und Augen] da, da, was liegt hinter dem? Geh, wir haben grobe Sinne. Einander kennen? Wir müßten uns die Schädeldecken aufbrechen und die Gedanken einander aus den Hirnfasern zerren. (Büchner 1965)

Büchner thematisiert ungeschönt die radikale Einsamkeit des Menschen, die er als Folge der neuzeitlichen Segmentierung der Gesellschaft versteht. Die Ungewissheit hat in seiner Sicht auch die persönlichste Kommunikation erreicht. Der Radikalität der gegenseitigen Fremdheit müssen also in zwischenmenschlichen Beziehungen vertrauensbildende Maßnahmen gegenüberstehen, die sich nicht auf kosmetische Interventionen beschränken. Durch die Vielfalt der Handlungs- und Beziehungsmöglichkeiten bedarf es in jeder ernsthaften Begegnung von freien, selbstbestimmten Menschen nun einer vorgängigen Vergewisserung der Kommunikationsgrundlagen. Diese Vergewisserung setzt eine Akzeptanz der eigenen Begrenztheit substantiell voraus. Auf diese Weise realisiert sich der vertrauende Dialog als der Ort, an dem sich die Annahme der eigenen Kontingenz die eigene Weltauffassung konkretisiert. Damit wäre eine sinnvolle Grundlage gegeben, um die narzisstischen Sicherheitsphantasien als solche zu entlarven und die Bejahung der Ungewissheit als „conditio humana" zu fördern.

13.3 Geschichtlich bewährte Methoden zur Sicherung von Organisationen in ungewissen Kontexten

War der feuerstehlende Prometheus einer der mythischen Protagonisten der Moderne, ihres Drangs zur Weltbeherrschung und ihrer trotzigen Gottesabwehr, so ist das nur die eine Seite der Medaille, nämlich die glänzende Seite der unerschrockenen Sieger. Die Alltagsgeschichte der überwiegenden Mehrheiten sah gänzlich anders aus. Zugleich aber haben die Forschungen des Schweizer Sozialhistorikers Arthur E. Imhof gezeigt, welche Mechanismen und Strategien unsere Vorfahren entwickelten, um die ihre Existenz unter ungewissen und unsicheren Bedingungen zu verorten und zu stabilisieren (Imhof 1998). Dabei geht er zunächst von der grundsätzlichsten aller Begrenztheiten des Lebens, nämlich seiner Endlichkeit im Tod, aus (Imhof 1991). Die zahlreichen Darstellungen von wackeligen Brücken ohne irgendein Geländer, die sich auf vielen barocken Landschaftsbildern finden, hält Imhof für eine Metapher der unsicheren Existenz: „Wie diese Brücken, so hatte damals auch der Lebenslauf des Einzelnen kein sicheres Geländer. Er konnte jederzeit abrupt zu Ende gehen" (Imhof 1985). Doch Imhof kann aufgrund seiner Forschungen umgehend feststellen: „Dennoch wurden in den damaligen kleinen Welten Stabilitäten erreicht, die uns heute fast unglaublich erscheinen." Als ein Sicherungsmodell extrapoliert Imhof die Rhythmisierung des Lebens. Die einzelnen Lebensphasen des Individuums wurden als solche ernstgenommen, gepflegt und gefeiert. Das Individuum hatte in Alter und Jugend seine je besondere Funktion. Die Bindung an kommunitäre Einrichtungen oder an Kooperationen konnte die eigenen Lebensunsicherheiten zumindest relativieren. Imhof neigt nicht zur Romantisierung der Vergangenheit, doch er sieht den Vorteil, dass Individuen lernen, sich nur für eine begrenzte Zeit für das Zentrum der Welt zu halten. Die zeitliche Rhythmisierung von zentralen Aufgaben bildet ein Klarheit schaffendes Entlastungselement. Zudem wäre die Wahrhaftigkeit der eigenen Lebenssituation gegenüber eine wesentliche Hilfe, um jedes Verstecken vor den Gefährdungen des Lebens zu vermeiden (Imhof 1988). Als eine ganz praktische Weisung aus den sozialhistorischen Forschungen kann das „Vertrautmachen mit Mikro- und Makrokosmos" gelten. Ein Element der Lebenssicherung unserer Vorfahren bestand, so Imhof, beispielsweise in der einfachen Kenntnis der Verläufe von Sternen und Sternenbildern. Das Leben mit dem Takt der Zeit und der Jahreszeit verlieh den Menschen in vergangenen Epochen eine Gewissheit über den Ablauf der Natur. Die Vertrautheit mit den großen und kleinen Abläufen des Kosmos lieferte Anhaltspunkte zur Überwindung der prinzipiellen Ungewissheit (Imhof 1985). Auf diese Weise wurde dem chaotischen Weltenlauf mit Kriegen, Missernten und Katastrophen ein lebensnotwendiges Maß an Gewissheit abgerungen. Analog zu dieser Rückbindung an ein Größeres zeichnet sich die Demut dadurch aus, dass sie sich über die Einordnung in eine übergeordnete Struktur konstituiert.

Die Methode, die Arthur Imhof bei unseren europäischen Vorfahren konstatiert, bildet sich in jüngerer Vergangenheit als erkennbare Form bei Naturkatastrophen ab. So berichtete das Schweizer Fernsehen nach dem apokalyptischen Erdbeben und dem monströsen Tsunami mit seinen schrecklichen Verwüstungen in Japan unter dem Titel „Japaner besiegen die Angst mit Demut!" über die Ereignisse (tagesschau am mittag vom 18.3.2011). In vergleichbarer Weise wurden einige der folgenschweren Katastrophen der letzten Jahre in der öffentlichen Diskussion mit einer veränderten ethischen Grundhaltung in Verbindung gebracht. So titelte der „Spiegel" beim ersten Auftauchen der Vogelgrippe in Deutschland: „Lektion in Demut" (Schmitt 2006). Offensichtlich eignet sich die Demut in Krisensituationen dazu, die wesentlichen Bedingungen menschlicher Existenz zu formulieren. Es wurde konstatiert, dass nicht nur den Betroffenen schweres Leid angetan wurde, sondern zugleich diese gewaltigen Schicksalsschläge die selbstbezogene Verpuppung westlicher Gesellschaften erschüttert haben.

Wie sehr diese und ähnliche Herausforderungen auf die Wissenschaften und deren einstmals zukunftsfrohen Planbarkeiten wirken, zeigt der Vorschlag des renommierten Hirnforschers Wolf Singer, der vor einiger Zeit einen für das Nachdenken über die Demut beachtlichen Vorschlag gemacht hat:

> … Anstoß zu einer Kultur der Demut sein, in der pragmatische Nahziele wie etwa Leidensminderung, Empathiefähigkeit und Toleranz zum Primat werden. … Wenn wir uns dann auch noch in dem Konsens solidarisieren könnten, dass unser Nicht-Wissen-Können eint, wenn wir lernen könnten, diese kollektive Geworfenheit auszuhalten und uns nicht wie bisher durch Abgrenzung vom Anderen als besser Wissende bestätigen müssten, dann hätten wir durch die Einsicht in unsere Grenzen die Würde wiedergefunden, die uns diese Einsicht vermeintlich geraubt hat. (Singer 2004)

Singer entwirft die Demut als eine innerweltlich zu begründende Utopie. Die Einsicht in die grundsätzliche Gefährdung erfolgt ohne eine allgemeingültige philosophische Verankerung. Singer argumentiert nicht metaphysisch. Seinem konstruktiven Verständnis von Demut geht es weder um die Überschätzung noch um die Abwertung der dinglichen Welt, sondern um deren liebevolle Annahme und deren uneigennützige Gestaltung.

Wie sehr die Demut die für diesen kreativen Prozess notwendigen Potenzen freisetzt, zeigt exemplarisch das Kunstverständnis der Musikerin Anne-Sophie Mutter. In Bezug auf ihre gerühmte Virtuosität stellt die Geigerin in einem Interview unlängst fest: „Die wichtigsten Aspekte sind: Demut vor dem Werk. Und das Wissen, dass es nicht nur einen interpretatorischen Zugang geben darf, auch wenn das Ergebnis nahezu perfekt war" (Rüdiger 2014). An anderer Stelle bemerkt sie: „... aber menschliche Reife und Demut ist gegenüber Beethovens tragischem Charakter unabdingbar" (Goertz 2011). Nicht in kühler Exaktheit vollendet sich jedwede Form von Kultur oder Kommunikation, sondern in der uneigennützigen Hingabe an ein Anderes. Die sprachlich-inhaltliche Nutzung des Begriffs Demut birgt also die konstruktive und kreative Möglichkeit zur Generierung von Handlungsoptionen in kritischen und unsicheren Situationen in sich. Um keine unnötige Dramatisierung vorzunehmen und die Alltagsrelevanz dieser Grundhaltung zu betonen, soll in diesem Kontext auch der Genuss von Speisen erwähnt werden; der Zürcher Gastronomie-Unternehmer Mike Gut, der fraglos mit seinen erfolgreichen Betrieben den Zeittrend trifft, formuliert es so: „Unserer Gesellschaft fehlt es an Demut, an Hochachtung vor der Schöpfung, vor Mitmenschen und der Umwelt" (Neue Zürcher Zeitung vom 13. November 2005, S. 19).

Die Demut verharmlost das Wagnis des Lebens nicht. Darum versteht die Ordensregel der Benediktiner, die auf den heiligen Benedikt (480–547) zurückgeht, die einzelnen Entwicklungsstufen der Demut als Korrektiv zur Überheblichkeit und als Therapeutikum der Angst. Von anderen Ordensregeln, die in der Spätantike entstehen, unterscheidet sich die Regula Benedicti vor allem durch ihr siebtes Kapitel. Diese umfangreiche Passage der Regel spricht über die „humilitas" (Demut) und die mit ihr verbundene biographische und spirituelle Entwicklung. In der Humilitas sieht Benedikt die grundlegende Haltung des Mönches, mehr noch die grundlegende Haltung des Menschen schlechthin (Vogüé 1961). Eine „Hundedemut" wie Heinrich Heine sie verspottet hat, liegt der Benediktsregel fern (Heine 1978). Für sie gilt das Wort von Gilbert Keith Chesterton, dass „stets nur die Sicheren, die Selbstbewussten die wirklich Demütigen" seien (Chesterton 1917). Dies vor allem deshalb, weil Demut, Eigenstand und Freiheit einander bedingen. Dem, der nichts Eigenes erworben hat, wird es leicht fallen, alles herzugeben. Das aber ist nicht Demut, sondern Faulheit oder phlegmatische Schwäche. So stellt die Regula Benedicti wegweisend fest:

> Wenn also der Mönch alle Stufen auf dem Wege der Demut erstiegen hat, gelangt er alsbald zu jener vollendeten Gottesliebe, die alle Furcht vertreibt. Aus dieser Liebe wird er alles, was er bisher nicht ohne Angst beobachtet hat, von nun an ganz mühelos, gleichsam natürlich und aus Gewöhnung einhalten, nicht mehr aus Furcht vor der Hölle, sondern aus Liebe zu Christus, und aus guter Gewohnheit und aus Freude an der Tugend. (Regula 1999, Kap. 7, Verse 67–69)

Arroganz und Selbstüberschätzung können böse Folgen zeitigen, in Wirtschaftsunternehmen, wie in klösterlichen Kommunitäten (Kirchner 2007). Den Weg der Demut legt die Benediktsregel allen Mönchen in gleicher Weise ans Herz. Gerade für Führungskräfte im Kloster – und auch in anderen Kontexten – kann sie eine kreative Herausforderung sein, da sie eine offene und ehrliche Auseinandersetzung mit dem Profil der eigenen Persönlichkeit und dem Spektrum der eigenen Begabungen fordert. Das wird möglicherweise zum Verlust andressierter Fertigkeiten, aber auch zum Gewinn zuvor entwerteter Talente führen. Allemal wird die Demut die klösterliche Führungskraft von der Phantasie befreien, für alles zuständig zu sein. Die spirituelle Tradition hat gezeigt, dass eine wesentliche Konsequenz des Verzichtes auf Allzuständigkeit durch den Abt nicht zuletzt ein Freiheitsgewinn der anderen Mönche ist.

13.4 Demut: Internalisierte Wertorientierung und realitätsdichte Handlungsethik

Da sich das Freiheitsstreben der europäischen Moderne gegen jede Beschränkung wehrte, wuchsen auch die Bedenken gegen den Habitus der Demut. Sie wurde beispielsweise von dem Philosophen Baruch des Spinoza (1632–1677) nur noch als eine „Traurigkeit, die unsere Schwachheit begleitet" verstanden. Wie sinnvoll ist es, nun von der komplexen Grundhaltung der Demut zu sprechen, da spätestens im 20. Jahrhundert das Ableben des Begriffs eine beschlossene Sache schien? Walter Dirks, ein dezidiert kirchlicher Publizist, konstatierte: „Wir haben ein Wort verloren. Es ist durch Missbrauch verdorben" (Dirks 1976). Vor allem in Erziehung und Lebensweisung war der Begriff der Demut im Verlauf des 19. Jahrhunderts oftmals antiemanzipatorisch eingeengt, ja ideologisiert worden, da speziell der Aspekt der Erniedrigung im Blickpunkt stand. Eine Grunddynamik des Christlichen geriet in den Bannkreis oberflächlicher Tugendmechanik. Stigmatisiert oder einfachhin überflüssig wanderte die Demut auf die Rote Liste der bedrohten Worte. Der Abschied ohne Beileidsbekundungen ist umso erstaunlicher, als von der Religionsphilosophie die Demut als einzigartige Leistung des Christentums angesehen wird. Die Bewertung durch den renommierten Philologen Albrecht Dihle (1957) markiert die „humilitas" als nahezu einziges Charakteristikum der christlichen Kultur in der Antike. Denn sie definiere deren Herzstück: Die Rede von dem Gott, der sich selbst aus wehrloser Liebe an die Welt hingibt. Folgt man der unverstellten Sicht der Religionsphilosophie, so gewinnt der Gedanke vom göttlichen Retter, der damit beginnt, anderen nicht den Kopf, sondern die Füße zu waschen, die ethische Gestalt der Demut. Wer dem Gott der Demut nachfolgen will, findet sich in dieser Dramatik von Eigenstand und Selbstlosigkeit wieder. So entwirft die biblische Demut – von der göttlichen Entäußerung ausgehend – eine Lebensform, die das Eigene als Geschenk achtsam annimmt und es in Freiheit an die Mitmenschen weitergeben kann.

Das deutsche Wort Demut übersetzt den lateinischen Begriff „humilitas", dem Äquivalent für den griechischen Begriff „tapeinophrosýne" (Gesinnung eines Dienenden). Damit wird vor allem die Grundhaltung einer Kommunität beschrieben, in der jedes Mitglied den Wert seines Mitmenschen über die Eigeninteressen stellt.

Eine wesentliche Spur zum Kern der Demut liegt in der gemeinsam Wurzel der „humilitas" mit dem Begriff „humus" (Erde). Schon in diesem sprachlichen Bezug klärt sich die Funktion der Demut, den Menschen an sein Wesen zu erinnern: Er ist ein Geschöpf. Diese Geschöpflichkeit verleiht ihm eine innere Verwandtschaft mit allen Menschen und sogar den anderen Lebewesen. Respekt vor den anderen ergibt von selbst. Der ebenfalls aus der gleichen Sprachwurzel entspringende Humor zeigt an, wie Wahrnehmung und Akzeptanz der eigenen Begrenztheit nicht Trauer, Verneinung oder Gram hervorrufen müssen, sondern zu Handlungssicherheit und Gelassenheit führen können. In dieser Perspektive erweisen sich die Sprachgeschwister Humilitas und Humor als notwendige Vorbedingungen für qualifizierte Systemsteuerung und sich ständig verändernden Bedingungen.

Einen ersten Versuch, die Demut denkerisch neu zu fassen, unternahm der Philosoph Max Weber (1874–1928). Er beabsichtigt mit dem Konzept einer „kraftvollen Demut" das Paradigma einer neuen Werteordnung zu entwerfen (Scheler 1955). Eine gepflegte Lebensuntüchtigkeit ließe sich in seinem Verständnis nicht als demütiges Tun verbrämen.

Da die Demut nur in der Spannungseinheit von Selbstgewissheit und Einsicht in die eigene Fragilität existiert, kann sie helfen, die Selbstgefälligkeit einer ambitionierten Mittelmäßigkeit zu verhindern.

Ihre Evidenz für den Aufbau von Vertrauen erhält diese Überlegung gerade dann, wenn das Wort Demut innerhalb seines heute üblichen Bedeutungsfeldes gesehen wird, das in etwa von folgenden Begriffen umschrieben wird: Bescheidenheit, Authentizität, Zurückhaltung, Glaubwürdigkeit, Selbstbewusstsein, Verlässlichkeit, Eigenstand und Respekt.

Wegen ihrer Kompetenz zur Angstüberwindung weist die Grundhaltung der Demut eine komplexe Steuerungsfähigkeit für soziale Systeme auf. So beginnt für den Begriff der Demut auch im Bereich des Human Ressource Managements eine neue Blüte. Seminare, die von umtriebigen Klöstern für Manager organisiert werden, operieren – oftmals auffällig arglos – mit dieser komplexen Grundhaltung. Anders hat sie der Innsbrucker Ökonom Hans H. Hinterhuber sehr differenziert zum emblematischen Begriff seiner Überlegungen zur Personalführung erhoben (Basler Zeitung vom 4. November 2004, S. 18). Arroganz und Selbstüberschätzung können, so Hinterhuber, in Wirtschaftsunternehmen oder gesellschaftlichen Systemen böse Folgen zeitigen (Hinterhuber 2010). Eine scharfe Kritik an diesem zerstörerischen Habitus äußerte der Unternehmer Alexander Dibelius: „Die Zeiten andauernder 25-prozentiger Nachsteuer-Renditen in der Finanzindustrie sind vorbei." Es könne nicht sein, dass „Verluste sozialisiert und Gewinne privatisiert werden", sagte der Mitteleuropa-Chef von Goldman Sachs in einem Beitrag für ein Magazin und fordert eine „kollektive Demut" (Dibelius in Spiegel-Online 2009).

Gefällt sich eine Führungskraft in der Darstellung der eigenen Grandiosität, wird sie stets mit der Angst vor der Entdeckung der überspielten Schwächen leben müssen. Die ethische Existenz, zu der die Grundhaltung der Demut führt, befreit den Menschen zwar nicht gänzlich von der Angst, jedoch von deren paralysierender bzw. falsch motivierender Macht. Das humilitas-gesteuerte Verhalten wurzelt nicht in der Furcht vor Fehlern, sondern in Kongruenz mit den persönlichen Werten. Gerade für Führung unter Unsicherheit kann Demut eine kreative Herausforderung sein, da sie eine offene und ehrliche Auseinandersetzung mit dem Profil der eigenen Persönlichkeit und dem Spektrum der eigenen Begabungen postuliert. Das wird möglicherweise zum Verlust dressierter Fertigkeiten, aber sicher zur Erkenntnis zuvor entwerteter Talente führen. Allemal wird die Demut die Führungskraft von der Phantasie befreien, für alles zuständig zu sein. Die wesentliche Konsequenz des Verzichtes auf Allzuständigkeit wird nicht zuletzt ein Freiheitsgewinn der Mitarbeitenden sein. Da die Demut nur in der Spannungseinheit von Selbstgewissheit einerseits und Einsicht in die eigene Fragilität andererseits existiert, verhindert sie die Selbstgefälligkeit ambitionierter Mittelmäßigkeit. Zudem kann der Umgang zwischen Mitarbeitenden und Führungskraft eben nur dann in konstruktiver Art um die Dimension einer wohlwollenden Kommunikation erweitert werden, wenn der Demut von beiden Seiten eine basale Funktion zugesprochen wird.

Die Demut führt durch Ungewissheit und kommunikatives Wagnis zu einer gesicherten Form der Begegnung. Dieser Gedankengang soll nun abschließend durch eine philosophische Analogie argumentativ verstärkt werden, die sich bei Ludwig Wittgenstein (1889–1951) findet (Wittgenstein 1984). Er stellt eine Form von Gewissheit vor, die keiner Begründung bedarf. Wittgenstein weicht der prinzipiellen Schwäche des philosophischen Denkens nicht aus. Der Mensch kann sich irren. Sein Gewissheitskonzept will nicht aufweisen, dass der Mensch einen fehlerfreien Zugang zur Wahrheit haben kann, sondern inwiefern Zweifel und der Gedanke an einen Irrtum sinnlos oder unverständlich sein können. Er geht davon aus, dass die Struktur unserer Sprache dazu führen kann, selbst dort Zweifel zu formulieren, wo Dinge unzweifelhaft feststehen. Der Skeptiker, welcher an allem zweifeln möchte, übersieht, dass Zweifel nur in einem System von Gewissheiten sinnvoll werden. Zwar gibt es unbezweifelbare Sätze in einem absoluten Sinne nach Wittgenstein nicht. Doch eine wichtige Neuerung gegenüber den klassischen skeptischen Thesen besteht darin, dass diese stets eine Lösung der unbegründeten Zweifel verlangten, während Wittgenstein anführt, dass zum Zweifeln Gründe benötigt werden. Daher ist ein radikaler allumfassender Zweifel, wie ihn etwa Descartes äußerte, nicht möglich. Es geht Wittgenstein eher um eine ‚therapeutische' Behandlung des Zweifels, indem die Grundlosigkeit und die Unnötigkeit sowie schließlich die Unmöglichkeit des Zweifels aufgezeigt werden.

Diese Skizze der Wittgenstein'schen Überlegungen kann – allemal in einem praktischen Sinne – die Möglichkeit einer gewissen und sinnvollen Vorgehensweise in kritischen Situationen begründen. Die Demut, die eine Form von Selbstgewissheit voraussetzt, macht auch in solchen Konstellation nicht überheblich, sondern wirklichkeitsbezogen!

Literatur

Albrow, M. (1997). Auf Reisen jenseits der Heimat. Soziale Landschaften in einer globalen Stadt. In U. Beck (Hrsg.), *Kinder der Freiheit*. Frankfurt a. M.: Suhrkamp.

Büchner, G. (1965). *Werke und Briefe* (S. 6). München: dtv.

Chesterton, G. K. (1917). *Verteidigung des Unsinns, der Demut, des Schundromans und anderer mißachteter Dinge* (S. 79). Leipzig: Verlag der weißen Bücher.

Coviello, M. (2015). Dann bist du nicht mehr aufzuhalten. *Neue Zürcher Zeitung, 45*.

Delumeau, J. (1989). *Angst im Abendland. Die Geschichte kollektiver Ängste im Europa des 14. bis 18. Jahrhunderts*. Reinbek: Rowohlt.

Dibelius, A. (2009). Finanzkrise: Goldman-Sachs-Chef fordert kollektive Demut seiner Branche. www.spiegel.de/wirtschaft/0,1518,622504,00.html. Zugegriffen: 3. Mai 2009.

Dihle, A. (1957). Art. „Demut". In J. H. Waszink (Hrsg.), *Reallexikon für Antike und Christentum* (Bd. 3, S. 737). Stuttgart: Hiersemann-Verlag. https://de.wikipedia.org/wiki/Jan_Hendrik_Waszink.

Dirks, W. (1976). *Alte Wörter. Vier Kapitel zur Sprache der Frömmigkeit*. München: Chr. Kaiser.

Engelke, A. (2013). Mobil. *Das Magazin der Deutschen Bahn, 5,* 75.

Gehlen, A. (1971). *Der Mensch. Seine Natur und Stellung in der Welt*. Frankfurt a. M.: Athenäum.

Giddens, A. (1990). *The consequences of modernity*. Stanford: Stanford University Press.

Goertz, W. (14. Juli 2011). Einsam bin ich nur beim Joggen. *Rheinische Post, 29*.

Gut, M. (13. November 2005). Neue Zürcher Zeitung am Sonntag, *19*.

Heine, H. (1978). *Die romantische Schule* (S. 610). München: Hanser.

Hinterhuber, H. H. (4. November 2004). Ja-Sager nutzen nicht sehr viel. *Basler Zeitung, 225*, 18.

Hinterhuber, H. H. (2010). *Die 5 Gebote der exzellenten Führung: Wie Ihr Unternehmen in guten und in schlechten Zeiten zu den Gewinnern zählt*. Frankfurt a. M.: FAZ-Verlag.

Imhof, A. E. (1985). *Die verlorenen Welten. Alltagsbewältigung durch unsere Vorfahren - und weshalb wir uns heute so schwer damit tun*. München: C.H. Beck.

Imhof, A. E. (1988). *Lebenszeit. Vom aufgeschobenen Tod und von der Kunst des Lebens*. München: C.H. Beck.

Imhof, A. E. (1991). *Ars moriendi. Die Kunst des Sterbens Einst und Heute*. Köln: Böhlau.

Imhof, A. E. (1998). *Die Kunst des Sterbens. Wie unsere Vorfahren sterben lernten*. Stuttgart: Hirzel.

Kägi, U. (2015). Der Serienmeister spart Geld, zeigt Stärke und verlangt Demut. http://bo.bernerzeitung.ch/sport/fussball/Der-Serienmeister-spart-Geld-zeigt-Staerke-und-verlangt-Demut/19153770/print.html. Zugegriffen: 28. Feb. 2015.

Kirchner, B. (2007). *Benedikt für Manager. Die geistigen Grundlagen des Führens*. Wiesbaden: Gabler.

Lahm, P. (2014). Kapitän a.D. *Die Zeit, 31,* 18.

Löw, J. (9. Juli 2014). Wir müssen Demut zeigen!. *Hamburger Abendblatt, 18*.

Nietzsche, F. (1990). *Werke Bd. II* (S. 330). Nr. 31). München: Carl Hanser.

Penders, P. (9. Februar. 2015). Mehr Dortmunder Demut. *Frankfurter Allgemeine Zeitung, 24*.

Rahner, H. (1984). *Griechische Mythen in christlicher Deutung*. Freiburg: Herder.

Ramming, S. (11. Dezember 2011). Demut vor dem Schweizer Alltag!. *Neue Zürcher Zeitung, 49*.

Richter, H.-E. (1992). *Der Gotteskomplex. Die Geburt und die Krise des Glaubens an die Allmacht des Menschen*. Reinbek: Rowohlt.

Ross, A. (2015). Wahlkampf. Oma auf Ochsentour. http://www.faz.net/aktuell/politik/ausland/amerika/praesidial-hillary-clintons-devise-heisst-demut-13534461.html. Zugegriffen: 13. April 2015.

Rüdiger, G. (2014). Im Konzert entsteht immer alles neu. *Stuttgarter Nachrichten, 44*.

Salzburger Äbtekonferenz. (Hrsg.). (1999). *Regula Benedicti*. Beuron: Schott.

Scheler, M. (1955). *Vom Umsturz der Werte* (S. 17–26). Bern: Francke.

Schmitt, S. (2006). Vogelgrippe. Lektion in Demut. www.spiegel.de/wissenschaft/mensch/0,1518,402727,00.html http://www.spiegel.de/wissenschaft/mensch/0,1518,402727,00.html. Zugegriffen 18. Sept. 2007.

Fernsehen, S. R. (2011). Tageschau am Mittag 18.3.2011. http:/www.play/tv/tagesschau-am-mittag/video/tagesschau-am-mittag. Zuggeriffen: 16. Juli 2013.

Selldorf, P. (31. Oktober 2014). *Süddeutsche Zeitung, 37*.

Singer, W. (2004). Unser Menschenbild im Spannungsfeld zwischen Selbsterfahrung und neurobiologischer Fremdbeschreibung. In W. Frühwald (Hrsg.), *Das Design des Menschen* (S. 182–215). Köln: DuMont.

Steiner, G. (2004). *Grammatik der Schöpfung*. München: dtv.

Vogüé, A. de (1961). *La communauté et l'abbé dans la règle de saint Benoît* (S. 207–214, 251–266). Paris: Desclée de Brouwe.

Wittgenstein, L. (1984). *Über Gewißheit*. Frankfurt a. M.: Suhrkamp.

Wust, P. (1937). *Ungewißheit und Wagnis*. München: Kösel.

Zorn, R. (2005). Ich will nicht auf Teufel komm raus siegen. *Frankfurter Allgemeine Zeitung, 101*, 29.

PD Dr. theol. Michael Bangert Geb. 1959 in Rheinberg. Deutsch-Schweizer Doppelbürger. Studium von Philosophie, Geschichte, Theologie und Biologie in Münster, München und Bern. Fernstudium Betriebswirtschaft. Psychotherapeutische Ausbildung. Promotion in Münster mit einer Studie zur Mystik im Mittelalter. Habilitation in Bern mit einer Studie zum Verhältnis von Ästhetik und Spiritualität. Ab 1996 Durchführung von Seminaren und Coachings für Führungkräfte. Seit 2002 Pfarrer an der christkatholischen Predigerkirche in Basel. Lehrtätigkeit an den Universitäten Basel und Bern. Publikationen zur Kulturgeschichte des Christentums und zur Führungsethik.

Zur Theorie der Entscheidung

14

Klaus Götz und Charlotte Hardt

> **Zusammenfassung**
>
> Wenn es sich bei einer Entscheidung um eine zielgerichtete Wahl unter verschiedenen Alternativen handelt, fallen viele Optionen weg und nur eine von vielen Alternativen erhält von einem handelnden Subjekt den Zuschlag. Wie erfolgt nun aber diese Auswahl? Wer ist beteiligt und wie wird nun eigentlich entschieden? In dem vorliegenden Beitrag werden sehr unterschiedliche Theorien der Entscheidung dargestellt. Der Fokus liegt dabei sowohl auf den Ablaufprozessen von Entscheidungen als auch auf diversen theoretischen Zugängen (Gehirnforschung, Persönlichkeit, Alter, Gruppe) die Beiträge zu einem besseren Verständnis von Entscheidungen liefern.

Im Lexikon der Betriebswirtschaft (Thommen 2000) findet sich folgende Definition: „Unter einer Entscheidung versteht man die Wahl derjenigen Handlungsalternative (-variante), die der Entscheidungsträger zur Realisierung eines Ziels am besten findet".

Nach Laufer (2012) zeichnet sich eine echte Entscheidung dadurch aus, dass mehrere Alternativen zur Auswahl stehen, dass die Auswahl getroffen wird, ehe die Ereignisse den Entscheidungsspielraum nehmen und die ernsthafte Absicht besteht, etwas zu unternehmen. Irle (1971) beschreibt dies folgendermaßen:

K. Götz (✉) · C. Hardt
Universität Koblenz-Landau, Mainz, Deutschland
E-Mail: goetz@uni-landau.de

C. Hardt
Heidelberg, Deutschland
E-Mail: charlotte.hardt@zpp.uni-hd.de

© Springer Fachmedien Wiesbaden 2016
O. Geramanis, K. Hermann (Hrsg.), *Führen in ungewissen Zeiten*,
uniscope. Publikationen der SGO Stiftung, DOI 10.1007/978-3-658-11227-1_14

> Eine Entscheidung engt die bis dahin offenen Alternativen des Handelns ein auf eine einzige. Mit der Wahl einer Handlungs-Alternative [...] werden gleichermaßen andere Alternativen vernichtet. Und das ist umso mehr der Fall, je weniger eine Entscheidung und deren Realisierung korrigierbar sind. (Irle 1971, S. 46)

Im betrieblichen Kontext finden sich viele verschiedene Arten von Entscheidungen. Es wird unterschieden zwischen innovativen Entscheidungen und Routineentscheidungen, Entscheidungen bei unsicheren und sicheren Erwartungen, Kollektiventscheidungen und individuelle Entscheidungen, rationale und nicht rationale Entscheidungen, bewusste und unbewusste Entscheidungen, Entscheidungen in unterschiedlichen Funktionsbereichen und strategische und operative Entscheidungen.

Wie wichtig es sein kann, sich mit dem Entscheidungsprozess und der Entscheidungskultur in einer Organisation auseinanderzusetzen, konnten Weber et al. (2000, S. 56) zeigen. Sie untersuchten den Zusammenhang zwischen den Entscheidungsprozessen auf der einen Seite und dem Unternehmenserfolg auf der anderen Seite. Es zeigte sich, dass 5 bis 10 % in der Varianz des Unternehmenserfolges durch die Gestaltung des Entscheidungsprozesses vorhergesagt werden konnte. Die Autoren weisen darauf hin, dass auch wenn diese Zahl gering erscheinen mag, der Entscheidungsprozess im Gegensatz zu vielen anderen Einflussfaktoren auf den Unternehmenserfolg unmittelbar und ohne große Verzögerung durch den Unternehmer beeinflussbar ist. Mehr zu den Faktoren, die einen erfolgreichen Entscheidungsprozess auszeichnen weiter unten.

14.1 Der Entscheidungsprozess

Martin Irle (1971) weist darauf hin, dass Entscheidungen nicht einfach auf einen bloßen Entschluss reduziert werden können, vielmehr durchlaufen organisierte Entscheidungen einen komplexen Prozess. Er unterscheidet acht Phasen in einem Entscheidungsprozess. Die acht Phasen sind:

1. Identifizierung eines Problems
2. Informationssuche
3. Produktion von alternativen Problemlösungen
4. Vergleich der Alternativen
5. Wahl der geeigneten Alternative
6. Anregung zur Ausführung
7. Implementation der Entscheidung
8. Kontrolle der Implementation und der Konsequenzen

Bei der ersten Phase geht es darum, ein Problem zu identifizieren. Dabei kann es sich entweder um eine Notwendigkeit der Veränderung und Anpassung handeln, beispielsweise wenn großer Wettbewerbsdruck besteht und die Kosten für die Produktion verringert werden müssen, oder aber eine Innovation, also die Erfindung von neuen Aufgaben, die sich zur Lösung eines Problems anbieten. Das Problem ist in diesem Sinne als Herausforderung zu verstehen, die es zu bewältigen gilt.

Nachdem in der ersten Phase das Problem identifiziert wurde, geht es in der darauf folgenden Phase darum, Informationen zu möglichen Problemlösungen zu suchen. Hierbei ist die Spezialisierung der Information zu beachten. Einige Informationen sind so spezifisch, dass Experten eingesetzt werden müssen, um sie zu beschaffen. Diese Phase kann unter Umständen so aufwändig sein, dass der Aufwand der Suche den Ertrag der Entscheidung übertrifft.

Liegen genug Informationen zu dem Problem vor, werden in der dritten Phase alternative Problemlösungen produziert. Die verschiedenen Alternativen werden als Handlungspläne konzipiert und miteinander vergleichbar gemacht. Die Vergleichbarkeit kann sichergestellt werden, indem alle Alternativen auf spezifischen Dimensionen beurteilt werden, wie beispielsweise die Durchführbarkeit, der Aufwand der Realisierung, Wahrscheinlichkeit der Zielerreichung etc. Wichtig ist in dieser Phase zu beachten, dass auch die vorhandenen Informationen hinterfragt werden, also die Wahrscheinlichkeit ermittelt wird, mit der die Informationen zutreffen und keine gegenteiligen Informationen vorhanden sind. Damit stecken in den produzierten Alternativen Risiken, die auf den ersten Blick nicht ersichtlich sind.

In der vierten Phase werden die produzierten Alternativen nun miteinander verglichen. Als Bewertungskriterien können sowohl die oben beschriebenen Kriterien, wie Aufwand, Ertrag, Wahrscheinlichkeit der Zielerreichung und weitere herangezogen werden als auch Wert-Kriterien. Mit Wert-Kriterien sind Werte der Organisation gemeint, die dem Entscheider bestimmte Handlungsalternativen verbieten. Enthält das Leitbild eines Unternehmens beispielsweise das Wert-Kriterium, auf Kinderarbeit zu verzichten, sollte dies Vorrang vor Gewinnmaximierung haben und damit bestimmte Alternativen in der Produktion ausschließen.

Wurden in der vorangegangenen Phase die verschiedenen Alternativen miteinander verglichen, folgt in der fünften Phase die Entscheidung für eine der Alternativen. Abhängig von der Korrigierbarkeit der getroffenen Entscheidung, ändert sich nun die Situation. Ist die Entscheidung nicht korrigierbar, wird der Handlungsspielraum durch das Entfallen der Alternativen eingeschränkt. Die Phase der Entscheidungsfindung ist häufig sehr kurz und wird mit der Entschlusskraft von Führungskräften in Verbindung gebracht.

Anschließend an die Entscheidung folgt die Anregung zur Ausführung der gewählten Alternative. Diese Phase ist nur dann erforderlich, wenn die Ausführung der gewählten Alternative von Personen abhängt, die den Entschluss nicht gefasst haben. Die Ausführenden werden über die gewählte Alternative informiert, sie erhalten instruierende Informationen, und häufig werden in dieser Phase Anreize in Aussicht gestellt, um die Ausführung der gewählten Alternative zu gewährleisten. Die sechste Phase beinhaltet dementsprechend die Informierung und Motivierung der ausführenden Personen.

Die Ausführung der gewählten Alternative stellt die siebte Phase des Entscheidungsprozesses dar. Irle (1971) argumentiert, dass die Ausführung unmittelbare Rückwirkungen auf die Entscheidungsfindung hat und von daher als Teil des Entscheidungsprozesses betrachtet werden sollte. Die Ausführung kann wertvolle Informationen bezüglich der Qualität der getroffenen Entscheidung liefern.

Schlussendlich wird in der achten und letzten Phase des Entscheidungsprozesses die Entscheidung kontrolliert. Es werden zwei Komponenten untersucht und beurteilt, erstens die ordnungsgemäße Ausführung der gewählten Alternative und zweitens das Ergebnis der Entscheidung. Es wird überprüft, ob das gewünschte Ziel erreicht wurde und falls nicht, wie groß die Differenz zwischen dem erreichten Zustand und dem gewünschten Zustand ist. Stellt sich in dieser Phase heraus, dass die Zielerreichung durch den Entscheidungsprozess unbefriedigend ist, kann sich eine Korrektur der getroffenen Entscheidung anschließen.

Die Abfolge der Phasen ist nach Irle (1971) flexibel. Stellt sich beispielsweise in der zweiten Phase heraus, dass das Problem nicht genau genug beschrieben wurde, um konkrete Informationen sammeln zu können, kann der Prozess abgebrochen werden und wieder mit der ersten Phase begonnen werden.

14.2 Entscheidungstheorien

Die Akteur-Netzwerktheorie (Callon et al. 1986; Latour 1987, 1996, 2007) beschäftigt sich damit, wie Menschen Sinn konstruieren. Genauso wie sich Lernen u. a. durch die Erfahrung von Ähnlichkeit und Unähnlichkeit vollzieht, wird auch der Sinn konstruiert über die Erfahrung von Ähnlichkeit und Unähnlichkeit. Auf die gleiche Art und Weise konstruieren sich auch Netzwerke. Die Akteure eines Netzwerkes werden durch die Erfahrung von Ähnlichkeit und Unähnlichkeit konstruiert. Das Netzwerk wiederum wird konstruiert über seine Mitglieder. Zentral für die Bildung von Netzwerken ist die sogenannte „Übersetzung", womit der Prozess bezeichnet wird, wie Akteure in ein Netzwerk integriert werden. „Übersetzung" bedeutet in dem Sinne, dass die Interessen des Akteurs abgeglichen werden mit den Interessen des Kollektivs und der Akteur im Netzwerk eine feste Funktion übernimmt.

Der Vorgang der Übersetzung erfolgt in vier Phasen. In der ersten Phase entsteht ein Problembewusstsein. Der Akteur mit dem Problembewusstsein versucht dann, weitere Akteure zu gewinnen, die spezifische Rollen übernehmen. Voraussetzung dafür, dass diese anderen Personen in das Netzwerk integriert werden, ist, dass sie die Rollen annehmen und ausüben. Das Netzwerk stabilisiert sich dadurch, dass die Akteure ihre Rollen ausüben und über die Kommunikation der Akteure untereinander. Der Übergang zu dem Thema Entscheidungen kann darin gesehen werden, dass Entscheidungen, insbesondere Entscheidungen, die von einer Gruppe getroffen werden, ebenfalls als Netzwerk aufgegriffen werden können.

Eberberger et al. (2002) beschreiben zwei unterschiedliche Entscheidungstheorien. Zum einen das Recognition-primed-decision-model von Klein (1998) bzw. Klein et al. (1989) und die Imagetheorie von Beach (1996). Das Recognition-primed-decision model von Klein (1998) beschreibt, wie Personen Entscheidungen erfolgreich treffen können, ohne Alternativen bewusst abzuwägen. Basierend auf seinen Erfahrungen kann der Entscheidungsträger relevante Merkmale der Situation erkennen und einem kognitiven Prototypen zuordnen, was ihm ermöglicht, eine Aktionsabfolge zu implementieren, die sich in ähnlichen Situationen als erfolgreich erwiesen hat. Diese Art der Entscheidungsfindung basiert demnach auf Mustererkennung.

Die Imagetheorie nach Beach (1996) berücksichtigt neben Erfahrungen auch weitere Einflussfaktoren auf die Entscheidungsfindung. Beach berücksichtigt drei Arten von Einflussfaktoren, die Pläne des Entscheidungsträgers, wie er in der Situation vorhat zu handeln, die Ziele, die der Entscheidungsträger in der Situation verfolgt und den persönlichen Werteorientierungsrahmen des Entscheidungsträgers, welcher Werte und moralische Prinzipien beinhaltet. Eine Entscheidung kann nach diesem Modell nur getroffen werden, wenn die Handlungspläne und Ziele konform sind mit den Wertevorstellungen des Entscheidungsträgers.

14.3 Reflexion versus Intuition

Der Hirnforscher Roth (2009) führt aus, dass es vier Arten von Entscheidungen gibt, welche in unterschiedlichen Regionen des Gehirns verankert sind. Die Basalganglien im menschlichen Gehirn beispielsweise sind maßgeblich an automatischen Entscheidungen beteiligt, welche ca. 90 % unserer täglichen Entscheidungen ausmachen. Automatische Entscheidungen sind Handlungsabläufe, welche mühsam eingeübt werden mussten und sich nach und nach automatisiert haben. Diese automatischen Entscheidungen sind sehr schnell und können nur schwer verändert werden. Der Nachteil dieser automatischen Handlungsabläufe ist, dass sie nur in Situationen angewendet werden können, die dem Individuum bekannt sind.

Eine zweite Art von Entscheidungen betrifft affektive Entscheidungen. Diese sind stammesgeschichtlich abgespeicherte Reaktionen, wie beispielsweise Verteidigung, Flucht, Angriff und ähnliches. In Belastungssituationen greift der Organismus häufig auf solche phylogenetisch verankerten Reaktionen zurück, welche vom limbischen System gesteuert werden und die bewusste Informationsverarbeitung einschränken.

Die dritte Art von Entscheidungen bezieht sich auf bewusste und komplexe Entscheidungen, bei welchen wir nicht auf zuvor abgespeicherte Handlungsabläufe zurückgreifen können. An solchen Entscheidungen ist nicht nur der präfrontale Cortex beteiligt, wo die Intelligenz und die bewusste Informationsverarbeitung sitzt, sondern auch die zweite und dritte limbische Ebene, in welchen frühere Erfahrungen in Form von Gefühlen gespeichert sind. Roth (2009) weist auf die Wichtigkeit von Gefühlen für Entscheidungen hin. Löst ein bestimmter Gedanke keine spezifische Emotion in uns aus, sind wir nicht motiviert zu handeln. Damit verweist er auf die wichtige Rolle, die Emotionen bei einem Entscheidungsprozess spielen. Emotionen repräsentieren Erfahrungen, die wir gemacht haben.

Eine vierte Art von Entscheidungen stellen intuitive Entscheidungen dar. Roth (2009) erklärt, dass an solcher Art von Entscheidungen Wissen beteiligt ist, welches zwar in unserem Gedächtnis abgespeichert ist, der bewussten Informationsverarbeitung jedoch zeitweilig nicht zur Verfügung steht. Er spricht von dem sogenannten „Vorbewussten". Diese Art der Entscheidung ist der reflektierten Problemlösung häufig überlegen, weil die Kapazität des Vorbewussten im Gegensatz zu der Kapazität der bewussten Informationsverarbeitung nicht beschränkt ist.

Weber et al. (2000, S. 75) unterscheiden zwischen Intuition und Reflexion bei der Entscheidungsfindung. Während sich Reflexion auf Entscheidungen bezieht, welche auf Berechnungen oder Ursache-Wirkungs-Zusammenhängen basieren und damit für Dritte nachvollziehbar sind, ist mit Intuition das Fällen einer Entscheidung gemeint, ohne dass der Entscheider sein Ergebnis im Detail mit Berechnungen oder Ursache-Wirkungs-Zusammenhängen begründen kann. Mit Intuition ist also das Entscheiden „aus dem Bauch heraus" gemeint.

Entscheidungen im betrieblichen Alltag setzen sich nach Weber et al. (2000) stets aus Intuition und Reflektion zusammen. Abhängig von den verfügbaren Informationen erfolgt eine Entscheidung mehr intuitiv oder mehr reflexiv.

Intuitive Entscheidungen erfolgen insbesondere dann, wenn die Beschränkung des Wissensstandes besonders niedrig oder besonders hoch ist. Bei Routineentscheidungen, welche regelmäßig getroffen werden und alle nötigen Informationen zur Verfügung stehen, kann auf Reflexion verzichtet werden. Es wird auf unbewusste Verhaltensmuster zurückgegriffen und die Entscheidung erfolgt somit intuitiv (Abb. 14.1).

Ein anderer Extremfall sind Entscheidungen, bei denen sehr hohe Wissensdefizite vorliegen. In einem solchen Fall muss die Entscheidung intuitiv getroffen werden, weil nicht genügend Informationen vorliegen, um die Entscheidung reflexiv zu treffen (Abb. 14.2).

Bei einem mittleren Wissensstand werden eher reflexive Entscheidungen getroffen, es werden also „harte Fakten" in die Entscheidung mit einbezogen. Die Entscheidung wird sozusagen errechnet (Weber et al. 2000, S. 76) und es ist vor den möglichen Nachteilen der Methoden der reflexiven Entscheidungsfindung zu warnen. So seien alle Methoden anfällig für willentliche Verzerrungen hin zu gewünschten Ergebnissen. Dennoch empfehlen

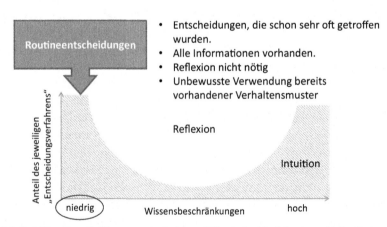

Abb. 14.1 Intuitive Entscheidungen mit niedrigen Wissensbeschränkungen. (Adaptiert nach Weber et al. 2000)

14 Zur Theorie der Entscheidung

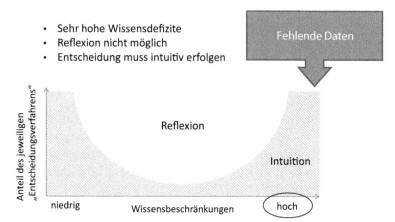

Abb. 14.2 Intuitive Entscheidungen mit hohen Wissensbeschränkungen. (Adaptiert nach Weber et al. 2000)

die Autoren die reflexive Entscheidungsfindung mit der Feststellung, dass letztere zum Erfolg führe. Die Methoden der reflexiven Entscheidungsfindung bieten Entscheidungshilfen, können die tatsächliche Entscheidung aber nicht ersetzen. Im Folgenden werden einige dieser Entscheidungshilfen vorgestellt.

Investitionsrechnungen
Ein klassisches Beispiel für reflexive Entscheidungen sind Investitionsrechnungen. Investitionen gehören insbesondere bei mittelständigen Unternehmen zu den wichtigsten Entscheidungen. Eine Fehlinvestition kann sehr teuer und damit häufig auch existenzbedrohlich sein. Häufig sind Investitionsentscheidungen irreversibel, da durch die entstandenen Verluste durch eine Fehlinvestition die nötigen finanziellen Mittel für eine weitere Investition nicht zur Verfügung stehen. Vor diesem Hintergrund ist zu verstehen, mit welcher Sorgfalt Investitionsentscheidungen getroffen werden sollten.

Im betrieblichen Alltag müssen viele Entscheidungen gefällt werden, bei denen Kostenvergleichsrechnungen hilfreich sind, wie beispielsweise bei „make or buy"-Entscheidungen, also der Wahl unterschiedlicher Bereitstellungswege. Bei der Deckungsbeitragsrechnung werden die durch eine Alternative direkt entstehenden Kosten von den Erträgen durch diese Alternative abgezogen. Die resultierende Differenz wird nach ihrer Höhe beurteilt. Damit werden die zur Auswahl stehenden Alternativen nach ihrem Beitrag zum Unternehmenserfolg beurteilt. Steht ein Bekleidungsunternehmen beispielsweise vor der Wahl, welche Produkte sie in ihr Angebot aufnehmen, hängt dies sowohl von den Erträgen ab, die ein bestimmtes Kleidungsstück erzielt (Verkauf), als auch von den direkten Kosten, die es verursacht (Einkauf). Die resultierende Differenz zwischen Erträgen und variablen Kosten wird danach beurteilt, wie viel sie zur Deckung der fixen Kosten, wie beispielsweise Personalkosten und Mietkosten, beiträgt.

Eine dynamische Methode der Investitionsrechnungen ist die Kapitalwertmethode. Nach Weber et al. (2000, S. 102) stellt der Kapitalwert „[...] die Vermögensänderung dar, die sich für den Investor ergibt, wenn er die Investition durchführt". Der Kapitalwert wird errechnet, indem der Barwert einer Investition addiert wird mit den Erträgen durch die Verzinsung über eine festgelegte Anzahl von Jahren (Simon 2012). Einfach ausgedrückt geht es darum, zu errechnen, wie viel Geld ein Investor hätte, würde er die Investition nicht durchführen und diesen Betrag zu vergleichen mit dem Betrag, der sich nach einer festgelegten Anzahl von Jahren durch die Investition ergibt.

Auch bei der Methode des internen Zinsfußes geht es um den Vergleich des Vermögenszuwachses durch das Tätigen oder Unterlassen einer Investition. Der interne Zinsfuß „[...] gibt den Zinssatz an, bei dem der Kapitalwert der Investition gleich null ist" (Simon 2013a, b). Eine Investition ist umso vorteilhafter, je höher der interne Zinsfuß ist.

Eine weitere dynamische Methode der Investitionsrechnung ist die Amortisationsrechnung. Mit Amortisation ist der Zeitpunkt gemeint, an welchem eine Investition ihre Anschaffungsausgaben refinanziert hat.

Weber et al. (2000) warnen allerdings davor, dass alle diese Methoden der Investitionsrechnungen keine unbestechlichen genauen Instrumente sind. Weiterhin empfehlen sie, auch im Nachhinein bereits getätigte Investitionen anhand der vorgestellten Methoden zu überprüfen.

Entscheidungsregeln
Die bisher vorgestellten Verfahren basieren alle auf der Annahme, dass wichtige Informationen bezüglich der Investitionen bereits vorhanden sind. Häufig ist dies im betrieblichen Alltag allerdings nicht der Fall. Für den Fall, dass Informationen fehlen, weil beispielsweise der Markterfolg eines Produktes zum Investitionszeitraum noch nicht absehbar ist, können Entscheidungsregeln als Hilfestellung dienen. Einige Entscheidungsregeln werden im Folgenden kurz vorgestellt.

Eine Möglichkeit sich bei in unsicheren Situationen zu entscheiden ist es, sich an dem maximalen Gesamterwartungswert der zur Auswahl stehenden Alternativen zu orientieren. Nach dieser Entscheidungsregel wird jene Alternative gewählt, welche den höchst möglichen Gewinn liefert. Dafür werden verschiedene Umweltsituationen bestimmt, wie beispielsweise sehr große Nachfrage, mittelmäßige Nachfrage oder geringe Nachfrage nach einem Produkt. Jede dieser möglichen Umweltsituationen wird mit der Wahrscheinlichkeit ihres Eintretens gewichtet. Gewählt wird die Alternative mit dem höchsten Gesamterwartungswert (vgl. Thommen 2000).

Ein alternatives Vorgehen stellt die Minimax-Regel dar. Nach dieser Regel wird jene Alternative gewählt, deren kleinstes Ergebnis aller möglichen Umweltsituationen am höchsten ist. Es wird dementsprechend vom ungünstigsten Fall ausgegangen. Dieses Vorgehen ist risikominimierend und könnte als pessimistisch bezeichnet werden.

Das genaue Gegenteil der Minimax-Regel stellt die Maximax-Regel dar. Bei diesem Vorgehen werden die günstigsten Umweltzustände betrachtet und jene Alternative gewählt, die im günstigsten Fall den höchsten Kapitalwert hat.

Die Hurwicz-Regel stellt eine Kombination von pessimistischen und optimistischen Entscheidungsregeln dar. Durch einen beliebig festlegbaren Erfolgs- bzw. Misserfolgsparameter kann der Entscheidungsträger seine persönliche Meinung bezüglich der Wahrscheinlichkeit von Erfolg und Misserfolg zum Ausdruck bringen. Der Erfolgsparameter α sollte einen Wert zwischen Null und Eins haben. Der Misserfolgsparameter ergibt sich dann aus der Differenz 1−α. Nun wird das größte Ergebnis, also das Ergebnis in der günstigsten Umweltsituation jeder Alternative mit dem Erfolgsfaktor α multipliziert und das kleinste Ergebnis jeder Alternative mit dem Misserfolgsfaktor 1−α multipliziert. Die Werte werden aufaddiert und gewählt wird jene Alternative, welche den höchsten Gesamtwert hat (Weber et al. 2000, S. 107).

Eine weitere Möglichkeit eine Investitionsentscheidung unter Unsicherheit zu treffen, stellt die Laplace-Regel dar. Dieser Regel liegt die Annahme zugrunde, dass alle möglichen Umweltsituationen, also beispielsweise Erfolg oder Misserfolg eines Produktes, die gleiche Wahrscheinlichkeit haben. Dementsprechend wird der durchschnittliche Ertrag aller Alternativen berechnet, indem die Erträge für alle möglichen Umweltsituationen einer Alternative addiert und durch die Anzahl der Entscheidungsalternativen geteilt werden.

14.4 Einflussfaktoren auf Entscheidungen

Im Folgenden soll es nun um Faktoren gehen, die Einfluss auf die Entscheidungsfindung und möglicherweise auf die Qualität der Entscheidungen haben können.

Exkurs: Gehirnforschung
In der Gehirnforschung gibt es seit einem längeren Zeitraum eine hitzige Debatte um den freien Willen. Die Frage ist, ob wir Entscheidungen bewusst treffen, oder ob unser Unterbewusstsein Entscheidungen bereits getroffen hat, lange Zeit bevor diese ins Bewusstsein dringen. Anlass dieser Diskussion waren Forschungsbefunde (bspw. Soon et al. 2008), die zeigen konnten, dass eine spezifische Gehirnaktivität der bewussten Entscheidung von Probanden vorausging. Die Hirnforscher konnten das Ergebnis der Entscheidung vorhersagen, bevor die Probanden sich bewusst waren, eine Entscheidung getroffen zu haben. Diese Befunde werfen die Frage nach einem freien Willen auf. Ist es uns vielleicht sogar unmöglich, bewusste, rationale Entscheidungen zu treffen? Anzumerken sei hier allerdings, dass es sich bei dem erwähnten Experiment um sehr banale Entscheidungen gehandelt hat. Es ist denkbar, dass es sich bei bewussten Entscheidungen anders verhält.

Die Persönlichkeit
Laufer (2012, S. 34) beschreibt die Fähigkeit, erfolgreiche Entscheidungen treffen zu können, als wichtige Führungskompetenz. Die Fähigkeit, erfolgreiche Entscheidungen treffen zu können, setze sich wiederum aus zwei Persönlichkeitseigenschaften zusammen, so Laufer. Zum einen ist das die Entscheidungssicherheit und zum anderen die Entschlussfreudigkeit. Die Entscheidungssicherheit beschreibt Laufer (2012, S. 36) als etwas Rationales, sie stellt ein durch Lebenserfahrung erworbenes oder bewusst erlerntes Urteilsvermögen dar. Die Entscheidungssicherheit setzt voraus, dass die Führungskraft

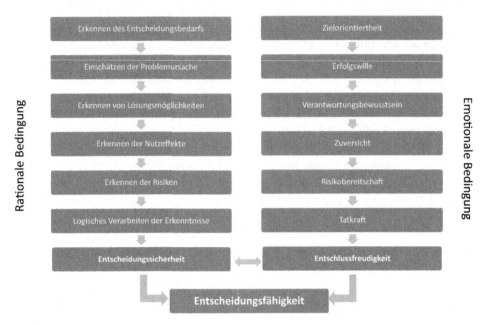

Abb. 14.3 Einflussfaktoren Persönlichkeit

in der Lage ist, Entscheidungsbedarf zu erkennen, die Problemursachen einzuschätzen, Lösungsmöglichkeiten zu generieren, Nutzen und Risiken abzuwägen und die gewonnen Erkenntnisse logisch zu verarbeiten. Die Entschlussfreudigkeit beruht im Gegensatz zu der Entscheidungssicherheit eher auf emotionalen Voraussetzungen. Nach Laufer (2012) entwickelt sich die Entscheidungssicherheit durch ein positives Selbstwertgefühl, einer aktiven und optimistischen Grundeinstellung sowie einer motivierenden Bedürfnislage. Voraussetzungen für die Entschlussfreudigkeit sind Zielorientiertheit, Erfolgswille, Verantwortungsbewusstsein, Zuversicht, Risikobereitschaft und Tatkraft (Abb. 14.3).

Nach Laufer (2012) beeinflussen sich die Entscheidungssicherheit und die Entschlussfreudigkeit gegenseitig. Die wachsende Entscheidungssicherheit aufgrund erworbener Kenntnisse führt zu mehr Entschlussfreudigkeit und Entschlussfreudigkeit führe dazu, dass Entscheidungen nicht gescheut werden und somit auch mehr Erfahrungen gemacht werden, welche die Entscheidungssicherheit stärken. Es sei hier allerdings angemerkt, dass Laufer seine Theorien aus seiner Berufserfahrung heraus entwickelt hat und diese Theorien der empirischen Überprüfung bedürfen. Aus seiner Theorie heraus entwickelt Laufer (2012, S. 36) Möglichkeiten der Personalentwicklung. Um die Fähigkeit zu verbessern, Probleme und Entscheidungsbedarf wahrnehmen zu können, könnten Führungskräfte häufiger das Gespräch mit ihren Mitarbeitern suchen. Das Generieren von Lösungsmöglichkeiten könnte Führungskräften leichter fallen, wenn sie sich zusätzliches Fachwissen aneignen oder Kreativitätstechniken anwenden. Der gesamte Entscheidungsprozess lässt sich nach Laufer (2012, S. 36) dadurch verkürzen, dass Entscheidungstechniken angewendet werden.

Alter

Ein weiterer wesentlicher Einflussfaktor auf das Treffen von Entscheidungen könnte das Alter des Entscheidungsträgers darstellen. Der Frage, ob ältere Menschen anders entscheiden als jüngere, sind Wiechers et al. (2014) an der Yale School of Medicine nachgegangen. Sie baten 135 Probanden im Alter von 12 bis 90 Jahren Entscheidungen zu treffen. Die Probanden durchliefen verschiedene Phasen, die aufgeteilt waren in Gewinnphasen und Verlustphasen. In beiden Phasen standen jeweils zwei Möglichkeiten zur Verfügung: entweder die Person wählte einen sicheren Gewinn, bzw. einen sicheren Verlust, oder sie wählte eine Risikovariante, bei welcher die Chancen 50:50 standen, entweder einen höheren Betrag zu gewinnen bzw. zu verlieren oder gar nichts zu gewinnen bzw. zu verlieren. Die Versuchsdurchläufe wurden mehrmals wiederholt. Es zeigte sich, dass ältere Menschen sich schwerer taten, in unsicheren Situationen Entscheidungen zu treffen. Im Durchschnitt waren die älteren Probanden weniger risikobereit in Bezug auf Gewinne aber risikofreudiger im Hinblick auf Verluste. Im Durchschnitt brachten die Entscheidungen der älteren Probanden weniger monetäre Gewinne.

Die Autoren schließen aus den Ergebnissen, dass es wichtige Entscheidungsmuster zu geben scheint, die vom Alter beeinflusst sind. Nach Wiechers et al. (2014) weisen diese Befunde weiterhin darauf hin, dass ältere Menschen Entscheidungen nicht immer zu ihrem Vorteil treffen. Es soll an dieser Stelle jedoch angemerkt sein, dass es fraglich ist, die Befunde aufgrund der oben beschriebenen künstlichen Entscheidungssituationen zu generalisieren.

Die Gruppe

In Entscheidungssituationen haben Gruppen gegenüber Einzelpersonen den Vorteil, über ein größeres Potenzial an aufgabenrelevanten Informationen, Fähigkeiten und Ressourcen zu verfügen (vgl. Müller 2010). Nicht immer trifft eine Gruppe bessere Entscheidungen als ein einzelner Entscheidungsträger.

Die Entscheidungsfindung von Gruppen lässt sich grob in vier Phasen einteilen. In der ersten Phase, der Orientierungsphase, geht es darum, die Problemanforderungen zu definieren und sich gemeinsam auf eine Vorgehensweise zu einigen. In Studien konnte gezeigt werden, dass es von Vorteil für die Entscheidungsfindung sein kann, wenn in dieser Phase auch strategische Aspekte der Entscheidungsfindung besprochen werden. In der zweiten Phase, der Diskussionsphase werden Besonderheiten des Problems analysiert, Lösungsalternativen erkundet und mögliche Entscheidungskonsequenzen abgeschätzt. In der dritten Phase, die Phase der Entscheidungsfindung, werden die Konsequenzen der verschiedenen Alternativen abgewogen und bewertet als auch individuelle Entscheidungspräferenzen transparent gemacht und begründet. Die Gruppe muss sich in dieser Phase auf eine Alternative einigen. Die Entscheidungsfindung kann eine Mehrheitsentscheidung sein, es kann eine Rangreihenfolge der verschiedenen Alternativen gebildet werden oder die Gruppe kann so lange diskutieren, bis sie einen Konsens findet. Nach der Entscheidungsfindung geht es in der letzten Phase, der Implementierungsphase, darum, getroffene Entscheidungen umzusetzen und die Konsequenzen der gewählten Alternative zu überprüfen. Wie sehr die einzelnen Gruppenmitglieder sich verantwortlich für die Umsetzung der Entscheidung fühlen, hängt auch von ihrer Beteiligung an der Entscheidungsfindung ab.

Die Entscheidungen von Gruppen sind aber nicht immer den Entscheidungen von Individuen überlegen. Für qualitativ schlechte Entscheidungen in Gruppen kann es viele Gründe geben. Beispielsweise bringen einzelne Gruppenmitglieder häufig nur Informationen ein, die von den anderen Mitgliedern angenommen und verstanden werden können, damit bleibt dann eine große Menge an entscheidungsrelevanten Informationen verborgen. Auch kommunikative Aspekte können eine Rolle spielen, indem sich die Gruppenmitglieder nicht gut ausdrücken können, nicht gut zuhören können oder es zu Missverständnissen kommt. Eine weitere Fehlerquelle kann das sogenannte Gruppendenken darstellen, welches das Phänomen beschreibt, dass insbesondere Gruppen mit starkem Zusammenhalt sehr um harmonische Gruppenbeziehungen bemüht sind und aus diesem Grund ein starkes Konsensstreben herrscht. Dies führt dazu, dass Gruppenmitglieder sich nicht trauen könnten, abweichende Meinungen zu äußern oder Informationen nicht bedacht werden, welche die harmonische Beziehung innerhalb der Gruppe gefährden könnten.

Das normative Entscheidungsmodell von Vroom und Yetton
Eine wichtige Frage bei Entscheidungen von Führungskräften betrifft die Partizipation von Mitarbeitern in Entscheidungen. Zu dieser Frage kann das normative Entscheidungsmodell von Vroom und Yetton (1973) wertvolle Hinweise geben.

Das normative Entscheidungsmodell unterscheidet fünf Entscheidungsstile, welche sich durch das Ausmaß der Mitarbeiterbeteiligung voneinander unterscheiden. Die fünf Entscheidungsstile sind

- die autokratische Entscheidung I, bei welcher der Vorgesetzte die Entscheidung alleine trifft,
- die autokratische Entscheidung II, bei welcher der Vorgesetzte sich fehlende Informationen von Mitarbeitern einholt, die Entscheidung aber alleine trifft,
- die konsultative Entscheidung I, bei welcher der Vorgesetzte das Problem mit einzelnen Mitarbeitern bespricht, die Entscheidung aber alleine trifft,
- die konsultative Entscheidung II, bei welcher der Vorgesetzte das Problem in der Gruppe mit seinen Mitarbeitern bespricht und anschließend eine Entscheidung trifft und
- die demokratische Entscheidung, bei welcher der Vorgesetzte das Problem in der Gruppe mit seinen Mitarbeitern bespricht und die Mitarbeiter die Entscheidung treffen.

Bei diesem letzten Entscheidungsstil hat der Vorgesetzte nur noch eine koordinierende Funktion und beeinflusst die Mitarbeiter nicht in ihrer Entscheidungsfindung. Welche der fünf beschriebenen Entscheidungsstile von der Führungskraft gewählt werden sollte, hängt von verschiedenen Aspekten der Entscheidungssituation ab. Wichtige Merkmale der Entscheidungssituation sind die folgenden:

- Qualitätsanforderungen: Gibt es eine Qualitätsanforderung? Ist vermutlich eine Lösungsalternative besser als eine andere?
- Informationsstand des Vorgesetzten: Hat der/die Vorgesetzte genügend Informationen, um eine qualitativ hochwertige Entscheidung alleine treffen zu können?
- Strukturiertheit des Problems: Ist das Problem strukturiert? Hat es sich bereits auf die Auswahl aus vorhandenen Alternativen reduziert?
- Handlungsspielraum der Mitarbeiter(innen): Ist die erfolgreiche Umsetzung der Entscheidung von der Akzeptanz der Entscheidung durch die Mitarbeiter abhängig?
- Einstellung der Mitarbeiter(innen) zu autoritärer Führung: Würde eine autokratische Entscheidung seitens des/der Vorgesetzten von den Mitarbeitern akzeptiert werden?
- Akzeptanz der Organisationsziele durch die Mitarbeiter(innen): Teilen die Mitarbeiter die Unternehmensziele, die durch die Problemlösung erreicht werden sollen?
- Gruppenkonformität: Wird die gewählte Lösungsalternative vermutlich zu Konflikten unter den Mitarbeitern führen?

Das Modell von Vroom und Yetton (1973) enthält bestimmte Entscheidungsregeln, welche Hinweise darauf geben, welche Stile der Entscheidungsfindung bei spezifischen Merkmalen der Entscheidungssituation geeignet sind. Die Informationsregel beispielsweise besagt, dass eine autokratische Entscheidung I nicht angebracht ist, wenn der Vorgesetzte nicht über genügend Informationen verfügt, um die Entscheidung zu treffen. Nach der sogenannten Akzeptanzregel sind die autokratischen Entscheidungsstile und die konsultative Entscheidung I unzulässig, wenn die Annahme einer autokratischen Entscheidung der Führungskraft durch die Mitarbeiter fraglich ist.

14.5 Erfolg von Entscheidungen

Weber et al. (2000) definieren eine erfolgreiche Entscheidung als eine Entscheidung, die zu einem erwünschten Ergebnis geführt hat, wobei der Prozess der Entscheidungsfindung ebenfalls als relevant erachtet wird für den Erfolg der Entscheidung. Eine erfolglose Entscheidung auf der anderen Seite zeichnet sich entweder dadurch aus, dass sie falsch war oder aber eine inhaltlich korrekte Entscheidung an der Umsetzung scheitert, weil die Mitarbeiter nicht hinter der Entscheidung standen.

Die o. g. Autoren halten zwei Aspekte des Entscheidungsprozesses als erfolgsrelevant, das sind zum einen die Stabilität von Entscheidungsabläufen, also ob Entscheidungsprozesse stabil und damit vorhersehbar verlaufen und zum anderen klare Kompetenzen bei den Entscheidungsprozessen. Dahinter steht die Überzeugung der Autoren, dass transparente Abläufe und klare Kompetenzen dazu führen können, dass mehr Wissen von einzelnen Personen in den Entscheidungsprozess mit einfließt, weil die Beteiligten den Prozess und seine Notwendigkeit besser verstehen können. Daraus ist eine verbesserte Entscheidungsqualität zu erwarten, weil mehr Informationen berücksichtigt werden und eine verbesserte Umsetzbarkeit der Entscheidung geschehen kann, da die Mitarbeiter wissen wie und warum die Entscheidung zustande gekommen ist. Zusammenfassend gibt es drei Merkmale eines effizienten Entscheidungsprozesses: Formalisierung, Konsensorientierung und die Auswahl der richtigen Prozesspartner.

Literatur

Beach, L. R. (1996). *Decision making in the workplace. A unified perspective*. Mahwah: Lawrence Erlbaum Associates, Publishers.

Callon, M., Law, J., & Rip, A. (Hrsg.). (1986). *Mapping the dynamics of science and technology*. San Francisco: McMillan.

Eberberger, M., Krügl, M., & Götz, K. (2002). Lernen in betrieblichen Entscheidungsprozessen. In M. Cordes, J. Dikau & E. Schäfer (Hrsg.), *Hochschule als Raum der lebensumspannender Bildung: Auf dem Weg zu einer neuen Lernkultur* (S. 273–295). Regensburg: AUE e. V.

Hentze, J., & Brose, P. (1986). *Personalführungslehre*. Bern: Paul Haupt.

Irle, M. (1971). *Macht und Entscheidungen in Organisationen: Studie gegen das Linien-Stab-Prinzip*. Frankfurt a. M.: Akademische Verlagsgesellschaft.

Klein, G. (1998). *Sources of power: How people make decisions*. Massachusetts: The MIT Press.

Klein, G., Calderwood, R., & MacGregor, D. (1989). Critical decision method for eliciting knowledge. *IEEE Transactions on Systems, Man and Cybernetics, 19*(3), 462–472.

Latour, B. (1987). *Science in action: How to follow scientists and engineers through society*. Milton Keynes: Open University Press.

Latour, B. (1996). On actor-network theory. A few clarifications. *Soziale Welt, 47*(4), 369–382.

Latour, B. (2007). *Eine neue Soziologie für eine neue Gesellschaft. Einführung in die Akteur-Netzwerk-Theorie (Aus dem Englischen von Gustav Roßler)*. Frankfurt a. M.: Suhrkamp. (Originalausgabe: Reassembling The Social. Oxford University Press. 2005).

Laufer, H. (2012). *Grundlagen erfolgreicher Mitarbeiterführung*. Offenbach: GABAL Verlag GmbH.

Müller, U. (2010). *So führen Sie ein Team zum Erfolg: Ein Leitfaden für Prozessbegleiter, Moderatoren und Gruppenleiter*. Offenbach: Gabal.

Peart, K. N. (2013). With increased age comes decreased risk-taking in decision-making. http://news.yale.edu/2013/09/30/increased-age-comes-decreased-risk-taking-decision-making. Zugegriffen: 11. Dez. 2013.

Roth, G. (2009). Nachwort. In A. Sentker & F. Wigger (Hrsg.), *Schaltstelle Gehirn: Denken, Erkennen, Handeln*. Heidelberg: Spektrum Akademischer Verlag.

Simon, F. (2012). Kapitalwertmethode. http://www.rechnungswesen-verstehen.de/investition-finanzierung/Kapitalwertmethode.php. Zugegriffen: 16. Dez. 2013.

Simon, F. (2013a). Amortisationsrechnung. http://www.rechnungswesen-verstehen.de/investition-finanzierung/amortisationsrechnung.php. Zugegriffen: 17. Dez. 2013.

Simon, F. (2013b). Interne Zinsfuß Methode. http://www.rechnungswesen-verstehen.de/investition-finanzierung/interne-zinsfuss-methode.php. Zugegriffen: 16. Dez. 2013.

Soon, C. S., Brass, M., Heinze, H.-J., & Haynes, J.-D. (2008). Unconscious determinants of free decisions in the human brain. *Nature Neuroscience, 11*, 543–545. doi:10.1038/nn.2112.

Thommen, J.-P. (2000). *Lexikon der Betriebswirtschaft: Management-Kompetenz von A bis Z* (2. Aufl.). Zürich: Versus.

Vroom, V. H., & Yetton, P. W. (1973). *Leadership and decision-making*. Pittsburgh: University of Pittsburgh Press.

Walenta, C., & Kirchler, E. (2011). *Führung*. Wien: Facultas Verlags- und Buchhandels AG.

Weber, J., Reitmeyer, T., & Frank, S. (2000). *Erfolgreich entscheiden: der Managementleitfaden für den Mittelstand*. Wiesbaden: Gabler.

Wiechers, I., Ruderman, L., & Levy, I. (2014). Does patient age affect physician decision making under varying risk and ambiguity. *American Journal of Geriatriv Psychiatry, 22*(3), 98.

Univ.-Prof., Univ.-Prof. h.c., Dr. phil. Klaus Götz Von 1982 bis 2002 hauptberuflich in der Wirtschaft tätig (Personal, Bildung, Management). Seit 2002 Professor für Weiterbildungsforschung und -management an der Universität Koblenz-Landau. Honorarprofessor an der Universität Bremen

Charlotte Hardt M. Sc. Psych ehem. wissenschaftliche Mitarbeiterin im Projekt „Entscheidungsfindung und Mustererkennung" an der Professur für Weiterbildungsforschung und -management der Universität Koblenz-Landau.

Wenn Führung kaschiert, wie Geld dominiert

Wer ein Unternehmen besitzt, kontrolliert auch die betriebliche Organisation

Ueli Mäder

Zusammenfassung

Wie reagieren Führungskräfte auf neue Ungewissheiten? Wohl recht unterschiedlich. Die einen geben den Druck weiter. Andere versuchen Mitarbeitenden umso mehr Sicherheiten zu vermitteln. Aber die Möglichkeiten sind beschränkt. Eine Führungskultur macht noch keine Betriebsstruktur. Wer ein Unternehmen operativ leitet, muss strategische Interessen und Vorgaben berücksichtigen. Hinzu kommt der soziale Wandel. Wir fragen, was ihn kennzeichnet und wie er den Umgang mit einer Ungewissheit prägt, die er selbst mitverursacht. Dabei interessiert, was theoretische und praxisorientierte Ansätze dazu beitragen, Ungewissheiten umfassender zu verstehen und prospektiv einen konstruktiven Umgang damit zu finden.

„Wenn unser CEO etwas offener wäre, dann hätten wir eine andere Betriebskultur." So ähnlich klingt es da und dort. Wohl zu Recht. Eine zugängliche Führung fördert die Zufriedenheit im Unternehmen und vielleicht sogar den Output. Aber steigen dann auch die unteren Löhne? Und haben die Mitarbeitenden mehr zu sagen? In einzelnen Unternehmen mag das durchaus der Fall sein. Sie achten darauf, ihre Produkte möglichst sozial und umweltverträglich zu erzeugen. Das ist erfreulich. Eine partizipative Führungskultur garantiert aber noch keine entsprechende Betriebsstruktur.

Eine partizipative Führung kann sogar einseitige Besitzverhältnisse und Abhängigkeiten verdecken. Das zeigt sich selbst an Hochschulen. Viele bauten in den letzten Jahren die Selbststeuerung der Mitarbeitenden aus, die Mitbestimmung der Dozierenden und Studierenden jedoch ab. Aber warum? Liegt das an der öffentlichen Hand, die für die Finan-

U. Mäder (✉)
Seminar für Soziologie, Universität Basel, Basel, Schweiz
E-Mail: ueli.maeder@unibas.ch

zierung aufkommt? Oder an steigenden Anteilen privater Drittmittel? Wie dem auch sei, im vorliegenden Artikel steht die Führung wirtschaftlicher Unternehmen im Vordergrund. Dabei interessiert, wie sie auf zunehmende Ungewissheit reagiert und welchen Spielraum sie dabei hat.

15.1 Frage und Aufbau

Wenn wirtschaftliche Unternehmungen wichtige Entscheide treffen, dann fragt sich, was mehr zählt: die Dividenden und Kurse der Aktien oder die Stimmen der Arbeitnehmenden? Und wie wichtig sind persönliche Haltungen der CEOs sowie öffentliche Diskurse?

Seit der jüngsten Finanz- und Wirtschaftskrise intensivieren sich Debatten über hohe Boni und über die Integrität der Führungskräfte. Die Öffentlichkeit drängt auf mehr Transparenz und Kontrolle. Auf führende Manager fokussiert, lenken Kritiken allerdings von den Besitzenden der Unternehmen ab, die ihr Kapital optimieren wollen. Operative Führungskräfte müssen sich an diesen Interessen und an bestehenden Machtgefügen orientieren. Sie müssen auch auf wirtschaftliche und gesellschaftliche Ungewissheiten reagieren. Ihre Entscheidungsräume sind limitiert, aber wichtig. Und sie lassen sich recht unterschiedlich nutzen. Dabei interessiert, was sich im Umgang mit Ungewissheit manifestiert. Das steht hier im Vordergrund. Von dieser Frage (1) gehe ich aus.

Als Grundlage dienen ein theoretischer Rahmen (2) und ein erweitertes Verständnis von Macht (3), das den Ansatz von Max Weber mit jenem von Michel Foucault verknüpft. Ein erster theoretischer Aufriss setzt bei der Kritik von Luc Boltanski und Ève Chiapello (1999) an. Sie diskutieren, wie sich Führungsmethoden einem neuen Geist des Kapitalismus anpassen. Wir fragen weiter, was den aktuellen sozialen Wandel (4) kennzeichnet und wie er sich auf Betriebsstrukturen und Betriebskulturen auswirkt (5). Führt etwa die erhöhte Ungewissheit dazu, wieder mehr auf Stabilität zu setzen oder hauptsächlich die Flexibilität zu fördern?

Zudem interessiert, ob sich heute, wie oft angenommen, tatsächlich mehr Macht von den Besitzenden zum Management verlagert (6). Etwa deshalb, weil Fusionen von Unternehmen und neue Ungewissheiten die Anforderungen an Führungskräfte erhöhen. Aber mit welcher Konsequenz? Eine autonomere Führung kann partizipative Betriebsstrukturen ausweiten oder eindämmen. Wie sie das tut, hängt allerdings von wirtschaftlichen und gesellschaftlichen Veränderungen ab. Diese prägen auch mit, was für Managementtypen sich derzeit mehr durchsetzen (7).

Daran anschließend stellt sich die Frage nach konkreten Anforderungen an eine Führung, die möglichst human auf Ungewissheiten reagieren will (8). Dabei ist es wohl wichtig, nebst möglichen Chancen auch deutlich die Grenzen hoffnungsvoller Versuche zu sehen. Sonst besteht die Gefahr, ein individualistisches Verständnis zu reproduzieren, das derzeit sozialstrukturelle und gesellschaftswissenschaftliche Analysen prägt (9). Der sozialräumliche Ansatz von Pierre Bourdieu führt darüber hinaus und auf die Ausgangsfrage zurück. Er hilft, (Betriebs-)Struktur und (Führungs-) Kultur zusammen zu denken (10).

15.2 Theoretische Rahmung

Luc Boltanski ist ein französischer Soziologe. Er argumentiert, wie sein Kollege Pierre Bourdieu, aus einer macht- und herrschaftstheoretischen Perspektive. Ihn interessiert vor allem das Verhältnis von Gerechtigkeit und (Un-)Gleichheit in einer Gesellschaft. Im Vordergrund seiner Untersuchungen stehen unterschiedliche Handlungslogiken sozialer Akteure. Boltanski (1990) zeigt, wie vielfältig die kommunikativen, relationalen und affektiven Ressourcen sind, die Menschen in Arbeitskonflikte einbringen, um Vereinbarungen zu ermöglichen (Schmassmann 2015).

„Liebe und Gerechtigkeit als Kompetenzen" (1990), so heißt eine frühe Arbeit von Boltanski. Das erste Kapitel trägt die Überschrift „Wozu die Leute fähig sind". Boltanski geht davon aus, dass sich die Welt nicht einfach als Feld von Kräfteverhältnissen begreifen lässt, die ohne Wissen der Akteure wirksam ist. Wirtschaft und Gesellschaft wandeln sich dynamisch. Sie sind einer ständigen Kritik ausgesetzt. Menschen verfügen über Kompetenzen und agieren. Sie bringen Prinzipien der Gerechtigkeit zur Sprache und erringen damit zumindest kleinere Zugeständnisse und Kompromisse. Boltanski postuliert ein radikales Umdenken. Der Weg führt von einer kritischen Soziologie, die für sich das Monopol auf Aufklärung der gesellschaftlichen Welt beansprucht, zu einer „Soziologie der Kritik". Diese erforscht vielmehr die Fähigkeiten zur Kritik. Im Zentrum steht, wie sich Menschen ins gesellschaftliche Leben einbringen. Die Akteurinnen und Akteure verfügen über eigene Fähigkeiten zur Kritik. Sie sind von keinem organisierten Unwissen zu befreien, das sie blendet und vorantreibt. Sie sind vielmehr in der Lage, kritische Distanz zu vereinnahmenden Führungskonzepten zu halten. Soweit seine zuversichtliche Sicht, die Boltanski später weiter differenziert und relativiert.

Weithin bekannt ist die Studie „Der neue Geist des Kapitalismus" (1999), die Luc Boltanski mit Ève Chiapello zusammen veröffentlichte. Sie erhellt, wie sich der Kapitalismus zu Beginn der 1970er-Jahre neu legitimierte und auf Kritiken reagierte. Die eine (Sozialkritik) kam aus der proletarischen Bewegung, die andere von intellektuellen Künstlerinnen und Künstlern (Kulturkritik). Die Kritiken führten dazu, die Werteordnung des modernen Managements anzupassen. Stichworte sind: Autonomie, flache Hierarchien, Flexibilität, Kreativität, Selbstverwirklichung und Verantwortung. Sie deuten eine emanzipatorische Orientierung an. Geweckte Hoffnungen erweisen sich jedoch als Illusion. Sie kaschieren neue Zwänge mit etwas verfeinerten Formen sozialer Kontrolle und Disziplinierung. Vor diesem Hintergrund erscheint das Gerede von modernen Führungskonzepten zuweilen als hohle Phrase. Ob zu Recht? Das ist hier die Frage. Reproduzieren Führungskulturen bloß etablierte Machtstrukturen? Oder sind sie in der Lage, Entscheidungsräume konstruktiv und vielleicht sogar etwas widerständig zu nutzen?

15.3 Verständnisse von Macht

Macht bedeutet, an Max Weber (1922) orientiert, die Fähigkeit, eigene Interessen gegen Widerstreben durchzusetzen. Wie gut das gelingt, hängt davon ab, wer über welche Ressourcen verfügt (Bourdieu 1983). Wichtig sind das ökonomische Kapital, soziale Beziehungen, kulturelles Wissen und Ansehen. Dabei interessiert, wie sich Macht in sozialen Beziehungen dokumentiert (Foucault 1996, S. 240) und herrschaftlich institutionalisiert.

Macht ist nicht gleich Gewalt. Macht wird ohne direkten physischen Eingriff ausgeübt und bezieht sich nach Michel Foucault nicht direkt auf Subjekte, sondern auf deren Handlungen. Macht ist weiter abzugrenzen von Zwang. Macht wird nur auf ‚freie Subjekte' ausgeübt und nur sofern diese ‚frei' sind. Dabei geht es stets um Macht- oder Kräfteverhältnisse, die menschliches Handeln in der Gesellschaft organisieren. Macht ist daher nicht an einen bestimmten Ort (wie beispielsweise die Geschäftsleitung, Verwaltungs- und Stiftungsräte, Vorstände global tätiger Unternehmen) gebunden, sondern ist im Gegenteil durch ihre Ubiquität gekennzeichnet (Schmassmann 2015). Sie ist eine Art Strom, der sämtliche Teile der unternehmerischen Entität durchfließt und verbindet. So stellt Michel Foucault (1996) eine gängige Auffassung von Macht in Frage.

Macht ist nach Foucault (1996) nicht das Attribut einer Gruppe von Personen oder einer Körperschaft. Macht ist mehr im Sinne einer „Mikromacht" zu verstehen. Sie lässt sich in allen Bereichen eines Unternehmens oder einer Organisation beobachten. Und darin liegt auch ihre Kraft: Macht ist allgegenwärtig (ubiquitär). Sie kommt zu jeder Zeit von überall. Sie durchdringt die unternehmerische Ordnung mit Überwachung und Disziplin. Das Ausüben von Macht besteht, so Foucault, im „Führen der Führungen" (1996) und im Schaffen von Wahrscheinlichkeiten. Das Ausüben von Macht geschieht keineswegs statisch. Macht wandelt sich ständig. Sie nistet sich quasi in ein gesellschaftliches Netz ein, das sie wiederum dazu veranlasst, auf äußere Veränderungen zu reagieren und sich permanent anzupassen. Dabei ist sehr wohl von Belang, ob und inwiefern soziale Ungleichheiten das gesellschaftliche Netz prägen.

Das Wirtschaftsmagazin „Bilanz" (1/2015) stellt in der ersten Jahresausgabe immer wieder die Mächtigsten der Schweiz vor. Wichtige Kriterien sind dabei: erstens der Einfluss im eigenen Unternehmen, in der Wirtschaft, in der Beratung, in den Medien oder in der Wissenschaft; zweitens die Wirkung über den eigenen Bereich hinaus, auf die Politik oder Gesellschaft; drittens die Fähigkeit, sich gegen den Willen anderer durchzusetzen. Nach dem herrschenden leistungsethischen „meritokratischen Prinzip" sind wir selbst dafür zuständig, welchen Platz und Rang wir in der Gesellschaft einnehmen. Das Prinzip geht davon aus, dass vorherrschende Bevölkerungskreise ihre Stellung selbst erarbeitet und verdient haben. Wer fleißig ist, gelangt nach oben. Dabei hilft Chancengleichheit.

In der Schweiz setzen sich laut Politologe Dieter Freiburghaus (2008) neue Funktions- und Führungseliten durch. Sie zeichnen sich durch besondere Fähigkeiten und spezialisiertes Wissen aus: Es reicht nicht mehr, Offizier zu sein, um eine Hochschule oder ein Unternehmen zu leiten. Der Weg nach oben führt über eine gute Ausbildung und eine hohe Bereitschaft zur Flexibilität und die Fähigkeit zu internationalem und interkulturellem

Handeln. Leistung zählt nach diesem Ansatz mehr als die Herkunft, die bei Machteliten wichtig ist, die vornehmlich aus begüterten Kreisen stammen.

Soweit zwei unterschiedliche Verständnisse von Macht und Führungseliten. Nun fragt sich, wie diese mit konkreten gesellschaftlichen Veränderungen korrespondieren und was das für den Umgang mit Ungewissheiten bedeutet, die stets einen Doppelcharakter aufweisen. Sie reagieren zum einen auf das Aufweichen sozialer Sicherheiten und zum andern auf das Verabschieden großer Erzählungen, die komplexe Zusammenhänge simplifizieren.

15.4 Sozialer Wandel: Paradigmenwechsel

Zu Beginn der 1970er-Jahre registrierte die Schweiz, kurz vor dem Ende der fordistischen Prosperität, rund hundert Erwerbslose. Vollbeschäftigung schien selbstverständlich zu sein. Die Schweiz importierte massenweise Arbeitskräfte aus dem Süden. Das änderte sich mit den rezessiven Einbrüchen der 1970er-Jahre. Die verschärfte Konkurrenz auf dem Weltmarkt veranlasste vor allem große Unternehmen dazu, die Produktion stark zu rationalisieren, um die Produktivität und Gewinne weiter zu erhöhen. Tausende von Werktätigen verloren ihre Anstellungen. Strukturelle Arbeitslosigkeit verbreitete sich trotz steigendem Reichtum.

Seit Ende der 1980er-Jahre verstärken sich Prozesse der Deregulierung und Liberalisierung. Sie lassen die (Finanz-)Märkte expandieren. Zuvor dienten Finanzinstitute der Realwirtschaft. Banken stellten auch kleinen und mittleren Betrieben relativ einfach benötigte Kredite zur Verfügung. Kapital und Arbeit galten als gleichwertig. Mittlerweile dominiert ein finanzliberales Verständnis die Diskurse und Praxen. Es legitimiert auch die zunehmende Kluft bei den verfügbaren Einkommen und bei den Nettovermögen. Das Kapital scheint wichtiger zu sein als die Arbeit. „Wie viel Wert die Arbeit hat, das sagt uns doch der Markt", stellt der Direktor einer liberalen Denkfabrik fest (Mäder 2015).

Mit der Berliner Mauer brach Ende der 1980er-Jahre auch der West-Ost-Gegensatz auf. Seit diesem eigentlich erfreulichen Ereignis drängt das Kapital offensiver dorthin, wo es sich optimal verwerten lässt. Ein finanzliberales Verständnis überlagert das politisch liberale, das auf einen sozialen Ausgleich und darauf drängte, die unteren Löhne anzuheben und Arbeitnehmenden mehr Sicherheiten zu geben. Dieser Paradigmenwechsel führt von einer politisch liberalen zu einer finanzliberalen Sicht. Er prägt den sozialen Wandel und die Dynamik der Arbeitswelt. Das finanzliberale Verständnis weicht alte Gewissheiten auf. Es plädiert für mehr Flexibilität, legitimiert soziale Gegensätze als dynamisierenden Impuls und forciert die Konkurrenz.

Nach dem Zweiten Weltkrieg tendierte der politisch liberale Kompromiss zwischen Kapital und Arbeit zu einem sozialen Ausgleich. Mit dem Aufschwung des angelsächsischen (Finanz-)Liberalismus verbreitet sich indes eine neue Gläubigkeit. Der Markt scheint den Wert der Arbeit zu bestimmen. Seither verstärken sich vier Trends.

- *Erstens* nimmt die Erwerbslosigkeit zu. Wenn Maschinen manuelle Arbeit ersetzen, könnte uns das zwar mehr Zeit und Geld bescheren. Zumal die Produktivität steigt. Es hapert aber mit der Verteilung.
- *Zweitens* halten Teile der nominell steigenden Löhne mit den Lebenshaltungskosten nicht Schritt. Das führt vor allem zu mehr erwerbstätigen Armen (Working Poor) und verunsichert auch die finanziell besser gestellte „Stammbelegschaft".
- *Drittens* orientiert sich das teilweise überforderte System der sozialen Sicherheit einseitig an der Erwerbsarbeit. Es ignoriert auch neue Lebenslagen. So geraten viele Alleinlebende, Alleinerziehende und Familien mit Kindern in Bedrängnis. Dies auch deshalb, weil die Schweiz seit dem Jahr 2004 trotz steigendem Reichtum weniger Anteile ihres Bruttoinlandproduktes für die soziale Sicherheit bereitstellt (BSV 2014).
- *Viertens* erhöht sich die soziale Kluft zwischen den verfügbaren Einkommen und den privaten Vermögen (Mäder et al. 2010). Und das politisch demokratische Korrektiv ist nur beschränkt in der Lage, die soziale Polarisierung zu verhindern. Damit verschärfen sich soziale Ungewissheiten. Aber was bedeuten die skizzierten Veränderungen und der Paradigmenwechsel für betriebliche Strukturen und Führungskulturen? Verstetigen sie die Flexibilität oder deuten sich neue Ansätze der Stabilität an, um Prekarität zu vermeiden?

15.5 Flexibilität, Prekarität und Stabilität

Die Globalisierung öffnet und liberalisiert die Arbeitsmärkte. Sie erhöht auch Ungewissheiten. Unternehmen können davon profitieren und von ihren Mitarbeitenden mehr Flexibilität verlangen. So können labile Beschäftigungsformen für eine wachsende Zahl von Arbeitnehmenden zu einem Dauerzustand werden. Prekarität tritt dabei besonders in Form von „Arbeit auf Abruf" und Heimarbeit ohne festgelegte Stundenzahl auf. Die prekären Arbeitsverhältnisse schüchtern auch Vollzeitbeschäftigte ein. Dies ebenfalls bei Schweizer Traditionsfirmen wie SBB, Post, Swiss Air Lines, Sulzer, Landis & Gyr. Hier besteht heute weniger Arbeitsplatzsicherheit denn zuvor (Huonker 2012).

Die Lage der Arbeitnehmenden ist ebenfalls prekär, wenn ihre Arbeit nicht von Belang, schlecht bezahlt und innerhalb des Unternehmens wenig anerkannt ist. Fehlende Wertschätzung schlägt sich im Gefühl nieder, mehr oder weniger unnütz zu sein. So verweist die Prekarität auf tief greifende Wandlungen des Arbeitsmarktes und der Arbeitsorganisation. Sie verlangt von den Arbeitskräften oft wesentlich mehr Flexibilität als ihnen lieb ist. Und sie bringt auch neue Anforderungen an die Betriebsführung mit sich (Mäder und Schmassmann 2012).

Flexibilität heißt offenbar ein zentraler ökonomischer Imperativ. Wirtschaftliche Transformationen drängen seit dem ausgehenden 20. Jahrhundert darauf. Das Entfesseln unternehmerischer Freiheit brachte mehr befristete Beschäftigungen, Teilzeit- und Minijobs mit sich. Das Aufweichen vertraglicher Vereinbarungen sollte die Effizenz der Produktion steigern. Wer davon profitiert, bezeichnet die Flexibilität gerne als Motor unternehmerischer Innovation und Emanzipation. Sie befreit nach dieser Sicht von bürokratischen Zwängen. Eine Flexibilisierung ohne kollektive Steuerung unterläuft jedoch soziale Sicherungen, die Ungewissheiten abfedern. Sie belastet zudem die Psyche und Gesundheit.

Wer einseitig abhängig ist, hat weniger Boden unter den Füssen (Mäder und Schmassmann 2012). Richard Sennett (1998) befragte beispielsweise Beschäftigte im Hightechsektor. Er betrachtet die Flexibilisierung als Bedrohung der Identität (*corrosion of character*) und postuliert eine neue (Führungs-)Kultur. Dabei erweist sich soziale Anerkennung als zentral. Sie ist allerdings kaum in der Lage, soziale Ungleichheiten zu bewältigen, die Ungewissheiten erheblich verstärken. Diese kehren in reiche Gesellschaften zurück, während quasi normale Arbeitsverhältnisse erodieren.

Mit „Prekarität, Abstieg, Ausgrenzung" bezeichnen Robert Castel und Klaus Dörre (2009) die soziale Frage zu Beginn des 21. Jahrhunderts. Sie beschreiben auch die Wiederkehr sozialer Ungewissheiten, an der viele Menschen in westeuropäischen Ländern leiden. Bis Mitte der 1970er-Jahre profitierten Lohnabhängige vom sozialen Kompromiss zwischen Kapital und Arbeit. Seither sind sie zunehmend auf sich selbst gestellt. Sie leben „von der Hand in den Mund" und bangen um ihre Zukunft. Viele Erwerbstätige erfahren, wie sich die Organisation der Arbeit globalisiert, die Führung großer Unternehmen anonymisiert und der Umgang mit der konkreten Situation am Schreibtisch oder an der Maschine individualisiert.

Die Ungewissheit manifestiert sich in einem erhöhten Verlangen nach Stabilität. Betriebsführungen reagieren unterschiedlich darauf. „Heute kann ich wieder einfacher verlangen, dass alle Mitarbeitenden vor sieben Uhr einsatzbereit sind und kürzere Pausen machen", erklärte mir ein bekannter Schreinermeister und SVP-Nationalrat. Anders äußerte sich ein freisinniger Malermeister und ehemaliger Spitzensportler. „Pauschal-Regelungen sind heute schwierig", sagte er. „Ich muss viel mehr die unterschiedlichen Bedürfnisse meiner Mitarbeitenden berücksichtigen." Der Zwiespalt zwischen bestandener Stabilität und einer Flexibilität, die zur Normalität wird, zeigt sich auch in renommierten Ausbildungsstätten von Führungskräften. Die einen setzen wieder mehr auf Härte, andere auf weiche Faktoren.

15.6 Verlagerung von Macht?

Wer ein Unternehmen führt, sieht sich in Zeiten der Ungewissheit mit erhöhten Erwartungen konfrontiert. Die so genannten Arbeitnehmenden wünschen mehr Sicherheit, die Kapitalgebenden mehr Dividenden. Von dieser Seite ist bei Konflikten viel Bereitschaft gefragt, hart durchzugreifen. Dies zu Gunsten möglichst hoher Gewinne. Diese werden von einer Führung erwartet, die eigentlich aus Angestellten besteht. Viele Führenden zählen jedoch selbst zu den Reichen. Sie sind über eigene Aktien und vielfältige Privilegien mit den Besitzenden der Unternehmen verflochten. Der gehobene Lebensstil verbindet das Management mit dem Verwaltungsrat und den wichtigsten Aktionärinnen und Aktionären. Ebenfalls die Treffen in Verbänden und Klubs.

Medial stehen viele Führungspersonen zwar im Rampenlicht. Das verstärkt den Eindruck einer Verlagerung der Macht. Aber diese ist von beschränkter Reichweite, auch wenn sie sich in letzter Zeit wegen komplexeren Aufgaben etwas ausgeweitet hat. Dies hängt zum einen mit der Globalisierung der Produktion zusammen und zum andern mit der Notwendigkeit, im Alltagsbusiness rascher denn je gewichtige Entscheide zu treffen. Da sind CEOs auf eigene Stäbe angewiesen, die mit dem aktuellen Geschehen vertraut sind. Und da sind untereinander auch neue Formen der Arbeitsteilung und des Umgangs möglich, die für weitere Kreise der Mitarbeitenden zum Tragen kommen können. Und zwar in einem eher partizipativen oder mehr direktiven Stil; mit recht unterschiedlichen Arbeitszeitmodellen und Bonisystemen. Die betriebliche Kooperation interessiert viele Besitzende wenig, sofern die Kasse stimmt. Für Mitarbeitende und die öffentliche Wahrnehmung spielt die Art der internen Betriebsführung jedoch eine größere Rolle. Sie kann je nach Attraktivität auch dazu beitragen, äußere Abhängigkeiten von den Kapitalgebenden zu kaschieren.

Im Kontext von Finanzkrise und Ungewissheit, reagieren Führungen unterschiedlich. Die einen rekurrieren auf streng hierarchisierte Konzepte. Sie verzichten sogar darauf, ihre Direktiven möglichst freundlich zu kommunizieren. Sie bauen auf soziale Disziplinierung und Sanktionierung. Andere tun hingegen viel dafür, mehr Soft Skills zu integrieren, eigene Haltungen zu reflektieren und eingehend mit allen Involvierten zu diskutieren. Sie wollen soziale Sicherheiten gewährleisten, die das psychische Wohl fördern und dazu beitragen, einen Umgang mit jenen Ungewissheiten zu finden, die uns wohl oder übel erhalten bleiben. Das hilft auch, soziale Fertigkeiten institutionell und individuell zu kultivieren und in weitere Lebenszusammenhänge zu integrieren. Daher sind aus meiner Sicht, trotz beschränkter Reichweite, alle Veränderungen zu unterstützen, die in diese Richtung weisen. Ob sie sich nachhaltig verwirklichen lassen, ist allerdings unter finanzliberalen Bedingungen fraglich. Mit der verschärften Konkurrenz ist die Gefahr groß, egomanische Führungskräfte zu favorisieren, die mit harten Bandagen agieren.

15.7 Zum Aufstieg verdammt

Wir Menschen sind soziale Wesen. Wenn wir zur Welt kommen, realisieren wir, dass andere schon da sind. Das ist wohl unsere erste narzisstische Verletzung. Aber wir erfahren so auch, dass wir ohne andere nicht überleben können. Wir haben damit einen sozialen und einen narzisstischen Impetus. Letzterer begünstigt den Aufstieg in verantwortliche Positionen. Das schreibt Psychoanalytiker Hans-Jürgen Wirth (2002) in seiner Studie über „Narzissmus und Macht". Sein Fazit ist klar: Oft gelangen ehrgeizige und selbstbezogene Personen nach oben, die über wenig Sozialkompetenz verfügen.

Zu einem ähnlichen Befund kommt Gerhard Dammann, der Leiter der Psychiatrischen Klinik Münsterlingen. Er bezeichnet den Narzissmus als „Motor für Erfolg" (Mäder et al. 2010, S. 303). Der Narzissmus kombiniert lockere und autoritäre Formen der Führung. Beide sind in Zeiten der Ungewissheit besonders gefragt. Der Narzissmus ist allerdings verfänglich. Ihm fehlen die Bodenhaftung und das Gefühl, mit Grenzen sorgfältig umzugehen. Stark narzisstisch geprägte Personen heben voreilig ab. Sie sehen in anderen viel Feindliches und überhöhen sich selbst. Um die Energie für eigene Ziele zu nutzen, helfen sie anderen eher wenig. Die forcierte Konkurrenz verlangt, sich gegen andere durchzusetzen. „Hätte ich mich immer nur sozial verhalten, wäre mein beruflicher Aufstieg schwieriger gewesen", gestand ein ehemaliger Regierungs- und Nationalrat angehenden Soziologinnen.

Ausgeprägte Narzissten sind mit der Sache eher instrumentell verbunden. Sie wollen sich selbst inszenieren. Wer auf Gedeih und Verderb immer mehr Erfolg haben muss, erfährt diesen als (Selbst-)Zweck. Das Ziel, im Mittelpunkt zu stehen, hält andere auf Distanz. Sie sollen nützlich sein und einen bewundern. Die Angst vor Nähe, die den Narzissmus kennzeichnet, verunmöglicht allerdings Empathie. Folgen sind psychische Instabilität, Zynismus und das Bestreben, andere abzuwerten, um sich über sie zu erheben.

„Die Sucht, ganz oben zu sein", beschreibt auch Psychotherapeut Thomas Kornbichler (2007). Er taxiert das beflissene Streben nach Macht als fehlgeleitete Kompensation von Minderwertigkeitskomplexen. Machtsüchtige streben nach Geltung und Anerkennung. Die Macht verspricht ihnen erhabene Sicherheit und verdeckt Ungewissheit. Sie fördert keine Hinwendung zu anderen Menschen. Wer so nach Macht strebt, sucht Wissen nicht wegen der Wahrheit, Kunst nicht wegen der Schönheit, Menschen nicht wegen sozialen Beziehungen. Die egomanische Strategie der Demagogie vereinnahmt andere für eigene Zwecke. Sie weist sich als schützende Hand aus, schürt aber ständig neue Feindbilder.

Wer von eigenen Schwächen ablenken will, projiziert diese gerne auf andere. Aber Menschen sind auch lernfähig. Sie können sich zum Beispiel in fundierten Managementausbildungen mit Mustern der Projektion auseinandersetzen und dabei (Flucht-)Mechanismen der Abwehr entdecken. Daraus resultiert je nachdem eine Dynamik, die weiterführende Veränderungen ermöglicht. Das zeigt sich auch in Weiterbildungskursen mit Führungspersonal.

15.8 Führungskulturen

Die Universität Basel bietet zusammen mit der Fachhochschule Nordwestschweiz seit zehn Jahren einen Studiengang in Konfliktanalysen und Konfliktbewältigung an. In diesem lernen Teilnehmende verschiedene Konflikttypen kennen: Der Blitz symbolisiert den konfliktfreudigen Typ, die Waage den harmonischen, die Blume den organischen, das Räderwerk den mechanischen. Zum Blitz gehört der Donner. Die Luft ist nie so rein wie nach dem Gewitter. Manager betonen gerne ihre Neigung zum Blitz. Harsch kritisieren sie die Waage. Denn dieser konsensbeflissene Typ will Konflikte bloß voreilig ausbalancieren, statt lösen. Mit eingehender Betrachtung relativiert sich allerdings diese Sicht. Denn der Blitz zerstört ja auch viel. Er entfacht lodernde Feuer und entlädt sich erst, wenn Emotionen aufgestaut sind. Das deutet darauf hin, dass der Blitz-Typ weniger konfliktfreudig ist als angenommen. Er tabuisiert die ausgleichende Waage, die er sich insgeheim mehr wünscht. Wohl wissend, dass sich mit Gelassenheit zuweilen mehr erreichen lässt als mit aufgesetzten Hörnern.

Manager mokieren sich auch gerne über das Modell der Blume, das wohl bei vielen Sozialtätigen beliebt ist und individuelle Eigenheiten kultiviert. Das organische Wachstum benötigt jedenfalls viel Zeit. Die streng arbeitsteilige Wirtschaft ist jedoch auf mehr mechanische Funktionalität angewiesen. Ein defektes Rädchen muss sich auch rasch ersetzen lassen, damit das Getriebe weiter dreht. Und so schwören die einen mehr auf ein mechanisches oder konfliktorientiertes Modell, andere mehr auf ein organisches oder harmonisches. Bei näherer Betrachtung relativiert sich allerdings dieses Entweder-oder. Denn alle Modelle haben ihre Vor- und Nachteile.

Je nach Situation und Problem ist ein organisches Modell flexibler als ein mechanisches. Und darum geht's. Wichtig ist das Bewusstsein dafür, wann welches (adaptierte) Modell hilfreich ist. Am Anfang eines Prozesses begünstigt ein organisches Vorgehen kreative Lösungen. Dies im Sinne der Blume. Das Modell der ausgewogenen Waage empfiehlt sich indes, wenn Ängste und hohe Verletzlichkeit vorhanden sind. Dann braucht niemand „Öl ins Feuer" zu gießen. In einer operativen Phase eines Projektes ist hingegen eher ein verlässliches Räderwerk gefragt. Und sind Positionen festgezurrt, dann kann ein Gewitter sehr heilsam sein. Was bedeutet das?

Wer sorgsam mit Macht umgehen will, muss eigene Präferenzen kennen. Er muss wissen, was ihn am organischen Modell stört. Unbewusste Abwehr bindet viel Energie und Geld. Sie macht auch krank. Davon zeugt die erhöhte Depressions- und Infarktgefahr bei Mächtigen. Diese wird gerne tabuisiert oder heroisiert. Hilfreich wäre mehr Sensibilität für die Dynamik der Macht. Sie ist als neue Schlüsselkompetenz zu etablieren und auch in die Ausbildung aller Kader zu integrieren. Denn die Psyche ist ein wichtiger Faktor. Sie entscheidet darüber mit, wie wir mit „Sieg und Niederlage" umgehen und lässt uns mehr fragen: Was verliere ich, wenn ich nicht gewinne?

Nun, diese hehren Anregungen lassen sich auch als Masche verwenden. Ganz im Sinne des neuen Geistes des Kapitalismus, den Boltanski und Chiapello (1999) kritisieren. Aber das ist hier nicht gemeint. Humanere Führungsmethoden sind meines Erachtens durchaus sinnvoll, auch wenn sie (leider) keineswegs systemsprengend sind. Da und dort erhalten sie auch Unterstützung von Mächtigen, die wieder mehr an das politisch-liberale Verständnis anknüpfen wollen und eine sozialere Marktwirtschaft anregen. „Wenn das so weiter geht mit der sozialen Ungleichheit, dann wird es gefährlich. Dann verlieren wir alle." So ähnlich äußerten sich mehrere „Wirtschaftskapitäne" im Rahmen unserer Studie über „Geld und Macht in der Schweiz" (Mäder 2015). Sie rufen finanzliberale Manager zu mehr Bescheidenheit und dazu auf, sich auf andere Werte zu besinnen.

Apelle zur Selbstbesinnung und Bescheidenheit sind durchaus erfreulich. Wenn wir aber die Umsetzung dem Goodwill der Angesprochenen überlassen, dann können wir vermutlich lange warten. Zumal aktuelle Debatten über den gesellschaftlichen Wandel derzeit eher in eine andere Richtung weisen. Sie vernachlässigen grundlegende Widersprüche und Veränderungen, auf die auch kleine Schritte und humanere Führungsmethoden bewusster abzustimmen sind. Sonst verlieren wir uns in mehr individualistischen Konzepten, die derzeit recht beliebt sind und auch die Führungskultur stärker gewichten als die Betriebsstruktur.

15.9 Soziale Klassen oder Milieus?

Trotz erheblichen sozialen Gegensätzen verschieben Debatten zu sozialen Fragen (schon seit der zweiten Hälfte des zwanzigsten Jahrhunderts) ihre Sicht von strukturellen zu individuellen Aspekten. Was einst als Grundwiderspruch zwischen gesellschaftlicher Produktion und privater Aneignung galt, wird heute eher selten thematisiert. Der Blick verlagert sich von der vertikalen Ebene, bei der das oben und unten im Vordergrund standen, zur horizontalen. Modelle sozialer Milieus betonen die Lebensauffassung, den Lebensstil und die Wertorientierung. Sie weisen zwar auf wichtige soziale Differenzierungen hin, vernachlässigen aber die Analyse sozialer Gegensätze, auf die sich eine kritische Sozialwissenschaft konzentriert. Dies mit dem normativen Ziel, mit gründlichen Analysen dazu beizutragen, eine emanzipatorische Sozialisation zu fördern, die sich auch in partizipativen Führungskonzepten dokumentieren sollte.

Ulrich Beck charakterisierte die Individualisierung „jenseits von Klasse und Schicht" (1986, S. 121). Er subjektivierte die soziale Frage und akzentuierte: erstens das Herauslösen aus herkömmlichen Sozialformen, zweitens den Verlust traditioneller Sicherheiten und drittens neue soziale Einbindungen dank Wahlmöglichkeiten. Solche Prozesse lassen sich wohl nachweisen. Aber heben sie soziale Klassen auf? Dass heute auch qualifizierte, gut Ausgebildete erwerbslos sein können, belegt nach Beck eine gewisse Klassenlosigkeit sozialer Ungleichheit. Gesellschaftliche Integration vollziehe sich zunehmend individuell und unabhängig von der Zugehörigkeit zu einer bestimmten Schicht.

Gerhard Schulze (2000) knüpft an Ulrich Beck an und betont die Bedeutung sozialer Milieus. Er fasst diese als Erlebnisgemeinschaften und verlegt die Ursachen sozialer Ungleichheit ins Innenleben der Menschen: Nicht die Knappheit, sondern die Qual der Wahl prägt das Handeln der Menschen und die soziale Ungleichheit. Laut Gerhard Schulze löst die Suche nach Glück die Sorge um das Materielle ab. Das erlebnisorientierte Denken ersetzt aus seiner Sicht das produktionsdominierte. Der Alltag erscheint als Lebensbühne und Verlängerung der inneren Perspektive. Aber sind Lebenswelten frei wählbar?

15.10 Struktur und Kultur

Die industrielle Moderne bezeichnete der Ende Januar 2015 verstorbene Soziologe Ulrich Beck (1986) als zweckrationale. Sie ist durch Wachstum, vordergründige Klarheiten und ein Entweder-oder-Denken geprägt. Dies im Unterschied zur reflexiven Moderne. Hier sind Menschen vermehrt in der Lage, Zukunft zu antizipieren. Wir erkennen, was passiert, wenn das so weiter geht und die Folgen unseres Tuns vermehrt auf uns selbst zurückfallen. Diese Einsicht fördert die Bereitschaft, gründlich zu reflektieren und sich für eine Zukunft mit Zukunft zu engagieren. Das ist eine zuversichtliche Option. Die Individualisierung vollzieht sich laut Beck im Kontext einer Pluralisierung, die uns mehr Ambivalenzen wahrnehmen lässt. Sie hilft uns, das kategorische und dualistische Denken der industriellen Mechanik kommunikativ anzugehen.

Die reflexive Moderne ist dynamisch. Sie betont das verbindende *Und* sowie das *Sowohl-als-auch*. Sie versteht Authentizität als Fähigkeit, Widersprüche zuzulassen, ohne in Beliebigkeit abzudriften. Offenheit heißt nicht, alles offen zu lassen. Wir müssen auch nicht alles tun, was wir tun können. Freiheit bedeutet, selbst darüber zu entscheiden, welche Grenzen wir wie durchlässig definieren. Sie widersetzt sich äußeren Zwängen der Anpassung und baut individuelle Entscheidungskompetenzen permanent weiter aus. Damit misst Beck auch Führungskulturen eine hohe Bedeutung und eine gewisse Resistenz gegenüber Betriebsstrukturen zu.

Anders argumentiert Pierre Bourdieu (1982). Er verknüpfte vertikale und horizontale Differenzierungen sowie Struktur und Kultur. Nach seinem Verständnis sozialer Räume markiert der Lebensstil den sozialen Ort der Menschen. Angehörige der Oberschicht sind zum Beispiel eher in der Lage, einen spielerischen Umgang mit Wissen und Werten zu pflegen als Angehörige der Unterschicht. Wer sich im Alltag wie durchsetzt, hängt vorwiegend von der Ausstattung mit verschiedenen Ressourcen ab. Äußere Faktoren prägen unsere Denk- und Handlungsmuster (Bourdieu 1982). Die Klassenlage ist dabei zentral. Sie determiniert uns allerdings nicht kausal. „Feine Unterschiede" machen sich jedoch über Titel, Kleidung, Sprache, Manieren und den Geschmack bemerkbar. Sie verweisen auf unsere Herkunft. Unser Lebensstil ist weder frei wählbar noch beliebig; er folgt vielmehr dem sozialen Rang. Der Habitus dominiert unseren Lebensstil. Er markiert – trotz Individualisierung – die Zugehörigkeit zu sozialen Klassen. Horizontale soziale Differenzierungen basieren auf vertikalen, die bestandene Machtgefüge stark prägen, aber nicht einfach festzurren. Das gibt auch Führungskulturen einen zumindest geringfügigen Spielraum, so oder anders auf Ungewissheiten zu reagieren und selbst strukturelle Gefüge ein wenig zu beeinflussen. Hoffentlich tun sie das möglichst emanzipativ und partizipativ.

15.11 Zusammenfassung

Humane Führungskulturen sind wichtig. Sie können Machtstrukturen ändern. Dies allerdings recht beschränkt. Das zeigt sich im Umgang mit steigender Ungewissheit. Wenn eine betriebliche Führung darauf reagiert, indem sie für das Personal mehr soziale Sicherheit generiert, dann gefährdet sie je nachdem sich selbst. Denn Kulturen hängen von Strukturen ab. Je mehr die Besitzenden eines Unternehmens die Produktion flexibilisieren wollen, desto weniger sind sie wohl bereit, hoch verbindliche Arbeitsbedingungen zu akzeptieren. Konkrete Handlungsräume und das „Führen der Führung" (Foucault 1996) hängen indes auch von gesellschaftlichen Prozessen und Diskursen ab. Während ein finanzgetriebenes Verständnis prekäre Arbeitsbedingungen und Unsicherheiten eher legitimiert, regt ein politisch liberales mehr dazu an, soziale Verbindlichkeiten zu fördern und Kapital und Arbeit als gleichwertig zu betrachten.

Literatur

Barmettler, S. (2011). Die Mächtigsten. Wer hat in Konzernen das Sagen? *Bilanz, 23*(11), 41–48.
Beck, U. (1986). *Risikogesellschaft. Auf dem Weg in eine andere Moderne.* Frankfurt a. M.: Suhrkamp.
Boltanski, L. (1990). *L'Amour et la Justice comme compétences. Trois essais de sociologie de l'action.* Paris: Métailié.
Boltanski, L., & Chiapello, È. (2006, Orig. 1999). *Der neue Geist des Kapitalismus.* Konstanz: Universitätsverlag Konstanz (UVK).
Bourdieu, P. (1982). *Die feinen Unterschiede. Kritik der gesellschaftlichen Urteilskraft.* Frankfurt a. M.: Suhrkamp.
Bourdieu, P. (1983). Ökonomisches Kapital, soziales Kapital, kulturelles Kapital. In R. Kreckel (Hrsg.), *Soziale Ungleichheiten* (Soziale Welt: Sonderband 2, S. 183–198). Göttingen: Schwartz.
Bundesamt für Sozialversicherung. (2014). *Sozialversicherungsstatistik 2014. Gesamtrechnung.* Bern: EDI.
Castel, R., & Dörre, K. (2009). *Prekarität, Abstieg, Ausgrenzung. Die soziale Frage am Beginn des 21. Jahrhunderts.* Frankfurt a. M.: Campus.
Foucault, M. (1996). Das Subjekt und die Macht. Nachwort und Interview. In H. Deryfus & P. Rabinow (Hrsg.), *Jenseits von Strukturalismus und Hermeneutik* (S. 240–292). Weinheim: Beltz Athenäum.
Freiburghaus, D. (2008). Geschlossene oder aufgeschlossene Gesellschaft? Schweizer Eliten. In D. Müller-Jensch (Hrsg.), *Die neue Zuwanderung. Die Schweiz zwischen Brain-gain und Überfremdungsangst* (S. 227–244). Zürich: Verlag Neue Zürcher Zeitung.
Huonker, T. (2012). Arbeitsbedingungen. Immer mehr Menschen arbeiten in prekären Verhältnissen. *Panorama, 3*(2012), 6–7.
Kornbichler, T. (2007). *Die Sucht, ganz oben zu sein. Psychodimensionen von Macht und Herrschaft.* Stuttgart: Kreuz.
Mäder, U. (2015). *macht.ch – Geld und Macht in der Schweiz.* Zürich: Rotpunktverlag.
Mäder U., & Schmassmann, H. (2012). Soziale Bedingungen psychischer Belastungen: Flexibilität, Individualität und Prekarität. *Schweizer Archiv für Neurologie und Psychiatrie, 5*, 187–191.
Mäder, U., Aratnam, J. G., & Schilliger, S. (2010). *Wie Reiche denken und lenken. Reichtum in der Schweiz.* Zürich: Rotpunktverlag.
Schmassmann, H. (2015). *Luc Boltanski und Bruno Latour im Vergleich.* Paper, Seminar für Soziologie, Basel.
Schulze, G. (2000). *Die Erlebnisgesellschaft. Kultursoziologie der Gegenwart.* Frankfurt a. M.: Campus.
Sennett, R. (1998). *The corrosion of character. The personal consequences of work in the new capitalism.* New York: W.W. Norton.
Weber, M. (1922). *Wirtschaft und Gesellschaft.* Tübingen: Mohr.
Wirth, H.-J. (2002). *Narzissmus und Macht. Zur Psychoanalyse seelischer Störungen in der Politik.* Giessen: Psychosozial-Verlag.

Prof. Dr. Ueli Mäder arbeitet als Professor für Soziologie an der Universität Basel und der Fachhochschule Nordwestschweiz. Er ist (Co-)Leiter des Seminars für Soziologie und des Nachdiplomstudiums in Konfliktanalysen und Konfliktbewältigung. Seine Arbeitsschwerpunkte sind die soziale Ungleichheit und die biographische Forschung. Zuletzt verfasste er die Studien „Wie Reiche denken und lenken" (rpv, Zürich 2010), „Raum und Macht" (rpv, Zürich 2014) und „macht.ch: Geld und Macht in der Schweiz" (rpv, Zürich 2015). Anschrift: ueli.maeder@unibas.ch.

Teil IV
Flexibilisierung und Personal – Die Führungskultur der Zukunft

Führen ohne Hierarchie: Macht, Vertrauen und Verständigung im Konzept des Lateralen Führens

16

Stefan Kühl

Zusammenfassung

In Organisationen gibt es immer mehr Anlässe, in denen hierarchische Weisungsbefugnisse nicht mehr zur Verfügung stehen. Hier greift das Konzept des Lateralen Führens, mit dem Verständigungsprozesse organisiert, Machtarenen gebildet und Vertrauensbeziehungen gefördert werden können. Der Artikel zeigt, wie Verständigung, Macht und Vertrauen in Organisationen ineinandergreifen, welche Wechselbeziehungen mit der Formalstruktur der Organisation bestehen und wie in Veränderungsprozessen von Lateraler Führung profitieren können.

Die Selbstverständlichkeit, mit der die Hierarchie in Unternehmen, Verwaltungen und Verbänden akzeptiert wurde, scheint schon seit längerer Zeit dahin zu sein. Relevante Informationen fallen häufig nicht nur an der Spitze, sondern in den verschiedensten Bereichen der Organisation an. Diese Informationen können trotz mehr oder minder effektiver Managementinformationssysteme nicht alle nach oben weitergereicht und dort bearbeitet werden. Deswegen wird darauf gesetzt, dass selbst komplexe Probleme relativ weit unten in der Organisation bearbeitet werden – auch mit der Hoffnung, dass darüber die Qualität der Entscheidungen verbessert werden kann.

Natürlich wäre es naiv, Hierarchie insgesamt als ein auslaufendes Modell zu beschreiben oder gar davon auszugehen, dass Hierarchien abgerissen, auseinandergebaut und zerstückelt werden. Man kann mit guten Gründen davon ausgehen, dass es, solange es Organisationen gibt, auch Hierarchien geben wird. Aber der Eindruck gerade von Managern,

---

S. Kühl (✉)
Metaplan Hamburg, Quickborn, Deutschland
E-Mail: StefanKuehl@metaplan.com

dass hierarchische Steuerung in Entscheidungsprozessen nur noch begrenzt wirkt, kann nicht ohne weiteres zurückgewiesen werden (siehe dazu Kühl 2015a).

Das Konzept des Lateralen Führens greift diese Problematik auf und entwickelt Führungsansätze jenseits der hierarchischen Steuerung. Es geht beim Lateralen Führen – beim Führen zur Seite – darum, für Organisationsmitglieder eine Führungskonzeption zur Verfügung zu stellen, mit denen sie auf andere einwirken, über die sie keine hierarchischen Weisungsbefugnisse haben. Dabei kommt es besonders auf die Nutzung der Einflussmechanismen Verständigung, Vertrauen und Macht an (siehe prägnant Kühl et al. 2004; siehe ausführlich Kühl 2015b).

Worin besteht das Besondere dieses Konzeptes? Und worin besteht die systematische Weiterentwicklung gegenüber anderen Konzepten? Betrachtet man die unzähligen Managementseminare über effiziente Gesprächsführung, interkulturelle Kommunikation, schlagfertige Argumentation, strategische Verhandlungsführung, erfolgreiche Mitarbeitermotivation, emotionale Führung oder diplomatisches Konfliktmanagement, dann erkennt man, dass der Schwerpunkt dieser Seminare auf der Verbesserung des Manövriergeschicks von Organisationsmitgliedern liegt. Es stehen die Fragen im Mittelpunkt, wie man Dynamiken in Gesprächen steuern kann, wie man Konflikte in Interaktionen reduziert, wie man in Gesprächen mit der eigenen Persönlichkeit überzeugt oder wie man im alltäglichen Umgang die intrinsische Motivation anderer erkennt und stimuliert (siehe Wunderer 1974 oder Klimecki 1984). Mit dem Konzept des Lateralen Führens geht es uns darum, den Fokus auf die Einflussmechanismen zu lenken, die sich hinter diesen Kniffen der Interaktion verbergen. Die Grundidee des Lateralen Führens besteht darin, Taktiken, Praktiken und Manöver der Einflussnahme vor dem Hintergrund der Prozesse in der Organisation zu betrachten.

Ziel dieses Artikels ist es, die bisherige Erfahrung mit Lateralem Führen zu resümieren und das Konzept im Hinblick auf Führung in Veränderungsprozessen voranzutreiben. Im ersten Abschnitt geht es um die drei Einflussmechanismen Verständigung, Macht und Vertrauen und ihr teilweise konfliktträchtiges Zusammenspiel. Der zweite Abschnitt widmet sich der Einbettung von Verständigungs-, Vertrauens- und Machtspielen in die formalen Strukturen von Organisationen. Laterales Führen soll Handlungsmöglichkeiten eröffnen, ohne dass die formalen Strukturen eines Unternehmens, einer Verwaltung oder eines Verbandes grundlegend geändert werden müssen. Im dritten Abschnitt werden Anwendungen des Lateralen Führens in Veränderungsprozessen – also beispielsweise bei der Entwicklung von Strategien, der Formulierung von Leitbildern, der Exploration von Märkten oder bei der Neugestaltung von Organisationsstrukturen – aufgezeigt.

16.1 Die drei Säulen Lateraler Führung: Verständigung, Macht und Vertrauen

Laterales Führen basiert auf drei Mechanismen der Einflussnahme: Bei *Verständigung* geht es darum, die Denkgebäude des Gegenübers so zu verstehen, dass neue Handlungsmöglichkeiten erschlossen werden. *Vertrauen* wird aufgebaut, wenn eine Seite einseitig in

16 Führen ohne Hierarchie

Vorleistung geht (indem sie ein Risiko eingeht) und die andere Seite dies nicht für einen kurzfristigen Vorteil ausnutzt, sondern dieses Vertrauen später erwidert. *Macht* spielt bei Lateralem Führen eine wichtige Rolle – nicht in der Form hierarchischer Anweisungen, sondern aufbauend auf anderen Machtquellen, wie die Kontrolle der internen, häufig informellen Kommunikation, der Einsatz von Expertenwissen oder die Nutzung von Kontakten zur Umwelt der Organisation.

Zum Zusammenspiel von Macht, Vertrauen und Verständigung

Häufig greifen Macht, Vertrauen und Verständigung so ineinander, dass sie sich gegenseitig stützen. Wenn man sich vertraut, fällt häufig auch die Verständigung leichter. Man geht zunächst einmal davon aus, dass der andere einen nicht über den Tisch ziehen will und dass es ihm darauf ankommt, unterschiedliche Einschätzungen auszutauschen. Wenn man in einer Beziehung viel Macht hat, kann man andere auch leichter „überreden", die eigenen Gedanken anzuhören – z. B. dadurch, dass man die anderen zu einer Sitzung „bittet".

Aber Verständigungs-, Macht- und Vertrauensprozesse können sich auch gegenseitig behindern. Das Aufbrechen von Denkgebäuden bringt Informationen ans Licht, die andere in Machtspielen nutzen können. Das überdeutliche Signalisieren, dass man eine für den anderen zentrale Unsicherheitszone beherrscht, kann den Aufbau von Vertrauensbeziehungen einschränken. Wenn man sich in dem Aufbau einer Vertrauensbeziehung befindet, kann es schwierig sein, eigene Interessen mit Macht durchzusetzen.

Es gibt nicht die für alle Kooperationsformen geltende richtige Mischung aus Vertrauen, Macht und Verständigung. Aber im Laufe der Analyse der Vertrauens-, Macht- und Verständigungsprozesse kann sich der Mechanismus einpendeln, über den in der konkreten Kooperationsbeziehung ein Effekt erzeugt werden kann. In der situationsabhängigen jeweils unterschiedlichen Schwerpunktsetzung auf Verständigung, Macht oder Vertrauen liegt der Clou der Lateralen Führung.

Gegenseitige Ersetzbarkeit von Macht, Vertrauen und Verständigung

Für den Prozess des Lateralen Führens ist es besonders interessant, dass sich die Verständigungs-, Macht- und Vertrauensprozesse gegenseitig wenigstens teilweise ersetzen können. Wenn sich Misstrauen in eine Kooperationsbeziehung einschleicht, dann kann es notwendig sein, neue Machtspiele zu entwickeln, mit denen man Dinge vorantreibt. Wenn man sich vertraut, braucht man nicht auch die Denkgebäude des anderen zu verstehen. Man kann in Vorleistung gehen, ohne sich im Einzelnen darüber klar zu sein, was genau den anderen treibt.

Konkret heißt dies, dass man im Lateralen Führen nach Alternativen zum jeweils dominierenden Einflussmechanismus Ausschau halten kann. Man sucht nach Prozessen, die ähnliches leisten können wie der Prozess, mit dem man im Moment nicht weiterzukommen scheint. Wenn man es mit einem eingefahrenen Machtspiel zu tun hat, kann ein Kooperationspartner durch Diskussionsführung versuchen, geschlossene Denkgebäude zu öffnen und so Verständigung statt Machtauseinandersetzungen zu erzielen. Dies kann entweder dazu führen, dass die Rationalität einer Entscheidung erhöht wird oder dass als Kompromiss neue Spielregeln entstehen. Wenn ein Kooperationspartner erkennt, dass er über Verständigungsprozesse nicht weiterkommt, weil die lokalen Rationalitäten sich zu sehr unterscheiden, kann er beispielsweise durch die Schaffung zusätzlicher Regeln neue Machtspiele eröffnen, wodurch eventuell die eine Seite sich durchsetzen kann.

16.2 Laterales Führen – die Rückbindung an die Formalstrukturen von Organisationen

Verständigung, Macht und Vertrauen spielen in jeder sozialen Beziehung eine Rolle. Schaut man sich Familien an, dann kann man beobachten, wie sich (blindes) Vertrauen zwischen den Ehepartnern aufbaut, wie sie bei der Erziehung um Verständigung ringen oder wie mehr oder minder subtile Machtspiele eingesetzt werden, um den Partner dazu zu bringen, das zu tun, was man von ihm erwartet. In Gruppen – Freundeskreisen, Cliquen pubertierender Jugendlicher, Straßengangs, „autonomen" linken politischen Gruppen oder kleineren terroristischen Zusammenschlüssen – kann man beobachten, wie sich Vertrauen (oder Misstrauen) ausbildet, wie um Verständigung gerungen wird und wie sich Machtspiele ausbilden. Selbst bei kleinen, regelmäßigen Zusammentreffen beispielsweise beim Gemüsehändler können sich diese Mechanismen andeuten: Als treuer Kunde lässt man anschreiben, man versucht zu begreifen, weswegen ein Produkt so viel teurer geworden ist oder droht (häufig unausgesprochen) mit dem Wechsel zum neu gegründeten Grünhöker um die Ecke.

Was ist jetzt das Besondere an der Wirkungsweise von Verständigung, Macht und Vertrauen in Organisationen?

Ein Gedankenexperiment – Macht, Verständigung und Vertrauen in der perfekten Organisation
In einer perfekten, allein durch die Formalstruktur dominierten Organisation müsste man sich um Macht, Verständigung und Vertrauen keine Gedanken machen (siehe Kühl 2011). In der perfekten Organisation – so jedenfalls hier das Gedankenspiel – wäre einerseits über die Hierarchie und andererseits über die Bildung von Abteilungen klar definiert, wer in welcher Frage das Sagen hat. Bei eindeutig bestimmten Zuständigkeiten gäbe es keinen Raum für Machtspiele. In der perfekten Organisation wüsste jeder über alles Bescheid, was ihn in seiner Position betrifft. Alle würden die Denkweise und Logiken der anderen verstehen. Eine Verständigung wäre deswegen nicht mehr nötig. Es existierten keine Regelungslücken, die man durch personenbezogenes Vertrauen füllen müsste.

Der Zustand einer „perfekten Organisation" mag im „wertschöpfenden Kern" manches Unternehmens, mancher Verwaltung oder Non-Profit-Organisation wenigstens zeitweise erreichbar sein. Die Fertigung in der Produktion, die Abarbeitung von Sozialhilfeanträgen, die Essensausgabe an Kranke oder die Versendung von Spendenaufrufen mögen manchmal so weit standardisierbar sein, dass für Machtspiele, Vertrauensprozesse und Verständigung weder die Möglichkeit noch die Notwendigkeit besteht. Möglich ist dieser durchstandardisierte „wertschöpfende Kern" jedoch nur dadurch, dass spezialisierte Abteilungen wie

Arbeitsvorbereitung, Lagerhaltung oder Personaler für diesen „wertschöpfenden Kern" permanent Unsicherheiten abfedern. Die Macht-, Vertrauens- und Verständigungsprozesse verlagern sich dadurch lediglich.

Verständigung, Macht, Vertrauen – Wirkung im Schatten der Formalstruktur
Die Besonderheit von Organisationen ist, dass sie in der Lage sind, die drei Einflussmechanismen Macht, Vertrauen und Verständigung zu „formalisieren". Es gibt Machtprozesse, die durch die Organisation abgesichert sind. Dazu gehört nicht nur die Hierarchie, sondern auch die Macht, die man über die Hierarchie verliehen bekommt – zum Beispiel der Sonderbeauftragte der Chefin, die Verhandlungsvollmachten eines Außendienstmitarbeiters oder das Recht, gegen bestimmte Entscheidungen ein Veto einzulegen. Auch Vertrauen lässt sich formalisieren. Neben dem Vertrauen in Personen gibt es auch ein Vertrauen in Organisationen (Organisationsvertrauen) – die Verlässlichkeit, dass Arbeitsverträge gelten, dass Gehälter gezahlt und notfalls eingeklagt werden können oder die Sicherheit, dass von einer bestimmten Abteilung Informationen geliefert werden, weil die Regeln das vorsehen. Ferner kann Verständigung in Organisationen in seinem sehr begrenzten Rahmen angeordnet werden, zum Beispiel durch die Einrichtung von „Regelterminen" zur Abstimmung zwischen zwei Abteilungen.

Die für das Laterale Führen wichtigen Einflussmechanismen laufen aber eher im Schatten der Formalstruktur ab. Die Kooperationspartner mögen zwar ihre Machtquellen durch die Formalstruktur aufbauen, sichern oder ausbauen können – die Machtspiele, die ablaufen, sind dann aber eher die kleinen taktischen Spielzüge, die man einsetzt, um seine eigenen Interessen durchzusetzen. Ähnlich ist auch das Verhältnis bei Vertrauen. Organisationen mögen Wundermaschinen sein, um von der Notwendigkeit des persönlichen Vertrauens zu entlasten. Mitarbeitende folgen (wenn auch widerwillig) dem Chef, weil es die Organisation so vorsieht, und bis zu bestimmten Grenzen können sich der Chef und die Mitarbeitenden darauf verlassen. Man kann damit rechnen, dass man sein Gehalt gezahlt bekommt und ein Arbeitsvertrag Bestand hat, auch wenn die eigene Mentorin die Firma bereits verlassen hat. Aber im Schatten des Systemvertrauens spielt das Vertrauen zwischen Personen eine wichtige Rolle in Organisationen. Will der Chef von seinen Mitarbeitenden verlangen, dass sie über die reguläre Arbeitszeit hinweg länger bleiben, braucht es das Vertrauen der Mitarbeitenden, dass ihnen dieses Entgegenkommen irgendwann vergolten wird. Will man nicht nur – durch einen Arbeitsvertrag abgesichert – in der Organisation verbleiben, sondern auch Karriere machen, helfen Netzwerke, die auf dem Vertrauen zwischen Personen gegründet sind. Organisationen mögen ferner auch Verständigungsprozesse zunächst einmal überflüssig erscheinen lassen. Man kann sich erst einmal darauf verlassen, dass Dinge deswegen erledigt werden, weil die Organisation dies verlangt. Aber im Schatten laufen Prozesse ab, in denen man versucht, die Positionen des anderen zu verstehen und seine eigenen Positionen verständlich zu machen (Tab. 16.1).

Diese Macht-, Vertrauens- und Verständigungsprozesse können sich auch deswegen ausbilden, weil sie durch die Formalstruktur der Organisation nicht erzwungen, verboten oder verlangt werden können. In einer Organisation kann „wirkliche" Verständigung nicht

Tab. 16.1 Macht, Vertrauen und Verständigung – Unterschiedliche Ebenen der Wirkweise

	In Organisationen vorhandene formalisierte Variante des Einflussmechanismus	Nicht formalisierte Variante des Einflussmechanismus
Macht	Macht, deren Akzeptanz zur Mitgliedschaftsbedingung gemacht wird, z. B. die Hierarchie, aber auch durch die Organisation – vermittelt über die Hierarchie – verliehene Macht	Macht, die auf Machtquellen wie Expertenwissen, Kontakte zur Umwelt der Organisation, Beherrschung von informellen Kontaktwegen basiert
Vertrauen	Organisationsvertrauen – das Vertrauen, dass man sich auf die Kommunikationswege und Programme der Organisation verlassen kann, dass man sicher sein kann, wer Mitglied der Organisation ist oder auch nicht	Vertrauen zwischen Personen in Organisationen. Das Vertrauen basiert auf der gegenseitigen Kenntnis des Verhaltens der Personen im Rahmen ihrer Mitgliedschaftsrolle (und beispielsweise nicht auf der Kenntnis der Mitgliedschaftsrolle allein)
Verständigung	Durch die offiziellen Kommunikationswege der Organisation gedeckten Verständigungsprozesse, z. B. in der Form von Verständigung zwischen Vorgesetzten und Untergebenen oder der Regelkommunikation zwischen Abteilungsleitern	Durch die offiziellen Kommunikationswege nicht gedeckte Verständigungsprozesse, z. B. die Abstimmungen auf dem kurzen Dienstweg, die Verständigung zwischen subalternen Mitarbeitenden verschiedener Abteilungen, bevor ein Gutachten offiziell vorgelegt wird

erzwungen werden. Machtspiele können nicht gesetzlich verboten werden. Vertrauen zwischen Personen kann nicht hierarchisch verlangt werden.

Verständigung, Macht, Vertrauen – die Begrenzung durch die Einbindung in Organisationen

Organisationen unterscheiden sich von anderen sozialen Gebilden wie Liebesbeziehungen, Freundeskreisen oder spontanen Interaktionen dadurch, dass die Macht-, Vertrauens- und Verständigungsprozesse durch die Formalstruktur eingehegt werden. In Liebesbeziehungen gibt es lediglich gesellschaftliche Bremsmechanismen – besonders das Rechtswesen und die kulturellen Normen –, die Prozesse der Macht, des Vertrauens oder der Verständigung einschränken können.

Freundescliquen können weitgehend auf Vertrauen oder Verständigung basieren, und regulierte Machtverhältnisse kann es hier kaum geben. Nur im Fall von beispielsweise Gewalteskalationen greifen dann Mechanismen des Rechtssystems. Macht-, Vertrauens- und Verständigungsprozesse in Organisationen sind deswegen besonders, weil diese Prozesse durch die Formalstruktur stärker reguliert werden.

Schon ein Blick auf den Mechanismus von Vertrauen zeigt, dass die formalen Strukturen einer Organisation oftmals das Ziel haben, solche Abstimmungsprozesse zu unterbinden, die auf Personenvertrauen basieren. Die Strukturen einer Organisation, an die ihre

Mitglieder gebunden sind, solange sie Mitglied bleiben wollen, machen es für alle erwartbar, dass Befehle befolgt, Routinen angestoßen werden oder Abstimmungen stattfinden, auch wenn man dem Gegenüber als Person nicht vertraut. Ein Blick auf Organisationen in Entwicklungsländern – man denke nur an die Wasserverwaltung in Jordanien, die Telekommunikationsunternehmen auf den Philippinen oder die Stadtentwicklungsgesellschaften im Senegal – zeigt, dass es geradezu als Pathologie einer Organisation gewertet wird, wenn das Personenvertrauen überhandnimmt und die Formalstruktur im Konfliktfall nicht die Oberhand über das Personenvertrauen gewinnen kann.

Auch Verständigung wird durch die Formalstruktur der Organisation eingehegt. Selbst wenn es den Verfechtern des Mottos „Kommunikation, Kommunikation, Kommunikation" schwer fallen mag, zu akzeptieren – Organisationen mit ihrer Formalstruktur sind erst einmal großartige Mechanismen zur Unterbindung von Verständigung. Sowohl Hierarchen als auch Vertreter in Abteilungen können sich in letzter Konsequenz auf ihre durch die Formalstruktur abgesicherte Position zurückziehen, um Aufforderungen zur Verständigung abzublocken. Der Clou der Formalstruktur von Organisationen ist erst einmal, dass sie festlegt, wem gegenüber man nicht rechenschafts- oder auskunftspflichtig ist. Die Formalstruktur kann also dafür eingesetzt werden, ausufernde Verständigungsprozesse abzukürzen.

Organisationen bilden auf den ersten Blick einen idealen Nährboden für Machtkämpfe um Ressourcen, Informationen, Zugänge oder Verantwortlichkeiten. Aber auch das Ausufern dieser Machtkämpfe wird durch die Formalstruktur reduziert. Die zentrale Funktion von Hierarchien ist, dass sie die alltägliche Neuaushandlung von Machtpositionen überflüssig machen. Im Streitfall kann der hierarchisch Höherstehende eine Auseinandersetzung mit Verweis auf die ihm durch die Formalstruktur verliehenen Rechte „formal" entscheiden. Es ist also die Formalstruktur der Organisation, die eine ungehemmte Ausdehnung von Machtspielen unterbindet.

Verständigung, Macht und Vertrauen – die Veränderung der Spiele über Organisationsstrukturen
Eine soziologisch aufgeklärte Führungslehre würde den Blick zunächst einmal auf die Veränderung der Formalstruktur richten. Die Stärke einer hierarchischen Führung ist die Veränderung von Formalstrukturen – also die Zusammenlegung oder Trennung von Abteilungen, die Festlegung von neuen Zielen, die Veränderung von Arbeitsabläufen oder die Entlassung beziehungsweise Einstellung von Mitarbeitenden.

Interessant ist, dass die Zielrichtung des Lateralen Führens häufig nur unterhalb dieser Ebene der Veränderung von Formalstrukturen einsetzt. Es werden kleine Mechanismen des Gebens und Nehmens etabliert, im Bereich der Informalität angesiedelte Macht-Tauschbörsen eingerichtet oder Verständigungsprozesse jenseits der formal vorgeschriebenen Abstimmungsmechanismen etabliert. Durch den Prozess des Lateralen Führens verändern sich häufig nur die alltäglich praktizierten Routinen, die Ansichten des Personals oder die ungeschriebenen Ziele einzelner Akteure.

Diese kleinen Veränderungen im Rahmen des Lateralen Führens werden dann (wenn überhaupt) häufig erst später durch die Organisation formalisiert. Die Hierarchie segnet eine bestimmte alltägliche Praxis ab, ein implizites, aber für die Organisation funktionales Ziel wird zur offiziellen Zielvorgabe, oder ein in einem Bereich langsam aufgebautes Wissen wird darüber kodifiziert, dass dieser Bereich offiziell zum Kompetenzzentrum für bestimmte Fragen erklärt wird.

Aber über diese Frage hinaus kann das Konzept des Lateralen Führens auch dazu eingesetzt werden, um die Struktur der Organisation neu zu gestalten.

16.3 Macht, Vertrauen und Verständigung in Veränderungsprozessen

Ein besonderer Anwendungsfall des Konzeptes des Lateralen Führens sind Prozesse des geplanten Wandels von Organisationen (also das, was man früher Organisationsentwicklung nannte und was heute häufig auch im deutschsprachigen Kontext etwas hochtrabend als Change Management bezeichnet wird). In vielen Organisationen lassen sich Reorganisationen nicht allein über die Hierarchie durchsetzen. Häufig besitzt die Spitze der Organisation gar nicht die Informationen, um eine Anpassung von Organisationsstrukturen vorzunehmen, und ist deswegen zur Einbindung subalterner Mitarbeitender gezwungen. Häufig können aber auch die Organisationsmitglieder im operativen Bereich die von Expertenberatern ersonnenen und von der Hierarchie abgesegneten neuen Organisationsstrukturen im organisatorischen Alltag zerreiben und die Konzepte so zu reinen Papiertigern verkommen lassen. Auch deswegen werden Mitarbeitende breit an der Planung der neuen Veränderungsprozesse beteiligt.

In diesen Fällen greift das Konzept des Lateralen Führens, weil es zwar die zentrale Funktion von Hierarchien in Organisationen anerkennt, auf hierarchische Steuerung aber weitgehend verzichtet. Somit können, wenn Eingriffe von Hierarchien eher selten möglich sind, auch Reorganisationen vorangebracht werden. Gleichzeitig ist aber dieser Anwendungsfall besonders problematisch, weil hier nicht nur die Routinen des alltäglichen Arbeitens beeinflusst werden, sondern vor allem deswegen, weil die Rahmenbedingungen, unter denen kooperiert wird, verändert werden.

Der Wandel von Abteilungszuschnitten, hierarchischen Zuordnungen oder Standardprozeduren führt auch zu einer Veränderung der lokalen Rationalitäten. Damit verändern sich – wenn auch langsam – sowohl die Denkgebäude als auch die Interessen der Akteure. Dadurch verändern sich *Verständigungs*prozesse. Ferner werden durch den Wandel der Formalstruktur die Machttrümpfe neu verteilt. Abteilungen gewinnen oder verlieren Zugänge zu Wissensressourcen, zu wichtigen externen Spielern oder zu Kommunikationskanälen innerhalb der Organisation. Die Ausgangsbasis für zukünftige *Macht*spiele wird gelegt. Weiterhin gibt es noch keine Erfahrungen mit den geplanten neuen Zuständen der Organisation. *Vertrauen* muss sich unter diesen Bedingungen teilweise erst wieder neu bilden. Für die betroffenen Mitglieder einer Organisation steht bei diesen Reorganisationen also besonders viel auf dem Spiel.

Tab. 16.2 Klassische versus Laterale Führung von Veränderungsprozessen

	Klassische Vorgehensweise im Management von Veränderung	Vorgehensweise im Rahmen des Konzepts des Lateralen Führens beim Management von Veränderung
Phase: Analyse der Ist-Situation	Identifizierung von „Widerständlern" und Entwicklung von Strategien im Umgang mit ihnen	Verzicht auf das Konzept des „Widerstandes" gegen Wandel – Routinelogik ist, genauso wie Innovationslogik, lediglich eine lokale Rationalität innerhalb der Organisation
Phase: Gestaltung von Interaktionen	Diskursive Aufdeckung der bestehenden Macht-, Verständigungs- und Vertrauensverhältnisse	Akzeptanz der Latenz von Macht-, Verständigungs- und Vertrauensverhältnissen
Phase: Implementierung von Lösungen	Offenhaltung lediglich in der Phase der Problemlösung und der Lösungserarbeitung. Danach Schließung der Kontingenz und Umsetzung der verabschiedeten Lösungen	Offenhalten von Kontingenz – Erprobungen, bevor zu Ende gedacht wurde

Es wäre naiv, die Planung neuer Strukturen von Organisationen einzig und allein mit den Kategorien von Verständigung, Macht und Vertrauen erfassen zu wollen. Bei der Planung neuer Organisationsstrukturen – also bei der Entscheidung über die Prämissen zukünftiger Entscheidungen – spielen ganz andere Fragen eine Rolle. Es geht auch (und man könnte behaupten vorrangig) darum, wie die Kommunikationswege, die Programme und das Personal der Organisation zukünftig ineinander greifen sollen, welche Aufgaben zukünftig ausschließlich innerhalb der Organisation und welche in Kooperation mit anderen Organisationen erledigt werden sollen, und welche neuen Kooperationsformen sich zwischen den Beteiligten ausbilden sollen. Aber mit den Kategorien Macht, Vertrauen und Verständigung kann man den Blick auf einige wichtige Aspekte von Veränderungsprozessen öffnen (dies ist – zugegebenermaßen etwas karikaturell – in Tab. 16.2 zusammengefasst und wird nachfolgend erläutert).

Die Ausgangssituation: Innovations- und Routinelogiken durch Transmission verknüpfen

Die sich aus den „alten" Organisationsstrukturen ergebenden lokalen Rationalitäten spielen eine wichtige Rolle bei der Analyse von Macht-, Vertrauens- und Verständigungsprozessen im Zuge der Veränderung von Organisationsstrukturen. Darauf bauen die unterschiedlichen Denkgebäude auf, die die Verständigung untereinander erschweren oder erleichtern, ebenso die Vertrauens- (oder Misstrauens-) beziehungen und die Machtarenen und Machtspiele.

Eine auf den Status quo gerichtete Analyse von Macht-, Vertrauens- und Verständigungsprozessen wird noch durch unterschiedliche Logiken in den Veränderungsprozessen ergänzt, erweitert und teilweise sogar überlagert. Zum Beispiel arbeiten die Anführenden von Veränderungsprozessen häufig mit einem relativ einfachen Differenzierungsschema: Auf der einen Seite ständen die „Innovatoren", die ein Unternehmen, eine Verwaltung oder ein Krankenhaus zu neuen Ufern führen wollen, Personen also, die einem Wandel aufgeschlossen gegenüberstehen. Auf der anderen Seite befänden sich die „Widerständler", die für den „Status quo" stehen und die Organisation um den notwendigen Wandel bringen. Diesen Personen wird dann häufig eine anerzogene, wenn nicht sogar angeborene Neigung zur Stabilität unterstellt. Bei dieser Herangehensweise handelt es sich aber lediglich um eine Verabsolutierung der spezifischen lokalen Rationalität, die dann durch Vorträge und Veröffentlichungen von „Change Agents", „Veränderungsmanagern" oder von „Gurus des Wandels" ideologisch abgesichert wird.

Für Laterales Führen in Veränderungsprozessen ist es notwendig, mit der gleichen Sorgfalt, mit der beispielsweise die jeweiligen lokalen Rationalitäten von unterschiedlichen Funktionsbereichen rekonstruiert werden, auch die lokalen Rationalitäten von verschiedenen Interessengruppen in Veränderungsprozessen zu analysieren. Erst auf der Basis der Rekonstruktion dieser lokalen Rationalitäten können dann die Vertrauensroutinen, die Verständigungsprozesse und die Machtspiele verstanden werden. Es fällt dann schnell auf, dass der Drang zum geplanten Wandel keine quasi naturgegebene Notwendigkeit der Organisation ist, sondern dass sich die positive Haltung zum geplanten Wandel vielmehr aus der Position innerhalb der Organisation ergibt.

Die Logik der Innovation wird häufig von bestimmten Bereichen innerhalb von Organisationen vorangetrieben – vom Topmanagement, von den Stabsstellen für Strategie und Organisation und natürlich von den für die Durchführung von Veränderungen eingekauften und an deren erfolgreicher Umsetzung gemessenen Beratern. Diese Personen sind dann innerhalb der Organisation „Symbole des Wandels" – ein dauernder Verweis darauf, dass man es auch anders machen könnte. In dieser Logik der Innovation dominieren Vorstellungen von der Veränderung bestehender Routinen, von großen umfassenden Konzepten und von deren konfliktfreier, standardisierter Implementation. Diese Logik der Innovation wird noch verschärft durch die für die „Innovatoren" charakteristischen Vorstellungen „professionellen Arbeitens", durch monetäre Gratifikationen für „erfolgreich abgeschlossene Wandlungsprozesse" und durch Belohnungen in Form von Karrieresprüngen.

Dem gegenüber steht – darauf hat besonders Günther Ortmann (1995) aufmerksam gemacht – die Logik von Routinen, die häufig von den Organisationsmitgliedern im operativen Bereich verfolgt wird. Ihnen liegt besonders die Stabilisierung der alltäglichen Arbeitsabläufe beispielsweise in der Materialwirtschaft, in der Produktionssteuerung, in der Fertigung und Montage oder im Vertrieb am Herzen. Ihre Vorstellungen von Professionalität, ihre Gratifikationen und ihre Karrierechancen sind – aller Managementrhetorik des Wandels zum Trotz – zu erheblichen Teilen an die erfolgreiche Aufrechterhaltung dieser Routinen gebunden. Insofern vertreten sie eher eine Logik der inkrementalen Verbesserungen, der Sicherheit der Prozesse und der Beachtung von Bereichsspezifika.

Es gibt keinen Anlass, die Logik der Innovatoren höher einzuschätzen als die Logik der Routine-Vertreter. Die Diskriminierung der Routine-Vertreter als „Widerständler" oder „Low-Performer" mag für die Stabilisierung innerhalb einer Gruppe von Innovatoren vielleicht eine wichtige Rolle spielen, verbaut aber letztlich Chancen, die lokalen Rationalitäten in einem Veränderungsprozess als Ansatzpunkte für die Veränderung von Macht-, Vertrauens- und Verständigungsprozessen heranzuziehen.

Auf dem Terrain der Veränderungsprojekte treffen häufig die Vertreter einer Rationalität der Innovation und die Vertreter einer Rationalität der Routine aufeinander. In den Veränderungsprojekten findet dann ein „Transmissionsspiel" der Vertreter mit ihren unterschiedlichen Logiken statt. Erst dieses häufig konfliktreiche „Transmissionsspiel" ermöglicht es, dass die Innovationen nicht ein Hirngespinst von Topmanagern, Stabsstellen oder Beratern bleiben, sondern – wenn auch in veränderter Form – Niederschlag in den alltäglichen Praktiken der Organisation finden.

Die Besprechungsphase: Die Latenz lateraler Führungsbeziehungen akzeptieren
In der Change-Management-Literatur wird häufig die „schonungslose Analyse" und „diskursive Aufdeckung" der bestehenden Situation in der Organisation gefordert. Erst auf der Basis einer genauen Aufdeckung der Macht-, Vertrauens- und Verständigungsprozesse in der Organisation sei es möglich, Veränderungsimpulse gezielt zu setzen. Die „wirklichen Abläufe" in einer Organisation müssten in Workshops aufgearbeitet und kritisch diskutiert werden.

Bei dieser wegen seinem aufklärerischen Impetus sicherlich sympathischen Position wird jedoch übersehen, dass Macht-, Vertrauens- und Verständigungsprozesse sich im „Latenzbereich" (ein Begriff aus der soziologischen Systemtheorie) von Organisationen befinden. Das heißt, selbst bei bewusster Wahrnehmung von Teilansichten dieser Prozesse durch einzelne Personen, kann die Gesamtbeschaffenheit der Macht-, Vertrauens- und Verständigungsprozesse nicht eindeutig identifiziert und kommuniziert werden.

Ein wichtiger Unterschied zwischen der Formalstruktur einer Organisation und den bei Lateraler Führung wirksamen Macht-, Vertrauens- und Verständigungsprozessen besteht in der Möglichkeit bzw. in der Unmöglichkeit, in Diskussionsprozessen eindeutig Bezug darauf zu nehmen. Aspekte der Formalstruktur – die offiziellen Kommunikationswege, die verabschiedeten Programme und die verkündeten Personalentscheidungen – sind in Organisationen in der Regel problemlos identifizierbar und damit eindeutig ansprechbar. Man kann auf seinen hierarchischen Status verweisen, um eine Entscheidung durchzusetzen oder sich auf die Zielsetzungen oder Wenn-Dann-Regeln der Organisation beziehen. Viele Macht-, Vertrauens- und Verständigungsprozesse laufen jedoch eher in der Informalität der Organisation ab, können sich nicht auf formale Abstützungen der Organisation berufen und sind deswegen nicht eindeutig identifizierbar oder offen ansprechbar.

Die Kommunikationslatenz hat aus systemtheoretischer Sicht die Funktion des „Strukturschutzes" für die informellen Macht-, Vertrauens- und Verständigungsprozesse. Der Aufbau von Vertrauen zwischen Personen kann durch offenes Ansprechen („ich vertraue dir") oder gar offenes Einklagen („vertrau mir doch") beeinträchtigt werden. Machtspiele verändern sich, wenn diese offen thematisiert werden, und Machtquellen, die nicht durch die Formalstruktur abgesichert sind, können an Kraft verlieren, wenn sie für alle sichtbar aufgedeckt werden. Auch die informellen Verständigungsprozesse in Organisationen können häufig nur deswegen ablaufen, weil – jedenfalls offiziell – niemand anderes davon weiß.

Wie soll mit dieser Latenz vieler Vertrauens-, Macht- und Verständigungsprozesse in Veränderungsprozessen umgegangen werden?

Die existierenden Macht-, Vertrauens- und Verständigungsprozesse zwischen bestimmten Kooperationspartnern lassen sich in der Regel im Gespräch mit lediglich einem dieser Kooperationspartner gut erschließen, denn Kommunikationsschwellen, die bei Anwesenheit des häufig mit anderen Sichtweisen und Interessen ausgestatteten Gegenübers bestehen können, entfallen. Solche Schwellen sind zum Beispiel daran erkennbar, dass das Thematisieren eines besonderen Vertrauensverhältnisses von einem oder sogar beiden Kooperationspartnern mit einem genervten Gesichtsausdruck quittiert wird oder die Existenz einer nicht durch die Formalstruktur abgedeckten Machtquelle geleugnet wird. Die Gestalter von Veränderungsprozessen werden also sehr gut überlegen, ob sie existierende Vertrauens-, Macht- oder Verständigungsprozesse außerhalb von Vier-Augengesprächen aufdecken oder nicht.

Als Berater erhält man deswegen häufig nur dann einen guten Einblick in die existierenden Macht-, Vertrauens- und Verständigungsprozesse, wenn man zwischen Gesprächen mit Personen mit weitgehend homogenen Auffassungen oder Rollen (z. B. Vertreter einer Abteilung) oder Gesprächen mit Personen mit sehr heterogenen Auffassungen (z. B. Vertreter unterschiedlicher Abteilungen oder Organisationen) hin- und herwechseln kann. Beim letztgenannten Gesprächstypus ist das Ansprechen der latenten Macht-, Vertrauens- und Verständigungsprozesse eine riskante Intervention, auf die häufig mit Negierung, Abweisung oder Aggression reagiert wird.

Zur Anlage von Veränderungsprozessen: Der Nutzen der Kontingenz

Im klassischen zweckrationalen Organisationsmodell, das lange Zeit auch die Organisationsentwicklung dominierte, ist die Anlage von Veränderungsprozessen relativ übersichtlich. Aus einer klaren Definition des Zwecks einer Organisation lasse sich – nach einer genauen Bestimmung der Umweltbedingungen – das Ziel eines Veränderungsprozesses – die „beste Lösung" für die Organisation – definieren. Unter Beteiligung möglichst vieler Betroffener sei dieses Ziel dann in die durch verschiedene Subeinheiten handhabbaren Unterziele zu zerlegen. Veränderungsprojekte müssten dabei, so die Annahme, in abgrenzbare Projektphasen wie Problemdiagnose, Konzeption, Spezifikation und Implementierung unterteilt werden. Unter einer Phase wird dabei in der Regel ein in sich abgeschlossener Arbeitsabschnitt verstanden, der mit einem überprüfbaren Meilenstein endet.

Diese idealtypisch propagierte Vorgehensweise wird dann aber häufig schon in der organisatorischen Praxis nicht durchgehalten. Schon die Einigung darauf, was eigentlich die „beste Lösung" ist, gestaltet sich schwierig. Die „beste Lösung" fällt in der Regel unterschiedlich aus – je nachdem, aus welcher Perspektive innerhalb der Organisation man auf das vermeintliche Problem schaut. Niemand – auch die Hierarchie nicht – kann „neutral" beurteilen, welche Lösung besser ist als die andere. Selbst wenn offiziell eine gemeinsame Lösung verkündet wird, wird diese häufig noch in der Implementierungsphase zerrieben, weil sie sich nicht in die existierenden Machtverhältnisse einzupassen scheint.

Angesichts solcher Gegebenheiten empfiehlt sich eine Vorgehensweise, die auf eine vergleichsweise lange Offenhaltung der „Kontingenz" basiert. Unter Kontingenz versteht man dabei, dass ein Ereignis nicht notwendig ist, sondern auch anders möglich wäre. Aus der Analyse eines Problems A ergibt sich nicht zwangsweise die Lösung X, sondern möglicherweise auch die Lösung Y oder die Lösung Z.

Häufig wird der Fehler gemacht, dass frühe Festlegungen getroffen werden, die einer späteren Kooperation im Wege stehen. Durch frühe Festlegungen entstehen zwar Konzepte, zu denen alle Beteiligten Lippenbekenntnisse ablegen, die sich dann aber allzu schnell als Planungsruinen entpuppen.

Die Kontingenz in Veränderungsprozessen kann man darüber sichtbar halten, dass Lösungen lediglich als Erprobungen eingeführt werden. Bei der Erprobung können mehrere unvollständige, auch widersprüchliche Konzepte gleichzeitig angestoßen werden. Schließlich gehört es zu den Stärken der Organisation, dass sie auch widersprüchliche Herangehensweisen verkraften kann.

Der Vorteil der Erprobungen besteht darin, dass sich in einem durch das „Signum der Vorläufigkeit" geschützten (Zeit-)Raum neuartige Verständigungs-, Vertrauens- und Machtprozesse entwickeln. Das häufig neu zusammengewürfelte Personal im reorganisierten Feld kann im Rahmen der veränderten Kommunikationswege und Programme Erfahrungen miteinander machen und gegenseitiges Vertrauen (oder auch Misstrauen) entwickeln. Häufig bilden sich durch die wenn auch nur probeweise übernommenen neuen Positionen andere Rationalitäten aus, über die neuartige Verständigungsmöglichkeiten entstehen. Weil sich in dem als Probe ausgeflaggten Kooperationsfeld auch die Machtquellen neu verteilen, können sich auch Machtprozesse zwischen den Kooperationspartnern neu gestalten.

Durch das Ausprobieren verschiedener Lösungen kann die eine oder andere „abstürzen", wenn sie sich als nicht tragbar erweist. Eine Lösung kann aber auch durch die Erprobung an Qualität gewinnen, wenn die Umsetzung Erfolg versprechend ist. Manchmal entstehen durch die Erprobung auch neue Stoßrichtungen, die bislang nicht beachtet wurden. Geeignete Lösungen kristallisieren sich heraus.

Literatur

Klimecki, R. (1984). *Laterale Kooperation – Grundlagen eines Analysemodells in horizontaler Arbeitsbeziehungen in funktionalen Systemen*. Bern: Paul Haupt.
Kühl, S. (2011). *Organisationen. Eine sehr kurze Einführung*. Wiesbaden: Springer.
Kühl, S. (2015a). *Sisyphos im Management. Die verzweifelte Suche nach der optimalen Organisationsstruktur* (2. Aufl.). Frankfurt a. M.: Campus.

Kühl, S. (2015b). *Laterales Führen. Macht, Vertrauen und Verständigung in Organisationen.* Wiesbaden: Springer.

Kühl, S., Schnelle, T., & Schnelle, W. (2004). Führen ohne Führung. *HarvardBusinessManager, 1,* 71–79. (kann unter quickborn@metaplan.com angefordert werden).

Ortmann, G. (1995). *Die Form der Produktion. Organisation und Rekursivität.* Opladen: WDV.

Wunderer, R. (1974). Lateraler Kooperationsstil. *Personal, 8,* 166–170.

Prof. Dr. Stefan Kühl (geboren 1966) ist Professor für Organisationssoziologie an der Universität Bielefeld und arbeitet seit 1992 als Organisationsberater bei Metaplan. Er berät Unternehmen, Verwaltungen, Ministerien und Universitäten besonders in Fragen von Strategie- und Organisationsentwicklung. Er ist Autor des Lehrbuchs „Organisationen. Eine sehr kurze Einführung"./ Dr. Thomas Schnelle (geboren 1954) ist Soziologe und Erkenntnistheoretiker. In seiner Dissertation setzte er sich mit dem Werk Ludwik Flecks auseinander. Seit 1983 ist er Metaplaner, heute als Geschäftsführender Partner. Er berät Managementgremien zu Vertriebs-, Strategie- und Organisationsfragen. Schwerpunktmäßig arbeitet er für die Pharmaindustrie, Beratungs- und Technologieunternehmen.

Resilienz im Wandel durch Hybride Professionals?

Die organisationale Rolle hybrider Professionals im Wandel von Unternehmen

Jens O. Meissner

> **Zusammenfassung**
>
> Karriereverläufe werden heute zunehmend komplexer. Unternehmen müssen sich auf den Umgang mit hoch qualifizierten Arbeitskräften mit nicht-linearen Lebenslauf einstellen. Eine typische Form dieser hoch qualifizierten Arbeitnehmerschaft sind die „hybriden Professionals", die sich selten längere Zeit an eine Unternehmung binden. Dennoch kann diese Gruppe jedweder Organisation im Wandel nützlich sein. Im vorliegenden Beitrag wird das Konzept der Hybriden Professionals genauer beleuchtet. Zudem wird das Konzept aus einer systemtheoretischen Perspektive auf die Bedeutung für die Wandelfähigkeit von Organisationen hin auswertet. Hybride Professionals stiften der Institution demnach mindestens zweifachen Nutzen: Erstens verwenden sie ihr Talent zur pionierhaften Bearbeitung herausfordernder und neuartiger Aufgaben. Zweitens bietet die Arbeit mit ihnen eine Beobachtung zweiter Ordnung, anhand der zentrale Wandelaspekte überhaupt erst erkannt und bearbeitet werden können.

17.1 Hybride Professionals – eine Spurensuche

Der Unstetigkeit organisatorischer Realitäten folgend, werden heutige Karriereverläufe zunehmend komplexer und unübersichtlicher (Dettmers et al. 2013). Im Handlungsbereich wissensintensiver Unternehmen ist gleichermaßen ein zunehmendes Qualifikationsniveau zu beobachten, und das Schulbildungssystem schiebt mit einer steigenden Zahl Tertiär-

---

J. O. Meissner (✉)
Hochschule Luzern – Wirtschaft, Zentralstrasse 9, 6002 Luzern, Schweiz
E-Mail: jens.meissner@hslu.ch

© Springer Fachmedien Wiesbaden 2016
O. Geramanis, K. Hermann (Hrsg.), *Führen in ungewissen Zeiten*,
uniscope. Publikationen der SGO Stiftung, DOI 10.1007/978-3-658-11227-1_17

bildungsabschlüsse potenziell hochqualifizierte Mitarbeiter hinterher. Das bedeutet, dass Unternehmen sich auf den Umgang mit hoch qualifizierten Arbeitskräften einrichten müssen, die aber gleichwohl einen nicht-linearen Lebenslauf mit sich bringen (Kaiser et al. 2013; Süß und Becker 2013; Wilkens et al. 2013; Storey et al. 2002).

Eine besonders typische Form dieser hoch qualifizierten Arbeitnehmerschaft – und im Zentrum dieses Artikels – stellen die „Hybriden Professionals" dar, die sich ungern für längere Zeit an eine einzige Unternehmung binden (Brown und Gold 2007). Trotz ihrer in der Regel befristeten Mitwirkung ist bei dieser Arbeitskräftegruppe aufgrund ihres hohen Bildungsstands, der hohen Leistungsbereitschaft sowie der interdisziplinären Arbeitsweise zwischen verschiedenen professionellen Domänen ein beachtlicher Nutzwert für jedwede Organisation im Wandel zu vermuten. Wir folgen also der generellen Forschungsfrage, wie sich ein „neuer" Mitarbeitertypus abgrenzen lässt und welches Selbstverständnis dieser Typus in seiner Arbeitsprofessionalität aufweist. Im speziellen ist hier dann die Ableitung interessant, wie weit das Profil von Hybriden Professionals einer besseren Wandelkompetenz zuträglich ist.

Im vorliegenden Beitrag wird das Konzept der Hybriden Professionals genauer beleuchtet, empirisch hinterlegt und gegenüber bekannten Ansätzen wie Portfolioarbeitern, Arbeitskraftunternehmern etc. abgegrenzt. Die Ergebnisse einer Fokusgruppenstudie werden dann die dominanten Themen und Leitmotivationen von Hybriden Professionals genauer beschreiben. Anschließend wird ein systemtheoretischer Organisationsbegriff erarbeitet, der das Konzept der „Beobachtung zweiter Ordnung" mit einschließt (Wimmer et al. 2014). Diese begriffliche Variation liefert einen Erklärungsmehrwert für den Einsatz von Hybriden Professionals und deren Bedeutung für die Wandelfähigkeit von Organisationen.

Als Spurensuche zur genaueren Bestimmung der Gruppe der Hybriden Professionals können Einsichten aus den Bereichen „Portfolio- und Patchworkarbeit" und „Grenzenlose Karriere (Boundaryless Career) und „Hochqualifizierte Externe" gewonnen werden.

17.1.1 Portfolio- und Patchworkarbeit

Vor fast zwanzig Jahren beobachteten Cohen und Mallon (1999; Mallon 1998) den Übergang von Managern und Professionals in einer mobilere, begrenzter gebundene Mitarbeiterschaft, die sich in Arbeitsportfolien arrangiert. Beispielsweise verfügen Lehrer noch über eine zweite Lehrtätigkeit für eine andere Firma und sind gleichzeitig noch im Schülercoaching selbständig. Ein anderes Beispiel können Facharbeiter sein, die neben einer Teilzeittätigkeit noch in einem Nebenerwerb Hausmeistertätigkeiten übernehmen, oder angestellte Mediendesigner, die noch freiberuflich arbeiten und einen Lehrauftrag an der Hochschule wahrnehmen. Sie belegten die Bewegung von eher organisationsgebundener Arbeit in die organisatorisch unabhängigere Portfolioarbeit anhand zweier englischer Studien, in denen Mitarbeiterinnen untersucht wurden, die Positionen des mittleren und oberen Managements verließen, um ein eigenständiges Geschäft und Tätigkeitsportfolio zu eröffnen. Über die Hälfte der 50 Beforschten gaben an, dass Portfolioarbeit aufgrund von Alter, Behinderungen und Ausbildung ihre einzige Wahl gewesen sei. Dieser Schritt sei aber nicht komplett negativ gewesen. So empfanden sie diesen Schritt trotz mangelnder Voraussehbarkeit als aufregend, die Autonomie und Selbstkontrolle steigernd und als echte Möglichkeit zur persönlichen und professionellen Weiterentwicklung. Andere entschieden sich für Portfolioarbeit, weil sie die Idee der unselbständigen Beschäftigung in einer Organisation zurückwiesen und einen Kontext suchten, der auch die Möglichkeit zum professionellen Wachstum und zur größeren Flexibilität suchten.

Cohen und Mallon (1999) untersuchten die Erwartungen der Teilnehmer hinsichtlich des neuartigen Arbeitsfeldes und der damit verbundenen Arbeitsrealität. Wo Unternehmen als rigide und unflexibel erfahren wurden, erschien Portfolioarbeit als ein dem Individuum und seiner Situation angepasstes Arbeitsarrangement. Und wo Organisationen als kontrollierend und abgrenzend gesehen wurden, erwarteten die Teilnehmer, dass sie selbständig über die Regeln der Arbeit entscheiden würden können. Die Mehrheit bestätigten die größeren Freiheitsgrade und Selbstbestimmung und werteten dies positiv und als bessere Work-Life-Balance. Die Autoren zeigten jedoch auch, dass sich die Befragten weniger über den Ausbruch aus den alten Mustern freuten als um die Neustrukturierung ihres Berufslebens. Auf der Suche nach langfristigen Verträgen hofften die meisten auf einen neuen langfristigen Arbeitsvertrag.

Vertiefte Erkenntnisse kamen von Clinton et al. (2006). In einer konstruktivistischen Studie lieferten sie eine Definition und ein recht umfassendes Modell (Abb. 17.1). Die Definitions-Eckwerte seien demnach das „Selbstmanagement der Arbeit" (der eigene Chef sein), das Leisten einer eigenen Arbeit und das Erzielen eines entsprechenden Einkommens, eine große Vielfalt von Tätigkeiten und Kunden und eine Arbeitsumgebung außerhalb einer einzelnen Organisation. Diese Eckpfeiler seien mit den sozialpsychologischen Schlüsselprozessen im Umgang mit Handlungsautonomie, Unsicherheit und sozialer Isolation verknüpft. Autonomie bedeute, dass die Person sich selbst als verantwortlich für den Erfolg seiner Arbeit und Karriere ansieht. Der Unsicherheitsaspekt bezeichne die Fähigkeit, mit volatiler Arbeitslast und ungewisser künftiger Entwicklung der Tätigkeit umgehen zu können. Mehr als die Hälfte von Clintons Interviewpartnern verstanden die Unsicherheit als positive Erfahrung und Herausforderung. Der dritte Prozess der „Sozialen Isolation" wurde als hauptsächlicher Demotivator genannt. Ihm begegnete man durch verstärkte Interaktion mit verschiedensten Medien oder über bewusstes Socializing in Arbeitsrandzeiten.

Eine Reihe von persönlichen Eigenschaften (Selbstbewusstsein, Selbstmotivation, geringe Ängstlichkeit) und situativer Faktoren (finanzielle Bedürfnisse, Karrierelänge, hoher aktueller Arbeitsdruck) und das Ausmaß, in welchem die sozialen Prozesse gemanagt wurden, zeigten dann auch Einfluss auf die Arbeitsintensität, die Work-Life-Balance und das Wohlbefinden.

Die Arbeitsintensität ist der konstante Druck, immer mehr Arbeit generieren zu müssen, gemischt mit dem Gefühl, dass immer mehr Arbeit da ist, als bewältigt werden kann. Zusätzlich wirkt erschwerend, dass jeder Wochentag auch als Arbeitstag gesehen werden kann. Dies macht das Abschalten von der Arbeit schwierig. Zeit mit Familie und Freunden

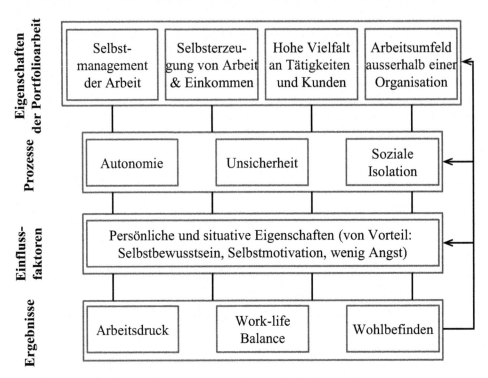

Abb. 17.1 Clintons Modell der Portfolioarbeit. (Quelle: Clinton et al. 2006)

zu verbringen, in die Ferien zu gehen oder einem Hobby zu frönen, wurde als schwierig beschrieben, da dies immer kompliziert zu organisieren sei und in der Zeit ja auch Geld verdient werden könne. Dem gegenüber wurde auch hier vom Gefühl berichtet, durch mehr frei verfügbare Zeit über eine höherwertige Work-Life-Balance zu verfügen und damit insgesamt zu einem besseren Wohlbefinden und größerer Zufriedenheit beizutragen. Clinton et al. (2006) fanden Hinweise, dass eine hohe Zufriedenheit aus der höheren Verantwortlichkeit, der Selbstkontrolle und der Arbeits- und Lebensvielfalt resultierte. Insgesamt kann Portfolioarbeit befriedigend sein, wenn finanzielle Sicherheit und Kontrolle über die Situation gewährleistet seien.

Sehr interessante Einsichten lassen sich auch aus Arbeiten von Brown und Gold (2007) über Akademiker in „Nicht-Standard"-Arbeitsverträgen an britischen Universitäten gewinnen. Sie befragten Angestellte mit Teilzeit-, befristeten oder Zeitarbeitsverträgen hinsichtlich des Zwangs zur Vertragswahl. Sie analysierten neben den Eigenschaften der Vertragsnehmer auch die Akzeptanz gegenüber ihrem aktuellen Beschäftigungsstatus. Der weit dominanteste Faktor zum Verlassen der letzten Arbeitsstelle (Pull-Faktoren) war der „Wunsch zu Wechseln". Familiäre Gründe waren ebenso ausschlaggebend, während finanzielle Gründe eine untergeordnete Rolle spielten. Als Push-Faktoren zum Verlassen der alten Stelle kam das Vertragsende an erster Stelle. Das Halten mehrerer Jobs – als zentrales Kennzeichen von Portfolio- und Patchworkarbeit – konzentrierte sich in der Altersgruppe der 45 bis 54jährigen. Üblicherweise war ein zweiter Job ebenso im Bildungsbereich, oder auch in den Bereichen Beratung oder Gesundheit angesiedelt. Rund 60 % wiesen somit den Status von Portfolioarbeitern auf, die sich durch parallele gleichzeitige Jobengagements, ein hohes Qualifikationsniveau und einen ausgeprägten Sinn für Unabhängigkeit auszeichneten.

Diese Konstellation blieb nicht folgenlos für die Verbindlichkeit. 30 % gaben an, dass sie einen permanenten Job im Rahmen ihres bisherigen Pensums akzeptieren würden. Es gäbe aber keinen Beweis, dass die Befragten immer einen unbefristeten Vertrag vorgezogen hätten. Kein Grund für die aktuelle Situation sei die Möglichkeit, mehr Geld zu verdienen oder Verwaltungstätigkeiten zu vermeiden. Vielmehr erlaube die Portfolioaufstellung ihnen, eine Vielfalt anderer Tätigkeiten mit den Anforderungen und Verantwortungen des Privatlebens zu kombinieren. Wiederum waren ein unregelmäßiges Einkommen und Pensionsleistungen kein entscheidender Grund. Rund 40 % der Befragten gerieten unfreiwillig durch Stellenabbau oder Vertragsauslauf in ihre Portfoliosituation. 60 % trafen die Entscheidung zur Portfolioarbeit aber bewusst. Die Studie zeigt, dass die Jobcharakteristika, die Anforderungen und Motivation der Befragten nicht eindeutig gelagert sind. Allerdings sind sie entschieden darin, kein voll-integrierter Teil einer Organisation zu werden.

Ähnliches brachte die folgende Studie von Raeder et al. (2009) zu Tage, die den Begriff *„Patchworker"* als Analogie zur Patchworkfamilie einführten. Patchworker sind ebenfalls Portfolioarbeiter, betonen aber die gewisse Getriebenheit hinter diesem Modell, also die Komponente der anfänglichen Unfreiwilligkeit für einen solchen Arbeitsstil. Sie identifizierten in ihrer qualitativen Studie und per Umfrage drei *Patchworkertypen*. Der erste Typ ist der „zufriedene Teilselbständige". Er ist selbständig und arbeitet zusätzlich in einer unbefristeten Anstellung. Er nennt sowohl materielle wie auch nicht materielle Gründe, warum er als Patchworker arbeitet. Er wünscht sich keine andere Beschäftigung. Der zweite Typ ist der „Selbstverwirklicher". Er arbeitet entweder in zwei unbefristeten Angestelltenverhältnissen oder ist zusätzlich mit einer unbefristeten Beschäftigung selbständig. Er nennt keine materiellen Gründe für Patchworking und bevorzugt ebenso keine andere Beschäftigung. Der dritte Typ ist der „unfreiwillige Patchworker". Er hat entweder zwei befristete Anstellungen oder ist unbefristet angestellt und selbstständig. Er ist nicht zufrieden mit seiner Erwerbssituation und möchte eine andere Beschäftigung. Aus Gründen der materiellen Sicherheit oder weil es sich finanziell lohnt, arbeitet er in zwei oder mehreren Beschäftigungsverhältnissen.

Die untersuchten Patchworker sind wenig durch Burnout gefährdet und verfügen über einen hohen Selbstwert. Möglicherweise erlaubt Patchwork eine belastende Stelle durch andere Beschäftigungsverhältnisse auszugleichen. Die Studie von Raeder et al. (2009) bestätigte viele Einsichten, die schon von Fraser und Gold (2001) vorgestellt wurden.

17.1.2 Grenzenlose Karriere und Hochqualifizierte Externe

Ein letzter relevanter Beitrag in der Literatur ist unter den Stichworten „Boundaryless Career" und „Highly Qualified External Workforce" zu finden. Die vorangehenden Konzepte und Studien zeigen, dass die Grenzen der Organisation zunehmend durchlässig werden und sich aufblähen – ebenso wie die Karrierekonzepte, die sich in einer Ko-Evolution mit den organisatorischen Strukturen befinden. Dieser Trend hebt sich klar vom traditionellen Karrierekonzept ab (Cohen und Mallon 1999; Arthur 1994; Arthur und Rousseau 1996).

Inkson et al. (2012) beobachteten diese Entwicklung und kritisierten den Begriff „Boundaryless Career" (Cortini et al. 2011). Ihrer Ansicht nach wurde der Begriff unpassend prominent verwendet, da relevante und belegende Studien bis heute fehlen würden. Hauptursache sehen sie in der schwachen Definition des Konzepts. Die Definition, dass boundaryless careers „the opposite of organizational careers" seien, wäre zu schwach und andere Verständnisse gehen in die Richtung der unterbrochenen oder cross-nationalen Karrieren. Inkson et al. (2012) unterstützen daher die Aussage von Feldman und Ng, welche festhielten: „The construct [of boundaryless career] has become somewhat boundaryless itself" (Feldman und Ng 2007, S. 368). Die grenzenlose Karriere beinhalte auch, dass Individuen über ihre veränderliche Karriere Handlungsmacht erlangten. Inkson et al. reflektierten diesen Anspruch und hinterfragen, ob Karrieren nicht eher als Produkte institutionaler Rahmenwerke verstanden werden können. Die empirisch gezeigte Lücke gab ihnen Grund, am künftigen Erfolg des Konzepts zu zweifeln. Letztendlich schlossen sie, dass es einer seriösen akademischen Prüfung nicht standhielte, was seinen Nutzen stark in Frage stellte. Sie schlugen vor, die „Grenzen" wieder in die Diskussion einzuführen und eine ganzheitlichere Theoriebildung im Feld der Karrieredynamiken zu verfolgen (Inkson et al. 2012, S. 331 f.). Karrieren entfalten sich in verschiedensten Feldern in denen viele relevante Grenzen bestünden. Aus der Perspektive von Hybriden Professionals, deren Hauptcharakteristik ist, dass sie organisationale und institutionelle Grenzen überschreiten, ist diese Argumentation plausibel und bringt die Diskussion einen Schritt weiter.

Die geforderte ganzheitliche Theoriebildung wird beispielsweise von Kaiser et al. (2013) gestützt, wenn sie nach den Anforderungen, Bedürfnissen und Konsequenzen einer „Highly qualified external Workforce" fragen, nach einer hochqualifizierten Satelliten-Arbeitnehmerschaft im Umfeld großer Organisationen also. Sie identifizierten einen Bedarf nach „research on the phenomenon [...], or the theoretical and managerial challenges for human resource management that result from it" (ebd., S. 832). Die Autoren berücksichtigten auch Aspekte der stark in der Verwendung ansteigenden unstetigen Arbeit („contingent work"). Auch dieser Begriff ist vage, wird gemeinhin aber als Beschäftigung im Teilzeitstatus und/oder befristeten Status und/oder mit Bezahlung nach Stückzahlakkord verwendet (Rybnikova 2013; Baron und Kreps 1999). Beide Ansätze, die der hochqualifizierten externen Angestelltenschaft wie auch die der unstetigen Arbeit, erfordern veränderte Praktiken im Human Ressources Management. Dies betrifft sowohl die Akquisition und Bindung der Kernbelegschaft als auch den friktionsfreien Einsatz und Wechsel von externen Mitarbeitern.

Wilkens et al. (2013) beforschten so auch die Voraussetzungen, welche zu flexiblen Verträgen und Vertragspolitiken, insbesondere mit hochqualifizierten externen Mitarbeitern in wissensintensiven Unternehmen, führten. Sie führten zehn Fallstudien in deutschen Unternehmen durch. Es offenbarte sich, dass flexible Vertragsgestaltung mit einer unabhängigen Mitarbeiterschaft erreicht werden kann, wenn es einen Ersatz für die internen Kontrollmechanismen gäbe, die sonst in Unternehmen zur Anwendung kämen. Wichtig sei hier die Kontrolle der Wissensflüsse: „Gaining positive or negative effects from flexible contracting especially depends on the embeddedness of the contract policy in a broader set of HR practices since this can control the negative effects. [...] contracting is not an isolated issue since there is a moderating effect of HR activities" (Wilkens et al. 2013, S. 857). Die Studie zeigte allerdings nicht, wie ein Prozess der Sinnstiftung und gegenseitigen Verbindlichkeit zwischen Externen und der Organisation erreicht werden könne.

Flickinger et al. (2013) präsentierten Fundstücke einer empirischen Umfrage ($n=580$) in einer deutschen Zeitarbeitsfirma und studierten die Wichtigkeit „interner Arbeitsmärkte". Sie argumentieren, dass ein dynamischer interner Arbeitsmarkt die *Ambidexterität* einer Firma, also ihre Fähigkeit, erfolgreich mit Unsicherheit umzugehen (Raisch et al. 2009), steigern könne. Sie vermuten, dass der Beitrag beständiger Mitarbeitergruppen zu dieser Ambidexterität größer sei als der von befristet angestellten Gruppen. Ihre Ergebnisse zeigten jedoch, dass ein dynamischer interner Arbeitsmarkt für beide Gruppen gleich wichtig sei. Also sollten Zeitarbeitskräfte denselben Zutritt auf den internen Arbeitsmarkt erhalten. Wie üblich in Umfragen, konnten hier keine Aussagen zur Entwicklung der Beziehungen (vom Zeitarbeiter zum Kernmitarbeiter oder andersherum) gewonnen werden.

17.1.3 Was sind Hybride Professionals?

Bis zu diesem Punkt zeigt die aktuelle Literatur die immense Vielzahl der Unterscheidungen und der verwendeten Konzepte. Hybride Professionals sind eine spezielle Form der Portfolioarbeiter; sie sind nicht unbedingt Freelancer, Patchworker oder „contingent worker"; sie folgen aber sicher keinem Konzept der „grenzenlosen Karriere"; sie werden verstanden als individualistische, beziehungslose Arbeitsstiloptimierer. Hybride Professionals sind hochqualifzierte Grenzüberwinder, die Nutzen nicht aus ihren einzelnen Aktivitätsfeldern ziehen, sondern aus dem Akt der Grenzüberwindung selbst. Daher sind Grenzen eine notwendige Vorbedingung für diesen Personentyp. So folgen Hybride Professionals aktiv einem „Grenzreichen" Karrierepfad, um Wissenstransfers auszulösen, die zu innovativen neuartigen und stark vernetzten Problemlösungen führen. Abbildung 17.2 zeigt eine mögliche Begriffsabgrenzung auf, die die Hybriden Professionals als stark vernetzte (grenzbewirtschaftende) Gruppe mit mehreren gleichzeitigen Arbeitsengagements darstellt.

Die aktuelle Literatur leistet keine robuste Aussage über die psychologische Haltung dieser Personen, ebenso wenig wie über ihre Beziehungs- und Interaktionsmuster, die in spezifischen Lebens- und Arbeitssituationen zur Geltung kommen. Somit fehlen auch

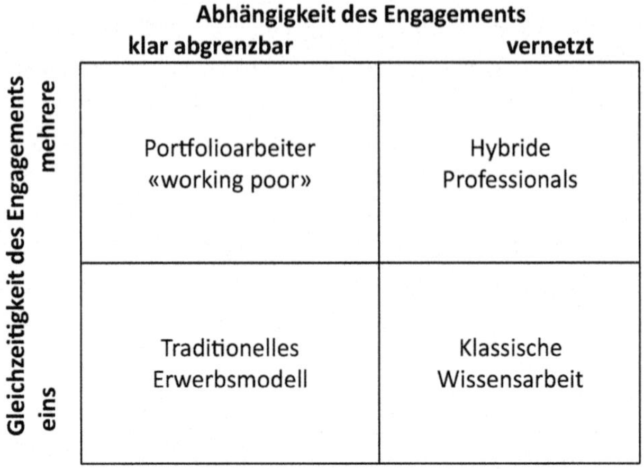

Abb. 17.2 Engagement-Designs Hybrider Professionals. (Eigene Darstellung)

	Abhängigkeit des Engagements	
Gleichzeitigkeit des Engagements	klar abgrenzbar	vernetzt
mehrere	Portfolioarbeiter «working poor»	Hybride Professionals
eins	Traditionelles Erwerbsmodell	Klassische Wissensarbeit

Aussagen zur Rolle der Personengruppe in Wandelprojekten, was das Kerninteresse der folgend vorgestellten Studie ist.

17.2 Das Selbstverständnis von Hybriden Professionals

In diesem Kapitel geht es um eine kurze Beschreibung der Methode sowie der kurzen Darstellung der Ergebnisse. Diese Darstellung kann aufgrund des Umfangs der Empirie nicht vollständig sein, legt aber im Sinne bester Qualitativer Forschung Wert auf Relevanz und die Einhaltung von Gütekriterien sozialkonstruktivistischer Forschung (Cooper 2005; Dachler und Hosking 1995; Gergen 1985)

17.2.1 Methode

Den Ausführungen liegt eine qualitative Untersuchung zu Grunde. In zwei Fokusgruppen befragten wir 18 hochqualifizierte Personen mit mindestens einem tertiären Bildungsabschluss und mindestens zwei unterschiedlichen, aber gleichzeitigen und inhaltlich zusammenhängenden Arbeitsengagements. Die Fokusgruppenworkshops dauerten je zwei Stunden, wurden von zwei Forschern durchgeführt und anschließend wortwörtlich transkribiert. Die Transkripte wurden dann von je drei Forschenden nach hervorstehenden Themen analysiert. Die zentralen Themen wurden in einer Themenliste aufbereitet und mit den jeweils markantesten Zitaten angereichert. Die Themen und ihre Zusammenhänge waren ebenso Gegenstand der Analyse und führten zu einer Themenlandschaft, in der dieselben abgebildet und als „semantisches" Netz dargestellt sind. Den Fokusgruppen wurden im Rahmen eines offenen Dialogs problemzentrierte Fragen (Witzel 2000) gemäß eines Schemas (Helfferich 2011) zum Thema hybrides und mobiles Arbeiten gestellt. Das gesamte Forschungsvorgehen entsprach den Gütekriterien der Qualitativen Sozialforschung, wie bei Flick (2010) und Mayring (2007, S. 117 ff.) beschrieben. Der

17 Resilienz im Wandel durch Hybride Professionals?

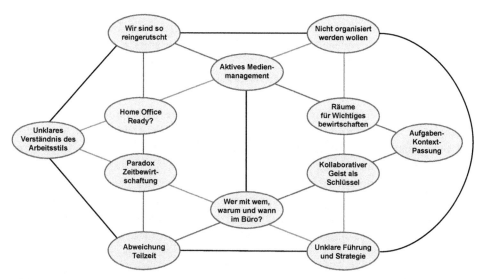

Abb. 17.3 Gesamtthemenlandschaft Hybride Professionals

Forschungsprozess folgt einem mehrstufigen Vorgehen (Meissner 2007, 2009; Meissner und Tuckermann 2007) anhand verschiedener Forschungsstudien. Besonderes Interesse galt dem Entdecken neuartiger Aspekte, die durch die bestehende Literatur noch nicht abgedeckt wurden. Daher stand insbesondere Mayrings Qualitätskriterium der „Nähe zum Gegenstand" im Zentrum der Aufmerksamkeit. Im Folgenden wird die resultierende Themenlandschaft beschrieben, um die Lebens- und Arbeitsrealität von Hybriden Professionals plastischer darzustellen.

17.2.2 Themenlandschaft

In der Gesamtschau lassen sich die Themen in einer überblicksartigen Themenlandschaft miteinander vernetzen (Abb. 17.3).

Zunächst fällt auf, dass die meisten Interviewten bestätigen, sie seien in die hybride Form mehr oder weniger geplant *hineingerutscht*. Die Wahl eines solchen Lebensentwurfes scheint zwar bewusst getroffen zu werden, nicht so aber die ersten Schritte in eine hybride Arbeitssituation. Dabei gibt es Hinweise darauf, dass dieses Hineinschlittern nicht fremddominiert ist (z. B. durch eine Kündigung oder den Auslauf eines Vertrags), sondern eher eine Folge der vielfältigen beruflichen Optionen, welche man als Hochqualifizierter verfolgen kann. Auch durch die sehr hohe Flexibilität und leichte Zugänglichkeit zu den Arbitrage- und Wertschöpfungsmöglichkeiten des Internets gewinnen Hybride Professionals an Rückenwind.

Zudem *widerstrebt es den Interviewten, organisiert zu werden*. Die gewählte Selbstbestimmung soll nicht nur die Möglichkeit ausdrücken, proaktiv selber entscheiden und gestalten zu können. Sie ist vielmehr auch ein Kennzeichen des Widerstands gegen zweifelhafte Managementanweisungen und plumpe Organisationsversuche von Vorgesetzten und bürokratischen Systemen. Zusammen mit dem vorangehenden Thema fällt auf, dass sich die Hybriden Professionals von der Optionenvielfalt verleiten lassen, dabei aber recht genau wissen, was sie nicht wollen.

In jedem Fall sind die Arbeitsstile der Hybriden Professionals nicht möglich ohne ein *aktives Medienmanagement*. Dies umfasst eine gezielte Erreichbarkeit und Abgrenzung über elektronische Kommunikationsmedien, aber auch den außerordentlich bewussten Umgang von Botschaften. Die Interviewten wissen genau, dass Medien zur Ablenkung und Verzettelung beitragen und arbeiten kontinuierlich daran, sich Plätze der Konzentration zu erhalten. Medien ermöglichen dabei die Selbstorganisation, die in Kauf genommen wird, um nicht fremdorganisiert zu werden.

Ein bewusster Umgang mit Medien und Erreichbarkeit führt dann auch zur *Home Office Readiness*, d. h. der Frage, ob man im Heimbüro – oder auch mobil arbeitend – ausgerüstet und entsprechend eingestellt ist. Das Arbeiten nicht vom traditionellen Arbeitsplatz aus wird als Frage der Einrichtung (geeignetes Arrangement Zuhause) und der individuellen Grundhaltung (Möchte ich überhaupt so arbeiten?) verstanden.

Dabei sticht den Interviewten immer wieder der Konflikt mit dem *Paradox Zeitbewirtschaftung* ins Auge. Eine solche ist den meisten Befragten zwar vorgeschrieben. Aber aufgrund des hohen Qualifikationsniveaus und der starken Einbindung in Projektarbeiten, dient die Zeiterfassung häufig eher dem Projektcontrolling und nicht der Kontrolle der Arbeitszeit als solcher. Für viele Mitarbeitenden hingegen stellt die Zeiterfassung klar eine Dokumentation der geleisteten Arbeit dar. Innerhalb des Projektteams kommt es daher zum Kommunikationsparadox, da Arbeitszeit einerseits inputorientiert und andererseits Output-orientiert verstanden wird. Auch kann ein sehr wichtiger Arbeitsschritt eines Projekts bei Nutzung aller Synergien in kurzer Zeit erledigt sein, auch wenn bei anderer Herangehensweise ein Vielfaches an Arbeit angefallen wäre. Eine dringende Notwendigkeit für Hybride Professionals ist daher die Entkopplung von rechtlich relevanter formaler Arbeitszeiterfassung und wirtschaftlich wichtigem Projektcontrolling.

Die Befragten sehen dabei *Teilzeit* (immer noch) als Abweichung des Regelfalls. Hybride Professionals sind produktiv, d. h. sie arbeiten. Eine 60-prozentige Tätigkeit gibt es eigentlich nicht. Da es keine klare Abgrenzung der Arbeit gibt, kann auch keine klare Pensumsgrenze gezogen werden. Wohl gibt es Tendenzen (Montag bis Mittwoch arbeite ich für x, Donnerstag für y), aber eine Teilzeitstrategie im Sinne von „nur" 50% Arbeiten verfolgte keiner der Befragten.

Die Aspekte des Reinrutschens, der Home Office Readiness und der Zeitbewirtschaftung zeigen auf, dass im Grunde für quasi alle Beteiligten eine *unklares Verständnis des Arbeitsstils* vorliegt. Man schafft einfach so und es gefällt – oder führt auch zu Problemen, die bewältigt werden wollen. Das allgemein unklare Verständnis des Stils führt auch dazu, dass eine außerordentliche Vielfalt abgedeckt werden kann, aber auch dazu, dass es für Organisationen fast unmöglich ist, diese Unterschiedlichkeit in einem organisatorisch geregelten Arbeitsverhältnis unterzubringen.

Auf der anderen Seite ist die Frage wichtig: „*Wer mit wem und wann im Büro?*" Da Hybride Professionals viel an anderen Orten arbeiten, wird die Frage wichtiger, warum man überhaupt ins Büro gehen sollte. Die Befragten beantworteten dies nicht nur damit, der Isolation zuhause entgehen zu können. Vielmehr war eine wesentliche Triebfeder, im Büro (oder am Arbeitsplatz) die Leute zu treffen, mit denen man gerne arbeitet. Zudem soll der Arbeitsplatz grundsätzlich arbeitsorientiert optimal ausgestattet sein.

Hier wird schon ersichtlich, dass in diesem Kontext *Räume für Wichtiges bewirtschaftet* werden. Das bedeutet, dass sich die Befragten aufgrund ihrer Home Office Erfahrung sehr klar darüber sind, dass Raum Geld kostet. Und dieser Raum will gut für das Wichtige genutzt sein. Aus dieser Motivation kommt auch eine allgemeine Abneigung gegen ungenutzte Räume, sobald diese Kosten verursachen, die von einem geleiteten Projekt getragen werden müssen.

Generell wird in der Raumnutzung auch die außerordentlich hohe Aufmerksamkeit gegenüber einer optimalen *Aufgaben-Kontext-Passung* deutlich. Hybride Professionals suchen sich aktiv die Kontexte, die zur Aufgabe passen. So kommt es regelmäßig vor, dass ein Bericht am Wochenende in der Berghütte oder während der Zugfahrt ins Tessin entsteht. Oder dass eine Konzentrationsphase bewusst einen Arbeits-Freizeit-Rhythmus umfasst (morgens arbeiten, nachmittags Skifahren, abends arbeiten), um durch die Dialektik „den Kopf wieder frei" zu bekommen.

Dabei zählt die echte Zusammenarbeit (nicht nur das Aufteilen der Arbeit) als wichtiger Imperativ. Der *Kollaborative Geist ist als Schlüssel* der erfolgreichen, aber eben auch lustvollen Zusammenarbeit zu sehen. Die Kollegen müssen eben potenziell auch Freunde sein können, mit denen es auf der Beziehungsebene gut funktioniert. Erst dann lässt sich im Team so arbeiten wie gewünscht. Dabei fällt auf, dass die Befragten Hybriden Professionals tendenziell als Freigeister und Mitglieder der „kreativen Klasse" einzustufen sind. Als solche brauchen sie Kreativräume, die sie mit anderen teilen können. Häufig verbringen sie längere Zeit mit Socializing (augenscheinlich untätig), um abends oder nachts einen wichtigen Schritt zur Entwicklung eines Projektes oder einer Idee zu machen.

Die bisher genannten Themen verdeutlichen, dass im organisatorischen Kontext gegenüber hybrid Arbeitenden eher eine *unklare Führung und Strategie* zu finden ist. Diese Mitarbeitergruppe sprengt das organisatorische Arrangement, welches sie zur Produktivität benötigt. Die teilweise unüblichen Herangehensweisen durch die interdisziplinäre Arbeitshaltung erfordern auch ebenso unübliche Maßnahmen, was eine Dauerbaustelle in den beteiligten Organisationen darstellt.

Die vorgestellte Landschaft stellt die Grundlage dar, um nun Leitmotive aus der empirischen Grundlage zu interpretieren.

17.2.3 Leitmotive

Leitmotive sind deutlich erkennbare Themen, die sich in vielfältiger Weise im gesamten empirischen Material zeigen. Für das untersuchte Sample kann man feststellen, dass Hybride Professionals oftmals als Überforderung für die Beschäftigungslogik der großen „Corporates" erscheinen. Aufgrund ihrer größeren Unabhängigkeit von festen Arbeitsverhältnissen sind sie flüchtiger, was eine geringere Zumutungstoleranz gegenüber organisatorischen Missständen und „schlechten" Führungspraktiken bedeutet.

Lustvolle Produktivität
Zur größeren Autonomie sucht man eine bessere Übereinstimmung von Lebens- und Arbeitsqualität. Der Begriff „Work-Life-Balance" muss hier hinter den der „Work-Life-Integration" zurücktreten, da jeder Moment von lustvoller Produktivität durchwachsen sein soll, also gesteigerte Ansprüche an die Erlebnisqualität im Privat- und Berufsumfeld gleichzeitig stellt. Die intensive Abschlussphase eines Projektes wird gern in Kauf genommen, da der Kurzbesuch zu den Freunden in Edinburgh, Boston oder Singapur bereits vereinbart ist. Zudem kann jetzt die Projektrechnung bezahlt werden und der Trip dient zudem noch dem Ausloten zukünftiger Projekte. Diese Grundhaltung führt oft zur Annahme zu vieler Aufträge, so dass man am Ende deutlich mehr arbeitet als auf einer normalen Stelle. Der mit diesem Anspruch verbundene Stress soll überwiegend als positiver „Eu-Stress" erlebt werden und zur angestrebten Atmosphäre des „Flow" (Hüther 2009; Csikszentmihalyi 1996) beitragen.

Positive Wahrnehmung nicht-linearer Lebensläufe
Umbrüche in der Karriereentwicklung, die mitunter drastisch sein können (vom Unternehmensberater zum Gärtner), werden als durchwegs positive Weiterentwicklungen wahrgenommen und keinesfalls bedauert. Im Gegenteil, die Nichtlinearität wird zum Vergleichsmaßstab für die gesammelte Erfahrung und damit als wertvoller Fundus für interdisziplinäres Arbeiten bewertet. Zum eigentlichen Bedauern bleibt auch keine Zeit, denn man schaut entwicklungsorientiert nach vorne und entdeckt die sich ergebenden Chancen.

Hochprofessioneller Generalismus
Der Anspruch, mit aller gebotenen Professionalität „etwas bewegen" zu wollen – und sei es nur, den eigenen Lebensstil aktiv zu gestalten – gilt als conditio sine qua non. Nach im Sample vollumfassenden negativen Erfahrungen mit den lähmenden Hierarchien von Großunternehmen ist das Bedürfnis an Echtheit und Identifikation mit der Aufgabe sehr groß. Dabei sind in der Aufgabenbewältigung alle verfügbaren Ressourcen gefragt, die generalistisch verknüpft werden müssen. Für sehr spezialisierte Tätigkeiten greift man auf Andere zurück.

„Ich bin meine Vision und Position"
Für einen Hybriden Professional ist Fremdbestimmung wenig tolerierbar – es sei denn, durch ein selbst gewähltes Auftragsverhältnis. Möchte ein Unternehmen einen Spezialisten binden, so muss es sich Gedanken darüber machen, welchen Käfig man dem Exoten bietet. Standardisierte Arbeitsverträge sind da fehl am Platz, es sei denn, sie enthalten äußerst flexible und frei kombinierbare Bestandteile. Das beste Angebot aber ist ein Projektauftrag.

Arbeiten auf „Upfront"-Themen
Routine ist langweilig – es sei denn, sie dient der Aufrechterhaltung der eigenen Work-Life-Vision. Zur Bestimmung spannender und hochaktueller Themen werden in der Regel drei Dimensionen einbezogen, nämlich

- was inhaltlich auf dem globalen Parkett geschieht (was weiß der ehemalige Studienkollege, der derzeit in Rio arbeitet?),
- welche Entwicklungen in verwandten Themenfeldern zu beobachten sind (wie sieht der Sportkollege das aus seiner Sicht als Ingenieur?), und
- wo sich meist lokal und regional passende Gelegenheiten ergeben, die man schnell ergreifen muss.

Gelungene Projekterfahrungen mit Eigenwert
Jedes Projekt ist eine Quelle für weitere Aufträge. Jedes Arbeitsergebnis gilt als Kompetenzausweis und lässt sich zur Eigenwerbung nutzen. Viele Aufträge kommen aus vorher unkalkulierbaren Richtungen. Somit ist sich der Hybride Professional stets bewusst, dass aktuelle Engagements langfristig zu weiteren führen. Jedenfalls soweit die Qualität der Ergebnisse stimmt. So ist im Kontaktnetz des Hybriden Arbeiters jeder ein potenzieller Partner auf Augenhöhe – und ein gelungenes Projekt ist immer auch mehr als ein Projekt. Eine produktive Erfahrung bei guter Beziehungsqualität wird als „schön" empfunden – besitzt also einen ästhetischen Eigenwert.

„No job is finished until the paperwork is done"
Am Ende eines Projekts wird abgerechnet – und nach dem Projekt ist vor dem Projekt. Da der Erhalt dieses Kreislaufs wichtig für diesen Arbeitsstil ist, kommt es nur selten vor, dass Aufwand und Leistung nicht in einem guten Verhältnis stehen. Der Hybride Professional wickelt zwar nur ungern die notwendige Bürokratie zur Selbständigkeit ab, sieht diese Aktivität aber als Schlüssel zu seiner eigenen Freiheit an.

Mit dieser Passage ist die Vorstellung der empirischen Arbeit für diesen Teil abgeschlossen. Die Landschaft zeigte konkreter am empirischen Material, welche Themen in der sozial konstruierten Realität der Hybriden Professionals bemerkenswert sind. Die Leitmotive gaben eine erste Interpretation des Materials und eine Einschätzung der Besonderheiten dieser Personengruppe.

17.3 Hybride Professionals als Ressource im System Organisation?

An dieser Stelle lohnt sich ein kurzer Rahmenwechsel hin zu Organisationen und die Rolle der Mitarbeitenden für dieselben. Ein soziologischer Organisationsbegriff systemtheoretischer Färbung hilft, um vom einzelnen Individuum zu abstrahieren. Dies wird vorgenommen, da Organisationen – so die Annahme im Rückgriff auf die soziologische Systemtheorie hier – eine Eigendynamik aufweisen, die nicht aus den individuellen Charakteristika aller Mitarbeitenden alleine hergeleitet werden kann (Luhmann 1984). Das System Organisation ist mehr als die Summe seiner Teile, was die merkwürdigen und teilweise seltsamen Eigenheiten und Rituale der Organisation erklärt (Baralou et al. 2012). Gemäß der Neueren Systemtheorie sind Organisationen Entscheidungssysteme, die sich aus Kommunikationsakten zusammensetzen und in diesen Akten eine Umweltbeobachtung vornehmen (Baecker 2013; Wimmer et al. 2014). Was beobachtet und somit durch die Beobachtung kommuniziert wird, kann in den Entscheidungen des Systems Anschlusskommunikation auslösen. Somit stellen Entscheidungen den konstituierenden Bestandteil des Systems Organisation dar, in denen Umweltbeobachtungen und Systemgenese – eben auch organisationaler Wandel – zusammenfallen.

Mitarbeiter stellen hier psychische Systeme dar, die über ihre Beobachtungs- und Interpretationsfähigkeit strukturell an das soziale System gekoppelt sind (Pache und Santos 2013). Sie sind nicht das System, aber ein konstituierendes Element desselben. Einzelne Mitarbeiter sind dabei austauschbar nach ihrer Funktion für das System. Die Systemtheorie kennzeichnet hier den Mitarbeitenden als „soziale Adresse". Wenn daher eine Veränderung der Mitarbeiterschaft eintritt, zum Beispiel durch eine Veränderung der Gesamtkomposition zwischen Internen und Externen, Unqualifizierten und Qualifizierten, Unbefristeten und Befristeten, etc., so verändern sich auch die Umweltwahrnehmungen und die Kommunikationsangebote der Organisation. Für die Genese neuer Arbeitsformen der Organisation ist die veränderte Wahrnehmung essenziell. Denn dies ermöglicht mit Beobachtung von Beobachtungen (so genannte „Beobachtungen 2. Ordnung") neue Selbst- und Situationswahrnehmung. Durch sie werden auch eingefahrene Muster sichtbar gemacht, bestehende Lösungen hinterfragt und der Raum für neue, bestenfalls stark verbesserte Formen von Handlungsmustern geschaffen. Letztlich können die Handlungsmuster als Wandelanlass genutzt werden und sind so der Wandelfähigkeit zuträglich. Es steigert sich also die Wandelkompetenz und letztlich die Widerstandsfähigkeit („Resilienz") als Nachhaltigkeit der Organisation als Gesamtes.

In Rückblick auf die dargestellte Empirie muss man nun fragen, welche Unterscheidungsmuster bei Einsatz von Hybriden Professionals sichtbar werden und welche konkreten Unterscheidungen diese neuen „sozialen Adressen" mitbringen. Hier stechen folgende Aspekte ins Auge:

Der Einsatz Hybrider Professionals wirkt als Maßnahme zur *Komplexitätssteigerung*. Viele Dinge werden komplizierter. Die im Großen und Ganzen doch noch eher kleine Mitarbeitergruppe will gesondert behandelt werden. Sie haben eigene Vorstellungen über Beziehungsgefüge, infrastrukturelle und vertragliche Einbettung sowie über organisatorische Führungsmechanismen. Diese Aspekte müssen bearbeitet werden und stellen die Organisation erst einmal vor eine größere Herausforderung. Nur mit Einrichtung eines Cafeteria-Prinzips bei der Entlohnung wird es nicht getan sein. Zudem werden die anderen, „traditioneller" arbeitenden Mitarbeiter die Sonderbehandlung beobachten und ihre eigene Situation mit dieser Abweichung kontrastieren – eine Situation, auf die das Personalmanagement eine Antwort parat halten oder über die sie zumindest informieren muss. Das Eingehen auf Hybride Professionals steigert also die Komplexität.

Jedoch kann gemäß Ashby (1956) nur Komplexität zur Beobachtung und Bearbeitung von Komplexität eingesetzt werden. Das bedeutet, in dynamischeren Märkten mit größerer Unübersichtlichkeit kommen Organisationen nicht umhin, ihre *Komplexitätsverarbeitungsfähigkeit* zu steigern. Der vornehmliche Modus hier besteht in der Regel im Einsatz neuer und stärker vernetzter Informationstechnologien, die aber menschliche Verarbeitungsfähigkeit im Kern lediglich komplementieren können. Die Zusammenarbeit mit Hybriden Professionals bedeutet zwar die Steigerung von Komplexität, dies stellt aber auch einen Aufbau der Verarbeitungskompetenz für dieselbe dar.

Damit kann die Organisation besser mit Ambivalenz und Unsicherheit umzugehen lernen. Es folgt eine Steigerung der Ambiguitätstoleranz. Kurz: Beschäftigt ein Unternehmen Hybride Professionals, so wird deren „unübliche" Arbeitsweise mit der Zeit eine übliche und bekannte Arbeitsweise. Aus „Zauberei" wird System. Aus umständlicher Arbeitsweise eventuell eine langfristig bessere Lösung. Dies kann man beispielsweise im Bereich von Designern finden, deren „Design Thinking" der Lösung eines Problems am Anfang eher im Wege steht, da mehr Zeit für die iterative Entwicklung der Lösung benötigt wird. Am Ende ist eine solche Lösung aber oft sinnvoller und nachhaltiger.

Auch kann man beim Einsatz von Hybriden Professionals seitens der Organisation eine um ein Vielfaches stärkere *Vereinnahmung der persönlichen Ziele und Interessen der Mitarbeiter* feststellen. Die Flexibilität, mit den persönlichen Bedürfnislagen der Mitarbeitenden umzugehen, bringt am Ende eben auch mit sich, dass diese sich voll einsetzen. In der Gesamtaufstellung der Hybriden Professionals bedeutet das neben der Gefahr der Arbeitshäufung eine viel intensivere Bindung für den Zeitraum eines Projekts. Dies ist per se nicht schlecht, ruft aber nach systematischer Begleitung, da die Gefahr der „interessierten Selbstgefährdung" (Krause et al. 2010) lauert, die auch einem Hybriden Professional längerfristig schaden kann.

Zuletzt kann man in den Beziehungen zwischen Unternehmen und Hybriden Professionals *verkürzte Bindungsryhthmen* entdecken. Gewiss ist der Bedarf nach einer flexiblen Mitarbeiterschaft seitens vieler Organisationen vorhanden. Die radikale Lösung wäre die Erhöhung des Anteils rein externer Mitarbeitender. Diese Peripheriebildung wird seit Jahrzehnten schon vorgenommen, zeigt aber auch deren Grenzen auf. Wenn man diese Externalisierung der Mitarbeiterschaft nicht mehr vorantreiben kann, so besteht eine andere Möglichkeit in der „Projektisierung" des Geschäfts und der beteiligten Mitarbeitenden. Hybride Professionals tragen hierzu bei und ermöglichen eine weitere Verflüssigung von Wissen und Mitgliedschaft.

Wir dürfen bezüglich der Rolle von Hybriden Professionals für Organisationen schließen, dass sie der Organisation einen mindestens zweifachen Nutzen stiften: Erstens verwendet sie ihr Talent zur pionierhaften Bearbeitung herausfordernder und neuartiger Aufgabenstellungen, andererseits stellt das Arbeiten mit Hybriden Professionals auf der Metaebene eine Beobachtung zweiter Ordnung der Organisation dar, welche ihr ermöglicht, relevante Wandelaspekte überhaupt erst einmal zu erkennen und entsprechende Impulse und Initiativen zu setzen.

Schlussfolgerungen

Der vorliegende Beitrag sollte darstellen, wie sich ein „neuer" Mitarbeitertypus des Hybriden Professionals abgrenzen lässt und welches Selbstverständnis dieser in seiner Arbeitsprofessionalität aufweist. Zudem war von spezifischem Interesse, inwieweit dieser Typus einer besseren Wandelkompetenz zuträglich ist.

Zum Beantworten dieser Fragestellung wurden bestehende Begriffe und aktuelle Einsichten und Beiträge von Studien recherchiert, aufbereitet und vorgestellt. Dieser Teil resultierte in einer abgrenzenden Darstellung des Konzepts der Hybriden Professionals. Die Ergebnisse einer Fokusgruppenstudie zeigten dann die dominanten Themen und Leitmotive von Hybriden Professionals. Ein geleisteter systemtheoretischer Organisationsbegriff machte abschließend die Bedeutung von Hybriden Professionals für die Wandelfähigkeit von Organisationen deutlich.

Es bleibt zu bemerken, dass Hybride Professionals als hochqualifizierte, vernetzt denkende und interdisziplinär arbeitende Portfolioarbeiter sicherlich eine Erscheinung des 21. Jahrhunderts darstellen. Zwar besetzen sie sicher nur eine Nische in der aktuellen Arbeitswelt, jedoch sind Nische und Gruppe hochdynamisch und werden in ihrer Wichtigkeit sicher nicht geringer werden. Letztlich nähren sich Hybride Professionals vom „Dazwischen" der organisatorischen Differenzierung. Je weiter Unternehmen in einer zunehmend ausdifferenzierten Welt operieren, desto mehr geraten die „Fugen" zwischen den Subsystemen zu Spielräumen unternehmerischer Initiativen (siehe auch Meissner et al. 2015).

Für die Führung von Unternehmen im 21. Jahrhundert bedeutet diese Entwicklung, Führungsklarheit auf Augenhöhe zu schaffen. Der klassisch-befehlende Chef scheint ebenso passé wie der modernere, strukturell führende Machtmensch, der in Großorganisationen häufig noch zu finden ist. Führungskräfte müssen damit umgehen können, dass sie mit Spezialisten arbeiten, die sich jederzeit in die Selbständigkeit „absetzen" können. Aufgrund dieser Tatsache sind sie für Verhaltenskritik nur zugänglich, soweit diese nachvollziehbar und weitestgehend machtfrei angebracht wird. Eine Führung auf Augenhöhe ist notwendig sowie die Fähigkeit, in der Führungsbeziehung mehrfache „Win-Situationen" herstellen zu können. Führung im Wandel muss also umschulen von archaischen Mustern auf moderne Beziehungskonfigurationen. Dann werden die Beziehungen auch resilient sein, also beständig, flexibel und aktualisierbar. Trotz anspruchsvoller Voraussetzungen stellt also der Einsatz Hybrider Professionals einen nicht zu unterschätzenden Beitrag zur Steigerung der „Dynamikrobustheit" (Wohland und Wiemeyer 2007; Pinnow 2011, S. 167 ff.) des Systems Organisation und somit zu seiner Wandelkompetenz dar.

Literatur

Ashby, R. W. (1956). *An introduction to cybernetics*. London: Chapman & Hall.
Arthur, M. (1994). The boundaryless career: A new perspective for organizational inquiry. *Journal of Organizational Behavior, 15*(4), 295–306.
Arthur, M., & Rousseau, D. (1996). *The boundaryless career: A new employment principle for a new organizational era*. New York: Oxford University Press.
Baecker, D. (2013). Systemic theories of communication. In P. Cobley & P. J. Schulz (Hrsg.), *Handbooks of communication science, vol. 1: Theories and models of communication* (S. 85–100). Berlin: De Gruyter Mouton.
Baralou, E., Wolf, P., & Meissner, J. O. (2012). Bright, excellent, ignored: The contribution of luhmann's system theory and its problem of non-connectivity to academic research. *Historical*

social research: The Official Journal of Quantum and Interquant, 37(4), 289–308. (Center for Historical Social Research/Zentrum für Historische Sozialforschung)

Baron, J. N., & Kreps, D. M. (1999). *Strategic human resources. Frameworks for general managers.* New York: Wiley.

Brown, D., & Gold, M. (2007). Academics on non-standard contracts in UK universities: Portfolio-Work, choice and compulsion. *Higher Education Quarterly, 61*(4), 439–460.

Clinton, M., Totterdell, P., & Wood, S. (2006). A grounded theory of portfolio working: Experiencing the smallest of small businesses. *International Small Business Journal, 24*(2), 179–203.

Cohen, L., & Mallon, M. (1999). The transition from organizational employment to portfolio working: Perceptions of ‚Boundarylessness'. *Work, Employment & Society, 13*(2), 329–352.

Cooper, R. (2005). Relationality. *Organization Studies, 26*(11), 1689–1710.

Cortini, M., Tanucci, G., & Morin, E. (Hrsg.). (2011). *Boundaryless careers and occupational wellbeing*. Hampshire: Palgrave Macmillan.

Csikszentmihalyi, M. (1996). *Flow. Das Geheimnis des Glücks* (5. Aufl.). Stuttgart: Klett-Cotta.

Dachler, H. P., & Hosking, D.-M. (1995). The primacy of relations in socially constructing organizational realities. In D.-M. Hosking, H. P. Dachler, & K. J. Gergen (Hrsg.), *Management and organizations: Relational alternatives to individualism* (S. 1–28). Aldershot: Avebury.

Dettmers, J., Kaiser, S., & Fietze, S. (2013). Theory and practice of flexible work: Organizational and individual perspectives. Introduction to the special issue. *Management Revue, 24*(3), 155–161.

Feldman, D. C., & Ng, T. W. H. (2007). Careers, mobility, embeddedness and success. *Journal of Management, 33*(3), 350–377.

Flick, U. (2010). *Qualitative Sozialforschung. Eine Einführung*. Reinbek: Rowohlt.

Flickinger, M., Gruber-Mücke, T., & Fiedler, M. (2013). The linkage between human resource practices and organizational ambidexterity: An analysis of internal labor market dynamics in a port-of-entry context. *Journal of Business Economics, 83*(8), 923–946.

Fraser, J., & Gold, M. (2001). Portfolio workers: Autonomy and control amongst freelance translators. *Work Employment & Society, 15*(4), 679–697.

Gergen, K. J. (1985). The social constructionist movement in modern psychology. *American Psychologists, 40*(3), 266–275.

Helfferich, C. (2011). *Qualität qualitativer Daten. Ein Schulungsmanual zur Durchführung qualitativer Einzelinterviews* (4. Aufl.). Leverkusen: Verlag für Sozialwissenschaften. (1st edition 2004)

Hüther, G. (2009). *Biologie der Angst, Wie aus Streß Gefühle werden* (9. Aufl.). Göttingen: Vandenhoeck & Ruprecht.

Inkson, K., Gunz, H., Ganesh, S., & Roper, J. (2012). Boundaryless careers: Bringing back boundaries. *Organization Studies, 33*(3), 323–340.

Kaiser, S., Süß, S., & Winter, S. (2013). Human resource management of a highly qualified external workforce. *Journal for Business Economics (Zeitschrift für Betriebswirtschaft), 83*(8), 831–835.

Krause, A., Dorsemagen, C., & Peters, K. (2010). Interessierte Selbstgefährdung: Nebenwirkungen moderner Managementkonzepte. *Wirtschaftspsychologie Aktuell, 2*, 33–35.

Luhmann, N. (1984). *Soziale Systeme*. Frankfurt a. M.: Suhrkamp.

Mallon, M. (1998). The portfolio career: pushed or pulled to it? *Personal Review, 27*(5), 361–377.

Mayring, P. (2007). Qualitative Inhaltsanalyse. In U. Flick, et. al. (Hrsg.), *Qualitative Forschung. Ein Handbuch* (5. Aufl., S. 468–475). Reinbek: Rowohlt.

Meissner, J. O. (2007). Multi-stage Analysis for Knowledge Reflection. In A. S. Kazi, L. Wohlfahrt, & P. Wolf (Hrsg.), *Hands-on knowledge co-creation and sharing: Practical methods and techniques* (S. 291–307). Stuttgart: Fraunhofer IRB Verlag.

Meissner, J. O. (2009). Beziehungsherausforderungen in kommunikativ hybriden Arbeitsumgebungen. *Zeitschrift für Management, 4(4)*, 307–326.

Meissner, J. O., & Tuckermann, H. (2007). A relational scaffolding model of hybrid communication. In C. Steinfield, B. Pentland, M. Ackerman, & N. Contractor (Hrsg.), *Proceedings of the third communities and technologies conference 2007* (S. 479–508). Heidelberg: Springer.

Meissner, J. O., Wolf, P., & Harboe, J. (2015). Im Dazwischen. Die Reise des Aktionsforschungsprogramms „CreaLab" durch die Multirationalität der Hochschulwelt. *OrganisationsEntwicklung, 1*, 23–29.

Pache, A.-C., & Santos, F. (2013). Inside the hybrid organization: Selective coupling as a response to competing institutional logics. *Academy of Management Journal, 56*(4), 972–1001.

Pinnow, D. F. (2011). *Unternehmensorganisation der Zukunft*. Frankfurt a. M.: Campus.

Raeder, S., Mutz, R., Widmer, N., Wittekind, A., & Grote, G. (2009). Clusteranalytische Bestimmung von Patchworkertypen sowie deren quantitative und qualitative Validierung. *Zeitschrift für Arbeits- und Organisationspsychologie A & O, 53*(3), 131–141.

Raisch, S., Birkinshaw, J., Probst G., & Tushman, M. (2009). Organizational ambidexterity: Balancing exploitation and exploration for sustained performance. *Organization Science, 20*(4), 685–695.

Rybnikova, I. (2013). Cooperation despite contingency: What accounts for cooperative behaviour of contingent managerial workers? *Journal of Business Economics, 83*(8), 901–922.

Storey, J., Quintas, P., Taylor, P., & Fowle, W. (2002). Flexible employment contracts and their implications for product and process innovation. *The International Journal of Human Resource Management, 13*(1), 1–18.

Süß, S., & Becker, J. (2013). Competences as the foundation of the employability of freelancers. *Personnel Review, 42*(2), 223–240.

Wilkens, U., Ruiner, C., & Küpper, M. (2013). Flexible arrangements with the highly qualified workforce: Antecedents and effects of different contract policies in knowledge-intensive firms. *Journal of Business Economics, 83*(8), 837–861.

Wimmer, R., Meissner, J.O., & Wolf P. (Hrsg.). (2014) *Praktische Organisationswissenschaft*. Heidelberg: Carl-Auer Systeme.

Witzel, A. (2000). The problem-centered interview. *Forum Qualitative Sozialforschung*, 1(1).

Wohland, G., & Wiemeyer, M. (2007). *Denkwerkzeuge der Höchstleister. Wie dynamikrobuste Unternehmen Marktdruck erzeugen*. Murmann: Unibuch.

Prof. Dr. rer. pol. Jens O. Meissner ist Professor für Organisation, Innovation und Risikomanagement an der Hochschule Luzern. Er ist Ko-Leiter des Masterstudiums in Risk Management und forscht im Bereich organisationaler Praktiken zu Resilienz und Antifragilität. Nach seiner Ausbildung zum Industriekaufmann und seiner Tätigkeit in der Personal- und Organisationsentwicklung eines deutschen Energieversorgers studierte er Ökonomie an der Privaten Universität Witten/Herdecke. Er promovierte an der Universität Basel über organisationale Kommunikation und Mitgründer der Institut für Wirtschaftsstudien Basel AG.

Identität unter Ungewissheit – Die Chamäleon-Metapher

18

Eric Lippmann

Zusammenfassung

In diesem Beitrag geht es darum, der Frage nachzugehen, inwiefern es in einer Gesellschaft mit immer komplexer werdenden Lebenswelten der Führungskraft noch gelingt, eine gewisse Einheit ihrer eigenen Person zu erfahren. Anhand der Metapher des Chamäleons sollen Facetten, welche das Leben uns eröffnen kann, symbolisiert werden. Es werden Paradoxien aufgezeigt, die sich im Zusammenhang mit dem Identitätskonstrukt manifestieren. Richard Sennett betrachtet die Flexibilisierung überwiegend kritisch. Einige Überlegungen von ihm zur „Korrosion des Charakters" (1998) werden zu Beginn ausgeführt. Am Schluss des Beitrages sollen auch die positiven Seiten dieser Entwicklung beleuchtet werden. Dabei kann auf die Metapher des „Crazy Quilt" verwiesen werden. Umschrieben wird damit einerseits der Aspekt der Verrücktheit; es soll aber auch der Zugewinn an kreativen Lebensmöglichkeiten thematisiert werden, der durch die Flexibilisierung und Fragmentierung des Ichs eine Chance bedeuten kann.

18.1 Employability in Zeiten der Unsicherheit

Im Zeitalter der Globalisierung kommt dem Berufsleben eine wesentliche Bedeutung zu. Im Gegensatz zur Feudalgesellschaft, die dem einzelnen seinen Platz gab mit der dazugehörenden Identität und den sozialen Bindungen, bietet die moderne Arbeitsgesellschaft

---

E. Lippmann (✉)
IAP Institut für Angewandte Psychologie, ZHAW Zürcher Hochschule für Angewandte Wissenschaften, Zürich, Schweiz
E-Mail: eric.lippmann@zhaw.ch

mehr Wahlmöglichkeiten: Die soziale Position kann durch Leistung verbessert und verändert werden. Gleichzeitig nehmen die Bindungen in der Arbeitswelt ab, Dahrendorf (1981) spricht von einem „Vakuum an Ligaturen", also an verbindlichen Beziehungen. Die in der Arbeitswelt verwehrten Bedürfnisse werden in der privaten Welt kompensiert. Die Abnahme der Bindungen zeigt sich unter anderem dadurch, dass in der schnelllebigen Welt Flexibilität wichtiger wird als loyales Verbleiben am Ort. Einer von drei Beschäftigten in den USA hat mit seiner gegenwärtigen Tätigkeit weniger als ein Jahr in der Firma verbracht, in der er derzeit arbeitet. Und in Großbritannien muss ein Hochschulabsolvent heute darauf gefasst sein, im Laufe seines Lebens nicht weniger als zwölf Mal den Arbeitgeber zu wechseln. Es gibt kaum mehr lineare Berufskarrieren.

Heute gelten in der Arbeitswelt als Kernkompetenzen nicht mehr in erster Linie Ordnung oder Pünktlichkeit, sondern *Flexibilität* und *Mobilität*. Gleichzeitig werden durch Rationalisierungsmaßnahmen und Auslagerungen von Arbeitsplätzen in Billiglohnländer Stellen abgebaut. Es bleiben in den hoch entwickelten Ländern vor allem Jobs für hoch qualifizierte Leute. Somit steigt der Druck, sich ständig weiterzubilden und zu qualifizieren. Die formalen Ausbildungen sind aber noch keine Garantie für den Zugang zur Arbeitswelt, sondern gemäß dem Soziologen Ulrich Beck (1999) nur noch „Schlüssel zu den Vorzimmern, in denen die Schlüssel zu den Türen des Beschäftigungssystems verteilt werden". Schule und berufliche Bildung dienen kaum noch der Vorbereitung auf eine Karriere in einem bestimmten Beruf, sondern als erstes Fitmachen für den lebenslangen Wettkampf. Damit ergibt sich die widersprüchliche Situation, dass es zwar wichtig ist, dass man lernt, aber immer unwichtiger, was man lernt. Ganz nach dem Spruch: Was Hänschen gelernt hat, kann Hans nicht gebrauchen. Und was Hans gebrauchen könnte, hat Hänschen nicht gelernt. Es geht vielmehr darum, zu zeigen, dass man den nie endenden Prozess der Anpassung ausreichend verinnerlicht hat. Damit müssen sich Personen selber vermarkten. Ich-AG, ICH-Aktie, eigene USP (Unique Selling Proposition), Business-Guerillero, Ich-Marke trifft Markt: Employability – so lauten etwa Ausdrücke dieser Entwicklung. Alle müssen mitmachen, nach dem Motto: Jede/r ist einzigartig – oder man könnte es auch etwas zynischer sagen: alle machen artig mit und meinen sie seien einzig. „Gezielt einmalig" – der Zwang, besser zu sein als andere, führt zu einem immer besser, immer schneller. Dabei gewinnen diejenigen, die sich am besten ins Spiel einbringen, ihre Persönlichkeit so weit relativieren, dass sie flexibel dem Arbeitsmarkt angepasst sind. Entsprechend lautet die Botschaft in Management-Ratgebern oder sogar in ausgezeichneten BusinessBüchern: Das Ideal der stabilen, ausgereiften Persönlichkeit, die ihre Identität gefunden hat, hat ausgedient. Die Epoche pluralistischer Guerilla-Konkurrenz erfordern den *„kreativen Opportunisten"*, der aber durchaus auch mal verlieren können soll: „Sie werden sicherlich einige Scharmützel verlieren, bevor Sie den Guerillakrieg gewinnen" (Förster und Kreuz 2007, S. 231). Die Wandlungsfähigkeit wird selbst zur Tugend, ganz unabhängig vom Inhalt, also derjenige zum Helden, der für alles offen ist. Das erinnert doch an den Spruch: „Wer für alles offen ist, ist nicht ganz dicht".

18.2 Der flexible Mensch – Korrosion des Charakters?

Richard Sennett beschreibt in seinem Buch „der flexible Mensch" diese Entwicklung aus soziologischer Sicht. Er stellt eingangs seines Buches die Frage, wie der Mensch heutzutage noch langfristige Ziele verfolgen will im Rahmen einer kurzfristigen Ökonomie. Loyalitäten und Verpflichtungen einzugehen, seien bei den ständigen Umstrukturierungen nicht mehr angebracht. Anhand von Beispielen aus der Arbeitswelt verschiedener Generationen umschreibt Sennett einige zentrale Entwicklungen. In einer ihm bekannten italienisch-amerikanischen Familie arbeitet der Vater als Hausmeister und dessen Frau in einer chemischen Reinigung. Ihr Leben verläuft in gleichmäßigen, routinierten Bahnen. Der eine Sohn ist ein Beispiel für den flexiblen Lebens- und Arbeitsstil: Er studiert und arbeitet in der EDV- und Consultingbranche. Aufgrund permanenter Umstrukturierungen muss er häufig seinen Job und Wohnort wechseln. Privat ist sein Leben ähnlich wie das der Eltern von konservativen Wertvorstellungen geprägt. Somit sind für ihn die beruflichen und privaten Werte im Konflikt. Beruflich ist Flexibilität ein hoher Wert, privat sucht er die Kontrolle über sein Leben und möchte ein loyaler, treuer Ehemann sein. Mit ähnlichen (Familien-)Geschichten versucht Sennett einige für ihn zentrale Begriffe zu erläutern.

Routine hat für ihn zwiespältige Bedeutung, sie kann den Menschen stabilisieren und andererseits auch träge machen. Für den Vater mag Routine eher eine Lebenshilfe sein, während sie für den Sohn in der Computerbranche zu einer Falle werden kann.

Driften bedeutet, dass der Einzelne aufgrund der hektischen Veränderungen sein inneres Gleichgewicht verliert. Sennett greift mit dieser Diagnose auf den amerikanischen Journalisten Walter Lippmann zurück, der sich 1914 in „Drift and Mastery" gefragt hat, wie die Immigranten, die von den Sicherheiten ihrer Vergangenheit getrennt waren, im amerikanischen Kapitalismus zurechtkamen. Die Erfolgreichen unter ihnen meisterten ihr Leben dadurch, dass sie ihre Arbeit – wie auch immer sie geartet war – als „Karriere" verstanden. Diejenigen, welche scheiterten, empfanden ihr Leben als zielloses Dahintreiben.

Mit *Unlesbarkeit* umschreibt Sennett die Verwirrung der Arbeitskräfte, welche die Entpersönlichung ihrer Arbeitsabläufe nicht mehr verstehen. Dies erläutert er anhand einer Bäckerei in Boston. Vor 25 Jahren arbeiteten dort Bäcker vorwiegend griechischer Abstammung. Sie hatten einen Handwerkerstolz und benutzten noch ihre Nase und Augen, um zu testen, ob das Brot gut sei. Die Arbeit war anstrengend und führte oft zu Verbrennungen. Als Sennett später die Bäckerei wieder aufsucht, gehört sie einem großen Nahrungsmittelkonzern. Es arbeiten dort verschiedene Teilzeit- und Aushilfekräfte mit geringen Ausbildungen, Löhnen und flexiblen Arbeitszeiten. Die Räume sind nicht mehr so heiß. Die Angestellten kommen nicht mehr mit den Ingredienzen der Brote in Berührung. Sie steuern jetzt den Produktionsprozess am Computer, durch den alles geregelt wird. Die ursprüngliche Fähigkeit, Brot herzustellen, besitzen die Angestellten nicht mehr. Sie gehen eh davon aus, dass sie nur vorübergehend beschäftigt werden.

Anhand eines andern Fallbeispiels zeigt Sennett auf, wie permanentes Eingehen von *Risiken* in der Arbeitswelt zu einer belastenden Erfahrung werden kann. Eine Barbetreiberin in Manhattan wird in der Mitte ihres Berufslebens vom Risikoappetit gepackt. Sie verlässt ihre Bar und versucht eine neue Karriere in der Werbebranche. Dort scheitert sie allerdings und kehrt wieder in ihre Bar zurück. Die Risikobereitschaft sei vor allem bei den jungen Leuten hoch. Sie wechseln entsprechend häufig die Stelle, treiben oft orientierungslos im Arbeitsleben, wichtiger als das Ziel wird die Bewegung und der Aufbruch. Denn in einer Multioptionsgesellschaft ist der Stillstand der Tod. Alles ist auf Schnelligkeit und Kurzfristigkeit ausgelegt. Flexibel auf Entwicklungen zu reagieren, weiträumig vernetzt und tendenziell unverbindlich sein – damit stehen laut Sennett die Bedingungen für die Ausbildung eines Charakters schlecht.

Flexibilität bedeutet ursprünglich die Fähigkeit des Baumes zum Nachgeben, um sich dann wieder aufzurichten und zu erholen. In der modernen Wirtschaft wirken vor allem Kräfte, die den Menschen flexibel machen im Sinne von verbiegen. Deshalb heißt der Titel im englischen Original auch „The Corrosion of Character". Durch das Fehlen langfristiger Bindungen nehmen wir die *Fragmentierung* der Persönlichkeit in Kauf. Sennett äußert sich also pessimistisch im Sinne, dass die Arbeitsbedingungen unseren Charakter untergraben. Haben wir denn eine Identität, einen Charakter, der korrodieren kann? Oder gibt es eine solche Konstante wie einen Charakter gar nicht? Dieser Frage bin ich an anderer Stelle ausführlicher nachgegangen (Lippmann 2014).

Andere Stimmen sehen die Möglichkeiten einer *„Multioptionsgesellschaft"* optimistischer. So spricht etwa Ernst Gellner in Anlehnung an das bekannte schwedische Möbelhaus vom *„modularen Menschen"*. Dessen Teile können beliebig angebaut oder ausgetauscht werden. Der modulare Mensch hat keinen stabilen, fertigen Charakter und kann sich in einer Netzwerkgesellschaft optimal anpassen. Um solche Anpassungsprozesse möglichst optimal zu gestalten, braucht das Individuum jedoch einige Ressourcen, wie etwa

- die Fähigkeit, Unsicherheiten auszuhalten und in der Vielzahl der Optionen eine Entscheidung treffen zu können;
- eine minimale materielle Absicherung;
- kreative Selbstorganisations- und Gestaltungskompetenz;
- Beziehungs- und Kommunikationsfähigkeit.

Die Veränderungen in der Arbeitswelt führen häufig zu Entgrenzungen. Damit werden die Erosion gewohnter Grenzen und ein gewisser Verlust von bisherigen Gewissheiten umschrieben. So werden etwa die organisatorischen Grenzen von Unternehmen unschärfer, Arbeitszeiten und Arbeitsorte flexibilisiert (Minssen 2012, S. 49 ff.). Der flexible, modulare Mensch kann sich mit diesen Entwicklungen besser arrangieren oder sie sogar für eine autonome Lebensweise nutzen. Wenn in erster Linie das Ergebnis zählt und nicht die Frage, wann und wo die Leistung erbracht worden ist, so kann dies im besten Fall sogar zu einer optimaleren Balance zwischen der Arbeit und anderen Lebensfeldern führen.

18.3 Arbeitskraftunternehmer/innen

Mit der Optionsvielfalt und Flexibilisierung nehmen die Unsicherheiten in der Arbeitswelt zu. Einige damit zusammenhängende Tendenzen, die einen starken Einfluss auf die Identitätsentwicklung ausüben, sollen hier beschrieben werden:

Mit der *Prekarisierung* sind Beschäftigungskonstellationen umschrieben, welche in irgendeiner Form soziale und rechtliche Standards der „Normalarbeit" unterschreiten (Hardering 2011, S. 54 ff.). Das können etwa informelle, geringwertige „McJobs" sein, die für die Betroffenen ein hohes Risiko in sich bergen, zu working poors zu werden. Häufig sind Personen dadurch gezwungen, mehrere solche Jobs anzunehmen. Beck (1999) prophezeite, dass in Deutschland innerhalb von 15 Jahren das Verhältnis zwischen Normbeschäftigten und Nicht-Normbeschäftigten von 1:2 in Richtung 1:1 gehen werde.

Mit der *Subjektivierung der Arbeit* werden verschiedene Dimensionen beschrieben, welche die Wechselwirkungen zwischen Subjekten und der Arbeit thematisieren. Zum einen geht es darum, wie in der Arbeitswelt das Potenzial des einzelnen Mitarbeitenden besser genutzt werden kann. Während es etwas plakativ ausgedrückt im Taylorismus eher darum ging, dass die Beschäftigten ihren Kopf beim Pförtner abgeben sollten, so weiß man spätestens seit den „Human-Relations-Bewegungen" um die Bedeutung, den „ganzen Menschen" im Arbeitsprozess zu berücksichtigen. Daneben umfasst Subjektivierung auch die wachsende Bedeutung des Wissens für den Arbeitsprozess und damit einhergehenden neuen Anforderungen an die Qualifikation der Beschäftigten. Heute zeigen sich neuartige Verschränkungen beider Prinzipien: Tayloristische Prinzipien sind nach wie vor dort anzutreffen, wo es um die Trennung und Ausführung und die Kontrolle der Arbeitsausführung geht. An anderen Arbeitsplätzen werden hingegen höhere Kompetenzen wie etwa die Fähigkeit zur Selbstorganisation eingefordert, und dies durchaus auch schon bei „einfacheren" Tätigkeiten. Aber auch im Feld der höher qualifizierten Arbeiten zeigen sich mehr und mehr Tendenzen einer Standardisierung und Kennzifferorientierung (Hardering 2011, S. 65) bei gleichzeitigem Anspruch auf Einsatz möglichst vieler subjektiver Potenzialen seitens Mitarbeitenden (Hardering 2011, S. 65). Parallel dazu können höhere Ansprüche seitens der Beschäftigten an die Arbeit festgestellt werden. Diese Tendenz besteht schon länger. Aber sowohl die Breite der Streuung solcher Ansprüche wie auch die Offenheit, mit der sie kommuniziert werden, haben zugenommen. Damit einher gehen Verschiebungen der Wertepräferenzen weg von Sicherheit und Stabilität hin zu Arbeitsinhalten und Sinn (Hardering 2011, S. 67). Dem größeren Anspruch auf Selbstverwirklichung in der Arbeit stehen auf der anderen Seite gesteigerte Anforderungen an die Selbstorganisation und Leistungssteuerung gegenüber. Arbeit wird zu einer relevanten Sinnressource, und es kommt zu einer Aufweichung der Trennung von Arbeit und anderen Lebensfeldern.

Das Zusammenspiel von Prekarisierungs- und Subjektivierungsprozessen verschärft die Tendenz zu Unsicherheiten betreffend der Arbeit insgesamt. Wenn eine lineare und existenzsichernde Beschäftigung zu einem knappen Gut wird und zugleich die Bedeutung der Arbeit wächst, steigt der Druck, beschäftigt oder zumindest beschäftigungsfähig zu sein. Denn erwerbslos zu sein, könnte nicht nur ein Defizit bezüglich Erwerbsbiografie bedeuten, sondern auch als persönlicher Makel empfunden werden (Hardering 2011, S. 75).

Neben der fortlaufenden Berufskarriere in einer Organisation mit Betonung auf Verbesserung der Berufsposition und des finanziellen Erfolges treten weitere Karriereverläufe in den Vordergrund. Zum einen die *grenzenlose Karriere* (boundaryless career), welche vor allem eine horizontale Bewegung innerhalb mehrerer Unternehmen umschreibt (Hardering 2011, S. 112 ff.; Hirschi 2012). Dabei erwirbt sich eine Person weniger organisationsspezifisches als generelles und transferierbares Wissen. Die Verantwortung für die Karriereentwicklung liegt somit viel stärker beim Individuum als bei der Organisation. Dies gilt auch für die *proteische Karriere*. Mit diesem Begriff wird vor allem der Aspekt betont, dass sich Vorstellungen über Karriereerfolg konsequenterweise individualisieren. Der psychologische Erfolg bemisst sich nach den eigenen Wertvorstellungen, orientiert sich somit stark an einer Selbstverwirklichungsideologie und lässt sich entsprechend auf andere Säulen der Identität ausdehnen. Hardering (2011, S. 120) folgert daraus: „Wenn die Gestaltungsverantwortung mehr und mehr den Individuen zugeschrieben wird und sie sich der Planungsaufgabe nicht entziehen können, bedingt dies ein gesteigertes Maß an biographischer Reflexivität". Dies ist umso mehr notwendig, als die Anforderungen an die Subjekte in der flexibilisierten Welt immer vieldeutiger werden.

Selbst das Konzept des *„Arbeitskraftunternehmers"* und des „unternehmerischen Selbst" liefert kein garantiertes Rezept für einen wie auch immer gestalteten Karriereerfolg. Mit diesem Begriff umschreiben Pongratz und Voss (2003) den Wandel der Arbeitskraft vom verberuflichten Arbeitnehmer zum Unternehmer, der die eigene Arbeitskraft vermarktet. Der Inhaber der ICH-AG verpflichtet sich zur Erbringung einer Leistung, wobei es ihm überlassen bleibt, wie er die gesetzten Ziele erreicht. Er wird am Ergebnis gemessen, und zu sich selber muss er sich verhalten wie ein Unternehmer zu seinem Mitarbeitenden. Der Arbeitskraftunternehmer zeichnet sich somit aus durch:

- Selbst-Kontrolle: Die eigene Tätigkeit wird selbständig geplant, gesteuert und überwacht.
- Selbst-Ökonomisierung: Die eigenen Fähigkeiten und Leistungen werden im Betrieb und je nachdem auch außerhalb zweckgerichtet vermarktet.
- Selbst-Rationalisierung: Der Alltag wird mehr und mehr durchorganisiert, so dass alle Lebensfelder nach rationalen Gesichtspunkten gestaltet werden.

Eine höhere Selbstbestimmung bei der Arbeitsgestaltung ermöglicht flexiblere Arrangements mit anderen Lebensinteressen. Damit wird die Grenzverwischung zwischen der Arbeit und anderen Lebensfeldern verstärkt. Der Arbeitskraftunternehmer stellt allerdings (noch) nicht den vorherrschenden Typus dar. Er ist weniger ein Arbeiter- als ein Angestelltenphänomen, das besonders in Bereichen der modernen Dienstleistungs-, Medien- und Telekommunikationsunternehmen anzutreffen ist. Da keine eindeutige Tendenz in Richtung Arbeitskraftunternehmer auszumachen ist, wird es vielmehr auch mittelfristig eine *Pluralität von Arbeitskrafttypen* geben. Wesentlich für den Einzelnen ist die Frage, wie stark er seine Arbeitsverhältnisse selber wählen und beeinflussen kann. Dann können die mit der höheren Instabilität verbundenen Anforderungen durchaus als willkommene Herausforderungen angesehen werden. Weitere Formen, die in Richtung Arbeitskraftunternehmer gehen, sind in letzter Zeit vermehrt diskutiert worden.

Der Trendforscher Janszky (2010) beschreibt in seinen Ausführungen „Jobnomaden", flexible Projektmitarbeitende, welche in Zukunft 30 bis 40 % der Leistungskräfte in einem Unternehmen ausmachen werden. Bei IBM spricht man in dem Zusammenhang von einer „*Crowdsourcing-Strategie*" beziehungsweise von *Liquid Ressources* (Poessneck 2012). Dies bedeutet, dass Festangestellte und Externe als „Crowd" (Menge) betrachtet werden. Aufgaben oder Projekte werden nicht mehr automatisch intern vergeben, sondern in einem „Call" an die Crowd übertragen. Deren Mitglieder machen dann Offerten, aus denen IBM auswählt.

Eine analoge Art der Gestaltung der „Identitätssäule Arbeit" kennzeichnet die sogenannten „*Slashers*". So nennt das US-amerikanische Magazin „Psychology Today" die Berufsgruppe von Menschen, welche mindestens zwei Karrieren gleichzeitig verfolgen. Natürlich ist das auch wieder mit viel Aufwand und Arbeit verbunden. Im Gegensatz zum Einweg Karrieristen sollen „Slashers" aber auch viele Vorteile haben. Sie können je nach Marktsituation mehr auf das eine oder andere Bein setzen und im optimalen Fall sogar von Synergien zwischen den Berufsfeldern profitieren. Was die Studie aber nicht beschreibt, sind Arbeitnehmer, von denen es zunehmend auch mehr gibt, welche unfreiwillig verschiedene Jobs ausführen. Oder die selbständigen sogenannten „*Sohos*" (Small offices, homeoffices), welche häufig nicht einmal in Netzwerke eingebunden sind. Sie werden vielmehr auf eine „Do-it-alone Mentalität" zurückgeworfen, die leicht in Burn-Out oder sozialer Isolation enden kann. Ob diese auch wie die „Slashers" zufriedener sein sollen, sei dahingestellt. Denn der Spruch „Abwechslung macht das Leben süß" gilt in der Regel nur für einigermaßen selbst gewählte Optionen.

Mein Fazit: flexibel, mobil, unternehmerisch, kreativ-opportun, konkurrenzfähig, auf jeden Fall erwerbstätig – das sind Faktoren für eine erfolgreiche Arbeitsidentität in der Multioptionsgesellschaft.

18.4 Die Chamäleon-Metapher: Farbe bekennen und sich anpassen

In Woody Allens Filmklassiker „Zelig" (1983) steht eine Person im Zentrum, welche die Fähigkeit besitzt, sich chamäleon-artig an verschiedene Situationen und Personen anpassen zu können. Das Chamäleon-Paradox von Anpassung und Autonomie ist in dem „Mockumentary" eine der zentralen Metaphern, welche sich durch den ganzen Film hindurch zieht. Im Folgenden sollen einige Eigenheiten des Chamäleons beschrieben werden. Daraus lassen sich symbolische Überlegungen ableiten, wie wir „im Dschungel der modernen Arbeitswelt" mit dem „Chamäleon-Prinzip" überleben können, wie dies Brodbeck und Thorun-Brennan (2011) skizzieren.

Augen
Chamäleons haben herausstechende Augen. Dadurch vergrößert sich ihr Sichtfeld enorm, es beträgt 342°. Aus diesem *Panoramablick* lässt sich die Metapher ableiten, die Weite, das Gesamtbild mit den systemischen Zusammenhängen im Blickfeld zu behalten. Dies ermöglicht uns, aus dem Gesamtbild Optionen abzuwägen und aus dem Gesamtbild gezielt das auszuwählen, was zu einem am besten passt. Dazu kommen noch die Fähigkeiten, bis in weite Entfernungen scharf sehen und die Augen voneinander unabhängig bewegen zu können. Die Augen sind so angeordnet, dass immer zwei einzelne Bilder entstehen. Daraus lässt sich symbolisch ableiten, dass wir mit dem „*Schielen*" in der Lage sind, sowohl in die Ferne zu schweifen und gleichzeitig in die Nähe zu schauen:

> Wenn uns also die globalisierte Welt Angst macht, dann sollten wir uns nicht etwa vor ihr zurückziehen, sondern uns bewusst mit ihr auseinandersetzen. Wir sollten das Chamäleon-Schielen trainieren: ein Auge nach außen richten und die Welt sehen und ein Auge nach innen richten und uns selbst sehen. Und dann die für uns passende Mitte zwischen beiden Sichtweisen finden. Pass dich an, setz dich auseinander und werde du selbst! (Brodbeck und Thorun-Brennan 2011, S. 78)

Zangenfüße
Die Füße der Chamäleons bilden Greifzangen, indem die jeweils fünf Zehen und Finger zu zweit oder zu dritt miteinander verwachsen sind. Diese „Greifzangen" verleihen den Tieren Sicherheit beim Wandeln in den Baumwipfeln. Daraus lässt sich symbolisch das Dauerhafte im Flexiblen ableiten: Wir behalten trotz raschem Wandel, virtualisierten und technisierten Arbeitswelten eine gewisse Bodenhaftung, wir bleiben greifbar und verbindlich. So wie sich das Chamäleon mit seinen Zangenfüßen von Ast zu Ast bewegen kann, so lassen sich symbolisch Brücken bauen zwischen verschiedenen Menschen, Teams, innerhalb von (virtuellen) Teams sowie zwischen der Arbeit und anderen Lebensfeldern.

Wickelschwanz
Auch der Wickelschwanz sorgt für eine gewisse Verankerung, denn damit kann sich das Chamäleon um einen Ast schwingen oder sich etwas hängen lassen, um noch an Ziele oder eine Beute heranzukommen, die sonst nicht erreichbar wären. Der Wickelschwanz, so wird vermutet, ermöglichte es dem Chamäleon, die Weltmeere sozusagen per Floss zu bereisen: Indem sie sich auf schwimmenden Ästen auf andere Kontinente treiben ließen und sich dabei mit dem Wickelschwanz festhalten konnten. Symbolisch kann der Wickelschwanz wie folgt gedeutet werden: In Zeiten hohen Wandels und großer Flexibilität ist es zentral, sich zu verankern. Zwischendurch innezuhalten, ist wichtig, um mobil zu bleiben und seine Ziele anzuvisieren und zu erreichen. Wer seine inneren Ankerpunkte kennt, der kann sich immer wieder neu orientieren. Brodbeck und Thorun-Brennan führen dazu Edgar Scheins *Karriereanker* auf. Damit können wir überprüfen, welche Anker für unsere berufliche Reise am meisten zu uns passen. Die von Schein (1998) genannten acht Anker sind am Institut für Angewandte Psychologie IAP Zürich weiterentwickelt worden. Aktuell kann man sich bezüglich neun Karriereorientierungen testen, wie stark sie zu einem

selbst passen (Schreiber 2012).[1] Der Karriereanker beinhaltet drei zentrale Komponenten: das Selbstbild über besondere Fähigkeiten/Fertigkeiten, über Werthaltungen und über Bedürfnisse bzw. Motivationen. Wenn eine Person innerhalb ihres beruflichen Umfeldes alle drei Komponenten erfolgreich umsetzen kann, dann können sich stabile Karriere-Identitäten entwickeln. Daraus resultieren erfolgreiche Laufbahnen.

Zeitlupe und Zungenschuss
Eine weitere Eigenart des Chamäleons ist die unverwechselbare Schleuderzunge. Sie ist mit einem kurzen Stück Gummiband vergleichbar. Bei einem Zungenschuss wird das Zungenbein nach vorne geschoben und die Muskulatur der Zunge angespannt, wodurch die Zunge aus dem Maul heraus schnellt. Dieser Vorgang benötigt eine Zehntelsekunde. Dadurch hat das Beutetier keine Chance, zu fliehen. Auf der Zunge befindet sich ein Sekret, welches hilft, dass die Beute durch eine große Oberflächenspannung haften bleibt. Die Zunge wird auch für die Wasseraufnahme benötigt. Arten, die auf langsame Beute wie Schnecken spezialisiert sind, brauchen den Zungenschuss nicht. Symbolisch stehen das langsame Herantasten an die Beute (Zeitlupe) und der Zungenschuss für den balancierten *Wechsel zwischen Entspannung und Anspannung*, zwischen Ruhe und Aktivität, Stillstand und Bewegung. Die Konzentration bei der Jagd steht darüber hinaus auch für die *Achtsamkeit*, welche bezüglich der jeweiligen Tätigkeit aufgebracht werden soll. Letztlich zeigen aber auch die Variationen innerhalb der Chamäleonarten, dass eine Anpassung an die Umwelt eine besondere Fähigkeit zum Überleben darstellt.

Schillerschuppen
Die unmittelbare Anpassung an die Umwelt geschieht beim Chamäleon durch die Fähigkeit, die Farbe zu wechseln. Dazu verwenden die Tiere kleinste Muskeln, die darunter liegende Farbpigmente freilegen bzw. überdecken können. Für den Farbwechsel sind drei spezialisierte optische Hautzellentypen verantwortlich. Der Farbwechsel dient aber nicht nur zur Tarnung, sondern vor allem zur Kommunikation mit den Artgenossen. So wird etwa die Bereitschaft zur Balz oft von auffälligen Farben und Mustern begleitet. Symbolisch lässt sich der Farbwechsel pointiert auf den Slogan bringen: *Bekenne Farbe und passe dich an*. Zeige Mut zur Farbe, um damit einen angeregten Austausch mit anderen zu haben.

Die Häutung
Da Chamäleons bis zu ihrem Lebensende wachsen, wird es zwischendurch unerlässlich, die alte Haut abzuwerfen. Deshalb häuten sich Chamäleons. Die Häutung ist somit auch ein Zeichen, wie gut es dem Tier geht. Vor der Häutung wird unter der aktuellen Haut eine neue Schicht gebildet. Dies führt zum Symbol des lebenslangen Wachsens und Lernens und dass der Wandel vor allem von innen her geschehen soll. Bezogen auf das berufliche

---

[1] Auf www.laufbahndiagnostik.ch befinden sich weiterführende Publikationen und der Fragebogen, der gratis ausgefüllt werden kann mit unverzüglicher Auswertung.

Wachstum heißt das, sich dem eigenen Rhythmus entsprechend zu verändern und sich für die Option zu entscheiden, die am besten in die momentane Lebens- und Arbeitssituation passt. Bezogen auf Teams und Organisationen heißt von innen her, dass für erfolgreiche Veränderungen möglichst viele Stakeholders einbezogen werden sollen in Form eines „teilhabenden Führungsstils" (Brodbeck und Thorun-Brennan 2011, S. 276).

Mimese und Thanatose
Mimese bedeutet, dass sich das Chamäleon durch das Nachahmen von Gegenständen aus seiner Umgebung (Äste, Blätter, Laub) zu tarnen versucht. Dies kann zur eigenen Verteidigung dienen aber auch, um von potenzieller Beute nicht erkannt zu werden. Auch durch seine ruckartige Fortbewegung versucht es, ein sich bewegendes Blatt nachzuahmen (Blattmimese). Je nach Art gibt es darüber hinaus Stockmimese, Laubmimese oder Gras-Mimese. Eine zweite Tarnmethode ist die Thanatose (Schreckstarre), bei der sich das Chamäleon tot stellt. Wird sein Körper berührt, lässt sich das Chamäleon sofort fallen. Beim Fall vom Baum kommt eine weitere Besonderheit zum Tragen: Die Fähigkeit, die Lungen aufzublähen, so dass damit der Sturz besser abgefangen werden kann. Beim Fallen dreht sich das Chamäleon immer auf den Bauch, um einem Angreifer den Rücken zu zeigen. Symbolisch stehen diese Fähigkeiten für Einfallsreichtum und die Vielfalt, sich in einer sich wandelnden Welt sicher zu bewegen, sogar allfällige „Stürze" aufzufangen und sich vor Gefahren schützen zu können.

Die Flexibilität gewinnt mit der Chamäleon-Metapher eine viel positivere Bedeutung als dies bei Sennetts flexiblem Menschen der Fall ist.

Identität unter Ungewissheit bedeutet in einer multioptionalen Gesellschaft Abschied nehmen von einer festen Berufsidentität. So wie Zelig in verschiedene Berufe schlüpfen kann, so kann man heute von einer *Destandardisierung der Erwerbsbiographie* sprechen. Statt des Jobs fürs Leben hat der flexible Mensch ein Leben voller Jobs. Für die Identitätsarbeit bleibt die Erwerbstätigkeit jedoch zentral, gerade mit und wegen der Verknappung von Arbeit. Dies zeigt sich vor allem bei Menschen, welche keine Arbeit haben. Flexibel zu sein, bedeutet in erster Linie auch einen optimalen Umgang zu finden mit den Widersprüchen in der heutigen Arbeitswelt. Folgende Fragen und Herausforderungen stellen sich für „Arbeitskraftunternehmer" und Firmen:

- Wenn alle flexibel und „alles, außer gewöhnlich" sein müssen, so ist das ja auch wieder ein Anpassungsdruck. Sind somit „kreative Opportunisten" gefragt, die alles tun, um sich den sich rasch verändernden Arbeitsbedingungen anzupassen? Und wenn das alle machen, wo bleibt denn da noch die Originalität?
- Gesucht sind „Arbeitskraftunternehmer", also Angestellte, die wie Unternehmer denken und handeln, dennoch aber die grundsätzliche Machtverteilung zwischen Kapital und Arbeit nicht anzweifeln. Die Frage stellt sich natürlich, wie solche selbständigen Mitarbeitenden geführt werden sollen bzw. können. Vielleicht durch *Polyarchie*, bei der Führung nicht nur von den Führungskräften, sondern auch durch die Mitarbeitenden selbst gestaltet wird? Complex adaptive leadership als Antwort (Obolensky 2010)?

- Wie soll der Arbeitskraftunternehmer mit dem Paradox umgehen, dass er Beiträge zur immer höheren Produktivität leisten soll und dabei Gefahr läuft, sich selber wegzurationalisieren? Denn wenn es immer noch schlanker geht, dann heißt dies ja, vorher war es nicht gut genug, das Alte wird abgewertet. Und wo ist die Grenze der „Lean Production" erreicht? Dazu folgende Geschichte von Shah: Der Mulla Nasrudin kaufte einen Esel. Jemand sagte ihm, er müsse ihm täglich so und so viel Futter geben. Das erschien ihm aber zu viel. Er wollte, so entschied er, den Esel an weniger Futter gewöhnen. Darum verringerte er täglich die Futtermenge. Als der Esel schließlich so gut wie gar kein Futter mehr bekam, fiel er um und war tot. „Schade", sagte der Mulla, „ich hätte nur noch ein wenig Zeit gebraucht, um ihn daran zu gewöhnen, von gar nichts zu leben".
- Wir sollten flexibel mit dem Widerspruch umgehen können, einerseits als Angestellte oder Selbständige mit anderen in Konkurrenz zu stehen, aber gleichzeitig arbeitsgruppenintern oder in Netzwerken zu kooperieren.
- In Firmen sollte der modulare Mensch anerkennen, dass alle in einem Boot sitzen, aber auch akzeptieren, dass der Fortschritt allenfalls ihre Entlassung erforderlich macht.
- Wir sind zwar gefordert, lebenslang zu lernen, dennoch besteht permanent die Gefahr, dass Vieles von dem, was wir als Hänschen oder Hans gelernt haben, später nicht mehr gebrauchen können.
- Durch die neuen „grenzenlosen" Karrieremodelle stehen wir vor der paradoxen Aufgabe, unsere Planung selber in die Hand zu nehmen in einer Zeit, wo keine Orientierungslinien, sichere Erfolgsrezepte oder Planungshilfen bereit liegen. Ob sich eine Orientierung an einer klassischen Normalbiographie oder an einem andern Karriereskript schlussendlich gelohnt hat, können wir erst im Nachhinein beurteilen. Diese Unsicherheit mag wiederum den Wunsch nach einem klassischen, linearen Modell aufkommen lassen, auch wenn dieses von den meisten Organisationen gar nicht mehr angeboten werden kann.
- Unser Leben ist beschränkt von der Biologie her, die Firmen hingegen trachten nach Unsterblichkeit. Aber auch sie können untergehen, wie viele Beispiele gerade in letzter Zeit zeigten. Das Spannungsfeld von Unendlichkeit versus Tod gilt es aber, in vielen Lebensfeldern auszuhalten.

So schließe ich diesen Abschnitt ab mit dem Schluss einer Rede von Steve Jobs auf einer Abschlussfeier an der Stanford-University (Jobs 2005):

> Niemand will sterben. Nicht einmal diejenigen, die in den Himmel wollen, möchten sterben, um dorthin zu kommen. Der Tod ist unser aller Schicksal. Und das ist gut so, denn der Tod ist wahrscheinlich eine der besten Erfindungen des Lebens. Er sorgt für die Veränderung des Lebens. Er säubert das Alte weg und macht den Weg frei für Neues. Gerade jetzt sind Sie das Neue. Aber eines Tages, nicht zu weit von heute entfernt, werden Sie alt und vom Neuen ersetzt (…) Ihre Zeit ist begrenzt! Vergeuden Sie nicht Ihre Zeit damit, dass Sie das Leben eines anderen leben. Lassen Sie sich nicht von Dogmen einengen. Dogmen sind das Ergebnis des Denkens anderer Menschen. Lassen Sie nicht zu, dass der Lärm fremder Meinungen Ihre eigne innere Stimme übertönt. Und vor allem haben Sie Mut, Ihrem Herzen und Ihrer Intuition zu folgen. Sie wissen bereits in etwa, was Sie wirklich werden möchten, alles andere ist

zweitrangig. In meiner Jugend gab es eine wunderbare Zeitschrift mit dem Titel The Whole Earth Catalog, eine Art Google in Paperback-Form. Mitte der Siebziger wurde sie eingestellt. Auf dem Rückenumschlag der letzten Ausgabe befand sich die Fotografie einer Landstrasse am frühen Morgen, darunter die Worte: „Bleibt hungrig! Bleibt verrückt!" Genau das habe ich mir immer für mich selbst gewünscht. Und nun wünsche ich Ihnen genau dasselbe. Bleiben Sie hungrig! Bleiben Sie verrückt!

18.5 Umgang mit Paradoxien und Verrücktem

Identität unter Ungewissheit heißt somit, sich mit Verrücktheit und den damit zusammenhängenden Paradoxien auseinanderzusetzen, etwa:

- Der Wunsch nach Festigkeit, Eindeutigkeit, Individualität steht im Widerspruch mit dem Motiv, sich möglichst alle Optionen offen zu lassen, sich wenig festzulegen und Entscheidungen nur vorläufig zu treffen.
- Die Sehnsucht nach Existenzformen zu suchen, die Sicherheit und Kohärenz bieten, liegt diametral der Furcht entgegen, sich festlegen zu müssen und in festgefahrenen Gestalten zu erstarren. Das Individuum muss einen Weg zwischen den Polen der Vereinheitlichung und der Fragmentierung des Selbst finden.
- Alles außer gewöhnlich zu sein (Förster und Kreuz 2007, vgl. oben), kann genauso wie die „Sei-Spontan-Paradoxie" dann zu einem Widerspruch werden, wenn er als Aufruf an alle Menschen geht; wenn außergewöhnlich sein zu einem Hervorhebungsmerkmal des postmodernen Menschen gehört, dann wird es hinfällig, sobald alle danach streben.
- Die existentiell freie Wahl, seinen eigenen Weg zu gehen steht im Gegensatz zur Verführung, sich für standardisierte, leicht konsumierbare Formate der Lebensführung zu entscheiden.
- Die Auffassungen, was als psychisch „normal" gilt und was nicht, verändern sich im Laufe der Zeit. So war beispielsweise für den Zürcher Psychiater Eugen Bleuler um 1914 Ambivalenz ein Krankheitssymptom, eng verwandt mit der Schizophrenie, ein Phänomen, das der Mensch nicht aushält (Gugerli et al. 2011). Heute müssen wir uns sogar die Frage stellen, ob wir „nicht alle ein bisschen bluna" sind (Nuber 2006). Wenn wir die Frage bejahen, es heute also normal ist, dass wir ein bisschen verrückt sind, dann besteht eine Paradoxie. Ist dann Verrücktheit eine völlig normale Erscheinung?

Ambivalenz verweist von seinem lateinischen Ursprung auf eine Zwiespältigkeit hin; meistens verbunden mit zwei entgegengesetzten Gefühlen bezogen auf ein Thema, so dass die Gefahr einer Handlungsunfähigkeit besteht. Eigentlich müsste man heute eher von Multivalenz sprechen, denn wie wir etwa beim Thema der inneren Familien- oder Teammitglieder sehen können, treten in komplexen Situationen mehrere Stimmen in Erscheinung. Um mit dieser Vielfalt adäquat umzugehen, geht es darum, neue Entscheidungsstrategien zu finden. In Anlehnung an den Psychologen Gelatt (1989, S. 252, zit. in Keupp et al. 1999, S. 280) soll es eine Entscheidungsstrategie der „positiven Unsicherheit" sein, die hilft, mit Wandel und Ambivalenz umzugehen. Unsicherheiten und Inkonsistenzen gehören zu einem solchen Verfahren, welches auch intuitive, nicht-rationale Seiten des Denkens und Auswählens mit einbezieht. Gefördert werden damit „positive Haltungen und paradoxe Methoden in der Gegenwart wachsender Unsicherheit" (Gelatt 1989; Keupp et al. 1999). Ein solches Verfahren bietet etwa das von Matthias Varga von Kibéd und Insa Sparrer (2011) entwickelte Tetralemma bzw. die Tetralemmaaufstellung. Sie ermöglicht einen kreativen, querdenkerischen Zugang und Umgang mit Gegensätzen und Multivalenzen. Das Verfahren dient der Entscheidungsfindung und kann gut für Einzelpersonen, aber auch Gruppen oder Organisationseinheiten angewandt werden (Lippmann 2013, S. 182). Es lassen sich mit dem Tetralemma aber auch Gegensätze integrieren, Standpunkte klären, Werte überprüfen oder neue Perspektiven entwickeln.

Mit dem Querdenken sind wir höchst wahrscheinlich heutzutage noch klar im Bereich der „normalen Identität". Verweisen möchte ich zum Schluss auf einen Begriff, den ich als eine sehr treffende Umschreibung betrachte für die komplexe Thematik der Identität unter Ungewissheit wie auch der (Ab-)Normalität: Keupp (1989) greift die Patchworkmetapher für die Identitäten der Spätmoderne auf. Sie entspreche dem klassischen Identitätsbegriff. Patchworks sind geometrische Muster in einer sich wiederholenden Gleichförmigkeit. Dadurch stehen sie für eine durchstrukturierte Harmonie mit einem Gleichgewichtszustand von Form- und Farbelementen. Dem Patchwork stellt er den „*Crazy Quilt*" gegenüber. Dieser besticht durch seine überraschenden, oft wilden Verknüpfungen von Farben und Formen. Für das Identitätskonzept heißt diese Metapher übersetzt, dass wir nicht einen generellen Verlust von Identität zu bedauern haben, sondern allenfalls von jenem Typ, der sich entsprechend dem klassischen Patchwork über Ordnung und Voraussehbarkeit definiert: „Wir haben es nicht mit „Zerfall" oder „Verlust der Mitte" zu tun, sondern eher mit einem Zugewinn kreativer Lebensmöglichkeiten" (Keupp 1989, S. 64). Damit gehe auch die Vorstellung von Kohärenz nicht verloren. Im Gegenteil: Keupp hält an der Wichtigkeit eines Kohärenzgefühls für die Identitätsarbeit weiterhin fest, „aber Kohärenz entsteht nicht nur dann, wenn ich auf ein fixes Koordinatensystem von Normen und Sinnorientierungen zurückgreifen kann. Kohärenz ohne „Identitätszwang" ist ein kreativer Prozess von Selbstorganisation" (Keupp 1989). Und dieser Prozess geschieht sehr stark in Interaktion mit den sozialen Netzen, die im 5-Säulenmodell als eine der Säulen dargestellt wird (Lippmann 2014, S. 32–77). Interessanterweise kommt Sennett in seiner im Grunde eher pessimistischen Analyse über die „Korrosion des Charakters" (so der englische Originaltitel) zu einem ähnlichen Schluss wie Keupp. Denn er führt aus, die Postmoderne erfordere „eine besondere Charakterstärke – das Selbstbewusstsein eines Menschen, der ohne feste Ordnung auskommt, der inmitten des Chaos aufblüht" (Sennett 1998, S. 79). Dass dabei die sozialen Netze eine zentrale Rolle spielen, sieht Sennett genauso. Er betont aber etwas stärker als Keupp die soziale Ungleichheit und die Machtverhältnisse, die nicht allen im gleichen Ausmaß ein „Crazy Quilt" erlauben (Sennett 1998, S. 80). Sennett spricht den Machtlosen die Möglichkeit ab, aus einer Flexibilität einen Zugewinn an kreativen Lebensmöglichkeiten zu erzielen. Ist er zu pessimistisch oder Keupp mit seiner positiven Konnotation zu optimistisch? Wie auch immer: wenn Ihnen die Metapher des „Crazy

Quilt" nicht zusagt –vielleicht wegen des „crazy" oder der Ausblendung der Machtverhältnisse – dann biete ich folgenden Ausweg an, in Anlehnung an das fünfte Element im Tetralemma: Identität ist ein paradoxes Pendeln zwischen Sein und Werden, es gibt also kein entweder „ich bin" oder ein „ich werde". Das Spannungsfeld zwischen einer Identität mit einem dazugehörenden So-Sein versus einer permanenten Neu-Erfindung der eigenen Identität mit einem dazugehörenden Such- und Entwicklungsprozess kann nicht mit einem „entweder-oder" aufgelöst werden. Damit lässt sich die Frage nach der Identität unter Ungewissheit – wer ich bin bzw. werden könnte – frei nach dem Tetralemma wie folgt beantworten: Ich bin (viele) oder ich bin gar nicht: indem ich werde, gilt beides: sowohl ein Sein als auch ein Nicht-Sein, aber es gilt auch weder noch, keines von beiden. Und mit der Einführung des fünften Elementes entsteht eine übergeordnete Sichtweise mit Aspekten der Überraschung, des Querdenkens und Humors: Identität ist „all dies nicht – und selbst das nicht!", sondern eher wie ein Chamäleon mit all seinen schillernden Fähigkeiten.

Literatur

Allen, W. (1983). *Zelig*. Zürich: Diogenes.
Beck, U. (1999). *Schöne neue Arbeitswelt. Vision: Weltbürgergesellschaft*. Frankfurt a. M.: Campus.
Brodbeck, N., & Thorun-Brennan, K. (2011). *Das Chamäleon-Prinzip. Vom Überleben im Dschungel der modernen Arbeitswelt*. München: Blanvalet.
Dahrendorf, R. (1981). Ueber Lebenschancen und Wandlungen der sozialen Konstruktionen des menschlichen Lebens. In H. Rössner (Hrsg.), *Reproduktion des Menschen* (S. 254–277). Frankfurt a. M.: Ullstein.
Förster, A., & Kreuz, P. (2007). *Alles, ausser gewöhnlich. Provokative Ideen für Manager, Märkte, Mitarbeiter*. Berlin: Econ.
Gelatt, H. B. (1989). Positive uncertainty: A new decision-makingframework for counselling. *Journal of Counselling Psychology, 36*, 252–256.
Gugerli, D., Eisenhut, M., & Meili, M. (10. November 2011). Wir wissen, dass man 2050 über unsere Prognosen lachen wird. *Tages-Anzeiger* (im Gespräch mit).
Hardering, F. (2011). *Unsicherheiten in Arbeit und Biographie. Zur Ökonomisierung der Lebensführung*. Wiesbaden: VS Verlag für Sozialwissenschaften.
Hirschi, A. (5. September 2012). Karrieren werden grenzenlos. *NZZ*.
Janszky, S. G. (2010). *Rulebreaker – Wie die Menschen denken, deren Ideen die Welt verändern*. Wien: Goldegg-Verlag.
Jobs, S. (2005). Commencement speech 2005. Standford University. http://news.stanford.edu/news/2005/june15/jobs-061505.html. Zugegriffen: 15. Sept. 2011.
Keupp, H. (1989). Auf der Suche nach der verlorenen Identität. In H. Keupp & H. Bilden (Hrsg.), *Verunsicherungen. Das Subjekt im gesellschaftlichen Wandel* (S. 47–69). Göttingen: Hogrefe.
Keupp, H., Ahbe, Th., Gmür, W., Höfer, R., Mitzscherlich, B., Kraus, W., & Straus, F. (1999). *Identitätskonstruktionen. Das Patchwork der Identitäten in der Spätmoderne*. Reinbek: Rowohlt.
Lippmann, W. (1914). *Drift and mastery. An attempt to diagnose the current unrest*. New York: Mitchell Kennerley.
Lippmann, E. (2013). *Intervision. Kollegiales Coaching professionell gestalten* (3. Aufl.). Heidelberg: Springer.
Lippmann, E. (2014). *Identität im Zeitalter des Chamäleons. Flexibel sein und Farbe bekennen* (2. Aufl.). Göttingen: Vandenhoeck & Ruprecht.

Minssen, H. (2012). *Arbeit in der modernen Gesellschaft. Eine Einführung.* Wiesbaden: VS Verlag für Sozialwissenschaften.
Nuber, U. (2006). Sind wir nicht alle ein bisschen bluna? *Psychologie Heute, 33*(2), 20–27.
Obolensky, N. (2010). *Complex adaptive leadership. Embracing paradox and uncertainty.* Farnham Surrey: Gower.
Poessneck, L. (2012). IBM: Community statt Festanstellung. 2.2.2012. www.silicon.de/management/cio/0,39044010,41558569,00/ibm_community_statt_festanstellung.htm. Zugegriffen: 14. März 2012.
Pongratz, H. J., & Voss, G. G. (2003). *Arbeitskraftunternehmer. Erwerbsorientierungen in entgrenzten Arbeitsformen.* Berlin: Ed. Sigma.
Schein, E. (1998). *Karriereanker. Die verborgenen Muster in der beruflichen Entwicklung.* Darmstadt: Lanzenberger, Looss, Stadelmann.
Schreiber, M. (2012). *Fragebogen zu den Karriereorientierungen.* Zürich: Institut für Angewandte Psychologie.
Sennett, R. (1998). *Der flexible Mensch. Die Kultur des neuen Kapitalismus.* Berlin: Berlin Verlag.
Varga von Kibéd, M., & Sparrer, I. (2011). *Ganz im Gegenteil. Tetralemmaarbeit und andere Grundformen Systemischer Strukturaufstellungen – für Querdenker und solche, die es werden wollen* (7. überarb. Auflage). Heidelberg: Carl-Auer.

Prof. Dr. Eric Lippmann Studium der Psychologie und Soziologie an der Universität Zürich. Weiterbildung in Paar-/Familientherapie, Supervision, Coaching und Organisationsentwicklung. Leitung des Zentrums „Leadership, Coaching & Change Management" am Institut für Angewandte Psychologie IAP Zürich an der ZHAW. Dozent, Berater und Autor bzw. (Mit-) Herausgeber diverser Publikationen im Springer-Verlag: Handbuch Angewandte Psychologie für Führungskräfte; Coaching: Angewandte Psychologie für die Beratungspraxis; Intervision: Kollegiales Coaching professionell gestalten. Zu diesem Beitrag passend ist die Publikation bei V&R: Identität im Zeitalter der Chamäleons. Flexibel sein und Farbe bekennen.

Die digital geprägten Generationen Y & Z: Wie führe ich die Unführbaren?

19

Thomas Schutz

Zusammenfassung

Im Gegensatz zu der schon digital geprägten Generation Y (GenY) wächst die nachfolgende Generation Z (GenZ) seit ihrer Geburt als digital Lernende auf (Belwe und Schutz, Smartphone geht vor – Wie Schule und Hochschule mit dem Aufmerksamkeitskiller umgehen können, 2014). Dieser an die digitale, flüchtige und unsichere Umwelt angepasste, zappende Lern- und Lebensmodus stellt traditionell Lehrende und Unternehmen vor immer größere Herausforderungen. Versuchen viele Firmen gerade, mit der Generation Y konstruktiv umzugehen, fordern GenZ'ler noch mehr als ihre Vorgänger, wobei GenZ'ler auf hohem Aktivitätsniveau durchaus gerne arbeiten, aber oft stark ‚verantwortungsreduziert'. Die Bindung besteht nicht mehr zur Firma oder zu Personen, sondern zu interessanten Projekten. Dementsprechend wird eine kleinschrittige, kompetenzbasierte, ergebnis- und erlebnisorientierte Führung ohne Einschränkungen bevorzugt und eingefordert. Für die Führungskräfte bedingt dies einen individuellen, entdeckenden und forschenden Führungsstil bspw. durch ‚Social Prototyping'.

Beginnen wir mit dem, was für Unternehmen das Wichtigste ist – mit den Menschen, die für das Unternehmen arbeiten. Und am Anfang stehen meist das Bewerbungsgespräch und ein treffliches Beispiel. Der Gründer und Partner einer international renommierten Beratungsfirma nahm sich persönlich Zeit, um die Bewerbungsgespräche mit besonders talentierten Digital Natives selbst zu führen. Hierfür hatte er sich mehrere Trumpfkarten vorbereiten lassen: „Bei uns finden Sie ein leistungsgerechtes Entlohnungssystem, bei

---

T. Schutz (✉)
Berlin, Deutschland
E-Mail: Consulting@LernDichGluecklich.de

dem sich Ihre Leistung wirklich lohnt", „Ein strategisches Talent- und Performance-Management haben wir flächendeckend und erfolgreich implementiert", „Sie entscheiden, wo Sie am effektivsten arbeiten: Im Büro oder Daheim". „Sie können bei uns sehr rasch Verantwortung übernehmen und schnell zur Führungskraft aufsteigen" und „Wir sind Ihr langfristiger Partner und eigentlich eine große, treue Familie". Doch als er siegessicher jede einzelne Trumpfkarte spielte, gingen die Bewerber innerlich zur Schnappatmung über: So hatten sie sich ihre berufliche Zukunft nicht vorgestellt.

Andere Unternehmen, die ihnen u. a. frei wählbare, zusätzliche und bezahlte Urlaubstage, geregelte Arbeitszeiten mit nahezu keinen Überstunden, einen Chillout-Room und eine Garten-Lounge angeboten hatten, erhielten ihren Zuschlag. Doch dort kaum angefangen, geschah sogleich Wundersames (Scholz 2014, S. 117): Freundlich und vorsichtig zurückhaltend fragte der Chef den neuen Mitarbeitenden, ob er morgen um 15:00 Uhr sein Konzept vor dem wichtigen Kunden präsentieren könne; er hatte dem Neuen ja in den letzten zwei Monaten mehrmals klar gemacht, wie wichtig der Kunde für das Unternehmen sei und wie viel von der Präsentation abhänge. „Ja, klar", bestätigte der neue Mitarbeiter und fügte im gleichen Atemzug hinzu, „ich müsste dann heute nur früher gehen, so um 16:00 Uhr. Ist doch ok?" Noch bevor er um 16:00 Uhr ging, bekam er eine Kurznachricht von einem Freund, dass es in der Firma, bei der er sich kürzlich auf Anraten des Freundes beworben hatte, durch die vielen Freizeit-,Toppings' wirklich sehr, sehr angenehm sei, er für die Stelle ausgewählt worden sei und heute noch vorbeikommen könne, um zu unterschreiben.

So unterschrieb er noch am selben Tag bei der neuen Firma und kündigte bei der Alten mit der Anmerkung, dass, wenn der Kunde schon so wichtig sei, es die Aufgabe und Verantwortung des Chefs sei, sich zu kümmern, und nicht die seine. Schließlich sei es ja auch nicht seine Firma, sondern die des Chefs.

Ein illustrer Einzelfall? Vielen Studien und persönlichen Berichten zur Folge, eher nicht: „Zwar soll sich die Mehrheit der Entscheidungsträger in Unternehmen den veränderten Ansprüchen der Generation Y (kurz: GenY) bereits bewusst sein, eine aktive Berücksichtigung der Bedürfnisse und Potenziale der jungen Generation ist bei der Gestaltung von betrieblichen Strukturen und Abläufen aber bislang noch nicht durchgängig erfolgt" (Klaffke 2014, S. 58). Doch schon drängt die nächste Generation, die Generation Z (im Folgenden kurz: GenZ), in die Unternehmen. Oft werden beide Generationen, Y und Z, zusammen gerne als „Digital Natives" (Prensky 2001) angesprochen und beiden der gleiche information-age-Mindset (Frand 2000, S. 16–22) zugeschrieben. Doch die GenZ ist anders als alle Generationen vor ihr (Scholz 2012). Wie nicht nur das obige Beispiel zeigt, gibt es eklatante Unterschiede zwischen den beiden Generationen Y und Z, die es zu berücksichtigen gilt, wenn es neue Mitarbeiter zu gewinnen und zu halten gilt: „Klassische Anreizsysteme, wie etwa Firmenwagen und Statussymbole ganz generell, verlieren an Wert" (Kast 2014, S. 243).

Doch worin bestehen die Unterschiede ganz genau und wie ist Führung im digitalen Zeitalter konkret zu gestalten, damit die GenY und GenZ im Unternehmen bleiben und es nicht (sofort) wieder verlassen?

19.1 Die heutige Generationenkomplexität: Viele Gemeinsamkeiten, die trennen

Wenn im zunehmenden Dickicht der Generationen von Generationen gesprochen wird, findet man häufig folgende Bedenken:

> Nun – in manchen Artikeln über die Generation Y finde ich mich wieder – über andere rege ich mich auf. Wie ist es denn nun – wer sind wir GenYs wirklich und kann man uns überhaupt in eine Box packen? (Paul 2014)

Hierzu zwei Vorbemerkungen:

- In seinem Aufsatz Kollektiv und Pauschalurteil (2010) führt Klaus P. Hansen aus: „Bei der Erfassung von Kollektiven, also Gruppen von Menschen oder sonstigen Gegenständen, sind Pauschalurteile nicht nur angemessene, sondern die einzig möglichen Erkenntnisinstrumente. Wenn ich Kollektive beschreiben will, nehme ich ja nicht das einzelne Mitglied ins Visier, sondern alle zusammen. Insofern muss ich verallgemeinern und pauschalieren. […] Wenn eine Statistik feststellt, dass Kaffeetrinker zum Herzinfarkt neigen, so verkündet sie ihr Ergebnis als Pauschalurteil" (Hansen 2010, S. 73).
- Weiter schreibt er in seinem Buch Kultur und Kulturwissenschaft (2011): Kultur umfasse die Gewohnheiten eines Kollektivs. Oder noch kürzer: Kultur bezeichne Standardisierungen. Diese Standardisierungen bergen allerdings – wie er an illustren Beispielen trefflich ausführt – die Gefahr der Stereotypisierung von Pauschalurteilen und der Homogenisierung von Heterogenitäten, um einen für die Statistik wichtigen repräsentativen Querschnitt bzw. um eine Gleichheit im Kollektiv zu generieren.

Dieser Gefahren gilt es, sich bei den folgenden Ausführungen immer bewusst zu sein. Für die weitere Betrachtung ist daher folgende Erkenntnis zentral:

> Individuelle Identität, so erkennen wir, setzt sich additiv aus vielen Eigenschaften, Überzeugungen und Hobbys zusammen, die kollektiv gestützt werden. So gesehen ist meine Identität eine Addition oder besser ein Amalgam aus einerseits vorgegebenen und andererseits frei gewählten Kollektiven. Diesen kollektiven Reichtum kennen die monokollektiv fixierten Tiere nicht. Ihnen gegenüber zeichnet sich das menschliche Individuum durch, wie wir es nennen wollen, Multikollektivität aus. (Hansen 2011, S. 156)

In diesem Sinne wird der Begriff Generation zunächst als ein Natur- bzw. Abstraktionskollektiv verstanden. Zu einer Generation zählen also Menschen des gleichen Geburtszeitraums (Tab. 19.1).

So bezeichnet der von der Zeitschrift Advertising Age eingeführte Begriff Generation Y (Advertising Age 1993, S. 16) bspw. junge Menschen, die zwischen 1980 und 1995 geboren worden sind. Aus lernbiologischer Perspektive ist neben der schlichten Fortsetzung der alphabetischen Bezeichnung und der Anspielung auf das engl. 6) b für den penetrant

Tab. 19.1 Generationenzugehörigkeit. (Aus Belwe und Schutz 2014, S. 33)

Name	Abkürzung	Geburtsjahr
Silent Generation	-/-	1925 bis 1945
Baby Boomer	-/-	1945 bis 1965
Generation X	Gen X	1965 bis 1980
Generation Y	Gen Y	1980 bis 1995
Generation Z	Gen Z	1995 bis 2010

Abb. 19.1 Generationen und die sie prägenden Geräte. (Aus Belwe und Schutz 2014, S. 33)

hinterfragenden Charakter dieser Generation ein anderer Aspekt viel folgenreicher: die technologische Prägung in der Kindheit und Jugend (Abb. 19.1).

Erlebte die Generation X (im Folgenden kurz: GenX) in ihrer Jugend bspw. die Einführung des Taschenrechners, der ersten PCs und MTV, die GenY die der ersten Mobiltelefone, des Internets und der Digitalisierung, so wurde die GenZ seit ihrer Geburt von internetfähigen Smartphones, von globalen Netzwerken wie Facebook, Youtube und Twitter, von permanent zur Verfügung stehenden Informationsquellen wie Google und Wikipedia als auch von Angebotsindividualisierung und Multi-Optionen-Konsum (Klaffke 2014, S. 61) geprägt. Ja, alle Generationen nutzen Smartphones. Das ist allen Generationen gemeinsam. Aber nur die GenZ kennt seit ihrer Geburt nichts anderes. Und die Gehirne der GenZ haben sich hieran angepasst (Belwe und Schutz 2014). Forscher der Universitäten Zürich und Fribourg konnten in einer Studie nachweisen, dass durch den alltäglichen Gebrauch der Smartphones nicht nur die Fingerfertigkeit trainiert wird, sondern dass sich auch das Gehirn diesen wiederholenden Fingerbewegungen schnell anpasst (Gindrat et al. 2015). Gindrat et al. konnten zeigen, dass sich die kortikale Repräsentation bei Nutzern von Touchscreen-Smartphones im Vergleich zu Personen mit herkömmlichen Handys unterscheidet und dass sie umfangreicher sind als bei Geige- oder Klavierspielern.

Infolge dieser alltäglichen technologischen Prägung des „homo zappiens" (Veen 2003) vermag es die GenY, mehr noch die GenZ, schnell zwischen mehreren Informationskanälen hin und her zu zappen und bedeutungsvolles Wissen aus mehreren Informationsquellen zu konstruieren. Als Folge der immer höheren Taktfrequenzen können immer kürzer werdende Aufmerksamkeitsspannen, eine geringere Sorgfalt, meist ein rudimentäres Google-Gedächtnis und fragmentierte Lese- und Schreibfertigkeiten auftreten (Mumme

Tab. 19.2 Merkmale der Studierenden 1969 vs. 2009. (Aus Belwe und Schutz 2014, S. 46)

1969	2009
Meist studierfähig	Fehlen grundlegender Fertigkeiten
Fehlen von Erfahrungen mit Diversitäten	Akzeptanz/Toleranz von Diversitäten
Selbstunsicher	Selbstüberzeugt
Selbstverantwortlich	Verantwortung wird externalisiert bspw. an die Helikopter-Eltern
Akzeptanz institutioneller Strukturen	Kundenerwartung mit sofortigem Kundenservice
Stabile Familienverhältnisse	Instabile Familienverhältnisse
Papier und Stift	Digitale Medien
Texte und Zahlen	Farben und Visualisierungen (Fotos, Grafiken)
Händisches Mitschreiben	Tippen und/oder „Copy & Paste"

2015; Belwe und Schutz 2014). Dies kann zu einer eingeschränkten Studier- und Arbeitsfähigkeit führen (Tab. 19.2).

In dieser sich schnell ändernden Welt vermag der homo zappiens aber nicht nur zwischen den Informationskanälen schnell zu wechseln, sondern auch Marken, Firmen und Gewohnheiten schnell an- bzw. abzuschalten. War vorgestern noch StudiVZ und SchülerVZ in aller Munde, war es gestern Facebook und Twitter. Sind die Firmen heute stolz auf ihre Facebook-Seiten – schließlich haben sie viel Geld und Zeit in diese investiert, damit sie auch lange funktionieren –, präferiert die GenZ heute bereits wieder andere Kanäle: „72 % der 10- bis 18-jährigen Onliner nutzen WhatsApp und 56 % Facebook. Auf Platz drei der beliebtesten Netzwerke liegt Skype mit 46 % vor Google+ mit 19 % und Instagram mit 18 %. Twitter kommt auf 8 %. Andere soziale Netzwerke spielen in dieser Altersgruppe derzeit kaum eine Rolle" (BITKOM 2014, S. 28; Exakt 2015; Sinus 2012).

Facebook-Seiten und Twitter erreichen die GenZ, so das Muster. Nein, tun sie nicht. Auch andere mentale Muster haben sich in den älteren Generationen verfestigt und konserviert, obwohl die Datenlage genau das Gegenteil belegt. Denkt man bei Gamern gerne an männliche Teenager, die alleine im Keller sitzend, Pizza essend, Computerspiele spielen, so sieht die Datenlage etwas differenzierter aus: „In Deutschland spielen 93 % aller Kinder und Jugendlichen im Alter von 10 bis 18 Jahren Computer- und Videospiele. Nach der Selbsteinschätzung der Jugendlichen spielen die 10- bis 18-Jährigen im Schnitt 104 min pro Tag" (BITKOM 2014, S. 35). Doch „5). Doch OM 2014, Sputer- und Videospiele. Nach d 18 Jahren Computer- und Videospiele. Nach der Selbsteinschätzung der Jugendlichen spielen %) der 10- bis 18-jährigen Computerspieler sagt, dass sie am liebsten mit anderen Personen gemeinsam in einem Raum spielen" (BITKOM 2014, S. 36). Aber es geht noch weiter: „40 % aller Gamer sind Frauen. Jeder vierte Gamer ist älter als 50. Der durchschnittliche Spieler ist 35 und spielt bereits seit zwölf Jahren. Die meisten Gamer glauben, dass sie ihr ganzes Leben lang weiterspielen werden" (McGonigal 2012, S. 22) und „2) % aller Geschäftsführer nutzen täglich bei der Arbeit kleine Pausen zum Spielen" (Reinecke 2009).

Bedenkt man die enormen Lernkompetenzen, die Gamer während ihres jahrzehntelangen Trainings auf Expertenniveau entwickeln, so ist es recht schade, dass diese enormen Lernpotenziale nicht viel mehr in Schule, Hochschule oder im Beruf genutzt werden (Beck und Wade 2004). Obwohl „die Untersuchung relevanter Einflussfaktoren der Arbeitgeberqualität zeigt, dass Lernen, Führung und Aufgabengestaltung unverzichtbar für die Arbeitszufriedenheit eines Praktikanten sind und in hohem Maße die Arbeitgeberqualität beeinflussen" (Clevis 2015, S. 9).

Bis hierhin haben die GenY und GenZ viel gemeinsam, oberflächlich betrachtet. Erste Studien belegen – bspw. die ICILS 2013 (Bos et al. 2014) –, dass es aber eklatante Unterschiede gibt, die sowohl die Bildungslandschaft als auch die Unternehmen, ob große oder kleine, vor nicht zu unterschätzende Herausforderungen stellen (werden). Dies umso mehr, da die Helikopter-Eltern der GenZ'ler als „mobile Eingreiftruppen" (Kraus 2013) für den nötigen Rückenwind und für eine trügerische Selbstsicherheit in der Kindheit und Jugend gesorgt haben als auch im jungen Erwachsenenalter weiterhin sorgen. Diese Überbehütung der Generation Pampas in Familie, Schule und Hochschule mit ihrer entschiedenen Unentschiedenheit fällt zeitlich zusammen u. a. mit einer früheren Einschulung, einer verkürzten Schulzeit bis zum Erwerb der Hochschulzugangsberechtigung und dem Wegfall der Wehrpflicht. „Als Folge werden sich vermutlich wichtige Reifeprozesse der Persönlichkeit nicht mehr hauptsächlich während des Studiums vollziehen, sondern sich in die Zeit des Erwerbslebens verschieben" (Klaffke 2014, S. 72). Somit sind auch Unternehmen wie nie zuvor unmittelbar betroffen. Insbesondere von der neuen Art einer Logik, der GenZ-Logik, welche Prof. Dr. Christian Scholz trefflich auf den Punkt gebracht hat (Scholz 2014, S. 130): „Die Logik der Generation Z: Ich kann eine App bedienen, alles andere ist Zumutung."

19.2 Logik der Generation Z: Ich kann eine App bedienen, alles andere ist Zumutung

Kann die GenY als Digital Natives bezeichnet werden, so ist für die GenZ eher der Begriff Digital Naives (digital Naive) treffend (Scholz 2014, S. 125–130; Baroness Greenfield 2013). Diese gelebte Naivität bzw. Logik – ich kann eine App bedienen, alles andere ist Zumutung – hat viele Facetten, die alle den Lern- und Arbeitsgewohnheiten der anderen Generationen diametral entgegenstehen und u. a. in der generationalen Einstellung zur Arbeit münden: Arbeit ist Spaß, Arbeit ist unsicher und Arbeit ist unklar (Tab. 19.3).

Die hierfür ursächlichen Facetten hat die GenZ mit Unterstützung der Eltern, der Schule und der Hochschule jahrzehntelang eingeübt (Tab. 19.4).

Belege dafür bietet u. a. die ICILS-Studie 2013 (Bos et al. 2014), in welcher die Computer- und informationsbezogenen Kompetenzen von Schülerinnen und Schülern in der 8. Jahrgangsstufe international verglichen wurden. Herrscht im öffentlichen Bewusstsein die Meinung vor, dass die GenZ dank ihrer permanenten Smartphone-Nutzung reich an IT-Kompetenzen sei, so liegen die 14-Jährigen aus Deutschland und der Schweiz im inter-

Tab. 19.3 Generationale Einstellungen zur Arbeit. (modifiziert nach Gulnerits 2014)

	Merkmale	Arbeit ist …
Silent Generation	Beständig, loyal, fleißig	Verpflichtung
Baby Boomer	Durchsetzungsstark, engagiert, beziehungsorientiert	Herausforderung
Generation X	Anpassungsfähig, pragmatisch, unabhängig	Kontrakt
Generation Y	Kritisch, optimistisch, ‚Multitasking-fähig'	Mittel zum Zweck einer sinnhaften Erfüllung
Generation Z	Engagiert, offen, schnell	Spaß, unsicher und unklar

Tab. 19.4 Facetten der Digital Naives. (modifiziert nach Scholz 2014, S. 125–130)

Neues Merkmal statt	Altes Merkmal
Fragmentierte Kurztexte & multiple choice	Zusammenhängend Schreiben und Sprechen
Suchen von Informationsschnipseln	Vertieftes und vernetztes Wissen
Sich in Emotikons, Fotos und Videos mitteilen	Verbalisieren, Nach- und Mitdenken
Lernen, Prüfen, Vergessen	Lernen, Prüfen, Behalten (?)
Partielles Anwendungswissen	Vertieftes Verständnis
Leichte Teilanwendungen beherrschen	Komplexe Techniken entwickeln

nationalen Vergleich von computer- und informationsbezogenen Kompetenzen nur im Mittelfeld (Bos et al. 2014). Erschreckender sind allerdings drei weitere Details: 30 % der Alterskohorte erreichen nur die unteren beiden Kompetenzstufen, haben demgemäß nur rudimentäre Fertigkeiten und basale Wissensbestände. Aber auch das andere Ende der ‚Kompetenztreppe' gibt zu großer Sorge Anlass: „ICILS zeigt, wie andere internationale Vergleichsuntersuchungen auch, dass der Anteil der besonders leistungsstarken Schülerinnen und Schüler in Deutschland nicht sehr hoch ist" (BMBF 2014). In der Schweiz ist dieser Anteil mit 2,0 % im Gegensatz zu 1,5 % in Deutschland marginal höher.

Das Interessante ist jetzt das dritte Detail, das eine Andeutung auf die ursächlichen Zusammenhänge in Deutschland aufzuzeigen vermag: Bei der Häufigkeit der Computernutzung durch Lehrpersonen im Unterricht belegt Deutschland im internationalen Vergleich den allerletzten Platz (Bos et al. 2014, S. 204). Ähnlich wie bei vielen Infrastrukturaufgaben – wie bei maroden Straßen und Brücken – laufen die in Deutschland chronisch unterfinanzierten Bildungssysteme Schule und Hochschule nicht nur im internationalen Vergleich weit hinterher, sondern leben qualitativ wie quantitativ, personell wie baulich, nur noch von der Substanz. Der mitunter gesellschaftlich akzeptierte bzw. tolerierte Unterrichtsausfall an deutschen Schulen beginnt jetzt auch die ersten (Elite-)Universitäten zu treffen, die den Lehrbetrieb nicht mehr aufrechterhalten können: „Universität Hamburg: Professorin kündigt 100 h. […] Bis zu 70 % des Unterrichts wird durch externe Dozenten abgedeckt" (Padtberg-Kruse 2015). Diese haben jetzt gekündigt und die Stellen können nicht neu besetzt werden. „Auch wenn jemand gefunden wird, bedeutet es nur notdürftiges Zusammenstoppeln" (Padtberg-Kruse 2015). Wie bei den Schlaglöchern oder gesperrten

Brücken auch, werden jetzt in Deutschland die Konsequenzen dieses Zusammenstoppelns über zunehmende Kosten in den Unternehmen direkt und indirekt sichtbar.

19.3 Problem erkannt: Cloud-Computing auf veganer Basis als Core-Competency oder Führung, die begeistert?

> Die Generation 50plus und die Generation Y bzw. die Digital Natives haben ein Problem. Vernünftig miteinander zu kommunizieren und zusammenarbeiten, fällt ihnen meist schwer. (Gulnerits 2014)

Viele Versuche, die GenY/Z für das eigene Unternehmen zu interessieren, kommen über eine mitunter sehr illustre Kommunikationskampagne nicht hinaus. Die Bandbreite der Rap-Recruiting-Videos mit rappenden Auszubildenden und singenden Chefs reicht bspw. von der Polizei NRW (Weuster 2013), über die Volksbank Franken – „Die Goldene Runkelrübe 2014 für das peinlichste Karriere-Video geht an die Volksbank Franken" (Goldene Runkelrübe 2014) – bis hin zu BMW mit einer Auszeichnung zum schlechtesten Web-Video des Jahres 2012 (Kaufmann 2012). Diese treffen zwar die Einstellung der GenZ zur Arbeit, diese als Spaß aufzufassen (Tab. 19.3), sind aber eher nicht spaßig, sondern vielmehr lächerlich und durchaus Marken-schädigend. Auch andere oberflächliche Versuche, die Attraktivität des Unternehmens durch ein entsprechendes Buzzwording aufzupolieren, werden von der spaßig spielenden GenZ durchaus als solche erkannt und gerne mitgespielt, doch stellt dieses Aufgreifen des Pippi-Langstrumpf-Prinzips eher einen Schlüssel zum Misserfolg dar:

> VeganMobi, mit Office in Berlin, hat es sich zur Aufgabe gemacht, den Whole Workflow beim Mobile Payment am Point of Sale zu downsizen. VeganMobi hatte einen Come-to-Jesus-Moment, der letztendlich zu einer Disruptive Innovation führte. VeganMobi möchte den MPayment-Workflow komplett vegan abbilden und so Best of Breed werden. Dabei deckt VeganMobi die ganze Bandwith ab, angefangen beim Merchand bis hin zum Customer. Die Core-Competency von VeganMobi ist ganz klar das Cloud-Computing auf veganer Basis. Target-Group ist B2B als auch B2C. (Klotz 2013)

Beabsichtigt man ernsthaft, eine generationenfreundliche, besser generationenübergreifende, idealerweise generationenverbindende (Möller et al. 2015, S. 127) Kommunikations- bzw. Unternehmenskultur zu leben, scheint ein Blick auf die mentalen Modelle bzw. Muster der Generationen und ihrer Facetten angebracht, die bspw. in den Einstellungen zur Arbeit sichtbar werden (Tab. 19.3 und 19.4). Diese zu ignorieren und nach dem alten Muster weiter zu verfahren – „dann halt kündigen und einen anderen neu einstellen" –, kann bei der heutigen demographischen Entwicklung nicht funktionieren: „Alle Interaktionsprozesse, von der Bewerbung über Steuerung und Entwicklung bis hin zum Austritt, müssen vom Mitarbeiter her gedacht werden" (Dahrendorf 2011, S. 148) und „Art und

Umfang, in dem es gelingt, generationengerecht zu führen, wird zum erfolgsbestimmenden Wettbewerbsfaktor der Zukunft" (Möller et al. 2015, S. 127).

19.4 Doch wie führe ich generationengerecht und vor allem wie lerne ich es von wem?

> Mitunter wird den Führungskräften ein kognitiver und emotionaler Spagat abverlangt werden zwischen den in der eigenen Sozialisation übernommenen Rollenmodellen und den veränderten Erwartungen der jüngeren Generationen. […] Letztlich gilt es jedoch, ein breites Repertoire an Verhaltensmustern zu erlernen, um jedem Beschäftigten in seiner individuellen Situation gerecht zu werden. (Klaffke 2014, S. 80)

Wie in der universitären Ausbildung gerne leicht abfragbare Informationen über Führungsstile den Studierenden dargeboten – in der Hoffnung, dadurch in der Zuhörerschaft Führungskompetenzen zu entwickeln –, so findet man häufig auch in Unternehmen – im Rahmen einer ‚innovativen' Führungskräfteentwicklung – meist nur singuläre Teilaspekte: „Viel getan wurde auch beim Thema Führung. Machtstrukturen werden von den Jungen nicht so angenommen. Wir schulen die Generation 50plus darin, dass Führung nicht nur Macht bedeutet" (Gulnerits 2014). Diese Anstrengungen sind löblich, doch gilt es, die Führungskräfte zu befähigen, Individuen aus mehreren Generationen mit ihren individuellen Ansprüchen und Kompetenzen in individuellen Situationen und unter unsicheren Bedingungen zu führen.

Wie kann dies gelingen? Im Prinzip ganz einfach. Erstens, indem man Irrwege in der Führungskräfteentwicklung wie den Irrweg Talentmanagement (Nussbaum 2012, S. 88; Gloger und Rösner 2014, S. 222; Jacob und Schutz 2011) durch individuelle Talententfaltungsformate ersetzt: Es gilt, individuelle Führungspersönlichkeiten zu entwickeln und nicht standardisierte Führungsklone als Vorgesetzte ‚vom Band plumpsen zu lassen'.

Zweitens: GenZ'ler arbeiten auf hohem Aktivitätsniveau gerne, aber ‚verantwortungsreduziert', da sie von Kindheit an bspw. durch ihre Helikopter-Eltern und in ihrer Umwelt gelernt haben, die Verantwortung stets bei anderen zu sehen (Scholz 2014, 2012). Für die Unternehmen und ihre Führungskräfte bedeutet dies, dass Verantwortung den GenZ'lern in kleinen Schritten und behutsam anerzogen werden muss. Führungskräfte werden substanziell als Erzieher im Sinne eines konstruktiven Lernbegleiters gefordert werden (Belwe und Schutz 2014).

Dies bedingt drittens einen doppelten Perspektivenwechsel: Hatte zum einen über viele Jahrzehnte, gar über viele Jahrhunderte der schlichte Satz „Die Jungen lernen von den Älteren" uneingeschränkte Gültigkeit, so gilt dies heute nur noch eingeschränkt (reziproke Kompetenzverteilung). Die Kunst ist es jetzt, die Kompetenzen der einzelnen Generationen im Alltag so zu erfassen und zu kombinieren, dass sie auch im Ganzen zur Entfaltung kommen können. Zum anderen muss die Frage von Seiten der Unternehmen und der Führungskräfte beantwortet werden, wie man die GenY/Z aktiv darin unterstützen kann, den „global achievement gap" zwischen der „New World of Work" und der „Old World of School" (Wagner 2008) zu überbrücken. Prof. Dr. Tony Wagner, Direktor der Change Leadership Group (CLG) an der Harvard Graduate School of Education, identifizierte hierzu mehrere elementare Fähigkeiten, die nicht nur die Neuen mitbringen sollten, sondern auch die etablierten Führungskräfte leben sollten: Selbst begeistert sein und andere begeistern können, sind zwei der wichtigsten drei (Wagner 2008, S. 2). Mit anderen Worten:

19.5 Durch Führung begeistern ist der Schlüssel

Für die Unternehmen bedeutet dies, Führungskräfte noch bewusster nach diesem Kriterium auszuwählen und weiterzuentwickeln (Kast 2014, S. 243). Sahen und sehen die Talente im engeren Sinne der GenX/Y in diesem Kriterium eine conditio sine qua non, sich für oder gegen ein Unternehmen als Arbeitgeber zu entscheiden (Jacob und Schutz 2011), so ist es heute eine ganze Generation (GenZ), die hierin ein Ausschlusskriterium sieht.

Für die Führungskräfte bedeutet dies, das eigene Gehirn bspw. mit seinen grundlegenden neuronalen Belohnungs- und Empathienetzwerken als das wichtigste Führungsinstrument zu erkennen und schätzen zu lernen (Groll 2014). Ferner und darauf aufbauend ist die eigene Führungspersönlichkeit (Ibarra 2015) und die eigene Führungskompetenz fortdauernd und selbstorganisiert zu erforschen und ein individueller, entdeckender und forschender Führungsstil zu entwickeln. Dies kann bspw. durch Social Prototyping geschehen (Martin Ciesielski, persönlicher Austausch). Ein Manager muss „in sich selbst die Balance und das richtige Maß finden", „um nicht die übertriebene Forderung nach Beteiligung – dem ‚alles-mitentscheiden-Wollen' – mit dem legitimen und notwendigen mitentscheiden Wollen und Müssen zu verwechseln" (Gloger und Rösner 2014, S. 14). Doch auch diese Selbstorganisationsprozesse brauchen Führung (Gloger und Rösner 2014). Somit ist dies nicht nur eine Aufgabe der Personal- und Führungskräfteentwicklung, sondern einer jeden Führungskraft bis an die Spitze eines jeden Unternehmens selbst: Sie kann nicht nach unten oder außen wegdelegiert werden. GenZ fordert eine kleinschrittige (transaktionale) (Scholz 2014), kompetenzbasierte, ergebnis- und erlebnisorientierte Führung ohne Einschränkungen ein. Sie bekommt sie oder sie geht.

Die eigentliche Herausforderung wird es aber sein, die GenY/Z zur Übernahme von Führungsverantwortung zu begeistern: In Deutschland sehen sich nur wenige GenY-Frauen (29 %) und die Hälfte aller GenY-Männer (46 %) in Führungspositionen (Deloitte 2015). Somit wird im Generationendschungel von heute mehr denn je offensichtlich, dass Führung nicht nur elementar wichtig ist, sondern eine hoch komplexe Querschnittskompetenz darstellt. Innerhalb einer generationengerechten Führung werden bspw. weitere Führungsthemen virulent: Digitale Führung, insbesondere verteilte Kollektive Kommunikation, Führung in Komplexität (Pfläging 2015) und Selbstorganisation braucht Führung

(Gloger und Rösner 2014), insbesondere Führen in sich selbst organisierenden Systemen (in agilen Organisationen).

Fazit

In der heutigen Zeit – und nicht nur hinsichtlich GenZ –, gilt es, Führungskräfte als konstruktive Lernbegleiter zu befähigen, durch ihren Führungsstil zu begeistern, um im Alltag konkrete und kurzfristig wirksame Perspektiven zu eröffnen. Denn hier lernen gerade alle anderen Generationen von der GenZ (Scholz 2014): Bekomme ich dies, bleibe ich, ansonsten nicht: „Seit 20 Jahren leitet sie den Fachbereich und warb Drittmittel ein, vor Kurzem kündigte ihre einzige Mitarbeiterin wegen fehlender Perspektive" (Padtberg-Kruse 2015).

Literatur

Advertising Age. (1993). Generation Y. *Advertising Age, 64*(36), 16.

Baroness Greenfield, S. (2013). Facebook home could change our brains. The telegraph. Telegraph media group. http://www.telegraphco.uk/technology/facebook/9975118/Facebook-Home-could-change-our-brains.html. Zugegriffen: 8. April 2013.

Beck, J. C., & Wade, M. (2004). *Got game – How the gamer generation is reshaping business forever*. Boston: Harvard Business School Press.

Belwe, A., & Schutz, T. (2014). *Smartphone geht vor – Wie Schule und Hochschule mit dem Aufmerksamkeitskiller umgehen können*. Bern: hep.

BITKOM. (2014). Jung und vernetzt – Kinder und Jugendliche in der digitalen Gesellschaft. BITKOM. http://www.bitkom.org/files/documents/BITKOM_Studie_Jung_und_vernetzt_2014.pdf. Zugegriffen: 21. März 2015.

BMBF. (2014). Internationale Bildungsstudie ICILS misst Computerkompetenzen: Achtklässler in Deutschland beim Umgang mit neuen Medien im Mittelfeld. BMBF. http://www.bmbf.de/press/3691.php. Zugegriffen: 2. April 2015.

Bos, W., Eickelmann, B., Gerick, J., Goldhammer, F., Schaumburg, H., Schwippert, K., Senkbeil, M., Schulz-Zander, R., & Wendt, H. (2014). *ICILS2013: Computer- und informationsbezogene Kompetenzen von Schülerinnen und Schülern in der 8. Jahrgangsstufe im internationalen Vergleich*. Münster: Waxmann.

Clevis. (2015). Clevis Praktikantenspiegel 2015. Clevis group. http://www.clevis.de/Documents/CLEVIS_Praktikantenspiegel_2015.pdf. Zugegriffen: 21. März 2015.

Dahrendorf, S. (2011). Führung durch Kommunikation: Interaktionsprozesse für Millennials gestalten. In M. Klaffke (Hrsg.), *Personalmanagement von Millennials – Konzepte, Instrumente und Best-Practice-Ansätze* (S. 147–162). Wiesbaden: Springer Gabler.

Deloitte. (2015). Deloitte millennial survey 2015. Deloitte. http://www2.deloitte.com/de/de/pages/innovation/contents/millennial-survey-2015.html. Zugegriffen: 21. März 2015.

Exakt. (2015). Völlig vernetzt – Fluch und Segen der digitalen Welt. ARD Mediathek. http://www.ardmediathek.de/tv/Exakt-die-Story/Völlig-vernetzt-Fluch-und-Segen-der-di/MDR-Fernsehen/Video?documentId=27448810&bcastId=7545348. Zugegriffen: 2. April 2015.

Frand, J. L. (2000). The information-Age mindset: Changes in students and implications for higher education. *Educause Review, 35*(5), 15–24.

Gindrat, A.-D., Chytiris, M., Balerna, M., Rouiller, E., & Ghosh, A. (2015). Use-dependent cortical processing from fingertips in touchscreen phone users. *Current Biology, 25*(1), 109–116.

Gloger, B., & Rösner, D. (2014). *Selbstorganisation braucht Führung – Die einfachen Geheimnisse agilen Managements*. München: Hanser.

Goldene Runkelrübe. (2014). Die glücklichen Gewinner 2014. Tsalikis & Knabenreich. http://www.goldenerunkelruebe.de/gewinner-2014/. Zugegriffen: 7. April 2015.

Groll, T. (2014). Manager-Coach Karin Kuschik: „Chefs sollten ihr Hirn besser kennenlernen". Zeit online. Zeit Online GmbH. http://www.zeit.de/karriere/beruf/2014-02/interview-karin-kuschik-manager-coaching/komplettansicht. Zugegriffen: 13. Feb. 2014.

Gulnerits, K. (2014). Generationenkonflikte: „Am Ende zählt das Ergebnis". WirtschaftsBlatt Medien. http://wirtschaftsblatt.at/home/life/karriere/4593433/Generationenkonflikte_Am-Ende-zaehlt-das-Ergebnis. Zugegriffen: 21. März 2015.

Hansen, K. P. (2010). Kollektiv und Pauschalurteil. In: C. Barmeyer, P. Genkova, & J. Scheffer (Hrsg.), *Interkulturelle Kommunikation und Kulturwissenschaft* (S. 73–86). Passau: Stutz.

Hansen, K. P (2011). *Kultur und Kulturwissenschaft* (4., vollst. überarb. Aufl). Tübingen: A. Francke (UTB).

Ibarra, H. (2015). Mythos Authentizität. *Harvard Business manager, 37*(4), 20–29.

Jacob, L., & Schutz, T. (2011). *Die Kunst, Talente talentgerecht zu entwickeln*. Norderstedt: BoD.

Kast, R. (2014). Herausforderung Führung – Führen in der Mehrgenerationengesellschaft. In M. Klaffke (Hrsg.), *Generationen-Management – Konzepte, Instrumente und Best-Practice-Ansätze* (S. 227–244). Wiesbaden: Springer Gabler.

Kaufmann, M. (2012). Peinliche Recruiting-Videos – Die Parade des Schreckens. SPIEGELnet. http://www.spiegel.de/karriere/berufsstart/peinliche-recruiting-videos-wie-sich-firmen-im-internet-blamieren-a-841093.html. Zugegriffen: 2. April 2015.

Klaffke, M. (2014). Millennials und Generation Z – Charakteristika der nachrückenden Arbeitnehmer-Generationen. In M. Klaffke (Hrsg.), *Generationen-Management – Konzepte, Instrumente und Best-Practice-Ansätze* (S. 57–82). Wiesbaden: Springer Gabler.

Klotz, M. (2013). Das Pippi-Langstrumpf-Prinzip als Schlüssel zum Misserfolg (Teil 2). yeebase media. http://t3n.de/news/pippi-langstrumpf-prinzip-2-499500/. Zugegriffen: 2. April 2015.

Kraus, J. (2013). *Helikopter-Eltern: Schluss mit Förderwahn und Verwöhnung* (3. Aufl.). Reinbek: Rowohlt.

McGonigal, J. (2012). *Besser als die Wirklichkeit! – Warum wir von Computerspielen profitieren und wie sie die Welt verändern*. München: Heyne.

Möller, J., Schmidt, C., & Lindemann, C. (2015). Generationengerechte Führung beruflich Pflegender. In P. Zängl (Hrsg.), *Zukunft der Pflege – 20 Jahre Norddeutsches Zentrum zur Weiterentwicklung der Pflege* (S. 117–130). Wiesbaden: Springer VS.

Mumme, T. (2015). Kulturgut Handschrift kommt an den Schulen zu kurz. WeltN24. http://www.welt.de/politik/deutschland/article139024861/Kulturgut-Handschrift-kommt-an-den-Schulen-zu-kurz.html. Zugegriffen: 2. April 2015.

Nussbaum, A. (2012). Irrweg Talentmanagement. *Harvard Business Manager, 34*(12), 98–99.

Padtberg-Kruse, C. (2015). Universität Hamburg: Professorin kündigt 100 Studenten. http://www.spiegel.de/unispiegel/studium/universitaet-hamburg-professorin-kuendigt-100-studenten-a-1026869.html. Zugegriffen: 7. April 2015.

Paul, B. (2014). Generation Y – 11 Stärken und Schwächen der GenY. Ben Paul – IdeaCamp. http://anti-uni.com/generation-y-11-staerken-und-schwaechen/. Zugegriffen: 20. März 2015.

Pfläging, N. (2015). *Organisation für Komplexität – Wie Arbeit wieder lebendig wird und Höchstleistung entsteht*. München: Redline.

Prensky, M. (2001). Digital natives, digital immigrants: Part 1. *On the Horizon, 9*(5), 1–6.

Reinecke, L. (2009). Games at work: The recreational use of computer games during work hours. *Cyberpsychology, Behavior, and Social Networking, 12*(4), 461–465.

Scholz, C. (2012). Generation Z: Willkommen in der Arbeitswelt. Der standard. Standard Medien. http://derstandard.at/1325485714613/Future-Work-Generation-Z-Willkommen-in-der-Arbeitswelt. Zugegriffen: 9. März 2012.

Scholz, C. (2014). *Generation Z – Wie sie tickt, wie sie verändert und warum sie uns alle ansteckt.* Weinheim: Wiley-VCH.

Sinus. (2012). Wie ticken Jugendliche? Lebenswelten von Jugendlichen im Alter von 14 bis 17 Jahren in Deutschland (Öffentlicher Foliensatz zur Sinus-Jugendstudie). SINUS: akademie. http://www.sinus-akademie.de/fileadmin/user_files/Presse/SINUS-Jugendstudie_u18_2012/Öffentlicher_Foliensatz_Sinus-Jugendstudie_u18.pdf. Zugegriffen: 14. Jan. 2014.

Veen, W. (2003). A new force for change: Homo Zappiensi. *The Learning Citizen, 7,* 5–7.

Wagner, T. (2008). *The global achievement gap – why even our best schools don't teach the new survival skills our children need – and what we can do about it.* New York: Basic Books.

Weuster, K. (2013). Nach dem Peinlich-Video mit rappenden „Polizisten" – Jetzt machen sich die Hamburger über die NRW-Polizei lustig. BILD. http://www.bild.de/regional/ruhrgebiet/ruhrgebiet/polizei-video-erntet-viel-spott-32714278.bild.html. Zugegriffen: 1. April 2015.

Dr. rer. nat. Thomas Schutz (*1969), ist Mikro- und Molekularbiologe, zertifizierter Lerntherapeut und lizensierter Analyst, Trainer und Berater für Talent- und Kompetenzdiagnostik und -entwicklung. Seine Schwerpunkte als selbstständiger Personalberater sind individuelles, kollektives und organisationales Lernen und Lehren sowie kompetenzbasierte Lern- und Selbstorganisationsprozesse in Teams und in lernenden Organisationen. Konzeption und Implementierung strategieumsetzender Lern- und Talententfaltungsarchitekturen zählen ebenfalls zu seinen Arbeitsbereichen. Seit 2012 arbeitet er als Lehrkraft für besondere Aufgaben (Lern- und Schlüsselkompetenzen und Entwicklung neuer Didaktikkonzepte).

Gamification. Die Ludifizierung der Führungskultur

20

Nora S. Stampfl

Zusammenfassung

Spielprinzipien halten in den verschiedensten (per se spielfremden) Bereichen Einzug. Auch die Arbeitswelt setzt auf spielerische Herangehensweisen etwa zur Motivationsförderung. Darüber hinaus bietet sich insbesondere das Genre der Massively Multiplayer Online Games (MMOGs) als Blaupause für die Organisationsführung in unsicheren Zeiten an. Denn die Herausforderungen an Unternehmenslenker und MMOG-Spieler weisen nicht wenige Parallelen auf. Auch nehmen virtuelle Spielwelten die tägliche Wirklichkeit von Unternehmen der modernen Wissensökonomie vorweg. Werden Spiele als Handlungsräume begriffen, können sie effektiv den Führungsherausforderungen unter Unsicherheit begegnen: Denn Spiele sind perfekte Kommunikations-, Lern-, Experimentier- und Simulationsräume; zudem ist Spielen immanent, Komplexität zu reduzieren und große, unübersichtliche Aufgaben in zu bewältigende Aufgabenhappen aufzubrechen. Um diese Potenziale von Gamification zu heben, braucht es wohlüberlegtes Game Design.

20.1 Game on! – Die Welt wird zum Spielfeld

Millionen von Stunden verbringt die Menschheit täglich in virtuellen Spielwelten und pflegt dabei digitales Gemüse, errichtet Städte aus Pixeln und ergeht sich im Kampf zwischen Vögeln und Schweinen. Digitale Spiele haben sich zu einem Massenphänomen entwickelt, das längst alle Bildungs- und Altersschichten erfasst hat. Die enormen Zeit- und

---

N. S. Stampfl (✉)
f/21 Büro für Zukunftsfragen, Berlin, Deutschland
E-Mail: nora.stampfl@f-21.de

© Springer Fachmedien Wiesbaden 2016
O. Geramanis, K. Hermann (Hrsg.), *Führen in ungewissen Zeiten*,
uniscope. Publikationen der SGO Stiftung, DOI 10.1007/978-3-658-11227-1_20

Energieressourcen, die Videospiele an sich ziehen, können als Beleg dafür gelten, welche Kraft Spielen innewohnt, Menschen in ihren Bann zu ziehen. Es ist daher kaum verwunderlich, dass immer öfter ganz bewusst Anleihe bei Spielen genommen wird, um den Spieltrieb gezielt nutzbar zu machen. Zunehmend ist in den verschiedensten Lebensbereichen – von Einkauf über Bildung und Arbeit bis Reisen – der Einzug von Mechanismen zu beobachten, die Videospielen entliehen sind: Punkte, Levels, Wertungen und Ranglisten, Herausforderungen und Belohnungen sind die Ingredienzien von „Gamification", wie der Transfer von Spielmechanismen auf nicht-spielerische Umgebungen genannt wird.

Dass die immense Anziehungskraft von digitalen Spielen Game Design gerade jetzt zu einer Disziplin macht, die nicht nur faszinierende Videogames hervorbringt, sondern fesselnde, ansprechende Erfahrungen in den verschiedensten Lebensbereichen erschaffen soll, ist kein Zufall. Zum einen ist dies der Digitalisierung unserer Welt geschuldet: Smartphones, Digitalkameras, Sensoren und das zunehmend allgegenwärtige Internet vernetzen die Welt, überziehen sie mit einer Datenschicht und schleifen dadurch immer mehr die Grenze zwischen physischer und virtueller Sphäre. Zunehmend kann alles, was wir tun, gemessen und verfolgt werden. Dies ist eine Voraussetzung für die Implementierung von Spielmechanismen: Die gesamte Welt wird so zum Spielfeld. Zum anderen wächst heute eine Generation heran, die von Kindheitstagen an in virtuelle Welten eintaucht und mit Videospielen groß wird. Spielen ist der „Generation Gaming" (Stampfl 2012) zweite Natur, längst ist Spiel nichts mehr, was mit dem Entwachsen der Kindertage abgelegt wird, Spielen ist Bestandteil des Lebens, die Grenzen zwischen Spiel und „Ernst" fallen. Die „Generation Gaming" hat einen spielerischen Ausblick auf alle Bereiche ihres Lebens. Gamification scheint eine logische Folge dieser neuen Perspektive. Je mehr die spielende Generation ins Arbeitsleben eintritt und Verantwortung in Unternehmen übernimmt, desto stärker werden auch spielerische Elemente in Organisationen zur Selbstverständlichkeit werden.

Im Folgenden werden Games als Führungsinstrument in unsicheren Zeiten vorgestellt. Dazu werden zunächst das veränderte Arbeitsumfeld kurz umrissen und Parallelen zwischen dem Handlungsfeld der Organisationsführung und virtuellen Spielwelten aufgezeigt, um anschließend mögliche Einsatzfelder von Spielprinzipien in der Organisationsführung zu besprechen: Zum einen leisten Spiele bedeutende Beiträge im Bereich der Motivations- und Engagementförderung, zum anderen dienen Spiele als Handlungsräume, um etwa Kommunikation zu ermöglichen sowie Probehandeln und Simulation zuzulassen. Den Abschluss bilden einige Gedanken zu den Erfolgsfaktoren für den Einsatz von Spielprinzipien im Führungskontext.

20.2 Das verspielte Unternehmen

20.2.1 Neue Herausforderungen für die Arbeitswelt

Mit dem Übergang von der Industriegesellschaft des 20. Jahrhunderts zur Informationsgesellschaft des 21. Jahrhunderts stellt sich das Handlungsumfeld für Organisationen deutlich anders dar. Wirtschaftshandeln ist heute zu einem hohen Maß von wissensabhängigen Operationen durchdrungen – derart stark gar, dass Wissen als vierter Produktionsfaktor gelten kann. Weil produktive Tätigkeiten heute mehr und mehr von Wissen abhängig sind, gewinnen Wissenschaft und Technik an Bedeutung, der Anteil der Wissensarbeit am Produktionsprozess wird immer größer. Zudem überbrücken Kommunikations- und Informationstechnologien die herkömmlichen Zwänge von Raum und Zeit. Das Handlungsfeld von Unternehmen wird somit global und kennt keine Pausen mehr. Alles ist vernetzt, Informationen rasen in Windeseile um den Erdball und erhöhen das Handlungstempo. Mit der zunehmenden Beschleunigung verkürzen sich die Halbwertzeiten von Wissen, Technologie, Produkten und Geschäftsmodellen. Unternehmen sehen sich einer Beschleunigung der Innovationszyklen gegenüber und finden sich in einem ständigen Wettlauf um die nächste Markteinführung wieder. Kreativität wird zur unabdingbaren Ressource, neue Ideen sind das Betriebsmittel moderner Unternehmen, Produkte und Prozesse müssen immer wieder neu erfunden werden. Eine Entscheidung jagt die andere, wobei stets auf dem Boden unvollständiger Informationen zu agieren ist. Nichts ist heute beständiger als der Wandel. Die Welt dreht sich schneller, wird komplexer und dynamischer. Unsicherheit, Ungewissheit und Ambiguität gehören heute untrennbar zum Führungsalltag.

Trotz dieser drastisch gewandelten Unternehmensumwelt wurden die Arbeits- und Führungsstrukturen in Unternehmen bislang nicht ausreichend den neuen Bedingungen angepasst. Hierarchische Organisation, strenge Arbeitsteilung, Trennung von planenden und geistigen Tätigkeiten auf der einen Seite sowie ausführenden und körperlichen auf der anderen Seite – all dies sind Kennzeichen einer der Industriegesellschaft entstammenden Organisation und nach wie vor vielfach existent. Das Informationszeitalter ruft nach einer neuen Philosophie der Organisationsführung, denn Wissensarbeit kann sich in den alten Strukturen nicht ausreichend entfalten. Wissen muss frei fließen. Weil jeder Einzelne Verantwortung für das große Ganze übernehmen muss, ist das Handeln der Mitarbeiter besser durch Selbstmotivation als durch Anweisungen von oben geleitet. Standardisierte Herangehensweisen, den einzig besten Lösungsweg gibt es nicht mehr. Führung muss immer wieder aufs Neue den für die jeweilige Situation angemessenen Weg finden. Dabei stellt sich die Frage, ob die herkömmlichen Strategien der Reduktion, Kontrolle und Beherrschung von Unsicherheit und Ungewissheit unter den geänderten Vorzeichen einer gewandelten Umwelt überhaupt noch taugen. Je dynamischer die Umwelt ist, desto stärker muss die Fähigkeit ausgebildet sein, für Wendigkeit und schnelle Anpassungsfähigkeit von Strategien zu sorgen. Unter diesen Vorzeichen bieten Spielumgebungen einen Rahmen, in dem das Ausrichten des eigenen Handelns flexibel gelingt.

20.2.2 Virtuelle Spielwelten als Blaupause für die Organisationsführung

Hält man sich den Wandel der Unternehmensumwelt vor Augen, so verspricht insbesondere das Genre der so genannten Massively Multiplayer Online Games (MMOGs) eine geeignete Vorlage für die Herausforderungen der Organisationsführung in unsicheren Zeiten zu sein. In diesen Spielen, die von einer großen Zahl von Spielern online gleichzeitig gespielt werden, bilden sich Communitys von Tausenden von Mitgliedern, die in Echtzeit kooperieren und konkurrieren. MMOGs finden in virtuellen Welten statt, die dauerhaft und jederzeit zugänglich sind und sich auch dann fortentwickeln, wenn sich der einzelne Spieler nicht aktiv am Geschehen beteiligt. Über selbst geschaffene digitale Charaktere (Avatare) interagieren die Spieler sowohl mit der Spielsoftware als auch untereinander und prägen dadurch die Entwicklung der virtuellen Welt gemeinsam. Spieler werden Teil der Geschichte, formen Beziehungen, schließen sich zu Teams, so genannten Gilden, zusammen und führen komplexe Missionen gemeinsam aus; sie bevölkern virtuelle, persistente Welten, die durch Erzählungen mit offenem Ende nur locker strukturiert sind, in denen Spieler große Freiheiten hinsichtlich ihrer Handlungen besitzen. Charakteristisch für MMOGs ist die Mischung aus einem Design, welches eine realitätsferne Fantasywelt beschreibt und dem sozialen Realismus, der sich in dieser Welt entfaltet: So finden sich die Spieler in einer Welt voller Zwerge, Elfen, Ritter und Monster, in der sie Handel treiben, Gebäude errichten oder sich Gedanken machen über Inflation und Geldsysteme. Obwohl sich die Spiele in Thema und Schauplatz unterscheiden, weisen viele eine ähnliche Struktur auf: Eine Anzahl von Spielern – dies können einmal 50, aber auch 200 sein – schließt sich zu Gilden zusammen und bewältigt Aufgaben, die mit dem Fortschritt des Spiels schwieriger werden. Dabei erwerben die Spieler Fähigkeiten und Hilfsmittel, die ihnen den Aufstieg in den nächsten Spiellevel ermöglichen. Innerhalb der Teams nehmen einzelne Spieler unterschiedliche Rollen und Verantwortlichkeiten an, um ihre gesamte Gruppe voranzubringen. Dabei ist die Zusammensetzung der Gilden keineswegs starr, weil Spieler sich stets nach den attraktivsten Zugehörigkeiten umsehen. Interaktion ist eines der wesentlichsten Merkmale von MMOGS, die so konzipiert sind, dass die meisten Ziele nur durch untereinander abgestimmte Aktionen zu erreichen sind.

Die Herausforderungen in Unternehmen der modernen Informationsgesellschaft und der Spielwelt der MMOGs weisen durchaus viele Parallelen auf. Die Akteure mit Führungsverantwortung sehen sich in beiden Welten recht ähnlichen Aufgaben gegenüber: Teammitglieder müssen beurteilt und angeworben werden, sodann laufend motiviert und ihre Anstrengungen honoriert werden. Zu jeder Zeit gilt es, ein Team aufrecht und einsatzbereit zu erhalten, das die verschiedensten Talente vereinen muss und zumeist kulturell bunt gemischt ist. Die Wettbewerbsvorteile müssen identifiziert und richtig eingesetzt werden. Dazu muss ein ständiger Fluss an sich immer wieder ändernden und oftmals unvollständigen Informationen aus den unterschiedlichsten Quellen analysiert werden, um schnelle Entscheidungen zu treffen, die zumeist weitreichende und langfristige Auswirkungen haben. Damit erfolgt das Handeln in MMOGs unter Bedingungen, die für Organisationen in unserer heutigen dynamischen und schnelllebigen Welt gleichermaßen Geltung besitzen: selbstorganisierte und gemeinschaftliche Aktivitäten, sich immer wieder wandelnde Belegschaften und sich je nach Aufgabe neu zusammensetzende Teams, eine dezentrale und nicht-hierarchische Führung.

Virtuelle Spiel- und tatsächliche Organisationsumgebungen gleichen sich dermaßen, dass es sich durchaus lohnt, das Augenmerk auf die erfolgreichen Organisationsprinzipien und -strategien in MMOGs zu richten, um den einen oder anderen Aspekt als Vorbild für die Organisationsführung unter Unsicherheit und Ungewissheit zu identifizieren. In der Tat sind die Ähnlichkeiten derart augenfällig, dass viele Spieler berichten, das Lösen von Problemen, die Zusammenarbeit mit anderen Spielern, die Übernahme von Führung in der virtuellen Welt fühle sich oftmals eher wie Arbeit an denn wie Spaß (vgl. Yee 2006, S. 69).

Die rasend schnelle Verbreitung von Informationen zwingt heute die Organisationsführung, stets schnelle Entscheidungen zu treffen. Dabei ist die Grenze zwischen Wissen und Nicht-Wissen nicht selten haarscharf. Niemals besteht Sicherheit darüber, ob alle Informationen auch tatsächlich in den Entscheidungsfindungsprozess eingegangen sind, und sobald die Entscheidung getroffen ist, warten schon wieder aktuellere Informationen. Wer heute im Wettbewerb die Nase vorne behalten möchte, ist daher gezwungen, auf Basis unvollständiger Datenlage zu entscheiden; wer Optionen zu lange abwägt, der vergibt Chancen und lässt Risiken unnötig nahe an sich heran. In der schnelllebigen Wettbewerbslandschaft kann daher die Entscheidungsfindung nach Art von MMOGs zum Vorbild werden: An die Stelle von reiflichen, wohlüberlegten Entscheidungen treten iterative Strategien, die getroffene Entscheidungen je nach Datenlage immer wieder an die Realität anpassen und wiederholte Kurskorrekturen vornehmen, um sich einem Ziel zu nähern. Wie auch Anführer von Gilden in MMOGs haben Organisationsführer dabei eine Gratwanderung zu bestehen, denn oftmals gehen schnelle Entscheidungen auf Kosten eines Teamkonsenses.

Die Methode Versuch-und-Irrtum spielt beim Vorankommen in virtuellen Welten eine große und erfolgversprechende Rolle. Anders als in den meisten Organisationen, in denen Fehlschläge absolut zu vermeiden sind, werden diese in virtuellen Welten durchaus akzeptiert. Ganz im Gegenteil sogar gelten sie als absolut notwendiger Schritt zum Erfolg. Nach einem missglückten Versuch noch einen weiteren Anlauf zu nehmen, solange bis die Hürde genommen ist, gilt in MMOGs als völlig normal. Auch die Organisationsführung ist gut beraten, in Zeiten der Unsicherheit die Methode Versuch-und-Irrtum stärker in den Vordergrund zu rücken. Ein Durchplanen von Vorhaben von Anfang bis zum Ende ist kaum noch möglich, weil sich die Rahmenbedingungen viel zu schnell wandeln. Ein durchdachter Plan ist längst schon veraltet, bevor sich noch die Umsetzung aller geplanten Schritte dem Ende nähert. Zudem wird der Unternehmenserfolg immer stärker durch Innovation denn durch schlichte Ausführung von Altbekanntem bestimmt. Neues auszuprobieren wird dabei nicht ausbleiben können, ebenso wie sich dabei immer auch wieder Fehler und Misserfolge einstellen werden. Auch hierbei erteilen Spiele wertvolle Lektionen für die Organisationsgestaltung, um die Vorzüge dieser Taktik zu nutzen, gleichzeitig aber mit Fallnetz zu agieren. Zunächst gilt es, eine Kultur des Akzeptierens von Fehlern und des Scheiterns zu etablieren. Zudem muss die Organisation Risiken in einer Art und Weise ausgesetzt werden, die der Struktur von Spielen nachempfunden ist: Werden große Projekte in kleine Aufgaben heruntergebrochen, werden Risiken gestreut und damit schmerzt ein Fehlschlag weniger.

Schließlich kann auch aus der spezifischen Art, wie in virtuellen Spielwelten Führung übernommen und gelebt wird, einiges für Organisationen in unsicheren Zeiten abgeleitet werden. Die Organisationsumwelt fordert höchste Flexibilität und ruft daher nach einem neuen Verständnis von Führung. Die Anführer von Gilden machen vor, wie Führungspersonen ihre Rollen blitzschnell tauschen – in der einen Situation geben sie die Richtung vor und führen andere an, in der nächsten Situation folgen sie selbst jemand anderem. Nicht erworbener Status und Hierarchiestufe bestimmen über die jeweilige Rolle, sondern einzig und allein die optimale Passung zwischen Situation und vorhandenen Fähigkeiten und Kenntnissen. Führung wird weniger an einer Person, sondern an der Sache festgemacht, Führung wird als Zustand verstanden, den Einzelne einnehmen und wieder ablegen, und nicht als persönliche Eigenschaft, die ein Individuum definiert. Die Idee der vorübergehenden Führungsrolle ist Organisationen heute noch weitgehend fremd; vielmehr werden Mitarbeiter zumeist früh in ihrer Karriere für Führungsaufgaben auserkoren, dafür „ausgebildet" bis sie in die Führungsposition eintreten und dort verharren. Zu komplex und dynamisch erscheint das Aktionsfeld von Organisationen heute, als dass das Modell der strikten Aufgabentrennung in Fach- und Führungsaufgaben noch effizient wäre. Anleihe zu nehmen beim Konzept der vorübergehenden Führung, in der Qualifikation stets mit der anstehenden Herausforderung in Einklang gebracht wird, könnte hier einen alternativen Weg aufzeigen.

20.3 Einsatzmöglichkeiten von Spielprinzipien in der Organisationsführung

20.3.1 Motivation als Führungsaufgabe

Führt man sich die Ziele von Gamification vor Augen, dann liegt der Einsatz von Spielelementen im Rahmen von Führungsaufgaben recht nahe: Das Fördern von Motivation und Engagement, das Steuern von Verhalten auf bestimmte Ziele hin, die Begünstigung von Kreativitätsprozessen zur Innovations- und Strategiefindung sind ureigene Führungsaufgaben. Gerade in der hochgradig vernetzten Organisation mit ihrem unsicheren Umfeld wollen und müssen Mitarbeiter mehr als schlichte Befehlsempfänger sein, sie streben nach Verantwortung, Beteiligung und Anerkennung. Führung muss Hand in Hand mit Mitarbeitern arbeiten. Dazu gehört Motivation, damit jeder Einzelne sein Potenzial voll ausschöpfen kann.

Spiele stacheln Mitarbeiterleistungen an, weil das Spielerische die Macht hat, Aufmerksamkeit auf sich zu ziehen, Kommunikation zu fördern und langweilige oder Routineaufgaben unterhaltsamer zu gestalten. In vielerlei Hinsicht bietet Gamification neue Chancen in der Organisationsführung, weil das Spielerische einige Mängel der „echten" Welt heilt: Zuvorderst bietet die Realität kaum jemals jene maßgeschneiderten, zielsicher abrufbaren Erfahrungen, anregenden Abenteuer und starken sozialen Beziehungen, wie es die virtuelle Welt der Spiele schafft. Spiele verstehen es, effizient zu motivieren, Potenziale auszuschöpfen und gar Menschen glücklich zu machen, weil sie exakt jene Faktoren intrinsischer Belohnung liefern, die den Grundstein für positive Lebens- und Arbeitserfahrungen legen. Nirgendwoher erhalten Menschen so punktgenau und zielsicher befriedigende

Arbeitsaufgaben verknüpft mit einer echten Aussicht auf Erfolg wie in Spielen. Zudem kann ein spielerisches Herangehen Feedbackzyklen drastisch verkürzen, wodurch Engagement, Begeisterung und Motivation aufrechterhalten werden. Denn Menschen schätzen unmittelbare Rückmeldungen auf Leistungen. In der Spielumgebung weiß der Mitarbeiter somit jederzeit – anders als bei jährlich stattfindenden Evaluationsgesprächen – wie sich seine Leistung im Vergleich zu anderen und den Unternehmenszielen darstellt. Überhaupt setzen Spiele klare Ziele und weisen eindeutig definierte Spielregeln auf. Auch in dieser Hinsicht unterscheiden sie sich klar von der herkömmlichen Arbeitswelt, in der unscharfe oder sich immer wieder ändernde Ziele sowie uneinheitlich angewandte Regeln zur Demotivation von Mitarbeitern beitragen. Darüber hinaus schaffen Spiele starke soziale Verbindungen und die Möglichkeit, Teil eines größeren Ganzen zu werden. Gerade das narrative Element von Spielen sowie das Zusammenwirken einer Masse verschiedenster Spieler wecken ein Gefühl der Ermächtigung und Befähigung, welches Menschen dazu bringt, selbstlos für einen größeren Zweck zusammenzuarbeiten.

Nicht nur, weil der Mensch von Natur aus ein spielendes Wesen ist, auch weil es Spiele vermögen, ein für Menschen befriedigendes Arbeitsumfeld zu schaffen, ist Gamification prädestiniert zum Einsatz im Rahmen von Führungsaufgaben. Denn ganz allgemein kann Führung verstanden werden als zielorientierte Verhaltensbeeinflussung (vgl. etwa Wild 1974, S. 32; Steinle 1978, S. 13; Heinen 1984, S. 37). Und hierbei wiederum spielt Motivation eine tragende Rolle, denn sie ist es, die Richtung, Intensität und Ausdauer menschlichen Verhaltens erklärt (vgl. Thomae 1965). Organisationsführung ist daher zu einem guten Teil stets Menschenführung, wenn es darum geht, auf die Kooperation, Kommunikation und Koordination aller Organisationsmitglieder einzuwirken, damit ganz bestimmte Verhaltensweisen an den Tag gelegt werden (Richtung), diese mit dem geeigneten Maß eingesetzter Energie (Intensität) sowie mit ausreichend Hartnäckigkeit trotz Widerständen und Hindernissen (Ausdauer) verfolgt werden (vgl. Nerdinger et al. 2014, S. 420).

Um die Organisationsziele zu verwirklichen, kommt Führung also die Aufgabe zu, steuernd und richtungweisend auf das Handeln aller Organisationsmitglieder einzuwirken. Zur Erklärung, ob sich Menschen für oder gegen ein bestimmtes Verhalten entscheiden, hat der Psychologe BJ Fogg ein sehr einfaches und einleuchtendes Modell entwickelt. Sein „Fogg Behavior Model" (vgl. Fogg 2009) führt Verhalten auf das zeitgleiche Auftreten dreier Faktoren zurück: Es bedarf einer hinreichenden Motivation (jemand muss einen guten Grund haben, etwas zu tun) und Fähigkeit (jemand muss das Gefühl haben, in der Lage zu sein, etwas zu schaffen, das heißt, er muss das nötige Talent und Können aufweisen, aber auch ausreichend Zeit haben etc.) sowie eines effektiven Triggers (ein Impuls oder Auslöser muss jemanden dazu bringen, etwas zu tun).

Mit diesem Modell gelingt die Herleitung geeigneter Führungsmaßnahmen gleichermaßen, wie es wirkungsvoller Gamification zugrunde liegt. Denn die Anwendung von Gamification setzt stets einen klaren Plan voraus, welches Verhalten wie beeinflusst werden soll und auf welchem Weg dies erreicht werden kann. Spielelemente können auf vielerlei Weise auf die drei Fogg'schen Faktoren der Verhaltenssteuerung einwirken: Mit dem positiven Feedback, das Spiele fortwährend durch das Ansammeln von Punkten, das

Springen auf den nächsten Level oder die Anzeige des Fortschritts geben, erhöhen sie Motivation. Berücksichtigt man außerdem, dass Motivation zu einem großen Teil durch das Streben nach sozialer Akzeptanz entsteht, dann sind gerade MMOGs bestens gerüstet, zu motivieren, weil sie eine weite Bandbreite von Methoden liefern, um Menschen durch die Aussicht auf soziale Akzeptanz oder Ablehnung in ihrem Verhalten zu beeinflussen. Zudem verstehen Spiele es blendend, wahrgenommene Fähigkeiten an die Herausforderungen anzupassen, Spiele vertrauen ganz erheblich auf die Macht der Vereinfachung, indem sie große Aufgaben in Teilaufgaben zerlegen und sie so leichter handhabbar machen oder Informationen nur in leicht verdaulichen Häppchen füttern. Auch Trigger werden in Computerspielen exakt zu dem Zeitpunkt gesetzt, wenn sie den größten Effekt versprechen, nämlich immer dann, wenn sich Spieler motiviert fühlen und ein Höchstmaß an Befähigung verspüren.

Spielelemente können aber auch insofern positiv auf die Motivation wirken, als sie es verstehen, Arbeitsaufgaben so darzubieten, dass sie von Menschen als befriedigend empfunden werden, bestenfalls gar ein Flow-Erlebnis entsteht. Der Psychologe Mihaly Csikszentmihalyi (1975) beschrieb den Zustand des Glücksgefühls, in den Menschen geraten, wenn sie gänzlich in einer Beschäftigung „aufgehen". Durch fokussierte Aufmerksamkeit und eine Abgeschirmtheit gegenüber Ablenkungen zeichnet sich dieser Zustand durch den Verlust des Zeitgefühls und vollkommene Selbstvergessenheit aus. Dabei hat Csikszentmihalyi drei Faktoren identifiziert, die das Zustandekommen des Phänomens begünstigen: Der Betreffende verfolgt eine klare Zielsetzung, erhält kontinuierliche, unmittelbare Rückmeldungen über den Erfolg seiner Handlungen sowie verspürt ein ausgewogenes Verhältnis zwischen den wahrgenommenen Anforderungen und seinen Fähigkeiten, sodass weder Langeweile noch Überforderung entsteht.

Spielumgebungen schaffen ideale Voraussetzungen für diese Entstehungsfaktoren von Flow. Spiele weisen nicht nur eindeutige Ziele und klare Regeln auf, sondern gestalten Ziele auch handhabbarer. Da für Menschen Ziele, die weit in der Zukunft liegen, deren Ausmaße als übermächtig wahrgenommen oder als extrem schwierig empfunden werden, einschüchternd und demotivierend wirken, zerlegen Spiele Ziele in Teilziele, die dann für sich weniger überwältigend erscheinen. Im Organisationsumfeld hingegen erscheinen Ziele oftmals unklar, kaum eindeutig, diffus und übergroß. Spielprinzipien können in Organisationen angewandt werden, um dieses Defizit zu mildern.

Auch Feedback erreicht den Handelnden im Organisationsalltag eher unzulänglich. Aktionen ziehen kaum jemals unmittelbar und zeitnah eine Rückmeldung nach sich, die Aufschluss gibt über die Qualität des Handelns. Verhaltensanpassungen können daher nicht oder nur stark verspätet erfolgen. Dabei erhöht sich nachweislich die Wahrscheinlichkeit, ein bestimmtes Ziel zu erreichen, wenn Menschen klare Ziele sowie eine Möglichkeit erhalten, den Fortschritt der Zielerreichung zu beurteilen (vgl. Bandura und Cervone 1983). Die Stärke von Feedback liegt darin, dass Menschen Kontrolle über ihre Handlungsweisen erhalten und damit die Selbstmotivation gestärkt wird. Auf diese Weise gelingt es, das Streben nach rationalen Zielen emotional aufzuladen. In diesem Sinne weisen Spiele eine ganze Reihe von Mechanismen auf, die den Spieler stets exakt den Spielstatus erkennen lassen

– welche Hürden noch bevorstehen, was bereits geschafft ist, wie gut man sich schlägt. Punktestände, Countdowns, klare Regeln und grafische Darstellungen der „Player Journey" lassen keine Unklarheiten aufkommen. Gutes Spieldesign trachtet stets danach, die Spielermotivation hoch zu halten, indem Fortschritte und Erfolge jederzeit deutlich angezeigt werden, und zwar zeitnah (nicht erst nach tage- oder wochenlangem Spiel). Zudem wird dem Spieler exakt vermittelt, aus welchem Grund Herausforderungen zu meistern sind (nicht nur weil jemand ihn damit beauftragt hat). So vermitteln Spielumgebungen die Gewissheit, auf dem richtigen Weg zu sein, was eine wichtige Quelle für Motivation darstellt.

Werden Aufgaben als zu schwierig empfunden, entstehen Stress und Frustration. Können sie hingegen ohne größere Anstrengungen bewältigt werden, ist Langeweile die Folge. Im Spannungsfeld zwischen Anforderungen und Fähigkeiten eröffnet sich der „Flow-Kanal": Herausforderungen, die die gegenwärtigen Grenzen des Könnens leicht übersteigen, mit hohem Einsatz aber dennoch gemeistert werden, rufen ein Glücksgefühl hervor. Spiele sind Meister darin, diese Gratwanderung zwischen Über- und Unterforderung zu gestalten. Weil sie etwa die zeitliche Abfolge von Aufgaben exakt so gestalten, dass sie den jeweils verfügbaren Zeitressourcen des Spielers entsprechen. Aber auch der spezifische Zuschnitt der Aufgaben hat großen Einfluss darauf, wie befriedigend Aufgaben empfunden werden. Im Spiel wird Spielern nie bloß eine einzige Mammutaufgabe präsentiert, sondern stets werden sie nur mit Aufgabenhäppchen konfrontiert, die zwar fordernd, jedoch zu bewältigen sind. Eine das Gesamtprojekt überspannende Storyline sorgt für den Zusammenhalt der Einzelaufgaben und dafür, dass das große Ganze nicht aus dem Auge verloren wird.

Sowohl Organisationsführung als auch Gamification fußen auf menschlicher Psychologie. Versteht man daher Motivation als Führungsaufgabe, kann deren Zuschnitt nach den Regeln des Spieldesigns lohnend sein. Denn gut durchdachte Spiele versorgen den Spieler kontinuierlich mit angemessenen Belohnungen und halten sorgfältig austarierte Aufgaben vor, die dem Spieler das Gefühl geben, am laufenden Band Erfolge einzufahren. Erfolgsgefühle stellen sich daher regelmäßiger ein als dies üblicherweise im Arbeitsumfeld der Fall ist, wo Anerkennung seltener und Feedback weniger unmittelbar erfolgen.

20.3.2 Spiele als Handlungsräume

Neben ihrer Fähigkeit der Motivation macht Spiele ein weiteres Charakteristikum zu einem nützlichen Instrument der Führung unter Unsicherheit: Spiele schaffen Gemeinschaften und sind Räume der Interaktion. So entstehen in MMOGs riesige Communitys, die sich durch rege Interaktion und ein weit verzweigtes Netz an sozialen Beziehungen auszeichnen.

Weil funktionierende Gemeinschaften auch für schnell handlungsfähige Unternehmen in ungewissen Zeiten von Vorteil sind, können spielerische Umgebungen im organisatorischen Kontext als Oberfläche der Gemeinschaftsbildung und Raum für Interaktionen dienen. Spielumgebungen sind Grundlage für neuartige, immaterielle soziale Räume, in denen sich soziale Beziehungen entwickeln, kommuniziert und kollaboriert wird und gemeinsame Welten konstruiert werden können. Dabei ist aufgrund des technischen Fortschritts heute eine neue Stufe der Visualisierung erreicht, die virtuelle Welten simuliert. Spielwelten sind nicht länger nur Bilder, vielmehr erscheinen sie in gewisser Weise ebenso als „reale" Welten, in die die Protagonisten eintreten können. Beispielhaft werden im Folgenden Spiele als Kommunikations- und Möglichkeitsräume dargestellt.

Spiele als Kommunikationsräume
Weil Spiele naturgemäß interaktiv sind, können sie als geeignete Plattform dienen, Kommunikation und Kollaboration in Gang zu bringen und zu begleiten. Damit sind sie ideale Räume, um Debatten und Auseinandersetzungen auszutragen sowie gemeinsame Nachdenkprozesse zu orchestrieren. Im organisatorischen Umfeld bieten Spiele somit einen Rahmen, der beispielsweise Problemlösungs- und Strategiefindungsprozesse beherbergen kann. Schon Albert Einstein wusste Jahrzehnte bevor das erste Videospiel existierte: „Das Spiel ist die höchste Form der Forschung." Denn beim Spielen sind Aufmerksamkeit und Denkvermögen aller Spieler auf das gemeinschaftliche Meistern der spielerischen Herausforderung gerichtet. Der Austausch zwischen den Spielern ist dabei dadurch gekennzeichnet, dass das Spiel Kreativität freisetzt und verfestigte Strukturen aufbricht.

Spielwelten im Mehrspieler-Modus lassen eine Reihe von Kommunikationsformen über eine Vielzahl verschiedener Kanäle zu: Sowohl „one-to-many" als auch „one-to-one" Interaktion erfolgt pausenlos und ist allgegenwärtig. Sie findet zwischen Spielern synchron (Text-Chats, Sprachkommunikation über VoIP, avatar-basierte non-verbale Kommunikation) als auch asynchron (online Portale, Foren) statt. Dabei ist Kommunikation auch im Spiel nicht nur ein Mittel, das Spielgeschehen durch strategische und taktische Absprachen voranzutreiben, sondern ebenso ist in Spielräumen Kommunikation mit primär sozialer Funktion, also ohne Funktion innerhalb des eigentlichen Spielablaufs, gang und gäbe. Es wird geprahlt, Freude über eigenes Gelingen oder die Leistungen anderer ausgedrückt, man grüßt und verabschiedet sich – nicht anders als im echten Leben. Verhalten bleibt nicht im Spielraum gefangen, sondern wirkt auch auf die realen Beziehungen der Spieler außerhalb des Spiels. Dabei weist gerade die über Avatare vermittelte Interaktion in online Welten Besonderheiten auf, die man sich im Führungsalltag gezielt zunutze machen kann, derer man sich aber jedenfalls bewusst sein muss. Das Handeln über ein Alter Ego schafft eine andere Atmosphäre als sie von Angesicht zu Angesicht zustande kommt: Im Allgemeinen ist eine größere Offenheit im Umgang zu bemerken und dies führt dazu, dass hitzige Auseinandersetzungen verbreiteter aber auch akzeptierter sind, Teammitglieder stehen Gruppenkonflikten aufgeschlossener gegenüber (vgl. Reeves et al. 2008). In den Spielwelten werden Status und Rollenzugehörigkeiten aus dem „echten Leben" eingeebnet: Was zählt, ist allein der aufgrund des innerhalb des Spiels bewiesenen Geschicks, Talents und Fleißes erreichte Erfolg.

Innerhalb von MMOGs kommen Tausende von Menschen zusammen, um gemeinsam an Problemen zu tüfteln, Pläne zu schmieden und in der Folge als Team Aktionen auszuführen. Dabei kommt der Schnelligkeit des Handelns immense Bedeutung zu. Virtuelle

Spielwelten können daher Vorbild sein, eine Vielzahl von Mitarbeitern – ohne zeitliche und räumliche Restriktionen – zusammenzubringen, um an einem gemeinsamen großen Ganzen zu arbeiten. Spielerisch wird ein Brainstorming in Gang gesetzt, werden Ideen ausgetauscht und Vorgehensweisen definiert. Die US-amerikanische Spieldesignerin Jane McGonigal (2011) hat mit einer Vielzahl von Spielen demonstriert, wie man spielerisch Menschen zusammenbringen kann, um gemeinsam an einem größeren Zweck, an Problemen der realen Welt zu arbeiten. „Evoke", „World Without Oil" und „Superstruct" sind Beispiele dafür, wie es gelingen kann, im Spiel Missionen der realen Welt zu unternehmen und einen regen Austausch, Debatten und Auseinandersetzungen anzufachen sowie in der Folge Lösungsstrategien zu entwerfen. Solche Spiele schaffen es, weltumspannend Kommunikation und Kollaboration auszulösen, sodass ein gemeinsamer Nachdenkprozess losgetreten wird. McGonigal nimmt sich auf diese Weise der großen Weltprobleme – von Nahrungsmittelversorgung über Ölknappheit bis zur Klimakatastrophe – an. Für Organisationen können Spiele als Kommunikationsräume aber jedenfalls ein probates Mittel sein, um eine große Menge von Mitarbeitern an Kommunikationsprozessen zu beteiligen und Raum für Kollaboration zu eröffnen.

Spiele als Möglichkeitsräume
Nicht nur gewähren Spiele Raum, in kommunikativen Prozessen Strategien und Lösungswege zu beraten, ebenso können diese in Spielräumen erprobt werden. Denn virtuelle Spielwelten sind Möglichkeitsräume, in denen Nutzer mit keinerlei Konsequenzen rechnen müssen, sondern sich unbeschwert erproben können – anders als im richtigen Leben ist jederzeit ein Neustart möglich.

Insofern sind Spielräume Erlebnisräume, in denen ein „als-ob" erlebt werden kann. Denn Spiele sind ein Ausschnitt der Welt und präsentieren eine mehr oder weniger realitätsbezogene Wirklichkeit, auf deren Verlauf Spieler sodann Einfluss nehmen. So werden Spiele zu Plattformen für Probehandeln: Sie erlauben das Einüben und Ausprobieren von Aktionen. Virtuelle Welten sind ein Übungsfeld, auf dem ohne Restriktionen und ohne Furcht vor Auswirkungen auf das echte Leben vielfältige Rollen und Funktionen angenommen, Abläufe, Strategien, Methoden und Instrumente des Handelns getestet und Grenzen immer weiter ausgedehnt werden können. Dabei ist Probehandeln gleichwohl nur insofern konsequenzlos, sieht man von Erkenntnis und erworbenem Wissen ab. Denn das unbeschwerte Handeln im Spielsetting führt zu Wissen über Zusammenhänge, Gesetzmäßigkeiten und Abläufe und dient der Evaluierung zukünftiger Handlungen. Im Spiel werden Konsequenzen nicht nur abschätz-, sondern gar erlebbar. Weil Handeln im Spiel sinnlich erfahrbar ist, wird Probehandeln in virtuellen Welten stets als realitätsnäher empfunden als ein rein gedankliches „Durchspielen". Für den Spieler ist das eigene Agieren immer real. Daher ist die Entscheidung über die Anonymität von Nutzern wesentlich, weil Probehandeln stets radikaler und ungehemmter abläuft, kann sich der Nutzer hinter seinem Avatar verstecken.

Simulative Modelle, wie sie in der Ökonomie und Politologie üblich sind, verfügen über Möglichkeitsräume, die mit jenen von Computerspielen einiges gemeinsam haben.

Spielräume lassen nicht nur das Austesten des „als-ob", sondern auch eines „wenn-dann" zu. Mit seiner abstrahierten, vereinfachten Darstellung der Wirklichkeit bietet das Spiel einen Rahmen, in dem Prozesse ablaufen können, die die Frage nach „Was wäre, wenn...?" beantworten und die Simulation verschiedener Optionen erlauben.

Im komplexen, dynamischen Organisationsumfeld, in dem nur allzu oft aufgrund von ungenügenden Daten und unabschätzbaren Folgen teils weitreichende Entscheidungen abverlangt werden, können Spiele als Möglichkeitsräume die Schwierigkeit des rein gedanklichen Lösens von Problemen und Definierens von Strategie abfedern. Das Spiel gewährt Raum für die Umsetzung von Gedankenexperimenten. Statt bei Trockenübungen stehen zu bleiben, können Möglichkeiten ausgetestet und Optionen mit ihren unterschiedlichen Auswirkungen erfahrbar gemacht werden. Die Auseinandersetzung mit der Wirklichkeit kann mit jeweils veränderten Vorzeichen bei ausgeschaltetem Risiko beliebig wiederholt werden.

20.4 Erfolgsfaktoren für Gamification im Führungskontext

Im Jahr 1959 mischte sich der Soziologe Donald F. Roy unter eine Gruppe von Fabrikarbeitern, um herauszufinden, wie diese ihren Arbeitsalltag – lange Schichten repetitiver, sehr simpler Tätigkeiten – bewältigten. Speziell interessierte ihn, wie sie der Monotonie („beast of monotony") Herr wurden. Roy beschreibt, wie die Arbeiter etwa auf selbst auferlegte, wenn auch vollkommen bedeutungslose Ziele hinarbeiteten („Sobald ich tausend grüne Teile fertig habe, mache ich ein paar braune.") und den Arbeitstag ganz bewusst durch Essenspausen („peach time", „fish time", „coke time") zersplitterten. „Banana time" läutete zudem das tägliche Ritual eines Bananendiebstahls ein: Sobald ein Arbeiter seine Banane auspackt, entwendet ein anderer ihm diese und verschlingt sie, was Anlass gibt für einen Proteststurm des Bestohlenen, der nichtsdestotrotz jeden Tag wieder eine Banane mitbringt. Dieser ritualisierte Spaß, schloss Roy, trug zu einem konstanten Fluss sozialer Interaktion bei und zog dadurch Aufmerksamkeit und Interesse auf sich, was den Arbeitstag schneller vergehen ließ: „The ‚beast of boredom' was gentled to the harmlessness of a kitten." (vgl. Roy 1959).

Über Roys Beobachtungen hinaus gibt es unzählige undokumentierte Beispiele, wie dem Spielerischen in Unternehmen immer schon Bedeutung zukam, um Arbeit zu erleichtern. Dabei ersannen stets die Arbeitskräfte selbst Spiele, um Langeweile und Routine zu vertreiben. Erst in jüngster Zeit erfuhr das Spielerische am Arbeitsplatz einen Bedeutungswandel: Ganz bewusst werden heute jene Designprinzipien, die Spiele so erfolgreich machen, auf das Arbeitsleben angewandt, der schlichten instrumentellen Logik folgend: Arbeit macht nicht immer Spaß, aber Spiele bringen Spaß, daher macht Arbeit mehr Spaß, wenn man sie zum Spiel macht (vgl. Mollick und Rothbard 2014, S. 7). Dieser Prozess, der heute als Gamification bezeichnet wird, bedeutet einen entscheidenden Unterschied zu den früheren Spielen am Arbeitsplatz: was einst freiwillig und selbstauferlegt war, ist unter den Vorzeichen von Gamification zumeist oktroyiert.

Mollick und Rothbard (2014) haben das Phänomen erzwungener Spiele als „Mandatory Fun"-Paradox beschrieben und festgestellt, dass die positive Wirkung von Spielen auf Mitarbeiter und deren Leistung ganz wesentlich davon abhängt, zu welchem Grad diese aus eigenem Antrieb einwilligen zu spielen. Auch im Game Design wird die freiwillige Teilnahme neben Zielen, Regeln und einem Feedbacksystem als definierendes Merkmal von Spielen betrachtet (vgl. etwa McGonigal 2011). Bereits für Huizinga (1956, S. 37), von dem die wahrscheinlich am häufigsten bemühte Begriffsbestimmung des Spiels stammt, beruht Spielen vor allem auf Freiwilligkeit; spielerische Handlungen werden von sich heraus begonnen und können nicht befohlen werden. Beim Einsatz des Spielerischen im Unternehmenskontext wird dies zu beachten sein: etwa durch alternative Zugänge zum Spiel, durch die die verschiedenen Charaktere erreicht werden. Bestimmt braucht es auch stets eine Hintertür für jene, die sich nicht angesprochen fühlen und sich entscheiden, nicht zu spielen.

Das Erfordernis der Freiwilligkeit legt auch nahe, dass Gamification vor allem nach intrinsischer Motivation streben sollte. Die Vergabe von Punkten, Badges und sonstigen Auszeichnungen macht noch lange kein gutes Spiel aus – vielmehr verkommt Gamification zu „Pointsification" (vgl. etwa Robertson 2010). Gute Spiele zeichnen sich dadurch aus, dass sie knifflige Rätsel stellen, für Erfolgserlebnisse sorgen und das Gefühl geben, eine Sache zu beherrschen und zu meistern. Spiele zu spielen muss aus dem Inneren kommen, dem eigenen Antrieb geschuldet sein, nicht durch Belohnungen „erkauft" werden. Bloß eine Schicht aus schlichten Mechanismen wie Punkten oder Ranglisten über eine erwünschte Tätigkeit zu legen, hat mehr mit simpler Konditionierung als mit der Schaffung bedeutungsvoller, bereichernder Spielerfahrungen gemeinsam. Nicht nur, dass solche Anwendungen kaum dauerhaft verfangen werden, auch bewirkt oft genug extrinsische Motivation durch Belohnung exakt das Gegenteil des Gewollten und kann intrinsische Motivation sogar verringern (vgl. z. B. Deci 1971, 1972; Lepper et al. 1973; Ross 1975).

Soll Gamification Handlungsbereitschaft auch längerfristig steigern, muss die spielifizierte Arbeitsumgebung daher als unterhaltsam erlebt werden. Die Mitwirkung der Mitarbeiter darf nicht bloß „erkauft" werden. In Anlehnung an die von Edward L. Deci und Richard M. Ryan (1985) entwickelte Selbstbestimmungstheorie („self-determination theory") wird eine Gamification-Anwendung deshalb dann wirkungsvoll sein, wenn die drei psychischen Grundbedürfnisse Kompetenz, Selbstbestimmung und soziale Eingebundenheit ausreichend befriedigt werden. Gamification muss daher interessante Herausforderungen bereithalten, aber zudem auch durch ein Austarieren des Schwierigkeitsgrads das Gefühl der Kompetenz, also der Fähigkeit gewünschte Resultate zu erreichen und das System zu beherrschen, aufrechterhalten. Fortlaufendes, aufmunterndes Feedback verstärkt noch diesen Effekt. Es kommt darauf an, dass Spiele ein gutes Design aufweisen, das so durchdacht ist, dass sich Herausforderungen und Spielerfähigkeiten die Waage halten, sodass immer wieder die Erfahrung von Kompetenz und Können gemacht wird. Selbstbestimmung bezeichnet die menschliche Kapazität, Herr über die eigenen Aktivitäten zu sein. Daher müssen Spiele stets eine freiwillige Angelegenheit sein. Spielen muss dem eigenen Antrieb geschuldet sein, darf nicht erzwungen sein. Wird zum Spiel extrinsisch durch vorhersehbare, erwartbare Belohnungen motiviert, so stellt sich schnell das Gefühl ein, Autonomie zu verlieren und kontrolliert zu werden. Dazu kommt noch, dass Belohnungen das Signal aussenden, die Tätigkeit, für die sie verteilt werden, sei es nicht wert, ihrer selbst willen getan zu werden. Das Bedürfnis nach Interaktion und Verbindung mit anderen wird in Spielen dann umgesetzt, wenn sie die persönlichen Ziele des Spielers ansprechen und eine Beziehung herstellen zu Interessen und Wünschen, die auch außerhalb des Spiels relevant sind. Damit Mechanismen, die auf Status und Reputation setzen (Levels, Badges, Ranglisten) auch funktionieren, muss das Spiel im Rahmen einer Community stattfinden, die für den Spieler Bedeutung hat. Nur wenn die Möglichkeit eingeräumt wird, sich mit anderen über die Spielerfolge auszutauschen, haben diese überhaupt einen Wert. Soziale Eingebundenheit kann in Spielen auch dadurch hergestellt werden, dass die Spielaktivitäten in eine bedeutsame Geschichte eingebettet sind – so wie es in vielen Computerspielen um nicht weniger geht, als die Menschheit zu retten.

Der Aspekt der Freiwilligkeit spielt gerade auch bei der Anwendung von Gamification in Organisationen eine herausragende Rolle, wo eine Vielzahl verschiedener Menschen angesprochen werden soll. Gutes Game Design nimmt seit langem schon ins Kalkül, dass nicht jeder Mensch auf gleiche Weise zu motivieren ist, weswegen sich auch Spieldesigns unterscheiden müssen. Nach dem jeweiligen Antrieb zum Spielen hat etwa Richard A. Bartle (1996) vier Spielertypen identifiziert: „Achievers" suchen nach Leistung und verfolgen daher die Spielziele für den bestmöglichen Erfolg. „Explorers" geht es um die Erkundung der Spielwelt und die Erforschung der Spiellogik. „Socializers" dient das Spiel der Interaktion und Kommunikation mit anderen Spielern. Auch die „Killers" interessieren sich für die Mitspieler, jedoch hauptsächlich, um ihnen Schaden zuzufügen. Weil sich in jeder Organisation die verschiedensten Spielertypen finden lassen werden, kommt der Frage immense Bedeutung zu, wie Gamification bei jedem Einzelnen wirkt.

Die Logik des Spiels hat großes Potenzial zur Verbesserung von Motivation, Engagement, Zusammenarbeit, Führung und Innovation in Organisationen in ungewissen Zeiten. Doch ist das Design eines effektiven Games alles andere als eine triviale Aufgabe. Soll Gamification seinen Erwartungen gerecht werden, ist wohlüberlegtes Game Design vonnöten, das über die Vergabe von Punkten und Badges weit hinausreicht. Denn Gamification ist kein Selbstläufer, es muss sich an den Bauprinzipien guter Spiele orientieren, um Erlebnisse zu schaffen, den Spieler auf eine Reise in Fantasiewelten mitzunehmen, ihn in Rollen abseits des täglichen Lebens schlüpfen zu lassen und die Freiheit gewähren, anders zu denken und zu handeln als dies im „normalen" Leben opportun wäre.

Literatur

Bandura, A., & Cervone, D. (1983). Self-Evaluative and self-efficacy mechanisms governing the motivational effects of goal systems. *Journal of Personality and Social Psychology, 45*(5), 1017–1028.
Bartle, R. (1996). Hearts, clubs, diamonds, spades: Players who suit MUDs. http://www.mud.co.uk/richard/hcds.htm. Zugegriffen: 9. Feb. 2015.

Csikszentmihalyi, M. (1975). *Beyond boredom and anxiety: Experiencing flow in work and play*. San Francisco: Jossey-Bass Publishers.

Deci, E. L. (1971). Effects of externally mediated rewards on intrinsic motivation. *Journal of Personality and Social Psychology, 18*(1), 105–115.

Deci, E. L., & Ryan, R. M. (1985). *Intrinsic motivation and self-determination in human behavior*. New York: Springer.

Fogg, B. J. (2009). A behavior model for persuasive design. In: Proceedings of the 4th international conference on persuasive technology, S. 1–7. New York: ACM.

Heinen, E. (1984). *Betriebswirtschaftliche Führungslehre: Grundlagen – Strategien – Modelle*. Wiesbaden: Gabler.

Huizinga, J. (1956). *Homo Ludens. Vom Ursprung der Kultur im Spiel*. Reinbek: Rohwolt.

Lepper, M. R., Greene, D., & Nisbett, R. E. (1973). Undermining children's intrinsic interest with extrinsic reward: A test of the „overjustification" hypothesis. *Journal of Personality and Social Psychology, 28*(1), 129–137.

McGonigal, J. (2011). *Reality is broken: Why games make us better and how they can change the world*. New York: The Penguin Press HC.

Mollick, E., & Rothbard, N. (2014). Mandatory fun: Consent, gamification and the impact of games at work. The Wharton School research paper series. http://papers.ssrn.com/sol3/papers.cfm?abstract_id=2277103. Zugegriffen: 5. Feb. 2015.

Nerdinger, F. W., Blickle, G., & Schaper, N. (2014). *Arbeits- und Organisationspsychologie*. Berlin: Springer.

Reeves, B., Malone, T. W., & O'Driscoll, T. (2008). Leadership's online labs. *Harvard Business Review, 86*(5), 58–66.

Robertson, M. (2010). Can't play, won't play. http://www.hideandseek.net/2010/10/06/cant-play-wont-play/. Zugegriffen: 9. Feb. 2015.

Ross, M. (1975). Salience of reward and intrinsic motivation. *Journal of Personality and Social Psychology, 32*(2), 245–254.

Roy, D. F. (1959). „Banana Time:" Job Satisfaction and Informal Interaction. *Human Organization, 18*(4), 158–168.

Stampfl, N. S. (2012). *Die verspielte Gesellschaft. Gamification oder Leben im Zeitalter des Computerspiels*. Hannover: dpunkt.verlag GmbH.

Steinle, C. (1978). *Führung: Grundlagen, Prozesse und Modelle der Führung in der Unternehmung*. Stuttgart: Poeschel.

Thomae, H. (1965). Zur allgemeinen Charakteristik des Motivationsgeschehens. In H. Thomae (Hrsg.), *Handbuch der Psychologie. Allgemeine Psychologie*. Motivation (Bd. 2, S. 45–122). Göttingen: Verlag für Psychologie, Dr. C.J. Hogrefe.

Wild, J. (1974). *Grundlagen der Unternehmensplanung*. Reinbek: VS Verlag für Sozialwissenschaften.

Yee, N. (2006). The labor of fun. How video games blur the boundaries of work and play. *Games and Culture, 1*(1), 68–71.

Nora S. Stampfl, MBA studierte Wirtschaftswissenschaften an der Johannes Kepler Universität Linz (Österreich) und der Goizueta Business School at Emory University in Atlanta, GA (USA). Sie verfügt über langjährige Berufserfahrung im internationalen Consulting (PricewaterhouseCoopers, IBM) und ist Gründerin von f/21 Büro für Zukunftsfragen (www.f-21.de). Als Organisationsberaterin, Zukunftsforscherin und Publizistin ist sie dem gesellschaftlichen Wandel auf der Spur. Nora S. Stampfl verfasste Bücher (u. a. „Die verspielte Gesellschaft. Gamification oder Leben im Zeitalter des Computerspiels", dpunkt.verlag GmbH, 2012) und zahlreiche Artikel zu diversen Zukunftsthemen. Sie lebt und arbeitet in Berlin.

Teil V
Praxis und Einblicke – Konkreter Umgang mit Ungewissheit

21 Mit Aufstellungsarbeit Wahrnehmungs- und Handlungsfähigkeit fördern

Katrina Welge

Fest verankert im Bodenlosen (aus dem Zen-Buddhismus)

Zusammenfassung

In einem dynamischen Umfeld, in dem sich vieles nicht vorhersehen lässt, brauchen Organisationen offene Formen der Wahrnehmung und des Umgangs und lernfähige Mitarbeitende, um allen Bewegungen und Veränderungen aufmerksam und gestaltungsbereit zu begegnen. Dies stellt jede Unternehmensführung vor große Herausforderungen; sie wird sich unter anderem mit Selbstorganisation und Persönlichkeitsbildung befassen und die Organisation und alle beteiligten Personen entsprechend qualifizieren müssen. Es geht dabei weniger um die richtigen Instrumente, vielmehr um einen Lernprozess, in dem wahrnehmungsfördernde Führungs- und Organisationspraktiken ausprobiert, reflektiert und integriert werden. Ein solcher Lernprozess kann beispielsweise mit der systemischen Aufstellungsarbeit initiiert werden. Der Beitrag zeigt die Innovationskraft und das Orientierungspotenzial der Organisations- und Strukturaufstellung. Aufstellungsarbeit erscheint als adäquate Methode, um der erhöhten Komplexität von Uneindeutigkeit zu begegnen.

K. Welge (✉)
Hochschule für Angewandte Psychologie/Fachhochschule Nordwestschweiz,
Institut für Kooperationsforschung und –entwicklung, Olten, Schweiz
E-Mail: katrina.welge@fhnw.ch

21.1 Vielfältige Wechselwirkungen

In einem dynamischen Umfeld, in dem sich vieles nicht vorhersehen lässt, brauchen Organisationen offene Formen der Wahrnehmung und des Umgangs und lernfähige Mitarbeitende, um allen Bewegungen und Veränderungen aufmerksam und gestaltungsbereit zu begegnen. Dies stellt jede Unternehmensführung vor große Herausforderungen; sie wird sich unter anderem mit Selbstorganisation und Persönlichkeitsbildung befassen und die Organisation und alle beteiligten Personen entsprechend qualifizieren müssen.

Wie müssen wir uns organisieren, damit wir unsere eigenen Entscheidungen und Erwartungsmuster im kollektiven Miteinander immer wieder überprüfen können? Wie entwickeln wir Führungsverantwortung für den aufmerksamen, verantwortungsvollen, vorausschauenden, achtsamen Umgang mit Unerwartetem und im Miteinander? Wie können wir unsere Wahrnehmungsfähigkeit schulen und weiterentwickeln?

Es geht dabei weniger um die richtigen Instrumente, vielmehr um einen Lernprozess, in dem wahrnehmungsfördernde Führungs- und Organisationspraktiken ausprobiert, reflektiert und integriert werden. Ein solcher Lernprozess kann beispielsweise mit der systemischen Aufstellungsarbeit initiiert werden.

Aus konstruktivistischer Perspektive ist davon auszugehen, dass Wirklichkeit nicht objektiv existiert und keinerlei Essenz aufweist, sondern stets sozial und diskursiv (re)produziert werden muss. Dies hat auch Konsequenzen für die Führung. Sie wird dann nicht von Wissen und Gewissheit, von Steuerung, Kausalketten und Fakten ausgehen, sondern von Absichtslosigkeit, vielfältigen Wechselwirkungen und Relationen.

Der Beitrag zeigt die Innovationskraft und das Orientierungspotenzial der Organisations- und Strukturaufstellung. Aufstellungsarbeit erscheint als adäquate Methode, um der erhöhten Komplexität von Uneindeutigkeit zu begegnen. Es handelt sich um eine systemische Methode; im ersten Teil des Beitrags werden deshalb die systemischen Ausprägungen der Managementlehre – und der Managementpraxis, des Einsatzortes der Organisations- und Strukturaufstellung – beschrieben; die konzeptionelle Grundlage des systemischen Denkens und die zugrunde liegende Systemtheorie werden dabei vorausgesetzt.

21.2 Systemorientiertes und systemisches Management

Im systemorientierten Managementansatz nach Hans Ulrich (1970) versteht man ein Unternehmen als komplexes, zweckorientiertes, produktives soziales System. Aufgabe und Sinn ist die Erstellung von Leistungen für den Markt. Zwar ist das Unternehmen in eine komplexe, dynamische Umwelt eingebettet, es bleibt dabei selbst aber relativ autonom. Die Umwelt besteht aus verschiedenen Sphären, etwa der ökologischen oder der technologischen Sphäre, und weiteren Systemen: Kundschaft, Wettbewerb, Mitarbeitende, Lieferanten, Shareholder und andere Stakeholder. Dabei findet eine kontinuierliche Anpassung des Unternehmens an die Umwelt statt, wobei sich eine Art Fließgleichgewicht einstellt.

Die wissenschaftliche Systemmethodik kann Unternehmen dazu dienen, Systeme zu analysieren und Entscheidungen zu unterstützen. Eine wichtige Rolle spielen dabei Systemmodelle wie beispielsweise aus der Ökonomie das neue St. Galler Management-Modell nach Rüegg-Stürm (2002). Mithilfe der an der Sloan School of Management des MIT entwickelten *System Dynamics* werden Komplexität und Dynamik des Systems Unternehmen analysiert. Systemmodelle und analytische Zusammenhänge zwischen den Systemelementen werden so konstruiert, dass das Systemverhalten simuliert werden kann. So kann mithilfe einer computergestützten Simulation kann gelernt werden; auf diese Art können Entscheidungen im realen System unterstützt werden. Beispielsweise lassen sich Auswirkungen von Managemententscheidungen auf Systemstruktur und -verhalten simulieren und daraus Handlungsempfehlungen ableiten. In der Praxis werden System-Dynamics-Simulationen insbesondere bei der strategischen und der operativen Planung oder bei der Operationalisierung von Scorecards angewendet. Die Grenzen des Ansatzes liegen in der Vereinfachung einer technischen Modellierung. Die Struktur und die Kausalrelationen werden fest programmiert; ihr Verhalten kann die Struktur in der Simulation deshalb nicht verändern (Schwaninger 2000).

Auch bei einer Organisationsaufstellung wird die Systemdynamik simuliert, aber nicht mit technischen Mitteln, sondern gewissermaßen „menschlich". Zwar geht dabei die mathematische Exaktheit verloren, dafür ist eine solche Simulation offener und veränderbar, indem zum Beispiel während der Aufstellung weitere Systemelemente einbezogen werden können. Mit Blick auf den gewählten Systemausschnitt der Organisation oder des Umfeldes entsteht in einer Organisationsaufstellung ein menschliches Modell (Gminder 2006). In dieser Art ist es auch möglich, Elemente des neuen St. Galler Managementmodells aufzustellen und so zu analysieren, ob das Unternehmen „richtig aufgestellt" ist. Erkenntnistheoretische Basis der Aufstellungsarbeit bilden die sozialwissenschaftlichen Ansätze Konstruktivismus, Phänomenologie und Systemtheorie.

Den systemorientierten Managementansatz hat Fredmund Malik (2000) um die Erkenntnisse der „neuen Systemtheorie" zum systemischen Management erweitert. Er postuliert analog zu Luhmann (1984) den Abschied von Machbarkeit und Prognostizierbarkeit und plädiert für Selbstregulierung und Selbstorganisation. Simon (1997) spricht von Selbstorganisation, aus der sich für ihn ein Paradoxon für das Management ergibt, da es einerseits das Verhalten eines hochkomplexen Systems zu verantworten hat, das aber andererseits nicht in einem geradlinig-kausalen Sinne gesteuert werden kann. Eine Führungsperson kann sich nach Simon höchstens in der Art eines Mannschaftstrainers einmischen, um die Erfolgswahrscheinlichkeit zu erhöhen; steuern wie der viel zitierte „Schiffskapitän" kann sie hingegen nicht. Die häufig bemühte Metapher des Fußballteams zeigt, dass elf autonome, nicht berechenbare Systeme sich in einer kompetitiven Umwelt behaupten müssen, die nicht vorhersehbar ist. Ihre (Spiel-)Fähigkeiten können zwar trainiert, aber nicht genau eingeübt werden. Trotzdem wird schnelles und situationsgerechtes Handeln möglich, wenn ein Team „eingespielt" ist, wenn es direkt kommuniziert, wenn Beobachtungs- und Verantwortungsbereiche klar zugeteilt sind und die Teammitglieder selbstverantwortlich agieren. Im Hinblick auf das Teamziel kann das bedeuten, dass ein

Verteidiger ein Tor schießt, auch wenn das Toreschießen die Aufgabe des Stürmers wäre. Die Führung trägt die Gesamtverantwortung, folglich wird ein Trainer entlassen, wenn das Team schlecht spielt. Mancher (Spiel-)Verlauf ist mit einiger Wahrscheinlichkeit abzusehen, ein andermal nimmt das Spiel durch zufällige Ereignisse eine unvorhersehbare Wende. Die Führung muss mit diesem Risiko – mit der Unsicherheit – umgehen lernen und umgehen können.

Neue Ideen dieses systemischen Ansatzes sind etwa:

- Management sieht ein, dass es das Organisationssystem und die Systeme, die die Organisation umgeben, nur in geringem Ausmaß steuern kann und selbst nur ein Einflussfaktor der Selbstorganisation ist.
- Management beschränkt sich auf Koordination und Orientierung, auf die Vorgabe von Rahmenregeln und Zielen.
- Kommunikation und Koordination sind Ordnung schaffende Funktionen.
- Management muss mit Instabilität rechnen, mit Eigendynamik, Fehlern, Redundanz, mit Versuch und Irrtum im Sinne von Erfahrungslernen und Nebenwirkung der Selbstorganisation.

Menschen und Systemverhalten lassen sich also nur begrenzt berechnen und kontrollieren, vollständige Informationen für Entscheidungen gibt es nicht. Diese Form von Unsicherheit ist für die Verantwortlichen eines Unternehmens systemimmanent. Die Unsicherheit kann auch als System-Unschärfe bezeichnet werden und ist am besten von Gruppen zu managen, weil sie flexibler sind als Einzelpersonen. Vereinfachungen werden so möglicherweise verhindert, passendere Lösungen können entwickelt werden.

Unter solchen Voraussetzungen bietet sich die Aufstellungsarbeit als eine Methode des systemischen Managements an. Durch einen selbstorganisierten Prozess in der Gruppe entsteht die Lösung (vgl. dazu das Praxisbeispiel unten). Das Postulat der Selbstorganisation hat einen direkten Effekt auf die Ausführung der Organisationsaufstellung: Führung sollte prozessorientiert koordinierend und wenig direktiv leitend sein. Bei Führung unter Ungewissheit verlieren direktive Steuerung und regelkreisartige Umsetzung an Bedeutung. Hingegen können kommunikative Koordination und das Lernen aus Fehlern und Konflikten förderlich sein, um in ungewissem und unsicherem Führungsgeschehen konstruktiv und produktiv zu bleiben.

Worauf aber konzentriert sich üblicherweise das Unternehmensmanagement? Der Fokus ist derzeit immer noch vorwiegend auf traditionell betriebswirtschaftliche Fragen und die Sachebene gerichtet, auf eine systematische Prozessanalyse und die Prozessoptimierung aufgrund von „Material- und Informationsflüssen". Entsprechend vielfältig ist das zur Verfügung stehende traditionelle Managementinstrumentarium.

Der Beziehungsebene, etwa Aspekten der Zusammenarbeit, Einstellungen, Fähigkeiten und dem Verhalten, wird bei der systematischen Prozessanalyse und -optimierung meist wenig bewusste Aufmerksamkeit geschenkt. Solche Fragen werden von den Führungsverantwortlichen im Konfliktfall überwiegend situativ erledigt. Strukturell ist die Aufgabe meist an die Personaleinheiten delegiert. Die Instrumente sind jedoch im Wesentlichen auf die Analyse und das Fähigkeitstraining von Einzelpersonen ausgerichtet. Instrumente, die das Prozessmanagement der Sach- und Beziehungsebene miteinander verbinden, sind selten.

21.3 Das Potenzial der Organisations- und Strukturaufstellung

Die Organisationsaufstellung stellt ein solches Instrument dar, mit dem sich Sach- und Beziehungsprozesse integrieren, systematisch analysieren und bearbeiten lassen. Auch bei situativen Problemlösungen und Entscheidungen und immer wenn „Material- und Informationsflüsse" wegen zwischenmenschlicher Schwierigkeiten ins Stocken geraten und beispielsweise eine technische Optimierung nicht weiterführt, ergibt die Bearbeitung mithilfe von Aufstellungen Sinn.

Für die Bearbeitung von Anliegen aus verschiedenen Unternehmenskontexten bietet sich die Organisationsaufstellung als Werkzeug an. Vor dem Hintergrund des neuen St. Galler Management-Modells können wir feststellen, dass sich die Aufstellungsarbeit zum Verständnis von Management-, Geschäfts- und Unterstützungsprozessen eignet. Sie kann als Analyse- und Gestaltungswerkzeug vom strategischen über das funktions- oder geschäftsprozessspezifische Management bis hin zum operativen Projektmanagement eingesetzt werden. Darüber hinaus lässt sie sich auch für folgende grundlegende unternehmerische Aufgaben verwenden:

- um Zukunftsszenarien oder konkrete Zukunftssituationen zu simulieren;
- um Ideen und Impulse zu generieren;
- um Informationen für Entscheidungen zu gewinnen;
- um diffuse Situationen zu klären;
- um das Verbesserungspotenzial von Strukturen, Prozessen und Kulturen zu analysieren;
- um Beziehungs- und Organisationsstrukturen sowie Verhaltensdynamiken in oder zwischen Unternehmen zu erkennen und zu simulieren;
- um Probleme und Konflikte in und zwischen Unternehmen zu analysieren und zu lösen;
- um die Entwicklung und Umsetzung von Zielen und Strategien zu unterstützen;
- um Stärken und Entwicklungspotenzial im Unternehmen und Marktumfeld zu entdecken.

Die Organisationsaufstellung ist also insgesamt eine Methode zur Analyse, Bearbeitung, Simulation und Lösung von Problem- und Themenstellungen im Unternehmen. Sie eignet sich damit auch zur Beantwortung der Frage: „Wie führe ich in einer ungewissen Unternehmenssituation?"

Die zu bearbeitenden Probleme und Themenstellungen, auch Anliegen genannt, können allgemeiner Natur sein oder konkrete Fragen aus dem Unternehmenskontext betreffen. Es lassen sich Gruppen- oder Organisationsthemen bearbeiten, aber auch Anliegen einer Einzelperson, eines „Klienten" – in diesem Fall wird aus der Sicht dieser Einzelperson aufgestellt.

Die Organisationsaufstellung setzt fachkundige Moderation und Leitung voraus. In einem Vorgespräch wird der aufzustellende Fall zwischen dem Fallgeber und der Moderatorin geklärt und präzisiert. In diesem Gespräch werden die Elemente der Aufstellung gemeinsam erarbeitet, also die für das Anliegen relevanten Personen, Gruppen, Themen und Organisationsentitäten. Jedem Element wird eine Repräsentanz zugeordnet, das heißt eine Person oder ein Gegenstand als Platzhalter. Anschließend wird die Ausgangssituation durch die Klientin „aufgestellt", indem sie jeden Repräsentanten an einen intuitiv für sinnvoll empfundenen Platz im Raum positioniert. In der anschließenden Prozessarbeit verändern die Repräsentant/innen und der Moderator dann das Ausgangsbild, also das Ist der Klientin. In diesem Prozess spielen die Wahrnehmungen, einzelnen Äußerungen und Dialoge der Repräsentanten sowie ihre Positionsveränderungen eine Rolle. Es entsteht ein mit Blick auf das Anliegen tragfähiges Lösungs- oder Abschlussbild. Am Ende stellt sich die Klientin an die Stelle ihrer Repräsentantin, um die Anregungen der Prozessarbeit zu verstärken und das Lösungsbild als impulsgebende Idee in den Arbeitsalltag transferieren zu können.

Der Fall, das Anliegen, die Ist- und die Lösungsaufstellung beziehen sich auf ein soziales Organisationssystem. Je nach Systemgrenze können das Teams, Projekte, Abteilungen, Geschäftsbereiche sein, aber auch das ganze Unternehmen oder auch Marktumfeld, Politik und Gesellschaft. Als systemische Methode exploriert die Aufstellungsarbeit im Wesentlichen die Wechselwirkungen zwischen den Systemelementen und weniger das Verhalten und die Eigenschaften der einzelnen Systemmitglieder. Das macht deutlich, dass das hier zugrunde liegende Verständnis sozialer Systeme vergleichbar ist mit dem des soziotechnischen Ansatzes der Arbeits- und Organisationspsychologie.

21.4 Aufstellungen für den produktiven Umgang mit Nichtwissen

Aufstellungen lassen sich auf unterschiedlichen Ebenen eines Systems einsetzen. Für Führungsverantwortliche sind folgende Ebenen relevant:

- *unternehmensextern* das Markt-, Politik- und Gesellschaftssystem sowie das Berufssystem, dem Mitarbeitende einzeln oder in Gruppen angehören, zum Beispiel Ingenieure, Personalfachkräfte oder Geschäftsführer, Angestellte;
- *unternehmensintern* das Organisationssystem mit entsprechenden Ausdifferenzierungen in Geschäftsbereiche, Abteilungen, Teams usw.;
- das persönliches Familiensystem der jeweiligen Mitarbeitenden;
- das innere System der Persönlichkeitsanteile der jeweiligen Mitarbeitenden;

- das freundschaftliche Beziehungssystem, das sich mit dem Organisations- und/oder Familiensystem überschneiden kann.

Mit Organisationsaufstellungen wird im Wesentlichen auf den unternehmensexternen und -internen Systemebenen gearbeitet. Dieser Ebenen sollte man sich als Aufstellungsmoderatorin bewusst sein; man sollte erkennen können, aus welchem Systemkontext sich ein Phänomen zeigt. Zwar sind Aufstellungen über Systemebenen hinweg möglich und zwischen unternehmensexternen und -internen Systemen auch problemlos. Übergänge auf die persönliche Ebene der Mitarbeitenden sind allerdings eher zu vermeiden, da sie in ihrer Organisationsfunktion in der Aufstellung repräsentiert sind und nicht beispielsweise als Mutter ihrer Kinder. Falls der Übergang auf die persönliche Ebene für die Klärung des Organisationsanliegens dennoch notwendig scheint, bedarf es eines expliziten Auftrages der oder des Mitarbeitenden selbst und eines besonderen Vertrauensschutzes.

Von den oben genannten Systemebenen lassen sich als szenische Interventionstechnik Aufstellungsformen ableiten, die grob in Organisations- und Strukturaufstellungen sowie Familienaufstellungen eingeteilt werden können.

Zu den Strukturaufstellungen gehört die von Sparrer und Varga von Kibéd (2000) entwickelte Glaubenspolaritätenaufstellung, mit der Überzeugungen und Glaubenssätze überprüft und modifiziert werden können. Verändern wir unsere Überzeugungen, so hat dies Einfluss auf die Grenzen unserer Wahrnehmung und variiert unsere Handlungsmöglichkeiten. Die Aufstellungsform dient der Ausbalancierung von Grundwerten. Dazu zählen zum Beispiel die unternehmerischen Werte „Wissen", „Struktur" und „Vertrauen" oder die persönlichen Werte „Erkenntnis", „Ordnung" und „Liebe". Bei einer ausgewogenen Zusammenarbeit ergänzen sich diese gegensätzlichen Werte. Aufgestellt werden die drei Grundwerte als Pole eines gleichseitigen Dreiecks, der Fokus für den oder die Fallgebenden und, je nach Anlass, Konfliktparteien in der Organisation. Im Hinblick auf Führung unter Ungewissheit können als Pole „Nichtwissen", „Chaos" (oder „Verwirrung") und „Hilflosigkeit" dienen.

Das Konstrukt der Glaubenspolaritätenaufstellung geht auf ein Einteilungsschema aus der Religionsphilosophie zurück, gemäß dem in jeder Religion die Aspekte der Erkenntnis, Ordnung und Liebe gültig vertreten sein müssen. Kommt einer der Aspekte nicht ausreichend zum Tragen, dann degeneriert die entsprechende Religionsform. Für die Aufstellungsform verwenden Sparrer und Varga von Kibéd diese drei Aspekte als Pole in einem gleichseitigen Dreieck. Alle drei Pole sind einander gleichwertig zugeordnet. „Erkenntnis" steht dabei u. a. für Wissen, Wahrheit, Klarheit; „Ordnung" steht für Struktur, Verantwortung, Ausgleich; „Liebe" für Vertrauen, Schönheit, Wertschätzung. Für Organisationen verwenden Sparrer und Varga von Kibéd die Polbezeichnungen „Wissen", „Struktur" und „Vertrauen".

Hieraus hat sich in der Organisations- und Strukturaufstellungsarbeit in Unternehmen das sogenannte Werte-/Ressourcendreieck entwickelt, bei dem die unternehmerischen Werte „Wissen", „Struktur" und „Vertrauen" als Ressourcen für die Organisation und ihre Mitarbeitenden angesehen und nutzbar gemacht werden (vgl. z. B. Rosselet et al. 2007).

21.5 Praxisbeispiel

Zur Veranschaulichung, wie eine Aufstellung in Anlehnung an die Form der Glaubenspolaritätenaufstellung in der Beratungspraxis ablaufen kann, dient hier ein anonymisiertes Mandat der Autorin, bei dem im Rahmen eines Projekts zu Beginn eine Gruppenaufstellung im Werte- bzw. Ressourcendreieck durchgeführt wurde.

Zum Zeitpunkt der Aufstellung begleitet die Autorin das fragliche Führungsteam schon seit mehr als drei Jahren. Die fünf Bereichsleiter und ihr Geschäftsführer einer Regionalgesellschaft sind es bereits seit gut zwei Jahren gewohnt, dass die Autorin in der Zusammenarbeit unter anderem die Interventionstechnik Organisations- und Strukturaufstellung einsetzt und sie im Verlauf der jeweiligen Themenbearbeitung zum Teil ad hoc auffordert, den Fall „aufzustellen".

Beim Führungsteam handelt es sich um die Geschäftsleitung einer Regionalgesellschaft der technischen Industrie, die Teil eines in Europa mit verschiedenen Standorten vertretenen Konzerns ist. Der Konzern ist als Matrixorganisation strukturiert, in der jede Regionalgesellschaft hohe Eigenständigkeit genießt. Die Geschäftsleitung besteht aus Ingenieuren und Kaufleuten. Der neue Holding-Geschäftsführer hat nach nur drei Monaten in der neuen Position den Geschäftsführer der betreffenden Gesellschaft zu einer deutlichen Steigerung der Neukunden-Akquise und einer verbesserten Pflege der Bestandskunden aufgefordert. Die Zielerreichung soll am Ende des aktuellen Geschäftsjahres messbar sein.

Die Art und Weise des Auftrags und die engen, kaum in der vorgegebenen Zeit zu erreichenden Vorgaben des neuen Holding-Geschäftsführers hatten die Belegschaft der Regionalgesellschaft sehr irritiert. Sie war bislang der Meinung gewesen, sie behaupte sich gut am Markt. Erste Sofortmaßnahmen waren von der Geschäftsleitung und weiteren Führungskräften ergriffen worden. Als nachhaltige Maßnahme hatte sich der Regionalgeschäftsführer zum Ziel gesetzt, die Beziehungen zu den bestehenden Kunden und den potenziellen Neukunden des Netzwerkes zu verbessern. Alle Mitarbeitenden waren mindestens kommunikativ in das Projekt eingebunden und konnten sich bei Interesse beteiligen. Das Projekt sollte von einer Steuerungsgruppe begleitet werden, in der Führungskräfte und Mitarbeitende aller Hierarchieebenen und Berufsgruppen vertreten waren.

Die Steuerungsgruppe war zum Projektauftakt in einem Tagungshotel mit großem Arbeitsraum zusammengekommen. Aus der Geschäftsleitung waren der Geschäftsführer und zwei Bereichsleiter anwesend. Alle warteten überwiegend angespannt auf den Workshop-Beginn, ihnen war bewusst, dass sich einiges verändern sollte und musste. Aber was und wie? Auch der Autorin war bewusst, dass für die Regionalgesellschaft viel auf dem Spiel stand, dass die Steuerungsgruppe so effizient wie möglich zu arbeiten hatte und eine Auftaktintervention entscheidend für den Projektverlauf war. Um allen Anwesenden die Möglichkeit zu geben, ihre Aufmerksamkeit schnell auf das Wesentliche und das vorhandene Potenzial zu richten, setzte sie als erste Intervention eine Gruppenaufstellung im Werte-/Ressourcendreieck ein.

Sie hatte deshalb im Arbeitsraum der Steuerungsgruppe bereits vor Ankunft der Teilnehmenden drei Stellwände zu einem gleichseitigen Dreieck aufgestellt. Die Wände stellten ein Bezugssystem dar, darauf waren die unternehmerischen Grundwerte „Wissen", „Struktur" und „Vertrauen" sowie ein paar den Werten zugeordnete Begriffe zu lesen. Innerhalb des Dreiecks symbolisierte jeder vorstellbare Punkt eine bestimmte Kombination der drei Grundwerte. Zwischen den Stellwänden gab es genügend Bewegungsfreiheit für alle Mitglieder der Steuerungsgruppe.

Nach einer kurzen Einführung lud die Autorin die Steuerungsgruppe ein, im Raum zwischen den Stellwänden auf klare, einfache Art und Weise auszudrücken, welche – nach ihrer Erfahrung – wesentlichen Faktoren ihre Zusammenarbeit mit den Kolleg/innen und internen Kund/innen für eine gute Beziehung zu externen Kund/innen bestimmen. Die Anwesenden sollten sich auf ihre körperliche Wahrnehmung konzentrieren, sich nun einen Platz suchen und dabei auf die Frage achten, welche Werte ihre Arbeit in der Zusammenarbeit prägen.

Durch die Positionierung im Raum konnten die Teilnehmenden ihre Beziehung zu jedem Wert und in Kombination mit den anderen beiden Grundwerten ausdrücken. Sie waren gezwungen, sich auf das Wesentliche zu konzentrieren. Darüber hinaus kam zum Ausdruck, was jede und jeden individuell im Inneren bei der Arbeit leitet, gleichzeitig wurden die unterschiedlichen Perspektiven in einem Gesamtbild für alle sichtbar und erlebbar.

Ein paar Minuten lang dauerte die Suche nach einem stimmigen Ort, dann hatten die Teilnehmenden sich mehrheitlich vor dem „Wissen" und ein paar zwischen „Wissen" und „Struktur" platziert. Niemand nahm einen Platz in der Nähe des „Vertrauens" ein. Die meisten äußerten, dass dieses Bild sie verunsichere und dass es ihnen nicht behage, es aber trotzdem der Realität entspreche. Einzelne brachten ihre Verwunderung bezüglich bestimmten Positionen zum Ausdruck, da sie von den jeweiligen Funktionsträger/innen, die sie einnahmen, andere erwartet hatten. Hierauf wurde zum Teil von den Angesprochenen reagiert. Die Autorin bat den Geschäftsführer zu prüfen, was sich verändern würde, wenn er einen Platz zwischen „Struktur" und „Vertrauen" einnahm. Es war für ihn nicht einfach, sich überhaupt auf den Vorschlag einzulassen, aber nach einem Versuch bemerkte er, dass es an diesem Platz „irgendwie schwierig" für ihn sei, dass er eine große Verantwortungslast spüre. Er blieb jedoch auf der neuen Position, ließ sie auf sich wirken und bemerkte plötzlich, dass er nun einen besseren Überblick habe und sich interessanterweise an diesem Platz auch stabiler fühle. Daraufhin forderte die Autorin alle anderen auf, für sich zu prüfen, was sich durch die neue Position des Geschäftsführers für sie möglicherweise verändert habe, und nachzuspüren, ob sie einen Impuls hätten, auch den eigenen Platz zu verändern, und diesem Impuls folgen möchten.

Einige Teilnehmende nahmen neue Plätze ein, Positionen in Richtung „Vertrauen" und „Struktur" wurden von mehreren besetzt. Ein Techniker aus der mittleren Führungsebene ging allerdings in eine Fensterecke außerhalb des Dreiecks und meinte, das sei nichts für ihn. Die Autorin schlug ihm vor, das Geschehen am Rand zu beobachten. Sie bot auch an, ihm nach der Veranstaltung für ein persönliches Gespräch zur Verfügung zu stehen. So konnte er als Beobachter am weiteren Prozess teilnehmen. Eine Teamleiterin bemerkte, sie habe sich zwar kaum von der Stelle gerührt, aber durch die neuen Plätze der anderen sei nun die Verantwortung besser verteilt. Sie ärgere sich nämlich oft, dass ihr Team sich als einziges um das Zwischenmenschliche kümmere und auch neue, ungewöhnliche Ideen für Kundenanlässe ausprobiere, dass diese Arbeit aber von niemandem wahrgenommen werde. Auffällig viele aus einer Berufsgruppe hatten sich vom Pol „Wissen" nicht wegbewegt. Auf Nachfrage, ob sie an einem guten Ort für sich stünden, antwortete einer von ihnen, dass hier einiges im Argen liege und er eigentlich nur noch „mit Scheuklappen" arbeiten könne. Auf eine weitere Frage äußerte er, dass es dringend Spielregeln brauchen würde, an die sich alle hielten.

Erstaunlich war, wie viele heikle Themen bereits jetzt angesprochen wurden, die üblicherweise beim Formieren einer neuen Projektgruppe erst nach einer längeren Zeit des Vertrauensaufbaus thematisiert werden. Zu diesem guten Ergebnis hatte sicherlich die Offenheit des Geschäftsführers beigetragen, aber noch mehr die besondere Kommunikationsart einer Aufstellung. Diese Art der Kommunikation mithilfe einer sogenannt transverbalen, symbolisierenden Sprache ermöglicht ein unmittelbares Sich-Ausdrücken. Es wird nicht viel geredet, erklärt, interpretiert und gewertet, sondern buchstäblich „Stellung" bezogen und fokussiert die eigene positionsbezogene, gegenwärtige Wahrnehmung beschrieben. Aus den Wahrnehmungen ergibt sich ein Gesamtbild. Im beschriebenen Fall spürten die Mitglieder der Steuerungsgruppe, dass durch die starke Zugehörigkeit zum Grundwert „Wissen" mit Erkenntnis, Vision insbesondere der Grundwert „Vertrauen" mit Mitgefühl, Beziehung, aber auch der Grundwert „Struktur" mit Ordnung, Handlung vernachlässigt wurde. Durch die Vorgehensweise im Rahmen der Aufstellung konnte dann allerdings niemand für das Wahrgenommene verantwortlich gemacht werden. Es musste sich auch niemand rechtfertigen, sondern man konnte einfach gemeinsam ausprobieren, welche Positionen für ein gelingendes Gesamtbild der Organisation passten. Während des Prozesses wurde jede Äußerung der teilnehmenden Personen gehört und jede der Positionen gesehen und erlebt.

Die Mitglieder der Steuerungsgruppe nahmen aus der Aufstellung eine Ahnung mit, wie eine mögliche Lösung aussehen könnte. Alle hatten sich besser gefühlt, nachdem der Geschäftsführer seine neue Position eingenommen hatte, und alle konnten danach größtenteils auch für sich selbst eine neue Position finden. Dieser Vorgang macht deutlich, dass jede und jeder einzelne Beteiligte eine innere Vorstellung davon hat, welche Schritte zu einer Verbesserung führen. Diese Erfahrung im Rahmen der Aufstellung schafft Zuversicht und Vertrauen, dass eine Verbesserung auch im betrieblichen Alltag möglich ist. An der Auftaktveranstaltung war auch ein Wir-Gefühl entstanden, unter anderem, weil man zusammen eine Vorstellung davon entwickelt hatte, was der Gesamtorganisation fehlte und was „wir" brauchten. Die Steuerungsgruppe wurde zur entscheidenden Motivatorin im Projekt für andere Mitarbeitende der Regionalgesellschaft, sie wurde Vermittlerin ihrer Bedürfnisse und Ideen und arbeitete alle Entscheidungsvorlagen für die Geschäftsleitung aus. Der Geschäftsführer erzählte der Autorin ein paar Wochen später, er habe häufig an das Bild der Aufstellung gedacht und sich dann gefragt, was diese neue Position zwischen „Struktur" und „Vertrauen" für sein Tun in seiner Funktion bedeuten könnte. Er habe sich auch konkrete Maßnahmen überlegt, von denen er mittlerweile bereits einige ausprobiert habe.

21.6 Führungskompetenz Wahrnehmungsfähigkeit

Der Fall zeigt, dass eine Aufstellung eine Erzählung mithilfe einer lebendigen Bildsprache ist, die auf den Facettenreichtum einer Thematik komplexitätsreduzierend wirkt. Die Teilnehmerinnen und Teilnehmer sind bei einer Aufstellung Repräsentanten von Orten, an denen sich Eigenschaften in Bezug auf das Gesamtsystem manifestieren. Repräsentanten haben keine Eigenschaften, sie können gleichsam nur die Manifestation an sich als Ort einladen und am Ende einer Aufstellung wieder verabschieden. Dieses Prinzip funktioniert auch im Alltag: In einer geschäftlichen Sitzung bin ich wütend geworden, aber diese Gefühle machen nicht meine Identität aus. Dieses Nicht-Anhaften an Gefühlen und Gedanken kann ich einüben, was meine Wahrnehmungsfähigkeit und insbesondere meine Selbstwahrnehmung schult.

Alles, was wir als Wirklichkeit begreifen, wird von uns konstruiert – zum einen durch unser Gehirn, zum anderen durch unsere Sprache. Damit ist auch die Möglichkeit gegeben, durch Sprache und Verhalten Wirklichkeit zu verändern. Was wir heute als belastende, verwirrende Ungewissheit wahrnehmen, können wir morgen als neue Ressource Nichtwissen ausprobieren, erfahren und übermorgen als solche benennen.

Das Potenzial neuer Konstruktionsmöglichkeiten explorieren Sparrer und Varga von Kibéd (2000) par excellence, wenn sie in ihrer Querdenkerschrift *Ganz im Gegenteil* die negativen Attribuierungen für Nichtwissen, Hilflosigkeit, Verwirrung ins Gegenteil verkehren und die üblicherweise als krisenhaft empfundenen Zustände neu als Ressourcen unter der „Freunde"-Metapher vorstellen:

> Das Nichtwissen als Freund hilft uns beim Verzicht auf Interpretationen und Hypothesen. Das Nichtwissen macht es uns leichter, die meist unerfüllbare Forderung des völligen Verstehens durch ‚nützliche Formen des Missverstehens' (Steve de Shazer) zu ersetzen. Es entspricht dem systemischen Grundprinzip des ‚Anerkennen, was ist', denn die meisten Formen eines inhaltlich abgegrenzten Wissens sind nur zweifelhafte oder partielle Formen der Gewissheit. Es erlaubt uns, den Zugang zur Wahrnehmung und vor allem zur Selbstwahrnehmung als nicht besitzhafte Form der Teilhabe an Wissen zu finden. Und es verzichtet darauf, den Inhalten des Gewussten fragwürdige Dauer zu verleihen, und dient so der Haltung, immer wieder neu und offen hinzuschauen, zu fragen und wahrzunehmen.
>
> Die Hilflosigkeit zeigt uns Freundschaftsdienste, indem sie uns daran erinnert, dass wir z. B. Komplexes niemals alleine ‚machen' oder gar zu einem geplanten Ziel führen können. Wir sind vielmehr nur Begleiter, Anteilnehmende und bestenfalls gute und kunstfertige Gastgeber eines unermesslich subtilen, reichen Geschehens, dessen Ablauf niemands Besitz oder Leistung darstellt. Hilflosigkeit ist darüber hinaus ein guter Freund, der uns auf eine Lücke, eine Leere hinweist. Wenn es uns gelingt, diese Leere willkommen zu heißen, statt sie als Mangel zu diffamieren, so wird sie zu einer Pforte überraschender, plötzlich aufsteigender Einsichten – bei uns und bei den anderen Beteiligten. Und schließlich erinnert uns Hilflosigkeit daran, dass die besten Leistungen, die wirklich wunderbaren Schritte, Geschenke sind (und keine willkürliche, kleinliche Bastelei).

Und schließlich zu Dir Verwirrung, liebe Freundin, Gefährtin aller Querdenkenden, Frucht der Paradoxien und Botin des Wandels und Aufbruchs – wie konnte es je geschehen, dass die Menschen die Kostbarkeit Deiner Gaben nicht mehr sahen? ‚Aus der Knospe der Verwirrung hebt sich die Blüte der Verwunderung' (arabisches Sprichwort).
Sparrer und Varga von Kibéd (2003, S. 169–170)

Unter dieser um 180 Grad gewendeten Perspektive wird eine neue, mögliche Wirklichkeit beschrieben. Experimentieren wir im Hinblick auf Führung unter Ungewissheit mit einer Werte-/Ressourcendreieck-Aufstellung, welche die unternehmerischen Werte ins Gegenteil wendet, wenn wir also mit den Polen „Nichtwissen", „Chaos" (oder „Verwirrung") und „Hilflosigkeit" aufstellen, wird ein Raum eröffnet, in dem wir Erfahrungen dieser anderen möglichen Wirklichkeit machen können.

Wittgenstein schreibt in seinem *Tractatus logico-philosophicus* und seinen *Philosophischen Untersuchungen* (1984), dass ein Wert die Einstellung zur Welt als Ganzes darstellt und es keine Erkenntnis ohne Erfahrung sowie keine Erfahrung ohne Empathie und Liebe geben könne. Im Rahmen einer Aufstellung wird den Teilnehmenden ein Raum für Erfahrung und Handlung angeboten, aus denen sie Erkenntnisse ziehen können, um die Zusammenarbeit im Team, in der Organisation, in der Gesellschaft zu verändern.

Literatur

Ulrich, H. (1970). *Die Unternehmung als produktives soziales System*. Bern: Haupt.
Rüegg-Stürm, J. (2002). *Das neue St. Galler Management-Modell. Grundkategorien einer integrierten Managementlehre*. Bern: Haupt.
Schwaninger, M. (2000). Managing Complexity – The Path Toward Intelligent Organizations. *Systemic Practice and Action Research, 13*(2), 207–241.
Gminder, C. U.(2006). *Nachhaltigkeitsstrategien systemisch umsetzen*. Wiesbaden: Deutscher Universitäts-Verlag.
Luhmann, N. (1984). Soziale Systeme. *Grundriss einer allgemeinen Theorie*. Frankfurt a. M.: Suhrkamp.
Rosselet, C., Senoner, G., & Lingg, H. K. (2007). *Management Constellations*. Stuttgart: Klett-Cotta.
Malik, F. (2000). *Systemisches Management, Evolution, Selbstorganisation. Grundprobleme, Funktionsmechanismen und Lösungsansätze für komplexe Systeme* (3. Aufl.). Bern: Haupt.
Simon, F. B. (1997). *Die Kunst, nicht zu lernen. Und andere Paradoxien in Psychotherapie, Management, Politik*. Heidelberg: Carl-Auer-Systeme.
Sparrer, I., & Varga von Kibéd, M. (2000). Tetralemmaarbeit als eine Form Systemischer Strukturaufstellungen. In H. Döring-Meijer (Hrsg.), *Die entdeckte Wirklichkeit* (S. 49–76). Paderborn: Junfermann.
Sparrer, I., & Varga von Kibéd, M. (2003). *Ganz im Gegenteil. Tetralemmaarbeit und andere Grundformen systemischer Strukturaufstellung* (4. Aufl.). Heidelberg: Carl-Auer-Systeme.
Wittgenstein, L. (1984). *Werkausgabe. Bd. 1: Tractatus logico-philosophicus. Tagebücher 1914–1916. Philosophie Untersuchungen*. Frankfurt a. M.: Suhrkamp.

Katrina Welge war Profit-Center-Leiterin eines mittelständischen Unternehmens und Senior Managerin (Head Change Management) eines international agierenden Konzerns. Heute ist sie Dozentin für die Themen Führung und Veränderung sowie Studiengangleiterin für interdisziplinäre Unternehmensentwicklung an der Hochschule für Angewandte Psychologie (FHNW). Die Organisationsberaterin und Führungskräftecoach für innovative Führungs- und Veränderungsgestaltung der Change Management Partner AG Zürich (www.cm-p.ch) ist zertifiziert in systemischer Organisations- und Personalentwicklung, lösungsorientiertem Coaching nach Steve De Shazer und Insoo Kim Berg und systemischer Organisations- und Strukturaufstellung. Seit 2006 setzt sie in der Weiterbildung und Managementberatung erfolgreich und produktiv Aufstellungsarbeit ein.

Hundert Prozent Unternehmertum. Null Prozent Bürokratie – Ein Praxisbeispiel bei Haufe.Umantis

Wie man Unternehmen zu Demokratie (ohne Goldfische) befähigt

Heiko Fischer und Angela Maus

Zusammenfassung

Stellen Sie sich eine Organisation vor, in der jeder einen maximalen Wertbeitrag liefern will, kann und darf. Eine Organisation, in der ständige Innovation gefördert, gefordert und deren Umsetzung im Alltag ermöglicht wird. Der Weg der Resourceful Humans ist ein demokratisches Management Framework mit dem Anspruch von 100 % Unternehmertum und 0 % Bürokratie. Anhand des kaRHma Dreiklangs: Wollen | Können | Dürfen wird die Unternehmenskultur als soziales Produkt durch alle Mitarbeitenden iterativ weiterentwickelt. Probleme wie fehlende Innovationskraft, sinkendes Mitarbeiterengagement und Fachkräftemangel werden radikal angepackt. Im Beitrag wird der Weg hin zu einem vernetzten Organisationsdesign von Mitunternehmern bei Haufe.Umantis praktisch beleuchtet. Besonders betrachtet werden dabei die Designprinzipien: Freiwilligkeit, Transparenz und Kleinteilung – als dem größten Gegner einer solch anspruchsvollen Kultur – und wie der Umgang mit Angst, Widersprüchlichkeit und… Goldfischen gelingt!

22.1 Einleitung und Einordnung: Die Auflösung der HR-Funktion

Es waren einmal zwei junge Männer. In einer kleinen Garage in Palo Alto und mit einem mickrigen Startkapital von $538 schufen sie 1939 eine der bedeutendsten Firmen des 20. Jahrhunderts – und den Kern des Silicon-Valley-Unternehmergeistes gleich mit. Die bei-

---

H. Fischer (✉) · A. Maus
Resourceful Humans GmbH, Berlin, Deutschland
E-Mail: info@resourceful-humans.com

© Springer Fachmedien Wiesbaden 2016
O. Geramanis, K. Hermann (Hrsg.), *Führen in ungewissen Zeiten*,
uniscope. Publikationen der SGO Stiftung, DOI 10.1007/978-3-658-11227-1_22

den Männer waren Bill Hewlett und Dave Packard, und ihre Geschichte wiederholte sich 1976 in einer Garage am Crist Drive in Los Altos mit den Akteuren Steve Jobs und Steve Wozniak und einem Kapital von $800. Ähnlich schon 1958 Bill und Vieve Gore, die Gründer von W. L. Gore.

Am Bild der Garage orientiert sich die Firma Resourceful Humans mit ihrer Management Framework. Simpel, auf das absolut Nötigste beschränkt, ist sie zum Symbol für unbedingtes Wollen geworden. Die Garage, das ist der Ort, wo ein paar überzeugte Komplizen der Welt ihr meisterhaftes Können beweisen. Es ist der Ort, der für die Geisteshaltung steht, einen Beitrag leisten zu wollen, zu können und zu dürfen. Aber wie bewahrt man sich den „Geist der Garage", wenn ein Unternehmen längst auf dem Pfad von Erfolg und Wachstum ist, oder wie findet man zum „Geist der Garage" zurück?

Die Garage steht für hundert Prozent Unternehmertum und null Prozent Bürokratie. Schon Goethe meinte „Wenn wir die Menschen nur nehmen wie sie sind, so machen wir sie schlechter; wenn wir sie behandeln, als wären sie, was sie sein sollten, so bringen wir sie dahin, wohin sie zu bringen sind." Und der Psychologe und Holocaust-Überlebende Viktor Frankl wiederholte das sinngemäß: Es sei wie bei einem Landeanflug bei Seitenwind. Man müsse ein anderes Ziel ansteuern, um dort anzulangen, wo man hinwolle. „Man muss den Menschen überschätzen, um sein volles Potenzial freizusetzen."

Leider werden Menschen vom Management in den seltensten Fällen positiv überschätzt. Oft ist sogar das exakte Gegenteil der Fall. Wir gehen vom Schlechtesten aus. Wir bauen ein System – so scheint es – um jene herum, die es ausnutzen und keine Leistung zeigen wollen. Warum? Aufgrund der natürlichen Feinde der Garage: *Angst, Widersprüchlichkeit* und *Goldfische*. Ja, Goldfische.

Das Management Framework für Resourceful Humans, das wir in der Folge den „Weg" nennen, erlaubt Organisationen, diese drei Hürden für die Gestaltung einer Kultur von hundert Prozent Unternehmertum und null Prozent Bürokratie zu überwinden. Denn Wettbewerbsdruck, Digitalisierung, sich schnell vernetzende Kunden, agile Entwicklung, die ominösen Millennials, die VUCA-Welt[1] – all diese Themen bringen die Diskussion um ein mitarbeiterzentriertes Managementmodell wieder in Gang. Doch der „Weg" geht weit darüber hinaus. Als Destillat von Erfahrungen und Erkenntnissen aus vielen Pionierorganisationen und Disziplinen sucht er abseits von Trends eine Logik der Arbeitsorganisation, der Mitarbeitende bestmöglich befähigt, einen sinnvollen Beitrag zu leisten.

Dabei umgeht der „Weg" die klassische Falle der vermeintlich *einen* besten Antwort auf die Frage nach dem Umgang mit der VUCA-Welt im Kontext der Arbeitsorganisation. Seine Design-Prinzipien führen vielmehr durch eine positive Infektion von innen heraus zum jeweils besten Arbeitsumfeld. Dafür nutzt der „Weg" exemplarisch die Emanzipation der Personalfunktion/Human Resources (HR) mit dem „Seestern"-Ansatz (vgl. Brafmann und Beckström 2007; Brafman und Brafman 2008), der von der beständigen Stärke einer kopflosen Organisation ausgeht, als Katalysator der Veränderung. HR und deren Führungskompetenzen gehen an kleine Teams zurück. Damit beantwortet eine solche Organi-

---

[1] VUCA ist eine Abkürzung für Volatility, Uncertainty, Complexity, Ambiguity.

sation in Goethes Geist – die Menschen so zu behandeln, wie es im Idealfalle wäre – die Frage: „Wie einfach macht es die Organisation, Wert beizutragen", und lebt zugleich das Leitbild der Garage konsequent vor. Denn es ist die einfachste Organisation, die keiner „Personalfunktion" mehr bedarf. Auf dem Weg ihrer Auflösung befähigt HR den jeweils einzigartigen besten Weg der Arbeit von innen heraus für, von und durch die Mitarbeitenden selbst.

Dieser Beitrag beschreibt, u. a. am Beispiel der Haufe.umantis-Gruppe, die Prinzipien des „Wegs" – vom klassischen Management hin zu hundert Prozent Unternehmertum und null Prozent Bürokratie – und was Goldfische mit der Sache zu tun haben.

22.2 Der theoretische Hintergrund

Der „Weg" ist eine demokratische Managementlogik, die Mitarbeitern ein Rahmenwerk bietet, um Kreativität, Produktivität und Arbeitsmoral in der Organisation nachhaltig zu maximieren. In der Gestaltung verbindet der „Weg" soziale Technologie mit klaren Management-Rahmenprozessen.

Wie erwähnt, ist es das Ziel, dass die HR sich im Dienste dieser radikal dezentralen Organisationsform als Kompetenz in selbstbestimmten Teams auflöst und somit das Mantra des Garagen-Ansatzes konsequent vorlebt: Hundert Prozent Unternehmertum. Null Prozent Bürokratie. Der „Weg" als Management-Framework bietet eine Möglichkeit, damit mündiges Mitarbeitertum verantwortungsvoll skaliert werden kann.

Dem Ansatz liegt die Annahme zugrunde, dass das wahre Problem nicht außerhalb der Firma zu suchen ist, sondern in ihr. Sinnleere, Komplexität und Kompliziertheit führen als Wurzel von fehlender Produktivität und Innovation viel öfter zum Scheitern als erschütternde Marktereignisse oder großartige Wettbewerber. Auf dem „Weg" muss jeder einzelne Mitarbeiter seinen Beitrag als Mitunternehmer leisten *wollen, können und dürfen.* Dieser Dreiklang von Wollen, Können und Dürfen ist in unserer Begrifflichkeit das „kaRHma" der Unternehmung.

Im Streben nach gutem unternehmerischem kaRHma (der Balance von Wollen, Können und Dürfen, Abb. 22.1) sind alle Beitragenden im demokratischen Sinne gleich, nur mit verschiedenen Aufträgen ausgestattet. Der „Weg" fordert damit von den Teams die selbstbestimmte Gestaltung eines idealen Arbeitsumfeldes ein – eines, in dem sich Mitarbeitende optimal entwickeln können. Das Team, als Kollektiv, entwickelt die Unternehmung im Dienste der gegenwärtigen und zukünftigen Kunden stetig weiter.

Die Firma Sears (vgl. Artikel in der Januar/Februarausgabe des Harvard Business Review aus dem Jahre 1998) hat das schon vor fast zwanzig Jahren auf den Punkt gebracht und vorgelebt: Nur wenn Mitarbeitende mit echter Überzeugung an die Arbeit gehen, können Kunden deren Produkte auch begehren. Auf eine einfache Formel gebracht:

Arbeitserlebnis + Kundenerlebnis = nachhaltiger Erfolg

Wichtig ist der Hinweis, dass sich, wenn einer Unternehmung auch nur eine einzige kaRHma-Dimension fehlt oder wenn nur eine unterentwickelt ist, nachhaltiger Erfolg nicht

Abb. 22.1 Wollen, Können und Dürfen – Das „kaRHma" der Unternehmung

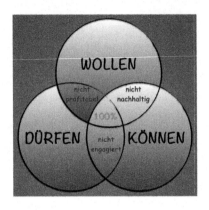

einstellen kann. Wenn Mitarbeiter nicht motiviert sind, wenn sie also nichts beitragen wollen, obwohl sie könnten und dürften, dann sehen sie in ihrer Arbeit anscheinend keinen Sinn. Wenn das Können und das Wollen da wäre, aber das Dürfen fehlt, die Befähigung, dann ist es wiederum nicht nachhaltig – denn sollte der Beitrag dennoch gelingen, wäre dies „trotz" statt „durch" die Organisation der Fall. Wenn aber das Dürfen gegeben ist und auch das Wollen, aber das Können fehlt, so ist die fragliche Unternehmung schlicht nicht imstande, für den Kunden einen guten Beitrag zu leisten, da den Mitarbeitern zur Umsetzung die individuelle Kompetenz fehlt.

Folgende Fragen sind mit kaRHma von jedem Einzelnen und von den Teams als Ganzen regelmäßig zu beantworten: Gibt es ein Wollen eines jeden Einzelnen für den „Weg"? Kann jeder Einzelne mit der neuen Art des Arbeitens umgehen? Welche Befähigung ist dafür erforderlich? Bietet die Organisation Strukturen, die es den Mitarbeitern als Mitunternehmern ermöglichen, den „Weg" zu einem Höchstmaß an Verantwortung mitzugehen? Dies setzt jedoch ein radikal verändertes Performance Management System – oder dessen Abschaffung – voraus. Nicht für jede Organisation sind im ersten Schritt solche großen und grundlegenden Veränderungen möglich. Je nachdem, in welcher der drei kaRHma-Dimensionen der Handlungsbedarf am größten ist, variiert die Ausgestaltung. Zu Beginn der Transformation stehen häufig viele kleine Schritte. Ein kleiner und nicht zu unterschätzender Schritt kann bereits die eigenverantwortliche Steuerung von Urlaub oder auch von Arbeitszeit insgesamt sein.

Der „Weg" eröffnet der Anwenderunternehmung anhand dieser Zutaten das breite Spektrum des demokratischen Managements zwischen den Polen Apple und SEMCO. Im Fall von Apple steht laut Dan Walker das Produkt eindeutig im Vordergrund – das „Was" der Organisation. Eine gelebte, produktzentrierte Unternehmensdemokratie. Sämtliche Aktivitäten werden am Produkt ausgerichtet, ein Mehrwert für das Produkt macht jeden Mitarbeiter zum gleichwertigen Mitglied, das sich demokratisch ohne Berücksichtigung etwaiger Hierarchien einbringen kann. Den anderen Pol des Spektrums bildet gemäß Clovis Da Silva Bojikian SEMCO: Hier steht das „Wie" der Organisation im Vordergrund: Die Art und Weise der Interaktion von Mitarbeitern bzw. Mitunternehmern bildet die Basis sämtlicher Entscheidungen und unternehmerischer Aktivitäten, wobei selbstverständlich die betriebswirtschaftlichen Mechanismen nicht außer Acht gelassen werden. Egal, wo in diesem Spektrum man eine demokratische Unternehmenstransformation verankert, ob vorwiegend auf der „Was"- oder auf der „Wie"-Seite oder irgendwo dazwischen: Immer geht es um eine radikale Umverteilung von Macht und Verantwortung in die Hände kleiner, unternehmerischer Crews, die als Föderation eine neue Art einer neue Komplizen-Organisation bilden.

Im Folgenden werden die wichtigsten Design-Prinzipien auf dem „Weg" zu gesundem unternehmerischem kaRHma erörtert:

- Machtumkehr durch *Freiwilligkeit*;
- eine neue Dimension von Vertrauen durch Ziel- bzw. Informations-, Prozess- und Ergebnis*transparenz*;
- die *Kleinteilung* der Organisation in überschaubare Aufgaben innerhalb selbstbestimmter Crews.

22.2.1 Das Prinzip Freiwilligkeit

Design-Prinzip 1 basiert auf der Annahme, dass die Aufgaben-Wahlfreiheit kompetenter Mitunternehmer einen unternehmerischen Wettbewerbsvorteil gegenüber bloßer Auftragsausführung darstellt. Freiwilligkeit folgt Sinnhaftigkeit: Um eine verbindliche Beitragsverpflichtung zwischen Mitarbeitenden und Team zu gewährleisten, arbeitet der „Weg" auf eine Föderation vernetzter, selbstbestimmter Teams hin. Diese entwickeln sich aus untereinander verhandelten Abkommen. Die Mitarbeiter handeln untereinander Arbeitsabkommen aus; diese Vereinbarungen stellen eine verbindliche Verpflichtung dar, obgleich sie freiwillig geschlossen werden. Der Prozess des Aushandelns heißt in der „Weg"-Terminologie „netwoRHks".[2]

Indem nun also alle HR-Aufgaben vom Team selbst übernommen werden, löst netwoRHk das klassische Performance-Management durch ein Netzwerk von Mitarbeiterabkommen ab, in dem jeder Einzelne seine persönliche Mission und Arbeitsverpflichtungen definiert. Jeder Mitarbeiter ist gefordert, Schlüsselaktivitäten und Erfolgskriterien mit seinen Kollegen (den netwoRHkern) auszuhandeln. Die netwoRHks sind für jeden in der Firma online einsehbar und können so nach Belieben aktualisiert werden. Sie sind in einem sozialen Netzwerk eingebettet, das ein Echtzeit-Feedback von Performance-Daten, Mitarbeiteraktivitäten und Peer-Feedback beinhaltet.

Der Einfluss einer Führungsperson bestimmt sich aus dieser Perspektive aus ihrer Fähigkeit, Menschen zu überzeugen, dass sie aus freien Stücken verbindlich ihre Ideen beitragen. Im Zentrum all dieser netwoRHks steht eine gemeinsame unternehmerische Vision, auf der sich die Teams im Ursprung beziehen. Dem Prinzip der Freiwilligkeit folgend, kann sich die Vision jedoch verändern, wenn sich eine kritische Masse von netwoRHks freiwillig in eine neue Richtung bewegt.

---

[2] Ein vernetzter Verbund (Netzwerk) von Resourceful Humans ergibt das netwoRHk.

Teams dürfen eine überschaubare – klar definierte – Größe nicht überschreiten, sonst muss ein neues Team gebildet werden. Die Größe der Teams variiert je nach Business-Anforderungen der Unternehmung. Ist eine Unternehmung gesund, findet sich der CEO mit seiner Vision der Unternehmung im Zentrum aller netwoRHks, und die anderen Organisationsmitglieder können so ihre netwoRHk-Aktivitäten an ihm ausrichten. Gleichzeitig können andere, zusätzliche netwoRHk-Aktivitäten durch jedes einzelne Mitglied der Organisation initiiert werden.

Auf diese Weise geschieht Führung, Kommunikation und Feedback nicht von „oben" nach „unten", wie in hierarchischen Organisationen, sondern wird von allen Ausführenden gewährleistet. Alle an einem netwoRHk Beteiligten haben gleiches Gewicht.

22.2.2 Das Prinzip Transparenz

Prinzip 2 basiert auf der Annahme, dass Menschen sich mit Transparenz und Verantwortung optimal entfalten. Die Verantwortung für solch ein optimales Arbeitsumfeld wird durch den **moRHale**-Prozess auf alle Teams verteilt. Der moRHale-Prozess macht aus der Kultur der Organisation ein soziales Produkt, für das alle die Verantwortung mittragen. Daraus leitet sich ab, dass es für suboptimale Beiträge keine Entschuldigungen mehr geben darf. Dazu werden im moRHale-Prozess drei Grundfragen in einem zwei- bis vierwöchigen Rhythmus gestellt:

- Lieben wir unsere Aufgabe, und liebt der Kunde unseren Beitrag?
- Haben wir, was wir brauchen, um unser Bestes zu geben?
- Fühlen wir uns für unseren Beitrag wertgeschätzt?

Das Ziel dieser Fragen besteht darin, dass die Teams für sich herausarbeiten, was sie für einen reibungslosen Ablauf benötigen. Das Herstellen dieses Optimums bzw. die laufende Optimierung der Betriebsstruktur liegt bei den Teams selbst. Über die Antworten auf diese drei Fragen erarbeitet sich das Team, für alle Beteiligten gleichermaßen nachvollziehbar, ähnlich wie in der Produktentwicklung ein Backlog, das es selbstständig priorisiert und abarbeitet.

So werden alle drei kaRHma-Dimensionen (Wollen, Können, Dürfen) mit Blick auf einen hundertprozentigen Beitrag auf den Prüfstand gestellt. In einer idealen Beitragskultur werden alle drei Grundfragen mit einem einfachen Ja beantwortet. Bei einem Nein jeglicher Art liegt es in der Verantwortung des Teams, das angesprochene Problem zu lösen, beziehungsweise es muss dem Team ermöglicht werden, das Problem autonom zu lösen.

Die durch den moRHale-Prozess aufgeworfenen Fragen werden mit den Werten Gold, Silber und Bronze priorisiert und in einer schnellstmöglichen Regelmäßigkeit adressiert:

Gold – kritische Behinderung oder wichtiger Wettbewerbsfaktor.

Silber – moderates Risiko oder Schlüsselelement zur Unterstützung eines Goldwertes.

Bronze – Hygienefaktor, darf nur nicht unter relevante Vergleichswerte sinken.

Verbildlicht kann man sagen, dass kaRHma der Puls ist, netwoRHk (die gemeinsame Aushandlung der Arbeitsabkommen) die Synapsen bildet und moRHale das Herz des Ansatzes ist, besonders während des Transformationsweges. Teams sind primär für ihren moRHale-Prozess zuständig, können jedoch bei ähnlichen Themen separate moRHale-Teams zu deren Lösung schaffen. In moRHale-Meetings wird bewusst nicht über Ressourcenfragen entschieden, diese werden über die netwoRHk-Teams geregelt.

Das Prinzip der teambasierten Entscheidungsfindung bildet die Basis der agilen moRHale-Steuerung. Sie ist ein Prozess von häufigen kleinen Kurskorrekturen anstelle von monumentalen Grundsatzplanungen. So können schwerfällige bürokratische Prozesse vermieden werden, und es wächst eine gegenwartsbezogene Handlungsfähigkeit in überschaubaren Teams.

Als Voraussetzung für eine regelmäßige Anwendung des moRHale-Prozesses werden in einem „Alpha-moRHale-Prozess" gemeinsame Grundwerte und eine Ausgangsvision der Unternehmung in einer Verfassung festgehalten. Grundwerte und Vision werden durch ein crossfunktionales und hierarchienübergreifendes Team bestimmt, dem alle relevanten Stakeholder (CEO, Aufsichtsrat usw.) angehören, anschließend wird es in einem alle Mitarbeiter einbeziehenden Crowdsourcing-Prozess validiert und endlich iterativ von den Crews weiterentwickelt. Die „Verfassung" bildet die Basis für die weitere Anwendung des moRHale-Prozesses.

22.2.3 Das Prinzip Kleinteilung

Prinzip 3 basiert auf der Annahme, dass jeder auf dem „Weg" Botschafter des Kunden ist und unternehmerisch fair beteiligt wird. Um dies sicherzustellen, bedarf es einer Übersichtlichkeit des eigenen Beitrags in einem überschaubaren Team. Weiterentwicklung und Wertigkeit des Beitrags in der Logik des „Wegs" geschieht nicht durch Titel oder Seniorität, sondern durch die Kompetenz, die von den Kollegen anerkannt wurde. Die Entwicklung und Anerkennung geschieht also durch eine Peer-Feedback-Logik namens *staRHs*. Mit staRHs kann jeder jedem jederzeit direkt und unkompliziert ein Feedback geben, das für alle anderen ebenso sichtbar ist. Um das unternehmerische Miteinander zu fördern, wird jedes Feedback mit einer virtuellen Sternewährung qualifiziert. Wie bei einer Sternkarte werden die einzelnen Feedback-Flüsse zueinander sichtbar: Von welchem Stern aus gibt es Verbindungen, fließen Feedbacks zu anderen? Wer ist ein Knotenpunkt, wer ist isoliert?

StaRHs als 360-Grad-Feedback in Echtzeit über alle Funktionen und Hierarchien hinweg fördert somit konsequent das Potenzial zum unternehmerischen Miteinander. Die Sternewährung kann bei adäquater Reife der Unternehmung zusätzlich eine Bonusvergabe steuern. Feedback und Sternevergabe sind dabei für alle Mitarbeiter transparent. Auch der Budgetprozess kann durch den Beyond-Budgeting-Ansatz dynamisch in den „Weg" implementiert werden.

Von anderen Ansätzen (z. B. Holacracy, Results-Only Work Environment) hebt sich der „Weg" durch die bewusste Absenz einer optimalen Organisationsstruktur ab. Stattdessen geht es darum, innerhalb eines klaren Rahmenwerks mündiges Mitunternehmertum zu fördern und einzufordern und dadurch gemeinsam anhand von Vision und Werten eine einzigartig ideale Organisation zu gestalten.

22.3 Darstellung eines Praxisbeispiels – Mitarbeiter führen Unternehmen

Die Erfolgsmeldung vorweg: Bereits nach zwei Jahren auf dem „Weg" kann die Haufe.Umantis-Gruppe wirtschaftlich messbare Resultat und neue innovative Produkte vorweisen.

Doch drehen wir das Zeitrad um ein paar Jahre zurück. Wie kam es dazu, dass Resourceful Humans dieses Unternehmen begleitet hat?

Es ist 2012. Spannung liegt in der Luft, als das Ergebnis der CEO-Wahl verkündet wird. Marc Stoffel versucht, sich die Nervosität nicht anmerken zu lassen. Doch er ist sich bewusst: Was gerade bei der Haufe.Umantis-Gruppe geschieht, ist ein mutiges Experiment! Nur eine Handvoll Organisationen weltweit übergeben ihren Mitarbeitern ein solches Maß an Verantwortung. Stoffel selbst hat vor sieben Jahren als Praktikant in der Firma begonnen. Heute steht er, neben dem Firmengründer Hermann Arnold, als CEO zur Wahl. Für ihn als Schweizer entspricht diese demokratische Art von Führung nicht nur seiner inneren Überzeugung, er versteht partizipative Demokratie im betriebswirtschaftlichen Rahmen auch als Wettbewerbsvorteil. Wie kann eine Firma Talent-Management-Software für innovative Unternehmen von morgen gestalten? Indem sie eine neue Kultur als Quell der eigenen Innovationskraft verinnerlicht. Mitarbeiter, die ihren CEO und das gesamte mittlere Management wählen, die ihre Strategie für das Geschäftsjahr in einem zweitägigen Prozess am Rorschacherberg gemeinsam crowdsourcen und die dieses einzigartige Know-how in ihre Softwareprodukte einfließen lassen.

Dann die Auszählung. 97 % Zuspruch für Marc. Als das Ergebnis endlich verkündet wird, ist klar, dass das erst der Anfang ist. Die wirkliche Arbeit steht noch bevor. Mithilfe des „Weges" soll eine ganzheitliche Managementsystematik zu Führung, Strukturierung und Operationalisierung von partizipativer Demokratie gewagt werden. Macht soll komplett neu definiert und in der Unternehmung verteilt werden, um nachhaltige Innovationskraft im Tagesgeschäft eines jeden Mitarbeiters zu verankern. Volles Engagement sollte trotz Wachstums erhalten bleiben.

Die Inspiration kam vom TED-Talk des Resourceful-Humans-Gründers Heiko Fischer. Damit war der Grundstein für eine Zusammenarbeit gelegt, die den „Weg" zu hundert Prozent Unternehmertum und null Prozent Bürokratie ebnen sollte (Abb. 22.2).

Demokratie als Energiequelle für Unternehmen – man stelle sich das vor! Das Warum war der Führung klar. Es gab daher auch keine Diskussion zum „Ob", sondern nur zum verantwortungsvollen „Wie". Wie man eine demokratische Kultur einführt, das ist für die neue Generation der Überzeugungstäter vollkommenes Neuland im Management.

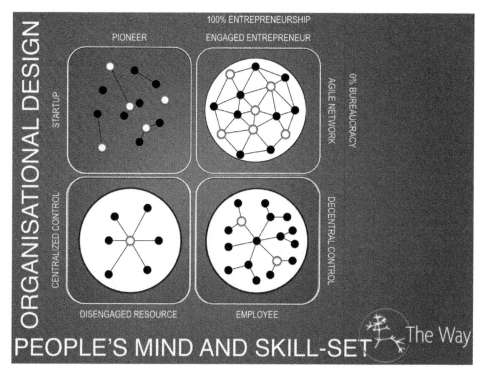

Abb. 22.2 Visualisierung des Zusammenhangs zwischen Organisationsdesign und Geisteshaltung

Herausforderungen der Transformation

Anhand der blut-, schweiß- und tränenreichen Reise der Haufe.Umantis lassen sich die größten Herausforderungen in der Transformation auf drei Themen reduzieren: *Angst, Widersprüchlichkeit* und ... *Goldfische*.

Fokus: Angst

David Cole, der Chief Risk Officer des Schweizer Rückversicherers SwissRe, nannte bei einer Podiumsdiskussion zu „Environments of Human High Performance" „Angst" als größten Stolperstein auf dem Weg zu freiheitlichem Arbeiten im SwissRE-internen Projekt „Own the way you work": Angst der Führung, Macht und Einfluss zu verlieren. Angst, in einem neuen, freiheitlichen System die Kontrolle zu verlieren und trotzdem für das System haftbar zu sein. Angst der „entfesselten" Mitarbeiterinnen und Mitarbeiter, dass die eigene Rolle plötzlich nicht mehr klar sein könnte, oder nur noch so viel Klarheit wäre, wie man bereit und fähig wäre, selbst herzustellen. Angst, scheinbar gradlinige Karriere- und Gehalts-Entwicklungspfade aufgeben und sie mit stetem Unternehmertum in eigener Sache ersetzen zu müssen. Angst, die scheinbare Sicherheit des *Command and Control* fahren zu lassen, ohne dafür eine andere, fremdgestaltete Klarheit zu erhalten. Diese Bedenken hatte auch die Haufe-Führung, doch sah man in der neuen Logik mehr Chancen als Risiken. Man hatte viel Vertrauen in die eigene Belegschaft.

Haufe.Umantis wollte eine echte Wirtschaftsdemokratie werden, in der tatsächlich Grundlegendes im System verändert, nicht nur ein neuer Diktator demokratisch inthronisiert wird. Sonst wäre ja nichts gewonnen. Es geschähe das Gleiche wie in Command-and-Control-Systemen. Bei Zweifeln gibt es immer einen klaren Feind: Der Prozess ist unsinnig. Der Manager ist ein Idiot. Die Strategie irre.

Nein, im echten demokratischen Mitgestaltungsrahmen des „Weges" ist man Beteiligter, nicht Betroffener. Die alten Entschuldigungen gelten nicht mehr. Man ist in der Pflicht. Doch wo dies im Leben erlernt und geübt wurde, von Haushaltsplan bis zur Erziehung mündiger Kinder, muss vieles im betriebswirtschaftlichen Rahmen erst verlernt, übersetzt und mit kleinen Schritten neu aufgebaut werden. Der Angst wird am besten mit einem Gefühl von Wahlmöglichkeit und Transparenz begegnet.

Um Sicherheit im eigenen Handeln zu gewinnen, bediente sich Haufe der oben beschriebenen moRHale-Methodik, bei der in einem klaren Rahmenwerk die gesamte Organisation und die partnerschaftlichen Beziehungsgeflechte kleingliedert wird. Dieser iterative, an der agilen Spieleentwicklung angelehnte Prozess führte zum Beispiel dazu, dass Mitarbeiter ihre Abteilung und Vakanzen selbst auf der Webseite vorstellten. Dies mochte auf den ersten Blick amateurhaft wirken, doch gewann man die Kandidaten durch Authentizität und Überzeugung. Im nächsten Schritt unterzeichnete das Team dann die Arbeitsverträge der neuen Kollegen, um wirkliche Verantwortung zu demonstrieren.

Die Sicherheit, die sich aus der Transparenz der Beziehungen ergab, dient als Grundlage, um durch den netwoRHk-Prozess, für alle Beteiligten transparent, ein optimales Arbeitsumfeld neu zu gestalten: von, durch und für die Mitarbeitenden! Dabei können Mitarbeiter nicht nur ihre Aktivitäten autonom aushandeln, sondern durch den staRHs-Feedbackprozess auch gegenseitig, in derselben Logik wertschätzen. Gute Taten erhalten sofort entwicklungs- und bonusrelevantes Feedback und sind mit einer virtuellen Sternewährung verknüpft. Zudem sind die Wertschöpfungs- und Wertschätzungsflüsse jederzeit visuell für alle einsehbar. Besonders in der internationalen Expansion hilft diese Art des Arbeitens, in virtuellen Teams, die durch große Entfernungen und Zeitzonen getrennt sind, jederzeit up-to-date zu sein.

Mit netwoRHk wandelt sich auch das Verständnis von „Arbeit" – man „hat" nicht einfach eine Arbeitsstelle. Arbeit ist das, was getan wird. Statt einer starren Hierarchie, top-down, ermöglichen netwoRHk und staRHs Mitarbeitenden, in einer „natürlichen" selbststrukturierten Hierarchie zu arbeiten. Einer Hierarchie, die auf Know-how, Leistungen und Verantwortlichkeit basiert. Menschen bewegen sich so nicht „nach oben", sondern sie wachsen fachlich, hinsichtlich Respekt, Verantwortung und Entlohnung, je nach ihrem Beitrag.

Der netwoRHk-Prozess wurde von der Haufe.Umantis-Belegschaft in eine Schwarmlogik übersetzt. Und dies funktioniert so:

Als Schwarm:

- entwickle ich die Aufgaben meines Schwarms mit;
- definieren wir, wie viele Rollen oder FTE *(full time equivalents)* wir maximal im Schwarm brauchen;

- suchen wir aktiv in der Organisation nach guten Schwarmmitgliedern;
- nominieren wir unseren Produkt-Owner und Scrum-Master;
- setzen wir selbst fest, wie wir unsere Schnittstellen mit anderen Schwärmen managen;
- wollen wir auf niemanden angewiesen sein, um unseren Beitrag leisten zu können;
- teilen wir offen Fehler.

Als Schwarmmitglied:

- starte ich einen oder mehrere Schwärme oder trete einem oder mehreren Schwärmen bei;
- entwickle ich die Aufgaben (Backlog) meines Schwarms mit;
- priorisiere ich täglich meine Aufgaben transparent für das Team;
- teile ich meine Lernerfolge in jedem Schwarmtreffen.

Genauso wichtig wie die Gestaltung einer eigenen Organisationslogik mit netwoRHks und staRHs ist der Aspekt der Visualisierung der Organisation als lebendes Netzwerk. Der eigene Beitrag kann somit verbildlicht und in Zusammenhang gebracht werden. Man ist nicht mehr nur ein Rad im Getriebe, sondern Teil einer echten Wertschöpfungsökologie.

Ebenso wird Innovation nicht mehr nur über einen KVP (einen kontinuierlichen Verbesserungsprozess), eine zentrale Abteilung oder eine Befehlskette entwickelt. Sie wächst aus den entsprechenden Mitarbeitenden, die so zu Kickstartern im Unternehmen werden. Mit der Logik des „Weges" ist niemand und jeder Chef. Dies sorgt für starke Beziehungen, eine stärkere Organisation und bessere Produkte. Es sorgt weiterhin für Transparenz und Sicherheit durch Mitgestaltung der Organisation anhand der moRHale-Prinzipien sowie Autonomie und Selbstorganisation der Arbeit und Vergütung durch netwoRHk und staRHs.

Doch das Erlernen von Wertschätzungsritualen wie staRHs braucht Zeit, und der Markt um uns herum wartet nicht auf die Mitarbeiter der Haufe. Es ist ein Fakt, dass die Phase der Umorientierung schmerzhaft sein und kurzfristig zu Nachteilen gegenüber der klassisch organisierten Konkurrenz führen kann. Veränderung geschieht in der Geschwindigkeit von Menschen, nicht von Plänen.

Und wenn die Demokratie nicht schnell den erhofften Effekt erzielt, hält man dann an ihr fest? In guten und in schlechten Zeiten? Feste Bindungen können in einer schnelllebigen Zeit schon Angst machen!

Fokus: Widersprüchlichkeit
Viele Aspekte des „Weges" stehen im scheinbaren Konflikt mit gegenwärtigen Management-Paradigmen und den darauf basierenden Modellen, wie zum Beispiel dem HR Business Partner Model.

Im Ernst, wie soll das gehen? Mitarbeiter, die ihren CEO und ihre Manager wählen? Die demokratisch über neue Mitarbeiter entscheiden? Man stelle sich weiter vor, dass die Mitarbeiter der Haufe.Umantis-Gruppe sich in ihrem jährlichen crowdgesourcten Strategieprozess kollektiv gegen weiteres Wachstum zu diesem Zeitpunkt und für Konsolidierung aussprechen. All dies würde den gegenwärtigen Markt-Opportunitäten und ausgeklügelten Strategien zuwiderlaufen und der wirtschaftlichen Logik widersprechen. Was würde geschehen?

Ein Umdenken! Denn die Wirtschaft existiert für die Menschen, nicht die Menschen für die Wirtschaft. Dieser Ausspruch umreißt das oben skizzierte Spannungsfeld zwischen den Konzepten Kommerz und Demokratie. Dies gilt in der Volkswirtschaft wie in der Betriebswirtschaft. Doch wo in der Volkswirtschaft das Volk wenigstens begrifflich zuerst kommt, ist dies in der Wirtschaftsdemokratie eben nicht der Fall. Doch Freiheit und Demokratie sind keine wirtschaftlichen Ziele, es sind menschliche Ziele.

Wir haben in dieser Dekade erfahren, dass Demokratie keinen Wohlstand garantiert. Demokratie schafft nur einen freiheitlichen Rahmen für höchstmögliches Potenzial an nachhaltigem Wohlstand. Dabei ist sie jedoch nur so stark wie die Menschen, die sie beseelen. Wenn wir Demokratie als Motor für erhöhten Umsatz ansehen, wäre das wie den Karren vor den Esel zu spannen. Trotzdem waren es Unternehmer wie Bill Hewlett und Dave Packard, Bill und Vieve Gore oder Ricardo Semler, die es durch ihre Persönlichkeiten geschafft haben, den Widerspruch mit ihren Mitarbeitenden in ein extrem profitables „Ja und"-Szenario für alle Beteiligten zu wandeln. Die Demokratie ist also auch in der Führung geprägt durch Führungspersönlichkeiten und die Art und Weise, wie diese mit Widerstand und Widerspruch umgehen. Also durch ihre Fähigkeit, Kritik, Spannungen und Widersprüche als positive Energiequelle eines demokratischen Arbeitsumfelds zu schätzen und zu nutzen – statt sie als Probleme anzusehen.

Bei der Anwendung des „Wegs" bei Haufe.Umantis galt es anzuerkennen, dass dieser „Weg" im Widerspruch zu den Strukturen des Bildungssystems mit seiner individuellen Leistungslogik steht. Alle Beteiligten mussten sich hinterfragen, vermeintlich klare Denk- und Handlungsmuster infrage stellen oder die erworbenen Muster sogar verlernen. Es galt, nicht mehr alle Antworten zu wissen, keine Sicherheit vorzugaukeln oder Pläne zu verkaufen; stattdessen wurden Zuhören, Lernen und Vorleben zur Handlungsmaxime.

Hinzu kommt ein Feingefühl der Führung, ihrer eigenen Truppe nicht allzu weit vorauszueilen, eine Sensibilität, die über den moRHale-Prozess entwickelt wird. Als Marc als CEO schon Parolen zum „Was" und „Wie" an die Schwärme ausgeben wollte, verlangte die Belegschaft von ihm als CEO erst einmal Klarheit über die Rahmenbedingungen. Erst auf dieser Grundlage war sie gewillt, den „Weg" weiterzuentwickeln. Führung ist unter demokratischen Bedingungen also keineswegs irrelevant, sie wird nur ganz anders.

Um das nachhaltige „Ja zu Demokratie und zu Profit" hat sich in der Entwicklung der Haufe viel gedreht, denn da tritt der größte Gegner jedweden Fortschritts auf den Plan: der Goldfisch:

Fokus: Goldfische

Nun wird also die Goldfisch-Metapher endlich aufgelöst! Die Faktoren „Angst" und „Widersprüchlichkeit" allein sind in hart umkämpften Märkten erst einmal ein Wettbewerbsnachteil. Sie binden Energien und wenden den Fokus nach innen. Sie stellen Grundsätzliches infrage, aber geben gerade dadurch den Beteiligten auch Raum, sich zu orientieren und Neues zu finden. Doch sollten nun zwei, drei oder vier Quartale ins Land gehen, ohne dass sich auf dem Excel-Sheet erkennbares Wachstum abzeichnen würde, dann werden die Goldfische zum größten Risiko. Denn wird nun der „Weg" verlassen? War er nur ein kurzes Experiment – oder doch ein Bekenntnis ohne Umkehr? Die Pointe: Goldfischen wird ein sehr kurzes Gedächtnis nachgesagt. Einmal im Kreis geschwommen, haben sie schon wieder vergessen, was vorher war.

Das Goldfisch-Syndrom hat drei Facetten:

- **Führung**. Einmal auf dem „Weg", gibt es kein Zurück. Denn sollte sich die Führung entschließen, wie die Goldfische alles, was war, zu vergessen und zu alten Strukturen zurückzukehren, ist der Schaden meist irreparabel. Selbst punktuelle Abkehr wird extrem sensibel aufgenommen. Mitarbeiter aus selbstbestimmten Unternehmungen sind nicht mehr in klassischen Organisationen einsetzbar. Aus diesem Grunde gibt es die Verfassung; der Einsatz neuer sozialer Technologien wie netwoRHk und das Prinzip der Freiwilligkeit und Transparenz sollen dieser Umkehr systemisch entgegenwirken.
- Die zweite Sorte Goldfisch sind **externe Berater**. Jedes Jahr taucht auf dem Markt ein neuer Beratungstrend auf, und jeder, der ihm nicht folgt, wird als antiquiert und dem Tod geweiht hingestellt. Fragen sie diese Goldfischberater am besten, ob und wie sie ihre Produkte und Lösungen in ihrer eigenen Organisation anwenden. Stattdessen gilt es, sich freizumachen von externen Einflüssen.
- Die dritte Gattung Goldfische findet sich unter den **Mitarbeiterinnen und Mitarbeitern** selbst. Die Freiheitsgrade erfolgreicher Pionierorganisationen wirken verlockend: Urlaub ohne Limit. Arbeiten von überall. Kein Chef. Selbst Ziele bestimmen. Doch einerseits unterschlägt dies den anstrengenden Findungsprozess solcher Pioniere, andererseits den mit der Autonomie und Freiheit einhergehenden Grad an Selbstverantwortung. Oft wünschen sich die Mitarbeitenden in alte Zustände zurück, reden Vergangenes schön und fühlen sich überfordert. Einmal auf dem „Weg", muss man auch diese Goldfische an ihr originäres Commitment erinnern.

Es sind spannende Zeiten für Pioniere wie Haufe.Umantis. Doch Pioniergeschichten lesen sich meist besser, wenn der Schatz bereits gehoben ist, der Drache getötet und die Prinzessin gerettet wurde. Mittendrin fühlen sich solche Geschichten hart an. Es ist schmerzhaft und chaotisch – auch wenn die Mitarbeitenden durch die Design-Prinzipien des „Weges" durch Wahlen Mitsprache über ihre Führung ausüben, trotz der stetigen Puls-Checks mit kaRHma und trotz Kontrolle und Transparenz über ihre Arbeit und Vergütung durch netwoRHk und staRHs. Obwohl Politik und zentraler Steuerung durch den moRHale-Prozess begegnet wird, in dem Rahmenbedingungen jederzeit durch die Mitarbeitenden selbst angepasst werden können, bleiben viele Fragen offen, die man sich vorher so nicht stellen musste oder die man nicht erahnen konnte: Wie definiert man Führung neu, wenn jeder führen soll? Wie bringt man sich ein? Wie entscheidet man sinnvoll mit? Welche Instanzen übernehmen vitale Checks-and-Balances-Aufgaben, die im volkswirtschaftlichen Rahmen der Justiz und der Presse zukommen?

Letztlich werden sich alle Mitarbeitenden jenseits der Hierarchien mit diesen Fragen, den eigenen Widersprüchen und Ängsten auseinandersetzen müssen, um Haufe.Umantis zu nachhaltigem Erfolg zu führen. Denn wenn die Ziele auf dem Weg zu Freiheit und Demokratie nicht nur wirtschaftlicher, sondern auch menschlicher Natur sind – dann liegen die erfolgreichen Antworten in eben diesen Menschen. Sie gehen den „Weg" und führen über ihren Beitrag ihre Unternehmung zurück in die Zukunft des Managements.

Sie leben im Geist der Garage.

Literatur

Brafmann, O., & Beckström, R. A. (2007). *Der Seestern und die Spinne: Die beständige Stärke einer kopflosen Organisation.* Weinheim: Wiley-VCH.

Brafman, O., & Brafman, R. (2008). *Kopflos: Wie unser Bauchgefühl uns in die Irre führt – und was wir dagegen tun können.* Frankfurt a. M.: Campus.

Heiko Fischer lebte, lernte und arbeite in Frankfurt, Genf, Barcelona, Paris, Los Angeles, Kairo und London. 2011 gründete er die Resourceful Humans GmbH in Berlin, um durch eine neue demokratische Management-Philosophie und die Selbst-Organisation fördernde HR Lösungen Mitarbeitern zur mehr Freude, Engagement und Produktivität in Unternehmen zu verhelfen.

Angela Maus verdiente sich ihre Sporen im Bayer Konzern, erst als Trainee im renommierten Entwicklungsprogramm des Unternehmens, dann als Mitarbeiterin im globalen HR Projekt Management und im operativen HR. 2012 wurde sie Partnerin der Resourceful Humans GmbH.

Vernetztes Denken in der Management-Praxis – Die Strategiemethode Netmapping

23

Jürg Honegger und Philip Topp

> **Zusammenfassung**
>
> Die schnelllebige Entwicklung im Zeitalter der Digitalisierung und der Globalisierung erfordert ein Umdenken im Management. Management-Herausforderungen werden immer komplexer. Umso wichtiger ist es, diesen als interdisziplinäres Team und mit systematischem Komplexitätsmanagement zu begegnen. Die Strategiemethode „Netmapping® – Vernetztes Denken im Management" ist ein teambasierter und partizipativer Ansatz, der Führungskräften dabei hilft. Im Zentrum der Methode steht die Erfolgslogik® als eine Art „Strategielandkarte". Die Erfolgslogik ermöglicht eine ganzheitliche Strategieentwicklung und -umsetzung: Es werden Szenarien entwickelt, Ziele formuliert und deren Erreichung in Management-Cockpits verfolgt, Maßnahmen abgeleitet und periodisch Reviews zur Standortbestimmung durchgeführt. Netmapping eignet sich auch dazu, Strategieinstrumente (z. B. Balanced Scorecard (BSC), Key Performance Indicator (KPI) oder Management by Objectives) zu überprüfen und in ihrer Wirksamkeit zu optimieren.

Probleme kann man niemals mit derselben Denkweise lösen, durch die sie entstanden sind. (Albert Einstein)

J. Honegger (✉)
Netmap AG, Alte Landstrasse 180, 8800 Thalwil, Schweiz
E-Mail: juerg.honegger@netmapping.ch

P. Topp
Institut für Vernetztes Denken (IVD AG), Alte Landstrasse 180, 8800 Thalwil, Schweiz
E-Mail: philip.topp@netmapping.ch

© Springer Fachmedien Wiesbaden 2016
O. Geramanis, K. Hermann (Hrsg.), *Führen in ungewissen Zeiten*,
uniscope. Publikationen der SGO Stiftung, DOI 10.1007/978-3-658-11227-1_23

Vor hundert Jahren war die Welt vermutlich überschaubarer. Die heutigen Herausforderungen sind bedeutend komplexer, die Entwicklungen im schnelllebigen Zeitalter der Digitalisierung, des Internets und der Globalisierung verlaufen dynamischer.

Dies erfordert auch ein Umdenken im Management. Wenn früher vielleicht noch eine Führungskraft ausreichte, um validierte Entscheidungen zu treffen, verlangen die heutigen Märkte nach interdisziplinären Teams mit breit abgestützten Kompetenzen. Es wird immer schwieriger, die Übersicht zu behalten, gute Ziele abzuleiten und die wirksamsten Hebel zu kennen.

Komplexe Situationen erzeugen Ungewissheit, weil sie nie vollständig kontrollierbar oder beherrschbar sind. So sind zum Beispiel der langfristige Erfolg von Unternehmen oder die Bewältigung von Naturgefahren komplexe Herausforderungen, deren Dynamik zu Verunsicherung führen. Umso wichtiger wird es, diesen Herausforderungen als interdisziplinäres Team zu begegnen.

Aber wie können wir ungewisse, komplexe Situationen gemeinsam meistern? Wie können wir dem Wandel gerecht werden? Wie können wir sicherstellen, dass alle Maßnahmen und Tätigkeiten aufeinander abgestimmt sind?

Die teambasierte, partizipative Strategiemethode „Netmapping – Vernetztes Denken im Management" hilft dabei. Bevor Sie sich aber für eine Anwendung dieser Methode entscheiden, lohnt sich die Beantwortung folgender Fragen:

- Was sind unsere komplexen Herausforderungen?[1]
- Bin ich zufrieden mit der heutigen Bewältigung dieser Herausforderungen und mit unserer Strategieentwicklung und -umsetzung?
- Haben wir ein gemeinsames Problem-Verständnis im Team?

Im Zentrum von Netmapping steht die Erfolgslogik® als „Strategielandkarte" – eine Visualisierung der wichtigsten Systemzusammenhänge; dieses Element erleichtert eine ganzheitliche Strategieentwicklung und -umsetzung. Dabei werden Szenarien entwickelt, Ziele formuliert und deren Erreichung in Management-Cockpits verfolgt, Maßnahmen abgeleitet und periodisch Reviews zur Standortbestimmung durchgeführt. Die Methode Netmapping beinhaltet auch ein auf der Erfolgslogik basierendes Risikomanagement zum bewussten Umgang mit Unsicherheit und als Mittel, nötige Maßnahmen abzuleiten. Netmapping sieht außerdem vor, alle Aufgaben in Unternehmen auf die Erfolgslogik abzustützen und so in der Management-Toolbox inhaltliche und methodische Ordnung zu schaffen.

---

[1] Netmapping wurde bereits auf eine Vielfalt komplexer Fragestellungen angewendet, zum Beispiel auf den Erfolg touristischer Organisationen (Honegger, J., & Heiniger, U. (2007)), die Zusammenhänge eines erfolgreichen Wissensmanagements (Honegger, J. (2001d)), wirkungsvolles Key Account Management (Müllner, M., & Honegger, J. (2005b)), die Strategieentwicklung einer Rehabilitationsklinik (Honegger, J., & Kehl, T. (2003)), die Einführung von Balanced Scorecards (BSC), ein erfolgreiches Total Quality Management (TQM) (Honegger, J., & List, S. (1998)), erfolgreichen Verkauf (Müllner, M., & Honegger, J. (2005a)), den konstruktiven Umgang mit Zielkonflikten (Honegger, J. (2001a)), für hohe Employability statt Jobsicherheit (Honegger, J. (2001b)). u.a.m. Einige dieser Anwendungsfälle wurden publiziert (www.netmapping.ch). Die Begriffe Netmapping, Netmap und Erfolgslogik sind eingetragene Marken der Netmap AG.

Die konkrete Vorgehensweise innerhalb der einzelnen Module wird in diesem Kapitel an einem anschaulichen und durchgängigen Fallbeispiel genauer beschrieben. Dabei gehen wir auch auf die erreichten Effekte ein und diskutieren, welche Aspekte zu beachten sind, wenn in einem Management-Team durch die moderierte Erarbeitung strategischer Zusammenhänge, Szenarien, Ziele und Maßnahmen ein gemeinsames Verständnis strategischer Herausforderungen geschaffen werden soll. Wir gehen ferner auf die Voraussetzungen für erfolgreiches Komplexitätsmanagement ein und erörtern die Grenzen der Beherrschbarkeit. Abschließend schlagen wir konkrete Schritte für den eigenen erfolgreichen Umgang mit Unsicherheit bei komplexen Herausforderungen vor.

Der Beitrag basiert auf 25-jähriger Anwendungserfahrung und ist angelehnt an ein bereits in dritter Auflage erschienenes Buch von Jürg Honegger (Honegger 2013).

23.1 Die Entstehung der Strategiemethode „Netmapping – Vernetztes Denken im Management"

Auf der Basis der Arbeiten von Ludwig von Bertalanffy (Allgemeine Systemtheorie) und Norbert Wiener (Kybernetik) entwickelten Hans Ulrich und Walter Krieg in den 1970er-Jahren das St. Galler Management-Modell. Darauf aufbauend und inspiriert von den Werken Frederic Vesters (Vernetztes Denken (Vester 1999)), entwickelten Peter Gomez und Gilbert Probst (Gomez und Probst 1987) erstmals eine Methode zur schrittweisen Visualisierung betriebswirtschaftlicher Zusammenhänge. Als Assistent von Peter Gomez und in langjähriger eigener Beratungspraxis hat Jürg Honegger den Ansatz zur Strategiemethode „Netmapping – Vernetztes Denken im Management" weiterentwickelt. In den letzten Jahren wurde die Methode zusammen mit Philip Topp angewandt und verfeinert.

Netmapping ist teambasiert und partizipativ. Der Prozess verläuft über mehrere Phasen. Abbildung 23.1 zeigt die Methode auf der Zeitachse. In der Praxis können gewisse Phasen auch iterativ-wiederholend durchlaufen werden.

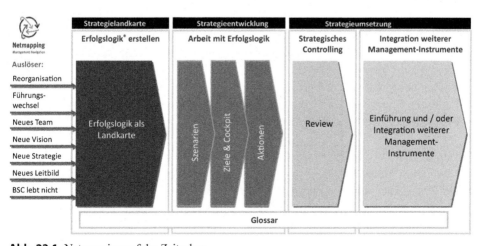

Abb. 23.1 Netmapping auf der Zeitachse

23.2 Anwendungsbeispiel aus der Management-Praxis

> Man muss die Welt nicht verstehen, man muss sich nur darin zurechtfinden. (Albert Einstein)

Der folgende Abschnitt beschreibt das Vorgehen innerhalb der einzelnen Module anhand eines Anwendungsbeispiels. Der Fall beruht auf einem realen Mandat, bei dem wir als Moderatoren die Methode vermittelten und ihre Anwendung moderierten, während der Kunde Inhalte, Entscheidungsgrundlagen und Expertenwissen einbrachte.

Die Ausgangslage: Ein Schweizer Familienunternehmen, im Einzelhandel mit Modeartikeln tätig, war in den vergangenen Jahren sehr erfolgreich und stark gewachsen. Es wurden viele Filialen eröffnet, neues Personal eingestellt und das Management-Team erweitert. Durch das frühere Wahrnehmen zahlreicher Markt-Opportunitäten und die neuen, zum Teil branchenfremden Führungskräfte war indessen über die zukünftige Strategie kein Konsens mehr vorhanden. Die Auffassungen über sinnvolle Ziele und Maßnahmen deckten sich nicht. Um ein gemeinsames Verständnis über den heutigen und zukünftigen Erfolg sicherzustellen, entschied sich der Inhaber zur Anwendung der Methode Netmapping. Damit sollte Unsicherheit abgebaut beziehungsweise ein bewusster Umgang mit verbleibender Unsicherheit gefördert werden.

23.2.1 Gemeinsam eine Erfolgslogik entwickeln

An erster Stelle der Netmapping-Methode steht die Erarbeitung der Erfolgslogik als „Strategielandkarte". Sie stellt eine Visualisierung der wichtigsten Zusammenhänge im System in Form von ineinandergreifenden Ursache-Wirkungs-Kreisläufen dar (Abb. 23.2). Die Entwicklung der Erfolgslogik geschieht in sechs Schritten, die das Team unter Anleitung eines Netmapping-Moderators in einem Workshop durchlief:

- Betrachtungsebene („Flughöhe") identifizieren,
- Stakeholder analysieren,
- relevante Erfolgsfaktoren aus Sicht der Stakeholder ableiten,
- einen ersten Ursache-Wirkungs-Kreislauf als „Motor" des strategischen Erfolgs ermitteln,
- Ausbau des Motors zur Erfolgslogik.
- Im letzten Schritt werden die Erfolgsfaktoren kategorisiert und relevante externe Einflussfaktoren, Hebel und Zielgrößen identifiziert.

Warum steht die Visualisierung der komplexen Herausforderung in einer Erfolgslogik im Zentrum der Methode Netmapping (vgl. auch Honegger 2001c)? Da die Elemente komplexer Systeme stark verknüpft sind, hat ein Problem in der Regel mehrere Ursachen; und jede Veränderung im System hat auch vielfältige Auswirkungen. Einfache (im Sinne von simplen) Lösungen sind – wenn die vielfältigen Auswirkungen der Eingriffe bei

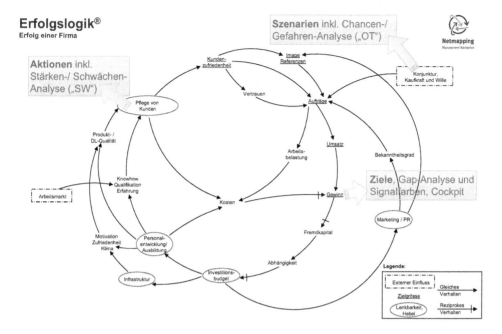

Abb. 23.2 Beispiel einer Erfolgslogik

komplexen Fragestellungen nicht beachtet werden – oft wenig oder nur sehr kurzfristig erfolgreich, haben schwerwiegende Nebenwirkungen oder dienen zur bloßen Symptombekämpfung. Die Visualisierung des Systems soll dabei helfen, Ursachen für Erfolge oder Misserfolge zu interpretieren und die richtigen Entscheidungen zu treffen.

Zusätzlich entwickelt das Management-Team während des ersten Workshops ein Glossar, um das gemeinsame Verständnis zu fördern und eine gemeinsame Sprache zu entwickeln.

Wozu ein fehlendes Glossar führen kann, sei an einem anderen (erlebten) Beispiel dargelegt: In einer Möbelfirma versteht der eine unter der „Qualität" eines Tisches nur dessen Stabilität und schöne Verarbeitung. Für einen anderen Mitarbeiter gehört zusätzlich die rechtzeitige Lieferung zur „Qualität". Wenn nun ein „Qualitätsproblem" festgestellt wird und der Begriff ist nicht geklärt, werden beide ganz unterschiedliche, möglicherweise sogar gegensätzliche Maßnahmen ergreifen wollen: Um die rechtzeitige Lieferung sicherzustellen, schlägt der eine (für den Liefertreue Teil der Qualität ist) vor, schneller zu arbeiten und gewisse Arbeitsschritte auszulassen. Der andere (mit dem engen Qualitätsverständnis) versteht nun die Welt (und den Kollegen) nicht mehr. Wenn schneller gearbeitet werden muss und gewisse Bearbeitungsschritte entfallen, wird doch die Qualität (Stabilität, Verarbeitung) leiden? Es entsteht ein Konflikt, den man mit einer vorausgehenden Definition des Wortes „Qualität" hätte vermeiden können. Dabei geht es nicht so sehr darum, die perfekte Definition des Begriffes zu finden, als darum, dass sich das Managementteam auf eine gemeinsame Begriffsverwendung einigt.

23.2.2 Szenarien und Risikomanagement

Da sich das Verhalten komplexer Systeme auch mit sehr hohem Aufwand niemals exakt prognostizieren lässt, war das Management unseres Mode-Handelsunternehmens darauf angewiesen, sich Informationen über *mögliche* zukünftige Entwicklungen zu beschaffen (z. B. Konjunkturprognosen oder Untersuchungen zur Entwicklung des Arbeitsmarktes). Die Auseinandersetzung mit der Zukunft ist eine wichtige Managementaufgabe, die der Planung vorgelagert ist.

Für relevante externe Einflussfaktoren in der Erfolgslogik wurden deshalb Szenarien erarbeitet. Da bereits in früheren Workshops über Szenarien nachgedacht worden war, konnte darauf aufgebaut werden. Die Szenarien wurden überprüft und ergänzt.

Die Idee dabei ist es, Trends sowie Chancen und Gefahren, die auf das System zukommen könnten, rechtzeitig zu erkennen, damit geeignete Maßnahmen ergriffen werden können, um Schaden abzuwenden oder Chancen vorteilhaft zu nutzen.

Es wurden für einen Zeithorizont von fünf Jahren jeweils drei Szenarien entwickelt: ein optimistisches, ein pessimistisches und ein wahrscheinliches Zukunftsbild. Alle drei Szenarien müssen realistisch sein und eintreten können. Denn die Szenarien werden nicht um ihrer selbst willen entwickelt, sondern im weiteren Verlauf für eine Chancen- und Gefahrenanalyse sowie zur Ziel- und Maßnahmenfindung verwendet.

Es sei an dieser Stelle nochmals darauf hingewiesen, dass künftige Veränderungen in komplexen Systemen nie mit völliger Sicherheit vorhersehbar sind. Dafür sind zu viele Komponenten unbekannt. Es geht vielmehr darum, sich gemeinsam im Team auf mögliche Trends sowie Chancen und Gefahren zu einigen.

23.2.3 Ziele und Cockpit

Für jede Zielgröße wurden nun die *Zielhöhe (Soll-Werte)* für verschiedene Zeithorizonte formuliert und bestehende Ziele auf Vollständigkeit und Sinnhaftigkeit überprüft. Zudem wurde ein mit der Erfolgslogik verknüpftes *Management-Cockpit*, mit dem sich die Zielerreichung überprüfen lässt, entwickelt und eingeführt. Allenfalls bereits vorhandene Instrumente (z. B. Balanced Scorecard, Key Performance Indicator) und Vorgehensweisen können bei diesem Schritt hinterfragt und korrigiert werden.

Die Datenerhebung und -auswertung organisiert durchzuführen, ist eine wichtige Voraussetzung, damit man sich ein zutreffendes Bild der momentanen Situation machen kann. Es wird gelegentlich eingewandt, dass es zu aufwendig sei, für alle Zielgrößen die Ist-Werte zu bestimmen. Es ist durchaus legitim, in einem ersten Schritt eine Selbsteinschätzung vorzunehmen – besser diese als gar keine! Letztlich ist es eine Teamentscheidung, wie viele Ressourcen man in die genauere Erfassung des Ist-Zustands investiert (zum Beispiel durch eine neutrale Erhebung der Mitarbeiter- oder der Kundenzufriedenheit durch ein darauf spezialisiertes Institut).

Durch das Hinterlegen von Signalfarben für den Handlungsbedarf entsteht ein umfassendes Steuerungsinstrument (Abb. 23.3), das hilft, relevante Zielabweichungen schnellstmöglich zu erkennen.

- **Grün** (hier dunkelgrau): Das System ist „auf Kurs", das Ziel wurde bzw. wird wahrscheinlich erreicht.
- **Gelb** (hier hellgrau): Es besteht eine Abweichung vom Ziel. Sofern nicht besondere Anstrengungen unternommen werden, wird das Ziel nicht erreicht.
- **Rot** (in diesem Ausschnitt nicht vorhanden): Die Abweichung vom Ziel ist groß, es besteht ein beträchtlicher Handlungsbedarf, um es überhaupt noch zu erreichen.

Wie Piloten ein Flugzeug über ihr Cockpit steuern – indem sie alle Vorgänge und Abläufe, die momentane Position wie auch das Flugziel im Blick haben –, so haben jetzt auch die Mitglieder des Teams jederzeit das gesamte System im Blick – mit allen Vernetzungen, einschließlich Ist- und Soll-Zustand und der relevanten Hebel.

23.2.4 Aktionen und Planungswand

Basierend auf den Szenarien, dem Handlungsbedarf bei den Zielen und einer Stärken-Schwächen-Analyse wurden im nächsten Schritt Aktionen abgeleitet. Dabei handelt es sich um einfache Maßnahmen, komplexe Projekte und Handlungsanweisungen.

Um neue Ideen zu generieren, werden in dieser Phase auch Kreativitätstechniken wie Brainstorming oder Morphologie mit Netmapping kombiniert. Die dabei generierten Alternativen werden anschließend bewertet, meist mittels einer Nutzwertanalyse.

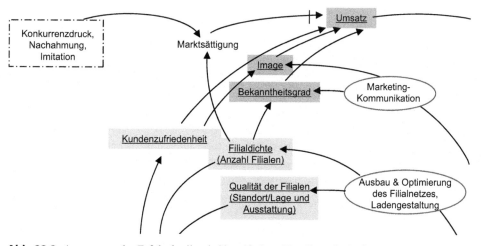

Abb. 23.3 Auszug aus der Erfolgslogik mit Signalfarben (Handlungsbedarf)

Abb. 23.4 Planungswand

Um die Übersicht über die erarbeiteten Aktionen zu behalten, arbeiten wir gerne haptisch an einer Planungswand (Abb. 23.4): Die Aktionen werden nach verschiedenen Dimensionen auf mehrere Pinnwände aufgeklebt. Dank dem Gesamtzusammenhang können so nochmals Abhängigkeiten erkannt und nötigenfalls Aktionen auf der Zeitachse oder in der Verantwortlichkeit verschoben werden.

23.2.5 Reviews

„Dranbleiben" heißt die Devise, denn komplexe Systeme „leben" und verändern sich ständig: Wechselkursschwankungen, neue Modetrends und Veränderungen im Kaufverhalten (Bestellungen über das Internet, Einkaufen im Ausland) sind nur ein paar Beispiele für Entwicklungen, die die Zielerreichung stark beeinflussen können und die eine wiederkehrende, systematische Beobachtung erforderlich machen. Periodisch stattfindende Reviews sind daher unerlässlich.

Einerseits geschieht dies idealerweise monatlich im Rahmen einer Managementsitzung, anderseits im Rahmen von strategischen Controlling-Workshops halbjährlich, je einmal pro Jahreshälfte. Die Review-Workshops nehmen stets Bezug auf die zuvor erstellte Erfolgslogik und die abgeleiteten Szenarien, Ziele und Maßnahmen.

23.2.6 Integration weiterer Management-Instrumente

Wieso Management-Instrumente verknüpfen? Immer wieder stellen wir fest, dass Management-Instrumente und -konzepte isoliert eingeführt werden und dann nebeneinander existieren. Inhalte und Strukturen sind so schwer aufeinander abzustimmen.

Netmapping bietet – auf der Basis der Erfolgslogik – eine übergeordnete Plattform. Mithilfe der Erfolgslogik lassen sich die komplexen Zusammenhänge aufgaben- und instrumenteübergreifend erkennen, sodass zielorientiert gehandelt werden kann.

Durch den konsequenten Bezug auf die Erfolgslogik werden Managemententscheidungen „erfolgslogisch", das heißt, sie lassen sich rational begründen und nachvollziehen. Das bedeutet nicht, dass man diese Entscheidungen aus der eigenen Perspektive, also im Hinblick auf die persönlichen Ziele, zwangsläufig immer begrüßen wird, aber man wird sie aufgrund der Erfolgslogik *begreifen*. Gelingt es, alle Managementaufgaben konsequent auf die Erfolgslogik auszurichten, dann ist die Chance groß, dass in komplexen Systemen die Ziele erreicht werden – und die Verantwortlichen auch wissen, warum.

Netmapping eignet sich somit auch dazu, Management- und Führungs-Instrumente (z. B. Scorecards oder Management by Objectives) zu überprüfen und in ihrer Wirksamkeit zu optimieren. Mit mancher Scorecard wird leider nur gemessen, was sich leicht messen lässt – und nicht, was aus strategischer Sicht gemessen werden müsste. Mit der Erfolgslogik kann die Sinnhaftigkeit vorhandener Kennzahlen überprüft werden.

Oft fehlt es allerdings schon am notwendigen Konsens bei der Verwendung der Begriffe. Meinen beispielsweise alle Teammitglieder dasselbe, wenn sie von „Qualitätsmanagement" sprechen (s. oben das Beispiel der Möbelfirma)? Der Marketingverantwortliche versteht darunter vielleicht, dass ein Produkt an spezifische Kundenbedürfnisse angepasst werden soll, die Logistikverantwortliche meint die Senkung der Lieferzeit, der Personalchef will die Qualifikation der Mitarbeiter erhöhen, und die Produktionsleiterin will höherwertige Rohstoffe für die Herstellung verwenden. Missverständnisse sind programmiert, treten aber häufig erst zutage, wenn Ziele verfehlt werden oder Maßnahmen nicht greifen. Für eine erfolgreiche Einführung eines Management-Instrumentes ist es wichtig, sich zunächst auf ein gemeinsames Verständnis der verwendeten Begriffe zu einigen. Dafür empfiehlt sich, wie schon im Abschnitt „Gemeinsam eine Erfolgslogik entwickeln" beschrieben, die Erstellung eines Glossars.

23.3 Nutzen, Voraussetzungen und Grenzen der Vorgehensweise

In diesem Abschnitt werden die wichtigsten Nutzen beschrieben, die durch eine moderierte Netmapping-Anwendung erreicht werden können. Es wird ferner diskutiert, welche Aspekte zu beachten sind, wenn in einem Management-Team durch die systematische Erarbeitung strategischer Zusammenhänge ein gemeinsames Verständnis über strategische Herausforderungen geschaffen werden soll. Schließlich werden auch die Grenzen der Vorgehensweise erörtert.

23.3.1 Nutzen der Methode Netmapping

Mithilfe von Netmapping ist es möglich,

- komplexe Systemzusammenhänge zu visualisieren und so einen gemeinsamen Orientierungsrahmen zu entwickeln;
- die Zusammenhänge zwischen verschiedenen Elementen – Zielen, Hebeln/Lenkbarkeiten und externen Einflüssen – zu verstehen;
- schrittweise vorzugehen und somit „den Elefanten in kleine Tranchen zu zerlegen", ohne das Ganze aus den Augen zu verlieren;
- zielorientierte, maßgeschneiderte Aktionen (Maßnahmen, Projekte und Handlungsanweisungen) abzuleiten;
- im Team der Verantwortlichen ein gemeinsames Problembewusstsein zu schaffen und damit eine gemeinsame Sicht und Sprache im Management zu finden, sodass Einigkeit über erzielbare Wirkungen und das passende Vorgehen besteht.

23.3.2 Voraussetzungen für erfolgreiches Komplexitätsmanagement

Die Strategiemethode „Netmapping – Vernetztes Denken im Management" ist ein teambasierter, partizipativer Ansatz. Ein erfolgreicher Einsatz der Methode setzt also Bereitschaft zum *gemeinsamen* Erarbeiten der Strategie und einen Willen zu Transparenz voraus.

Aus den aufgezeigten Eigenschaften komplexer Systeme lassen sich zusätzlich fünf Grundregeln für ein erfolgreiches Komplexitätsmanagement ableiten:

- Öffnung des Blickwinkels: Ganzheitliches Denken heißt, verschiedene Sichtweisen und Interpretationen zu verstehen und ernst zu nehmen.
- Verständnis für Zusammenhänge: Ganzheitliches Denken heißt, Zusammenhänge zu kennen und zu nutzen – und somit wirksam einzugreifen.
- Verständnis für Eigendynamik: Ganzheitliches Denken heißt, relevante Wirkungskreisläufe zu berücksichtigen und zu nutzen.
- Geduld und langfristiges Denken: Ganzheitliches Denken heißt, Stärke und Geschwindigkeit der Zusammenhänge zu kennen und zu nutzen.
- Verständnis für begrenzte Planbarkeit und Machbarkeit: Ganzheitliches Denken heißt, Unsicherheit auszuhalten und auf Überraschungen vorbereitet zu sein.

23.3.3 Grenzen der Vorgehensweise

Netmapping ist kein Patentrezept zur Lösung komplexer Herausforderungen. Solche Rezepte gibt es nur vermeintlich. Komplexe Fragestellungen werden aufgrund ihrer Dynamik nie ganz beherrschbar oder kontrollierbar sein.

Gerade deswegen verlangen sie nach genau abgestimmten Aktivitäten und permanenter Weiterentwicklung. Netmapping soll als ganzheitlicher Ansatz durch Visualisierung dabei helfen, die Logik einer Management-Herausforderung zu verstehen, mehr Sicherheit beim Managen von alltäglichen Herausforderungen zu erlangen, das gemeinsame Verständnis im Team zu schärfen und insbesondere eine bessere Flexibilität zu gewährleisten, um der Dynamik gerecht zu werden.

23.3.4 Schritte für den erfolgreichen Umgang mit Komplexität

Bevor Sie sich für die Anwendung der Methode Netmapping entscheiden, lohnt sich die Beantwortung folgender Fragen:

- Was sind unsere komplexen Herausforderungen?
- Bin ich zufrieden mit der heutigen Bewältigung dieser Herausforderungen und mit unserer Strategieentwicklung und -umsetzung?
- Haben wir ein gemeinsames Verständnis im Team?

Wenn Sie die Methode mit Ihrem Team anwenden möchten, empfehlen wir folgendes Vorgehen:

- Formulierung der komplexen Fragestellung;
- Promotor/Rückhalt im Management sicherstellen;
- interdisziplinäres Team zusammenstellen mit fachlicher, sozialer und funktioneller Kompetenz;
- Entscheid über neutrale Moderation;
- idealerweise Zeit für zweitägige Workshops reservieren, den ersten zur Erstellung der Erfolgslogik, zur Analyse und Visualisierung der komplexen Fragestellung und um „Hausaufgaben" für Folgeworkshops festzulegen;
- Folgeworkshops durchführen (Szenarien, Ziele, Cockpit, Aktionen);
- periodische Review-Veranstaltungen zur Pflege und Aktualisierung des Erarbeiteten einplanen.

Zusammenfassung
Die schnelllebige Entwicklung im Zeitalter der Digitalisierung, des Internets und der Globalisierung erfordert ein Umdenken im Management.

Unsere alltäglichen Management-Herausforderungen werden immer komplexer. Komplexität kennzeichnet sich durch Dynamik, die nie ganz kontrollierbar ist und somit immer zu Ungewissheit führen wird. Umso wichtiger ist es, diesen Herausforderungen als interdisziplinäres Management-Team mit breit abgestützten Kompetenzen zu begegnen.

Aber wie können wir als Team die Übersicht behalten, gute Ziele ableiten und sicherstellen, dass alle Tätigkeiten und Maßnahmen aufeinander abgestimmt sind?

Die Strategiemethode „Netmapping – Vernetztes Denken im Management" ist ein teambasierter und partizipativer Ansatz, der uns dabei hilft. Im Zentrum der Methode steht die Erfolgslogik® als eine Art „Strategielandkarte". Die Erfolgslogik visualisiert die wichtigsten Systemzusammenhänge und soll dabei helfen, Ursachen für Erfolge oder Misserfolge zu interpretieren und die richtigen Entscheidungen zu treffen. Durch das systematische Entwickeln der Visualisierung im Team und die Erstellung eines Glossars werden ein gemeinsames Verständnis und die gemeinsame Sprache geschärft.

Zusätzlich wird eine ganzheitliche Strategieentwicklung und -umsetzung erleichtert: Es werden Szenarien entwickelt, Ziele formuliert und deren Erreichung in Management-Cockpits verfolgt, Maßnahmen abgeleitet und periodisch Reviews zur Standortbestimmung durchgeführt. Netmapping bietet also – auf Basis der Erfolgslogik – eine übergeordnete Plattform, mit der sich komplexe Zusammenhänge erkennen und zielorientiert gestalten lassen.

Damit das gelingt, bedarf es allerdings einer Bereitschaft zum *gemeinsamen* Erarbeiten der Strategie und des Willens zu Transparenz – diese beiden Voraussetzungen müssen unserer Ansicht nach unbedingt erfüllt sein, wenn man sich bestmöglich in der immer größer werdenden Komplexität zurechtfinden und erfolgreich sein will.

Literatur

Gomez, P., & Probst, G. J. B. (1987). Vernetztes Denken im Management – Eine Methode des ganzheitlichen Problemlösens. *Die Orientierung, 89,* 5–71.

Honegger, J. (2001a). Die Komplexität entwirren. Vom Umgang mit Zielkonflikten. Alpha – Der Kadermarkt der Schweiz, 24./25. März 2001, 80.

Honegger, J. (2001b). Employability statt Jobsicherheit. *Personalwirtschaft – Magazin für Human Resources, 6,* 50–54.

Honegger, J. (2001c). Vernetztes Denken und Handeln – Ein Hilfsmittel zur Visualisierung, Bewertung und Gestaltung von Komplexität. In J. Fuchs & C. Stolorz (Hrsg.), *Produktionsfaktor Intelligenz – Warum intelligente Unternehmen so erfolgreich sind* (S. 275–287). Wiesbaden: Gabler.

Honegger, J. (2001d). Wissensmanagement: Vernetzt denken und handeln. *Technik – Schweizerische Technische Zeitschrift, 7*(8), 50–52.

Honegger, J. (2013). *Vernetztes Denken und Handeln in der Praxis – Mit Netmapping und Erfolgslogik schrittweise von der Vision zur Aktion* (3. Aufl.). Zürich: Versus.

Honegger, J., & Heiniger, U. (2007). Fallstudie King Point Lodge, Lake Creek, Alaska. Langfristiger Erfolg durch systematisches Komplexitätsmanagement. In E. Seitz & D. Rossmann (Hrsg.), *Fallstudien zum Tourismus-Marketing. Marketingerfolg trainieren* (2. Aufl., S. 81–98). München: Vahlen.

Honegger, J., & Kehl, T. (2003). Reicht ein perfektes Cockpit zum Fliegen? – Der Beitrag des „Vernetzten Denkens und Handelns" zur BSC. Aufgezeigt anhand der Zürcher Höhenklinik Davos. In P. Greischl (Hrsg.), *Balanced Scorecard – Erfolgsbeispiele und Praxisberichte* (S. 173–189). München: Vahlen.

Honegger, J., & List, S. (1998). TQM und vernetztes Denken – Einheitliche Wahrnehmung dank ganzheitlicher Betrachtung. *ioManagement, 9,* 24–27.

Müllner, M., & Honegger, J. (2005a). Alles klar an der Verkaufsfront. *io New Management, 74*(3), 62–66.

Müllner, M., & Honegger, J. (2005b). Komplexe Situationen im Key Account Management meistern. In D. Zupancic, C. Belz, & W. F. Bussmann (Hrsg.), *Best Practice im Key Account Management* (S. 60–69). Frankfurt a. M.: Redline Wirtschaft.

Vester, F. (1999). *Die Kunst vernetzt zu denken – Ideen und Werkzeuge für einen neuen Umgang mit Komplexität.* Stuttgart: DVA.

Dr. oec. Jürg Honegger studierte Betriebswirtschaftslehre an der Universität St.Gallen (HSG), Schweiz. Bei seiner anschließenden Tätigkeit als Assistent von Prof. Dr. Peter Gomez am Institut für Betriebswirtschaft (IfB-HSG) lernte er die Methode des ganzheitlichen, interdisziplinären Problemlösens in Theorie und praktischer Anwendung kennen. Die Methode wurde ein wesentlicher Bestandteil seiner Dissertation. Als Moderator in Unternehmen und öffentlichen Institutionen hat Jürg Honegger die Methode in den letzten 25 Jahren in zahlreichen Beratungs- und Schulungsprojekten erfolgreich eingesetzt und zur systemischen Strategiemethode „Netmapping" weiterentwickelt. Honegger ist Gründer und CEO der Netmap AG, des Instituts für Vernetztes Denken (IVD AG), Dozent an der Executive School der Universität St. Gallen (ES-HSG) und Verwaltungsratmitglied in verschiedenen Unternehmen.

Philip Topp studierte nach einem Auslandsaufenthalt in Australien International Marketing in Venlo, Niederlande. Neben dem Studium arbeitete er als freier Mitarbeiter diverser Agenturen auf internationaler Ebene. Seine Diplomarbeit schrieb er bei einem Beratungsunternehmen in Zürich. Seit 2009 ist er Netmapping-Moderator und hat sich auf das Thema Komplexitätsmanagement spezialisiert. Er moderiert interne und überbetriebliche Strategie-Workshops in Wirtschaft und staatlichen Institutionen. Philip Topp ist Partner des Instituts für Vernetztes Denken (IVD AG) und Lehrbeauftragter an der Fachhochschule St. Gallen sowie der Hochschule Luzern.

Resilienz als organisationale Leistung

24

Tragfähige Entscheidungen durch Etablierung kontinuierlicher Reflexions-, Lern- und Anpassungsprozesse

Elvira Porrini und Antonios Kipouros

> **Zusammenfassung**
>
> Wenn Organisationen überlebensfähig bleiben wollen, müssen sie resilient werden. Es gibt Organisationen, die hohe Risiken bewältigen und gelernt haben, dass rationale, technische Lösungen alleine nicht ausreichen, um Ungewissheit und Mehrdeutigkeit zu eliminieren. Anhand eines Fallbeispiels werden in diesem Beitrag organisationale Aspekte herausgearbeitet, die für die Verbesserung von Zuverlässigkeit und Resilienz wichtig sind. Wenn Robustheit und Adaption organisational verankert sind, finden die Organisationen auch Antworten auf Herausforderungen des Umfelds. Dies bedeutet für Beratungspersonen, dass sie neben einem guten Methodenrepertoire auch vertiefte Kenntnisse von (Mini-)Theorien der Organisation, von Konflikten und Menschen haben und ihr eigenes Handeln reflektieren müssen.

Der Großteil der Managementforschung basiert auf der wissenschaftlichen Haltung, dass die Subjekt-Objekt-Spaltung Basis für das Verhältnis zur Welt und zur Wissensgenerierung ist (wissenschaftliche Rationalität = Paradigma I). Die Logik der Praxis wird nach diesem Verständnis durch das erkenntnistheoretische Verhältnis von Subjekt und Objekt

---

Mit Blick auf Beratung rate ich meinen Studenten immer: Fragt eure Berater, was ihr tun sollt. Geben sie euch eine definitive Antwort, feuert sie! James G. March

---

E. Porrini (✉) · A. Kipouros
X-CHALLENGE CONSULTING, Zürich, Schweiz
E-Mail: info@x-challenge.ch

A. Kipouros
E-Mail: kipouros@x-challenge.ch

konstituiert, scheinbar objektiv erforscht. Auf dieser Grundlage wurden Theorien formuliert, immer mit der Vorstellung, dass sich die Praxis nur genügend theoretisches Wissen erwerben und dieses Wissen anwenden müsse, um das gewünschte Ziel und Ergebnis zu erreichen. Aber die erwünschten Resultate blieben öfter aus, womit die Grundannahmen infrage gestellt waren.

Die neuen Grundannahmen bauen auf der Tradition des Existenzialismus auf (Weick und Quinn 1999; Sandberg und Tsoukas 2011); sie liefern praxisnahe Erkenntnisse (praktische Rationalität = Paradigma II). Neu wird heute davon ausgegangen, dass der Mensch immer schon als Subjekt in die Welt verstrickt und in soziale Praktiken und Bedeutungen eingebunden ist (soziale Struktur) und die Logik der Praxis dadurch konstituiert wird. Wenn ein Mensch eine soziale Praktik einübt, verleibt er sich diese gleichermaßen als Automatismen oder unbewusste Handlungen ein. Dieses verkörperte Können führt einerseits dazu, dass seine Handlungen auf den Kontext, das konkrete Ereignis bezogen (zeitlich, inhaltlich, sozial usw.) erfolgen – während die wissenschaftliche Rationalität (Paradigma I) den Anspruch hatte, allgemeingültige und kontextunabhängige Antworten bzw. Lösungsansätze zu besitzen. Andererseits antizipiert der Mensch in seinen Handlungen unmittelbar potenzielle Ergebnisse und weitere Handlungsoptionen. Dadurch ist er, wenn er handelt, sich selber immer schon einen Schritt voraus. Dies ist für den vorliegenden Fall wichtig, weil mit den später in diesem Text beschriebenen Verhaltensprinzipien dieses selbstverständliche Routineverhalten kritisch beleuchtet wird und Ansätze der praktischen Rationalität zur Anwendung kommen.

24.1 Die Ausgangslage – oder: Wie die Organisation gedacht ist, und wie sie lebt

> **Beispiel**
>
> Um ca. 23 Uhr verunfallte eine behelmte ca. 20-jährige Rollerfahrerin schwer. Die Bewusstlose wird von einem zufällig die Unfallstelle kreuzenden Autofahrer entdeckt; letzterer avisiert die Sanität. Das mit einem Notarzt ausrückende und ca. 23.30 Uhr an der Unfallstelle eintreffendes Sanitätsteam dokumentiert eine von Beginn weg neurologisch nicht auf Stimuli reagierende Patientin und postuliert in der Gesamtschau ein schwerstes Schädel-Hirn-Trauma.

Das ist die Ausgangslage eines realen Falles, der in diesem Kapitel als Fenster dient, das einen Blick in eine Organisation erlauben soll. Die Wahl fiel auf die Notfallaufnahme eines Spitals, weil dort unter hohem Zeitdruck gearbeitet wird und alle Tätigkeiten mit hoher Verantwortung verbunden sind. Deshalb sollten solche Organisationen wie HRO (*high reliability organizations*) funktionieren. Der Ausdruck HRO wurde von Karlene Roberts, Gene Rochlin und Todd LaPorte von der Berkeley University geprägt, um Gemeinsamkeiten zu beschreiben, die sie in den Abläufen auf dem Flugzeugträger Carl Vinson, beim En-Route-Flugverkehrsleitdienst der Federal Aviation Administration im kalifornischen

Fremont und im Atomkraftwerk Diablo Canyon im kalifornischen San Luis Obispo beobachtet hatten (Weick und Sutcliffe 2010, S. 175). Solche Organisationen haben Handlungsweisen und Führungsmethoden entwickelt, die sie in die Lage versetzen, über eine sehr lange Zeit praktisch fehlerfrei zu handeln und durchweg gut zu entscheiden, was zu hoher Qualität und Zuverlässigkeit im Handeln führt (Roberts 2010). HRO bewältigen also das Unerwartete besser als die meisten anderen Organisationen.

Anhand unseres Fallbeispiels soll der Blick in eine HRO besonders auf Entscheidungssituationen unter Druck und in komplexen Situationen gelegt werden. In diesen Situationen ist der Umgang mit Unvorhergesehenem, mit Störungen oder Fehlern besonders anspruchsvoll. In diesem Zusammenhang soll Resilienz genauer betrachtet werden – ein Thema, das in den letzten Jahren vermehrt ins Bewusstsein, auch einer breiteren Öffentlichkeit, gerückt ist. Wir sehen Resilienz als Prozesse, während denen sich eine Organisation positiv an herausfordernde Bedingungen (durch Bedrohung, Stress oder Notfall) anpasst und dabei ihre Fähigkeiten und Wirksamkeit zum Ausdruck kommen. Im weiteren kommen wir auf das Thema Resilienz zurück. Die beiden Themen HRO und Resilienz sind eng miteinander verbunden und werden in sehr unterschiedlichen und weit verstreuten Forschungsdisziplinen bearbeitet. Als theoretisches Fundament für die Diskussion des Fallbeispiels dienen Mini-Theorien, wie sie Karl E. Weick in seinem Standardwerk *Der Prozess des Organisierens* (Weick 1985) vorgeschlagen hat, ergänzt um Erkenntnisse aus der aktuellen HRO- und Resilienz-Forschung.

Oft machen wir uns keine Gedanken, was organisieren bedeutet. Wir begnügen uns mit dem Erstellen einer Aufbauorganisation (einer Hierarchie, illustriert anhand eines Organigramms, Abb. 24.1) oder einer Ablauforganisation (Darstellung der Geschäftsprozesse) und glauben, dass diese die gelebten Hierarchien und Prozesse in einer Organisation abbilden. Vermutlich ist ein Organigramm wie das in Abb. 24.1 gezeigte den meisten bekannt. Es zeigt auf einfache, scheinbar klare Art und Weise, wie die Autoritätsbeziehungen und die Verteilung von Verantwortlichkeiten gedacht sind. Die Linien zeigen die Kommunikationswege und Unterstellungen auf.

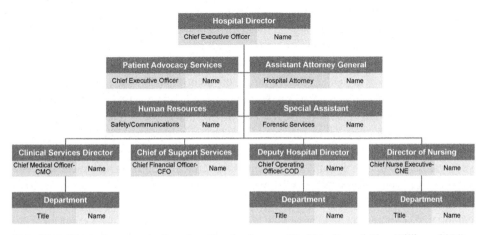

Abb. 24.1 Die Aufbauorganisation eines Krankenhauses. (Braithwaite und Clay-Williams 2014)

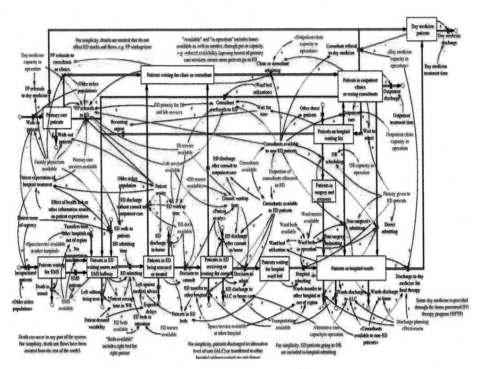

Abb. 24.2 Die gelebten Abläufe innerhalb eines Krankenhauses. (Braithwaite und Clay-Williams 2014)

Abbildung 24.2 belegt, dass die gelebte Welt in derselben Organisation weit dynamischer und vielfältiger ist. Auch damit möchten wir uns in diesem Text beschäftigen.

Der Unterschied zwischen der gedachten bzw. geplanten und der gelebten Organisation wird zunehmend in der Fachliteratur diskutiert (Hollnagel 2014a). Hollnagel beschreibt in seinem Buch *Safety I & II* den Unterschied von „Work as Imagined" (WAI) und „Work as Done" (WAD). WAI ist ein idealisierter Blick auf die formalen Aufgaben, der ausblendet, dass Handlungen ständig den aktuellen Umständen angepasst werden müssen. Inwiefern geplante Abläufe aber tatsächlich gelebt werden, zeigen nur die tagtäglich stattfindenden Aktivitäten auf (WAD).

Der Unterschied ist insofern relevant, weil sich in zunehmend komplexen Organisationen Phänomene wie Fehler, Unfälle u. Ä. oft nicht mehr zu deren Ursache zurückverfolgen lassen. Die Frage nach den Schuldigen und Urhebern ist dennoch berechtigt, zumal juristische und finanzielle Beurteilungen (rechtliche Sanktionen, Haftungsfragen usw.) und auch ein öffentliches Informationsbedürfnis gegeben ist. Dies führt aber auch zu einem steigenden Anspruch an Sicherheit und zu einem verstärkten Druck auf komplexe Organisationen. Dabei bleibt außer Acht, dass vermehrt „untractable", nicht lenkbare Vernetzungen von kleinen/kleineren Abweichungen in verteilten Funktionen (auch außerhalb) der Organisation entstehen, die nur anhand der Untersuchung der tatsächlich ausgeführten Aktivitäten verstanden werden können. Diese Analyse und das Lernen aus Fehlern liefern Anknüpfungspunkte für Interventionen, Korrekturen und Optimierungen am System: eine große Herausforderung für alle, die in komplexen Organisationen arbeiten, die sie führen oder beraten und die deshalb mit diesen Ungewissheiten umgehen müssen. Krisen und Unfälle sind nicht unvermeidbar, sie resultieren eher aus kleinen Problemen, Überraschungen und Unterlassungen, die sich verändern, wachsen und eskalieren, bis sie zu groß werden, als dass man sie bändigen könnte (Sutcliffe und Christianson 2013). Die HRO-Forschung liefert hierzu Ansätze und Verhaltensprinzipien.

24.2 Der Entscheid – oder: Staunen und Sinn

Beispiel (Fortsetzung)

Nach erfolgter Bergung erreicht die Sanität ca. um Mitternacht (eine Stunde nach dem Unfallereignis) die Notfallaufnahme eines für Polytraumata qualifizierenden Spitals. Vor Ort läuft unmittelbar die Diagnostik im Schockraum der Notfallstation an, gemäß den etablierten Algorithmen für Polytrauma-Patienten, welche zur Bestätigung der bereits extern durch den Notarzt postulierten Diagnose führt. Angesichts der dokumentierten Verletzungsmuster – die Patientin weist eine massive diffuse Hirnblutung, schwere Brustraumverletzungen sowie Traumafolgen im Bauch auf – wird, unter der Ägide des schichtleitenden Notfall-Kaderarztes interdisziplinär und im Konsens entschieden, dass in Vorwegnahme nicht vorhandener Aussichten auf Genesung auf weiterführende diagnostische und therapeutische Maßnahmen verzichtet wird. Die einbezogenen fachverantwortlichen Kaderärzte von Notfall, Anästhesie, Intensivstation und Rettungsdienst (Letzterer hat in der spitalinternen Entscheidungsfindung keine primäre Verantwortung); sie beauftragen die ebenfalls anwesenden fachvertretenden Assistenzärzte der Orthopädie, Viszeral Chirurgie und Neurochirurgie, ihre jeweiligen fachverantwortlichen Dienst-Kaderärzte zu informieren; die Option einer Organtransplantation wird andiskutiert.

Entscheidungen bedeuten immer eine Reduktion von Optionen und somit auch eine Reduktion von Komplexität. Das ist schon im Begriff selbst angelegt, der das Wort „Scheidung" im Sinne von Trennung enthält. Wo bisher mehrere Möglichkeiten bestanden, werden gewisse Wege ausgeschieden – Optionen werden ausgeschlossen, andere weiterverfolgt. Dabei stellen sich zwei Fragen. Welche Entscheidung ist die richtige? Und welche Handlungen ergeben sich aus einer einmal getroffenen Entscheidung?

Zur Beantwortung der Frage, welches die richtige Entscheidung sei, bietet die Entscheidungstheorie einen logischen Rahmen und ein mathematisches Konzept. Aus einer klassisch-betriebswirtschaftlichen Sicht wird die beste Alternative oft aufgrund einer Nutzwertanalyse gesucht. Das Ideal ist, dass der richtige Entscheid vernünftig ist, weil er berechnet wurde (Paradigma I). Verhaltenswissenschaftliche Untersuchungen (Groth 2002; Groth und Nicolai 2004) haben jedoch gezeigt, dass Rationalität bei (Auswahl-)Handlungen nicht die erwartete Rolle spielt. Das ist insbesondere so, weil

- in Organisationen nicht alle Alternativen erkennbar und überblickbar sind – somit bei der Entscheidung nur eine Untermenge aller möglichen Handlungsoptionen in Betracht gezogen werden (*bounded rationality,* vgl. Simon 1983);
- sich Probleme nicht klar voneinander abgrenzen lassen;
- Organisationen keine einheitliche Präferenzordnung haben – das heißt, dass zwischen Teilbereichen der Organisation u. a. Zielkonflikte bestehen können.

Wir wissen von Weick, dass der Weg, der zu einem Entscheid geführt hat, und der Sinn, der diesem Entscheid zugeschrieben wird, unabhängige Prozesse sind (Weick 1985, 1995). Die genauere Betrachtung dieser Prozesse ist wichtig, da sie nicht nur Einfluss darauf haben, unter welchem Licht vergangene Entscheidungen gesehen werden, sondern auch darauf, auf welche Weise künftige (auch unerwartete) Ereignisse antizipiert werden und wie darauf reagiert wird.

Jede Organisation hat eigene Wege, wie sie zu Entscheiden kommt, wie sie danach handelt und wie sie deren Auswirkungen retrospektiv kommentiert. Diese nachträgliche Bedeutungszuschreibung betrifft nicht nur die Folgen eines Entscheids, sondern sie führt auch zu einer Neubewertung der Informationen und Rahmenbedingungen, die ursprünglich zum Entscheid geführt haben. Diese Vorgeschichte des Entscheids wird mit dem nachträglich zugewiesenen Sinn verwoben; und entsprechend werden Ereignisse, welche die Narration dieser Sinngebung stützen, beibehalten bzw. in ihrer Bedeutung überhöht und andere, die dieser Geschichtsschreibung zuwiderlaufen, nachträglich abgeschwächt, ausgeklammert und vergessen.

Die Geschichte einer Organisation ist die Geschichte ihrer Entscheidungen. Sie prägen das Selbstverständnis der Organisation und ihre Identität mit und haben wiederum Einfluss darauf, wie künftige Ereignisse und Entscheide sowie ihr weiteres Handeln antizipiert werden (Paradigma II). All diese Prozesse stehen in einer Wechselwirkungsbeziehung. Bedeutungszuweisung und Sense-Making lenken den Blick in die Vergangenheit (was hat zu einem Entscheid oder Ereignis geführt, wer trug dafür die Verantwortung, wie haben diese Ereignisse und Entscheide die nachfolgenden Handlungen beeinflusst usw.?). Diese Fokussierung auf die Vergangenheit darf aber nicht überhandnehmen und die Handlungsfähigkeit einer Organisation schwächen. Oder in den Worten von Søren Kierkegaard: „Es ist ganz wahr, was die Philosophie sagt, dass das Leben rückwärts verstanden werden muss. Aber darüber vergisst man den andern Satz, dass vorwärts gelebt werden muss" (Kierkegaard 1923). Die Abb. 24.3 fasst diese Gedanken grafisch zusammen.

Die Wirkungen einer Entscheidung können in verschiedenen Sinndimensionen betrachtet werden (Baecker 2009), die hier nur in verkürzter Form wiedergegeben werden können:

- Die Sachdimension hat Bezug zum Raum des Wissens. Diese Betrachtungsebene liefert Hinweise darauf, wie Organisationen mit Wissen und Nicht-Wissen umgehen.
- Die Sozialdimension nimmt Bezug zum Raum der Macht, wobei die Auseinandersetzung darüber, wer Macht besitzt und wie sich das äußert, Teil dieser Dimension ist. In

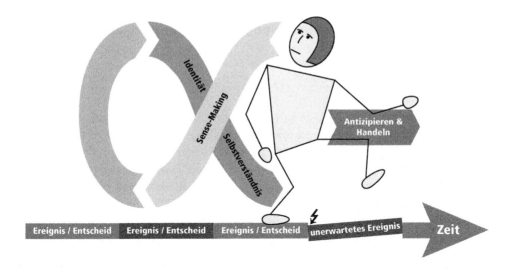

Abb. 24.3 Die Wechselwirkung zwischen Sense-Making, Selbstverständnis und Identität im Zusammenhang mit vergangenen Entscheiden und Ereignissen und dem Antizipieren und Handeln in Bezug auf künftig Mögliches. (X-CHALLENGE CONSULTING, Antonios Kipouros, Zürich 2015)

dieser Auseinandersetzung eröffnen sich für eine Organisation Chancen für Konsens und Dissens.
- Die Zeitdimension setzt sich mit dem Vorher und Nachher eines Entscheides auseinander – auch damit, was es bedeutet, wenn in der Vergangenheit anders entschieden wurde.

Im vorliegenden Fall hat die Frage, welche der möglichen Optionen die richtige sein könnte, die Beteiligten offenbar nicht allzu sehr bzw. nicht allzu lange beschäftigt. Der Entscheid fiel, trotz unterschiedlichem Hintergrund der interdisziplinär zusammengesetzten Gruppe, in kurzer Zeit im Konsens und bestätigte die frühere Diagnose. Der Wissensstand war für die Beteiligten ausreichend, um einen Entscheid klar treffen zu können. Außerdem verweist die für eine interdisziplinäre Gruppe schnell erfolgte Meinungsbildung und konsensuelle Entscheidung auf eine vertrauensvolle und kollaborative Art der Zusammenarbeit hin – so wurde der Prozess jedenfalls uns gegenüber beschrieben. In unserem Beispiel könnten diese Entscheidungsfindung und der Entscheid auch anders gedeutet werden: Die Beteiligten nickten, machten sich ihre eigenen Überlegungen und sagten aus zeitlichen oder auch anderen Gründen nichts dazu, um für das weitere Geschehen keine Verantwortung übernehmen zu müssen. Für die weitere Betrachtung des Falles tritt nun eine nächste Frage in den Vordergrund: Welche Auswirkungen hat der gefällte Entscheid, und welche Handlungen löste er aus?

24.3 Der chirurgische Eingriff – oder: HRO-Prinzipien und Kommunikation

> **Beispiel (Fortsetzung)**
> Während ein Care-Team aufgeboten wird, informieren Notfall-Kaderarzt und Notarzt der Sanität die inzwischen eingetroffenen Angehörigen der Verunfallten: Die Befundung wird erörtert in Vorwegnahme, dass die Stellungnahme des Neurochirurgen noch aussteht. Bei laufendem Gespräch verkündet der zurückkehrende Assistenzarzt der Neurochirurgie unverhofft, dass die Patientin auf Geheiß des Dienst-Kaderarztes der Neurochirurgie eben in den Operationssaal verlegt würde (Zeit: ca. 0.40 Uhr; hundert Minuten nach dem Unfallereignis); die Entscheidungsfindung des in der Notfallaufnahme nicht anwesenden Fachverantwortlichen der Neurochirurgie hatte nicht diskutiert werden können.
>
> Mit diesem Schritt verlagert sich die Patientenverantwortung formal weg vom Notfall-Kaderarzt hin zum Fachverantwortlichen der Neurochirurgie. Die Angehörigen verweilen derweil im Notfall, betreut durch Ärzteschaft und Pflege der Notfallaufnahme sowie durch das Care-Team.

Die eben geschilderte Wendung in unserem Fall wirft mehrere Fragen auf: Wie kommt es, dass ein Eingriff vorgenommen wird, obwohl kurz davor im Konsens vereinbart wurde, auf einen solchen Eingriff zu verzichten? Was bedeutet dieser Schritt für die im Vorfeld gefällte Entscheidung und die Entscheidungskompetenz der beteiligten Personen? Angesichts der Tatsache, dass der Entscheid so schnell umgestoßen wurde, stellt sich auch die Frage, ob es sich überhaupt um einen Entscheid gehandelt hat – oder nur um eine Handlungsempfehlung. War zu erwarten, dass ein Eingriff vorgenommen wird, trotz des zunächst gegenteiligen Entscheids? Ist also ein solches Vorgehen der Normalfall? Oder war es – je nach Bewertung der Handlung – eher unerwartet/eine Ausnahme/ein Fehler/ein Missverständnis usw.? Insbesondere Letzteres führt uns zu einer weiteren Frage – nämlich ob und inwiefern sich geplante und unerwartete Ereignisse steuern (managen) lassen. In der umfangreichen Literatur zur Organisationstheorie stechen die Diskurse aus der HRO- und Resilienzforschung u. a. von Karl E. Weick (1996) und Erik Hollnagel (2014) hervor. In unserem Beispiel lässt sich das einerseits auf den sehr kritischen Gesundheitszustand der Patientin beziehen, andererseits auf die Schnittstelle zwischen dem Assistenzarzt (anwesend im Spital) und dem abwesenden fachverantwortlichen Arzt (an seinem Wohnort – außerhalb des Spitals).

Die HRO-Forschung (Weick und Sutcliffe 2010) liefert Ansätze und Hinweise darauf, welche Praktiken am besten geeignet sind, um mit Komplexität, Entscheiden und Handeln unter Zeitknappheit umzugehen. Die fünf Prinzpen, auch fünf Prozesse von Achtsamkeit genannt (Weick und Putnam 2006), werden im Folgenden kurz vorgestellt. Das Zusammenspiel dieser fünf Merkmale von HRO ergibt das, was Kathleen Sutcliffe und Karl E. Weick als „Achtsamkeit" bezeichnen. Diese stellt durchaus hohe Anforderungen an Organisationen und deren Mitglieder. Die ersten drei Prinzipien beschäftigen sich mit der Antizipation – der Fähigkeit vorauszusehen, wie etwas ablaufen bzw. sich entwickeln könnte bzw. sollte, und dabei in der Lage zu sein, rasch mögliche Abweichungen und Schwierigkeiten zu erkennen. Die andern beiden Prinzipien beschreiben Handlungsweisen, die daran anknüpfen und beim Eintreten eines unerwarteten Ereignisses ganz selbstverständlich zum Tragen kommen.

- **Konzentration auf Fehler:** Auch wenn es wünschbar ist, das Auftreten von Fehlern zu minimieren: Fehler lassen sich niemals ausschließen. Es gilt demnach, offen dafür zu sein, dass Fehler immer passieren können, und Abweichungen so früh wie möglich wahrzunehmen. Solche Abweichungen müssen weiterbeobachtet, ihre Entwicklung muss verfolgt werden (das Prinzip spricht deshalb von „Konzentration"), damit sie noch problemlos gestoppt werden können, bevor es zu Vernetzungen verschiedener Abweichungen kommt, die (vgl. Prinzip 3) kaum mehr eingegrenzt werden können (Weick und Putnam 2006).
- **Abneigung gegen vereinfachende Interpretationen:** Vieles wird in Organisationen nicht mehr hinterfragt, weil sich eine bestimmte Interpretation und Lesart etabliert hat. Es ist zwar nicht zweckmäßig, stets alles anzuzweifeln, dennoch ist Zweifeln in Verbindung mit reflektiertem Erfahrungswissen eine Qualität, die Mitglieder einer Organisation vor der Überheblichkeit oder Ignoranz der Annahme bewahrt, es sei alles gesichert.
- **Sensibilität für betriebliche Abläufe:** Dieses Prinzip verweist auf die Sensibilität, aber auch sehr hohe Fachkompetenz, die es braucht, um kleinste Unterschiede in Systemen mit unerwarteten und schwer durchschaubaren Wechselwirkungen erkennen und unmittelbar darauf reagieren zu können. Im Gegensatz zu Prinzip 1 (Konzentration auf Fehler) liegt der Fokus nicht auf dem Wahrnehmen und Verfolgen einzelner Abweichungen, sondern auf dem System und dessen Dynamik als Ganzem im gegenwärtigen Moment.
- **Streben nach Flexibilität:** Es gibt keine Perfektion, Fehlerlosigkeit, makellose Leistung oder unfehlbare Menschen. Dies bringen Karl E. Weick und Kathleen Sutcliffe (2010) unmissverständlich zum Ausdruck. Ist etwas Unerwartetes eingetreten, muss angemessen reagiert werden, um das Schadensausmaß möglichst gering zu halten. Dazu gehören nicht nur flexible, situationsbezogene Bereitstellung von Ressourcen und Know-how, sondern auch die Fähigkeit, die Kontrolle über das Geschehen nicht zu verlieren – auch emotional nicht. Sich von Ängsten und anderen Gefühlen nicht überschwemmen zu lassen, stets entscheidungs- und handlungsfähig zu sein, ist einfacher gesagt als getan und erfordert ebenso Vertrauen in die eigene Person und Kenntnis über die eigenen Kompetenzen wie auch über die der beteiligten Kollegen und Kolleginnen.
- **Respekt vor fachlichem Wissen und Können:** Eine hohe Stellung in der Hierarchie geht nicht zwingend einher mit hohem Sachverstand und Fachwissen. Insbesondere bei Notfällen ist es wichtig, jederzeit zu wissen, wo Expertise vorhanden ist (diese kann in der Basis liegen oder auch außerhalb der Organisation), damit sie unmittelbar am richtigen Ort eingesetzt werden kann. Experten, die als Berater beigezogen werden,

lösen aber weder Probleme, noch treffen sie Entscheidungen. Die Verantwortung aller Beteiligten muss jederzeit klar sein, um Verantwortungsdiffusion zu vermeiden. Vertrauen in und Vertrautheit (Geramanis und Porrini 2008) mit den Personen und deren Fachkompetenz, Erfahrung, aber auch situationsbezogene Entscheidungs- und Handlungskompetenz sind der Schlüssel, dass in solchen Situationen Machtkämpfe und Kompetenzstreitigkeiten vermieden werden können.

Inwiefern im vorliegenden Fall die fünf Prinzipien eingehalten wurden, lässt sich aufgrund der Fallbeschreibung nicht ermitteln. Ansätze lassen sich erkennen in der interdisziplinären Zusammensetzung des Teams, das die Diagnose bespricht und weitere Maßnahmen beschließt. Auch das fünfte Prinzip scheint berücksichtigt, als der Neurochirurg den chirurgischen Eingriff beschließt und durchführt – zumal er in diesem Fall die Fachverantwortung und auch höchste Fachkompetenz besitzt. Allerdings bleiben die Gründe für die Entscheidung des Neurochirurgen für uns im Dunkeln (möglich wäre ein Missverständnis zwischen dem Kollegium unter der Leitung des Notfallarztes und dem Assistenzarzt bzw. zwischen dem Assistenzarzt und dem Facharzt, möglich wären aber auch medizinisch-fachliche Gründe, die Überzeugung, alles Menschenmögliche für die junge Patientin tun zu müssen usw.). In jeden Fall fand bis zum Zeitpunkt des Eingriffes – so weit bekannt – keine Kommunikation zwischen dem Neurochirurgen und den anderen Fachärzten statt. Dass der Neurochirurg möglicherweise aufgrund einer unvollständigen Informationsvermittlung gehandelt hat, unterstreicht die Wichtigkeit von Kommunikation in solchen Prozessen.

Ohne Kommunikation entsteht keine soziale Wirklichkeit. Die Literatur zu diesem Thema ist umfangreich, wir verweisen hier nur auf die Definition von Luhmann (2000), der Kommunikation als eine Einheit von Information, Mitteilung und Verstehen beschreibt. Dabei entscheidet der Mitteilende, welche Informationen er auswählt und worüber (Mitteilung) gesprochen werden soll. Erst wenn der Angesprochene über ein Kommunikationsmedium (meistens die Sprache) versteht, was der Sprecher mitgeteilt hat, ist diese Kommunikation geschlossen. Ob das Gegenüber tatsächlich das verstanden hat, was der Sprecher sagen wollte, bleibt indessen offen und lässt sich nur über eine reziproke Kommunikationsschlaufe sicherstellen. Verstehen findet nach Steve de Shazer (1998) nicht unmittelbar, sondern in einem Dialog und somit vorzögert statt. Verstehen und Sinnbildung sind also eher kumulative als spezifische Prozesse, auf einen bestimmten Moment begrenzte Handlungen und Ereignisse. Es liegt daher auf der Hand, dass zu jedem gegebenen Zeitpunkt Missverstehen wahrscheinlicher ist als Verstehen. Derartiges Missverstehen konstituiert Gespräche und macht sie im Grunde erst möglich. Würden wir uns unmittelbar und vollumfänglich verstehen, hätten wir nichts mehr zu besprechen. Somit ist Kommunikation nicht nur ein Informationsvermittlungs-, sondern auch ein sozialer Prozess – ein Prozess, der im vorliegenden Fall nur unvollständig stattgefunden hat.

24.4 Der Abschluss – oder: Mittels Prozeduren zur Resilienz

> **Beispiel (Fortsetzung)**
>
> Um ca. 3 Uhr morgens (4 h nach dem Unfallereignis) wird aus dem Neurochirurgie-Operationssaal dem Notfall-Kaderarzt gemeldet, dass – bei zerebral nicht kontrollierbarer Blutung – nun neu eine weitere Blutungsquelle postuliert werden muss, da die Patientin einen nicht erklärbaren fortwährenden Blutverlust aufweist.
>
> Nachdem der Notfall-Kaderarzt eine (neue) ausgedehnte Blutung im gesamten Bauchraum wie in den Abdominalorganen diagnostiziert hatte, lässt er die Fachverantwortlichen von Anästhesie, Intensivstation, Neurochirurgie und Viszeralchirurgie versammeln, um das weitere Prozedere und zu erwartende Endpunkte zu definieren: Während die Fachverantwortlichen von Neurochirurgie und Viszeralchirurgie dafür plädieren, dass nun eine parallel zur zerebralen Intervention zu führenden Bauchoperation immediat anzugehen sei, vertreten die Fachverantwortlichen von Notfall, Anästhesie und Intensivstation die Ansicht, dass eine ihrer Meinung nach Gerinnungsstörung bedingte Blutung nicht operativ korrigiert werden, kann und im Gegenüber der zerebralen Situation ein Therapieabbruch die vernünftigere Option darstelle. Im Übrigen wird festgehalten, dass die Möglichkeit einer Organtransplantation bei dieser Patientin nun verwirkt ist, da die diffusen Blutungen nun alle Organe geschädigt haben.
>
> Die Patientin wird durch die Viszeralchirurgie operiert. Es kann keine Blutungsquelle isoliert werden.
>
> Um ca. 06.30 Uhr, 7,5 h nach Unfallereignis, werden die operativen Bemühungen eingestellt und die Patientin der Intensivstation überantwortet. Auf die Intensivstation verlegt, wird selbige für tot erklärt.

Auch wenn sich in diesem Fallbeispiel kein offensichtlicher Fehler erkennen lässt, wird doch deutlich, dass nicht alle Arbeitsschritte optimal ineinandergriffen. Die vorgängig in den HRO-Prinzipen beschriebenen Praktiken sollen Ereignisse mit großem Schadensausmaß verhindern und rechtzeitiges Handeln und Optimieren der Abläufe fördern. Hohe Zuverlässigkeit, Resilienz und Sicherheit müssen laufend in den täglichen Aktivitäten gelebt werden.

Für die analysierte Sequenz haben wir einen Vorschlag entwickelt, wie sich die Unterschied von idealisierten formalen Aufgaben (WAI) und tatsächlichen Aktivitäten (WAD) überbrücken lässt. Das Mittel dazu sind resiliente Prozeduren (Wears 2015; Wears und Hunte 2014). Diese stärken Resilienz und echte Robustheit und können so abgefasst sein, dass sie professionelles Handeln nicht behindern, sondern erleichtern.

Es ist wünschenswert, dass aufgrund dieses Fallbeispiels viele Schwachstellen in einem Spital durch kreative Lösungen ersetzt werden. Dazu braucht es ein neugieriges Spitalmanagement und medizinisches Fachpersonal, das dem Weg zur HRO folgen will. In der globalen Welt des Health Care ist viel in Bewegung geraten, und das stimmt uns zuversichtlich, selbst auf diesem Beratungsweg weiterzugehen.

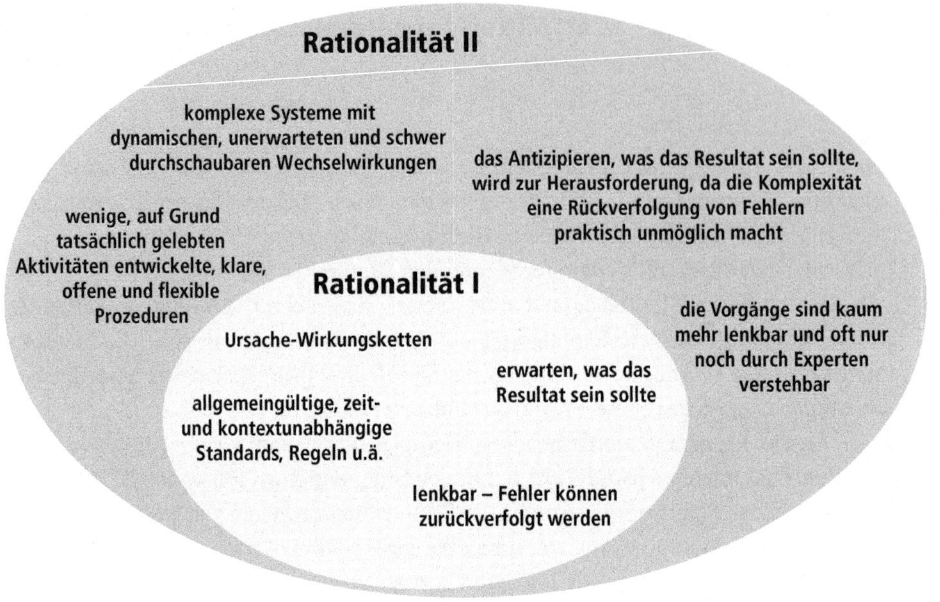

Rationalität II

komplexe Systeme mit dynamischen, unerwarteten und schwer durchschaubaren Wechselwirkungen

wenige, auf Grund tatsächlich gelebten Aktivitäten entwickelte, klare, offene und flexible Prozeduren

das Antizipieren, was das Resultat sein sollte, wird zur Herausforderung, da die Komplexität eine Rückverfolgung von Fehlern praktisch unmöglich macht

Rationalität I

Ursache-Wirkungsketten

allgemeingültige, zeit- und kontextunabhängige Standards, Regeln u.ä.

erwarten, was das Resultat sein sollte

die Vorgänge sind kaum mehr lenkbar und oft nur noch durch Experten verstehbar

lenkbar – Fehler können zurückverfolgt werden

Abb. 24.4 Die widersprüchlichen Rationalitäten I und II. Eine Organisation muss sich regelmäßig mit beiden Rationalitäten auseinandersetzen, um Resilienz, Zuverlässigkeit und allenfalls Sicherheit zu stärken. (X-CHALLENGE CONSULTING, Antonios Kipouros, Zürich 2015)

Eingangs zu unserem Beitrag haben wir festgehalten, dass die Quelle unseres Beratungsansatzes die praktische Rationalität ist. Wenn es um Aufträge geht, die sich mit Sicherheit und dem Umgang mit Risiken beschäftigen, lassen wir uns, wie bereits erwähnt, von den Erkenntnissen aus der HRO- und Resilienz-Forschung leiten. Dieser Rahmen kommt auch bei der Entwicklung von Prozeduren[1] zu tragen.

Die Ausarbeitung von Prozeduren kann sich an zwei Paradigmen ausrichten (Abb. 24.4):

Im einen Paradigma (I) erfolgen die Vorgaben *top–down*. Dieses Vorgehen wurzelt im Taylorismus (der der wissenschaftlichen Rationalität zuzuordnen ist), der die gedankliche bzw. Kopf-Arbeit von der manuellen Arbeit trennt. Erstere wird von Experten geleistet, die sich abseits der Arbeitsausführung (Produktion) befinden; sie definieren die Arbeitsschritte. Die entwickelten Prozeduren folgen dem Charakter von „one-and-done", das bedeutet, dass sie einmal für immer bzw. für eine lange Dauer festgelegt sind.

Im anderen Paradigma (II) werden die Prozeduren sozial konstruiert, sind im Lokalen situiert, entstehen *bottom–up* und sind in der Soziologie und Arbeitsökologie verwurzelt. Solche Prozeduren entstehen aus der Arbeitserfahrung. Wichtig ist immer auch die Einsicht, dass sie unvollständig sind und auf spezifische Situationen übersetzt und daran angepasst werden müssen – und dass sie gerade deshalb auch flexibel sind. Diese Prozeduren folgen dem Prinzip der praktischen Rationalität.

---

[1] Wir subsumieren hier unter Prozeduren auch Regeln, Regulierungen, Richtlinien, Checklisten, Anordnungen u. Ä.

Prozeduren sollen die Leistungserbringung, die Aktivitäten erleichtern und nicht belasten. Sie können die Koordination erleichtern, auch wenn nicht alle Personen anwesend sind, denn sie geben verschiedenen Akteuren Orientierung über das, was ihre abwesenden Kollegen und Kolleginnen voraussichtlich tun werden. Wir hören in unserer Beratungspraxis oft, dass es in Organisationen zu viele und zu starre Prozeduren gibt, und vermuten, dass zu viele der wissenschaftlichen Rationalität entstammen und noch nicht der praktischen Rationalität. Aus unserer Sicht wäre oft eine geringere Anzahl an resilienzfördernden Prozeduren hilfreicher. Überholte Prozeduren könnten im Gegenzug abgeschafft werden. Dies setzt freilich eine Kultur voraus (Grote 2014), die auf Kompetenz, Vertrauen und Fairness im professionellen Handeln aller Beteiligten setzt.

Gute Prozeduren dienen als Brücke zwischen den Managementvorgaben *(work as imagined)* und den notwendigen Adaptionsleistungen mit Blick auf die wechselnden und nicht vorhersagbaren Anforderungen zur Bewältigung des Tagesgeschehens *(work as done)*.

Damit gute Prozeduren entwickelt werden können, müssen wir zwischen Voraussetzungen, dem Prozess und Inhalt unterscheiden:

- *Voraussetzungen*, die innerhalb der Organisation etabliert sind: Wir führen hier nur die wichtigsten auf. Eine Vielfalt an Fähigkeiten, Fertigkeiten u. Ä. ist bei den Arbeitsausführenden vorhanden, die eine Vielfalt von Ansichten, Standpunkten, Aufmerksamkeit ermöglicht und von flachen Hierarchien und verteilter Kontrolle begleitet ist. Es ist auch klar, unter welchen Voraussetzungen die Prozeduren zur Anwendung kommen; trotzdem besteht noch Handlungsspielraum, etwa für weitere unbekannte Gegebenheiten (die formalen Strukturen sind nicht überspezifiziert).
- *Prozess* des Erarbeitens resilienter Prozeduren u. Ä: Wir sprechen hier nicht von Routineleistungen, die über passende Prozeduren sichergestellt werden und damit potenziell Führung unterminieren. Ganz im Gegenteil. Hier geht es um Prozeduren, die einen Rahmen für Situationen schaffen, um einer großen Vielfalt *(input variety)* von Umständen gerecht zu werden, die nicht planbar sind. Mitarbeitende werden deshalb einbezogen. Wenn eine neue Prozedur entwickelt ist, kann ein Probelauf angebracht sein, um die Alltagstauglichkeit zu testen. Eine so abgefasste Prozedur ermöglicht einer Organisation, mehr potenzielle Probleme zu identifizieren. Über festgestellte Unterschiede zwischen den vereinbarten Prozeduren und den tatsächlich gelebten Aktivitäten wird in der Selbstverantwortung der Handelnden, aber auch der Führungspersonen regelmäßig kommuniziert, reflektiert, gelernt und werden Anpassungen vereinbart. Dafür muss Zeit reserviert werden. Wenn sinnvoll, werden Prozeduren fallen gelassen, angepasst oder neu gefasst. Dies bedingt eine Verpflichtung für lokale, praktische Rationalität: Die Leute tun nichts, was für sie keinen Sinn ergibt!
- *Inhalt*: Es gilt das Prinzip der Äquifinalität – das heißt, dass mehrere Wege und unterschiedliche Mittel möglich sind, um auch von verschiedenen Ausgangslagen einen erwünschten Zielzustand zu erreichen. Ebenso ist explizite Flexibilität und die Orientierung auf den Zielzustand hin wichtig. Solche Prozeduren bieten auch einen guten Rahmen, um Zielkonflikte zu lösen. Es ist die Antithese zu der Annahme, dass es nur

den einen, besten Weg gebe (wissenschaftliche Rationalität). Speziell unter Bedingungen von Unsicherheit, Ressourcenknappheit, Zeitdruck kann nicht nur ein einziger Pfad verfolgt werden. Es gibt auch bei gewollter Vielfalt Vorgehensschritte, die befolgt werden müssen bzw. die auf keinen Fall vergessen werden dürfen.

In einem Satz zusammengefasst: Wir müssten darauf abzielen, besser wenige, hinreichend gute und flexible Prozeduren zu einwickeln als gar keine oder zu viele „beste".

Aufgrund dieser kurzen theoretischen Ausführungen ist hoffentlich klar geworden, dass sich die Lebendigkeit von Organisationen in den Prozessen des Organisierens und des Zuweisens von Bedeutung an die Aktivitäten beobachten lässt. Die Frage ist daher: Was passiert aktuell, damit eine Organisation sicher, zuverlässig oder resilient erscheint? Sicherheit, Zuverlässigkeit oder Resilienz können über die Aktivitäten erhöht bzw. verbessert, aber auch infrage gestellt werden. Die fünf HRO-Verhaltensprinzipien sind das Fundament dieser Qualitäten.

24.5 Folgerungen, um organisationale Resilienz zu stärken

Das Konzept der Resilienz kann nach Lisa Välikangas (2010) kurz zusammengefasst werden:

> Resilience is not about responding to a one-time crisis. It is not about rebounding from a setback. It is about continuously anticipating – and adjusting to – ongoing contextual transformations. Resilience means the capacity to change before the case for change becomes desperate.

In die gleiche Richtung weist Erik Hollnagel, wenn er in einer Präsentation (Hollnagel 2014) Resilienz folgendermaßen definiert:

> A system is resilient if it can adjust its functioning prior to, or following events (changes, disturbances, and opportunities), and thereby sustain required operations under both expected and unexpected conditions. Resilience is something a system does, and not something a system has. Resilience is a characteristic of a system's performance or behavior. This characteristic cannot be reduced to, substituted by, or explained by a single ‚internal mechanism' or ability.

Beide Autoren weisen darauf hin, wie wichtig eine rechtzeitige Adaption ist. Kurz: Wer zu lange wartet, hat Anrecht auf Schicksal! Der Veränderungsbedarf entsteht einerseits aus der Diskrepanz zwischen der Arbeit, wie sie beabsichtigt (*work as imagined*) und wie sie getan (*work as done*) wurde, anderseits aus den Anforderungen der gegenwärtigen Situation und den Veränderungen im Umfeld der Organisation. Veränderungsbedarf, der regelmäßig ignoriert wurde, führt immer wieder zu Großereignissen, also ungewollten Unfällen, Störungen u. Ä. Quellen von Anpassungsleistungen zu erkennen, wäre eine wichtige Leistung einerseits von Management und Führung, aber auch von Beratungspersonen.

Wir zielen mit unserem Vorschlag auf die Situation des Eingriffs (Abschn. 24.3) und die davorliegenden Ereignisse (Abschn. 24.1 und 24.2) unseres Fallbeispiels ab. Auch wenn der Fall Material für weitere, tiefergehende Analysen liefert (bei denen die Beteiligten miteinbezogen werden), liegen folgende Fragen auf der Hand:

- Wie wurden die Informationen, die außerhalb des Spitals ab 23.30 Uhr generiert wurden, verwertet? Erfolgten in der Notfallaufnahme schon Vorkehrungen, und wurde der fachverantwortliche Facharzt voravisiert?
- Etwa eine Stunde später lagen die definitiven Befunde vor; sie wurden in einer Gruppe interdisziplinär diskutiert und führten zu einem Entscheid. Welche Entscheidungskompetenzen hat diese Gruppe insgesamt, wenn nicht alle fachverantwortlichen Ärzte anwesend sind? Welche Kompetenzen haben in solchen Konstellationen die fachvertretenden Assistenzärzte? Vertreten sie lediglich die Fachrichtung im Sinne von Botschaftern, oder können sie stellvertretend für die Fachrichtung eine Entscheidung treffen?
- Anders gefragt: Welche Rolle und Verantwortung haben sie gegenüber ihrer Fachrichtung bzw. ihrem Vorgesetzten, fachverantwortlichen Arzt (z. B. Informationspflicht), aber auch gegenüber der Gruppe, die zu einer gemeinsamen Übereinkunft gekommen ist (z. B. Rückmeldung an die Gruppe bzw. an den Notfall-Kaderarzt, über das Ergebnis des Gesprächs mit dem fachverantwortlichen Arzt bzw. über dessen Absicht einen chirurgischen Eingriff vorzubereiten)? Gäbe es Möglichkeiten, bei solch schwerwiegenden Befunden alle fachverantwortlichen Ärzte über ein Konferenzgespräch dazu zu schalten und sie an der Diskussion teilnehmen zu lassen? Die technischen Möglichkeiten sind nicht in jeder Notfallaufnahme gleich, und Ärzte haben zu Hause auch nicht unbedingt die neuesten technischen Mittel zur Verfügung.

Solche Reflexionsfragen stellen wir kontextbezogen in entsprechenden Beratungsmandaten. Für unseren Beispielfall wissen wir, dass viele Prozeduren und Regeln bestehen, die aber nicht (mehr) bekannt sind, das heißt nicht mehr erinnert werden. Solche Prozeduren könnten abgeschafft werden. Dadurch wird deutlich, dass über den erwünschten Endzustand der Patientin nach dem Vorliegen der Befunde keine Einigkeit bestand, und die Kontrolle über den weiteren Behandlungsverlauf ohne Kommunikation zwischen dem fachverantwortlichen Arzt und dem Kaderarzt Notfall vollzogen wurde. An dieser Stelle setzt unser Vorschlag an, eine Prozedur einzubauen, die Resilienz fördert. Es wäre aber widersinnig, diese Prozedur in Abwesenheit der Betroffenen zu entwickeln. Deshalb findet Auseinandersetzung mit Prozeduren (u. Ä.) an entsprechenden Workshops mit den relevanten Beteiligten statt, um damit Resilienz und Zuverlässigkeit der Organisation zu stärken. In den Workshops werden mit den Teilnehmerinnen und Teilnehmern folgende Punkte bearbeitet (Abschn. 24.4):

- **Voraussetzungen**: Wie werden die Teams heute ausgewählt, um in unbekannten Situationen handlungsfähig zu bleiben? Woran orientieren sich die Teams, um den hohen Anforderungen gerecht zu werden?
- **Inhalte**: Wie viel Flexibilität ist sinnvoll, und wo sollen Standardprozeduren befolgt werden? Resilienz kann unterstützt werden, indem ein vernünftiger Ausgleich zwischen echter Robustheit und Flexibilität gesucht wird.
  - Erhöhung der Vielfalt von Kompetenzen und Fähigkeiten: Bei einer Ausgangslage, wie sie unter Abschn. 24.1 beschrieben ist, können frühzeitig die benötigten Personen avisiert und kann Führungsverantwortung (Leadership) wahrgenommen werden. Im Gegensatz zu Routinetätigkeiten ist in komplexen, ungewissen Situationen mit hoher Arbeitslast Führung zentral (Swiss Re et al. 2004). Führung bedeutet hier auch, die Teammitglieder zu verstehen und ihre Verhaltensweisen abschätzen zu können. Nicht zu vergessen sind unter diesem Aspekt auch die Grenzen des Wissens und Könnens der Führungsperson. Wo ist Unterstützung sinnvoll, wenn sie Überlastung vermeiden will?
  - Erhöhung der Vielfalt von Ansichten, Standpunkten und Aufmerksamkeit: Ein Briefing zur erwarteten Patientin mit den bisher bekannten Befunden hilft den diensthabenden Ärzten und Pflegepersonen, sich mit der nahenden Situation bekannt zu machen. Es sollen zwei Aspekte unterschieden werden: sachlich-technische und zwischenmenschliche Belange. Um die sachlich-technischen Belange sollte sich jemand von den medizinischen Fachpersonen kümmern, um die zwischenmenschlichen die Führungsperson. Wichtig dabei ist, die Teammitglieder zu ermutigen, viele und frühe Fragen zu stellen, denn das reduziert Ungewissheit und unterstützt die nachfolgende Leistungserbringung. Es kann sinnvoll sein, die Form der Aufmerksamkeit verschiedenen Personen zuzuteilen: Wer behält den Überblick, wer achtet auf mögliche Missverständnisse, wer konzentriert sich auf patientenspezifische medizinisch wichtige Phänomene? Wenn rechtzeitig klar kommuniziert wird, kann ein Wir-Gefühl aufkommen: Wir sind zuständig für diese Patientin und geben unser Bestes.
  - Worüber muss mit wem kommuniziert werden? Wie soll dies geschehen, damit die mitteilende Person Gewähr hat, dass sie von der angesprochenen Person verstanden wurde?
  - Welches Signal löst die Verantwortungsübergaben aus, und wie muss es kommuniziert werden?
  - Flache Hierarchien und verteilte Kontrolle: Alle beteiligten Personen sollen ihre Wahrnehmungen, aber auch Bauchgefühle einbringen, wenn sie anderer Meinung sind als die aktuell zuständige Person. Wenn jemand, aus welchen Gründen auch immer, überfordert ist, muss dies mitgeteilt und Unterstützung organisiert werden. Kontrolle sollte von der Person ausgeübt werden, die dazu die besten Voraussetzungen mitbringt, wobei Kontrolle auch an mehrere Personen delegiert werden kann – bereits beim Briefing oder auch während der Bewältigung der Situation.

Solche Workshops liefern robuste und resiliente Prozeduren, deren Tauglichkeit aber in der täglichen Arbeit stetig überprüft und angepasst werden muss. Positive Nebeneffekte sind, dass Mitarbeitende, je nach Komplexität und Schwere der Aufgabe, entsprechend ihrer Expertise eingesetzt und dass personelle Engpässe, insbesondere bei den Fachexperten, besser abgefedert werden. Während die Justierung der Prozeduren eine interne Führungsaufgabe ist, helfen regelmäßige Reflexionen mit externen Beraterinnen und Beratern, blinde Flecken aufzudecken. So, wie unsere Auseinandersetzung mit diesem Fallbeispiel nicht abgeschlossen, somit Beratungslernen im Prozess ist, so ist auch die Entwicklung und Erhaltung einer resilienten Organisation ein kontinuierlicher Reflexions-, Lern- und Anpassungsprozess.

Literatur

Baecker, D. (2009). Management für Fortgeschrittene: Kluge Knoten. *Revue für postheroisches Management, 4*, 118–121.
Braithwaite, J., & Clay-Williams, R. (2014). Understanding resilient clinical practice in Emergency Department ecosystems. http://resilienthealthcare.net/onewebmedia/Braithwaite_Clay-Williams.pdf. Zugegriffen: 31. Jan. 2015.
Geramanis, O., & Porrini, E. (2008). Zu viel Vertrauen in Organisationen. *Persorama*, 3(2008), 60–65.
Grote, G. (2014). Promoting safety by increasing uncertainty – Implications for risk management. *Safety Science, 71*, 71–79.
Groth, T. (2002). *Der Entscheidungsbegriff in der Systemtheorie*. Witten: Universität Witten/Herdecke.
Groth, T., & Nikolai, A. T. (2004). Klassiker der Organisationsforschung: James G. March. *OrganisationsEntwicklung, 4*(2002), 58–63.
Hollnagel, E. (2014a). *Safety-I and safety-II*. Farnham: Ashgate Publishing Limited.
Hollnagel, E. (2014b). *What does ‚resilience' mean?* http://resilienthealthcare.net/onewebmedia/EH%20presentation%20(final).pdf. Zugegriffen: 31. Jan. 2015.
Kierkegaard, S. (1923). Die Tagebücher. In T. Haecker (Hrsg.), *Die Tagebücher* (Bd. 1, S. 203). Innsbruck: Brenner.
Luhmann, N. (2000). *Organisation und Entscheidung*. Opladen: Westdeutscher Verlag GmbH.
Roberts, K. H. (2010). High reliability organizations and high performance. http://www.ptil.no/. http://www.ptil.no/getfile.php/PDF/Safety%20Lunch%202010%20-%20Karlene%20H%20Roberts.pdf. Zugegriffen: 31. Jan. 2015.
Sandberg, J., & Tsoukas, H. (2011). Grasping the logic of practice: Theorizing through practical rationality. *Academy of Management Review, 36*, 338–360.
de Shazer, S. (1998). *… Worte waren ursprünglich Zauber* (2. Aufl.). Dortmund: Löer Druck GmbH.
Simon, H. A. (1983). *Economic analysis and public policy. Models of Bounded Rationality – (M.P. Classic)* (Bd. I). Massachusetts: MIT Press.
Sutcliffe, K. M., & Christianson, M. K. (2013). Managing for the unexpected. Ross Thought in Action – Executive white Paper series.
Swiss Re, et al. (2004). *The better the team, the safer the world*. Ladenburg: Swiss Re, Centre for Global Dialogue.
Välikangas, L. (2010). *The resilient organization*. New York: Mc Graw-Hill Companies.

Wears, R. L. (2015). Resilient procedures: Oxymoron or innovation? http://resiliencehealthcarelearningnetwork.ca/blog/resilience-learning-network-telefonconferencejanuaryblog2015. Zugegriffen: 6. Jan. 2015.

Wears, R. L., & Hunte, G. S. (2014). Designing procedures (or rules, or guidelines) to support resilience and reduce the WAI-WAD Gap. http://resiliencehealthcarelearningnetwork.ca/blog/resilience-learning-network-telefonconferencejanuaryblog2015. Zugegriffen: 6. Jan. 2015.

Weick, K. E. (1985). *Der Prozess des Organisierens*. Frankfurt a. M.: Suhrkamp Taschenbuch Verlag.

Weick, K. E. (1995). *Sensemaking in Organizations*. Thousand Oaks: SAGE Publications, Inc.

Weick, K. E. (1996). Drop your tools: An allegory for organizational studies. *Administrative Science Quarterly, 41*, 301–313.

Weick, K. E., & Putnam, T. (2006). Organizing for mindfulness. *Journal of Management Inquiry, 15*(3), 275–287.

Weick, K. E., & Quinn, R. E. (1999). Organizational change and development. *Annual Review of Psychology, 50,* 361–386.

Weick, K. E., & Sutcliffe, K. M. (2010). *Das Unerwartete managen*. Stuttgart: Schäffer-Poeschel Verlag.

Elvira Porrini Organisationsberaterin mit spezifischen Kenntnissen zu HRO (Mindful Organizing), Coach für Menschen in anspruchsvollen Funktionen und Konfliktberaterin für Organisationen, in denen Risiken ernst genommen werden (müssen). Sie reflektiert in Zusammenarbeit mit Geschäftsleitungen deren Strategien und Umsetzungspläne zum Erhalt und/oder zur Verbesserung von Resilienz. Zusammen mit dem Team von X-CHALLENGE CONSULTING entwickelt sie kontextbezogene, spezifische Angebote für Organisationen, um den Anforderungen nach Resilienz zu entsprechen, und begleitet die Umsetzung. Sie engagiert sich an internationalen Konferenzen und in Netzwerken zur stetigen Vertiefung der Erkenntnisse zu HRO. www.x-challenge.ch,

Antonios Kipouros Systemischer Berater und Coach für Einzelpersonen und Organisationen. Mit seinem Schwerpunkt im Wissensmanagement unterstützt er Unternehmen, Teams und Führungspersonen in den Bereichen Organisationsentwicklung, Lernen, Aus- und Weiterbildung im Umgang mit Wissen, Fehlern, Veränderungen und Konflikten. Diese Expertise setzt er als Mitglied von X-CHALLENGE CONSULTING auch im HRO-Kontext ein.

Führen unter Unsicherheit – Was man von Start-ups lernen kann

25

Katrin Glatzel und Tania Lieckweg

Zusammenfassung

Die digitale Transformation von Wirtschaft und Gesellschaft steht auch heute noch am Anfang, die nächste Welle der Vernetzung steht unmittelbar bevor. Was heißen diese Umbrüche für Führungskräfte? Was für eine Führung braucht es in diesen Zeiten? Zur Beantwortung dieser Fragen schauen wir auf Start-ups bzw. Unternehmen, die trotz milliardenschwerer Umsätze mit einer Start-up-Mentalität daherkommen. Ihnen ist der Umgang mit einer drastisch gestiegenen Komplexität und die Bearbeitung von Unsicherheit als Gründungsmoment mitgegeben. Orientierung, Information und Entscheidungen werden nicht (mehr) an der Spitze einer Organisation geboren. Sie entstehen in losen Kopplungen der dezentralen Einheiten. Führung wird unter diesen Bedingungen zu einem Collaborative Leadership, welches die vier Dimensionen Creativity, Communication, Consensus und Contribution gestalten muss. Der Beitrag stellt erste Erkenntnisse des Forschungsprojektes „Leading in the Digital Age" vor.

Wir leben in der Hypermoderne (Ortmann 2009), einer Gesellschaft, die in allen Bereichen durch computerbasierte Kommunikation bestimmt wird. Dies gilt auch und insbe-

---

If your company was designed to succeed in the 20th century, it is designed to fail in the 21st century (www.responsive.org)

K. Glatzel (✉) · T. Lieckweg
osb international systemic consulting, Berlin, Deutschland
E-Mail: katrin.glatzel@osb-i.com

T. Lieckweg
E-Mail: tania.lieckweg@osb-i.com

sondere für die Interaktion zwischen Personen sowie für die Interaktion von Personen und Organisationen. E-Commerce, Social Media, Internet der Dinge – die digitale Kommunikation macht den Eindruck von Transparenz und Verfügbarkeit, sie vernetzt Personen und Organisationen in der ganzen Welt, Informationen stehen schneller und in Echtzeit zur Verfügung. Mit dem World Wide Web begann 1989 eine technologische und kulturelle Revolution, die die Bedingungen des Alltags, der Arbeits- und Geschäftswelt seither radikal verändert hat. Vieles spricht dafür, dass die digitale Transformation von Wirtschaft und Gesellschaft auch heute noch am Anfang steht (vgl. u. a. Boeing et al. 2014; Frick und Höchli 2014). Die nächste Welle der Vernetzung steht unmittelbar bevor. Die Digitalisierung wird im Verlauf des 21. Jahrhunderts in allen Segmenten weiter voranschreiten, dabei geht es bei weitem nicht mehr nur um Software, sondern vielmehr um Lebenshaltung. So geht das renommierte US-amerikanische Marktforschungsunternehmen Gartner davon aus, dass bis spätestens 2019 der 3D-Drucker-Markt für Endkunden etabliert sein wird. Bereits heute ist technisch viel mehr möglich, als wir uns vorstellen können, uns fehlt es schlicht an der Fantasie, die erforderlich wäre, um all das zu bauen und zu realisieren, was technisch im Bereich des Möglichen liegt.

Was heißt all dies für Führung? Wie gehen Führungskräfte in großen wie mittleren Unternehmen, in Verwaltungen, Forschungszentren, Universitäten und Kulturinstitutionen mit den gegenwärtigen Entwicklungen um? Und was für eine Führung braucht es in diesen Zeiten?

Wir verfolgen in unserem Beitrag die Hypothese, dass es sich lohnt, einen Blick auf die Führung von Start-ups zu werfen, um von ihnen zu lernen. Denn technologiebasierte Start-ups haben die beschriebenen Bedingungen zur Voraussetzung ihrer Existenz gemacht. Es ist deshalb selbstverständlich weder davon auszugehen noch wünschenswert, hier einfache Lösungen für den Umgang mit Komplexität zu finden. Doch junge technologieorientierte Unternehmen funktionieren grundlegend anders als etablierte Großunternehmen. Wir gehen davon aus, dass man mit Blick auf Führung unter Unsicherheit einiges von ihnen lernen kann, da die Bearbeitung der Unsicherheit zu ihrem Gründungsmoment dazu gehört.

Im Folgenden stellen wir erste Ergebnisse eines Forschungsprojektes vor, das wir zum Thema „Leading in the Digital Age" in Berlin (www.leadalab.org) durchführen. Im Mittelpunkt des Projektes steht eine qualitative Studie, deren Interviews wir derzeit noch führen – schon jetzt danken wir den Interviewpartnern für die Inspiration und das Teilen.

25.1 Der Kontext

Wir haben es heute mit einer Zunahme an Komplexität zu tun, die allgegenwärtig ist und das Führungsgeschehen in jeder Art von Organisation prägt. Das vorherrschende Gefühl unter Führungskräften ist die seit Jahren steigende Unsicherheit und die Frage danach, wie ihr zu begegnen ist (hierzu vgl. z. B. Gebhardt et al. 2015). Die zunehmende Komplexität sowie die daraus resultierende Unsicherheit werden spürbar in Form von Netzwerk-Beziehungen, Globalisierung, Dezentralisierung, Wissens-Abhängigkeit und in Form einer Gleichzeitigkeit von individueller und gesellschaftlicher Perspektive. Viele Führungskräfte fühlen sich angesichts der Herausforderungen tendenziell überfordert. So ist z. B. das sowieso schon kurzfristig getaktete Tagesgeschäft heute durch eine solche Menge an Veränderung und Bewegung gekennzeichnet, dass kaum mehr Zeit bleibt für die Etablierung von Routinen, die dringend notwendige strategische Erneuerung oder gar ein Nachdenken über Innovation. Reflexion, Regeneration und Freiraum kommen zu kurz, ein Großteil der Führungskräfte steht unter einem kontinuierlichen Druck (Leipprand et al. 2012). Die Folge sind Orientierungslosigkeit und unkoordinierte Führung, steigende Zahlen von Burnout auf der einen, eine zunehmende Abwanderung der Leistungsträger auf der anderen Seite.

Um in dem Umfeld der beschriebenen Anforderungen zu bestehen, braucht es ein neues Nachdenken über Führung. Organisationen kommt in einer so genannten „VUCA-World" (VUCA steht für Volatility, Uncertainty, Complexity und Ambiguity, vgl. Bennett und Lemoine 2014) die Aufgabe zu, Orientierung zu vermitteln, Sinn zu schaffen und mehr als ein „Arbeitgeber" zu sein. Für die Führungskräfte in Organisationen bedeutet dies wiederum, genau diesen Sinn im Zusammenspiel mit anderen Führungskräften zu gestalten und in ihrem Verantwortungsbereich sinnstiftend und wirksam zu verankern.

Führung wird so zu dem zentralen sozialen Mechanismus in Organisationen, der die Komplexität für Organisationen wirksam machen muss. Das heißt, der Fokus von Führung liegt mehr denn je auf der Herbeiführung von Entscheidungen in Situationen der Unsicherheit. Dies ist gewiss keine neue Erkenntnis. Doch ist der Grad der Komplexität in der beschriebenen multirationalen und vernetzten Gesellschaft ein ungleich höherer als dies noch vor einigen Jahren der Fall war. Damit wird es für Organisationen zu einer ungleich höheren Herausforderung, dieser Komplexität, die sie für sich als Unsicherheiten in Form von Entscheidungen bearbeitet, noch mit Stabilität und Sicherheit zu begegnen. Stabile Systeme und feste Kopplungen sind in ihren Reaktionszeiten schlicht zu langsam für ein erfolgreiches unternehmerisches Operieren in den heutigen Bedingungen. Um dennoch handlungs- und entscheidungsfähig zu bleiben, lösen Organisationen ihre festen Strukturen zunehmend auf zugunsten loser netzwerkförmiger Kopplungen mit Kooperationspartnern, Tochter- und Partnerunternehmen, Stakeholdern und Kundengruppen. So ist in der Telekommunikationsindustrie beispielsweise eine zunehmende Auslagerung ganzer Teile der Wertschöpfungskette zu externen Dienstleistern (z. B. Call-Center, IT-Dienstleister) zu beobachten – das gleichzeitige Management der internen wie externen Workforce ist eine viel beschriebene aktuelle Herausforderung, die Führung zu meistern hat.

Vor diesem Hintergrund wird deutlich, dass Orientierung, Information und Entscheidung nicht (mehr) an der Spitze einer Organisation geboren werden, sondern in den losen Kopplungen der dezentralen Einheiten der Kollaboration entstehen. Führung kann unter diesen Bedingungen nur als Collaborative Leadership wirksam werden, da es nicht mehr die eigene Perspektive (Position) gibt, von der aus die Organisation, die Themen und Prozesse gestaltet werden können. Ein Collaborative Leadership baut nicht mehr auf die Umwandlung von Unsicherheit in Stabilität und Sicherheit, sondern geht davon aus, dass es als Bedingung von Führung nichts gibt, als die Unsicherheit, die den Gestaltungsspielraum für künftige Entscheidungen darstellt. Dabei stellt sich allerdings die Frage, WIE ein Collaborative Leadership diese Aufgabe meistern kann – und wohin man schauen könnte, um bereits existierende Erfahrungen auszuwerten.

25.2 Führung unter Unsicherheit bei Start-ups

Die Erfolgsgeschichten technologiebasierter Start-ups sind allgegenwärtig. Google, Tesla, Amazon, Spotify, Whatsapp, Airbnb, Facebook, um nur einige Beispiele zu nennen. Viele der genannten Brands würde man heute gar nicht mehr als Start-up bezeichnen, und doch scheint es trotz der immensen Größe und Umsätze nicht falsch, dies zu tun. Das liegt darin begründet, dass sich die genannten Größen wie auch kleinere unbekannte und doch erfolgreiche Start-ups wie z. B. Wooga, Soundcloud, PubMatics oder Younicos von traditionellen mittelständischen Unternehmen und auch Konzernen deutlich unterscheiden. Sie unterscheiden sich durch ihre Begründung im 21. Jahrhundert. Sie sind ausgestattet mit einer vollkommen neuen Operationslogik, sie sind der Prototyp einer fluiden Organisation. Und sie sind gebaut für den Umgang mit Unsicherheit.

Start-ups begründen ihr Unternehmen auf einer neuen, oft technologisch inspirierten Idee. Daraus entsteht eine Vision, die meist durch mehrere Personen geteilt wird, das Gründerteam. Das Gründerteam glaubt an diese Vision, an die Idee, und ist fest davon überzeugt, einen markanten Unterschied in der Welt auf dem angestrebten Markt zu machen. Der Sinn des neuen Unternehmens basiert auf der geteilten Gründungsidee. Diese Idee versorgt die Gründer und die Mitarbeiter der ersten und zweiten Stunde mit einer tragenden Vision, die lohnens- und verfolgenswert scheint. Die immense Unsicherheit der ersten Monate, manchmal sind es Jahre, nach der Gründung, nämlich die Frage danach, ob wir je einen skalierbaren Erfolg am Markt erzielen werden, wird aufgewogen durch ebendiese gemeinsame Idee, deren Attraktivität sich in der Sinnstiftung manifestiert. Gegenstand dieser Idee, der Vision ist in dieser Phase des Unternehmens in der Regel nicht der kommerzielle Erfolg, jedenfalls nicht in allererster Hinsicht (hierzu vgl. Sinek 2009).

Google, Facebook, Yahoo oder Ebay: Sie alle haben als kleine Start-ups im Silicon Valley angefangen. An ihnen und an anderen Start-ups wurde die so genannte Lean Start-up-Methode entwickelt, mit der diese erste, sensible Lebensphase technologieorientierter Unternehmen versteh- und gestaltbar wird. Kennzeichnend für diese aufstrebenden Unternehmen sind ihr rasches Wachstum und die rasante Entwicklung. Stetiger Wandel und permanente Reorganisation gehören deshalb bereits von Anfang an zum Alltag der Mitarbeiterinnen und Mitarbeiter. Diese Unternehmen agieren in einem äußerst dynamischen Umfeld des Marktes und der Kunden, das sie für den eigenen unternehmerischen Erfolg zu nutzen wissen. Und fast alle denken ihr Business von Beginn an international, da es im globalen Netz stattfindet.

25.3 Kundenmanagement und das Minimum Viable Product

Im Zentrum steht bei allen Internet-Start-ups eine agile Produktentwicklung, die sämtliche Bereiche der Organisation beeinflusst. Unter Bedingungen einer agilen Produktentwicklung ist z. B. schwer vorhersagbar, wann welches Feature einer Technologie tatsächlich für den Markt zur Verfügung steht. Start-ups haben aus dieser Situation heraus einen Umgang mit dieser Unsicherheit entwickelt, der auch für etablierte Großunternehmen interessant ist: Die gemeinsame Entwicklung der Produkte mit und für den Kunden. So hat es das Softwareunternehmen Pivotal Labs in San Francisco zum Prinzip gemacht, dass Kunden drei Wochen vor Ort bei Pivotal Labs die Entwicklung ihres Produktes mit begleiten. Die Projekte bestehen in der Regel aus einem Kunden-Entwickler-Duo, das die Produktentwicklung gemeinsam vorantreibt.

Die Produktentwicklung selbst verläuft entlang des Prinzips „Build – Measure – Learn" und ermöglicht einen konstanten Feedback-Loop (Abb. 25.1). Ein Start-up kann damit auch als ein Katalysator verstanden werden, der Ideen in Produkte transformiert. Dieser Transformationsprozess ist geprägt durch die ständige Interaktion mit dem potenziellen Kunden und zielt darauf ab, ein so genanntes MVP (Minimum Viable Product) am Markt zu platzieren.

Die Idee solch eines MVPs ist für deutsche Unternehmenskulturen durchaus gewöhnungsbedürftig: Es geht im Kern darum, ein Produkt so schnell wie möglich zu erstellen, auch wenn es nur die nötigsten Funktionen beinhaltet. Es wird dann sofort veröffentlicht, das Feedback der Kunden wird eingeholt und im Folgenden dazu genutzt, das MVP zu erweitern und zu verbessern. Jede unnötige Funktion wird außen vor gelassen – das spart Geld, Zeit und Arbeit und reduziert das Risiko des Scheiterns maßgeblich.

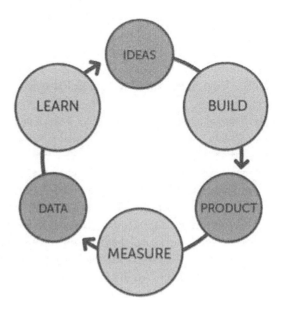

Abb. 25.1 Build-Measure-Learn Feedback Loop. (Quelle: Ries 2009, S. 75)

25.4 Wachstum durch kontinuierliche Innovation

Nachhaltige Entwicklung bedeutet für diese Unternehmen, ein ständiges Wachstum zu ermöglichen und zu befördern. Während viele etablierte Großunternehmen händeringend nach Wachstumspotenzialen suchen, ist Wachstum durch Innovation als Bestandteil der DNA von Start-ups quasi „eingebaut". Ermöglicht wird dieses Wachstum durch die agile Produktentwicklung und durch eine Fehlerkultur, die Testen, Ausprobieren und Verwerfen erfordert. Dahinter steht allerdings ein Innovationsbegriff, der davon ausgeht, dass ...

- ... Probleme nicht mehr vollständig durchschaubar sind,
- ... Märkte sich in einer ständigen Umwälzung befinden und deshalb nicht prognostizierbar sind,
- ... es auch Kunden am Ende nicht besser wissen und
- ... die traditionellen Managementmethoden nicht mehr erfolgreich sind (vgl. Cooper und Vlaskovits 2013).

Kurz: Wir befinden uns in disruptiven Zeiten. Diese erfordern eine Abkehr von der Suche nach langfristigen Wettbewerbsvorteilen. Vielmehr geht es, so Rita McGrath (2013), darum, Unternehmen fit zu machen für die Suche nach wechselnden, immer wieder neuen, vorteilhaften Marktpositionen. Die Strategien des 21. Jahrhunderts unterscheiden sich damit fundamental von der auf Kostenreduktion und kontinuierliche Verbesserung bestehender Geschäftsmodelle getrimmten Herangehensweise vergangener Management-Dekaden. Im Zuge der Sicherung des eigenen Überlebens, so die grundsätzliche Vermutung (vgl. z. B. Blank 2013), werden auch etablierte Unternehmen nicht umhin kommen, sich selbst (und damit ihre Geschäftsmodelle) kontinuierlich neu zu erfinden. So mehren sich die Anzeichen dafür, dass in den letzten Jahren große traditionelle Player damit begonnen haben, die Lean Start-up-Methode zu implementieren.

25.5 Von Start-ups lernen: Eckpunkte eines neuen Führungsmodells

Was kann man nun von Start-ups über Führen unter Unsicherheit lernen? Zunächst würde man denken: gar nichts. Denn sie stehen ganz am Anfang der organisationalen Entwicklung, haben oft keine erkennbare Organisationsstruktur, verändern sich im Wochenrhythmus und die Rollen sind auch meist noch nicht ganz klar. Aber von Start-ups lässt sich aus mindestens zwei Gründen einiges über Führung unter Unsicherheit lernen: Aufgrund der durch die Technologie getriebenen Produktentwicklung ist es zu Beginn oft unsicher, ob das geplante Produkt überhaupt *ent*stehen wird und ob es dann überhaupt am Markt *be*stehen wird. Diese Unsicherheit wird durch den spezifischen Build-Measure-Learn-Loop bearbeitet (Ries 2009) und dieser ist der zweite Grund, warum man etwas von Start-ups lernen kann: Diese Art der Produktentwicklung führt zwangsläufig zu einer Führung, die auf Hierarchie verzichten muss. Und damit kann man an der Führung in und von

Start-ups gut die Art von Führung beobachten, die typisch für das digitale Zeitalter zu sein scheint: kooperativ statt hierarchisch, agil statt manifest, auf die Organisation insgesamt statt auf einzelne Personen bezogen. Denn wenn man den Build-Measure-Learn-Ansatz ernst nimmt, kann es keine Hierarchie für Meinungen geben, muss Feedback im Mittelpunkt stehen und braucht es eine hohe Flexibilität, um auf die Ergebnisse zu reagieren. Eine Führung, die auf einzelne Personen und nicht auf Prozesse bezogen ist, kann hier nicht wirksam werden.

Im Folgenden wollen wir versuchen, erste Eckpunkte eines Modells von Führen in der digitalen Welt zu skizzieren. Wir gehen davon aus, dass sich von Start-ups einiges über Führung in der digitalen Welt lernen lässt. Die hierzu notwendige Typisierung schließt andere Formen der Führung, die in Start-ups ebenfalls existieren, nicht aus.

Führen von Start-ups ist aus den beiden oben genannten Punkten interessant, wenn es um Führen unter Unsicherheit geht. Dabei verstehen wir auch die aus den Start-ups entstandenen Großunternehmen wie Google, Pixar oder Adobe weiterhin als Start-ups. Denn sie versuchen, genau diese Art der Führung weiter zu erhalten und weiter zu entwickeln. In unserem Verständnis geht es bei Führung unter Unsicherheit um ein Collaborative Leadership, das die vier Dimensionen gestalten muss: Creativity, Communication, Consensus, Contribution (Abb. 25.2).

Diese vier Dimensionen sind von Führung so zu gestalten, dass aus der Unsicherheit Chancen entstehen, die Unsicherheit bearbeitbar wird, und Entscheidungen getroffen werden, die dann Klarheit und Orientierung bieten.

Im Folgenden skizzieren wir jeweils – als ersten Impuls – wie Start-ups die vier Dimensionen gestalten, dann wie Führung in den einzelnen Dimensionen wirksam werden kann und drittens wie das in der Praxis aussehen kann.

Creativity
Start-ups sind aufgrund der begrenzten Ressourcen und aufgrund der begrenzten Erfahrung und Expertise darauf angewiesen, das gesamte vorhandene kreative Potenzial zu nutzen. Sie haben ihren Kunden stets klar vor Augen und sie wissen, dass sie in einem definierten Zeitraum ein Produkt entwickeln müssen. Kreative Prozesse finden in diversen Formaten statt, immer geht es um Feedback-Loops, offenen Austausch und um Testen und Weiterentwickeln. Gleichzeitig nutzen sie Zahlen, Daten, Fakten als wichtige Entscheidungsgrundlage und orientieren sich eng an ihnen. Hierfür braucht es aber die richtigen Leute. Und ein Start-up kann es sich nicht leisten, die falschen auszuwählen. Es geht also um Kultur, Prozesse, Menschen.

Ed Catmull, der Cofounder von Pixar, hat in „Creativity Inc." (Catmull 2014) sehr anschaulich beschrieben, wie man das kreative Potenzial von tollen Leuten am besten pflegt und für die gesamte Organisation nutzbar macht. Kreativität und Innovation sind heute unverzichtbar für jede Organisation, aber wie fördert man sie, wie pflegt man sie, wie erhält man sie, wie macht man sie zugänglich?

Abb. 25.2 Collaborative Leadership

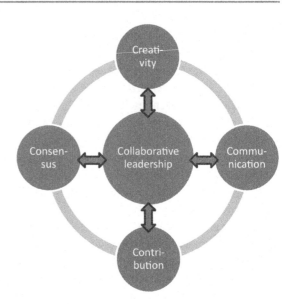

Wenn man von einem weiteren Verständnis von Creative Leadership ausgeht, dann geht es um die Ermöglichung von Zusammenarbeit, um die Gestaltung von Entscheidungen, um die Nutzung des Wissens der Vielen und um das Erkennen von Chancen und Möglichkeiten. Dann geht es eben nicht um Bewahren, Sicherheit, Hierarchie und Ansagen, sondern es geht um Veränderung, Risiko, Kooperation und Aushandeln.

Communication
Kommunikation in Start-ups wirkt häufig chaotisch. Denn wenn man die kaskadenförmige Kommunikation in etablierten Unternehmen als Beispiel nimmt, macht es in Start-ups oft den Eindruck, dass es gar keine Kommunikation „von oben" gibt. Und das wirkt dann auf den ersten Blick chaotisch. Genau das ist aber eine echte Ressource: die täglichen Standup-Meetings, das kurze Treffen im Rahmen von Daily Scrums, der Austausch über Instant Messaging, und die vielen Gespräche auf dem Flur, in Sitzecken und beim Frühstück sind ein Musterbeispiel von organisationaler Kommunikation.

Boris Groysberg und Michael Slind (2012) haben ein Modell von Organizational Communication entworfen, das sie der Corporate Communication gegenüber stellen. Corporate Communication entspricht der klassischen hierarchischen Vorstellung einer Organisation: die Information wird top-down weitergegeben, Nachrichten und Informationen werden veröffentlicht und die Mitarbeiterinnen und Mitarbeiter werden in dieser Form informiert, das Top-Management kontrolliert die Information, die Mitarbeiterinnen und Mitarbeiter konsumieren die Informationen und Nachrichten. Kommunikation in diesem Sinne ist reaktiv und geschieht ad hoc.

Organizational Communication hingegen ist persönlich und direkt, die Führungskräfte sprechen mit den Mitarbeiterinnen und Mitarbeitern und nicht zu ihnen, die Mitarbeiterinnen und Mitarbeiter nehmen aktiv teil an der Gesamtkommunikation und es gibt eine klare und bekannte Kommunikationsagenda. Schon an diesen kurzen Stichpunkten wird klar, dass für eine Organizational Communication ganz andere Anforderungen an Führungskräfte gestellt werden. Wir erleben heute in vielen Organisationen, dass dies von Führungskräften erwartet wird und zugleich an vielen Stellen sowohl die Instrumente als auch die Kompetenzen dafür fehlen. Deshalb versuchen wir, sowohl in unseren Leadership Development Programmen als auch in unseren Beratungsprojekten, die „Kommunikation der Organisation" als wichtigen Bezugspunkt in den Fokus zu rücken und Führungskräften zu vermitteln, dass sie Teil davon sind.

Consensus
Schmidt und Rosenberg (2014) widmen in „How Google Works" dem Thema Consensus ein eigenes Kapitel. Denn die Auseinandersetzung um die beste Idee, das beste Argument und die besten Belege für das Argument ist das, was man von Start-ups lernen kann. Daraus entstehen neue Ideen, neue Produkte, neue Ansätze. Aber es braucht eine Kultur der Auseinandersetzung und nicht eine Kultur der Kompromisse. Konsens bedeutet dann, aus der Auseinandersetzung heraus eine gemeinsame Lösung zu finden. Start-ups müssen dies aufgrund der begrenzten Zeit und finanziellen Ressourcen häufig zwangsläufig tun, aber sie schaffen es auch, eben diese Kultur zu etablieren.

Diese Kultur bekommt auch noch von einer anderen Seite Unterstützung: Mit den grundlegenden Veränderungen in Wirtschaft und Gesellschaft (zusammengefasst unter den Stichworten: Digitalisierung, Wissensarbeit, Globalisierung, Generationswechsel, Ende der Hierarchie) geht vor allem auch eine Veränderung der Kommunikation in Organisationen einher. Kommunikation ist nicht nur verfügbarer, transparenter und allgegenwärtig – Kommunikation ist selbst auch enthierarchisiert. Sie findet in den sozialen Netzwerken statt, ist nicht mehr von einer Position aus steuerbar und sie wird zur zentralen Ressource von Führung. Diese Führung setzt dann auf die Beförderung der Auseinandersetzung, auf die Ausgestaltung der Arenen für Argumente und die Gestaltung der Entscheidungsprozesse.

Contribution
Die Frage nach dem Sinn der eigenen Arbeit, nach dem Beitrag, den man selbst zum großen Ganzen leistet, steht für heute für viele der jüngeren Generation an erster Stelle. Start-ups bieten für dieses Bedürfnis gute Anknüpfungspunkte. Angefangen von bei der schon erwähnten Feedback-Kultur bis hin zu einem nicht vorhandenen Dresscode ermöglichen sie es ihren Mitarbeitern, sich in die Entwicklung des Unternehmens einzubringen. So übernimmt jeder Verantwortung für das gesamte Unternehmen. Das sieht von außen manchmal chaotisch aus, ist aber für viele Mitarbeiter genau das, was Start-ups als Arbeitgeber attraktiv macht.

Und daher kommt auch oft die Motivation: Es ist fast eine Goldrausch-Stimmung in Start-ups, die vermittelt, dass alles möglich ist, alles erlaubt ist und dass man gemeinsam alles erreichen kann. Die Dotcom-Blase hat dann auch gezeigt, wie schnell alles wieder erlöschen kann, aber genau diese Unsicherheit ist Motor, Triebkraft und Motivation und muss dann von Führung so gestaltet werden, dass hier ein nachhaltiger Beitrag entsteht.

Führung muss dann auch dafür sorgen, dass der Beitrag jedes einzelnen tatsächlich zum Ganzen beiträgt und nicht nur Selbstzweck ist. Denn auch das zeigen Start-ups: sie laden dazu ein, dass der einzelne seine Vorstellungen verfolgt und dass das Ganze nicht aus dem Blick gerät.

25.6 Was ist Collaborative Leadership?

Collaborative Leadership muss diese vier Dimensionen ausgestalten. Und zwar unter der Bedingung, dass Hierarchie als Koordinationsmodus nicht mehr funktioniert. In Start-ups gibt es häufig keine strukturelle Hierarchie. Hierarchien legen sachlich (welche Aufgaben), zeitlich (auf Dauer) und sozial (wer darf was) fest, wie Führung im Unternehmen gestaltet ist. Stefan Kühl (2011) spricht hier von der „Überwachung von Mitarbeitern" und der „Unterwachung von Vorgesetzten". Genau das ist in Start-ups aber oft anders.

Hierarchien leisten Orientierung, Ordnung und Stabilität – oder nicht? Hierarchien leisten dies, solange die Umwelt ebenfalls stabil ist. Schon Powell stellte fest: „When hierarchical forms are confronted by sharp fluctuations in demand and unanticipated changes, their liabilities are exposed" (1990, S. 303). Genau hier setzt Kotter (2014) an und schlägt vor, ein zweites, agiles System in der Organisation zu etablieren, das mit der Hierarchie zusammenspielt. Dieses Netzwerk gilt es zu pflegen, zu führen und zu entwickeln. Es ist die Idee einer Koalition, die die Agilität der Organisation erhöht und die Hierarchie akzeptiert und nutzt.

In diesem Sinne ist kooperative Führung ein Umgang mit Komplexität! Es geht um das Wissen der Vielen, um das Nutzen der verschiedenen Perspektiven, um die Eröffnung kreativer Freiräume, um die Gestaltung von Entscheidungsprozessen, und die Ermöglichung von Agilität und um – Führung! Diese Führung verlässt sich nicht auf Hierarchie, sondern auf Autorität, die aus der Expertise und Rollenausübung *entsteht*. Diese Führung ist nicht notwendig im Senior Management verortet, sondern versteht sich als Systemfunktion, die es zu gestalten gilt. Diese Führung versteht sich als Enabler und nicht als Vollstrecker. Diese Führung ist keine Heldenaufgabe, sondern geteilte Verantwortung.

Kooperative Führung muss aber auch Grenzen setzen. Sie muss Leitplanken formulieren, Ziele vereinbaren, Werte vorleben und vor allem muss sie wissen, wann genug diskutiert worden ist. Und sie muss ein Auge darauf haben, dass die Balance der „Givers" und „Takers", wie Adam Grant (2013) es formuliert, nicht aus dem Gleichgewicht gerät: „Organizations work most effectively when people behave generously toward their colleagues. But encouraging everyone to act more selflessly can create a setting in which the ‚takers' in a workplace take advantage of the ‚givers'."

25.7 Entrepreneurial Management und Collaborative Leadership

Unternehmertum im Unternehmen zu etablieren, wird zum zentralen Erfolgsrezept für alle Unternehmen, unabhängig von Alter, Größe oder Branche. Doch wie funktioniert das? Eric Ries (2009) zufolge wird deutlich, dass es am Ende um eine Frage der Haltung geht. Denn während es im 20. Jahrhundert vornehmste Managementaufgabe war, möglichst präzise zu planen und Geschäftsprozesse zu optimieren, braucht das 21. Jahrhundert ein Management, das Komplexität und Unsicherheit als wesentliche Rahmenbedingungen seiner Arbeit anerkennt – und schätzt. Es braucht ein Management, das dazu in der Lage und bereit ist, diese Unsicherheit auszuhalten, sie zu gestalten und sie dazu zu nutzen, Neues entstehen zu lassen. Es braucht ein Management, das Freude am Risiko hat und die Umarmung dieses Risikos zu seinem Wettbewerbsvorteil macht. Und neben dieser Haltung braucht es eben auch neue Management-Tools – zugeschnitten auf die Suche nach neuen Geschäftsmodellen und den Umgang mit disruptiven Märkten.

Ausblick

Führung unter Unsicherheit betrifft nicht nur die Führungskräfte und ihre Mitarbeiter, es betrifft die gesamte Organisation. Die Prozesse müssen agil und fluide gestaltet werden, die Organisation muss sich zu einem Responsive Operating System entwickeln, wie es die Organisationsberatung „Undercurrent" beschreiben hat. An der Rezeption dieser Idee zeigt sich, wie interessant diese Idee für etablierte Unternehmen bereits heute ist. Gleichzeitig steigen damit auch die Anforderungen an Führungskräfte: Sie müssen diese Responsiveness gestalten, ausbalancieren und erfolgreich machen. Sie müssen die Mitarbeiter befähigen, in diesen Strukturen wirksam zu werden, sie müssen die Kommunikation, das Feedback und den Beitrag einfordern und trotzdem immer für Orientierung sorgen. Dabei entwickelt sich die Organisation stets weiter. Sie ist morgen eine andere als heute und dadurch überlebensfähig. In dieser Situation ist es fast unmöglich, Orientierung zu bieten – und trotzdem ist es die Aufgabe von Führung, genau dies zu leisten, bei aller Flexibilität und Fluidität.

Das bedeutet auch für die Entwicklungsprogramme von Führung und Führungssystemen, dass sich die Ansprüche an Programme dieser Art deutlich gewandelt haben: Es geht mehr als früher darum, den Business Case stets vor Augen zu haben, sowohl die Seite der Organisation als auch die Seite der Führung parallel zu entwickeln, und es geht somit darum, die Führungskräfte *und* die Organisation auf eine Veränderungs-„Journey" einzuladen, von der sie beide verändert zurückkehren werden.

Literatur

Bennett, N., & Lemoine, J. (2014). What VUCA really means for you. *Harvard Business Review, 92*(1/2).
Blank, S. (2013). Why the lean start-up changes everything. *Harvard Business Review, 91*(5), 63–72.

Boeing, N., Burmeister, K., Neef A., Rodenhäuser B., & Schroll W. (2014). *Connected realitiy 2025*. Köln: Z_Punkt.

Catmull, E. (2014). *Creativity, Inc.: Overcoming the unseen forces that stand in the way of true inspiration*. New York: Random House.

Cooper, B., & Vlaskovits, P. (2013). *The lean entrepreneur: How visionaries create products, innovate with new ventures, and disrupt markets*. Hoboken: Wiley.

Frick, K., & Höchli, B. (2014). *Die Zukunft der vernetzten Gesellschaft. Neue Spielregeln, neue Spielmacher*. Zürich: GDI, Gottlieb Duttweiler Institute.

Gebhardt, B., Hofmann, J., & Roehl, H. (2015). *Zukunftsfähige Führung. Die Gestaltung von Führungskompetenzen und -systemen*. Gütersloh: Bertelsmann Stiftung.

Grant, A. (2013). In the company of givers and takers. *Harvard Business Review, 91*(4), 90–97.

Groysberg, B., & Slind, M. (2012). Leadership is a conversation. *Harvard Business Review, 90*(6), 76–84.

Kotter, J. (2014). *Accelerate*. Boston: Harvard Business Review Press.

Kühl, S. (2011). *Organisationen: Eine sehr kurze Einführung*. Berlin: Springer-Verlag.

Leipprand, T., Allmendinger, J., Baumanns, M., & Ritter, J. (2012). *Jeder für sich und keiner fürs Ganze? Warum wir ein neues Führungsverständnis in Politik, Wirtschaft und Gesellschaft brauchen*. Berlin: Stiftung neue Verantwortung.

McGrath, R. G. (2013). *The end of competitive advantage: How to keep your strategy moving as fast as your business*. Boston: Harvard Business Review Press.

Ortmann, G. (2009). *Management in der Hypermoderne: Kontingenz und Entscheidung*. Berlin: Springer-Verlag.

Powell, W. (1990). Neither market nor hierarchy: Network forms of organization. *Research in Organizational Behavior, 12*, 295–336.

Ries, E. (2009). *The lean start up*. New York: Crown Business.

Schmidt, E., & Rosenberg, J. (2014). *How google works*. New York: Grand Central Publishing.

Sinek, S. (2009). *Start with why: How great leaders inspire everyone to take action*. London: Penguin.

Dr. rer. pol. Katrin Glatzel ist Partnerin der osb international. Sie arbeitet mit Organisationen an der Bewältigung ihrer strategischen Herausforderungen, an Fragen der Führung, des Organisationsdesigns und des Changemanagements. Seit einigen Jahren beschäftigt sie sich mit der Start-up-Szene in Berlin und den damit einhergehenden Führungsfragen.

Dr. rer. pol. Tania Lieckweg ist Soziologin, Organisationsberaterin und Partnerin der osb international. Sie interessiert sich für neuere Ansätze von Führung und versucht, diese für Organisationen, Führungskräfte und Führungsteams zu unterschiedlichen Anlässen (Strategie, Veränderung, Führung) zugänglich zu machen.

Printed by Printforce, the Netherlands